Anselm Fremmer
Venezianische Buchkultur

BEIHEFTE
ZUM ARCHIV FÜR KULTURGESCHICHTE

IN VERBINDUNG MIT
KARL ACHAM, GÜNTHER BINDING, WOLFGANG BRÜCKNER,
KURT DÜWELL, WOLFGANG HARMS,
GUSTAV ADOLF LEHMANN, HELMUT NEUHAUS

HERAUSGEGEBEN VON

EGON BOSHOF

HEFT 51

VENEZIANISCHE BUCHKULTUR

Bücher, Buchhändler und Leser
in der Frührenaissance

von

ANSELM FREMMER

2001

BÖHLAU VERLAG KÖLN WEIMAR WIEN

Gedruckt mit Unterstützung der
Deutschen Forschungsgemeinschaft

Fremmer, Anselm:
Venezianische Buchkultur : Bücher, Buchhändler und Leser
in der Frührenaissance / von Anselm Fremmer. –
Köln ; Weimar ; Wien : Böhlau, 2001
(Beihefte zum Archiv für Kulturgeschichte; H. 51)
Zugl.: Bonn, Univ., Diss., 1999
ISBN 3-412-09301-7

© 2001 by Böhlau Verlag GmbH & Cie, Köln
Ursulaplatz 1, D-50668 Köln
Tel. (0221) 91 39 00, Fax (0221) 91 39 011
vertrieb@boehlau.de
Alle Rechte vorbehalten
Druck und Bindung: MVR Druck GmbH, Brühl
Gedruckt auf säurefreiem, chlorfrei gebleichtem Papier.
Printed in Germany
ISBN 3-412-09301-7

Vorwort

Das vorliegende Werk wurde 1999 als Dissertation mit dem Titel „Buchbesitz und Lesepraktiken der Venezianer im 14. und 15. Jahrhundert" von der Philosophischen Fakultät der Rheinischen Friedrich-Wilhelms-Universität Bonn angenommen. Neue Quellenfunde und aktuelle Forschungsergebnisse sind nachträglich berücksichtigt worden.

Vorab danke ich allen, die mich bei der Erstellung der Arbeit unterstützt haben, allen voran meinem Doktorvater Professor Dr. Bernd Roeck, der den Grundstein für mein anhaltendes Interesse an der italienischen Renaissance gelegt und das Forschungsprojekt in jedem Stadium engagiert unterstützt hat. Ihm verdanke ich zahlreiche wertvolle Hinweise und Denkanstöße.

Ich danke außerdem dem Deutschen Studienzentrum in Venedig e.V. und seinem ehemaligen Präsidenten Professor Dr. Dieter Nörr sowie der Konrad-Adenauer-Stiftung, deren Förderung und Unterstützung mir die intensiven Recherchen und die Anfertigung der Arbeit ermöglichten, sowie der Deutschen Forschungsgemeinschaft, welche mit einer Druckbeihilfe die Veröffentlichung des Werkes unterstützte. Mein Dank gilt außerdem den Mitarbeitern und Mitarbeiterinnen des Staatsarchivs von Venedig und der Biblioteca Marciana für ihre Mühen. Mein Dank gilt hier vor allem Claudia Salmini und Maria Francesca Tiepolo für Hinweise bei der Dechiffrierung der zum Teil sehr individuellen Handschriften sowie Marino Zorzi und Tiziana Plebani für den Austausch über die bereits durchgearbeiteten Quellenbestände. Für anregende Gespräche danke ich Ugo Tucci, Reinhold C. Müller, Gherardo Ortalli, Bodo Guthmüller, Wolfgang Friedrichs und Helena Szepe, die mir insbesondere bezüglich der Interdisziplinarität des gewählten Ansatzes eine große Hilfe waren.

Nicht zuletzt sind in diesem Zusammenhang meine Mitstipendiaten am Deutschen Studienzentrum in Venedig sowie die Doktoranden des Arbeitskreises Frühe Neuzeit am Historischen Seminar der Universität Bonn zu erwähnen. Für Recherchehilfen danke ich Christiane Neerfeld, Gabriele Köster und Anja Wolkenhauer. Für Hilfen bei der Fertigstellung der Arbeit danke ich Ulrich Rosseaux, Annette Kranz, Sigrid Ruby und vor allem Cornelia Schu sowie Margret und Hermann Fremmer. Die vorliegende Druckfassung der Arbeit wäre in dieser Form ohne die aufopfernde Hilfe von Sabine Neuens nicht möglich gewesen. Ihr danke ich von ganzem Herzen.

Ich widme die Arbeit meinen Eltern und Sabine Neuens.

Inhalt

Abkürzungsverzeichnis

Bei der Aufnahme unpublizierten Quellenbestandes und Literatur verwendet der Autor folgende Abkürzungen:

ASV = Archivio di Stato, Venenzia
S.N. = Sezione Notarile
C.I. = Cancelleria Inferiore
PSM = Procuratori di San Marco
Fasc. = Fascicolo
B. = busta
BB. = buste
nn. = nicht numeriert
np. = nicht paginiert
B.M. = Biblioteca Marciana
GW = Gesamtkatalog der Wiegendrucke

Entsprechend dem italienischen Sprachgebrauch werden die Jahrhunderte im Text auch folgendermaßen bezeichnet:

13. Jahrhundert = Duecento
14. Jahrhundert = Trecento
15. Jahrhundert = Quattrocento
16. Jahrhundert = Cinquecento

1. Einleitung

Gemäß der platonischen Ideenlehre, nach der jede Idee, bevor sie erstmals von einem Menschen gedacht wird, als überirdisches Urbild schon ewig existierte, stellen Ideen und Erfindungen Entdeckungen dar. Das Urbild, also die Idee, wird für die Wirklichkeit des Menschen entdeckt. Die Technik des Buchdrucks ist, wie die Entdeckung des Kontinents Amerika, für das Abendland eine der zahlreichen Entdeckungen des 15. Jahrhunderts. Beide konfrontierten die Alte Welt mit bislang unbekannten Möglichkeiten und Welten. Das Wissen um die Existenz eines weiteren Kontinents im Jahre 1492 eröffnete - im wahren Sinne des Wortes - eine Neue Welt und gab den aufsteigenden Mächten Europas die Möglichkeit zur imperialistischen Expansion. Die im Jahre 1454 durch das abstrakte Denkvermögen des Menschen entwickelte Fertigkeit, den Informationsträger Schrift mittels beweglicher Lettern maschinell zu vervielfältigen, eröffnete neue Möglichkeiten der Kommunikation und führte Europa - im übertragenen Sinne des Wortes - in eine neue Welt. Der englische Philosoph Francis Bacon bezeichnete schon im 16. Jahrhundert den Buchdruck, die Ozeannavigation bzw. den Kompaß und das Schießpulver als die Entdeckungen des 15. Jahrhunderts, welche die Erscheinung der ganzen Welt entscheidend verändert hätten[1]. Andere Erfindungen des 15. und frühen 16. Jahrhunderts sind von Bacon und seinen Zeitgenossen weniger beachtet worden. Die Ideen Leonardo da Vincis, der nicht nur das Prinzip des Hubschraubers und des Fallschirms, sondern mit seinen Forschungen über die Hydraulik auch das Prinzip der Dampfmaschine vordachte, sind nicht umgesetzt worden und hatten auf das politische und kulturelle Zeitgeschehen der Epoche keinen Einfluß[2]. Sie mußten, wie der Kontinent Amerika, wo schon um das Jahr 1000 unter der Führung des Wikingerfürsten Leif Erikson europäische Schiffe gelandet waren, einige Jahrhunderte später neu entdeckt werden. Umsetzung und Verwirklichung einer Idee scheinen also auch von den Umständen der Zeit, in der sie gedacht werden, und nicht nur vom Genius ihres Entdeckers abhängig zu sein. Die Umstände bewogen die Alte Welt erst im 15. und 16. Jahrhundert, als entstehende neuzeitliche Zentralstaaten wie die Großmacht Spanien danach strebten, ihre Hegemonie durch die Erschließung neuer Edelmetallressourcen außerhalb des erschöpften Europas aufzubauen, von der Entdeckung

---

1 Vgl. Eisenstein, Elisabeth L.: The Printing-Press as an Agent of Change, Cambridge 1979, S. 20-21.
2 Zu den Erfindungen Leonardos vgl. u.a. Sarton, George: Leonardo da Vinci (1452-1519). In: On the History of Science. Essays by George Sarton, hrsg. von Dorothy Stimson, Cambridge (MA) 1962, S. 121-148.

des neuen Kontinents zu profitieren. Das Vorstellungsvermögen des 11. Jahrhunderts reichte scheinbar noch nicht aus, die Existenz eines weiteren Kontinents zu begreifen. Die Idee der Neuen Welt blieb auf den Machtbereich der Wikinger beschränkt und hatte auch für diese keine gesellschaftlichen Veränderungen zur Folge. Die wirtschaftliche Entwicklung im 18. und 19. Jahrhundert, nicht die des 15. Jahrhunderts, verwirklichte die Umsetzung der Dampfmaschine. Erst das militärische Vorstellungs- und Gestaltungsvermögen des 20. Jahrhunderts führte zur Konstruktion der von Leonardo vorgedachten Fallschirme und Hubschrauber, während das 15. Jahrhundert lediglich zur Umsetzung seiner Kanonen- und Belagerungstechnik fähig war.

Technische und kulturelle Innovationen werfen also Fragen nach ihren Impulsen auf, zum Beispiel nach den Grundlagen für den durch den Buchdruck ausgelösten Anstieg der Buchproduktion im 15. Jahrhundert.

Aus wirtschaftshistorischer Perspektive interessiert der Buchdruck aufgrund des mit ihm verbundenen explosionsartigen Anstiegs der Produktivität in der Buchherstellung. Mittels der Druckerpresse war es plötzlich möglich, das Produkt in einem Arbeitsgang in einer hundertfach höheren Auflage herzustellen, als es zuvor handschriftlich möglich gewesen war. Das Gebot wirtschaftlicher Rentabilität machte es für Druckerwerkstätten sogar notwendig, in hohen Auflagenzahlen zu produzieren[3]. Susan Noakes vermutet, das Druckwesen habe neue Absatzmärkte für ein neues Produkt suchen, den Bedarf an dem neuen Produkt durch moderne Marketingstrategien schaffen und ein eigenes Vertriebssystem, das den Umschlag des neuen Produktes gewährleisten konnte, aufbauen müssen. Sie vermutet hinter den fahrenden Händlern, Krämern und Marktschreiern der Zeit die Zwischenhändler, die Verkaufserfahrungen mitbrachten, redegewandt ein neues Produkt an neue Käufer vertreiben sowie neue Bedürfnisse erzeugen konnten[4]. Noakes' Ansatz und Argumentation sind in der Forschung verbreitet. Schon Elisabeth L. Eisenstein bezeichnete die ersten Drucker als „pioneers in new marketing techniques"[5]. Noakes versteht ihre These allerdings lediglich als Arbeitshypothese und ver-

---

3   Unter hohen Auflagen werden hier Auflagen von mehreren hundert Exemplaren verstanden. Zu Produktionsbedingungen und Rentabilität vgl. Pollak, Michael: Production Costs in Fifteenth Century Printing. In: Library Quarterly 39, 1969, S. 318-333, insb. S. 326-330; und Hirsch, Rudolf: Printing, Selling, and Reading, Wiesbaden 1967, S. 27-60.

4   Vgl. Noakes, Susan: The Development of the Book Market in Late Quattrocento Italy: Printers' Failures and the Role of the Middleman. In: Journal of the Medieval and Renaissance Studies 11, 1981, S. 22-55, insbesondere S. 44-46. Ihre Argumentation bezüglich der Durchsetzungsmöglichkeiten neuer Ideen entspricht den Gedanken Sartons, der für das Scheitern vieler Erfindungen des 15. Jahrhunderts den Mangel an rhetorischen Fähigkeiten und Eloquenz seitens der Erfinder verantwortlich macht. Vgl. Sarton: Leonardo da Vinci, S. 132.

5   Vgl. Eisenstein: Printing Press, S. 23.

langt nach weitergehenden, auf neuem Quellenmaterial basierenden Forschungen.

Das Druckergewerbe mußte in der Tat erhebliche Schwierigkeiten über-
winden. Ein Drucker hatte eine hochmechanisierte Werkstatt einzurichten,
was ihm oder seinen Geldgebern hohe Investitionen abverlangte[6]. Die Kapazi-
täten zur Tinten- und Papierherstellung mußten stark ausgebaut werden, damit
der hundertfach gestiegene Bedarf gedeckt und zusätzlich höhere, der Druk-
kerpresse adäquate Qualität geliefern werden konnte[7]. Schließlich verlangte
jede einzelne Druckproduktion eine hohe Vorfinanzierung im Material- und
Personalbereich, bevor sie ihrerseits - nicht selten erst nach einigen Jahren -
Gewinn abwarf[8]. Außerdem mußte der Widerstand, den Teile der Renaissance-Gesellschaft dem neuen Gewerbe entgegenbrachten, gebrochen werden[9].

Den Schwierigkeiten zum Trotz etablierte sich das Druckgewerbe im Anschluß an die Entdeckung der Drucktechnik verhältnismäßig schnell. Die
Entwicklung zu einem marktorientierten, gewinnbringenden, frühindustriellen
Gewerbe, das enorme Summen an Kapital band, verlief innerhalb weniger
Jahre. 1476, keine zwölf Jahre, nachdem in Italien die erste Druckerwerkstatt
im Benediktinerkloster in Subiaco bei Rom eingerichtet worden war, waren
führende venezianische Werkstätten bereits in der Lage, innerhalb von drei

---

6 Zu Einrichtung und Kosten einer Druckerwerkstatt vgl. u.a. Martin, Henry Jean: La
   Révolution de l'imprimé. In: Histoire de l'édition française. hrsg. von Henri-Jean
   Martin / Roger Chartier, 1. Bd., Paris 1983, S. 49-75; Hirsch: Printing, S. 32-33; Krieg,
   Walter: Materialien zur Entwicklungsgeschichte der Bücherpreise und des Autorenhonorars vom 15. bis zum 20. Jahrhundert, Wien 1953, S. 16-17.
7 Anfangs stellte das schwer zu beschaffende Papier für das Druckgewerbe einen erhebli-
   chen Risikofaktor dar. Vgl. Bockwitz, Hans H.: Zur Wirtschaftslage der Papiermacher
   und Buchdrucker im Zeitalter Gutenbergs. (Wiederabdruck aus Wochenblatt für Papierfabrikation 69, 1938, S. 479-80). In: Bockwitz, Hans H.: Beiträge zur Kulturgeschichte des Buches, Leipzig 1956, S.85-90. Zur Tinten- und Papierherstellung vgl. u.a.
   Bogeng, G.A.G.: Geschichte der Buchdruckerkunst, Bd. 1, Berlin 1941 (Neudruck:
   Hildesheim 1973, S. 22-23).
8 Einblick gewährt diesbezüglich z.B. die Druckproduktion des *Breviarium Cammadu-
   lense* (GW 5191) von 1484. Informationen zu Herstellungskosten und Vertrieb haben
   sich u.a. in den Geschäftsbüchern des Florentiner Verlegers und Kaufmanns Battista
   d'Angolo Vernacci erhalten. Veröffentlicht bei Pettas, William A.: The Cost of Printing
   a Florentine Incunable. In: La Bibliofilia 75, 1973, S. 67-85.
9 1463 wurde der Buchverleger Peter Fust, als er in Paris, einer Hochburg professioneller
   Schreibstuben, erste Depots gedruckter Bücher anlegen wollte, in Folge eines inquisi-
   torischen Verfahrens aus der Stadt verwiesen. Vgl. Clair, Colin: A History of European
   Printing, London / New York / San Francisco 1976, S. 6-22. In Venedig warnte der
   Dominikanermönch und Handschriftenkopiar Filippo da Strata in Schmähschriften mit
   scharfer Polemik den Dogen und den Senat der Stadt vor den Gefahren der Druckerpresse. Vgl. Strata, Filippo de: Polemic against Printing, hrsg. von Martin Lowry,
   Birmingham 1986; und Filippo de Strata: Lection del asinello, B.M., Manoscritti
   italiani, Classa I, 72 (5054).

Monaten Auflagen von über tausend Exemplaren in guter Qualität herzustellen und ganz Europa damit zu beliefern[10]. Die Kommerzialisierung, welche dem Druckgewerbe zur Selbständigkeit verhalf, verursachte ihrerseits einen explosionsartigen Anstieg der Buchproduktion[11].

Sehr große Energien sind somit in relativ kurzer Zeit freigesetzt worden. Die These von Susan Noakes, das Druckwesen habe erst den Bedarf an dem neuen Produkt durch moderne Marketingstrategien schaffen müssen, ist

---

10 Im Frühjahr 1476 beauftragten z.B. die Florentiner Kaufleute Marco Strozzi und Antonio Ridolfi für die Handelsgesellschaft *Filippo et Lorenzo Strozzi et socii* in Venedig die beiden Franzosen Jaques La Rouge und Nicolas Jenson mit dem Druck der *storia fiorentina* von Poggio Bracciolini und Leonardo Bruni sowie Plinius' *storia naturalis*. Jenson lieferte im September 1003 Exemplare des Plinius (vgl. Hain 13105). Sein Sozius La Rouge hatte bereits im Juli jeweils 550 Exemplare der Stadtgeschichten Brunis (vgl. GW 5612) sowie deren Fortsetzung Poggio Bracciolinis (vgl. Hain 13172) verschifft, welche in den Geschäftsbüchern der Auftraggeber mit „elegante e piacevole" beschrieben werden. Die Strozzi vertrieben die Bücher nicht nur in Florenz, sondern auch über ihre Handelsfilialen und diejenigen der Medici in London und Brügge. Der Vorgang ist beschrieben bei Roover, Edler de: Florence: New Facets on the Financing of Early Printed Books. In: Bulletin of the Business Historical Society 27, 1953, S. 222-230. Die Werkstätten Jensons und La Rouges müssen bereits große Manufakturen gewesen sein, in denen mehrere Pressen in Betrieb und mehrere Setzer, Gießer, Handlanger etc. tätig waren. Zu den Anfängen des Buchdrucks in Deutschland vgl. Geldner, Ferdinand: Die deutschen Inkunabeldrucker, 3 Bde., Stuttgart 1968 / 1970 / 1973; Lülfing, Hans: Johannes Gutenberg und das Buchwesen des 14. und 15. Jahrhunderts, Leipzig 1969; Bockwitz: Beiträge; Schottenloher, Karl: Die Druckersippen der Frühdruckzeit. In: Zentralblatt für Bibliothekswesen 57, 1940, S. 232-240; u.v.a. Seebode, Christian: Klösterlicher Buchdruck im deutschen Sprachraum vor dem 30jährigen Krieg. Eine historische bibliographische Studie zur Nachblüte des klösterlichen Bibliothekswesens im 15. und 16. Jahrhundert (Diss. phil.), Teildruck, Würzburg 1978.

11 Auf die schnelle Etablierung des Druckwesens im Vergleich zu anderen Erfindungen wird auch hingewiesen bei Eisenstein: Printing Press, S. 36. Die Forschung hat auf die Bedeutung der Kommerzialisierung des Druckwesens für seine Verbreitung bislang noch nicht explizit hingewiesen. Die erste Druckerpresse Italiens, die als Klosterdruckerei fungierte, wurde zu großen finanziellen Belastung, und erst mit ihrer Übernahme in den päpstlichen Haushalt 1469 war ihr Fortbestehen gesichert. Vgl. Feld, M.D.: A Theory of the Early Italian Printing Firms. In: Harvard Library Bulletin 33, 1985, S. 341-377, und 34, 1986, S. 294-332, Teil 1, S. 356-361. In Venedig, einem der führenden Druckerzentren Europas, versiebenfachte sich die Herstellungsrate in den letzten beiden Jahrzehnten des 15. Jahrhunderts, nachdem sich das kommerzielle Verlagswesen fest etabliert hatte. Vgl. die Zahlen bei Lowry, Martin: The World of Aldus Manutius. Business and Scholarship in Renaissance Italy, Oxford 1979, S. 7, und Gerulaitis, Leonardas: Printing and Publishing in Fifteenth-Century Venice, Chicago 1976, S. 64. Von den ersten elf Pressen Venedigs, die sich zwischen 1469 und 1471 ansiedelten, konnten sich nur drei fest etablieren und die Druckerkrise des Jahres 1473 überstehen. Nach 1473 sind Kaufleute nachweisbar, die als Verleger einzelner Druckproduktionen auftraten, und es setzte der explosionsartige Anstieg der Druckproduktion und der Einrichtung von Druckerpressen ein. Kaufleute garantierten die notwendigen Sicherheiten und Verkaufserfahrungen.

zurückzuweisen. Der schnelle Absatz des neuen Produktes läßt vielmehr vermuten, daß ein Bedarf bereits latent vorhanden war. Die Verifizierung dieser These erfordert eine Auseinandersetzung mit dem Bedarf an geschriebenen Texten innerhalb der Renaissancegesellschaft ebenso wie mit der Entwicklung der literarischen Kompetenz, also der Fähigkeiten im Umgang mit Geschriebenem. Das Augenmerk richtet sich folgerichtig auf die Epoche vor dem Aufkommen des Buchdrucks und fokussiert auf potentielle „Abnehmer" des Produktes, mithin auf Leser bzw. Buchkäufer und -besitzer.

Die Druckerzeugnisse des 15. Jahrhunderts waren preislich nicht unbedingt günstiger als ihre kostbaren Vorläufer, die Handschriften des 14. und 15. Jahrhunderts. Zumindest in dieser Hinsicht stellten sie kein wirklich neues Produkt dar[12]. Im einzelnen ergeben sich daher die Fragen, inwieweit der Umgang mit Handschriften und das Interesse an Büchern bereits vor der Verbreitung von Gutenbergs Erfindung zugenommen hatte, wer sich nun den aufkommenden Druckerzeugnissen zuwandte, mithin bereits Bücher besaß oder zusätzlich erwarb und damit zu seinem „privaten" Besitz machte[13], und ob es Veränderungen in der Struktur des Lesepublikums gab. Carlo M. Cipolla bezeichnet die sehr teuren, handgeschriebenen Kodizes des 14. und 15. Jahrhunderts als reine „Luxusgüter" und leitet davon die Erkenntnis ab: „Culture was expensive". Er scheut sich nicht, metaphorisch Kultur in der Vordruckzeit als einen „Sport" der Aristokratie zu charakterisieren[14]. Es gilt zu klären, ob unter Umständen das Auftreten neuer Leserkreise nach einer verstärkten Buchherstellung verlangte, wovon zum Beispiel der Leipziger Buchforscher Hans Lülfing und mit ihm die marxistisch orientierte Geschichtsforschung ausgehen, die im stärker werdenden städtischen Bürgertum den Motor der Buchproduktion sehen[15]. Das handgeschriebene Buch war das Medium der mittelalterlichen Gelehrtenwelt und des frühen Renaissance-Humanismus[16].

---

12 Zu Buchpreisen vgl. Kap 5.2.

13 Der Begriff „privat" soll in diesem Fall im ursprünglichen rechtlichen-antiken Sinn persönliches Eigentum kennzeichnen und vom „öffentlichen" unterscheiden. Für die aktuelle Auseinandersetzung mit dem Begriffspaar und seiner Verwendung in der Geschichtswissenschaft vgl. Moos, Peter von: Die Begriffe „öffentlich" und „privat" in der Geschichte und bei den Historikern. In: Saeculum 49, 1998, S. 161-192.

14 Vgl. Cipolla, Carlo M.: Money, Prices and Civilisation in the Mediterranean World. Fifth to Seventeenth Century, Princeton 1956, S. 57-63, Zitat S. 63.

15 Vgl. Lülfing, Hans: Johannes Gutenberg und das Buchwesen des 14. und 15. Jahrhunderts, Leipzig 1969. Ähnlich äußert sich auch Eisenstein: Printing Press, S. 29-30. Eine verstärkte Zuwendung zum Schrifttum u.a. seitens des Bürgertums beschreibt auch Sprandel, Rolf: Gesellschaft und Literatur im Mittelalter, Paderborn 1982, vgl. hier v.a. S. 179-244.

16 Die Forschung charakterisiert die Epoche vor der Einführung des Buchdrucks zum Teil als ein Zeitalter mündlicher Traditionsformen auch innerhalb der klösterlichen und universitären Gelehrtenwelten. Vgl. Saenger, Paul: Silent Reading. Its Impact on Late Medieval Script Society. In: Viator. Medieval and Renaissance Studies 13, 1982, S.

Es ist zu überprüfen, ob es allein die bekannten Bildungseliten waren, die den Absatz gewährleisteten[17], oder ob eine etwaige Verbreitung anderer Lesestoffe eine Zunahme der Buchherstellung herbeiführte. Die sozial- und kulturhistorische Forschung führt gerne die Thesen Friedrich Nitzsches fort und definiert die intellektuelle Elite der italienischen Renaissance als einen sehr kleinen Teil der Gesellschaft[18]. Die sogenannte „verschwindende Minorität von literarisch Hochbegabten"[19] ist als alleiniger Abnehmer eines Massenproduktes jedoch schwer vorstellbar.

Das Augenmerk gilt letztlich den Gründen und der Motivation, die dazu führten, sich dem Buch zuzuwenden. Lassen sich gesellschaftliche, ökonomische, kulturelle oder geistesgeschichtliche Entwicklungen kennzeichnen, die für ein verstärktes Interesse am Buch verantwortlich waren? In diesem Zusammenhang ist darüber hinaus zu fragen, inwieweit mögliche Veränderungen in den Lebensformen breiterer Gesellschaftskreise erst die zeitlichen und räumlichen Möglichkeiten verschafften, sich dem Buch zuzuwenden. Es gilt also im engeren Sinne, kulturelle Entwicklungen als Voraussetzungen für ein primär wirtschaftlich und technisch umschriebenes Phänomen zu markieren.

Bei der Frage nach den Interdependenzen zwischen kultureller Entwicklung und technischer Innovation bestand ursprünglich der in der Forschung vorherrschende Ansatzpunkt darin, die technische Neuerung als Ausgangspunkt für kulturelle Veränderungen zu untersuchen. Technische Errungenschaften und ihre unmittelbaren Folgen, von der Erfindung des Rades bis zur elektronischen Datenverarbeitung, sind aus der Retrospektive einfacher greifbar als vorausgegangene kulturelle Entwicklungen. Letztere lassen sich häufig lediglich mittels hermeneutischer Verfahrensweisen, die mehr Vermutungen als

---

367-414. Streng genommen ist diese These zurückzuweisen. Vorlesungen gingen immer von einem geschriebenen Text aus. Das Christentum ist eine Buchreligion.

17 Eisenstein spricht davon, daß lediglich in Klöstern und Universitätsstädten eine intellektuelle („sophisticated") Buchkultur bestanden habe. Vgl. Eisenstein: Printing Press, S. 33 f.

18 Vgl. u.a. Burke, Peter: Die Renaissance in Italien. Sozialgeschichte einer Kultur zwischen Tradition und Erfindung, Berlin 1984, S. 41-84 und 303-310; Esch, Arnold: Kultur und Wirtschaft Italiens in Spätmittelalter und Renaissance. In: Der große Ploetz. Auszug aus der Geschichte 29, völlig neubearb. Aufl., Freiburg / Würzburg 1981, S. 537-539; und Seibt, Ferdinand: Von der Konsolidierung unserer Kultur zur Entfaltung Europas. In Europa im Hoch- und Spätmittelalter, hrsg. von dems. Stuttgart 1987 (Handbuch der Europäischen Geschichte 2), S. 6-174. Zuletzt auch diskutiert bei Heinig, Paul-Joachim: Florenz, Italien und Europa in der Frührenaissance. Ereignisse - Entwicklungen und Strukturen. In: Saeculum tamquam aureum. S. 281-301.

19 Vgl. Seibt: S. 71-76.

eindeutige Aussagen zulassen, kennzeichnen. Quantifizierbar sind sie, wenn überhaupt, nur nach mühsamen seriellen Analysen[20].

Der Druckerpresse wird zugeschrieben, ein Wegbereiter der Neuzeit zu sein[21]. Eine Rechtfertigung dieser Behauptung erübrigt sich an dieser Stelle, denn die Folgen der Erfindung des Flugschriften- und Buchdrucks für die Entwicklung des frühneuzeitlichen Europas sind offensichtlich und umfangreich dokumentiert[22]. Eine auf die ausschließliche Untersuchung der Folgen konzentrierte Forschung, welche die Ursachen vernachlässigt bzw. mißachtet, bleibt jedoch einseitig. Bei der Analyse des Phänomens Druckerpresse sind die Umstände, die zu ihrer Etablierung geführt haben, lange ignoriert worden[23]. Die Gründe hierfür sind vor allem in der gängigen Epochengliederung innerhalb der Buchforschung zu suchen und weniger in einer bewußten Ignoranz seitens einzelner Buchforscher. Die Erfindung und weitere Entwicklung des Buchdrucks bot sich als epochales Ereignis an, verschiedene Zeitalter der Buchgeschichte zu trennen und gesondert zu behandeln. Entsprechend unterteilt sich die Buchforschung in Neuzeitler und Mediävisten. Zur Erforschung des äußeren Erscheinungsbildes der Handschriften entwickelte sich die

---

20 Das Problem wurde u.a. thematisiert bei Vierhaus, Rudolf: Die Rekonstruktion historischer Lebenswelten. In: Wege zu einer neuen Kulturgeschichte, mit Beiträgen von Rudolf Vierhaus und Roger Chartier, Göttingen 1995, S. 7-28. Für eine Auseinandersetzung mit den methodischen Möglichkeiten der Kulturgeschichte vgl. Roeck, Bernd: Psychohistorie im Zeichen Saturns. Aby Warburgs Denksystem und die moderne Kulturgeschichte, Göttingen 1996.

21 Grundlegende Werke der modernen Forschung sind Febvre, Lucien / Martin, Henri Jean: L'Apparition du Livre, Paris 1958. u. v.a. Eisenstein: Printing Press, S. 29-31. Als radikalen Bruch in der Geschichte Europas wird die Druckerpresse beschrieben bei MacLuhan, Marshall: Gutenberg Galaxis, Düsseldorf 1968. Vgl auch Füssel, Stephan: Gutenberg und seine Wirkung, Frankfurt a.M. 1999.

22 Michael Giesecke hat das Phänomen aus kommunikationswissenschaftlicher Sicht präzisiert. Vgl. Giesecke, Michael: Der Buchdruck in der frühen Neuzeit. Eine historische Fallstudie über die Durchsetzung neuer Informations- und Kommunikationstechnologien, Frankfurt a.M. 1991.

23 Michael Giesecke stellt weder derartige Fragen, noch zieht er sie in Erwägung. Dies mag in seinem Ansatz einer Fallstudie begründet liegen, welcher das Forschungsfeld eingrenzt. Eine ernsthafte und umfangreiche kommunikationswissenschaftliche Untersuchung schriftlicher Traditions- und Informationsweitergabeformen in Europa vor Einführung der Druckerpresse, vor dem Aufkommen des Absolutismus und vor der Idee geschlossener Volkswirtschaften, mithin zur Zeit der Frührenaissance und einer Art von Handelsrevolution steht noch aus. „Diese Veränderungen [gemeint ist die neuerliche Transformation von Infomation] haben Auswirkungen auf die Selbstbilder der Menschen und ihre Vorstellungen darüber, was Wirklichkeit ist und welche Elemente derselben von Bedeutung sind." Giesecke: S. 22. Angesichts der Tatsache, daß die von Giesecke angesprochenen Phänomene, d.h. die Zunahme von schriftlicher Kommunikation, schon vor der Druckerpresse zugenommen haben müssen, wäre eine derartige Arbeit für die Renaissanceforschung sehr gewinnbringend.

Kodikologie[24]. Die Inkunabelkunde bildete sich hingegen als eine ausschließ-
lich auf Herstellung, Material, Form und Gestaltung der Frühdrucke des 15.
Jahrhunderts spezialisierte Wissenschaft aus[25]. Die kommunikationswissen-
schaftlich und soziologisch orientierte Forschung interessierte sich vor allem
für die beiden Massenmedien gedrucktes Buch und gedruckte Flugschriften.
Lucien Fevbre betitelt sein grundlegendes medienhistorisches Werk
„L'Apparition du livre" und meint damit ausschließlich das gedruckte Buch.
Buchforscher verstanden sich in Folge nicht selten vornehmlich als Erforscher
des Druckwerks und setzten dabei im 16. Jahrhundert an. Ein Grund hierfür ist
auch der Umstand, daß die Druckerpresse auf Dauer zur Vereinheitlichung der
Erscheinungsformen von Büchern beigetragen hat und durch sie das Prinzip
der Edition geboren wurde[26]. Der Ansatz leistet einer Betrachtung des Druckwerks als grundsätzlich neuem Produkt Vorschub. Werner Faulstich hat jüngst
eine Mediengeschichte des Mittelalters vorgelegt, in der er dem „Schreib- und
Speichermedium" Buch im Vergleich zum „Gedächtnismedium" Mensch eine
sekundäre Bedeutung innerhalb der Medien des Mittelalters zuschreibt und die
mittelalterliche Kultur kommunikationsstrukturell als „von der späteren
Druckkultur ganz und gar verschieden" bezeichnet. Allerdings läßt er seine
Betrachtung des Mittelalters mit dem Jahr 1400 enden. Einer Auseinandersetzung mit der unmittelbaren Vordruckzeit hat er sich somit nicht gestellt[27].
Der Übergangsphase von manuellen zu technischen Herstellungsverfahren
eines der zentralen Medien der abendländischen Kultur sowie die dieser Phase
vorausgehenden Entwicklungen ist bislang nur in Ansätzen Beachtung
geschenkt worden.

Die wenigen relevanten Forschungsarbeiten zum Thema kommen entweder
aus den Vereinigten Staaten oder aus Großbritannien, wo die Renaissance-
Forschung mit starkem kultur- und sozialhistorischem Schwerpunkt eine
eigene Teildisziplin darstellt, oder resultieren aus gezielten Forschungsprojek-
ten zur Geschichte der Renaissance, die sich genau der Epoche widmen, die
als Folge einer reinen Mittelalter-Neuzeit-Unterteilung häufig vernachlässigt
wird, oder stammen aus der Feder von Forschern, die - zumeist in Braudel-
scher Tradition - historische Phänomene in ihrer „plus longue dureé structu-
rale" zu erfassen suchen. Roger Chartier formuliert den methodischen Ansatz,

---

24 Der Begriff der Kodikologie ist insbesondere in der frankophonen Wissenschaft behei-
    matet. Zur Behauptung der Kodikologie als eigenem Wissenschaftszweig vgl. Lemaire,
    Jaques: Introduction à la Codiologie, Louvain la Neuve, 1989.
25 Zu Ursprung, Definition und Zielsetzung der Inkunabelforschung vgl. Wehmer, Carl:
    Inkunabelkunde. In: Zentralblatt für Bibliothekswissenschaft 57, 1940, S. 214-232.
26 Zu den unterschiedlichen Erscheinungsformen handgeschriebener Kodizes vgl. Kap.
    5.1. Zum Wesen der Edition vgl. u.a. Kenney, Edward John: The Classical Text.
    Aspects of Editing in the Age of Printing, Berkeley / Los Angeles 1974.
27 Vgl. Faulstich, Werner: Medien und Öffentlichkeit im Mittelalter. 800-1400, Göttingen
    1996, insb. .S. 101-127 und 269-272, Zitat S. 269.

daß das Objekt des gedruckten Buches nicht losgelöst vom Buch an sich und der gesamten Geschichte der Schrift betrachtet werden kann[28]. Richard und Mary Rouse heben die gemeinsame Tradition von Frühdrucken und Handschriften bezüglich Erscheinungsbild und Gestaltung hervor[29]. Rudolf Hirschs grundlegende Arbeit charakterisiert Gemeinsamkeiten vor allem im Verkaufs- und Herstellungswesen von Frühdrucken und Handschriften[30]. Im Zusammenhang mit dieser Forschung ist die Vermutung einer quantitativen Intensivierung des Umgangs mit Büchern vor Gutenbergs Erfindung schon formuliert worden. Die zunehmende Verbreitung des Papiers und die Gründung der Universitäten seit dem 12. Jahrhundert, die ansteigende Handelsintensität seit dem 13. Jahrhundert, welche verstärkt Lese- und Schreibfertigkeiten erforderte, und auch das Auftreten von Buchhändlern und kommerziellen Schreibstuben in verschiedenen Städten Europas im Laufe des 14. und 15. Jahrhunderts sind Anzeichen, anhand derer auf eine Intensivierung der Buchproduktion rückgeschlossen wird. Kenneth William Humphreys Forschungen sehen durch das Wachsen der Klosterbibliotheken im 12. Jahrhundert eine deutliche Zunahme der Buchherstellung gegeben[31]. Hirsch spricht von einem für den Siegeszug der Druckerpresse grundlegenden „spread of literacy" im 15. Jahrhundert[32]. Thomas Kock und Rita Schlusemann stellen der von ihnen jüngst herausgegebenen Sammlung von Beiträgen zu Laienlektüre und Buchmarkt im späten Mittelalter die Behauptung voran, daß die Erfindung des Buchdrucks und der damit verbundene Übergang von mittelalterlichen zu modernen Kommunikationsformen ohne eine vorhergehende Ausweitung der Schriftlichkeit in alle

---

28 Vgl. Chartier, Roger: Lesewelten: Buch und Lektüre in der frühen Neuzeit. Frankfurt a. M. 1990; und ders.: Die Praktiken des Schreibens. In: Geschichte des privaten Lebens, hrsg. von Philippe Ariès und Georges Duby, Frankfurt a.M. 1991, Bd.3, S.115-165. Chartier führt hier u.a. von dem inzwischen verstorbenen Philippe Ariès begonnene Arbeiten zu Ende. Als ein Beitrag zur Realisierung des Ansatzes erschien 1983-86 die von Chartier und Henri Jean Martin herausgegebene „Histoire de l'édition française". Das dreibändige Werk widmet sich in erster Linie dem französischen Sprachraum, behandelt jedoch auch den gesamteuropäischen Wirtschafts- und Kulturraum, sein Verlagswesen, seine Lesegewohnheiten und Traditionen als Basis für die Erläuterung der Entwicklung des französischen Buchwesens. Vgl. Histoire de l'édition française, hrsg. von Martin, Henri-Jean / Chartier, Roger, 3 Bde., Paris 1983-86.
29 Vgl. Rouse, Mary A. / Rouse, Richard H.: Nicolaus Gupalatinus and the Arrival of Printing in Italy. In: La Bibliofilia 88, 1986, S. 221-251; u. v.a. dies.: Cartolai, Illuminators and Printers in Renaissance Italy, Los Angeles 1988. Auf ähnliche Weise arbeiten auch Hindman, Sandra / Farquhar, James Douglas: From Pen to Press, Baltimore 1977.
30 Hirsch: Printing. Für Hirsch markiert die Druckerpresse sowohl Bruch als auch Kontinuität.
31 Vgl. u.a. Humphreys, Kenneth William: The Book Provisions of Medieval Friars. 1225-1400, Amsterdam 1964.
32 Vgl. Hirsch: Printing. S. 15.

Lebensbereiche der Gesellschaft nicht denkbar gewesen sei[33]. Die Beiträge des Bandes betrachten jedoch nicht die Vordruckzeit, sondern mit nur wenigen Ausnahmen das ausgehende 15. Jahrhundert[34]. Sämtliche der erwähnten Behauptungen bleiben Vermutungen. Nicht selten müssen sich Forscher mit dem Gebrauch des Konditionals begnügen, wie zum Beispiel der italienische Buchforscher Piero Lucchi mit seiner Behauptung, die Herstellungsraten von Büchern vom 13. bis zum 15. Jahrhundert ergäben, wenn sie sich denn erfassen und graphisch darstellen ließen, schon vor der Erfindung der Druckerpresse eine ansteigende Kurve[35].

Nachdem die Buchforschung sich zum einen der Buchproduktion und -gestaltung und zum zweiten dem Buchhandel gewidmet hatte, wendet sie sich seit den 1970er Jahren, angeregt durch das von Literaturwissenschaftlern und Soziologen formulierte Modell „Vom Autor zum Leser", verstärkt auch der Rezeptionsgeschichte zu. In Deutschland erhielt dieser Wissenschaftszweig den Namen „historische Leserforschung"[36]. Diese sucht unter anderem nach Buchkäufern, -sammlern und -lesern. Die Leserschaft im ausgehenden Mittelalter und in der Frührenaissance ist bislang allerdings nur ansatzweise erfaßt worden[37]. Die moderne Lesersoziologie setzt ihre Schwerpunkte meist in der

---

33 Vgl. Kock Thomas / Schlusemann, Rita. Einleitung. S. 9. In: Laienlektüre und Buchmarkt im späten Mittelalter. hrsg. von Thomas Kock und Rita Schlusemann, Frankfurt am Main u.a. 1997, S. 9-12.

34 Ein wertvoller Beitrag stammt vom Herausgeber selbst. Vgl. Kock, Thomas: Therorie und Praxis der Laienlektüre im Einflußbereich der Devotio Moderna. In: Laienlektüre und Buchmarkt. S. 199 - 220. Vgl. auch das nachfolgende, umfangreichere Werk Kock, Thomas: Die Buchkultur der Devotio Moderna. Handschriftenproduktion. Literaturversorgung und Bibliotheksaufbau im Zeitalter des Medienwechsels, Frankfurt a. M. u.a. 1999. Eine Mittelalter-Neuzeit Unterteilung in der Buchgeschichte will vom Ansatz her ebenfalls vermieden werden in: Books and Collectors 1200-1700, hrsg. von James Cerley und Colin G.C. Tite, London 1997.

35 Vgl. Lucchi, Piero: La Santacroce, il Salterio e il Babuino. Libri per imparare a leggere nel primo secolo della stampa. In: Quaderni storici 38, 1978, S. 593-639. S. 594: „Si può credere che gli efetti della difusone della stampa si siano manifestati lentamente nel corso del suo primo secolo di vita. In realtà non fu cosi. Se fosse possibile rappresentare su di un grafico la produzione di libri tra la fine del medio evo e l'inizio della età moderna, avremmo probabilmente nel periodo che va dal XIII secolo alla seconda metà del secolo XV una linea ascendente che inanalza poi rapidamente dopo la invenzione della stampa tipografica, assumendo una direzione quasi verticale." Jean Vezin zeichnet eine ähnliche Kurve. Vgl. Vezin, Jean: L fabrication des manuscrits. In: Histoire de l'édition française, hrsg. von Henri-Jean Martin und Roger Chartier, Paris 1983, Bd. 1, S. 25-48.

36 Vgl. Raabe, Paul: Bibliotheksgeschichte und historische Leserforschung. Anmerkungen zu einem Forschungsthema. In: Wolfenbütteler Notizen zur Buchgeschichte 7, 1982, S. 433-441.

37 Vgl. u.a. Alessio, Giancarlo: Il manoscritto e il suo pubblico. Circolazione del libro e domanda di letteratura nel Quattrocento. In: Biblioteche oggi 3, 1985, Nr.1, S. 15-33.

Neuzeit. In Zeitschriften wie zum Beispiel dem *Archiv für die Geschichte des Buchwesens* finden sich in den letzten Jahrgängen kaum Arbeiten zum Buchbesitz vor der Einführung der Druckerpresse. Der Wolfenbüttler Arbeitskreis zur Erforschung des Buchwesens, der sich im Rahmen seiner Untersuchungen auch mit den Möglichkeiten zur quantitativen Erfassung historischer Leser beschäftigte, hat sich nach Ansätzen zur Erforschung von Buchbesitz in Mittelalter und Frührenaissance, chronologisch vorgehend, verstärkt den späteren Jahrhunderten zugewandt[38]. Französische Buchforscher wie Roger Chartier haben Grundfragen an die Leserschaft im 15. Jahrhundert gestellt, doch gelten auch ihre weiteren Arbeiten hauptsächlich dem 16. bis 18. Jahrhundert.

Ursache für die überwiegende Mißachtung der Vordruckzeit durch die einschlägige Forschung ist in erster Linie das fehlende bzw. nur schwer zugängliche Quellenmaterial.

In Ermangelung eines adäquaten Quellenmaterials bedienten sich Wissenschaftler bei der Erfassung der Leser in der Vordruckzeit und des Verbreitungsgrades von Handschriften und Literatur zum Teil philologisch-hermeneutischer Methoden. Anhand der Textinhalte, der Sprache oder des Stils zog man Rückschlüsse auf die Funktion von Literatur und damit auf die Leserschaft[39]. Zum Beispiel vermutet Tiziana Plebani hinter dem Auftreten weiblicher Themen in der italienischen Novellistik weibliche Leserinnen bzw. eine feminin geprägte Leserschaft der Werke[40]. Paul F. Grendler spricht den Ritterromanen in den urbanen und merkantilen Lebenswelten Oberitaliens und vor allem Venedigs deshalb eine so große Beliebtheit zu, da sie in fernen, unbekannten Lebenswelten spielten und somit Abwechslung und Unterhaltung

---

38 Vgl. hier v.a. die Wolfenbütteler Notizen zur Buchgeschichte; sowie Buch und Leser, hrsg. von Herbert W. Göpfert, Hamburg 1972; Bibliotheksgeschichte als wissenschaftliche Disziplin, hrsg. von Peter Vodosek, Hamburg 1980; Buch und Text im fünfzehnten Jahrhundert, hrsg. von Lotte Hellinga und Helmar Härtel, Hamburg 1981; Bücherkataloge als buchgeschichtliche Quellen in der frühen Neuzeit, hrsg. von Reingard Wittman, Wiesbaden/Wolfenbüttel 1982; Literatur und Laienbildung im Spätmittelalter und in der Reformation (Symposion Wolfenbüttel 1981), hrsg. von Ludger Grenzmann und Karl Stackmann, Stuttgart 1984.

39 Gegenstand der Analyse waren zum Beispiel Widmungen, an bestimmte Leser gerichtete Vorworte, die Texte, ob lateinisch oder volkssprachig, ob einfach verständlich oder anspruchsvoll verfaßt. Ein derartiges Vorgehen liegt zum Beispiel zugrunde bei Schalk, Fritz: Das Publikum im italienischen Humanismus, Krefeld 1955; sowie bei Auerbach, Erich: Literatursprache und Publikum in der lateinischen Spätantike und im Mittelalter, Bern 1958. Zur Methodik der Analyse der Vorworte vgl. u.a. Hindman, Sandra: Authors, Artists, and Audiences. In: Hindman, Sandra / Farquhar, James Douglas: From Pen to Press, Baltimore 1977, S. 157-211.

40 Vgl. Plebani, Tiziana: Nascità e caratteristiche del pubblico di lettrici tra Medioevo e prima età moderna. In: Donna, disciplina e creanza cristiana, hrsg. von Gabriella Zarri, Roma 1996, S. 23-44, insb. S. 23-28.

garantierten[41]. Paul Oskar Kristeller weist der scholastisch-theologischen Literatur eine überwiegend klerikale Leserschaft zu, während er dem humanistischen Schrifttum auch gebildete Laien als Leser zuordnet, an die es gerichtet gewesen sei. Er schlußfolgert aus Widmungen und Vorworten, daß sich humanistisches Schrifttum vornehmlich unter den dort erwähnten Gelehrten verbreitet habe. Darüber hinaus spricht er beiden Gattungen aufgrund formaler Aspekte, ihres „wissenschaftlichen Charakters" oder ihres rein auf den Unterricht ausgerichteten Stils eine hochgebildete Leserschaft zu[42]. Bernhard Schnell schließt auf die Rezipienten volksprachlicher Medizinliteratur des ausgehenden Mittelalters in Deutschland ebenfalls anhand inhaltlicher und sprachlicher, formaler bzw. stilistischer Kriterien der erhaltenen Orginaltexte bzw. Kompilationen[43].

Die Aussagekraft der hermeneutischen Verfahrensweise ist insofern begrenzt, als Widmungen und Vorworte nur bedingt Aussagen über den tatsächlichen Leserkreis zulassen. Die Philologie hat mittlerweile durch die Methoden der vergleichenden Literaturwissenschaft erkannt, daß Vorworte mitunter selbst Kunstprodukte sind, das heißt historisch keine eindeutig und unkritisch zu verstehenden Aussagen darstellen. So ist das Vorwort Giovanni Boccaccios zu seinem *Decamerone*, in dem er das Werk ausschließlich zur Unterhaltung und in erster Linie den Damen empfiehlt, ein in Anlehnung an literarische Traditionen entstandenes Zeugnis schriftstellerischer Koketterie und Ironie[44]. Darüber hinaus kann selbst ein ernst gemeintes Vorwort nicht verhindern, daß auch andere als die angesprochenen Leser das jeweilige Werk lesen. Anhand der Sprache, ob Latein oder Volkssprache, läßt sich nicht in jedem Fall auf eine entsprechend gebildete oder ungebildete Leserschaft rückschließen. Neben anderem verdeutlichen vor allem die Arbeiten Paul Oskar Kristellers, daß es mit dem Aufkommen des Humanismus nicht nur eine Frage der Latinität, sondern auch der Gesinnung war, ob man sich lateinischen oder volkssprachlichen Texten zuwandte[45].

Die philologische Forschung stellte ursprünglich überwiegend Fragen nach dem Autor und nach Formen der Gestaltung von Texten. Sie betrachtete den Leser vorrangig als einen Faktor, der Autor und Schreibprozeß beeinflußte und an den der Autor während des Schreibens dachte, um Interaktionen zwi-

---

41 Vgl. Grendler, Paul F.: Chivalric Romances in the Italian Renaissance. In: Studies in Medieval and Renaissance History 10, 1988, S. 59-102.

42 Vgl. Kristeller, Paul Oskar: Der Gelehrte und sein Publikum im späten Mittelalter und in der Renaissance. In: Medium aevum vivum. Festschrift für Walter Bulst, Heidelberg 1960, S. 212-230, insb. S. 222.

43 Vgl. Schnell, Bernhard. Die volkssprachliche Medizinliteratur des Mittelalters - Wissen für Wen? In: Laienlektüre und Buchmarkt, S. 129 - 145.

44 Zur vergleichenden literaturwissenschaftlichen Untersuchung Boccaccios vgl. v.a. Branca, Vittore: Boccaccio medievale e nuovi studi sul Decamerone, Firenze 1981.

45 Vgl. Kristeller: Der Gelehrte und sein Publikum, S. 222-226.

schen Text und Rezipient zu erfassen. Sie stellte keine Fragen nach den tatsächlichen Lesern. Die Zusammensetzung der Leserschaft ist aber nicht unbedingt abhängig vom Autor. Die moderne Rezeptionsforschung unterscheidet mittlerweile terminologisch den *intendierten* Leser, welchen sich der Autor gewünscht hat, vom *impliziten* Leser, mit dem ein Autor als Rezipient gerechnet hat, und dem *expliziten* Leser, der ein Werk tatsächlich gelesen hat[46]. Die Sozialgeschichte des Lesens muß sich bei der Suche nach dem *expliziten* Leser bisweilen von Autor und Werk lösen. Bei der Frage nach Lesegewohnheiten und nach der Funktion von Literatur sind die potentielle Wirkung und damit die Form des Geschriebenen jedoch nicht unwesentlich[47]. Bezüglich der Rekonstruktion der Leserkreise sind die philologisch-hermeneutischen Verfahrensweisen nicht wertlos. Sie bedürfen jedoch der Ergänzung.

Ein weiterer Ansatz der Leserforschung bestand darin, anhand von Anzahl, Material, Gestaltung und Zustand erhaltener Originalmanuskripte auf Besitzer und Lesegewohnheiten rückzuschließen. Sofern vorhanden, liefern natürlich Besitzerverzeichnisse in alten Büchern wertvolle Hinweise[48]. Bücher mit Lesespuren, handschriftlichen Randbemerkungen, Datierungen, Unterstreichungen oder Eintragungen jeglicher Art dokumentieren Lesarten, Lesegewohnheiten und „Leserprofile"[49]. Oft geben auch das Material und die Gestaltung, das heißt ein mehr oder weniger wertvoller Einband, eine prächtige und damit kostspielige Illustration oder das Fehlen jeglicher Verzierungen, ein Großfolioformat oder ein kleines, handliches Format, Auskunft über die wirtschaftliche Position des Besitzers und die Funktion des Buches. Der Versuch, anhand von Lesespuren Lesarten zu ermitteln, ist für die Leserforschung der Vordruckzeit allerdings mühsam. Die erhaltenen, zumeist kostba-

---

46 Vgl. u.a. Grimm, Gunter: Rezeptionsgeschichte, München 1977, S. 34-42.

47 Ergiebig ist diesbezüglich beispielsweise die Analyse von verbreiteten volkssprachigen Versionen ursprünglich lateinischer Texte, sogenannter *volgarizzamenti*. Bei den *volgarizzamenti* der Metamorphosen Ovids lassen sich anhand des Stils der Zweck der Übersetzung und das gewünschte Publikum erkennen.Vorrangig zur Erbauung zusammengestellte Werke sind sprachlich sehr vereinfacht und inhaltlich derartig umgeformt, daß die im Original auftretenden Götter eher menschlichen Charakteren der zeitgenössischen Literatur als Göttern ähneln, und zudem moralisierend kommentiert. In als Nachschlagewerken zur antiken Mythologie verfaßten Werken werden bei Ovid nicht erzählte Mythen der Antike ergänzt und ein Inhaltsverzeichnis, eine Art Index, angefügt. Sehr stark an das Original angelehnte, poetisch ausgearbeitete Versionen befriedigten indes hohe literarische Ansprüche Vgl. v.a. die vergleichenden Textanalysen der *volgarizzamenti* Giovanni dei Bonsignoris, Arrigo Simintendis und Girolamo da Sienas bei Guthmüller, Hans Bodo: Ovidio metarmorphoseos vulgare: Formen und Funktionen der volkssprachigen Wiedergabe klassischer Dichtung in der italienischen Renaissance, Boppard am Rhein 1981, S. 56-135.

48 Vgl. Allaire, Gloria: The Use of Owners Jingles in Italian Vernacular Manuscripts. In: Viator. Medieval and Renaissance Studies 27, 1996, S. 171-187.

49 Zum Aussagewert überlieferter Originalmanuskripte vgl. Raabe: Bibliotheksgeschichte und historische Leserforschung, S. 438 f.

ren Manuskripte wurden selten von ihren Besitzern mit persönlichen Notizen
versehen. Ein Blick auf die Illustrationen, deren Auftraggeber der Käufer war,
also der erste potentielle Rezipient Buches, und die dazu mittlerweile reich
vorliegende Forschung kann wertvollere Hilfe liefern[50]. Jedoch gilt auch hier
zu beachten, daß nicht alle Bücher illustriert waren und sich hier nur eine
Auswahl an Abnehmern präsentiert[51].

Die Arbeit allein mit erhaltenen Exemplaren ist zudem angesichts der
geringen Zahl überlieferter Originalmanuskripte nicht ausreichend und führt
zu verfälschten Ergebnissen. Die überlieferten Exemplare sind nicht repräsentativ. Es sind nur diejenigen Werke erhalten, die Brände, Zerstörungen und
Verfall überdauert haben, bzw. die aufgrund ihres Inhalts, ihres kostbaren
Einbands oder der kunstvollen Illustrationen als bewahrenswert erachtet wurden. Überliefert sind dadurch eher Prachthandschriften und weniger
Gebrauchshandschriften. Darüber hinaus hat vornehmlich der Bestand institutioneller, das heißt öffentlicher oder kirchlicher, Bibliotheken überlebt, und
nur ein geringer Anteil des privaten Buchbesitzes ist im Laufe der Zeit in
öffentliche Sammlungen übergegangen[52]. Versuche, von der Anzahl erhaltener Exemplare auf die allgemeine Verbreitung zurückzuschließen, setzen
methodisch falsch an. Gerhard Eis legt beispielsweise das Verhältnis des einzigen erhaltenen Exemplares des *Missale Passaviense* von 1453 zu einer von
ihm angenommenen Gesamtzahl der im 15. Jahrhundert verbreiteten Exemplare zu Grunde - aufgrund der Anzahl der damals im Passauer Bistum verbreiteten Seelsorgern und Pfarreien geht er von ursprünglich 150 gefertigten
Handschriften des Messbuches aus - und überträgt das Verhältnis von 1 zu
150 auf sämtliche Handschriften[53]. Das Überleben einzelner Handschriften ist
jedoch von zu vielen Zufällen abhängig, als daß sich ein anhand nur eines
Beispiels gewonnenes Ergebnis unbedingt verallgemeinern ließe[54]. Zudem sind
zahlreiche Exemplare nicht mehr im Originalzustand erhalten, haben zum Teil

---

50 Zur italienischen und venezianischen Buchmalerei vgl. u.a. Alexander, Jonathan J.G.:
    Venetian Illumination in the Fifteenth Century. In: Arte Veneta 24, 1970, S. 272-275;
    ders.: Italienische Buchmalerei der Renaissance, München 1977; Armstrong, Lilian:
    Renaissance Miniature Painters & Classical Imagery. The Master of Putti and his
    Venetian Workshop, London 1981; dies.: Il Maestro de Pico. Un miniatore veneziano
    del tardo Quattrocento, Firenze 1990; und The Painted Page. Italian Renaissance Book
    Illumination, hrsg. von Jonathan G. Alexander, München / New York 1994.
51 Vgl. Kap. 5.1.
52 Bühler; Carl F.: Scribi e manoscritti nel Quattrocento Eurpoeo. In: In: Libri, scrittura e
    pubblico nel Rinascimento.Guida storica e critica, hrsg. von Armando Petrucci, Bari
    1979, S. 37-57. S. 42.
53 Vgl. Eis, Gerhard: Vom Werden altdeutscher Dichtung. Literarhistorische Proportio-
    nen, Berlin 1962, insb. S. 7-27.
54 Zur Kritik an Eis und zur Methodik generell vgl. v.a. Koppitz, Hans Joachim: Fragen
    der Verbreitung von Handschriften und Frühdrucken im 15. Jahrhundert. In: Buch und
    Text im fünfzehnten Jahrhundert, S. 179-188.

im Laufe der Jahrhunderte verfälschende Restaurierungen erfahren oder sind neu gebunden und dabei nicht selten mit anderen Werken in einem Sammelband zusammengefaßt worden. Ihre ursprünglichen Beschaffenheiten und Funktionen verraten diese Werke dem Forscher nicht mehr. Die Arbeit mit Originalen ist allerdings nicht in jeder Hinsicht wertlos. Carla Bozzolo hat zum Beispiel jüngst Herstellungsraten von Schreibstuben rheinischer Städte durch die Erfassung erhaltener und datierter Handschriften erarbeitet und ein Übergewicht an überlieferten Handschriften aus dem 15. Jahrhundert festgestellt[55]. Das Ergebnis verstärkt die Vermutung einer Zunahme der Produktion im 15. Jahrhundert, verlangt allerdings wiederum nach einer Bestätigung.

Erste Ansätze, zur wissenschaftlichen Ermittlung von Buchbesitz in der italienischen Frührenaissance unmittelbare und eindeutige Quellen zugänglich zu machen, liegen im italienischen Risorgimento. Die „Unionisten" sahen das kulturelle und vor allem literarische Erbe als ein Element an, das die italienische Nation einte und historisch legitimierte. Dementsprechend setzte in der zweiten Hälfte des 19. Jahrhunderts eine an unmittelbaren schriftlichen Quellen orientierte Dokumentation der Kulturgeschichte ein, die auch private Lebensbereiche erfaßte[56]. Dabei suchte man unter anderem nach einer frühen Verbreitung der drei großen „italienischen" Dichter Dante, Boccaccio und Petrarca. Insbesondere in den umfangreichen Notariatsarchivbeständen der ehemaligen italienischen Stadtstaaten wurde in Kaufverträgen, Haushaltsinventaren und vor allem in Testamenten nach Hinweisen auf privaten Buchbesitz im ausgehenden Mittelalter und der Renaissance gesucht. Das Ergebnis sind zahlreiche frühe Quellenpublikationen[57].

Mit dem Einsetzen der modernen Leserforschung in den 1960er Jahren nahmen Wissenschaftler, angeregt durch die „Annales-Schule", die Erarbeitung von Buchbesitz in der italienischen Renaissance anhand unmittelbarer schriftlicher Quellen wieder auf[58]. Privater Buchbesitz wurde anhand von Briefen, in denen die Verfasser von Büchern sprechen, die sie oder andere

---

55 Vgl. Bozzolo. Carla: La production manuscrite dans les pays Rhénans au XVe siècle (à partir des manuscrits datés). In: Scrittura e civiltà 18, 1994, S. 183-242.

56 Vgl. Molmenti. Pompeo: La storia di Venezia nella vita privata. 2 Bde.. Bergamo 1906.

57 Für Venedig sind hier vor allem zu nennen Cecchetti. Bartolomeo: Libri, scuole, maestri, sussidi allo studio in Venezia nei secoli XIV e XV. In: Archivio Veneto 32, 1886, s. II, XVI; Foscarini, Marco: Dei Veneziani raccoltatori di codici. In: Archivio Storico Italiano 5, 1845, S. 253-280; Fulin, Rinaldo: I codici veneti della Divina Commedia. In: I codici di Dante Alighieri in Venezia. Illustrazioni storico-letterale. Venezia 1865, S. 1-122; Lazzarini, Lino: Paolo de Bernardo e i primordi dell'umanesimo in Venezia, Genève 1930; und Lazzarini, Vittorio: I più antichi codici di Dante in Venezia. In: Nuovo Archivio Veneto, nuova serie 41-42, 1921, S. 171-174.

58 Vgl. Bec, Christian: Les marchands écrivants à Florence 1373 -1434, Paris 1967; und ders.: Les livres des florentins (1413-1608), Firenze 1984.

besaßen oder erwerben wollten[59], anhand von Besitzervermerken in erhaltenen
Originalen und Subskriptionsverzeichnissen (Bestellisten)[60] und desweiteren
anhand von erhaltenen Akten notarieller oder behördlicher Vermögens- und
Nachlaßverwaltung in Form von Testamenten, Kaufverträgen, Hinterlassen-
schafts- und Vormundschaftsinventaren, Übergabeverzeichnissen, Lagerlisten
oder Listen von Hausratsversteigerungen ermittelt[61]. Häufig wird in den Quellen nicht nur von Buchbesitz gesprochen, sondern es werden auch die Titel
und/oder die Autoren der Bücher genannt. Die Forschungen blieben größtenteils jedoch im mikrohistorischen Bereich und beschränkten sich auf kasuisti-
sche Untersuchungen. Man suchte entweder gezielt nach bestimmten Inhalten
oder erfaßte vornehmlich umfangreiche und geistesgeschichtlich interessante
Buchsammlungen hochgebildeter Buchbesitzer[62]. Die rekonstruierten Biblio-

---

59 Auf diese Methode wird u.a. zurückgegriffen bei Gargan, Luciano: Per la biblioteca di
    Giovanni Conversini. In: Vestigia. Studi in onore di Giuseppe Billanovich, Bd. 1,
    Roma 1991, S. 365-385.
60 Die Quellen werden diskutiert bei Wittmann, Reinhard: Subscribenten- und Pränu-
    merantenverzeichnisse als lesersoziologische Quellen. In: Buch und Leser, hrsg. von
    Herbert W. Göpfert, Hamburg 1972. S. 125-159. Die Quellen sind bislang jedoch
    schwerpunktmäßig zur Erforschung des 17. und 18. Jahrhunderts herangezogen wor-
    den. In der Vordruckzeit waren sie noch nicht existent.
61 Mit seriellen Quellen hat vor allem die von der Annales-Schule beinflußte
    Geschichtswissenschaft gearbeitet, während in Deutschland vornehmlich die Volks-
    kunde diesen Quellentypus ausgewertet hat. Zur Diskussion von Inventaren als Quelle
    der Sozialgeschichte im Allgemeinen vgl. u.a. Les Actes Notariés. Source de l'Histoire
    sociale XVIe - XIXe siècles (Actes du colloque de Strasbourg - mars 1978, reunis par
    Bernhard Vogler), Strasbourg 1979; Wiegelmann, Günter: Von der Querschnittsana-
    lyse; sowie Löwenstein, Uta: Item ein Beth ... . Wohnungs- und Nachlaßinventare als
    Quellen zur Haushaltsführung. In: Haushalt und Familie in Mittelalter und früher Neu-
    zeit. Sigmaringen 1991, S. 43-70. Eine erste Erforschung des Buchbesitzes anhand von
    Inventaren zu Frankreich als Forschungsfeld ist Mornet, Daniel: Les enseignements des
    bibliothèques privées (1750-1780). In: Revue d'histoire littéraire de la France 17, 1910,
    S. 449-496. Nach einer Würdigung der Quelle durch Febvre, Lucien: Ce qu'on peut
    trouver dans une serié d'inventaires mobiliers. De la Renaissance à la Contre-réforme:
    Changement de Climat. In: Annales, 1941, S. 41-51, hat eine konzentrierte Auseinan-
    dersetzung mit Inventaren eingesetzt. Vgl. Martin, Henry Jean: Ce qu'on lisait à Paris
    au VIIe siècle. In: Bibliothèque d'Humanisme et Renaissance 21, 1959, S. 222-230;
    Goubert, Pierre: Beauvais et le Beauvaisis de 1600 à 1730, Paris 1960; Meyer, Jean: La
    noblesse bretonne au XVIIIe siècle, 2 Bde., Paris 1966. Zu Inventaren als lesersozio-
    logische Quelle vgl. auch Weyrauch, Erdmann: Nachlaßverzeichnisse, als Quellen der
    Bibliotheksgeschichte. In: Bücherkataloge als buchgeschichtliche Quellen in der frühen
    Neuzeit, hrsg. von Reingard Wittman, Wiesbaden / Wolfenbüttel 1982, S. 299-312,
    insbesondere S. S. 302; und Berger, Günter: Inventare als Quelle der Sozialgeschichte
    des Lesens. In: Romanistische Zeitschrift für Literaturgeschichte 5, 1981, S. 368- 377.
62 Vgl. u.a. Ullman, B./ Stadler P.: The Public Library of Renaissance Florence. Niccolo
    Niccoli, Cosimo di Medici and the Library of San Marco, Padova 1970; Diller, Aubrey:
    The Library of Francesco and Ermolao Barbaro. In: Italia Medievale e Umanistica 6,
    1963, S. 252-262; und Caroti, Stefano: La biblioteca di un medico fiorentino. Sione di

theken können keinen Anspruch auf Repräsentativität erheben. Einige Forscher gingen jedoch umfassender vor. Christian Bec wertete die Akten der Florentiner Vormundschaftsverwaltung, des *magistrato dei pupilli*, von 1386 bis 1608 aus. Seine mittlerweile vieldiskutierten Arbeiten legen zahlreiche private Buchsammlungen offen[63]. Bec setzt einen literaturhistorischen Schwerpunkt und untersucht das Auftreten verschiedener Titel, Autoren und Gattungen. Seine Forschungen stellen die Buchbesitzer allerdings nur mangelhaft vor ihrem sozio-kulturellen Hintergrund dar. Indem er Florenz als Stadt der Händler begreift, sieht Bec die jeweiligen Buchbesitzer vorwiegend in kaufmännischen und bürgerlichen Lebenswelten beheimatet und verweist auf eine zunehmend merkantil und humanistisch geprägte Leserschaft im Quattrocento, ohne die tatsächlichen Berufe oder Stände der Buchbesitzer zu erfassen und entsprechend zu differenzieren. Seine Arbeit gestaltet sich zudem sehr unübersichtlich, da er die Buchbestände zwar auflistet, sie allerdings nach ihrem Auftreten in den Akten sortiert und höchstens den Namen des Besitzers erwähnt. Seine Daten liefern daher nur unzureichende Vergleichsmöglichkeiten. Die Veröffentlichungen von Henri Bresc und Giovanna Petti Balbi sind vom editorischen Prinzip her wesentlich wertvoller[64]. Sie werten vornehmlich Notariatsakten aus und treffen dabei auf Bücher in Testamenten und Hinterlassenschaftsinventaren. Bresc katalogisiert 247 Buchbesitzer auf Sizilien aus den Jahren 1299 bis 1499 samt ihren Buchbeständen jeweils mit Angabe von Name, Stand und Beruf. Darüber hinaus nennt er den Grund für die Inventarisierung des Hausrates als Ganzes oder der Bücher im Speziellen. Petti Balbi verfährt auf die gleiche Weise mit genuesischem Buchbesitz im 13. Jahrhundert; allerdings ergibt die Auswertung des Archivbestandes aus dem Duecento nur 47 Buchbesitzer. Die den veröffentlichten Quellen vorangestellten Einleitungen haben jedoch sowohl bei Bresc als auch bei Petti Balbi eher kommentierenden als umfassend auswertenden Charakter.

Cinozzo di Giovanni Cini. In: La Bibliofilia 80, 1978, S. 123-138. Ein Überblick über die erarbeiteten Quellen und die entsprechenden Ergebnisse der Buchforschung sowie eine wertvolle Darstellung der Methoden und Möglichkeiten der Bibliotheksforschung generell liegt vor bei Nebbiai-Dalla Guardia, Donatella: I documenti per la storia delle bibliotheche medievali (Secoli XI-XV), Roma 1992.

63 Vgl. Bec: Les livres des florentins. Die aus der Periode von 1386-1393 erhaltenen Inventare der *pupilli* behandelt Bec nur auszugsweise, ohne eine umfassende quantitative Auswertung zu liefern. Vgl.: Bec. Les marchands écrivains. Kritisch setzt sich zusammenfassend aus Ciapelli, Giovanni: Libri e lettori a Firenze nel XV secolo. Le „ricordanze" e la ricostruzione delle biblioteche private. In: Rinascimento 29, 1989, S. 267-291.

64 Vgl. Bresc, Henry: Livre e Société en Sicile (1299-1499), Palermo 1971; und Petti Balbi, Giovanna: Il libro nella società genovese del secolo XIII. In: La Bibliofilia 80, 1978, S.1-45.

Die historischen Leser in ihrer Gesamtheit zu erfassen, ist ein langwieriger, wenn nicht sogar unmöglicher Prozeß. Paul Raabe hält fest:

Die Ergebnisse der Erforschung der Leser und der Lektüre einer Stadt zu einer bestimmten Zeit lassen sich [...] nicht verallgemeinern. Aber man kann sie zur Grund-lage verschiedener Studien innerhalb einzelner Städtetypen nehmen. So lernt man dann die Leser und die Lektüre in Universitätsstädten oder Residenzstädten zu einer bestimmten Zeit kennen. Erst danach kann man die Ergebnisse der historischen Biblio-theksforschung, bezogen auf bestimmte Städtetypen, miteinander vergleichen, und so kommt man endlich dem historischen Leser und seiner Lektüre näher.[65]

Die vorliegende Arbeit soll anhand des Fallbeispiels Venedig die bisherigen Erkenntnisse auf der Suche nach dem historischen Leser ergänzen. Sie erfaßt und charakterisiert im Sinne der Fragestellung anhand neu recherchierter Quellen den privaten Buchbesitz der Venezianer im 14. und 15. Jahrhundert und erschließt darüber hinaus Lesepraktiken. Sie stellt damit einen Beitrag zur Sozialgeschichte des Buches und des Lesens ebenso wie zur Renaissancefor-schung dar.

Venedig bietet sich als Fokus für eine Studie, welche nach potentiellen Abnehmern für das Produkt Buch sucht, aus mehreren Gründen an. Die Stadt war im 14. und 15. Jahrhundert eines der urbanen Zentren Europas, in denen die Forschung einen gestiegenen Bedarf an Handschriften vermutet, und wo mit den Worten Alfred Wendehorsts „die Schreibfähigkeiten nie auf einen nahezu einzigen Stand verengt waren"[66]. Venedig war im 14. und 15. Jahr-hundert, ihrem „imperialen Zeitalter"[67], mit 80 000 bis 120 000 Einwohnern eine der größten Metropolen Europas[68] und als solche nicht monostrukturell geprägt, denn sie beheimatete eine heterogene Einwohnerschaft. Verschiedene gesellschaftliche Gruppen waren in größerer Zahl ansässig. Die Stadt in der

---

65 Vgl. Raabe: Bibliotheksgeschichte, S. 439 f.
66 Vgl. Wendehorst, Alfred: Wer konnte im Mittelalter lesen und schreiben. In: Schulen und Studium im sozialen Wandel des hohen und späten Mittelalters, hrsg. von Johannes Fried, Sigmaringen 1986, S. 10 f. Wendehorst verweist auf das Weiterleben des antiken Urkundenwesens im staatlichen und privaten Rechtsverkehr der italieni-schen Kommunen. Den urbanen und kaufmännischen Lebensbereichen im Europa des 14. und 15. Jahrhunderts schreibt die Forschung generell einen relativ hohen Anteil an lesekundiger Bevölkerung zu. Vgl. Kap. 3.1.1.
67 Vgl. Chambers, D.S.: The Imperial Age of Venice 1380-1580, London 1970.
68 Zahlen nach Lane, Frederic C.: Seerepublik Venedig, München 1980, S. 39 -41. Jün-gere Forschungen bestätigen die Schätzungen Lanes. Von Epidemien konnte sich die Stadt durch Zuwanderung schnell erholen. Nach dem Schwarzen Tod 1348 wuchs die Einwohnerzahl bald wieder auf 80 000 und überstieg im 15. Jahrhundert die Grenze von 100 000 Einwohnern. Venedig zog gelernte, auswärtige Arbeitkräfte an, was einen im Vergleich zum Festland niedrigen Anteil von nur einem Drittel Bewohnern unter 20 Jahren ausmacht. Vgl. u.a. Romano, Dennis: Patricians and Popolani. The Social Foundations of the Venetian Renaissance State, London 1987, S.12-27.

Lagune Sitz großer Handelsgesellschaften und Bankhäuser[69]. Der Reichtum der Stadt gründete sich auch auf dem hohen Entwicklungsstand ihres Handwerks. Venedig nahm in Europa eine führende Stellung in der Seiden-, Seifen- und Glasherstellung sowie im Schiffsbau ein[70]. Die Stadt war zudem eine eigständige Republik, welche ihren Machtbereich über das Hinterland ausdehnte, im Mittelmeer Kolonien besaß und eine bedeutende Rolle im Hegemonialgefüge Europas innehatte. Sie verfügte über eine herrschende, privilegierte Klasse mit eigener Regierung und einem umfangreichen angeschlossenen Beamtenapparat[71]. Die venezianischen Patriziergeschlechter begriffen sich als altehrwürdiger Adel, errichteten sich in der Stadt mächtige Paläste und drängten nicht nur in die Ämter der Republik, sondern übernahmen auch kirchliche und weltliche Herrscherstühle, insbesondere in den venezianischen „Satellitenstaaten" im Mittelmeer[72]. Venedig, das seine Existenz auf den Evangelisten Markus zurückführte, war Bischofssitz, der im 15. Jahrhundert zum Patriarchat erhöht wurde, und besaß mit dem *primicerius* von San Marco, dem Vorsteher der Dogenkapelle, aufgrund dessen Funktionen und Ansehen in der Stadt faktisch einen zweiten Bischof. Die Stadt bestand insgesamt aus 56 Kirchensprengeln, die zum Teil mit mehreren Priestern versehen waren, und beheimatete zahlreiche Klöster verschiedener Orden[73]. Adel, Politik, Handel, Handwerk und Religion zogen „Dienstleistungen" an. Ansässig waren zum Teil in Spitälern tätige Ärzte, Musiker, Maler, Baumeister, Goldschmiede, Lehrer, Notare, Färber, Krämer, Barbiere, etc.[74]. Die Stadt war sowohl ein politisches und ökonomisches als auch religiöses Zentrum, in dem nicht ausschließlich das höfische bzw. merkantile oder religiöse Leben die kulturellen Realitäten bestimmte. Das Nichtvorhandensein einer Universität stellt sich als Vorteil dar. In einer Stadt mit unmittelbarer Präsenz einer Universität, wie zum Beispiel Padua oder Bologna, besteht die Gefahr, daß die scholastischen Bildungseliten das kulturelle Bild, das die Quellen vermitteln, dominieren und andere Entwicklungen so weit in den Hintergrund drängen, daß sie dem Auge des Forschers entgehen. Universitäre Kultur kann in Venedig dennoch erfaßt werden. Insbesondere aufgrund der Nähe zu Padua,

---

69 Zum Finanz- und Bankwesen Vendigs vgl. v.a. Lane, Frederic C. / Müller, Rheinhold C.: Money and Banking in Medieval and Renaissance Venice, Baltimore / London 1985.

70 Vgl. Lane: Seerepublik, S. 481-479, und Romano: Patricians and Popolani, S. 65-90.

71 Vgl. Maranini, Giuseppe: La costituzione di Venezia, 2 Bde., Firenze 1974; und Müller, Reinhold C.: The Procurators of San Marco in the Thirteenth and Fourteenth Centuries. A Study of the Office as a Financial and Trust Institution. In: Studi Veneziani 13, 1971, S. 105-220.

72 Zum Selbstverständnis des venezianischen Patriziats vgl. v.a. Queller, Donald E.: The Venetian Patriciate. Reality versus Myth, Urbana 1986, S. 3-28.

73 Zu den Klerikern Venedigs vgl. Kap. 3.1., Anm. 13.

74 Vgl. hierzu vor allem die Arbeiten zum Steuerkataster Venedigs. Besprochen in Kap 4.3.2.

das 1406 dem Hoheitsgebiet der Republik einverleibt wurde, war Venezianern die Möglichkeit zur universitären Bildung gegeben, und die traditionellen Wissenschaften konnten auf das kulturelle Leben der Stadt Einfluß nehmen.

Im Sinne Paul Raabes könnte also die Untersuchung Venedigs einen wesentlichen Beitrag bei der langwierigen Suche nach dem historischen Leser darstellen. Verschiedene Leserkreise, ihre temporäre Entwicklung und ihre Gewichtung bezüglich der Auswirkungen auf die Buchherstellung sind auszumachen. Ergänzend zu den Arbeiten von Bresc, Petti Balbis und in Ansätzen zu denen von Bec bietet die vorliegende Studie zusätzliches Vergleichsmaterial.

Jakob Burckhardt warf den Venezianern der Renaissance im kulturellen und literarischen Bereich Rückständigkeit vor[75], was das Bild Venedigs in der Forschung lange Zeit prägte. Ilse Schunke bestätigt Burckhardt, indem sie den Venezianern im Vergleich zu Florentinern und Paduanern Zurückhaltung bei der Anschaffung von Büchern nachsagt[76]. Sie bezieht sich auf das Fehlen von Buchbindern in der Stadt, auf das sie aus dem Mangel an erhaltenen, in Venedig gebundenen Exemplaren rückschließt. Susan Connell erfaßt, aufbauend auf die Arbeiten Bartolomeo Cecchettis, vierzig Buchbesitzer aus Venedig im 14. und 15. Jahrhundert[77]. Auch sie perpetuiert Burckhardts These mit der Behauptung, venezianische Privatbibliotheken seien kleiner als beispielsweise Veroneser oder Paduaner gewesen. Sie vergleicht die in Venedig vorgefundenen Buchsammlungen verschiedener Buchbesitzer allerdings auschließlich mit denjenigen hochgebildeter Humanisten[78]. Studien zum venezianischen Buchbesitz wie die Vittorio Lazzarinis, Rinaldo Fulins oder Raimondo Morozzo della Roccas haben eher den Charakter kasuistischer Analysen und erfassen vornehmlich humanistisch oder literarisch geprägten

---

75 Vgl. Burckhardt, Jakob: Die Kultur der Renaissance in Italien, Stuttgart 1976, S. 68-69:
    „Wenn Venedig durch derartige Berechnungen und deren praktische Anwendung eine
    große Seite des modernen Staatswesens am frühesten vollkommen darstellte, so stand
    es in derjenigen der Kultur, welche man damals in Italien als das Höchste schätzte,
    einigermaßen zurück. Es fehlt hier der literarische Trieb im Allgemeinen und insbeson-
    dere jener Taumel zugunsten des klassischen Altertums. Die Begabung zu Philosophie
    und Beredsamkeit, meint Sabellico, sei hier an sich so groß als die zum Handel und
    Staatswesen; ..."
76 Vgl. Schunke, Ilse: Venezianische Renaissance Einbände. Ihre Entwicklung und ihre
    Werkstätten. In: Studi di bibliografia e di storia in onore di Tommaro Marinis, 4 Bde.,
    Verona 1964, Bd. 4, S. 123-200, hier S. 124 f.
77 Vgl. Connell, Susan: Books and Their Owners in Venice 1345-1480. In: Journal of the
    Warburg and Courtauld Institutes 35, 1972, S. 163-186; Cecchetti: Libri, scuole,
    maestri; und ders.: Una libreria circolante a Venezia nel secolo XV. In: Archivio
    Veneto 36, 1886, S. 161-168.
78 Vgl. Connell: S. 163.

Buchbesitz[79]. Die Arbeiten ermöglichen einerseits, Burckhardts These zur literarischen Kultur der Venezianer zu relativieren[80], und zogen desweiteren immer wieder neue Veröffentlichungen zu einzelnen Buchbesitzern nach sich[81]. Der vor kurzem erschienene Aufsatz von Marino Zorzi, „Dal manoscritto al libro", faßt die bisherigen Kenntnisse komplex zusammen[82]. Er gibt einen Überblick über bisher gefundenes Fakten- und Datenmaterial zu Privatbibliotheken, zum Umlauf, zur Herstellung und Gestaltung von Büchern im Venedig des 14. und 15. Jahrhunderts. Die bisherigen Publikationen zum Thema exzerpieren sich allerdings in erster Linie gegenseitig und basieren immer auf dem gleichen Quellenmaterial. Ihre Ergebnisse bestätigen jedoch die These einer zunehmenden Hinwendung zum Buch in der Vordruckzeit und zeigen Wege auf, weitere Buchbesitzer zu ermitteln. Die Arbeiten stellen somit keinen Endpunkt der Forschung, sondern vielmehr einen Ausgangs-punkt für die hier vorgenommenen Analysen dar. Das Ziel, einen möglichst umfassenden Überblick über die privaten Buchbesitzer Venedigs zu gewin-nen, das heißt möglichst viele Buchbesitzer mit in die Analyse einzubeziehen, macht es notwendig, weitere Buchbesitzer verschiedener gesellschaftlicher Gruppen zu betrachten.

Nach einer jahrzehntelangen kritischen Auseinandersetzung mit dem burck-hardtschen Renaissancebegriff des 19. Jahrhunderts, welcher die „Wiederge-

---

79 Vgl. Fulin, Rinaldo: I codici veneti della Divina Commedia. In: I codici di Dante Alighiere in Venezia. Illustrazione storico-letterale, Venezia 1865, S. 1-122; Lazzarini, Vittorio: I più antichi codici di Dante in Venezia: und Morozzo della Rocca, Raimondo: Codici danteschi veneziani del '300. In: Studi in onore di Riccardo Filangieri, Napoli 1959, S. 419-421.

80 Ein differenzierteres Bild der venezianischen Bildungskultur vermitteln v.a. Branca, Vittore: Ermolao Barbaro and Late Quattrocento Venetian Humanism. In: Renaissance Venice, hrsg. von J.R. Hale, London 1972, S. 218-243; ders.: L'Umanesimo veneziano alla fine del Quattrocento. Ermolao Barbaro e il suo Circolo. In: Storia della cultura veneta, Bd. 3/1, Vicenza 1980, S. 123-175; King, Margaret L.: Venetian Humanism in an Age of Patrician Dominance, Princeton 1986; und Tucci, Ugo: Il patrizio veneziano mercante e umanista. In: ders.: Mercanti, navi, monete nel Cinquecento veneziano, Bologna 1981, S. 15-41.

81 Vgl. Nebbiai-Dalla Guardia, Donatella: Les livres et les amis de Girolamo Molin (1450-1458). In: La Bibliofilia 93, 1991, S. 153-174. Vgl. auch Grendler: Chivalric Romances; Ders.: Form and Function in Italian Renaissance Popular Books. In: Renaissance Quarterly 46, 1993, S. 451-485; Ders.: What Zuanne Read in School: Vernacular Texts in Sixteenth Century Venetian Schools. In: Sixteenth Century Journal 13, 1, 1982, S. 41-54.

82 Vgl. Zorzi, Marino: Dal Manoscritto al libro. La circolazione del libro. Le bibliotheche. La stampa. In: Storia di Venezia, Bd.4, Roma 1996, S. 817-958. Der Autor ist Marino Zorzi für die getätigten Absprachen u.a. bezüglich der schon durchgearbeiteten Quel-lenbestände und für die frühe Zurverfügungstellung eines anfänglich unveröffentlichten Manuskripts zu großem Dank verpflichtet.

burt" des menschlichen Individuums, antiker Weisheiten und Weltbilder als
maßgeblich hervorhebt[83], definiert die Forschung die Renaissance heute weitestgehend als einen Zeitraum der Blüte der Kommunen, der Emanzipierung
des Geistes, der Abtrennung der Wissenschaft von Kunst und Religion, der
Ausbildung frühkapitalistischer Wirtschaftsformen und neuer Modelle staatli-
cher Organisation. Sie verwendet die Bezeichnung Renaissance als Summe
aller Erscheinungen, die den Grundstock zum modernen Europa legten[84] und
erstmalig im Italien des Tre- und des Quattrocento nachweisbar sind[85]. Die
beiden Jahrhunderte, in denen eine relativ breite Patrizier- und Bürgerschicht
die kulturellen und wirtschaftlichen Wirklichkeiten bestimmte, stellen für die
Apenninenhalbinsel eine eigene Epoche dar, die im folgenden als Frührenaissance bezeichnet wird.

Die aus wirtschaftshistorischer Betrachtung resultierende These von einer
Zunahme der Buchproduktion, mithin der Verfügbarkeit von Informationen in
Form von Texten, und von einer damit möglich gewordenen Intensivierung

---

83 Die Forschung bezog noch in den ersten Jahrzehnten des Jahrhunderts den Begriff der
    Renaissance auf die geistige Kultur des Renaissance-Menschen und Renaissance-Staa-
    tes und bisweilen lediglich auf die Kunst und die künstlerische Gestaltung. Vgl.
    Burdach, Konrad: Reformation. Renaissance. Humanismus, Darmstadt 1970, S. 94.
    Zum ursprünglichen Renaissance-Verständnis vgl. auch Roeck, Bernd: Burckhardt,
    Warburg und die italienische Renaissance. In: Annali dell'Istituto italo-germanico in
    Trento 17, 1991, S. 257-296; und Kablitz, Andreas: Renaissance - Wiedergeburt. Zur
    Archäologie eines Epochennamens (Giorgio Vasari und Jules Michelet). In: Saeculum
    tamquam aureum. Internationales Symposium zur italienischen Renaissance des 14. -16
    Jahrhunderts am 17./18. September 1996 in Mainz. Vorträge, hrsg. von Ute Ecker und
    Clemens Zintzen, Hildesheim 1997, S. 59-108.
84 Insbesondere das Einbeziehen ökonomischer Komponenten in die Auseinandersetzung
    mit dem Phänomen der Renaissance ist eine Erkenntis der jüngeren Forschung. Die u.a.
    in den Arbeiten von Robert S. Lopez formulierten Gedanken über den Zusammenhang
    von Kunst und Wirtschaft machen es für eine geistesgeschichtliche Auseinandersetzun-
    gen mitunter unumgänglich, ökonomische Fragestellungen mit in die Betrachtung ein-
    zubeziehen. Vgl. hierzu v.a. Esch, Arnold: Über den Zusammenhang von Kunst und
    Wirtschaftspolitik in der italienischen Renaissance. In: Zeitschrift für historische For-
    schung 8, 1981, S. 179-222. Vgl. auch eine kurze Diskussion des Renaissancebegriffes
    bei Heißler, Sabine / Blastenbrei, Peter: Frauen in der italienischen Renaissance.
    Heilige - Kriegerinnen - Opfer, Pfaffenweiler 1990, S. 7-8; u. v.a. die Arbeiten von
    Peter Burke und Leonid Batkin. Jüngste Beiträge zur Charakterisierung bzw. der
    Diskussion der Renaissance als Epoche sind u.a. Die Renaissance und ihr Bild in der
    Geschichte (Die Renaissance als erste Aufklärung III), hrsg. von Enno Rudolph,
    Tübingen 1998; und Heinig.
85 Mit dem Verlust der Eigenstaatlichkeit der italienischen Kommunen, dem Vorrücken
    der auswärtigen europäischen Großmächte und dem Rückgang der präkapitalistischen
    Wirtschaftselemente im 16. Jahrhundert rückte Italien vom Zentrum des Abendlandes
    an den Rand Europas. Vgl. auch Braudel, Fernand: Das Mittelmeer und die mediterrane
    Welt in der Epoche Philipps II., 3 Bde., Frankfurt a.M 1990.

der Literalität, das heißt der Fähigkeiten im Umgang mit geschriebenen Texten, ist von hoher Relevanz für die Renaissanceforschung.

Grundsätzlich ist jede Auseinandersetzung mit historischem Buchbesitz und Bibliotheken ein Betreiben von Kultur- und Bildungsgeschichte[86]. Das Buch ist Kulturvermittler. Die Erfassung des Buchbesitzes in Venedig skizziert damit auch den Verbreitungsgrad von bestimmten Inhalten und Ideen in der Frührenaissance. Möglicherweise gelingt es damit, ein differenziertes Bild der Kultur der Renaissancegesellschaft zu zeichnen. Die Frage nach den Rezipienten von Schrifttum verschiedener Art erfordert und ermöglicht eine Auseinandersetzung mit den heute verbreiteten Vorstellungen von der Kultur des ausgehenden Mittelalters und der frühen Neuzeit. Möglicherweise werden eine Kultur der Eliten und eine Volkskultur als zwei hierarchisch strukturierte, voneinander abgegrenzt existierende Kulturformen greifbar[87] oder es zeigt sich, „daß die Barrikaden zwischen ihnen auch in bestimmter Hinsicht durchlässig sind und daß beide Kulturen einen gewissen Einfluß aufeinander ausüben[88]“. Seit Herbert Grundmann wird die Gelehrtenkultur des ausgehenden Mittelalters und der frühen Neuzeit häufig als Kultur der Literaten, der Lesekundigen, und die Volkskultur gerne als eine Kultur von Illiteraten, von Leseunkundigen, bezeichnet[89]. Insbesondere die Frage nach einer möglichen Verbreitung von Lesestoffen außerhalb der Bildungseliten führt zur Verifizierung oder zur Widerlegung dieser Definitionen und wirft Licht auf die Verbindungen zwischen beiden Kulturen oder auf etwaige Mischformen. Unter

---

86 Vgl. Raabe: Bibliotheksgeschichte, S. 434.

87 Grundlegend für dieses Kulturverständis sind Muchembled, Robert: Culture populaire et culture des élites dans la France modernde (XVe-XVIIIe siècles), Paris 1978; Gurjewitsch, Aaron J.: Probleme der Volkskultur und Religiösiät im Mittelalter, Beilage zu Gurjewitsch, Aaron J.: Das Weltbild des mittelalterlichen Menschen, München 1989, S. 352-400; und ders.: Mittelalterliche Volkskultur, München 1992.

88 Wortlaut nach Baylor, Michael G.: „An der Front zwischen den Kulturen“. Thomas Münzer über Volkskultur und Kultur der Gebildeten, Mainz 1991, S. 7. Gegenseitige Einflüsse einer Volks- und einer sogenannten Hochkultur wurden schon am Beispiel Rabelais' von Michail. M. Bachtin dargelegt. Vgl. Bachtin, Michail M.: Literatur und Karneval. Zur Romantheorie und Lachkultur, München 1969. Hat einerseits in der modernen Forschung ein Trend eingesetzt, Muchembleds und Gurjewitschs Kulturverständis in Anlehnung an Bachtin zu korrigieren, so übernhemen andererseits noch zahlreiche Arbeiten dies unkritisch als Grundlage weiterführender Forschungen. Die umfangreiche Forschungsdiskussion kann hier nicht vollständig wiedergegeben werden. Eine kritische Auseinandersetzung ist unter anderem schon angeregt bei Chartier, Roger: Volkskultur und Gelehrtenkultur. Überprüfung einer Zweiteilung und einer Periodisierung. In: Epochenschwellen und Epochenstrukturen im Diskurs der Literatur- und Sprachhistorie, hrsg. von Hans-Ulrich Gumbrecht und Ursula Link-Heer, Frankfurt a.M. 1985, S. 376-388. Das Problkem wird ferner diskutiert bei Vierhaus: S. 13-17 und Baylor: S. 5-13.

89 Vgl. Grundmann, Herbert: Litteratus - Illiteratus. Der Wandel einer Bildungsnorm vom Altertum zum Mittelalter. In: Archiv für Kulturgeschichte 40, 1958, S. 1-65.

Umständen erweisen sich eine einsetzende Verschriftlichung der ursprünglich illiteraten Kulturformen bzw. der Einzug von Schriftmedien in vorher unbelesene Kreise als ein Motor der zunehmenden Buchproduktion. Ferner stellt sich - jenseits der Diskussion von Bildungseliten - die Frage, ob sich gegebenenfalls parallel existierende Kulturformen, etwa eine kirchliche, eine höfische oder eine bürgerliche skizzieren lassen[90].

Philippe Ariès und Roger Chartier messen dem persönlichen Buchbesitz und der Möglichkeit zum ungestörten Umgang mit Büchern in der Geschichte des privaten Lebens eine hohe emanzipatorische Bedeutung bei. Die Lektüre eines religiösen Textes ermögliche ein individuelles Verhältnis zwischen Lesendem und Gott[91]. Die Frage nach den Gelegenheiten zum Umgang mit geschriebenen Texten greift somit auch die Frage nach der Stellung des Individuums in der Renaissance auf. Dabei steht weniger der Aspekt im Vordergrund, ob mit einem Mal neue oder andere Inhalte in Form von geschriebenen Texten zugänglich waren, sondern vielmehr die Tatsache einer Zunahme des Vorhandenseins und der Zugänglichkeit geschriebener Texte. Schon der bloße Zugriff auf einen geschriebenen Text ermöglicht eine individuelle Beziehung zwischen Leser und Inhalt. Der Hörer einer Predigt oder einer Lesung muß der Erzählung des Predigers bzw. des Vortragenden linear folgen. Er ist durch rethorische Faktoren wie der Stimmgewalt oder der Betonung des Vortragenden beeinflußbar. Beim Lesen wird die Information direkt vom Autor zum Leser weitergegeben. Der Leser kann auch in diesem Fall durch die Stilistik des Verfassers beeinflußt werden. Er hat allerdings die Möglichkeit, den Text flexibel aufzunehmen. Er selbst entscheidet, wie schnell er liest, wo er Denkpausen macht, ob er dem linearen Textverlauf nicht folgt, indem er beispielsweise ganze Abschnitte ausläßt, oder ob er den möglicherweise vorhandenen Kommentar ignoriert. Er kann sich einer Beeinflussung durch den Verfasser leichter entziehen und besitzt die „Freiheit der Rezeption"[92]. Ein Beispiel dafür, wie stark die private Lektüre das Welt- und Selbstbild eines Menschen sowie seine Ausdrucksmöglichkeiten prägen und in Ergänzung zu den alltäglichen Erfahrungen unkonventionelle Sichtweisen hervorbringen konnte, ist der Fall des in den Jahren 1584 und 1599 vor dem

---

90 Grundlegend sind hier Huizinga, Johann: Herbst des Mittelalters, Stuttgart 1969, v.a. S. 347-360. Vgl. u.a. Sprandel: Gesellschaft und Literatur, S. 159-258. Gerne definieren Forscher die entsprechenden Kulturformen vor allem über das jeweilige rezipierte Schrifttum.

91 Vgl. Ariès, Philippe: Einleitung zu einer Geschichte des privaten Lebens. In: Geschichte des privaten Lebens, Bd. 3., S. 7-19; Chartier: Die Praktiken des Schreibens, S. 128-131. Die Forschungen basieren auf Saenger, Paul: Silent Reading. Its Impact on Late Medieval Script Society. In: Viator. Medieval and Renaissance Studies 13. 1982, S. 367-414.

92 Zum Lesen als aktivem Prozeß im Gegensatz zum Zuhören als passivem Prozeß vgl. Grimm: S. 17-22. Grimm übernimmt den Wortlaut der „Freiheit der Rezeption" von Friedrich Schiller. Vgl. ebd. S. 19.

Inquisitionsgericht stehenden friulanische Müllers Domenico Scandella, dessen Schicksal der Forschung durch die Arbeit und Analysen Carlo Ginzburgs zugänglich gemacht worden ist. Der Wortschatz und die Argumente, mit denen Scandella vor den Inquisitoren seine als ketzerisch betrachteten Ideen, so seine Zweifel an der Dreifaltigkeit, darlegte, sowie sein Weltbild sind eindeutig auf die Inhalte der von ihm besessenen und gelesenen Bücher zurückzuführen, die sich mit seinen praktischen Lebenserfahrungen und, so vermutet Ginzburg, Resten heidnischer Ideen vermischten. Gott war für ihn vor allem der Vater, und er verglich ihn mit einem Schreiner und Maurer, dessen Werktätige bei der Erschaffung der Welt die Engel waren. Er zitierte dabei fast wörtlich die von ihm besessenen apokryphen Schriften, das *Fioretto della bibbia*. Die sehr plastischen Darstellungen von der Erschaffung der Welt entsprechen dem Vorstellungshorizont des Handwerkers Domenico, für den alles aus irdischer Materie war. Konsequenterweise leitete er unter anderem daraus ab, daß Christus eher Mensch und kein Gott gewesen sein könne[93], eine Vorstellung, die auch aus dem wahrscheinlich von Domenico gelesenen Koran entsprungen sein könnte, welcher sowohl Christus als auch Mohammed als Propheten sieht.

Gemäß der modernen Lernpsychologie ist der Mensch zum kritischen wie auch zum abstrakten Denken fähig, muß das intellektuelle Handwerkszeug dazu jedoch erlernen[94]. Nicht jeder Leser der Vordruckzeit mag so gebildet gewesen sein, daß er einen komplexen Inhalt ohne Hilfen verstehen konnte. Zahlreiche verbreitete Handschriften bedurften zum Verständnis des Kommentars oder der Illustration. Die Möglichkeit zur Auseinandersetzung mit Lesestoffen ist allerdings die erste Voraussetzung dafür, um zu einer persönlichen Interpretation der Inhalte zu gelangen, und kann damit Raum zur Entwicklung neuer oder eigener Weltbilder liefern. Schließlich verfügte auch Domenico Scandella nur über eine elementare Bildung im Lesen und Schreiben und war dennoch in der Lage, unter anderem durch Lesen unkonventionelle Vorstellungen von der Welt zu entwickeln.

Schon allein die bloße Lesefähigkeit bedeutet einen relativ „hohen" Grad an Bildung, welche den Menschen mit einem grundlegenden intellektuellen Rüstzeug ausstattet. Lesen verlangt Denkleistungen, die zur mündlichen Informationsweitergabe bzw. Wissensaneignung nicht notwendig sind. Zum Verständnis von Schrift ist ein gewisses Maß an Abstraktionsvermögen Voraussetzung. Informationen müssen in abstrahierter Form verstanden werden. Das Zeichensystem Sprache, das heißt die Codierung von Informationen mit ursprünglich wertneutralen Zeichen, wird durch die Schrift einer weiteren

---

93 Vgl. Ginzburg, Carlo: Der Käse und die Würmer. Die Welt eines Müllers um 1600, Berlin 1990, v.a. S. 56-82 und 93-97.
94 Grundlegend hierzu Anderson, John R.: Kognitive Psychologie. Heidelberg 1988.

Codierung unterzogen, die zum Verständnis wieder decodiert werden muß[95]. Die Anthropologie hat die Übernahme von Schrift oder anderen Zeichensystemen als entscheidende Schritte in der gesellschaftlichen Entwicklung bezeichnet. Denkvermögen wird durch Sprache prädisponiert. Ein Mensch erlernt mit seiner Muttersprache, den sozialen Anforderungen seiner direkten Umwelt, zum Beispiel der Familie oder seiner sozialen Lebenswelt, zu entsprechen. Die Denkweisen des sozialen Umfeldes werden damit an das Individuum weitergegeben. Unkritischer Glaube an die Ordnung der Welt, an Rituale, Magie etc., verläuft mittels des primären, innerhalb eines engen sozialen Gefüges vermittelten Sprachsystems, das kaum individuelles, kritisches und kreatives Denken zuläßt. Das Erlernen weiterer und damit auch schriftlicher Sprachsysteme fordert vom Individuum das Begreifen von Zusammenhängen, Entwicklungen und Beziehungen und erlaubt eine umfassendere Kommunikation[96].

Die Verbreitung von literarischer Kompetenz und Kommunikationsformen ist somit auch wesentlich für eine historische Forschung, die nach Zivilisationsprozessen, Weltbildern und Entwicklungen einer Gesellschaft fragt.

Die vorliegende Analyse der Verbreitung von geschriebenen Texten, des privaten Buchbesitzes, der jeweiligen Besitzer und der Art und Intensität im Umgang mit Büchern innerhalb einer Stadt versteht sich als Fallstudie, die sowohl Erkenntnisse zur Buch- und Kulturgeschichte Venedigs als auch einen der notwendigen Beiträge zur Grundlagenforschung im Rahmen einer weiterführenden Renaissanceforschung liefern kann.

Die Analyse basiert auf einem umfangreichen Primärquellenbestand, der im Staatsarchiv von Venedig zusammengetragen wurde. Die Quellen machen deutlich, daß eine Auseinandersetzung mit Literalität und Lektüreidealen im Venedig der Vordruckzeit Voraussetzung ist, um im Anschluß Umfang und Qualität des Buchbesitzes ebenso wie Sozialstatus und Bildung der einzelnen Buchbesitzer beschreiben und beurteilen zu können. Bei der Charakterisierung der vorgefundenen Bücher spielen vor allem die Gestaltung, der relative Preis und der Inhalt als sich eventuell wechselseitig beeinflussende Faktoren eine maßgebliche Rolle. Schließlich stellt sich die Frage, welche Bedeutung den einzelnen Büchern und Buchsammlungen in den jeweiligen Haushalten und im Alltagsleben ihrer Besitzer zukam, und inwiefern Fomen der Aufbewahrung und Nutzung Aufschluß über das Leseverhalten im Venedig der Frührenaissance geben. Die Analyse positioniert das Buch als Schriftmedium,

---

95 Vgl. hier v.a. Saenger: Silent Reading.
96 Die Soziolinguistik spricht diesbezüglich von restringierten und elaborierten Codes. Vgl. Bernstein, Basil: Social Class and Psycho-therapy. In: British Journal of Sociology 15, 1964, S. 54-63. Zur Bedeutung von Sprache und Entwicklung vgl. v.a. Douglas, Marie: Ritual, Tabu und Körpersymbolik. Sozialanthropologische Studien in Industriegesellschaft und Stammeskultur, Tübingen 1974, v.a. S. 84.

dessen Funktionen im gesellschaftlichen und politischen Zusammenhang zu hinterfragen sind und womöglich Voraussetzung für die Etablierung des Druckwesens waren.

2. Quellen und Methodik

Das Ziel, einerseits einen möglichst breiten Überblick über die Buchbesitzer und den Buchbesitz im Venedig der Vordruckzeit zu gewinnen sowie die einzelnen Besitzer sozialhistorisch einzuordnen und andererseits die Ursachen zu erfassen, die im einzelnen zu Buchbesitz führten, fordert eine Auseinandersetzung mit verschiedenen Quellen, deren Analyse jeweils nach einer speziellen Methodik verlangt.

2.1. Vermögens- und Nachlaßverwaltung

Das Staatsarchiv von Venedig verfügt über einen der größten Bestände von Notariatsakten und schriftlichen Zeugnissen behördlicher Verwaltung des ausgehenden Mittelalters und der frühen Neuzeit, so daß ein reicher Einblick in das 14. und 15. Jahrhundert gewährleistet ist[1]. Wie im Fall von Sizilien und Genua bietet sich auch hier an, Buchbesitz anhand notarieller und behördlicher Vermögens- und Nachlaßverwaltung zu rekonstruieren[2]. Es kann darüber hinaus auch auf private Vermögensverwaltung zurückgegriffen werden, die sich dann erhalten hat, wenn sie in notarielle und behördliche Hand übergegangen ist.

2.1.2. Notarielle Vermögens- und Nachlaßverwaltung

Der Bestand an Notariatsakten im venezianischen Staatsarchiv dokumentiert den privaten Geschäfts- und zivilen Rechtsverkehr der Stadt. In den Beständen der einzelnen Notare haben sich unter anderem Dokumente der Vermögens- und Nachlaßverwaltungen erhalten, anhand deren sich Buchbesitz ermitteln läßt[3]. Notarielle Vermögensverwaltung umfaßte u.a. die Abfassung und/oder

---

1 Einblicke in das 12. und 13. Jahrhundert sind allerdings nur sporadisch möglich. Anders als in Genua sind nur wenige Akten überliefert bzw. erhalten. Vgl. Guida generale degli archivi di stato italiani, Roma 1994, S. 1062.

2 Vgl. die oben diskutierten Arbeiten von Bresc: Livre et société. und Petti Balbi: Il libro nella società genovese.

3 In der *Sezione notarile* lagern heute noch 14 560 *buste* und *registri* an Notariatsakten, davon 1585 aus dem 14.-16. Jahrhundert. Vgl. Guida, S. 1065 f. Notariatsakten sind zum Teil publiziert. Vgl. Domenico prete di S. Maurizio. Notaio in Venezia (1309 -

Aufbewahrung von Kaufverträgen, Pfandbriefen, Quittungen, Vollmachten, Mitgiftsverträgen sowie die Niederschrift bzw. Aufbewahrung von Testamenten.

Venezianer legten, sofern sie über eine Habe verfügten, grundsätzlich ein Testament an[4]. Schon früh hatten Notare gemäß dem Beschluß des *Maggior consiglio* Testamente gesondert aufzubewahren. Sie bilden daher im Staatsarchiv Venedigs immer noch einen eigenen Bestand[5]. Der Großteil der Testamente der Venezianer ist kurze Zeit vor ihrem Tod, zumindest in den unmittelbar vorangegangenen Jahren, abgefaßt worden[6]. Von Venezianerinnen finden sich gelegentlich mehrere Versionen eines Testaments verschiedenen Datums in den Akten. Frauen verfaßten offensichtlich regelmäßig vor einer Niederkunft, angesichts der Gefahr des Todes im Kindbett, ein Testament.

Da Testamente nicht nur zahlreich überliefert, sondern auch gesondert geordnet sind, sind sie für die Suche nach Buchbesitzern eine wertvolle Quelle. Sie können systematisch und umfangreich konsultiert werden.

1316), hrsg. von Maria Francesca Tiepolo, Venezia 1970; Moretto Bon. Notaio in Venezia, Trebisona e Tana, hrsg. von Sandro de' Colli, Venezia 1963; Servodio Peccator. Notaio in Venezia e Alessandria Egitto (1444-1449), hrsg. von F. Rossi, Venezia 1983. Zum Notariatswesen Venedigs vgl. auch Poppi, Mario: Ricerche sulla vita e cultura del notaio e cronista veneziano Lorenzo de Monachis. Cancelliere cretese (ca. 1351-1428). In: Studi Veneziani 9, 1967, S. 153-186; Petrucci, Armando: Notarii. Documenti per la storia del notariato italiano, Milano 1956; Les Actes Notariés. Source de l'Histoire sociale XV; u. v.a. Pedani Fabris, Maria Pia: Veneta Auctoritate Notarius. Storia del notariato veneziano (1514-1797), Milano 1996.

4   Der Tod war u.a. durch die Gefahr von Krankheiten und Seuchen all gegenwärtig, und veranlaßte frühzeitige Vorkehrungen für das Dahinscheiden. Zur Gegenwärtigkeit des Todes vgl. u.a Ariès, Philippe: Geschichte des Todes, München / Wien 1980; Tod im Mittelalter, hrsg. von Arno Borst, Gerhart von Graevenitz, Alexander Patschovsky und Karlheinz Stierle, Konstanz 1993; Dienzelbacher, Peter: Sterben und Tod. In: Europäische Mentalitätsgeschichte, Stuttgart 1993, S. 244-260; und ders.: Angst im Mittelalter. Teufels-, Todes- und Gotteserfahrung, Paderborn 1996; zu Tod und Testament vgl. v.a. Ohler, Norbert: Sterben und Tod im Mittelalter, München 1990.

5   In der *Sezione notarile* lagern 3000 *buste* an Testamenten von 1275-1808, aus dem 13. und 14. Jahrhundert 114 *buste* und aus dem 15. Jahrhundert 147 *buste* (provincia 1126 bb). Vgl. Guida: S. 1066 f.; Da Mosto: I, S. 228 (dort die Aufzählung der Notare in chronologischer Reihenfolge); und ASV: Statistica, S. 22-201. Seit dem entsprechenden Beschluß des *Maggior consiglio* waren *imbreviature* und *protocolli* der *Notai di Venezia* im *Palazzo ducale* unter Verwaltung der *Cancelleria inferiore* aufzubewahren. Die Republik sicherte sich damit den Überblick über die private Geschäftswelt. Daher befinden sich zahlreiche *protocolli* von Akten und Testamenten, welche Brände und Feuchtigkeit überlebt haben, wiederum getrennt sortiert im Archivbestand der *Cancelleria inferiore*. Vgl. Guida: S. 1062.

6   Vgl. auch Labalme, Patricia H.: The Last Will of a Venetian Patrician. In: Philosophy and Humanism: Renaissance Essays in Honor of P.O. Kristeller, Leiden 1976, S. 483-501.

Die *beni mobili*, also bewegliches Hab und Gut wie Hausrat, Geschirr, Einrichtungsgegenstände, Kleidung, Schmuck und auch Bücher, werden, wie auch ein Großteil der *beni immobili*, also Staatsanleihen, Obligationen, Liegenschaften, Häuser oder Landgüter, in der Regel als *residuum* den direkten Erben *tout court* vermacht. Das *residuum* verbirgt sich im Testament zumeist hinter den Worten „tutti i miei beni mobili e immobili" und wird in der Regel nicht genauer spezifiziert. Über den Hausrat sowie über genaue Vermögensverhältnisse gibt das Testament dann keine Auskunft[7]. Bücher werden jedoch mitunter dann erwähnt, wenn sie an Dritte gehen, oder wenn die Weitergabe an die Erben mit bestimmten Auflagen verbunden ist, zum Beispiel wenn sie nicht verkauft werden dürfen. Bisweilen werden geliehene oder verliehene Bücher aufgeführt, um festzumachen, daß bestimmter Besitz noch in fremden Händen ist bzw. daß Teile der im eigenen Haus befindlichen Gegenstände fremdes Eigentum sind. Wird in einem Testament kein Buch erwähnt, ist nicht auszuschließen, daß der Erblasser dennoch Bücher besaß. Bertuzzi da Pesaro vom *confinio* San Samuele besaß zwei *breviarii*, welche die Prokuratoren von San Marco nach seinem Tod versteigerten[8]. In seinem Testament vom 23. August 1323 werden sie jedoch an keiner Stelle genannt[9]. Ebenso erfaßten die Erbschaftsverwalter bei der sehr genauen Inventarisierung des Haushaltes Donato Contarinis eine Bibel und einige *quadernii*[10], die im Testament nicht aufgeführt sind[11]. Gleiches gilt für den Dogen Andrea Contarini, der Besitzer zweier Bände der *Divina Commedia* war[12]. Raffaino Caressini, Alvise Dona, Pietro Giovanni Zudi, Giovanni Recanati und Michele Zon besaßen Buchsammlungen von 10 bis 53 Exemplaren, die sie allesamt in ihren Testamenten unerwähnt ließen[13]. Die Durchsicht von 6000 venezianischen Testamenten des 14. und 15. Jahrhundert hat sich dennoch als ergiebig erwiesen, denn in 85

7 Siehe hierzu v.a. die quellenkritische Behandlung der Testamente bei Müller, Reinhold C.: Sull'establishment bancario veneziano. Il banchiere d'avanti a dio. In: Mercanti e vita economica nella Repubblica veneta, hrsg. von Giorgio Borelli, 2 Bde., Verona 1985, S. 47-103, hier das Kapitel „Il banchiere e le sue ultime volontà", S. 50-64.

8 Vgl. ASV, PSM de citra, B. 32, Commissarie di Bertuzzi da Pesaro, Quadernus 8, 1 recto.

9 Vgl. ebd., Quadernus 1.

10 Vgl. ASV, PSM, Atti Misti, B. 118. Commissarie di Donato Conatrini, Inventarii.

11 Vgl. ebd., Testament vom 31. August 1366.

12 Vgl. zu Versteigerung und Testament ASV, PSM, Atti Misti, B. 120, Commissarie di Andrea Contarini, Registro I (1385-1386), 2r, und Testament vom 2. August 1385.

13 Vgl. ASV, PSM, Atti Misti, B. 148, Commissarie di Rafaiono Caressini, Registro 1r (Inventar); und ebd.,Testament vom 6. Oktober 1385; ASV, PSM, Atti Misti, B. 157, Commissarie di Alvise Donà, Dokument nn; und ebd.,Testament vom 6. Oktober 1438; ASV, PSM, Atti Misti, B. 1a, Inventar vom 1. November 1428; und ebd.,Testament vom 27. Oktober 1428; ASV, PSM, Atti Misti, B. 75, Commissarie di Giovanni Recanati, Registro 3v; und ebd.,Testament vom 13. März 1428; ASV, PSM, Atti Misti, B. 125a, Commisseria di Michele Zon, Inventarii 1449-1460; und ebd.,Testament vom 27. Juli 1449.

Fällen konnte der Forschung bislang unbekannter Buchbesitz ermittelt werden[14]. Zumeist erwähnten die Erblasser nur einzelne Bücher und nicht den ganzen Buchbesitz, oder aber sie sprachen von „omnes meos libros", die sie geschlossen einem Erben zukommen ließen, ohne Titel, Autoren oder Umfang zu nennen.

Die Familie stellte im Venedig der Frührenaissance nicht nur einen Lebens-, sondern auch einen Rechtsverband dar, in dem die Verantwortlichkeiten beim Familienvorstand lagen[15]. Er hatte über Hochzeiten, Geschicke und Vermögen aller Familienmitglieder zu bestimmen, eine Aufgabe, der er auch noch in seinem letzten Willen nachkam. Über das Testament vermitteln sich also auch Informationen über das soziale Umfeld des Testators[16].

Einige Testatoren fügten zur genaueren Regelung ihrer Vermögensverhältnisse eigenhändig verfaßte Inventare ihrer persönlichen Habe an. Vor allem bibliophile Buchbesitzer listeten dann auch ihre Bücher auf. In der Regel gaben sie die einzelnen Exemplare sehr genau mit Autor und Titel an und erwähnten bei sogenannten Mehrfachbänden, wenn also verschiedene Werke zusammengebunden waren, sogar jeden einzelnen Titel. Gelegentlich machten sie zusätzlich auch Angaben zum Material, ob Pergament oder Papier, zur Farbe des Einbandes oder Ähnlichem.

Die übrigen Obliegenheiten eines Notars, Kauf- und Mitgiftsverträge, Geschäftsvollmachten, Verpfändungen, Hinterlassenschaftsinventare etc., hielt dieser fortlaufend in seinen Büchern fest, ohne dabei typologisch zu differenzieren. Mitunter dokumentieren die Eintragungen den Besitz, den Verkauf oder die Verpfändung von Büchern[17].

Hatte ein verstorbener Venezianer zur Nachlaßverwaltung Treuhänder und Testamentsvollstrecker, sogenannte *fidecomissarii*, eingesetzt[18], so inventarisierten sie, wenn es erforderlich war, die überantwortete Habe. Mitunter finden sich Abschriften der Inventare in den Notariatsakten. Die Inventarisierung wurde von den *fidecomissarii*, einem Notar und, sofern vorhanden, den direkten Erben gemeinsam vorgenommen. Man ging sorgfältig vor. Das Inventar wurde in der Regel vom Notar abgefaßt und von den *fidecomissarii* mit unter-

---

14 Zu den durchgesehenen *buste* vgl. Quellenverzeichnis.
15 Eine Publikation zum Thema ist Klapisch-Zuber, Christiane: Women, Family and Ritual in Renaissance Italy, Chicago / London 1985.
16 Zu berücksichtigen bleibt allerdings, daß sich nicht das gesamte Vermögen aus dem Testament erschließt, da der größte Teil der Güter im *residuum* zusammengefaßt ist, ohne genau spezifiziert zu sein. Vgl. Anm . 7.
17 Zu den durchgesehen Akten der *Cancelleria inferiore* vgl. Quellenverzeichnis.
18 Der Erblasser ernannte seine *fidecommissarii* durch Angabe des Namens und des Titels oder Berufes im Einleitungsteil des Testaments und bedachte sie anschließend mit einem entsprechenden Legat.

zeichnet. Sämtliche Anwesenden sind im Einleitungsteil genannt. Inventare, die auch die bewegliche Habe erfassen, listen jeden einzelnen Gegenstand Position für Postion auf. Teilweise wurden lediglich wertvoller Hausrat, Schmuck, Juwelen, Edelmetalle oder wertvolle Kleider, inventarisiert, zum Teil wurden aber auch alltägliche Gebrauchsgegenstände aufgelistet. Wenn Bücher aufgenommen wurden, sind sie mitunter mit dem Titel und Autorennamen gekennzeichnet. Gelegentlich finden sich nur Hinweise auf das Material, oder es wird nur die Anzahl der Bücher erwähnt.

2.1.2. Behördliche Vermögens- und Nachlaßverwaltung

Ein weiteres aussagekräftiges Quellenkorpus zur Ermittlung von Buchbesitz bilden die Akten der Hinterlassenschaftsverwaltung, die sogenannten *commissarie,* der Prokuratoren von San Marco, die für den zu behandelnden Zeitraum entscheidende venezianische Behörde für Vermögens-, Nachlaß-, Haushalts- und Konkursmasseverwaltung[19]. Sie stellen einen über die Jahre hinweg gleichbleibend systematischen Quellenbestand dar, der eine Dokumentation ohne zeitliche Lücken ermöglicht[20].

Die Prokuratoren waren nach dem Dogen die angesehensten Beamten der Republik. Ursprünglich mit der kirchlichen und staatlichen Finanzverwaltung betraut, hatten sie unter anderem der möglichen Abwanderung privaten Kapitals aus der Stadt vorzubeugen und waren in diesem Sinne für die Oberaufsicht über die Sicherstellung der Vermögen im Ausland ansässiger und verstorbener Venezianer zuständig. Seit dem 13. Jahrhundert wurden sie zudem

---

19 Vgl. Müller, Reinhold C.: The Procurators of San Marco in the Thirteenth and Fourteenth Centuries. A Study of the Office as a Financial and Trust Institution. In: Studi Veneziani 13, 1971, S. 105-220.

20 Vgl. auch Hinweis bei Müller, Reinhold C.: The Procurators, S. 106. Umfassendere Aktenbestände einer eigenen behördlichen Vormundschaftsverwaltung, die zur Bestandsaufnahme das jeweiligen unter ihrer Obhut stehende Hab und Gut inventarisiert hat, die den Akten des *Magistrato dei pupilli* in Florenz vergleichbar wären, ist aus dem Zeitraum nicht erhalten. Inventarisierungen der *Giudici di petizion,* zuständig für Vormundschaftsangelegenheiten, vergleichbar den Florentiner *Pupilli,* sind erst ab dem Jahr 1507 geordnet verfügbar. Die erste überlieferte Anordnung der Republik, Erbschaftsinventare behördlich zu hinterlegen, datiert auf das Jahr 1539. Vgl. Guida: S. 1062 (1535 mar.19, senato, 29 maggior consiglio). Die Vermögens- und Nachlaßverwaltung der einzelnen Laienbruderschaften, der *scuole,* welche die jeweiligen Mitglieder, vor allem Bürger, in Anspruch nahmen, ist ebenfalls nicht verfügbar. Im Archivbestand einzelner *scuole,* welche im Staatsarchiv lagern, sind die entsprechenden Akten für den zu behandelnden Zeitraum nicht mehr einsehbar. Die überlieferten Akten der *scuole* sind größtenteils nicht katalogisiert. Die Inventare der *Scuola grande di San Rocco* können aus konservatorischen Gründen zur Zeit nicht eingesehen werden.

von der „wohlhabenden Klasse der Stadt"[21] bevorzugt als *fidecomissarii*, als Treuhänder und Testamentsvollstrecker des jeweiligen Erbes, eingesetzt[22]. Übertrug man die Erbschaftsverwaltung auf die Prokuratoren, so übertrug man sie damit auch auf die Behörde, was im Vergleich zu unabhängigen *fidecommissarii* Vorteile mit sich brachte. Zu den Aufgaben der Prokuratoren gehörte es, sowohl unmittelbar zu erledigende als auch längerfristige, *ad perpetuum* formulierte Anliegen zu verwalten, was sie bisweilen sogar über mehrere Jahrhunderte taten[23]. Starb ein Prokurator, so wurde die Fürsorge für das Erbe durch dessen Nachfolger gewährleistet. Bei unabhängigen *fidecomissarii* war die Sukzession in diesem Falle unsicher[24].

Mit dem Anwachsen der Aufgaben wurde 1319 das Amt der Prokuratoren in die *Procuratori di San Marco de supra*, *de ultra* und *de citra* unterteilt. Für die anvertrauten privaten Vermögen und Hinterlassenschaften waren die beiden letzteren mit jeweils nach den Seiten des *canale grande* aufgeteilter Zuständigkeit verantwortlich. Seit 1319 wurden offiziell zwei *procuratori de*

---

21 Vgl. Müller: The Procurators. S. 106.

22 Das älteste, bislang gefundene Testament, in dem die Prokuratoren zu Erbverwaltern ernannt werden, stammt aus dem Jahr 1251. Von da an finden sich die Prokuratoren häufig als *fidecommissarii* in den Testamenten venezianischer Patrizier. Vgl. Müller, Reinhold C.: The Procurators, S. 136 und Anm. 67. Nicht selten werden beide Prokuratoren mit Namen und Titel genannt. Die Ernennung von zwei Prokuratoren, die gemeinsam das Erbe verwalten sollten, hatte im Ursprung wahrscheinlich die Funktion, sicherzustellen, daß die Ernannten wirklich als Amtspersonen und nicht als Privatpersonen das Erbe verwalteten. Vgl. z. B. das Testament Lorenzo Celsis in: ASV, PSM, Atti Misti, B. 120, Commissarie di Lorenzo Celsi, Testament vom 9. November 1457.

23 Sie mußten nicht nur für die Beerdigung sorgen, den Erben die ihnen zugesicherten Legate zukommen lassen und etwaige Waisen bis zu deren Mündigkeit versorgen, sondern beispielsweise auch im Testament hinterlassene Stiftungen verwalten. So verfügte der Arzt Andrea da Osimo 1397, mit Teilen seines Vermögens fortlaufend vier jungen Laien seines Heimatortes Osimo für jeweils zehn Jahre ein Stipendium von 25 Golddukaten jährlich für ein Studium der Medizin zu zahlen. In den Akten finden sich Einträge von der Auswahl der jeweiligen Studenten und von den Zahlungen bis in das Jahr 1661. Vgl. ASV, PSM de citra, B. 144, Commissaria di Andra da Osmo. Der Arzt Pietro Tomasi ließ nach seinem Tod 1465 mit seinem Vermögen ein Witwenheim anlegen, das von den Treuhändern, also den Prokuratoren, zu verwalten war. Vorgänge der Verwaltung des Heimes sind in den Akten bis in das ausgehende 18. Jahrhundert dokumentiert. Vgl. ASV, PSM de citra , BB. 120-121, Commissarie di Pietro Tomasi. Finanziert wurden derartige Stiftungen durch Investitionen in Staatsanleihen oder in bestimmte Händel und Gewerbe, wovon der Erblasser bereits Anteile besaß, oder welche die Prokuratoren nach seinen Bestimmungen oder treuhänderisch in eigener Entscheidung erst ankauften.

24 Nicht selten wurden in Testamenten mehrere Jahre über den Tod hinausgehende Anliegen, insbesondere solche *ad pias causas*, formuliert. Die Anordnungen reichen von regelmäßigem Kerzenanzünden in entsprechenden Kirchen über Pilgerfahrten für das Seelenheil des Verstorbenen bis hin zu Einrichtungen von Heimen und Hospitälern. Bisweilen verfügten sie eine langfristige Versorgung der Hinterbliebenen, u.a. auch Stipendien, die vom Nachlaß zu finanzieren waren.

ultra und zwei *procuratori de citra* bestellt, denen weitere Beamten unterstellt waren[25].

Commissarie sind vom 11. Jahrhundert bis 1844 überliefert[26]. Sie bestehen jeweils aus den Büchern der Verwaltung, *quadernus* oder *registro* genannt, welche für jeden einzelnen Fall angelegt wurden, und anderen beigelegten Dokumenten, die für die Erbschaftsverwaltung von Belang waren, zum Beispiel Briefe, Quittungen oder Geschäftsbücher, die noch relevante geschäftliche Verbindungen oder Verpflichtungen oder entfernt vorhandenes Vermögen dokumentieren. Ein Testament des Erblassers liegt den Akten in der Regel immer bei, zum Teil in Form einer von dessen Notar ausgeführten Reinschrift auf Pergament, im Regelfall als *exemplum*, als Abschrift der Prokuratoren am Beginn des ersten *quadernus*[27]. Letztere zeichnen sich dadurch aus, daß sie übersichtlicher als das Original verfaßt sind. Bei jedem neuen Legat wird ein neuer Absatz gemacht. Insbesondere die die Erbschaftsverwaltung betreffenden Abschnitte, in denen zum Beispiel ein Verkauf angeordnet wird oder langfristige, regelmäßig zu zahlende Versorgungsleistungen für Hinterbliebene geregelt werden, sind auf diese Weise kenntlich gemacht. Gelegentlich enthalten sie sogar wertvolle Randbemerkungen und Notizen der Verwalter, wenn zum Beispiel im Testament nicht genau spezifizierter Buchbesitz aufgeschlüsselt wird[28]. Der Umfang der einzelnen *commissarie* ist je nach Erhaltungszustand und Ausmaß der Aufgaben unterschiedlich. Nicht immer sind *quaderni* erhalten. Viele sind inzwischen stark verfallen, so daß sie nicht mehr eingesehen werden können[29]. In manchen Registern lassen sich die Einträge

---

25 Zu Arbeitsaufteilung und Personal vgl. auch Müller, Reinhold C.: The Procurators, S. 108-123. Die Gehälter der unterstellten Beamten wurden zunächst mit 5 %, danach mit 10 % der für die Erbschaftsverwaltung zugesprochenen Legate finanziert. Vgl. Müller: The Procurators, S. 129.

26 Französische und österreichische Behörden führten die Erbschaftsverwaltung weiter. Zum Teil liegen den Akten noch Kopien von Dokumenten aus dem Jahre 919 bei. Die erhaltenen Akten lagern heute in 1867 *buste* und *registri*. Vgl. Guida: S. 885-887.

27 Zum Aufbau vgl. auch Müller: The Procurators, S. 117-119.

28 Agnesina Zeno vermacht beispielsweise in ihrem Testament alle ihre Bücher armen Mönchen. Eine nachträgliche, mit anderer Feder und Tinte vorgenommene Randbemerkung spezifiziert die Bücher und nennt, wer sie erhalten hat. Vgl. ASV, PSM, Atti Misti, B. 126a, Commissaria di Agnesina Zeno , Registro 1, viir-viiijr. Vgl. auch Anhang I, 1348/2.

29 Nicht mehr einsehbar sind zur Zeit.: ASV, PSM, Atti Misti, B. 1a, Commissarie di Mula Marco; ebd.,Commissaria di Giovanni Morosini (doge 1389); ASV, PSM, Atti Misti, B. 4b, Commissaria di Marco Poco Massaro al Fontico dei tedeschi; ASV, PSM, Atti Misti, B. 173, Commissaria di Donna Andrea; ebd.,Commissaria di Toleri dai Apollaria; ASV, PSM, Atti Misti 69, Commissaria Desnove Natonio 1372; ebd.,Commissaria Francesca della Amria; ASV, PSM, Atti Misti, B. 75, Commissaria Rena Andrea (note su ogetti personali); ebd.,Commissaria di Erizzo Pantatlelono; ASV, PSM, Atti Misti, B. 92, Commissaria di Elisabetta Saranzo (note sui beni mobili); ASV. PSM, Atti Misti B. 126a, Commmissarie di Staniario Michele; ASV. PSM de

nur noch teilweise lesen[30]. In einigen Fällen liegt nur noch das Testament vor. Mitunter sind einzelne *quaderni* verlorengegangen, und lediglich das dritte oder vierte *quadernus* ist überliefert, das in der Regel mehrere Jahrzehnte nach dem Tod des Erblassers angefertigt wurde. Hier sind die unmittelbaren Vorgänge nach dem Tod des Erblassers, insbesondere die Einnahmen aus Verkäufen der Erbmasse, kaum noch dokumentiert[31].

Bei besonderem Anlaß haben die Prokuratoren die überantwortete Habe inventarisiert und hierbei auch, falls vorhanden, Bücher aufgenommen. Inventarisiert wurde bei ungeklärten Erbschaftsverhältnissen, zum Beispiel bei plötzlichem Tod ohne Testament oder Ungenauigkeiten im Testament, zur eindeutigen Fixierung des Erbes zwecks anschließender Aufteilung des Besitzes unter die Erben. Inventarisiert wurde auch bei der Aufnahme des Eigentums auswärts ansässiger Venezianer[32]. Nicht selten hatte ein Erblasser mit seinem letzten Willen den Verkauf eines Teiles der Habe zur Finanzierung bestimmter Vorhaben angeordnet. Der Besitz wurden dann am Rialto versteigert[33]. Versteigerungen von Hab und Gut nahmen die Beamten desweiteren zur Tilgung bestehender Schulden oder bei den auswärts verstorbenen Venezianern vor. Offensichtlich erschien es in diesen Fällen einfacher, den Nachlaß vor Ort versteigern zu lassen, als ihn per Schiff nach Venedig zurückzutransportieren. Mitunter sind in diesen Fällen zunächst Inventare angefertigt worden, in denen die Prokuratoren bzw. die ihnen vor Ort unterstellten Beamten die überantwortete Habe aufgenommen haben. Die anschließende Versteigerung wurde im *quadernus* festgehalten[34]. Wenn Inventare überliefert sind, sind sie in der Regel gesondert auf Papier oder Pergament den Akten lose beigefügt.

---

ultra, B. 122, Commissaria di Elia maestro e professore di medicina; und PSM, Atti Misti, B. 64, Commissaria di Francesco da Canal.

30 Stark beschädigt und daher unvollständig erhalten sind z.B die *registri* bei Lorenzo Celsi in: ASV, PSM, Atti Misti, B. 120, Commissarie di Lorenzo Celsi, Registro; und Lorenzo Correr in: ASV, PSM, Atti Misti, B. 145, Commissarie di Lorenzo Correr, Registro.

31 Ein Beispiel ist die Hinterlassenschaftsverwaltung von Benedetto Emo (Testament von 1366). Dort sind im zweiten *quadernus* Bücherverkäufe verzeichnet. Das *quadernus unus*, in dem unter Umständen schon frühere Verkäufe eingetragen waren, liegt nicht mehr vor. Vgl. ASV, PSM, Atti Misti, B. 107, Commissaria di Benedetto Emo, Registro II. In anderen Fällen könnten Bücherverkäufe komplett verlorengegangen sein.

32 Vgl. u.a. die Inventarisierung und den Verkauf der Hinterlassenschaft des venezianischen Konsuls in Alexandria Biaggio Dolfin, ASV, PSM, Atti Misti, B. 180, Commissarie di Biagio Dolfin, Fasc II°, Inventarii.

33 Pietro Tomasi ließ beispielsweise zur Finanzierung eines Witwenheimes seine ganze Bibliothek versteigern. Die Versteigerungslisten sind publiziert bei Conell: S. 175-182.

34 Einnahmen sind in der Regel im ersten Teil des *quadernus* verzeichnet, Ausgaben im zweiten. Vgl. auch Müller: The Procurators, S. 118.

Das Vorgehen der Prokuratoren war generell sehr gewissenhaft[35]. Inventarisierungen wurden nie von einem Beamten allein vorgenommen. Auch waren in der Regel die Anverwandten des Verstorbenen beteiligt. Die Anwesenden werden im Kopf oder am Schluß des Inventars genannt. In der Regel nahm man die überantwortete Habe noch im Hause des Verstorbenen schriftlich auf. Man ging dabei Zimmer für Zimmer vor und führte die einzelnen Gegenstände auch nach Zimmern geordnet im Inventar auf. Die einzelnen Abschnitte einiger Inventare tragen die entsprechende Überschrift: „In una camera sopra el portego", „in cuxina", „in una camera grande" etc.[36]. Gelegentlich wird einzelnen Posten sogar vorangestellt, in welchen Truhen sie sich befunden haben. Zum Teil trennten die Prokuratoren in einem gesonderten Teil des Inventars, welche Gegenstände dem Hausherrn und welche „alla donna", also der Frau, gehörten, oder sie legten hierfür separate Inventare an[37]. Einige Inventare listen lediglich wertvolle Gegenstände wie Juwelen, Silberbesteck und Ähnliches auf. Andere umfassen ausdrücklich nur die Bücher. Das typische Inventar jedoch, mit dem die zu verwaltende Habe katalogisiert wurde, trägt die Überschrift „Inventarium omnium bonorum in casa ...“[38] und listet den Hausrat bis auf einzelne Tücher, Küchenaccessoires und mitunter alte Kleider sehr detailliert auf. Einzelne Positionen werden sogar von wertenden Begriffen wie „vecchio" (alt) oder „qualità triste" (traurige/schlechte Qualität) begleitet. Hier sollten offenbar für die Erben weniger verwertbare Gegenstände kenntlich gemacht werden. Einer Reinfassung, die den Akten beigelegt wurde, gingen mehrere Rohfassungen voraus, von denen sich zum Teil Fragmente in den Akten erhalten haben[39]. Verfolgt man die Datierung der einzelnen Fassungen, so wird deutlich, daß sich der Vorgang der Inventarisierung bisweilen über

---

35 Anmerkungen zu den Inventaren der Prokuratoren auch bei Crouzet-Pavan, Elisabeth: „Sopra le acque salse". Espaces, pouvoir et société à Venise à la fin du Moyen Âge, 2 Bde. Roma 1992, S. 401-407.

36 Vgl. z.B. das Inventar Amado di Amatis in: ASV, PSM, Atti Misti, B. 112, Pergament vom 1.12.1424. Die komplette Hauseinrichtung ist hier wiedergegeben.

37 Vgl. z.B. die Hinterlassenschaftsverwaltung von Lodovico Bembo in: ASV, PSM, Atti Misti, B. 168, Commissarie di Alvise Bembo, Inventar vom 15. Oktober 1395 bzw. 1. Oktober 1395; oder von Michele Zon in: ASV, PSM, Atti Misti, B. 125a, Commisseria di Michele Zon, Inventarii 1449-1460.

38 Zum Einblick, den die Hinterlassenschaftsinventare in venezianische Inneneinrichtungen geben, vgl. Crouzet-Pavan: S. 401-407. Zum 16. Jahrhundert vgl. Palumbo-Fossati, I.: L'intérieur de la maison vénétienne dans la seconde moitié du XVIèmème siècle (Diss. phil), Paris 1982.

39 Die jeweiligen Inventarisierungen der Habe Biaggio Dolfins, der in Kairo und Alexandria Besitz hatte, liegen in Rohschrift und Reinfassung vor. Vgl. ASV, PSM, Atti Misti, B. 180, Commissarie di Biagio Dolfin, Fasc. II°, Inventarii. Vgl. auch die Inventarisierungen der Habe Andrea da Molins in: ASV, PSM, Atti Misti, B. 64, Carte di Girolamo da Molin, Inventarii; und der Michele Zons in: ASV, PSM, Atti Misti, B. 125a, Commisseria di Michele Zon, Inventarii 1449-1460.

zwei oder drei Tage hinzog[40]. Jeder Gegenstand wurde genau gekennzeichnet. Bei Büchern bediente man sich, wie bei den notariell aufgenommenen Inventaren, des Titels und des Autors, sofern diese bekannt waren. In einigen Fällen wird ein Buch nur mit dem äußeren Erscheinungsbild, der Größe, der Farbe oder dem Material gekennzeichnet. Bisweilen ist der Inventarisierende in der Lage, lateinische Bücher genau zu benennen, während er griechische oder französische Bücher nur mit dem Hinweis auf die Anzahl und die Sprache aufnimmt („Item un libro in greco/franxeze")[41]. In solchen Fällen spiegelt das Inventar den Bildungsgrad des Inventarisierenden wider.

Bei den in den Akten erhaltenen Buchlisten, die zum anschließenden Verkauf angelegt wurden, bedienten sich die Prokuratoren nicht selten eines Sachverständigen, der die Bände nicht nur mit genauer Titelangabe registrierte, sondern gleichzeitig auf ihren Wert hin schätzte. Den einzelnen Positionen ist im Inventar dann noch ein Preis angefügt[42]. Mitunter finden sich auch in diesen Akten Buchlisten, die vom Besitzer zur Verwaltung des Vermögens selbst angelegt wurden.

Wenn im *quadernus* Verkäufe und Versteigerungen notiert werden, ist auch hier das jeweilige Buch genau gekennzeichnet. Wieder bedienten sich die Prokuratoren dazu des Autors und/oder des Titels und wichen bei offensichtlicher Unkenntnis auf Material und Aussehen aus. Genannt werden zudem der erzielte Preis und mitunter der Käufer. Selten wurde der Hausrat als Ganzes auf einmal versteigert. Einträge zu Verkäufen finden sich in den *quaderni* fortlaufend an verschiedenen Stellen. Das Datum der einzelnen Versteigerungen ist den Einträgen vorangestellt. Sind im *quadernus* Versteigerungen notiert, dann sind nicht in allen Fällen komplette, im voraus angefertigte Haushaltsinventare überliefert. Entweder ist hier kein Inventar angefertigt worden, oder das Inventar ist verloren gegangen. Die Einträge der Verkäufe im *quadernus* geben zusammen nicht unbedingt den kompletten Buchbestand des Verstorbenen wieder. Bücher, die nicht versteigert wurden, wurden auch nicht eingetragen. Pietro Tomasi spricht in seinem Testament von 105 zu veräußernden Büchern, aber nur 65 tatsächliche Verkäufe sind vermerkt[43].

---

40 Zur Aufnahme des Hausrates von Lodovico Bembo waren die Beamten mindestens an zwei verschiedenen Tagen in dessen Haus. Die Gegenstände seiner Frau sind am 1. Oktober, die des Hausherrn am 15. Oktober inventarisiert worden. Vgl. Anm. 37.

41 Beispiele vgl. Kap 6.1.

42 Die Buchsammlung Lodovico Gradenigos wurde 1372 vom Benediktinerabt von San Giorgio Maggiore geschätzt. Vgl. ASV, PSM, Atti Misti, B. 139, Commissaria di Ludovico Gradenigo, Inventarii nn. Der Sachverständige wird im einleitenden Satz genannt.

43 Vgl. Connell, S. 177-182.

Desweiteren sammelten die Prokuratoren, wie die Notare, für die Erbschaftsverwaltung wichtige Dokumente, welche noch ausstehende geschäftliche Verpflichtungen belegen oder vorhandenes Vermögen nachweisen, wie persönliche Rechnungsbücher, Briefe, Quittungen, Pfandbriefe, Kauf- und Mitgiftsverträge, Vollmachten, Abschriften von Gerichtsurteilen und Ähnliches. Auch
hier ist gelegentlich Buchbesitz dokumentiert.

2.1.3. Private Vermögensverwaltung. Geschäftsbücher und Briefe

Buchbesitz in Venedig wird ferner an persönlichen Geschäftsbüchern, in denen Buchankäufe, -verkäufe, oder -ausleihen vermerkt sind, sowie an Briefen
deutlich. Für das Projekt erwiesen sich diese Dokumente als nachteilig, da sie
im Archiv nicht gesondert sortiert sind und somit nicht zielgerichtet erfaßt
werden können. Anders als bei den Testamenten und Inventaren ist man hier
auf Zufallsfunde angewiesen. Offensichtlich bestand nur wenig Interesse an
der Archivierung dieser Quellen. Mitunter haben sie sich in der behördlichen
und notariellen Nachlaßverwaltung erhalten, sofern sie für diese von Bedeutung waren, wenn Briefe zum Beispiel noch ausstehende geschäftliche Verpflichtungen dokumentierten. Einige Quellen dieser Art, die Buchbesitz
nachweisen, sind allerdings in den Akten der Prokuratoren oder bei der
Durchsicht der Notariatsakten gefunden worden.

In persönlichen Rechnungsbüchern sind Buchkäufe bzw. Zahlungen an
diverse Schreiber, Illustratoren oder Buchhändler verzeichnet. Der Titel des
jeweiligen Werkes wird allerdings nicht in allen Fällen genannt.

Wurden Bücher bei einem Geldgeber verpfändet, wurden diese in der
Regel auf einem entsprechenden Pfandbrief aufgelistet. In den bekannten Fällen sind sie mit Autor und Titel gekennzeichnet.

Gelegentlich tauschten sich Venezianer in den erhaltenen Briefen über ihre
Bücher aus. Sie sprachen Empfehlungen aus, beklagten das Fehlen bestimmter
Titel oder baten um die Besorgung eines bestimmten Werkes. In der Regel
sind dann vor allem Autor und Titel genannt.

2.1.4. Literarische und bildliche Quellen

Die sich im Verlaufe des Spätmittelalters und der Renaissance immer mehr
verbreitende Traktatliteratur und die sogenannten Anstandsbücher ermöglichen es, kollektive oder individuelle Wertschätzungen des Buches oder
bestimmte Lese- und Lektüreideale der Epoche zu rekonstruieren. Zum Teil
sind entsprechende in Venedig oder in der unmittelbaren venezianischen Ein-

flußsphäre entstandene Werke verfügbar[44], die lokalspezifische Kultur- und Geisteswelten dokumentieren.

Buch- und Lesedarstellungen gehörten zum Bildprogramm der zeitgenössischen Malerei. Auch in Venedig wurde das Buch auf diese Weise indirekt Teil der Austattung von Kirchen, öffentlichen Sälen und privaten Räumen[45]. Die Präsenz und die Plazierung des Buches im Bild lassen auf eine durch den jeweiligen Kontext bestimmte Bedeutung und Funktion des Buches innerhalb der venezianischen Gesellschaft schließen. Die Malerei fungiert als Quelle, die bestimmte Formen der dem Buch entgegengebrachten Wertschätzung dokumentiert.

2.2. Methodik der Quellenanalyse

Die Quellen machen Buchbesitzer und Buchbesitz im Venedig des 14. und 15. Jahrhunderts faßbar. In vielen Fällen werden die Titel genannt, und man erfährt bisweilen von den Gründen des Buchbesitzes sowie von Preisen, Material und Gestaltung der Bücher. Das Aktenmaterial gibt mitunter vielfältigen Einblick in Stand, Beruf und Bildungsgrad, den Lebensweg und die wirtschaftlichen Verhältnisse einzelner Buchbesitzer. Die Buchbesitzer und ihr Buchbestand sind also in verschiedener Hinsicht auswertbar.

Die Quellen bedürfen jedoch einer quellenkritischen Analyse. Die bisherigen Ansätze und Ergebnisse der Leserforschung haben zu einer noch andauernden Diskussion über die Aussagekraft der Quellen und die notwendige Methodik zur Quellenauswertung geführt, in deren Rahmen schon wertvolle Leitlinien der Quellenanalyse erarbeitet worden sind. Diese lassen sich anhand der venezianischen Quellen noch weiterentwickeln und präzisieren[46].

Die quantitativ ergiebigsten Quellen zur Ermittlung von Buchbesitz und Buchbesitzern sind auch in Venedig Hinterlassenschaftsinventare, Verkaufslisten und Testamente. Sie machen die Erfassung der Buchsammler vor ihrem sozio-

---

44 Vgl. Cotrugli, Benedetto Raguseo: Il libro dell'arte di mercatura, hrsg. und kommentiert von Ugo Tucci, Venezia 1990; Decor Puellarum, Venezia (Jenson) 1471, (B.M. Inc V 609); Strata, Filippo de: Polemic against Printing, hrsg. von Martin Lowry, Birmingham 1986; Filippo da Strata: Lection del asinello, B.M., Manoscritti italiani, Classa I, 72 (5054).

45 Vgl. Kap. 3.2.2.

46 Für die Quellenarbeit wertvolle Maximen festlegende Beiträge sind Weyrauch; Berger: Inventare; und Raabe: Bibliotheksgeschichte. Jüngste Auseinandersetzung mit den Quellen sind Wittmann: Subscribenten- und Pränumerantenverzeichnisse; und Ciappelli: Libri e letture a Firenze.

kulturellen Hintergrund möglich. Die erhaltenen Inventare sind aus sozialhistorischer Perspektive wertvoll, da sie nicht nur den Buchbesitz erwähnen. Sie leifern darüner hinaus Informationen über den übrigen Besitz und nennen in der Regel in einem vorangestellten Einleitungsteil neben dem Namen des mit der Inventarisierung Beauftragten den Namen, den Stand, mitunter den Familienstand und den Beruf des Besitzers sowie die Adresse der Wohnung[47]. Wertvoll ist vor allem das Testament, das ein wirtschafts-, sozial- und rechtshistorisch auswertbares Dokument darstellt. Es ist vor allem desahalb nützlich, da es als einziges Schriftstück in nahezu jedem Fall vorliegt und somit die Vergleichbarkeit der Auskünfte zum sozio-kulturellen Hintergrund der einzelnen Buchbesitzer gewährleistet.

Die wissenschaftlichen Arbeiten zur Leserforschung basieren größtenteils auf einem Quellentypus[48]. Die venezianischen Quellen zeigen deutlich, daß keine Quelle allein repräsentative Aussagekraft im Sinne der Fragestellung hat, und daß eine Zusammenschau verschiedener Quellen notwendig ist. So werden anhand der Betrachtung mehrerer Quellentypen verschiedene gesellschaftliche Gruppen Venedigs faßbar. In den Akten der Prokuratoren lassen sich Buchbesitzer ermitteln, die hauptsächlich im Handel oder im Dienste der Republik tätig waren. Sie stellten keine Vertreter der klassischen Bildungseliten im eigentlichen Sinne dar, welche sich veranlaßt fühlten, in ihren Testamenten ausdrücklich von Büchern zu sprechen. Anhand notarieller Vermögensverwaltung können umgekehrt auch Buchbesitzer identifiziert werden, die nicht zur politischen und wirtschaftlichen Elite der Stadt gehörten. Zu beachten bleiben die unterschiedlichen Gründe, die zur jeweiligen Erwähnung von Büchern in den Quellen führten. Ärzte oder Rechtsgelehrte, die keine Söhne hatten oder deren Söhne ihnen nicht in ihren Beruf folgten, hatten sicherlich mehr Veranlassung, ihre Fachbücher Dritten zu vermachen oder von ihren *fidecomissarii* versteigern zu lassen, als andere Venezianer ihre Heiligenlegenden, an denen unter Umständen ein breiteres, nicht nur fachgebundenes Interesse bestand. Derartige Literatur ist deshalb womöglich in Testamenten und Nachlaßverwaltung seltener aktenkundig geworden, da sie im *residuum* an die direkten Erben ging. Kleriker hatten in der Regel keine offiziellen direkten Nachkommen und regelten ihre Hinterlassenschaft im Testament häufig sehr ausführlich, weswegen sie dort vielleicht auch ihre Bücher differenzierter notierten. Durch die Hinzunahme anderer Quellen, Pfandbriefe, persönliche Geschäftsbücher, Briefe etc., in denen Buchbesitz eher zufällig aktenkundig bzw. überliefert wurde, können jedoch die soziale und kulturelle Situation der Buchbesitzer und die Gründe, die zum jeweiligen Buchbesitz geführt haben, deutlicher her-

---

47 Für eine entsprechenden Würdigung des Inventars als Quellengattung vgl. Löwenstein.
48 Bec arbeitete vornehmlich mit Inventaren der Florentiner Vormundschaftsverwaltung, dem *Magistrato dei pupilli.*

vortreten. Allerdings ist man hier auf Zufallsfunde angewiesen. Der in den Quellen dokumentierte Anteil an Fachbuchbesitzern wird gegenüber dem Anteil an Nichtfachbuchbesitzern dahingehend zu relativieren sein, daß im ersten Fall häufiger Anlaß zur schriftlichen Registrierung bestand als im zweiten.

Wenn Zeitgenossen des 14. und 15. Jahrhunderts in Briefen oder Testamenten von ihren Büchern erzählten, gaben sie häufig nur Einblick in einen Teil ihrer Bibliothek. Ob mehr als die erwähnten Bücher vorhanden waren oder nicht, ist diesem Quelletypus meist nicht zu entnehmen[49].

Behördlich oder notariell aufgenommene Inventare verdanken als „Überreste" im Sinn der Definition von Ahasver von Brand ihre Entstehung „nüchterner Rechts- und Verwaltungspraxis". Sie verfolgten einen „Gegenwartszweck" und waren rechtsverbindlich[50]. Für die Leserforschung und für das Projekt sind sie wertvoll, da sie in hohem Maße Anspruch auf Genauigkeit und Vollständigkeit bezüglich des erfaßten Materials erheben und umfangreiches Datenmaterial für statistische Analysen liefern. Angesichts der nachweislichen Gründlichkeit der Beamten und Notare ist davon auszugehen, daß bei einem vollständig erhaltenen Inventar zumindest der Großteil der Bücher, welcher im jeweiligen Hause vorgefunden wurde, aufgeführt ist. Es gilt jedoch zu beachten, daß die Quelle nicht in jedem Fall Auskunft über Buchbesitz geben muß. Die Leserforschung ist andernorts auf Hinterlassenschaftsinventare gestoßen, in denen keine Bücher erwähnt sind, obwohl der Erblasser Bücher besaß, die er beispielsweise vor seinem Tod einer Universität geschenkt hatte[51]. Die venezianischen Inventare wurden in der Regel *post mortem* angefertigt und erfassen die Habe, über die der Buchbesitzer zum Zeitpunkt seines Todes verfügte. Auch bei der Auswertung dieser Inventare ist somit nicht auszuschließen, daß ein Buchbesitzer vor seinem Tod Bücher besaß, diese jedoch abgestoßen hatte, bevor sie inventarisiert wurden. Wird ein Buchbestand erwähnt, geben die Inventare unter Umständen nur eingeschränkt darüber Auskunft. Bücher wurden nicht immer mit dem Titel oder dem Autor aufgenommen. Die Genauigkeit des Inventars ist diesbezüglich mitunter abhängig vom Bildungsgrad derer, die es anfertigten[52]. Zudem waren insbesondere in der Vordruckzeit in einem Band häufig mehrere Werke

---

49 Die Leserforschung hat trotzdem immer wieder auf diese Quellen zurückgegriffen. Testamente als Quellen der Leserforschung wurden zuletzt gewürdigt bei Nebbiai-Dalla Guardia: Documenti, S. 32.

50 Vgl. Löffler, Peter: Inventare. Historische Erscheinungen und rechtliche Grundlagen. In: Rheinisch-westfälische Zeitschrift für Volkskunde 23, 1977, S. 120-131, insb. S. 120. Die französische „Annales-Schule" und deutsche Volkskundler schätzen die „Unmittelbarkeit und Realitätsnähe" von Hinterlassenschaftsinventaren. Vgl. Berger: Inventare, S. 371. Zur generellen Quellenkritik an Inventaren vgl. auch Löwenstein.

51 Beispiel erwähnt bei Rosset: S. 167. Vgl. auch Martin, Henry Jean: Livre, pouvoirs et société à Paris au XVIIème siècle (1598-1701), Paris 1969, S. 952. Hervorgehoben wird das Problem insb. bei Berger: Inventare, S. 371.

52 Vgl. auch ebd., S. 371 f.

zusammengebunden. So wurden Gebetbüchern zur privaten Andacht mitunter Heiligenlegenden oder andere erbauliche Geschichten angehängt. Es ist nicht auszuschließen, daß es in einem nicht vom Besitzer selbst angelegten Inventar den Inventarisierenden ausreichte, zur Kennzeichnung der Habe nur das erste Werk eines Mehrfachbandes mit dem Titel aufzuführen[53]. Festzuhalten bleibt, daß die Inventare, insbesondere wenn sie vom Besitzer selbst oder einem Fachmann angefertigt wurden, eine Bibliothek relativ umfangreich und detailliert erfassen. Lediglich vereinzelte Bücher wurden eventuell nicht aufgenommen.

Nur ein Teil der Dokumente gibt also relativ vollständige Informationen zu einer Buchsammlung. Es bestätigt sich die Notwendigkeit, eine recht große Zahl an Buchbeständen zu recherchieren, um ausreichendes Datenmaterial für eine statistische Analyse zu erhalten. Inventare, die zum Beispiel die Bücher von Medizinern oder Rechtsgelehrten auflisten, können helfen, eine Vorstellung vom Buchbesitz desjenigen Berufsgenossen zu bekommen, der in seinem Testament seine Bücher zwar erwähnt, sie aber nicht im einzelnen spezifiziert.

Eine wesentliche Kritik an den Quellen der Leserforschung, welche deren Dienlichkeit grundlegend in Frage stellt, bezieht sich auf die Möglichkeit, daß die Quellen aus verschiedenen Gründen bestimmte Bücher nicht erfassen.

Inventare, Versteigerungskataloge, Lagerlisten und Testamente als Teile privater, notarieller und behördlicher Vermögensverwaltung erfassen vor allem Wertgegenstände. Entsprechend besteht der Einwand, nur Oberschichten wären in den Quellen faßbar, und nur materiell wertvolle Bücher tauchten in den Quellen auf. Etwaige billige Manuskripte ließen sich hingegen nicht fassen. Die Quellen besäßen damit keine repräsentative Aussagekraft. Darauf aufbauend besteht der Einwand, bestimmte Textgattungen seien womöglich verbreitet gewesen, blieben jedoch, da sie vornehmlich in kleinen, billigen Bänden verbreitet wurden, in den Quellen unerwähnt[54]. Die Behauptung ist durch eine gründliche Quellenauswertung zu überprüfen. Gemäß der bisheri-

---

53 Zur Kritik diesbezüglich vgl. u.a. Alessio: Il manoscritto, S. 19. Berger weist auf die Möglichkeit hin, daß die in einem Zweitwohnsitz, beispielsweise einem Landsitz, befindliche Habe in Nachlaßinventaren nicht erfaßt worden ist, weil eine andere Behörde zuständig war. Vgl. Berger: Inventare, S. 371. Die Möglichkeit ist allerdings aufgrund der alleinigen Zuständigkeit der Prokuratoren für die gesamte Erbschaft auszuschließen.

54 Einwände dieser Art äußerten im persönlichem Gespräch z.B. Tiziana Plebani und Dieter Girgenson. Das Buch als Luxusgut wird charakterisiert bei Cipolla: Money, S. 52-56; ders: Il valore di alcune biblioteche nel Trecento. In: Bolletino storico Pavese 7, 1944, S. 5-20.; und bei Tristano, Caterina: Economia del libro in Italia tra la fine del XV e l'inizio del XVI secolo. Il prezzo del libro vecchio. In: Scrittua e civiltà 14, 1990, S. 199-279, v.a. S. 233-234.

gen Forschung stellten Manuskripte der Vordruckzeit hohe Werte dar[55]. Es ist daher zu hinterfragen, ob es „Billigproduktionen" und „Wegwerfprodukte" in diesem Sinne überhaupt gab bzw. ob ein Buch nicht schon allein aufgrund seines Papierwertes und seiner zeitintensiven Herstellung einen bemerkenswerten Wert darstellte. Der Wert eines Buches für den Verstorbenen bzw. für die Erben war zudem relativ und hing von den jeweiligen wirtschaftlichen Verhältnissen ab. Was für die führenden Bankiers oder Kaufleute der Stadt billig war, war für einen bezahlten Beamten der Stadt oder einen Schulmeister ein teurer Besitz. Die Erbschaftsverwaltung in Venedig war zudem so genau, daß zur „Ausschußverwaltung" bisweilen auch ausdrücklich die nicht wertvollen Gegenstände einer Hinterlassenschaft inventarisiert wurden. Daß sämtliche verbreiteten Exemplare einer ganzen Textgattung niemals in irgendeiner Form aktenkundig geworden sind, weil sie nie als Wert angesehen wurden, ist nicht anzunehmen. Es bleibt jedoch die Möglichkeit, daß bestimmte Werke, die vorzugsweise als Prachtexemplare kursierten, in diesen Quellen stärker vertreten sind.

Ein weiterer Vorwurf bezüglich der Repräsentativität der Quellen ist, daß etwaige verpönte oder verwerfliche Literatur unerwähnt bliebe[56], was den Umkehrschluß zuließe, daß prestigeträchtige Literatur um so häufiger erwähnt wäre.

Behördlich oder notariell aufgenommene Inventare entstammen jedoch nüchterner Verwaltungspraxis und waren rechtsverbindlich. Bezüglich der aufgenommen Habe erheben sie demnach, ihrem theoretischen Wesen gemäß, einen Anspruch auf Vollständigkeit. Die Buchforschung merkt an, daß politisch, religiös oder moralisch eventuell anstößige und verbotene Werke aufgrund des Einflusses der bei der Inventarisierung anwesenden Erben nicht mitaufgenommen wurden, um so das Ansehen des Verstorbenen und damit seiner Erben nicht zu schädigen[57]. So geht Depraz davon aus, daß in Paris nach 1750 zwischen 5 und 10 % der Bibliotheken aus verbotenen, das heißt auf dem Index befindlichen Büchern bestanden, die in Hinterlassenschaftsinventaren nicht erwähnt sind. Bei seiner Analyse notarieller Hinterlassenschaftsverwaltung Siziliens aus dem 14. und 15. Jahrhundert behauptet Bresc, die ansässigen hochgebildeteten Notare habe volkssprachliche Literatur nicht interessiert, weshalb sie von ihnen nicht in den Inventaren notiert wurde. Andere Hinweise, außer der spärlichen Erwähnung volksprachlicher Literatur in den untersuchten Inventaren, liefert Bresc jedoch nicht[58]. Paul F. Grendler

---

55 Vgl. Nebbiai-Dalla Guardia: I documenti, S.31. Sie führt die Argumentation Carlo M. Cipollas fort.
56 Vgl. v.a. Berger: Inventare, S. 372.
57 Vgl. Depraz, D.: Enquête sur les bibliothèques de nobles à Paris après 1750 (mémoires de maîtrise), Paris 1968, S. 99 f.
58 Vgl. Bresc: S. 57.

verweist auf das Mißverhältnis zwischen der intensiven Rezeption der mittelalterlichen Ritterromane in Kunst und Literatur der Renaissance einerseits und ihrer mangelhaften Nachweisbarkeit in der bislang untersuchten Vermögensverwaltung privater Körperschaften der Epoche andererseits[59]. Im Venedig des 14. und 15. Jahrhunderts waren die Erben bei den Inventarisierungen der Prokuratoren oder anderer *fidecomissarii* in der Regel anwesend. Die Möglichkeit einer nicht nachweisbaren Einflußnahme zur Wahrung des guten Rufes des Verstorbenen war gegeben. Andererseits war damit jedoch auch eine subjektive Entscheidung eines einzelnen Notars - in Venedig in der Regel ein Priester war - welche Bücher im Inventar aufgenommen werden sollten und welche nicht, unmöglich.

Testamente lassen sich unter strengen Gesichtspunkten im Sinne der Definition Ahasver von Brandts eher als „Tradition", denn als „Überrest" klassifizieren[60]. Zwar waren auch sie rechtsverbindlich, verfolgten allerdings keinen direkten Gegenwartszweck. Der Erblasser regelte seine Vermögensverhältnisse über den Tod hinaus, indem er Teile seines Besitzes auf die Nachkommen verteilte und Legate *ad pias causas* für sein persönliches Seelenheil und das seiner Nachkommen hinterließ. Testamente erreichten ein breiteres Publikum als Inventare. Sie waren als Dokument zwar nicht öffentlich zugänglich, die dort getroffenen Anordnungen waren jedoch von Außenstehenden erkennbar. Die Testamente Venedigs wurden mitunter bewußt als Instrument adliger oder bürgerlicher Selbstdarstellung und Meinungsäußerung genutzt. Mit generöser Geste schenkten Erblasser bevorzugten Sklaven die Freiheit, würdigten die Verdienste und Charaktere von Verwandten, Freunden oder anderen Zeitgenossen oder rächten sich auch an ihnen, wie zum Beispiel Bernardo de Muggia. Er nahm 1401 in sein Testament einen separaten Passus auf, demgemäß er der Republik Venedig zum „Dank" dafür, daß sie ihn nicht in die nur dem Patriziat zustehenden hohen Ämter und Gremien der Stadt aufgnommen hatte, ausdrücklich „nichts" hinterließ[61]. Bücher werden im Testament nur dann erwähnt, wenn sie aus bestimmten Gründen entweder verkauft oder nicht verkauft werden, zum Studium, zur Erbauung oder zum Gebet an einzelne Erben gehen oder *ad pias causas* an Dritte weitergegeben werden sollten. Es besteht in diesen Fällen die Gefahr, daß vornehmlich prestigeträchtige Werke erwähnt wurden, während als verwerflich angesehene Bücher ver-

---

59 Vgl. Grendler: Chivalric Romances.
60 Vgl. Weyrauch, S.307-310.
61 „Item lasso al Comun da Veniexia per non eser stato alla lore alti Officij, over non essendo stado a gran conseio, over se per alcun inodoio havesse havudo Dacio, over per altro metodo ... non bonosse ..." ASV, PSM de citra, B. 135, Commissarie di Bernardo da Muggia, Testament vom 8. Juli 1401 (Abschrift), Quaderno 1. Unter Umständen war Bernardo 26 Jahre zuvor bei der Aufnahme bürgerlicher Familien in das Patriziat nach dem Chioggiakrieg übergangen worden. Zum Adelsstatus in Venedig vgl. auch Kap 3.1.

schwiegen wurden. Auch bei von „Subjektivität" geprägten Briefe ist es durchaus möglich, daß der Verfassser vornehmlich von erwähnenswerter Literatur erzählte und anderes unterschlug.

Bei der Vermögens- und Nachlaßverwaltung werden Bücher, die in der Frührenaissance wesentlich kostbarer waren als in den folgenden Jahrhunderten[62], unter anderem als Wertgegenstände gehandelt. Der materielle Wert eines Buches und damit die Sicherung des Vermögens war unter Umständen entscheidender für die Notierurung als seine eventuelle Anstößigkeit. Beamte, Notare und Treuhänder hatten bei der Vermögensverwaltung in erster Linie eine verwaltende und keine offiziell designierte moralische Kontrollfunktion. Ein Venezianer konnte die *fidecomissarii*, die sein Vermögen verwalten sollten, frei wählen[63]. Diese setzten sich in der Regel aus engen Vertrauten und Verwandten zusammen. Die Prokuratoren rekrutierten sich in der Regel aus den gleichen adligen Kreisen wie diejenigen, die sie als Erbverwalter einsetzten. Die ihnen unmittelbar unterstellten höchsten Beamten waren ebenfalls Patrizier. Die Prokuratoren, vor denen Venezianer sich offenbarten, waren zudem in erster Linie eine Finanzbehörde, die durch das Testament zu treuhänderischer Verwaltung angehalten war und hierfür ein Legat erhielt. Notare, welche Inventare aufnahmen und lagerten, waren weitestgehend vertraute Priester. Testamente und Inventare ließ man in der Regel von dem Notar abfassen, der schon zuvor mit sämtlichen geschäftlichen und rechtlichen Angelegenheiten betraut war.

Wiederum kann nicht davon ausgegangen werden, daß hier bestimmte Bücher verbreitet waren, deren Verkauf oder Verleih aufgrund einer „doppelten Moral" niemals Eingang in eine überlieferte Quelle gefunden hätten und stattdessen immer und von jedem unter der Hand gehandelt worden wären. Zu beachten bleibt wiederum, daß möglicherweise prestigeträchtige Buchtitel tendenziell häufiger auftauchen als verwerfliche Werke. Die Problematik erfordert ebenfalls die Zusammenschau verschiedener Quellen.

Im Gegensatz zum Ancien Régime gab es in der Vordruckzeit keinen festgeschriebenen staatlichen oder kirchlichen Bücherindex, der den einzelnen Buchbesitzern bzw. ihren Erben als direkte Anleitung zum Unterschlagen bestimmter Bücher hätte dienen können. Von Strafaktionen päpstlicher Inquisitoren blieb die Stadt weitestgehend unbehelligt[64]. Allerdings waren

---

62 Zu den Preisen vgl. Kap. 5.2.
63 Der Doge Agostino Barbarigo ernannte beispielsweise, anders als zahlreiche Amtsvorgänger, nicht die Prokuratoren, sondern seine Schwiegersöhne und Töchter zu *fidecommissarii*. Sein Testament ist abgedruckt bei Roeck, Bernd: L'Arte per l'anima, l'Arte per lo Stato. Un doge del tardo Quattrocento ed i segni delle immagini, Venezia 1991, S. 99-121.
64 Paolo Sarpi berichtete im 17. Jahrhundert von erstmals im 13. Jahrhundert als päpstliche Inquisitoren eingesetzten Franziskanern. 1385 wurde ihre Anzahl gekürzt, und 1423 wurden sie mangels Betätigungsfeldern wieder zurückgezogen. Zu seinen Schrif-

Moralprediger, zumeist Franziskaner und Dominikaner, ansässig. Kleriker, Bürgerliche und Patrizier der Stadt verfaßten und verbreiteten Anstandsbücher, Benimmregeln und Tugendliteratur. Die erhaltenen Exemplare können helfen, sowohl etwaige verpönte als auch prestigeträchtige Literatur zu markieren. Der Vergleich mit den in den Quellen greifbaren Titeln läßt erkennen, inwiefern hier örtliche Moralideale nicht nur formuliert wurden, sondern auch im einzelnen präsent und wirksam waren, so daß „verpönte" Literatur tatsächlich verschwiegen wurde. Es gilt diesbezüglich, das Verhältnis zwischen Privatmann, Behörden, Notaren und „Öffentlichkeit" bzw. einer „eingeschränkten Öffentlichkeit" innerhalb von Standesgenossen in Venedig zu klären und mögliche Kontrollmechanismen offenzulegen[65]. Es stellen sich damit nicht zuletzt Fragen nach dem Selbstbewußtsein des einzelnen Venezianers gegenüber moralisierenden Kräften seiner Zeit, inwieweit man überhaupt hinter den Dokumenten eine Form von „Öffentlichkeit" sah, und inwieweit man sich vielleicht vor Moralvorstellungen der eigenen bzw. der anderen Gesellschaftskreise fürchtete und nicht offenbaren wollte. Gleichfalls bleibt zu betrachten, inwieweit man die Dokumente unter Umständen auch bewußt instrumentalisierte, um sich mit dem Besitz prestigeträchtiger Literatur und dem Nichtbesitz verwerflicher Literatur zu exponieren. Bernardo da Muggia nutzte als Bürgerlicher bewußt seine beträchtliche Erbschaft, indem er die Adelsrepublik ausdrücklich nicht daran teilhaben ließ, sie aber von den Proku-

---

ten *Sopra l'offizio dell'inquisizione (1613)* und *In Materia di creare novo inquisitori di Venezia (1622)* vgl u.a. Grendler, Paul F.: The Roman Inquisition and the Venetian Press 1540-1605, Princeton 1977, S. 35-40. Neben den päpstlichen Inquisitoren gab es auch kommunale Beamte zur Ketzerbekämpfung. Vgl. u.a. Cozzi, Gaetano: Religione, moralità e giustizia a Venezia: vicende della magistratura degli esicutori contro la bestemmia, Padova 1969. Gezielte Aktionen gegen als verwerflich betrachteten Buchbesitz sind von beiden Instanzen jedoch nicht überliefert. Am 2. Februar 1366 wurde der *rector scolarum* Umberto von *confinio* San Angelo von den als päpstliche Inquisitoren eingesetzten Dominikanern exkommuniziert und in allen seinen Tätigkeiten unter die Aufsicht des Ordens gestellt. Das Urteil ist veröffentlicht bei Bertanza: Maestri, S. 66. Die Forschung ist auf Aktionen der Dominikaner noch nicht eingegangen. Es handelte sich hierbei wohl eher um erfolglose Versuche der Dominikaner, sich als Inquisitoren in der Stadt zu etablieren. Vgl. hierzu. Kap. 3.1.3. Anm. 101.

65 Die Frührenaissance kannte den Begriff „Öffentlichkeit" noch nicht. Definiert man „Öffentlichkeit" im Sinne Lucian Hölschers jedoch als antithetischen Begriff zu allem „Geheimen", zeigt sich, daß durchaus mögliche Kontrollmechanismen einer Form von „Öffentlichkeit" wirksam gewesen sein könnten. Vgl. Hölscher, Lucian: Öffentlichkeit und Geheimnis. Eine begriffsgeschichtliche Untersuchung zur Entstehung der Öffentlichkeit in der frühen Neuzeit, Stuttgart 1979. S. 11-19. Für Hölscher sind auch begrenzte soziale Lebensbereiche, wie z.B. Nachbarschaftsgemeinschaften, Formen von Öffentlichkeit. Bei einer ständisch geprägten Gesellschaft gilt es hier jedoch insofern zu differenzieren, als eine gemeinsame Standeszugehörigkeit möglicherweise auch die Form einer intimen Gemeinschaft darstellte. Faulstich spricht in diesem Zusammenhang von „Teilöffentlichkeiten". Vgl. Faulstich: S. 11-30.

ratoren, nach dem Dogen die höchsten adligen Beamten der Republik, verwalten ließ[66].

Vor allem in Reaktion auf die Arbeiten von Bec wird die Dienlichkeit der Quellen für die Leserforschung dahingehend angezweifelt, daß im Besitz befindliche Bücher nicht unbedingt gelesene Bücher waren[67]. Buchbesitz gebe nur eingeschränkt darüber Auskunft, *wer* Bücher gelesen hat und *wie*. Der Umstand macht den Rückgriff auf literarische und bildliche Quellen sowie auf philologisch-hermeneutische Verfahrensweisen notwendig. Die Anstandsliteratur dokumentiert das Moralideal der Geistlichkeit bzw. der Bildungselite und vermittelt damit das Leseideal lediglich der intellektuellen Eliten[68]. Im Wesen der Quelle liegt allerdings schon begründet, daß sich der Kreis der Urheber nicht nur anhand des Privilegs der hohen Bildung selektierte. Die Verfasser sind jene „Gebildeten", die es für notwendig hielten, moralisierende Traktate zu verfassen[69]. Die Quellen geben also möglicherweise rigoristische Ideale wieder. Bisweilen reflektieren sie jedoch auch andere als die idealisierten Lesegewohnheiten. Warnt ein Prediger beispielsweise ausdrücklich vor der Lektüre bestimmter Werke, so muß er dazu Grund gehabt haben. Er sah zumindest die Gefahr, daß eine bestimmte Klientel diese seiner Meinung nach verwerflichen Texte lesen oder die Lektüre nicht in dem von ihm gewünschten Sinne verstehen konnte. Wird er in der Beschreibung dessen, was die Lektüre ungeeigneter Texte beim Leser hervorruft, sehr anschaulich, ohne dabei verbreitete, traditionelle Topoi zu rezipieren, ist es möglich, daß die Beschreibung dieser Leseszenen ein authentisches Vorbild besaß[70].

Allerdings lassen sich auch die seriellen Quellen bezüglich der Lesefunktionen deuten. In einem Testament besteht nach den Worten Erdmann Weyrauchs eine Spannung zwischen „kollektiven Leitvorstellungen und dem individuellen Gestaltungswillen". Auf kollektive Leitvorstellungen gehen sowohl formale als auch inhaltliche Aspekte eines Testaments zurück. So war es für gläubige Menschen des Mittelalters selbstverständlich, zumindest den zehnten Teil ihrer Güter der Kirche zu vererben[71]. Bücher wurden dann erwähnt, wenn sie einem Dritten vermacht werden sollten, oder wenn an das Erbe eine bestimmte Funktion oder Auflage geknüpft war. In diesen Fällen

---

66 Vgl. Anm. 61 dieses Kapitels.

67 Eine diesbezüglich ausführliche kritische Auseinandersetzung liefert Ciapelli: S. 270.

68 Der Begriff „Intellektuelle" für die Bildungseliten wird hier im Sinne von Jacques Le Goffe verwendet. Vgl. Le Goffe, Jasques: Die Intellektuellen im Mittelalter, Stuttgart 1987.

69 Zur Problematik der Subjektivität mittelalterlicher Literatur vgl. Gurjewitsch: Probleme der Volkskultur, S. 352-400; und ders.: Mittalterliche Volkskultur, S. 7-15.

70 Derartiges quellenkritisches Vorgehen wurde u.a von Gurjewitsch zur Erfassung einer „Volkskultur" ausgearbeitet. Vgl. Gurjewitsch: Volkskultur, hier v.a. das Kapitel Die Volkskultur im Spiegel der Bußbücher, S. 125-166.

71 Zu Tod und Testament im allgemeinen vgl. Ohler. Zu Testamenten in Venedig vgl. ferner Labalme: The Last Will of a Venetian Patrician.

wird der individuelle Gestaltungswille des Testators erkennbar. Geistliche sollen Gebetbücher erhalten. Nachkommen der Familie oder Dritte erhalten bestimmte Bücher zum Studium oder zur Erbauung. Der Erblasser erwähnt die Bücher, die im Familienbesitz bleiben und nicht verkauft werden sollen. Hier werden individuelle Wertschätzungen von Büchern sichtbar. Man erfährt gegebenenfalls, ob einem Buch Bedeutung beigemessen oder welche Funktion ihm zugedacht wurde. Das Testament hilft zu differenzieren, ob ein Buch nur besessen oder auch gelesen bzw. benutzt wurde. Zur Erfassung individueller Wertschätzungen von Büchern ist das Testament somit wertvoll. Verallgemeinerungen diesbezüglich läßt dieser Quellentypus allerdings nicht zu. Die Wertschätzung derjenigen, die zwar Bücher besaßen, deren Schicksal jedoch nicht über den Tod hinaus beeinflussen wollten, wird nicht faßbar.

Inventare sind „documents de vérité[72]" und in der Tat nüchtern. Sie liefern in erster Linie Zahlen- und Datenmaterial. Dieses und die daraus gewonnenen Statistiken können Einblicke in Lesegewohnheiten und Geisteswelten der Buchbesitzer geben. In ihrer Arbeit zu oberdeutschen Adelsbibliotheken im 16. Jahrhundert erläuterte Eva Pleticha den Sachverhalt folgendermaßen:

Somit ist die Statistik nur bedingt zur Erhellung der geistigen Welt des Lesers geeignet, solange man nur über den Besitz, nicht aber über die Lektüre der Bücher Aussagen machen kann. Andererseits verhelfen Vergleiche verschiedener Bibliotheken zu Erkenntnissen über den typischen Leser; denn schon bei einer größeren Anzahl von Büchern werden besondere Interessensgebiete schon rein quantitativ deutlich.[73]

Das potentielle Mißverhältnis zwischen Besitz und Gelesenem ist auch ein Ergebnis daraus, daß der inventarisierte Buchbesitz das Ergebnis eines langen Sammelprozesses mehrerer Generationen sein kann, so daß aktuelle Lesegewohnheiten nicht auszumachen sind[74]. Dies unterstreicht die Notwendigkeit einer Langzeitanalyse. Der Vergleich von Inventaren verschiedener Generationen kann helfen, temporäre Erscheinungen zu markieren, was mittels einer Querschnittsanalyse nicht möglich ist.

Mitunter ist auch die Art und Weise der Inventarisierung aussagekräftig, zum Beispiel wenn der Besitzer bei der eigenhändigen Auflistung seiner Bücher kanonische Rechtskommentare und theologische Schriften genau mit Autor und Titel aufführt, einen Cicero hingegen lediglich mit „irgendein Cicero" betitelt[75]. Erfassen Inventare den Besitz Zimmer für Zimmer, werden

---

72 Formulierung nach Braudel, Fernand: Civilisation matérielle, économie et capitalisme. XVème -XVIIIème siècles, Bd. 1, Paris 1980, S. 245.

73 Pleticha, Eva: Adel und Buch. Studien zur Geisteswelt des fränkischen Adels am Beispiel seiner Bibliotheken vom 15. bis zum 18. Jahrhundert, Neustadt a.d. Aisch 1983, S. 7.

74 Vgl. u.a. Berger: Inventare, S. 372.

75 Vgl. das Inventar Baggio da Molins, Anhang I, 1444/1.

Art und Ort der Aufbewahrung der Bücher ebenso ersichtlich wie ihre Bedeutung für repräsentative, kulturelle oder berufliche Belange[76].

Inventarisierungen des Besitzes von auf Reisen oder im auswärtigen Dienst verstorbenen Venezianern dokumentieren, welchen Büchern von ihren Besitzern eine derartige persönliche Bedeutung beigemessen wurden, daß sie mit auf Reisen genommen wurden.

Erhaltene Verkaufslisten geben darüber Auskunft, welche Bücher nicht nur vererbt, sondern auch gekauft wurden, an denen also ein aktuelles Interesse bestand. Ferner geben sie Auskunft über die Preise, die Bücher erzielt haben, oder welche die Käufer bereit waren zu zahlen. In den Fällen, in denen ein Inventar vorliegt und der Verkauf dokumentiert ist, läßt sich sogar vergleichen, ob der erzielte Preis von dem vorher geschätzten abweicht.

In persönlichen Rechnungsbüchern sind Buchkäufe über Zahlungen an diverse Schreiber, Illustratoren oder Buchhändler verzeichnet, anhand derer sich der Wachstumsprozeß einer Bibliothek nachzeichnen läßt. Aktuelle bzw. sich wandelnde Leseinteressen werden hier in Einzelfällen deutlich. Gleiches gilt für Einträge, bei denen ein Buchbesitzer die Ausleihe bzw. Rückgabe seiner Bücher vermerkte. Hier lassen sich Leserkreise und Rezipienten nachweisen, die den Kreis der bloßen Buchbesitzer ergänzen.

Briefe geben Auskunft über die Zirkulation, den Gebrauch und den Stellenwert bestimmter Bücher. Briefe sind als Quelle ebenfalls der „Tradition" zuzuordnen und durch Subjektivität geprägt. Für das avisierte Vorhaben werden Briefe dort interessant, wo es um individuelle Sichtweisen geht, anhand derer verschiedene Ursachen für privaten Buchbesitz zu erkennen sind. Schon allein die Tatsache an sich ist wertvoll, daß Bücher in einem Brief tatsächlich Erwähnung finden. Hier wird unter Umständen eine Repräsentationsfunktion von Büchern deutlich. Wenn ein Venezianer im 15. Jahrhundert seinen Freunden und Bekannten brieflich von ihrem Buchbesitz erzählt oder um die Zusendung bestimmter Bücher als Geistesnahrung bittet, zeigt sich darin nicht nur sein Interesse an Büchern, sondern auch sein Selbstverständnis als kultivierter Stadtbürger, der sich unter anderem über seine Bildung definiert[77].

Aspekte, die für die quantitative Erfassung des Buchbestandes nachteilig sind, können sich bei der Frage nach individuellen und kollektiven Lesegewohnheiten und Literaturidealen als nützlich erweisen. Die Ungenauigkeit und mangelnde Vollständigkeit der Quellen kann Lektüreideale und Moralvorstellungen deutlich machen. Findet beispielsweise bestimmte Literatur, deren Verbreitung durch erhaltene Exemplare oder Inventare dokumentiert ist, in

---

76 Vgl. hierzu u.a. Berger: Inventare S. 371. In Ansätzen benutzte schon Bombe Inventare zur Rekonstruktion der Funktion verschiedener Literatur im privaten Lebensbereich. Vgl. Bombe: Nachlaß-Inventare, Anm. 4; vgl. auch Burke: Die Renaissance in Italien, S. 123, Anm 7.
77 Vgl. hierzu Kap 7.3.

einem Großteil der Testamente nur selten oder gar nicht Erwähnung, weist
dies unter Umständen darauf hin, daß der Besitz dieser Bücher als nicht
besonders ehrenvoll betrachtet wurde.

Der Vergleich verschiedener Quellen auf mögliche Diskrepanzen bezüglich der dort faßbar werdenden Literatur kann somit etwaige schriftlich nicht
überlieferten Moralideale, die vielleicht nur bestimmten gesellschaftlichen
Gruppen der Stadt, etwa dem Patriziat, eigen waren, offenlegen. Werden beispielsweise bestimmte, möglicherweise „verpönte", Bücher tendenziell in den
Inventaren Adliger erwähnt, die nur vertrauten Kreisen einsichtig waren, während sie in ihren Testamenten, in denen man sich einem Priester und einer
breiteren „Öffentlichkeit" stellte, in der Regel nicht an Dritte vermacht werden, dann werden eine eigene Standesmoral und spezielle Lektüreideale sichtbar. Hinweise darauf, inwiefern und in welchen Momenten verschiedene
Bücher jeweils verschwiegen oder erwähnt wurden, könnten sogar eine
„Alternativkultur" beschreiben[78]. Kollektive Leitvorstellungen, die Buchbesitz
und die Zirkulation von Büchern beeinflußt haben, werden erkennbar.

Der Kritik an den Quellen der Leserforschung ist abschließend entgegenzuhal-
ten, daß der Historiker sich der Herausforderung stellen muß, anhand nur
bedingt repräsentativer Daten mittels quellenkritischen Vorgehens Erkenntnisse zu gewinnen. Vor dem Hintergrund der Zusammenschau verschiedener
Quellen und der Analyse zahlreicher und verschiedener Buchbesitzer sind
grundlegende Kritikpunkte, welche jegliche Leserforschung überhaupt in
Frage stellen, zurückzuweisen. Keine der verfügbaren Quellengattungen
besitzt uneingeschränkte repräsentative Aussagekraft. Nur einen Quellentypus
zu analysieren, wie es Bec in Florenz getan hat, ist quantitativ und qualitativ
nicht ausreichend. Im Fall von Venedig kann und muß mit unterschiedlichen,
sich im Einzelfall und in der Menge ergänzenden Quellentypen gearbeitet
werden[79].

---

78 Vgl. Kap. 1. Für grundlegende Arbeiten zum Spannungsfeld parallel existierender Kulturformen vgl. Grundmann: Literatus-Illiteratus; u. v.a. Gurjewitsch: Probleme der
Volkskultur und Religiösiät im Mittelalter; und ders.: Mittelalterliche Volkskultur.
79 Es bestätigt sich damit das Resümee Günter Bergers, daß die einzelnen Quellen, z.B.
Inventare, trotz aller Einwände der Leserforschung bedeutsames Analysematerial stellen, allerdings der Ergänzung durch andere Quellen bedürfen. Vgl. Berger: Inventare,
S. 376 f.

3. Literalität in Venedig

3.1. Schriftlichkeit und Bildung

3.1.1. Lesekundige in Venedig. Alphabetisierung und elementares Bildungswesen

Grundvoraussetzung für die Auseinandersetzung mit Büchern und für die Verbreitung von Lesestoffen ist die Lesefähigkeit[1]. Marino Zorzi legt seinem Aufsatz zur Zirkulation von Büchern im Venedig des 15. Jahrhunderts die Feststellung zugrunde: „La alfabetizzazione è elevata"[2]. Diese auf den ersten Blick oberflächliche Behauptung eines erhöhten Alphabetisierungsgrades ist im Rahmen der bisherigen Möglichkeiten und Ergebnisse der Forschung die treffendste Charakterisierung der Lesekundigkeit im Venedig der Frührenaissance.

Rückschlüsse auf den jeweiligen Grad der Alphabetisierung zog die Forschung lange hauptsächlich aus der Anzahl unterschriebener Dokumente, Testamente, Tauf- und Heiratsurkunden, welche eine breite Masse der Gesellschaft zu unterzeichnen hatte. Derartige Methoden sind mittlerweile vielfach diskutiert und als unzureichend erkannt worden[3]. Peter Burkes Analyse der Zeugenunterschriften einer Auswahl des venezianischen Urkundenmaterials führte zu dem Resultat, daß 61 % der Dokumente im 15. Jahrhundert eigenhändig mit Namen unterzeichnet worden sind[4]. Nicht jeder, der seinen Namen signieren konnte, konnte allerdings auch wirklich schreiben bzw. lesen. Aus der Art einer Unterschrift, also anhand einer gelenken oder ungelenken Federführung zu resultieren, ob der Schreiber wirklich schreiben und damit auch lesen konnte, ist nach paläographischen Gesichtspunkten zweifelhaft[5]. Dar-

---

1   Textinhalte können sich zwar auch durch Vorlesen - eine der ursprünglichsten Leseformen - verbreiten, jedoch bedarf es in diesem Falle zumindest eines Lesekundigen. Zu verschiedenen Leseformen vgl. Kap. 7.3.

2   Vgl. Zorzi: Dal manoscritto al libro, S. 817.

3   Zur Kritik vgl. u.a. Chartier, Roger: Die Praktiken des Schreibens. In: Geschichte des privaten Lebens, Bd. 3, hrsg. von Philippe Ariès und Georges Duby, Frankfurt a.M. 1991, S. 115-165, insb. S. 124-128.

4   Vgl. Burke: Popular Culture, S. 251.

5   Die Identifizierung einer Unterschrift als eigenhändige Signatur eines Schreibkundigen erfordert jeweils eine umfangreiche Einzeluntersuchung, welche letztlich keine hundertprozentig eindeutigen Aussagen erlauben. Vgl. Wendehorst, Alfred: Wer konnte

über hinaus ist anzunehmen, daß viele nicht schreiben, dafür aber lesen konnten. Nicht jeder, der ein Dokument beispielsweise mit einem Kreuz signierte,
war deshalb leseunkundig. Peter Burke kommt zu der Schlußfolgerung: „Die
Beschäftigung mit der Verschriftlichung im Italien der frühen Neuzeit ist in
mancher Hinsicht frustrierend."[6]
    Die Forschung scheiterte vornehmlich an dem Anspruch, eine genaue Pro-
zentzahl von Lesekundigen festzulegen. Ihre Ergebnisse sind allerdings nicht
wertlos. So läßt Burkes Analyse zwar nicht den Rückschluß zu, daß 61 % der
venezianischen Bevölkerung tatsächlich lesen und schreiben konnten. Sie
dokumentiert jedoch, daß nicht nur die hochgebildeten Eliten zur Feder griffen, und sie bestätigt die Notwendigkeit, innerhalb breiter Kreise der venezianischen Bevölkerung nach Lesepublikum zu suchen. Mittels ergänzender
Untersuchungen qualitativer Art ist es möglich, den Kreis der Lesekundigen
und somit auch der potentiellen Buchabnehmer in Venedig deutlicher zu
markieren.

Mitte des 15. Jahrhunderts verfügte die *serenissima* per Dekret, keine Anal-
phabeten in ihren Ämtern zu beschäftigen[7]. Analphabetentum war demnach
durchaus ein Problem. Doch die Anzahl der in der Stadt zur Verfügung stehenden Schreibkundigen war offenbar ausreichend, um aus ihnen sämtliche
höheren und niederen Beamten zu rekrutieren. Im 15. Jahrhundert zahlte die
serenissima an 500-700 adlige Beamte Gehälter. Die Anzahl an Nichtadligen,
die in den inneren und auswärtigen Verwaltungsorganen der Republik und
ihrer einzelnen *sestieri* tätig waren, war vermutlich wesentlich höher, so daß
man die gesamte Beamtenschaft auf etwa 1500 Personen schätzen kann[8].
    Die Suche nach Lesekundigen bedarf einer genauen Betrachtung der zeit-
genössischen venezianischen Bevölkerungstruktur, aus der diese relativ hohe

---

im Mittelalter lesen und schreiben? In: Schulen und Studium im sozialen Wandel des
hohen und späten Mittelalters, hrsg. von Johannes Fried, Sigmaringen 1986, S. 9-33.
Eine diesbezügliche kritische Auseinandersetzung mit dem umfangreichen
Testamentbestand Venedigs liefert Folin, Marco: Procedure testamentarie e
alfabetismo a Venezia nel Quattrocento. In: Scrittura e civiltà 14, 1990, S. 243-270.
Eine Untersuchung der Unterschriften breiter Bevölkerungsteile zur Erschließung des
Alphabetisierungsgrades ist nicht zu bewältigen und ginge im übrigen von zu vielen
Annahmen an Stelle von fundierten Fakten aus.

6   Vgl. Burke, Peter: Küchenlatein. Sprache und Umgangssprache in der frühen Neuzeit,
    Berlin 1989, S. 62. Auf Unterschriftendokumente zur Rekonstruktion von Lesekundig-
    keit stützte sich auch jüngst noch King, Margaret L.: Frauen in der Renaissance, Mün-
    chen 1993, S. 206.

7   Die Vorschriften verlangten, daß jeder Beamte eine Schule zu durchlaufen habe. Vgl.
    u.a. Ortalli, Gherardo: Scuole, maestri ed istruzioni a base tra Medioevo e Rinasci-
    mento, Vicenza 1993, S. 168 f.

8   Vgl. Queller, Donald E.: The Venetian Patriciate, S. 32 f.

Anzahl von durchweg lese- und schreibkundigen Beamten hervorgehen konnte.

Von den 80 000 bis 120 000 Einwohnern im 14. und 15. Jahrhundert waren etwa 5 % Patrizier, mithin Angehörige der Familien, deren männliche Mitglieder einen Sitz im *Maggior consiglio* hatten und somit die politisch entscheidende Klasse bildeten. Ihre Anzahl ist aufgrund der gut dokumentierten Mitgliedschaft im *Maggior consiglio* relativ genau rekonstruierbar. Demnach gab es 1381, nachdem nochmals 30 wohlhabende bürgerliche Häuser, die den Chioggiakrieg finanziell unterstützt hatten, in den Adelsstand erhoben worden waren, insgesamt 244 adlige Familien[9]. Sie lebten größtenteils vom Handel und von ihrem Kapital oder waren in bezahlten Ämtern der Republik beschäftigt[10]. Weitere 5 % der Einwohner stellten in etwa diejenigen *popolani*, die zu den sogenannten *cittadini grandi* zählten und den Titel *cives venetiarum* führten. Zu ihnen gehörten einerseits die Mitglieder der wohlhabenden und alteingesessenen bürgerlichen Familien Venedigs, die keinen Sitz in den entscheidenden politischen Gremien hatten, jedoch die höheren bürgerlichen Beamten stellten, beispielsweise den *cancelliere grande,* und andererseits zugereiste Wohlhabende, die Steuern zahlten, somit zum Wohle der Republik beitrugen und den Titel *cives venetiarum* verliehen bekamen, der ihnen zwar keine politischen, aber wirtschaftliche Freiheiten gewährte[11]. *Cittadini grandi* waren zumeist sehr wohlhabende Kaufleuten, Bankiers, höhere Beamte, selbständige und reich gewordene Handwerker und Kleinhändler, wie zum Beispiel Goldschmiede oder Apotheker[12]. Ferner lebten in der Stadt schätzungsweise 1500 Kleriker[13]. Die übrigen Einwohner sind zahlenmäßig schwieriger zu erfassen. Es bleibt eine größere Gruppe an teilweise zugereisten gebildeten Ärzten, Rechtsgelehrten, Lehrern sowie im Handel und Bankgewerbe angestellten Schreibern[14]. Schwer zu bestimmen ist die genaue Zahl der kleinen

---

9 Diese Anreicherung des Patrizierstandes wirkte dem vorangegangenen Ausbluten des Adels in Venedig entgegen. Er veränderte das Kräfteverhältnis gegenüber der nichtadligen Bevölkerung kaum. Zur adligen Bevölkerung und zur Größe des Maggior consiglio vgl. v.a. Chojnacki, Stanley: In Search of the Venetian Patriciate. Families and Factions in the Fourteenth Century. In: Renaissance Venice, hrsg. von J.R. Hale, London 1973, S. 47-90.

10 Vgl. Kap. 4.2.2.

11 Vgl. u.a. Romano: Patricians and Popolani, S. 29. Auswärtigen Händlern war es in Venedig lediglich erlaubt, über die Handelsniederlassungen ihrer Länder Waren umzusetzen.

12 Vgl. Kap 4.3.2.

13 Die 56 Gemeinden und Bischofskirchen beschäftigten ungefähr 300 bis 450 Priester. Hinzuzuzählen sind die Mönche und Nonnen, deren Zahl in Venedig relativ hoch war. Vgl. Romano: Patricians and Popolani, S. 29; Prodi, Paolo: The Structure and Organisation of the Church in Renaissance Venice: Suggestions for Research. In: Renaissance Venice, S. 409-430; und Molmenti: Venezia e il clero, S. 679.

14 Zu Zuwanderung und Einwohnerzahl in Venedig vgl. u.a. Lane: Seerepublik, S. 39-41.

selbständigen Gewerbetreibenden, der Gemüsehändler, Fischverkäufer, Metz-
ger, Müller, Barbiere etc. Allein die Pelzerzunft zählte Ende des 14. Jahrhunderts 250 Mitglieder[15]. Sie setzten sich vermutlich zu einem großen Teil aus
selbständigen Handwerksmeistern und zu einem relativ geringen Teil aus
Tagelöhnern oder Gesellen zusammen. Die Tagelöhner und Sklaven stellten
mit ihren Familien allerdings den größten Teil der venezianischen Bevölkerung von über 50%. Es ist anzunehmen, daß mehrere hundert Tagelöhner
jeweils in der Glas-, Seiden-, Seifen- und Tuchherstellung, im Fischfang und
auf den Baustellen tätig waren[16]. Beim Bau eines der großen Familienpäläste
aus dem frühen 15. Jahrhundert, der *Ca d'Oro*, waren an einem Tag mitunter
bis zu 64 Bauarbeiter, Maurer, Steinbrecher, Zimmerleute, Fenstermacher und
Fliesenleger beschäftigt, hinter denen nur wenige ausgebildete Handwerkermeister zu vermuten sind[17]. Im Arsenal, das im 14. und 15. Jahrhundert groß-
flächig ausgebaut wurde, waren gemäß der Aussagen des Dogen Tomaso
Mocenigo im Jahre 1420 insgesamt 6000 Zimmerleute, Seiler, Weber etc. im
Schiffsbau tätig[18]. Der Venedig-Reisende Jean de Chambes berichtete 1459,
vom Dogen durch das Arsenal geführt worden zu sein und dort allein 1 500
Arbeiter gesehen zu haben, die nichts anderes als Galeeren herstellten, womit
er wohl die Endmontage meinte. In einer anderen Halle hätten 40 bis 50
Arbeiter nur Ruder angefertigt[19]. In den mehreren hundert Häusern wohlhabender Adliger und Bürgerlicher war möglicherweise das Drei- bis Vierfache
an Dienstpersonal und Sklaven beschäftigt.

Seit dem 13. Jahrhundert wuchsen Lese- und Schreibnotwendigkeiten in Teilen Europas insbesondere in den urbanen Lebensbereichen[20]. Lese- und
Schreibkundigkeit wurden schließlich, gemäß Carlo M. Cipolla, entschei-

---

15 Vgl. Romano: Patricians and Popolani, S. 83.
16 Zu den Zahlenverhältnissen von Handwerksmeistern und Tagelöhnern in den verschie-
    denen Gewerben vgl. Romano: Patricians and Popolani, S. 66-70. Zu den
    Handwerkerzünften allgemein vgl. auch Caniato, Giovanni / Dal Borgo, Michele: Le
    arti edili a Venezia, Roma 1990.
17 Vgl. Wirobisz, André: L'attività edilizia a Venezia nel XIV e XV secolo. In: Studi
    Veneziani 7, 1965, S. 307-343. hier S. 319 f.
18 Vgl. Romano: Patricians and Popolani, S. 30. Zum Ausbau des Arsenals im 14. und 15
    Jahrhundert vgl. Concina, Ennio: L'arsenale della Repubblica di Venezia. Tecniche e
    istituzioni dal medioevo all'età moderna, Milano 1988, S. 25-50.
19 Vgl. Concina: S. 38.
20 Bezüglich des Alphabetisierungsgrades war die Situation von daher regional unter-
    schiedlich.Vgl. v.a. Burke: Küchenlatein, S. 61-62; Chartier, Roger: „Lesewelten".
    Buch und Lektüre in der frühen Neuzeit, Frankfurt a.M. 1990; ders.: Die Praktiken des
    Schreibens; Lopez, Robert S.: Stars and Spices. The Earliest Italian Manual and
    Commercial Practice. In: Economy, Society and Government in Medieval Italy. Essays
    in Memory of Robert I. Reynolds, hrsg. von Robert S. Lopez, David Herlihy und
    Vsevolod Slessarev, Kent 1969, S. 35-43; und ders.: The Culture of the Medieval
    Merchant. Medieval and Renaissance Studies, 1979.

dende Kriterien der sozialen Differenzierung. Schreibkundigkeit sei die notwendige Voraussetzung für wirtschaftliche und politische Unabhängigkeit gewesen, während Analphabetismus vornehmlich unter Armen und Bedürftigen verbreitet gewesen sei[21].

Zum einen forderte die zunehmende Handelsintensität einen aktiven Umgang mit Schrift. Kaufleute mußten Briefe schreiben und Geschäftsbücher führen. Im 15. Jahrundert mußten sie Wechsel ausstellen und Bankgeschäfte erledigen. In Venedig war die Teilnahme am Handel im Rialto offensichtlich nur mittels der Schriftlichkeit möglich[22]. „Ein guter Kaufmann", so schrieb der Florentiner Giovanni Rucellai, „hat tintige Finger."[23] Venezianische Kaufleute verfaßten in der Tat mitunter mehrere Briefe pro Tag[24]. Mit der Handelsexpansion beschäftigte ein erfolgreicher Kaufmann zunehmend Angestellte, die für ihn im kaufmännischen Bereich tätig waren und somit schreibkundig gewesen sein mußten. Bisweilen befanden sich hierunter auch im Schreiben geübte Sklaven[25].

Insbesondere in Ober- und Mittelitalien erforderte die Institutionalisierung des Gemeinwesens nicht nur von der Beamtenschaft, sondern auch von einer breiten Bevölkerungsmasse die Auseinandersetzung mit öffentlichen Aushängen, zum Beispiel mit Steuer- und Gesetzestexten.

Zunftregeln wurden zunehmend schriftlich festgehalten, was bedeutet, daß auch zumindest ein Teil der Handwerkerschaft mit Texten umgehen können mußte. In Venedig gingen Handwerkermeister mit Kaufleuten Kooperationen, sogenannte *colleganze*, ein. Aus ihren Werkstätten wurden dadurch große Manufakturen. Der Handwerkermeister mußte dabei „unternehmerische" Fähigkeiten zeigen[26].

---

21 Cipolla, Carlo M.: Literacy and Development in the West, Harmondsworth 1969, S. 22 f., 45 f. und 57-59. Vgl. auch Pullan, Brian: Poveri, mendicanti e vagabondi (secoli XIV - XVII). In: Storia d'Italia. Annali 1. Dal feudalismo al capitalismo, hrsg. von Corredo Vivanti und Ruggiero Romano, Torino 1978, S. 981-1047, hier S. 982.

22 Grundlegend zur Schriftlichkeit der Kaufleute ist Lopez, Robert S.: Stars and Spices.

23 Vgl. Rucellai, Giovanni: Zibaldone, hrsg. von R. Romano und A. Tenenti, Torino 1969, S. 251.

24 In den Akten der Commissarie des Venezianers Valerio Valiers befinden sich 42 bis zu vierseitige Briefe, welche er von Oktober 1482 bis Oktober 1485 in gelenker Schrift verfaßt hat. Vom 18. Juni 1483 haben sich allein vier Briefe erhalten. Vgl. PSM, Atti Misti, B. 170, Carte di Valerio Valier. In der Nachlaßverwaltung der Prokuratoren von San Marco hat sich die Geschäfts- und Privatkorrespondenz der verstorbenen Venezianer lediglich dann erhalten, wenn sie für die Erbschaftsverwaltung von Belang war. Der Rest kann als verloren gelten.Vgl. Kap.2.1.

25 Vgl. Romano: Patricians and Popolani, S. 32.

26 Vgl. Lane: Seerepublik, S. 215-218.

Mit Schrift waren in ihrem Beruf und ihrer Ausbildung zudem die zahlreichen Priester, welche in Venedig auch als Notare tätig waren, sowie die Rechtsgelehrten und Ärzte regelmäßig konfrontiert[27].

Auch von Frauen wurden bisweilen Lese- und Schreibfertigkeiten verlangt. Die Frau war im 13. und 14. Jahrhundert vielfach noch in den Geschäftsbetrieb eingebunden. In den *protocolli* der Notariatsakten des frühen 14. Jahrhunderts finden sich zahlreiche Geschäftsvollmachten, welche venezianische Ehemänner für den Fall der eigenen Abwesenheit oder gar des Todes ihren Frauen verliehen[28]. Frauen leiteten in diesen Fällen die Geschäfte stellvertretend für ihre minderjährigen Söhne. Zum Teil führten sie auch Buch über die Verwaltung ihrer Erbschaften und Mitgiften, die sie unter anderem in Form von Häusern, Liegenschaften oder Staatsanleihen bekommen konnten. Donna Constantia, die Witwe Carlo Grissons vom *confinio* San Tomà, vermachte 1331 ihre Anleihen an ihre Erben und verwies in ihrem Testament auf ihre Geschäftsbücher, welche ihr Vermögen und die noch ausstehenden ökonomischen Verpflichtungen dokumentierten[29]. Die venezianische Frau der Frührenaissance erlangte geschäftliche Vollmachten zwar nur über ihre Familie bzw. ihren Ehemann, doch eine weibliche Geschäftsführung war kein ungewöhnlicher Zustand[30]. Die Anzahl an Verleihungen geschäftlicher Vollmachten an Frauen ist in den Protokollen der Notariatsakten zum 15. Jahrhundert hin allerdings rückläufig. Margaret L. King und Frederic C. Lane erklären dies mit der zunehmenden Ausbildung von Handelsgesellschaften, in denen männliche Stellvertreter frühzeitig eingesetzt wurden[31].

Schriftlichkeit blieb den Frauen im privaten Lebensbereich jedoch weiterhin dienlich. Im 14. Jahrhundert kommunizierte der aus Prato stammende und

---

27 Sie verfügten in der Regel über universitäre Bildung. Zu den verschiedenen Berufen in Venedig vgl. u.a. Lane: Seerepublik, S. 479-503, 317-333, und 487-499; u. v.a. Romano: Patricinas and Popolani, S. 27-32.

28 Vgl. Domenico prete di S. Maurizio. Notaio in Venezia (1309 - 1316), hrsg. von Maria Francesca Tiepolo, Venezia 1970.

29 Vgl. ASV, S.N., Testamenti, B. 337, Marco Pievano di San Stefano Confessore, Registro, Nr. 42, 22r. 23r.

30 Das venezianische Steuerkataster von 1379 listet rund 200 weibliche Körperschaften auf, die wohlhabend genug waren, um besteuert zu werden. Vgl. Kap 4.3.2.

31 Vgl. King: Die Frau in der Renaissance, S. 298-305. King analysiert vor allem Zunftregeln aus Siena und Florenz, die Frauen vom 15. Jahrhundert an Beschränkungen unterwarfen. Die Notariatsakten Venedigs bestätigen die Rückläufigkeit auch im Geschäftsleben. Die geschäftlichen Vollmachten, die Männer ihren Ehefrauen ausstellten, verschwanden, so z.B. bei den protocolli des Notars Moretto Bons. Er verwaltete ähnliche Geschäfte wie Pater Domenico hundert Jahre vor ihm, doch sind bei ihm keine derartigen Vollmachten überliefert. Vgl. Moretto Bon. Notaio in Venezia, Trebisona e Tana, hrsg. von Sandro de Colli, Venezia 1963. Vgl. auch Guzzetti, Linda: Venezianische Vermächtnisse. Die soziale und wirtschaftliche Situation von Frauen im Spiegel spätmittelalterlicher Testamente (Diss. phil.), Berlin 1998.

mehrere Jahre in Avignon ansässige Kaufmann Francesco Datini mit seiner Frau hauptsächlich über Briefe und führte somit seinen Haushalt in der Heimat. Der Fall wird in der Forschung häufig zitiert, da mit ihm ein umfangreicher, nahezu vollständiger Bestand von Privatkorrespondenz und Geschäftspapieren erhalten ist[32]. Von den Antwortschreiben seiner Frau, Donna Margherita, sind über hundert Exemplare überliefert[33]. Margherita legte in ihren Briefen Rechenschaft über die Haushaltsführung und Kindererziehung ab und widersprach dabei bisweilen den Anweisungen ihres Mannes. Die Eheleute tauschten sich in ihren Briefen auch über sehr persönliche Belange, über ihre Ängste, Liebe und Eifersucht, aus. Das Beispiel zeigt, daß der Fernhandel im 14. Jahrhundert eine schriftliche Kommunikation auch in privaten Lebensbereichen notwendig machte. Dieser Umstand ist durchaus auf das 15. Jahrhundert und auf die Wirtschaftsmetropole und Kolonialmacht Venedig übertragbar. In den frühen 1440er Jahren erstattete der junge Girolamo da Molin, der in reiferem Alter Prokurator von San Marco werden sollte, regelmäßig seinem in Negroponte weilenden Vater über seinen Werdegang und den seiner Brüder brieflich Bericht. Er schrieb nicht nur über den Verlauf ihrer Ausbildung, sondern berichtete auch ausführlich über das „enge Vertrauen", welches ihn und seine Tante, in deren Mannes Obhut er sich befand, verbinde[34].

Inwiefern erst die Lesenotwendigkeiten ein entsprechendes Schul- und Ausbildungswesen hervorgebracht haben, oder ob das Vorhandensein elementarer Ausbildungsmöglichkeiten dem Handel und den Beamten den Umgang mit Geschriebenem ermöglichte, ist insbesondere für Oberitalien bislang ungeklärt[35]. In den erhaltenen Schriftdokumenten wird seit dem 12. Jahrhundert verstärkt ein etabliertes Bildungswesen faßbar[36].

---

32 Im Bestand befinden sich allein 11 000 private Briefe. Bearbeitet bei Origo, Iris: Im Namen Gottes und des Geschäfts. Lebensbild eines toskanischen Kaufmanns der Frührenaissance, München 1986. Zum Umfang des überlieferten Materials vgl. dort S. 7 f.

33 Vgl. Le lettere di Margherita Datini a Francesco di Marco (1384-1410), hrsg. von V. Rosati, Prato. 1977. Vgl. auch Origo: Im Namen Gottes, S. 10 f.

34 Briefe sowie Antwortschreiben des Vaters liegen in der Erbschaftsverwaltung Girolamos. Vgl. ASV, PSM, Atti Misti, B. 85a, Fasc. VI.

35 Die Forschung erwägt immer noch die Möglichkeit, daß sich in der Verbreitung des elementaren Bildungswesens oder, besser gesagt, der Bildungsmöglichkeiten in Italien möglicherweise antike Traditionen erhalten haben. Vgl. v.a Grendler, Paul F.: Schooling in Renaissance Italy: Literacy and Learning 1300-1600, Baltimore / London 1989, S. 3-6. Aufgrund der lückenhaften Quellenlage im Frühmittelalter bleibt dies Spekulation. Vgl. Grendler: Education in the Italian Renaissance, S. 186 f. Die Tatsache, daß man in den Quellen häufig auf „Privatlehrer" stößt, d.h. auf Lehrer, die, wie in der Antike, Söhne und Töchter des städtischen Patriziats bisweilen im Haus des Auftraggebers selbst unterrichteten und sich den Unterricht direkt von den Eltern bezahlen ließen, und daß städtische Schulen nicht selten aus der Verinstitutionalisierung von Privatunterricht entstanden sind, erlaubt eine solche

Kirchliche, entweder an Klöster oder an Domkapitel angebundene Schulen, die im hohen Mittelalter zur Vorbereitung junger Männer auf den Priesterberuf relativ breit gestreut waren, finden in den Quellen vom 12. Jahrhundert an immer seltener Erwähnung[37]. Gleichzeitig werden an verschiedenen Stellen Privatlehrer, sogenannte *magistri puerorum, magistri scolarum* oder *magistri in grammaticam* faßbar, welche in der Regel auf der Basis einer vertraglichen Vereinbarung mit dem Vater oder der Mutter gegen Bezahlung Kinder im Lesen und Schreiben und bisweilen in Latein unterrichteten[38]. Mit der Erstarkung der Kommunen, die in Ober- und Mittelitalien die Kontrolle über die kirchlichen Würdenträger innerhalb des städtischen Geltungsbereichs erlangten, richteten einige Städte auch vermehrt eigene Schulen ein. Nicht selten institutionalisierte man den privaten Unterricht. Der Chronist Giovanni Villani berichtet, daß in Florenz im Jahre 1339 zwischen 10 000 und 12 000 Kinder kommunale Latein- und Sprachschulen besuchten. Bei einer Stadt von circa 50000 Einwohnern kann die Zahl als übertrieben gelten[39]. Die Übertreibung drückt allerdings den Stolz des Chronisten auf die Bildungsförderung seiner Stadt aus und die Wichtigkeit, die er ihr beimaß. In Lucca trat 1348, im Jahr der großen Pest, ein *doctor puerorum* mit der Petition an die Kommune

---

These, bestätigt sie jedoch nicht. Vgl. auch Buck, August: Die Bedeutung der „volgarizzamenti" für die Geistes- und Literaturgeschichte. In: Buck August / Pfister, Max: Studien zu den „volgarizzamenti" römischer Autoren in der italienischen Literatur des 13. und 14. Jahrhunderts. München 1978, S. 15 f.

36 Zum Forschungsstand vgl. Garin, Eugenio: Geschichte und Dokumente der abendländischen Pädagogik, 3 Bde., München 1964-1966; Riché, Pierre: Les écoles et l'enseignement dans l'Occident chrétien de la fin du Ve siècle au milieu du XIe siècle, Paris 1979; Grendler: Schooling in Renaissance Italy; Petti Balbi, Giovanna: Salvo di Pontremoli. Maestro di scuola a Genova tra secolo XIII e XIV. In: Studi medievali 16, 1975, S. 187-194; dies.: L'insegnamento nella Liguria medievale. Scuole, maestri, libri, Genova 1979; und Schulen und Studium im sozialen Wandel des hohen und späten Mittelalters, hrsg. von Johannes Fried, Sigmaringen 1986.

37 Vgl. Grendler: Schooling in Renaissance Italy, S. 6-13. Zur Diskussion über das Verhältnis von kirchlichen und „unabhängigen" Schulen vgl. auch Delhaye, Philippe: L'organisation scolaire au XIIème siècle, ohne Ortsangabe, 1947, S. 211; und Riché: Les écoles et l'enseignement, S. 174-179. Zur schwer zu beurteilenden Situation vor der Wende zum zweiten Jahrtausend vgl. Salvioli, Giuseppe: L'istruzione in Italia prima delle Mille, Firenze 1912; Manacorda; Giusepppe: Storia della scuola in Italia : il medioevo, 2 Bde., Milano / Palermo / Napoli 1914 und Petti Balbi: L'insegnamento nella Liguria medievale, S. 13-16.

38 Vgl. Verträge bei Lucchi, Piero: Leggere, scrivere e abbaco. L'istruzione elementare agli inizi dell'età moderna. In: Scienze, credenze occulte, livelli di cultura. Convegno internazionale di Studi, Firenze 1982, S. 101-119 und 105-107.

39 Vgl. Grendler: Schooling in Renaissance Italy, S. 13-22. Vgl. Burke: Küchenlatein, S. 62. Ausführlich diskutiert bei Klapisch-Zuber, Christiane: Le chiavi fiorentine di Barbalù: l'apprendimento della lettura a Firenze nel XV secolo. In : Quaderni Storici 57, 1984, S. 765-792. Zahlen wurden zuletzt diskutiert bei Ortalli: Scuole e maestri, S. 57.

heran, auf die städtische Gehaltsliste gesetzt zu werden. Nach dem großen Sterben habe er zu wenig Schüler, deren Väter seinen Unterricht zahlen könnten. Die Stadt gewährte die Bitte mit dem Verweis, daß schon zu viele Jungen in der Stadt vagabundierten und nur unter dem Stock des Magisters gebildet werden könnten:

ne ipsi pueri hinc inde vacabunde ambulent, et ne ex diutina magistrorum vacatione ignari literatum efficiatur, sed sub magistrali ferula ad decus doctrine valeant pervenire.[40]

Die Ausbildung war offensichtlich im allgemeinen Interesse sowohl der großen als auch der kleineren Kommunen.

Venedig verfügte zunächst nicht über öffentliche Elementarschulen. Der Lese-, Schreib- und erste Lateinunterricht blieb neben einigen kirchlichen Initiativen bis in das 16. Jahrhundert hinein vornehmlich in privater Hand[41]. In den erhaltenen venezianischen Aktenbeständen treten an verschiedenen Stellen Lehrer und bisweilen auch Lehrerinnen auf. Allein das von Enrico Bertanza gesammelte und 1907 veröffentlichte Quellenmaterial zu Schulen und Lehrern in Venedig weist zwischen 1287 und 1497 etwa 850 in den verschiedenen *sestieri* ansässige *maestri* oder *maestre* nach, welche den Titel *rectori scholarum*, *magistri puerorum* oder *magister in grammaticam* führten[42]. Sie erwähnen ihren Titel in ihren eigenen Dokumenten oder werden in Geschäftsbüchern, Verträgen und Testamenten genannt, wenn dort beispielsweise die vollzogene oder noch ausstehende Bezahlung für das *ammaestramento*, die Unterrichtung der Söhne und Töchter, vermerkt ist. Der *rector scolarum* Vittore Bonapaxi stellt seinem Testament eine Liste voran, wo er unter anderem 14 ausstehende Unterrichtshonorare erwähnt, die er noch von verschiedenen Vätern für die Unterrichtung von mindestens 19 Kindern zu erhalten habe[43]. Die *magistri* versammelten zwischen 5 und 50 Schüler zu Klassen in eigenen Schulräumen. Zum Teil unterrichteten sie im elterlichen Hause[44]. Die Lehrer sind häufig Zugewanderte, die zum Teil die Kinder von in

---

40 Zitiert nach Barsanti, Paolo: Il pubblico insegnamento in Lucca dal secolo XIV alla fine del secolo XVIII, Lucca 1905 (Neudruck: Bologna 1980), S. 55 und 195.

41 Staatliche, den einzelnen sestieri unterstellte Elementarschulen sind erst für das 16. Jahrhundert nachweisbar. Vgl. v.a. Baldo, Vittorio : Alunni, maestri e scuole in Venezia alla fine del XVI secolo, Como 1977; und Grendler: Schooling in Renaissance Italy, S. 61-70.

42 Vgl. Bertanza, Enrico / Santa, Giuseppe dalla: Maestri, scuole e scolari in Venezia fino al Cinquecento, hrsg. von Gherardo Ortalli, Vicenza 1993. Die Dokumente sind u.a. bearbeitet bei Ortalli: Scuole e maestri. Am 23. September 1409 ernennt Sophia Bono in ihrem Testament Donna Ursia retricem scolariarum zur ihrer fidecommissaria. Vgl. Bertanza: Maestri, S. 226.

43 Vgl. Testament bei ebd., S. 321-323; und Anhang I, 1426/5.

44 Zur Klassengröße und zur Differenzierung zwischen Gruppen- und Einzelunterricht vgl. u.a. Grendler, Paul F.: The Organization of Primary and Secondary Education in

Venedig ansässigen auswärtigen Kaufleuten in ihrer Muttersprache unterrichteten, sich zum Teil aber auch als Lateinlehrer venezianischer Jungen verdingten. Sie kamen aus den verschiedenen Städten Italiens und sogar aus Frankreich, Deutschland und Portugal[45].

Junge Venezianer und Venezianerinnen lernten zunächst auf eine Tafel oder einen Bogen Papier gemalte Buchstaben, um dann das *Pater noster* und den Psalter ablesen zu können. Vermutlich übte man daraufhin vor allem anhand von Heiligenlegenden das Lesen in der Volkssprache.[46] Der Titel mancher Lehrer, *magister in grammaticam*, weist darauf hin, daß sich bisweilen dem Lesenlernen auch Lateinunterricht anschloß, welcher allerdings in erster Linie Jungen vorbehalten blieb. Die Forschung nimmt an, daß Latein zunächst durch das Auswendiglernen lateinische Regelwerke, wahrscheinlich hauptsächlich der Grammatik des Aelius Donatus, und durch das Rezitieren antiker Texte vermittelt wurde[47]. Man bezieht sich auf eine Inschrift aus dem toskanischen Colle di Val d'Elsa von 1380, gemäß der sich die Schüler der Stadt folgendermaßen unterscheiden ließen: die vom Papier lesen konnten (*legentes cartam*), die aus ihrem Heft den Psalter lesen konnten (*legentes quaternum seu salterium*), die den Donatus rezitieren konnten (*legentes Donatum testualiter*), die den Donatus lesen und verstehen konnten (*legentes Donatum sensualiter*) und schließlich die des Lateins vollständig mächtigen (*latinitates*).[48] Deutlich wurde somit zwischen verschiedenen Graden der Literalität und Latinität differenziert. Es zeigt sich, daß einerseits unter perfektem Beherrschen des Lateins nicht mehr elementare Bildung verstanden wurde und daß andererseits bescheidene Lateinkenntnisse durchaus zu einer primären Bildung gehörten. Inwieweit Latein auf den unteren Stufen allerdings wirklich verstanden wurde, bleibt aufgrund der angewandten, rein auf Memoralisier- und Rezitierfähigkeiten ausgerichteten Methoden fraglich.

Die Forschung vermutet, daß Kinder frühestens mit dem 5. Lebensjahr der Obhut eines Lehrers überlassen wurden. Jungen wurden nach dem Erlernen der Schreibfertigkeiten, also ungefähr ab dem 9. oder 10. Lebensjahr, häufig entweder weiter in Latein unterrichtet, oder sie erhielten eine kommerzielle Ausbildung, welche sie speziell im Abakus und in der Buchführung unterwies.[49] Die Schulzeit war für Jungen im allgemeinen mit dem 11. bis 14. Lebensjahr abgeschlossen. Mädchen, die in der Regel lediglich im Lesen der

---

the Italian Renaissance. In: Catholic Historical Rewiew 71, 1985, S. 185-205, hier S. 190; und Ortalli: Scuole e maestri, S. 57.

45 Vgl. Ortalli: Scuole e maestri, S. 56-61.
46 Vgl. Lucchi: Leggere, S. 102.
47 Vgl. ebd., S. 102 f.
48 Vgl. u.a. Ortalli: Scuole e maestri, S. 63.
49 Zur Kaufmannsausbildung vgl. Lucchi: Leggere, S. 107-109; Klapisch-Zuber: Le chiave fiorentine, S. 767-775; und Grendler: Schooling in Renaissance Italy, S. 22 und 306-329.

Volkssprache unterwiesen wurden, erhielten im Laufe ihrer Jugend vielleicht nur ein bis drei Jahre Unterricht im Lesen und Schreiben.

Es ist anzunehmen, daß das elementare Bildungswesen seine Schüler mit den Grundkenntnissen ausstattete, die ihnen ihr Alltag abverlangte. Wahrscheinlich beherrschte nicht jeder wird die höchste Form des Lesens und gehörte zu den *legentes sensualiter*. Von zahlreichen Zeitgenossen ist überliefert, daß sie sich zum Lesen ihrer Briefe einschlossen, um nicht belauscht werden zu können[50]. Man las zumeist noch laut und gehörte damit zu den *legentes textualiter*. Wie geübt man im Lesen war, war letztendlich davon abhängig, wie häufig man mit Texten konfrontiert war. Hatte man zumindest die Buchstaben gelernt, konnte man diese zu Silben formen und sich so Wort für Wort selbst vorlesen[51]. Das Wissen darum, daß dieses Rüstzeug ihnen auch erlaubte, sich bestimmte Inhalte von volkssprachlichen Büchern auf ihre Weise zugänglich zu machen und zu verarbeiten, ist unter anderem der Arbeit Carlo Ginzburgs über den Müller Domenico Scandella zu verdanken[52].

Die Vermutung, Jungen und Mädchen der Mittel- und Unterschichten sei keinerlei formale Bildung zuteil geworden, liegt nahe. Bisweilen weist die Forschung darauf hin, Kinder von Handwerkern hätten allenfalls eine rein praktische Berufsausbildung erhalten, die sie in der Regel nicht im Lesen und Schreiben unterwies[53]. Die schwache Verbreitung institutioneller Schulen in Venedig läßt vermuten, daß dort Lese- und Schreibunterricht vor allem den Söhnen und Töchtern der wohlhabenden Schichten erteilt wurde, die das entsprechende Schulgeld aufbringen konnten. Der Zugang zur Schriftlichkeit über die formale Bildung wäre dementsprechend ein Privileg einer Oberschicht gewesen. Es bedarf einer differenzierten Analyse der sozio-ökomomischen Herkunft der Schüler Venedigs, um die Vermutung zu überprüfen.

Daß einerseits im Verband gelehrt, andererseits Einzelunterricht erteilt wurde, läßt durchaus soziale Abstufungen unter denen erkennen, welche ihre Kinder unterrichten ließen. Die in den Quellen dokumentierten Kosten für die jeweilige Instruierung einzelner Kinder sind unterschiedlich hoch. Auch sind, entgegen Kings Behauptung, gelegentlich einzelne Handwerker nachweisbar, die ihre Söhne im Lesen und Schreiben unterweisen ließen. Giovanni de Bugnis, gemäß der Steuerliste von 1379 einer der reichsten Venezianer, zahlte den Lehrern für die Unterrichtung seiner Kinder im eigenen Hause Ende des

---

50 Vgl. Chaytor, Henry John: From Script to Print. An Introduction to Medieval Vernacular Literature, London 1966 (Neudruck: Norwood 1976), S. 15.
51 Zu verschiedenen Graden an Lesefähigkeiten vgl. auch Saenger, Paul: Silent Reading. Its Impact on Late Medieval Script Society. In: Viator. Medieval and Renaissance Studies 13, 1982, S. 367-414.
52 Vgl. Kap 1. Die Lesefähigkeiten der Venezianer wird ferner diskutiert in Kap. 7.3.
53 Der Frage stellt sich auch kurz kritisch King: Frauen in der Renaissance, S. 197.

14. Jahrhunderts ein Honorar von 12 Dukaten im Jahr pro Kind.[54] Der *rector scolarum* Vittore Bonapaxi hielt in seinem Testament von 1442 fest, daß der Scherenschleifer Antonius ihm noch das Schulgeld von 3 Dukaten für die einjährige Unterrichtung eines Sohnes schulde. Vittore listete darüber hinaus weitere ausstehende Zahlungen auf, allerdings ohne die Dauer des erteilten Unterrichts anzugeben. Wiederum befanden sich einige Handwerker unter den Schuldnern. Jacobus Dudo hatte für die Unterrichtung eines Sohnes noch 6 Dukaten, Petrus Palmarolo und der Bootsbauer (*barcharolus*) Martinus für ihre Söhne noch 5 und der Maurermeister Antonius (*magister murarium*) für die Unterrichtung von zwei Söhnen insgesamt 10 Dukaten zu zahlen. Giacomo Badoer hatte für die Unterrichtung eines Sohnes noch 2 Dukaten, Gabriel Moro noch 1 ½ Dukaten und Antonius Lovisi aus Bassano für drei Söhne sogar nur noch 3 Dukaten ausstehen[55]. Die von Vittore angegebenen Beträge sind unter Umständen Teil- bzw. Restzahlungen, möglicherweise allerdings auch grundsätzlich unterschiedlich hohe Honorare. Dadurch, daß der Unterricht zumeist auf einer vertraglichen Vereinbarung zwischen Vater und Lehrer basierte, mit der auch das Honorar festgelegt wurde, existierten keine einheitlich geltenden Schulgelder. Die Höhe des Schulgeldes könnte sich unter anderem nach dem gerichtet haben, was der Vater bereit und im Stande war zu zahlen. In einigen italienischen Städten, zum Beispiel in Rom, Bologna, Lucca und Florenz, hatten von der Kommune oder der Kirche eingesetzte Lehrer nachweislich den Auftrag, auch die Kinder ärmerer Familien unentgeldlich zu unterrichten[56]. Aus Genua und Florenz sind Fälle bekannt, in denen einzelne Privatlehrer einige Schüler kostenlos, *per amore dei,* unterrichteten.[57] Es ist anzunehmen, daß hier ärmere Kinder, die wahrscheinlich aus dem engeren sozialen Umfeld des Lehrers stammten, tatsächlich im Sinne eines Gottesdienstes und damit unentgeltlich unterrichtet wurden, oder daß hier Handwerker, Kleinhändler und Dienstboten den Unterricht nicht in Geldwerten, sondern in Dienstleistungen oder Waren bezahlten. Das Schulgeld war für Kinder verschiedener sozialer Herkunft somit unterschiedlich hoch. Die Vermutung, daß auch venezianische Lehrer auf diese Weise ihre Gottesfurcht demonstrierten und Buße taten oder aber ihre Existenz durch direkt empfangene Waren oder Dienstleistungen sicherten, ist berechtigt. Die bei Bertanza gesammelten Testamente, wie das Bonapaxis, zeigen außerdem, daß in einigen Fällen Schulgeld nicht sofort entrichtet wueden mußte, was Vätern also die Möglichkeit gab, die fälligen Beträge über einen längeren

---

54 Zum Fall de Bugnis vgl. Ortalli: Scuole e maestri, S. 72-77. Zu Gehältern und Vermö-
    gen in Venedig und zum estimo, der Liste zu besteuernder Körperschaften in Venedig,
    vgl. Kap 4.2.3.
55 Vgl. Testament bei Bertanza: Maestri, S. 321-323. Vgl. auch Ortalli: Scuole e maestri,
    S. 83.
56 Vgl. Grendler: Schooling in Renaissance Italy, S. 105.
57 Vgl. ebd., S. 105.

Zeitraum hinweg anzusammeln. Einige Eltern waren mit der Zahlung schon über ein Jahr im Rückstand. In den venezianischen Quellen finden sich desweiteren Fälle, in denen man sich innerhalb größerer Familienverbände, zum Beispiel in Form von Patenschaften, bei dem Unterhalt der Kinder gegenseitig unterstützte. Man hinterließ für Kinder von Verwandten oder von Geschäftspartnern bzw. Berufsgenossen ausdrücklich Legate zum Studium[58]. Auch die Mütter unterstützten mit ihrer Mitgift ihre Kinder. Donna Lucia, Ehefrau des Magister Petrus de Mantua, vermachte am 23. Januar 1364 vor ihrer Niederkunft testamentarisch ihrem noch ungeboren Kind für dessen Unterhalt zehn Dukaten[59]. Gemäß der Beträge, die sie im einzelnen hinterließ, ist Lucia als Frau eines Lehrers eindeutig nicht zu den wohlhabenden und wirtschaftlich unabhängigen Venezianerinnen zuzählen[60]. Die zehn Dukaten sind mit Abstand das höchste Legat, das sie einem Familienmitglied vermachte. Ihre Mutter bedachte sie lediglich mit drei Dukaten und ihre Schwester nur mit zwei. Lucia hinterließ das Geld ausdrücklich für das „nutrimento", was im italienischen wörtlich „Ernährung" und „Säugen" bedeutet und in der Renaissance als Oberbegriff für den Unterhalt sowie die gesamte Erziehung eines Kindes inklusive der Ausbildung galt. Sie vermachte das Geld auch für die möglicherweise geborene Tochter damit nicht als Zugabe zur *dote* oder zum *matrimonio,* also nicht zur Aussteuer oder zur Mitgift[61]. Der Betrag von 10 Dukaten konnte die Zahlung des Schulgeldes ermöglichen.

Kinder finanziell weniger bemittelter Schichten profitierten gelegentlich von der Patronage wirtschaftlich Starker, die aus traditioneller Fürsorgepflicht und für das eigene Seelenheil den Ärmeren Bildung ermöglichten. Wohlhabende Venezianer unterstützten beispielsweise die Kinder ihrer Angestellten[62]. *Pre* Petrus Pensavem, *presbiterius* von San Blasius, hat sich als Priester mit seiner *serva* Caterina eines gewissen Simone an Sohnes statt angenommen

---

58 Vgl. u.a die Hinterlassenschaften Andrea da Osmos. Anhang I, 1384; und vor allem Beispiele bei Cecchetti: Libri, S. 363.
59 Vgl. Bertanza: Maestri, S. 84.
60 Zu den Vermögensverhältnissen und zur Stratifikation der venezianischen Gesellschaft vgl. Kap. 4.2.3.
61 Zugaben zur väterlichen Mitgift durch Anverwandte setzten erst mit dem ausgehenden 14. Jahrhundert ein. Vgl. hierzu v.a. Kap 4.3.2. Zum übergreifenden Verständnis des Wortes nutrimento in der italienischen Renaissance vgl. u.a. Bruce-Ross, James: Das Bürgerkind in den italienischen Stadtstrukturen zwischen dem vierzehnten und dem frühen sechzehnten Jahrhundert. In: Hört ihr die Kinder weinen. Eine psychologische Geschichte der Kindheit, hrsg. von Lloyd de Mause 1977, S. 263-325, insbesondere S. 265-80 und S.298-308. Vgl. auch Kap 3.2.1.
62 Zu Praktiken der Patronage in Venedig vgl. v.a. Romano: Patricians and Popolani, S. 119-140.

und ihm auch Bildung zukommen lassen. 1413 hinterließ er ihm testamentarisch ausdrücklich unter anderem den größten Teil seiner Buchsammlung[63].

Die Lehrer in Venedig unterrichteten also bevorzugt Kinder vermögender Venezianer. Das Schulgeld stellte aber für Vertreter mittlerer Vermögensschichten, für Handwerker und sogar Dienstboten, nicht unbedingt ein Hindernis dar, wenn sie oder Dritte ihre Kinder unterrichten lassen wollten. Ärmere Venezianer konnten das Schulgeld ihrer Kinder nicht aus eigener Kraft aufbringen. Sie waren diesbezüglich auf die etwaige Fürsorge reicher Gönner angewiesen.

Guiseppe della Santa, der Herausgeber von Bertanzas Quellensammlung, gibt an, daß zwischen 50 und 60 Lehrer von den aufgeführten 850 Lehrern im 14. und 15. Jahrhundert jeweils ständig ansässig waren[64]. Peter Burke und Carlo M. Cipolla schließen daraus, daß ein Lehrer auf rund 350 der in Venedig lebenden Jungen unter zwanzig Jahren kam[65]. Sie gehen dabei von einer Einwohnerzahl von 85 000 und von einem Anteil der männlichen Bevölkerung unter zwanzig Jahren von fast 20 000 aus. Demnach wäre fast jeder zweite männliche Venezianer jünger als zwanzig Jahre gewesen. Legt man die Schätzungen Frederik C. Lanes zugrunde, der die Einwohnerzahl Venedigs auf etwa 100 000 beziffert und den Anteil der Bewohner unter zwanzig Jahren mit einem Drittel veranschlagt[66], so kommt allein anhand der bei Bertanza nachweisbaren Lehrer einer auf rund 270-330 Jungen. Paul F. Grendler geht davon aus, daß die von Bertanza gefundenen Quellen nicht sämtliche Lehrer Venedigs erfassen. Er schätzt deshalb, daß beispielsweise zwischen 1370 und 1390 sogar 130 bis 160 Lehrer ansässig waren[67]. Ein Lehrer käme damit auf 100-130 Jungen unter 20 Jahren. Angesichts der Tatsache, daß Lehrer zum Teil große Klassenverbände unterrichteten und von den Jungen unter 20 vielleicht die Hälfte in dem skizzierten „unterrichtsfähigen" Alter zwischen 5 und 14 Jahren war, hätten demnach für über die Hälfte der Jungen private schuli-

---

63   Vgl. ASV, S.N., B. 724, Donato de Nadal, Registro/Protocollo, Testament Nr. 13: „....Item ... Simone filium meum adotium que dicta Caterina et ego accepimus in [-] nostr[-] amore de Inconsien ei dimitto omnespanos meos i meo portare et omnes libros quindecentes..."

64   Vgl. Della Santa. In: Bertanza: Maestri, S. XIV.

65   Vgl. Burke: Küchenlatein, S. 62-63; und Cipolla, Carlo M.: Literacy and Development.

66   Vgl. Lane: Seerepublik, S. 39-41. Seine Zahlen werden von der aktuellen Forschung immer noch bestätigt. Vgl. Kap. 4.2.3. der vorliegenden Arbeit. Die Bevölkerung unter zwanzig Jahren betrug in den verschiedenen Regionen Europas in der Regel um 50 %. Für Venedig ist wegen der ständigen Zuwanderung von Tagelöhnern und gebildeten Arbeitskräften von einem Bevölkerungsanteil der unter Zwanzigjährigen von lediglich einem Drittel auszugehen.

67   Vgl. Bruce-Rosse, James: Venetian Schools and Teachers. Fourteenth to Early Sixteenth Century. A Survey and a Study of Giovanni Battista Egnazio. In: Renaissance Quarterly 29,1976, S. 521-566, hier S. 524 f.

sche Ausbildungsmöglichkeiten bestanden. Die Schätzungen basieren auf vielen unbekannten Komponenten. Letztendlich bleibt ungeklärt, wieviele Jungen jeder einzelne Lehrer tatsächlich unterrichtete[68]. Es ist aber festzuhalten, daß elementarer Unterricht nicht die Ausnahme war. Lehrer zogen sogar von auswärts in die Stadt, wo sie offenbar zahlreiche Verdienstmöglichkeiten hatten. Es darf von einem vorhandenen und relativ etablierten elementaren Bildungswesen im Venedig des 14. und 15. Jahrhunderts gesprochen werden.

Grundsätzlich ist zu berücksichtigen, daß lediglich der Unterricht nachgewiesen werden kann, der direkt bezahlt oder gefördert wurde. Inwiefern Venezianer selbst ihre Kinder unterrichteten, Lesen und Schreiben somit nicht über bezahlte Unterrichtung vermittelt wurden, ist schwieriger rekonstruierbar und von der Forschung bislang weniger beachtet worden. Im 16. Jahrhundert gab ein junger Venezianer zur Bewerbung als Lehrer einer kirchlichen Schule vor den bischöflichen Behörden an, Lesen und Schreiben von seiner Schwester gelernt zu haben, die mittlerweile verheiratet sei[69]. Hinweise, daß Derartiges auch in den Jahrhunderten zuvor nicht ungewöhnlich war, liegen vor. Der Florentiner Francesco Rinieri hatte, schon bevor er 1469 zu einem *Ser* Bartolo in den Unterricht geschickt wurde, nachweislich von seiner Mutter Lesen und Schreiben gelernt[70]. Der *Decor puellarum*, ein 1471 in Venedig veröffentlichtes Anstandsbüchlein für junge Mädchen, empfiehlt der jungen Venezianerin, Lesen und Schreiben von der Mutter oder einer anderen Verwandten, nie jedoch von einem Mann zu lernen:

Finalmente vi podete a bono fin et non altamente imprendere scriver: et da qualche vostra sorella: over madre: over qualche vostra honesta parente: et non da alchuo maschulo per bona casone.[71]

Das gemeinsam mit dem *Decor puellarum* veröffentlichte *Gloria mulierum*, das Anstandsregeln für die Ehefrau formuliert, weist diese konsequenterweise an, ihre unkundigen Familienmitglieder im Lesen und Schreiben zu unterweisen: „...Amaistrar gli ignoranti che sono de la vostra famiglia...[72]“. Der in der venezianischen „Satellitenstadt" Ragusa[73] aufgewachsene Kaufmann Bene-

---

68 Zur Kritik an den Schätzungen Grendlers vgl. auch Ortalli: Scuole e maestre, S. 57. Zur Kritik an den vollzogenen Schätzungen und zur Darstellung der offenen Fragen insgesamt vgl. ebd., S. 56-61. Vgl. auch Bruce-Ross: Venetian Schools and Teachers, S. 521.

69 Vgl. Archivio della Curia patriarchale, Venezia, Professioni di Fede, fogli 276r-277r, Francesco da Fabretis. Vgl. auch Grendler: Education in the Italian Renaissance, S. 200; und Baldo: S. 76-77.

70 Vgl. Klapisch-Zuber: Le chiave fiorentine, S. 771.

71 Vgl. Decor puellarum, 59v-59r.

72 Vgl. Gloria mulierum, Venezia (Jenson) 1471, 35r (B.M., Inc V 722).

73 Ragusa, das heutige Dubrovnik, diente Venedig seit dem 13. Jahrhundert als Flotten- und Handelsstützpunkt. Zunächst eigenständig und zwischenzeitlich unter ungarischer Oberhoheit, stand es politisch, wirtschaftlich und kulturell immer unter venezianischer

detto Cortrugli verfaßte Mitte des 15. Jahrhunderts ein Traktat über die Kunst des Kaufmanns, welches schon 1465 erstmalig handschriftlich in Venedig auftauchte. Sein Text hält für den angehenden Kaufmann eine früh einsetzende Ausbildung für notwendig:

...Poi che il garzone è tracto dalla nutrice, li debbi fare buono maestro, che l'insegni buoni costumi et grammatica et rectorica, ...[74]

Wiederum wird der Leser, in diesem Falle der Vater, direkt angesprochen. Er solle der erste Lehrmeister sein und den Jungen direkt nach dem Absetzen des Stillens in Grammatik und Rhetorik unterrichten. Die „Entnahme aus der Obhut der Amme", markiert hier im sprichwörtlichen Sinn das Ende der Kleinkindzeit und somit den Beginn der Lernzeit, in der ele-mentare Bildung einzusetzen habe[75]. Es handelt sich in den genannten Fällen sicherlich um Idealvorstellungen, doch sie lassen vermuten, daß die nichtprofessionelle Unterrichtung auch in Venedig kein unüblicher Vorgang war. Der Zeitpunkt, zu dem Kinder in die Obhut eines Lehrers gegeben wurden, war auch davon abhängig, inwieweit Eltern in der Lage oder gewillt waren, selbst zu unterrichten[76]. Lese- und Schreibfertigkeiten verbreiteten sich also nicht nur auf institutionellen und professionellen Wegen, sondern auch in dem von der Forschung schwer zu erfassenden privaten Bereich. Vorraussetzung hierfür war, daß Elternteile das Können, den Willen und die Zeit dazu hatten - Eigenschaften, über die wahrscheinlich in erster Linie privilegierte Gesellschaftsschichten verfügten. Die Tatsache, daß Lesekundigkeit bisweilen auch unter abhängigen Sklaven verbreitet war, läßt allerdings vermuten, daß auch untere Gesellschaftsschichten auf diese Weise Zugang zur Schriftlichkeit erlangen konnten.

Die von Cipolla konstatierte Bedeutung von Schriftlichkeit für die gesellschaftliche Position im 14. und 15. Jahrhundert ist den Zeitgenossen bewußt gewesen. Eindeutig zeigen Angehörige der Mittelschichten das Bemühen, zu den Schriftkundigen zu gehören. Sozialer Aufstieg und Sicherheit vor sozialem Abstieg waren durch Lesefertigkeiten gewährleistet. Auch innerhalb der Handwerkerschaft Venedigs, wo vor allem Meister und Zunftmeister mit Schrift umgehen können mußten, war Schriftlichkeit ein Kriterium des Prestiges und der beruflichen bzw. gesellschaftlichen Stellung.

Dominanz. Vgl. u.a. Kretcic, Barisa: Un mercante diplomatico da Dubrovnik a Venezia nel trecento. In: Studi Veneziani 9, 1967, S. 71-101.

74   Vgl. Cotrugli: S. 248.

75   Zur Stillzeit als Synomym für die gesamte Kleinkindzeit vgl. auch Bruce-Ross: Das Bürgerkind, S. 265-280.

76   Zu ähnlichen Phänomenen in Florenz vgl. Klapisch-Zuber: Le chiave fiorentine, S. 769-775; und Bec: Les marchands écrivains, S. 385.

Anhand der Lesenotwendigkeiten und der Bildungsbestrebungen verschiedener gesellschaftlicher Gruppen und Schichten läßt sich eine grobe quantitative Einschätzung der Verbreitung der Lesefähigen in Venedig vornehmen, wenn auch unter dem Vorbehalt, daß derartige Einschätzungen aufgrund der letzendlich unklaren Quellen immer hypothetisch bleiben.

Den Patriziern und den *cittadini grandi* kann aufgrund ihrer wirtschaftlichen Position und politischen Aktivität weitestgehend Lese- und Schreibkundigkeit unterstellt werden. Zu den Lesekundigen ist ferner der größte Teil der mindestens 1 500 in der Stadt ansässigen Kleriker zu zählen[77]. Zu beachten sind ferner die zum Teil zugereisten Kaufleute und Gebildeten, wie zum Beispiel Ärzte, Lehrer und Rechtsgelehrte, deren genaue Zahl unklar ist. Nimmt man an, daß insgesamt neben den *cittadini grandi* noch mehrere tausend *popolani* und Sklaven in Ämtern, Schreibstuben, Schulhäusern, Hospitälern, Kaufmannskontoren und Bankhäusern tätig waren und daß auch unter Handwerkermeistern und Kleinhändlern Schreib-fertigkeiten verbreitet waren, so verfügten möglicherweise zwischen 10 000 und 20 000 Venezianer über zumindest bescheidene Lesefertigkeiten. Bei einer geschätzten Einwohnerzahl von 80 000 - 120 000 waren also im 14. und 15. Jahrhundert 10 - 20 % der Venezianer mehr oder weniger lesekundig. Unter ihnen wären höchstens 7,5 % Kleriker, höchstens 25% Adlige, 25% *cittadini grandi* und mindestens 42 % anderweitig Gebildete, Angestellte und Handwerker.

3.1.2. Höhere Bildung

Im 12. und 13. Jahrhundert verlief die Ausbildung der Söhne, welche nicht auf das Priesteramt vorbereitet wurden, sehr praxisorientiert. 1133 vereinbarte der Florentiner *aromatarius* Salto Salimbeni mit Maestro Betto Feducci vertraglich, seine Söhne ausreichend im Lesen, Schreiben und Rechnen zu unterrichten, so daß sie den Apothekerberuf würden ausüben können:

...legere et scribere ita et taliter quod sciat legere et scribere omnes licteras et rationes et quod sit sufficiens ad standum in apotecis artificis[78]

Am 28. April 1247 vertraute die Sieneserin Rosa di Corado dem Maestro Gualfredi ihre beiden Söhne zur vertraglich geregelten Ausbildung an. Auch

---

77 Die 56 Gemeinden und Bischofskirchen beschäftigten ungefähr 300 bis 450 Priester. Hinzuzuzählen sind die zahreichen Mönche und Nonnen, deren Zahl in Venedig relativ hoch war. Vgl. Romano: Patricians and Popolani, S. 29; Prodi: Church in Renaissance Venice, S. 409-430; und Molmenti: Venezia e il clero, S. 679.
78 Zitiert nach Lucchi: Leggere, S. 106.

ihre Söhne sollten lediglich soweit lesen und schreiben lernen, daß sie später ihre Bücher und Geschäfte würden führen können[79].

Im Verlaufe der Frührenaissance zeigten die privilegierten Schichten italienischer Kommunen einen deutlichen Drang zu weiterführender Bildung. Der in Venedig ansässige Arzt Simone de Valentini hinterließ 1420 seinen Söhnen per Testament nicht nur ein ökonomisches, sondern auch ein geistiges Vermächtnis:

... Et si fuerit sufficiens reditus ille ad faciendum discere filios meos, volo quod mictantur ad scolas donec sciant bene loqui literaliter et scribere, deinde mictantur ab abachum et discant facere mercantias, et si possibile foret quod ipsi discerent auctores et loycham et philosophiam esset mihi carum, sed non fiant medici, nec juriste, sed solum mercatores...[80]

Er wies die *fidecomissarii* an, seine Söhne erst zur Schule zu schicken, damit sie schreiben und Latein lernten. Danach sollten sie die Kaufmannskunst und, wenn möglich, noch von den Autoren der Logik und der Philosophie lernen, was ihm sehr viel bedeute, auch wenn sie keine Ärzte oder Rechtsgelehrte, sondern nur Kaufleute würden. Die von ihm geforderte Ausbildung sollte explizit über die praktischen Anforderungen des Berufes hinausgehen.

Die Idee von einer höheren Bildung für erweiterte Bevölkerungskreise reicht in Venedig bis in das 14. Jahrhundert zurück. Francesco Petrarca hatte der *serenissima* versprochen, ihr seine Handschriftensammlung antiker Autoren, welche vornehmlich aus den Poetiken, den Rhetoriken und der Staatsphilosophie Ciceros bestand, zu vermachen[81]. Im Gegenzug wurden ihm zwischen 1362 und 1368 der Aufenthalt in der Stadt und eine Wohnung an der *Riva dei schiavoni* gewährt. Seine Sammlung sollte der Grundstock einer offen zugänglichen Bibliothek werden. Die Stadt, deren Gründung der Legende nach mit dem Untergang des römischen Imperiums zusammengefallen war, sollte das antike Erbe fortsetzen. Das Vorhaben wurde nicht realisiert. Petrarcas Aufenthalt in Venedig löste aber eine Debatte unter den damals wortführenden Venezianern aus, welche deren höheren Bildungsansprüche erkennen läßt. Petrarca hatte enge Verbindungen mit dem Dogen Andrea Dandolo sowie mit dessen Kanzler Benintendi Ravignani und einigen in der Kanzlei beschäftigten Schreibern. Seine humanistischen Ideen mußten sich einer an der traditionellen mittelalterlichen Philosophie orientierten Kritik erwehren, dergemäß er die Lehre des Aristoteles nicht ausreichend berück-

---

79   Zitiert nach dems., S. 105. Weitere Verträge dieser Art werden zitiert in ebd., S. 105-107.
80   Vgl. Bertanza: Maestri, S. 299. Vgl. auch Lucchi: Leggere, S. 26.
81   Zu den Büchern Petrarcas vgl. u.a.: Gargan, Luciano: Il preumanesimo a Vicenza, Treviso e Venezia. In: Storia della cultura veneta. Il Trecento. Vicenza 1976, S. 156-161, hier S. 157 f.

sichtige[82]. Hintergrund des Streits waren die Inhalte und nicht die Idee der Bibliotheksgründung an sich. Einer der vier Kritiker Petrarcas, welche der arabischen, sich eng an Aristoteles anlehnenden Philosophie des Averroes nahestanden, war Toma Talenti, einer der wohlhabendsten Einwohner der Stadt[83]. 1397 legte der ursprünglich aus Florenz stammende Kaufmann testamentarisch fest, aus seinem Nachlaß jährlich fünfzig Dukaten einem bewährten *magister artium* zu zahlen, damit dieser in Venedig die *artes* lesen solle: Talenti schreibt ausdrücklich vor, die *scolari* in Logik und Philosophie zu unterrichten. Die Lesungen sollten jedem, dem es beliebe, zugänglich sein, und armen Studenten dürfe man für den Unterricht kein Geld abverlangen.

Item dimitto pro uno magistro arcium sumendo et salariando Venetiis per dictos commissarios de prode meorum imprestidorum annuatim ducatos quinquaginta auri, pro legendo Artes, silicet Logicam et phylosophiam, volentibus audire et discere in Civitate Venetiarum ... et iste magister sit probate scientie et fame, et non possit exigere a pauperibus scolaribus...[84]

1408 ging aus dieser Hinterlassenschaft die *Scuola di Rialto* hervor. Die Schule stand in der Tradition der aristotelischen Scholastik. Logik und Philosophie bildeten die Schwerpunkte der Lehre[85]. Die *scuola* sollte letztendlich junge Venezianer auf das Studium der Rechte in Padua, mit dem die Söhne venezianischer Patrizier für ihre späteren Aufgaben geschult werden sollten, vorbereiten bzw. dieses verkürzen[86]. Im ausgehenden 15. Jahrhundert hörten venezianische Patriziersöhne, soweit es das Archiv der Paduaner Universität

---

82 Vgl. Vianello Nereo: I libri di Petrarca e la prima idea di una pubblica biblioteca a Venezia. In: Miscellanea Marciana di Studi Bessarionei, Padova 1976, S. 435-451; Stocchi, Manilo Pastore: La biblioteca del Petrarca. In: Storia della cultura veneta, Bd. 2, Il trecento, Vicenza 1976, S. 536-565; Gargan: Il preumanesimo, S. 154-164. Nach seinem Tod 1374 wurde, nachdem sich Petrarca 1368 ins Hinterland von Padua zurückgezogen hatte, seine Bibliothek im Zuge der kriegerischen Auseinandersetzungen zwischen Padua und Venedig verstreut.

83 Zum Wohlstand Toma Talentis vgl. Kap. 4.3.2. S[???]

84 Vgl. Testament bei Nardi, Bruno: Letteratura e cultura veneziana del Quattrocento. In: La civiltà veneziana del Quattrocento, Firenze 1957, S. 99-145 und 130-135, hier S. 132.

85 Zu Gründung und Aufbau der scuola vgl. v.a. Nardi: Letteratura. Zur aristotelischen Prägung vgl. auch Gilbert, Felix: Humanism in Venice. In: Florence and Venice. Comparisions and Relations. Bd. 1, Firenze 1979, S. 13-26, hier S.15 f.

86 Das Studium des kirchlichen und zivilen Rechts in Padua setzte unter anderem nach der licentia docendi Papst Clemens' VI. das Studium der artes und der Theologie grundsätzlich mit ein. Vgl. u.a. Arnaldi, Girolamo: Il Primo secolo dello studio di Padova. In: Storia della cultura veneta, Bd. 2, Il Trecento, Vicenza 1976, S. 1-18, hier S. 17: „.... in civitate Paduana de consuetudine ibidem inviolabiliter observata a tanto tempore citra de cuius contario memoria non existit, viguit et adhuc viget in iure canonico et civili et aliisque facultatibus preter sacram theologiam studium generale sicut per totam Italiam et in nonullis aliis mundi partibus est notorie manifestum...“ Das Dekret wurde 1363 von Urban V. bestätigt.

dokumentiert, nicht nur Vorlesungen im Recht, sondern vereinzelt auch in Philosophie, Theologie, Mathematik, Astronomie und Medizin. Allerdings haben sich hier lediglich die Matrikel seit dem ausgehenden 15. Jahrhundert erhalten, und die vorangegangene Zeit ist nicht mehr dokumentiert[87].

1446 erließ der *Maggior consiglio* den Beschluß, zwölf ausgewählten jungen Männern jährlich zehn Dukaten zu gewähren, damit sie Grammatik, Rhetorik und andere Disziplinen erlernten, deren Kenntnis für eine spätere Beschäftigung im Amt der Kanzlei nötig sein würde:

...a imparar grammatica e retorica e altre discipline richieste all'ufficio della cancelleria, *ac bene scrivere.*[88]

Offensichtlich sah man für die bürgerlichen Kanzler der Republik die Notwendigkeit, nicht nur mit den einfachen, gebräuchlichen Kanzlei- und Geschäftslateinkenntnissen ausgestattet, sondern auch in der Rhetorik geschult zu sein. Der Beschluß war der Grundstein für die eng an die Kanzlei angebundene *Scuola di San Marco*, welche nicht nur zukünftige *cancellieri* besuchten. Die *cancellieri* Venedigs setzten hier, achtzig Jahre nach Petrarcas Aufenthalt in der Stadt, die Pflege humanistischer Bildungsideale auf institutioneller Ebene fort. Mit dem Rückgriff auf die antike Staatsphilosophie wurde höhere Bildung für denjenigen, der die Geschicke seiner Stadt und auch seines Hauses führen sollte, unerläßlich. Man sah die Schulung in Rhetorik und Poetik sowie in Geschichte und antiker Moralphilosophie als wichtige Grundbildung für den Staatslenker[89]. An der *Scuola di San Marco* wurde erstmals offiziell Griechisch unterrichtet. Zuvor hatten Venezianer ihre Söhne zum Teil schon privat in dieser Sprache unterrichten lassen. So legte der spätere Rechtsgelehrte und Prokurator von San Marco, Girolamo da Molin im Jahre 1445, als er zwischen zwölf und vierzehn Jahren alt war, in einem vierseitigen, in gelenker Schrift auf Großfolio verfaßten Brief an seinen Vater, Rechenschaft über den Stand seiner Ausbildung ab. Der Brief, der heute noch in der Nachlaßverwaltung Girolamos im Aktenbestand der Prokuratoren von San Marco liegt, gibt somit Einblick in den Bildungsalltag eines jungen Venezianers. Girolamo gab an, daß er nun ein Jahr bei einem Maestro Polo fleißig studiert habe und daß er nun auch an den Festtagen den Monsignor von Torcello aufsuche, wenn dieser die Moralphilosophie des Aristoteles und aus einem anderen Buch der Astrologie lesen würde. Er bat seinen Vater allerdings auch, ihm, da er zusätzlich ein wenig Griechisch lernte, von seinen Reisen aus Konstantinopel die Philosophie „eines gewissen Demosthenes" und

---

87 Vgl. Nardi: Letteratura, S. 126.
88 Zitiert nach Nardi: Letteratura, S. 119.
89 Vgl. Lazzarini, Lino: Francesco Petrarca e il primo umanesimo a Venezia. In: Umanesimo europeo e umanesimo veneziano, hrsg. von Vittore Branca, Firenze 1963, S. 87-91; Vianello: I libri di Petrarca; King: Venetian Humanism; u. v.a. Gothein, Percey: Frühhumanismus und Staatskunst in Venedig, Berlin 1932.

einen Homer, die ihm jemand empfohlen habe, sowie ein „gutes" griechisches Wörterbuch zu schicken:

...Io vado da maestro polo e atendo ben al studio e tanto piu considerando la nisernita ho avuto tenero chio sono stato con monsignor uno anno ma próprio me cóportar la laere de torcelo sono dequi e si sono sano e fresco alpsente pur mête dimeno vado le feste da monsignor elqual leze la philosophia morale de aristotele con una altra opera in astrologia e vea'eme volentiera el qual visitar con letere e mandateli qualche bella cosa deli o de turchia desideria anche mi acìne per dar e offrir psente a qualchuno unò e mio amico. Item pregovi perche imparar uno pocho di greco vui tegnisse modo se mandarme o portar con vui le oratio de qual philosophia chiamato demostene e omero i greco de questo pegone abiatene bona sollicitudine e anisame credo fareti fornito perlania de Constantinopoli o per rucolo sagudino el qual e valentissime e insieme uno bon vocabolista greco pèggoni fatenene uno memoral azo nomine vi difiritirae...[90]

Bei dem angesprochenen Monsignor di Torcello handelt es sich wahrscheinlich um den Bischof Dominikus, Bischof von Torcello. Er war ein Vertrauter von Girolamos Onkel Bagio da Molin, welcher als Patriarch von Jerusalem an der römischen Kurie weilte und sein geistiger Ziehvater war. Später übergab er nach seinem Tod 1447 die Sorge für Girolamos Ausbildung endgültig in die Hände von Dominikus[91]. Über Einzelheiten seines Griechisch-unterrichts gab Girolamo leider keine weiteren Auskünfte. Der Brief weist allerdings darauf hin, daß die traditionelle aristotelische Scholastik und die *studia humanitatis* in Venedig zwar in unterschiedlichen Schulhäusern unterrichtet wurden, daß die Rezipienten der jeweils abgehaltenen Lesungen jedoch die gleichen sein konnten. Schon Bruno Nardi erwähnt, daß junge Venezianer von beiden Schulen profitierten[92]. Höhere Bildung verbreitete sich nicht in getrennten Gesellschaftsgruppen. Girolamo fällt es sogar nicht schwer, Cicero und Aristoteles in einem Satz zu zitieren, ihrer beider Fähigkeiten zu loben und sie mittels eines Sprichworts zu einem übergeordneten Ideal zu verbinden. So schreibt er, wenn er auf den Brief seines ehrwürdigsten Vaters antworten und all die Dinge, die in der Zwischenzeit geschehen wären, mit der Feder zu Papier bringen wolle, bräuchte er das Sprachvermögen des Cicero und das Wissen des Aristoteles:

Carissimo e honoradissimo padre ... se io volessi rispondere alle vostre lettere e notificarmi le chose achadute di fati vostri e miei el me bisognera el dir detullio e elsaver daristotele a volermi penarre scriver.[93]

---

90 Vgl. ASV, PSM, Atti Misti, B. 85a, Carte di Girolamo Molin, Fasc. VI.

91 Bagio sandte beispielsweise vor seinem Tod im Jahre 1444 Dominikus einen Teil seiner für den noch minderjährigen Girolamo bestimmten Bücher. Dominikus stand noch Jahre später in engem Kontakt mit Girolamo, von dem er sich zum Teil auch Bücher lieh. Vgl. Kap. 3.2. und 5.2. und Anhang I, 1458/1486. Zu Bagio vgl. Anhang I, 1444/1.

92 Vgl. auch Nardi: Letteratura, insbesondere S. 119-121.

93 Vgl. ASV, PSM, Atti Misti, B. 85a, Carte di Girolamo Molin, Fasc. VI.

Der venezianischen Frau war der formelle Erwerb einer höheren Bildung grundsätzlich verschlossen. Da diese jedoch nicht nur institutionell, sondern auch privat vermittelt wurde, konnte sie bisweilen auch der weiblichen Bevölkerung zuteil werden. Das Bildungsbedürfnis der privilegierten Schichten hatte auch Auswirkungen auf die außerinstitutionelle Frauen- und Mädchenerziehung. Frauen lernten mitunter Latein, Griechisch oder verschiedene *artes*, doch war dies die Ausnahme und sehr umstritten. Isotta Nogarola, Tochter aus ehrwürdigem Veroneser Geschlecht, konnte die in ihrer Jugend begonnenen Studien nur fortsetzen, weil sie 1438, als Zwanzigjährige, der Heirat entsagte, obwohl sie nicht in ein Kloster eintrat. Isotta teilte dieses Schicksal mit anderen gebildeten Frauen ihrer Zeit[94]. Wie Isotta später dem Veroneser Humanisten Guarinus schrieb, wurde sie fortan in ihrer Stadt zum Gespött sowohl der Männer als auch der Frauen[95]. Verspottet wurde sie auch in den Schriften des Venezianers Niccolò Barbo[96]. Benedetto Cotrugli erwähnte in seinem Traktat, daß er von vielen zurechtgewiesen werde, weil er seine Töchter in Grammatik und Rhetorik unterrichte[97]. Die wenigen bekannten hochgebildeten Venezianerinnen der Epoche, Olimpia Moreta, Cataruzza Caldiera und Costanza Barbaro, stellen ebenfalls Ausnahmeerscheinungen dar. Ihre Väter waren allesamt humanistischen Bildungsidealen verpflichtet und befanden darüber hinaus Frauen für die höhere Bildung geeignet[98]. Wenn Frauen zu höherer Bildung gelangen konnten, dann in der Regel nur, wie unter anderem bei Cotrugli deutlich wird, durch die Initiative und unter dem Schutzmantel des Vaters.

Mit der Einrichtung der *Scuola di Rialto* und der *Scuola di San Marco* etablierten sich die Scholastik und die *studia humanitatis*, in der Stadt. Die Gründungen der Akademien stellen nachweislich die Institutionalisierung von schon im Vorfeld sowohl unter Patriziern als auch unter Bürgerlichen faßbaren Tendenzen dar. Es ist anzunehmen, daß sich die höher gebildeten Venezianer vornehmlich aus den Kreisen der Wohlhabenden rekrutierten. Beide Schulen standen in erster Linie den Söhnen von Patriziern und Bürgern offen. Angehörigen mittlerer Vermögensschichten war höhere Bildung allerdings durchaus über Stipendien und Patronage möglich.

Venedig hatte demnach im zu untersuchenden Zeitraum über diejenigen hinaus, deren Beruf, wie zum Beispiel im Falle von Ärzten oder Rechtsgelehr-

---

94 Vgl. u.a. King: Frauen in der Renaissance. S. 231-258. Zur Kindheit Isottas vgl. ebd., S 202 f.
95 Vgl. Guarino: S. 305. Zitiert auch bei King: Frauen in der Renaisance, S. 234.
96 Vgl. Segarizzi, Arnaldo: Nicollò Barbo. Patrizio veneziano del secolo XV e le accuse contro Isotta Nogarola. In: Giornale storico della letteratura italiana 43, 1920, np.
97 Vgl. Zitat in Kap 3.2.1.
98 Vgl. King, Margaret L.: Thwarted Ambitions: Six Learned Women of the Renaissance. In: Soundings 59, 1976, S. 280-304; und dies.: Frauen in der Renaissance, S. 221 f.

ten, eine universitäre Bildung dokumentiert, einen bestimmten Anteil an Höhergebildeten. Sie sind zahlenmäßig nicht genau festzumachen. Der Blick in private Buchsammlungen kann helfen, die jeweiligen Kreise der Gebildeten zu differenzieren und ihre bevorzugte Lektüre zu beschreiben.

Die Frage, inwiefern Lesen nicht nur an der Tafel des Schulmeisters unterrichtet und höhere Bildung nicht nur im Hörsaal oder im Gespräch zwischen Lehrer und Schüler, sondern, so wie Girolamo da Molin berichtete, auch über Bücher vermittelt wurde, bleibt offen. Es wird daher in der folgenden Analyse zu klären sein, inwiefern junge Venezianer und Venezianerinnen durch ihre Ausbildung zum Buch und zum Buchbesitz hingeführt wurden.

3.1.3. Der Bildungskanon

Anhand welcher Inhalte und Bücher in Venedig und andernorts unterrichtet wurde, ist bislang nur für Einzelfälle bekannt. Hinweise finden sich zumeist nur in narrativen Quellen, die in der Regel eher Idealvorstellungen als die Wirklichkeit wiedergeben[99].

---

99 Konrad von Hirsau legte im 11. Jahrhundert einen Katalog geeigneter Schulautoren vor, in dem er vier „auctores minores" für Anfänger empfiehlt, nämlich Donatus (Grammatik), den Fabeldichter Aesop sowie Avian und den Spruchdichter Cato. Vgl. Conrad Hirsau: Dialogus super Auctores, hrsg. von R.B.C. Huygens, Berchem / Bruxelles 1950, S. 20-58. Spätere Kataloge des Mittelalters verweisen zudem auf das im 12. Jahrhundert verfaßte doctrinale des Alexander von Villa Dei als geeignetes elementares Schulbuch. Die Liste der „auctores maiores", der empfohlenen Autoren für die höhere Bildung, ist lang. Allein Konrad nennt 17 Autoren. Faßt man sämtliche Kataloge des Mittelalters, die unterschiedliche Schwerpunkte setzen, zusammen, bleibt nahezu keiner der bekannten - christlichen oder antiken - lateinischen Schriftsteller unerwähnt. Konrad empfiehlt Sedulius, Juvencus, Prosper, Aquitanus, Theodolus Arator, Prudentius, Cicero, Sallust, Boethius, Lucanus, Horaz, Ovid, Juvenal, Homer, Persius, Statius und Vergil. Andere Autoren nennen auch Martial Petronius, Sueton, Seneca, Livius, Quintillian, Valerius Maximus, Flaccus, Tibullus, Aulius Gellius und Cäsar. Vgl. hierzu. Buck: Volgarizzamenti, S. 10-11. Für einen vollständigen Überblick über die mit der jeweils empfohlenen Literatur verbundenen Geistesrichtungen vgl. v.a. Garin: Geschichte und Dokumente, Bd.1. Benedetto Cotrugli forderte in seinem Traktat zur Kaufmannskunst im 15. Jahrhundert die Lektüre Vergils. Der Florentiner Leon Battista Alberti setzte in seinen Büchern über das Hausleben, den Libri della famiglia (1432-1434), seiner Forderung, die Söhne zu unterrichten, Namen der von ihm geschätzten Autoren voran. Er lobte Demosthenes, Cicero, Livius und Xenophon aufgrund der Sprache und Homer und Vergil aufgrund der Anmut und der Poesie. Vgl. Alberti, Leon Battista: I libri della famiglia, hrsg. und kommentiert von Ruggiero Romano und Alberto Tenenti, Torino 1969, S. 84 f. Zu weiteren Beispielen von in der Frührenaissance empfohlener Unterrichtsliteratur vgl. Kap 3.2. Girolamo da Molin präsentierte sich, wie gesagt, brieflich seinem Vater in einer Art Rechenschaftsbericht, in dem er angab, anhand von Aristoteles Moralphilosophie zu lernen, und ihn bat, Werke des Demosthenes und Homer zum Griechischstudium zu besorgen. Toma

Die Träger kirchlicher sowie städtischer Schulen und Universitäten konnten das Curriculum bestimmen und dessen Einhaltung kontrollieren[100]. Die Lehrer Venedigs, insbesondere die Privatlehrer und deren Auftraggeber, die Väter der zu unterrichtenden Kinder, waren, anders als ihre Kollegen an den kirchlichen und kommunalen Schulen, obrigkeitsunabhängig und von einer möglichen direkten Kontrolle Dritter unbeobachtet. Die Entscheidungsgewalt über die Wahl des Lehrmeisters und die Inhalte der Erziehung lag hier beim Vater, dessen Schutzmantel bisweilen nachweislich ausreichen konnte, insbesondere wenn die Kinder im eigenen Hause unterrichtet wurden, scheinbar unkonventionelle Wege der Ausbildung zu gehen[101].

Eine Art „Curriculum", ein bestimmter Kanon an Büchern, anhand dessen in Venedig Lesen oder Latein vermittelt wurden, ist der Forschung bislang verborgen geblieben[102]. Es ist daher denkbar, daß möglicherweise individuelle Vorlieben die Wahl der Lehrbücher bestimmten. Ferner ist zu hinterfragen, ob ideelle Beweggründe die Unterrichtslektüre überhaupt vorgeben konnten oder ob man in der Unterrichtung der Söhne und Töchter gezwungen war, diejenigen Bücher zu nehmen, derer man habhaft werden konnte.

Die Forschung vermutet bislang hinter den in der Traktatliteratur beschriebenen Lektüreidealen die tatsächlich verwendete Unterrichtsliteratur. Piero Lucchi nennt als die bevorzugte in Venedig genutzte volkssprachliche Schullektüre die *Vitae sanctorum patrum italicorum* und das *Fior di virtu*. Die Grammatik des Aelius Donatus sowie die Werke Vergils, Ciceros, Sallusts, Terenz', Ovids und Horaz' wiederum charakterisiert er als bevorzugtes latei-

---

Talenti und Simone Valentini sahen in ihren Testamenten zur Lehre die Autoren der Logik und Philosophie vor, womit sie wahrscheinlich hauptsächlich Aristoteles und die aristotelischen Philosophen und Theologen meinten. Vgl. Kap 3.1.2.

100 An italienischen Universitäten bestimmte beispielsweise eine Professorenkommission, die pecia, die Bücheranschaffungen der Universität. Vgl. Steele, Robert: The Pecia. In: The Library 11, 1931, S. 230-234. Vgl. auch Corsten, Severin: Universities and Early Printing. In: Bibliography and the Study of the 15th Century Civilization, London 1987, S. 83-98; und Bühler, Curt F.: The University and the Press in Fifteenth Century Bologna, South Bend 1958.

101 Am 2. Februar 1358 wurde der Schulmeister Umbertino de Bergamo aus dem confinio San Angelo von den in Venedig als päpstlichen Inquisitoren eingesetzten Dominikanern exkommuniziert und mit all seinen Tätigkeiten unter die Aufsicht des Ordens gestellt. Vgl. Urteil bei Bertanza: Maestri, S. 66. Das Urteil der Dominikaner läßt sich durchaus als ein Versuch interpretieren, sich als disziplinierende kirchliche Instanz in einer sowohl stark vom feudalen „Privatrechtsverständis" als auch von stärker werdenden kommunalen Ordnungsinstanzen beherrschten Stadt zu behaupten. Das Phänomen konkurrierender Rechtsprinzipien und Ordnungsinstanzen im Venedig der Frührenaissance ist in der Forschung bereits angedeutet, allerdings noch nicht erschöpfend bearbeitet worden. Vgl. Diskussion in Kap. 3.2.1. Anm. 119; und Kap. 7.1.

102 Vgl. auch Ortalli: Scuole e maestri, S. 61-67.

nisches Unterrichtsschrifttum[103]. Grendler vermutet neben den *Vitae* Gregors verschiedene Heiligenlegenden, Bibelübersetzungen und auch profane Literatur wie die Ritterromane als volksprachliche Lesevorlagen. Außerdem verweist er auf den breiten Kanon antiker historiographischer Werke, wie zum Beispiel die Kaiserviten des Valerius Maximus oder des Sueton, als mögliche lateinische Unterrichtsliteratur[104]. Bekannt ist das Curriculum der venezianischen Schulen im 16. Jahrhundert, als man vornehmlich anhand von Aristoteles Logik und Naturphilosophie, anhand von Cicero Rhetorik und Poetik, anhand von Seneca Moralphilosophie, anhand von Boethius Arithmetik und anhand von Petrus Lombardus Theologie und Metaphysik unterrichtete[105]. Rückzuschließen, dieser Kanon habe ältere Wurzeln, liegt nahe. Der bloße Verweis reicht ohne konkrete Hinweise allerdings nicht aus.

3.2. Lese- und Lektüreideale im Venedig der Frührenaissance

Ausgangspunkt und Ursprung des Schrifttums im christlichen Abendland war die Bibel. Die ersten Autoren des Christentums deuteten sie zunächst über exegetische Werke oder setzten die Heilsgeschichte in Form von Heiligenlegenden fort. Die bevorzugten Autoren der Gebildeten des Mittelalters waren anfänglich die Kirchenväter und mit Aufkommen der scholastischen Bildung auch antike Autoren wie Aristoteles oder die Scholastiker selber, wie Albertus Magnus oder Thomas von Aquin. Parallel zur wissenschaftlichen und begrifflich äußerst abstrakt geführten Glaubensdiskussion der Scholastiker suchten Mystiker, die christlichen Wahrheiten in unmittelbarer Anschaulichkeit durch direktes Erleben zu erfahren. Auch sie legten Schriften über ihre Visionen und die von ihnen erfahrenen Offenbarungen vor[106].

Die höhere Bildung verlief mit der Gründung der Universitäten seit Anfang des 12. Jahrhunderts nicht mehr enzyklopädisch, sondern in Fächer aufgegliedert.Verstärkt wandten sich die Gelehrten einer breiten Palette medizinischer, juristischer, philosophischer und theologischer Fachliteratur zu, die neben den christlichen auch auf heidnische Autoren zurückging[107]. Darüber hinaus beschäftigten sich Gelehrte auch mit Naturkunde, der Betrachtung der Erd- und Himmelserscheinungen, rezipierten dabei antike Autoren und

---

103 Vgl. v.a. Lucchi: Leggere, S. 102 f.
104 Vgl. Grendler: Schooling in Renaissance Italy, S. 111-329.
105 Gemäß Lucchi: Leggere, S. 103.
106 Vgl. Diefenbach, P.: Visionen und Visionsliteratur im Mittelalter, Stuttgart 1981.
107 Vgl. u.a. Kristeller: Der Gelehrte und sein Publikum, S. 212 f.

produzierten eigene Schriften[108]. Für das 13. Jahrhundertläßt sich eine „Literalisierung der Kultur[109]" beobachten. Mündlich überlieferte Lieder, Heldenepen und Gedichte samt der seit dem Jahr 1100 an adligen Höfen entstandenen erotischen Liebeslyrik wurden zunehmend auch schriftlich festgehalten. Rhetorisch waren sie weiterhin derart gestaltet, daß sie eher zum Vortrag als zur stillen Lektüre dienten. Sie behielten ihren unterhaltenden Charakter[110]. In Italien gewann unter anderem mit Dante, Petrarca und Boccaccio die volkssprachliche Dichtung an kulturell prägender Bedeutung[111]. Dort wurden außerdem zwischen dem 13. und 15. Jahrhundert verstärkt lateinische Werke, mythologische Erzählungen sowie Lebens- und Tatenbeschreibungen antiker Helden und Kaiser in die Volkssprache übertragen[112]. Seit dem 13. Jahrhundert erlebten weite Teile Europas auch die aus dem Karthäuserorden hervorgegangenen und sich zum Teil an die Mystik anlehnenden religiöse Erneuerungsbewegung der *devotio moderna*, der neuen Frömmigkeit, die zur Verinnerlichung und zur tätigen Übung der Nächstenliebe anhielt[113]. Auch die Bettelorden riefen zum andächtigen Leben auf. Die Appelle richteten sich nicht nur an Priester, Mönche und Nonnen, sondern forderten auch von Laien, sich neben dem Tagewerk dem stillen Gebet und der Andacht zu widmen[114]. Unter anderem hieraus ging ein umfangreicher Bestand an erbaulichen Erzählungen, Tugend- und Benimmliteratur sowohl klerikaler als auch laikaler Provenienz hervor. Das 14. und 15. Jahrhundert brachte in Italien schließlich die späte Blüte der scholastischen Lehre und den Humanismus hervor, dessen Anhänger in Klosterbibliotheken nach antiken Autoren der Rhetorik, Poetik, Geschichte

---

108 Arithmetik, Geometrie, Astronomie und Musik waren als quadrivium schon Teil der septem artes liberales. Vgl. Curtius, Ernst Robert: Europäische Literatur und lateinisches Mittelalter, Tübingen / Basel 1993, S. 46-49; sowie Artes liberales. Von der antiken Bildung zur Wissenschaft des Mittelalters, hrsg. von J. Koch, Köln 1959.

109 Wortlaut nach Kuhn. Literatur ensteht im engeren Sinne als eigene Gattung. Vgl. Kuhn, Hugo: Dichtung und Welt im Mittelalter, Stuttgart 1969. S. 54-56; und ders.: Text und Theorie, Stuttgart 1969.

110 Vgl. u.a Vavra, Elisabeth: Literatur und Publikum. In: Alltag im Spätmittelalter, hrsg. von Harry Kühnel. Graz / Wien / Köln 1986, S. 323-340, insb. S. 340.

111 Ausgehend vom Kunstbegriff, der ein Werk als Kunst versteht, sobald es um seiner selbst willen rezipiert wird, gilt Literatur heute als eine der ersten Kunstformen. Vgl. hierzu u.a. Burke: Die Renaissance in Italien, S. 123-125.

112 Für einen Überblick über die sogenannten volgarizzamenti vgl. Buck, August: Die italienische Literatur im Zeitalter Dantes und am Übergang vom Mittelalter zur Renaissance, Heidelberg 1989.

113 Zur devotio moderna vgl u.a. Geert Grote, Thomas von Kempen und die Devotio moderna, hrsg. von H.N. Janowski, Olten / Freiburg i.B. 1978; Meyer, H.: Geschichte der abendländischen Weltanschauung, 1967; und Luecker, Maria Alberta: Meister Eckhard und die Devotio moderna, Leiden 1950.

114 Vgl. Duby, Georges: Die Situation der Einsamkeit: 11. bis 13. Jahrhundert. In: Geschichte des privaten Lebens, Bd. 2, Vom Feudalzeitalter zur Renaissance, hrsg. von Georges Duby, Frankfurt a.M. 1990, S. 473-495, insb. S. 490-495.

und Moralphilosophie suchten, diese studierten, abschrieben und untereinander austauschten[115]. Angesichts der Quantität dominierte im christlichen Abendland die religiöse Literatur. Unter den literarischen Erzeugnissen des Abendlandes, welche sich in den Jahrhunderten vor Gutenberg dem Lesekundigen anboten, dominierte an Quantität die religiöse Literatur. Das Angebot war jedoch insofern vielfältig, als die einzelnen Werke unterschiedlicher Geistesbewegungen, Traditionen und Zusammenhänge auch entsprechend unterschiedlich motiviert waren[116].

3.2.1. Lese- und Lektüreideale in der Gelehrtendiskussion

Die Zensur einer Obrigkeit, welche den Besitz und die Verbreitung bestimmter Bücher oder Schriften per Dekret untersagte, ist im Abendland erstmals mit dem Auftreten der Druckwerke belegt. 1484 verbot Erzbischof Berthold von Mainz, volkssprachliche Bibelübersetzungen zu verkaufen[117]. 1497 drohte der Patriarch von Venedig Verlegern und Druckern der ersten italienischen Edition der *Metamorphosen* des Ovid mit der Exkommunikation. Sein Protest richtete sich allerdings nicht gegen den literarischen Inhalt, sondern gegen die bildlichen Darstellungen des Werkes, die auch nackte Frauen zeigten[118]. Verhindern konnte er das Erscheinen des Werkes nicht. Frühere Maßnahmen dieser Art seitens der weltlichen oder der kirchlichen Obrigkeiten sind aus Venedig nicht bekannt. Von päpstlichen Inquisitoren blieben venezianische Buchbesitzer weitestgehend unbehelligt[119]. Diskussionen über eine geeignete oder verwerfliche Lektüre wurden allerdings, wie überall, auch in Venedig geführt. Das Christentum ist eine Buchreligion. Gott offenbart sich durch die Schrift. Die Frage, ob ein Mensch die Schrift selbst lesen können muß, was in den ersten Jahrhunderten des Christentums noch gleichbedeutend mit der

---

115 Vgl. Kristeller: Der Gelehrte und sein Publikum, S. 213.
116 Der zentralen These Paul Oskar Kristellers, daß jede Form von Literatur zu jeder Zeit bewußt für einen bestimmten Zweck und für ein bestimmtes Publikum verfaßt wurde, ist zuzustimmen.Vgl. Kristeller: Der Gelehrte und sein Publikum, v.a. S. 213 f.
117 Vgl. Hirsch: Printing, S. 88 f.
118 Vgl. Guthmüller, Bodo: Formen des Mythenverständnisses um 1500. In: Literatur, Musik und Kunst im Übergang vom Mittelalter zur Neuzeit (Bericht über Kolloquien der Kommission zur Erforschung der Kultur des Spätmittelalters 1989 bis 1992), hrsg. von Hartmut Boockmann, Ludger Grenzmann, Bernd Moeller und Martin Staehlin, Göttingen 1995, S. 109-131, hier S. 130.
119 Inquisitoren richteten sich hauptsächlich gegen die öffentliche Verbreitung ketzerischer Lehren und nicht gegen Buchbesitz. Strafaktionen wie der oben erläuterte Fall des Umberto de Bergamo sind in der Überlieferung bislang einzigartig. Vgl. Kap. 3.1.3. Anm 101.

Kenntnis des Lateinischen war[120], und, wenn er lesekundig ist, welcher Lektüre er sich zuwenden soll bzw. darf, ist eine Urfrage der christlichen Lehre. Sie begleitete das christliche Abendland bis in die Moderne und war auch Gegenstand der Gelehrtendiskussion im 14. und 15. Jahrhundert, als der Anteil an lesekundiger Bevölkerung in urbanen und merkantilen Lebensbereichen beachtlich angewachsen war.

Ausgehend von Augustinus und Gregor von Tours vertrat die ursprüngliche Argumentation der christlichen Lehre den Standpunkt, den Herrn kümmere die Grammatik (Latinität) nicht, denn er höre auf die Seele, nicht auf das Wort. Die Begründung, der Heiland habe Fischer und Hirten und nicht Philosophen und Redner zu seinen Jüngern berufen, wiederholt sich in der Literatur des frühen Christentums, ohne bloß einen Gemeinplatz darzustellen. Der Status des *illiteratus* war für die Christenseele eher heilsbringend als verwerflich[121]. Das Himmelreich stand vorgeblich allen offen. Für die *illiterati* reichte es aus, die frohe Botschaft vermittelt zu bekommen. Durch eigenes Lesen und Studieren zur Erkenntnis zu gelangen, war nicht notwendig. Selbst für weltliche Potentaten gehörte Lesekundigkeit und Bildung zunächst nicht zu den unabdingbaren Tugenden[122].

Die Gebildeten und Kirchenlehrer des Mittelalters empfanden sich in der Regel als *literati*, die Zugang zur Schrift haben sollten. Sie gestanden sich selbst die geistige Fähigkeit zu, die Schrift zu verstehen und nicht mißzudeuten. Damit ging die Auffassung einher, den *illiterati*, oder *idiotas*[123], müsse die „Frohe Botschaft" auf mündliche Weise vermittelt werden. Zwischen *literati* und *illiterati* wurde, zurückgehend auf Hieronymus, derart unterschieden, daß den einen genügend *urbanitas* (Geschliffenheit), das heißt intellektuelle Fähigkeiten, zugeschrieben wurde, jede Form von Lektüre lesen und richtig verstehen zu können, während den anderen, den ungebildeten *illiterati*, aufgrund ihrer *rusticas* (Ungeschliffenheit), die Schrift nur indirekt über die *literati* und durch deren Erläuterung zugänglich gemacht werden durfte[124]. Für die *literati* konnte es demnach keine verwerfliche Literatur geben, durch deren Lektüre sie hätten Schaden nehmen können. Gemäß Augustinus war für den Gelehrten die Kenntnis des profanen Wissens, welches beispielsweise die

---

120 Zur Gleichbedeutung von Latinität und Literalität vgl. Grundmann: Literatus - Illiteratus, S. 3-6.
121 Zu dieser verbreiteten Argumentation des Mittelalters vgl. Gurjewitsch: Mittelalterliche Volkskultur, S. 35 f.
122 Vgl. u.a. die Beispiele bei Grundmann: Literatus - Illiteratus, S. 8-15.
123 Die Literatur des Mittelalters verwandte den Begriff idiota im Sinne von Laie, entsprechend der ursprünglichen griechischen Bedeutung, die den Privatmann in Unterscheidung von dem mit einer speziellen Funktion betrauten Amtmann erfaßt. Vgl. Grundmann: Literatus-Illiteratus, S. 6-8.
124 Vgl. Gurjewitsch: Mittelalterliche Volkskultur, S. 36.

antiken Autoren übermittelten, zur Auslegung und Darlegung der Bibel sogar notwendig[125]. Solange der Zugang zur Lektüre nur auf die religiösen Autoritäten beschränkt blieb, waren Lesevorgaben für andere überflüssig. Der Sendungsauftrag und die Verantwortung der *literati*, den *illiterati* die christliche Wahrheit näher zu bringen, sowie die Unterscheidung zwischen der moralisch ungefährdeten *urbanitas* und der moralisch anzuleitenden *rusticas* stellten die grundlegenden Argumente jeder folgenden Diskussion um Lese- und Bildungsvorgaben dar und prägten die Funktionen, welche dem Buch und dem Lesen zugeteilt wurden.

Im 6. Jahrhundert legte Papst Gregor der Große seine *Vitae et miracoli sanctorum patrum italicorum* vor. Das Werk war bewußt in einer einfachen Sprache verfaßt und an einen erweiterten Rezipientenkreis gerichtet[126]. Gregor war, so verkündete er in verschiedenen Sendschreiben, sehr an der christlichen Unterweisung Ungebildeter gelegen. Seinen in reinem Latein verfaßten Kommentar zum Buch Hiob vermerkte er allerdings mit dem Verweis, daß es kein *opus populare* sei[127]. Gregors Anweisungen können als eine der ersten Lesevorgaben des christlichen Abendlandes bezeichnet werden. Während er den Kreis der potentiellen Leser grundsätzlich erweiterte, differenzierte er streng zwischen einem Schrifttum für Gebildete und einem solchen für Ungebildete. Seiner Verantwortung als *literatus* getreu, verstand er Lesen für die *literati* als Studium und für die *illiterati* ausschließlich als Unterweisung und Erbauung. Seinem Handeln lag die Idee der Belehrung weiterer Kreise von Gläubigen durch die Verbreitung volkssprachlicher Texte zugrunde, was eine Diskussion über für Ungebildete geeignete Lese- und Bildungsstoffe nach sich zog.

Von vielen Herrschern des Mittelalters ist überliefert, daß sie selbst zwar leseunkundig waren, sich allerdings Evangelien, Chroniken, Heiligenlegenden und auch Ritterdichtung vortragen ließen. Lesen bzw. Vorlesen diente hier im ursprünglichen Sinne des Wortes der „Unterhaltung". In der mittelalterlichen Hofkultur traten unter anderem Frauen als Förderinnen einer tautologischen Lyrik auf[128]. Rolf Sprandel sieht in der erotischen Dichtung den stärksten Ausdruck „einer kulturellen Emanzipation adliger Laien[129]". Autoren der Ritterepen griffen die Literaturtheorie des Horaz auf und setzten ihren Werken mitunter voran, nicht nur zur Belehrung, sondern auch *pro delectatio*, für das

---

125 Vgl. hierzu sein „De doctrina christiana" (Corpus Christianorum Series Latina 32, hrsg. von Joseph Martin, 1962); vgl. auch Milde, Wolfgang: Über Bücherverzeichnisse der Humanistenzeit. In: Buch und Text im fünfzehnten Jahrhundert, hrsg. von Lotte Helings und Helmar Hertel, Hamburg 1988, S. 19-31, hier S. 20.

126 Zu den Rezipienten eines Textes zählen nicht nur die Leser selber, sondern auch diejenigen, die als Leseunkundige einen Text vorgelesen bekommen. Zu Leseformen vgl. Anm. 1 und Kap. 7.3.

127 Zitiert nach Gurjewitsch: Mittelalterliche Volkskultur, S. 37.

128 Vgl. Grundmann: Literatus - Illiteratus, S. 10-13.

129 Vgl. Sprandel: S.137.

Vergnügen, und zur Kurzweil geschrieben zu haben, um dem Menschen seine schweren Stunden zu erleichtern und die Not der Welt damit zu mindern[130]. Im Sinne der kirchlichen „Anstandshüter" war Unterhaltung durch Lektüre allerdings nur mit dem Ziel der religiösen Erbauung gerechtfertigt. Insbesondere den Frauen der Adels- und Herrscherhäuser gestanden die Gelehrten lediglich insoweit geringe Lese- und Lateinkenntnisse zu, als daß sie den Psalter und unter Umständen auch einige Heiligenlegenden lesen könnten[131]. Die Frau galt als Nachfahrin der Eva und damit als moralisch anfällig[132]. Vorgeblich besaß sie mehr *rusticas* als der Mann. Im 12. Jahrhundert setzte Vinzenz von Beauvais als Ziel der Mädchenerziehung fest, das Mädchen solle in der Lage sein, die Heilige Schrift und andere erbauliche Schriften zu lesen[133]. Die Idee von der notwendigen Unterweisung wurde nun ergänzt durch die Idee von der gleichzeitigen Bewahrung vor der Versuchung durch Lesen. Die Lektüre erbaulicher Texte galt als Mittel, den Tag der standesmäßig hochgestellten Frau, die kaum „häusliche" oder „berufliche" Pflichten und im Gegensatz zu ihrem Mann keine politischen Aufgaben hatte, auszufüllen und sie vor Müßiggang und vor Versuchungen anderer Art zu bewahren. Zur Literatur der Gelehrten, der *literati*, wurde unter den Frauen lediglich den Nonnen Zugang gewährt. Entsprechend argumentierte Thomas von Aquin, aufbauend auf Hieronymus, daß die Frau als Nonne ihrer Geschlechtlichkeit entsage und dadurch zum Mann würde, welcher gemäß der traditionellen Bibelauslegung als moralisch ungefährdeter galt[134].

---

130 Zum Grundsatz „prodesse et delectare" vgl. Horaz, Ars Poetica, V. 333 f. Beispiele mittelalterlicher Lyrik bei Heinrich von der Aue, Armer Heinrich: „dâ mite er swære stunde / möhte senfter machen" (V 10 f.); Heinrich von der Aue, Iwein: „des gît gewisse lêre (V.4) ... daz man gerne hoeren mac, dâ kêrt er sînen vlîz an (V. 26 f.)"; Gottfried von Straßburg, Tristan: „der werlt ze liebe vür geleit (V. 46) ... ze kurzewîle vür geleit / daz si (die Welt) mit mînen mære / ir nâhe gênde swære / ze halber senfte bringe / ir nôt dâmit geringe (V.72-76). Vgl. auch Suchomski, J: „Delectatio" und „utilitas", Bern 1975.

131 Vgl. Grundmann: Literatus - Illiteratus, S. 9 f.; ders: Die Frauen und die Literatur im Mittelalter, und v.a. Plebani: S 28-31.

132 Vgl. hierzu u.a. King: Die Frau in der Renaissance, S. 10-101.

133 Vgl. Vavra: Literatur und Publikum, S. 329. Vinzenz stand in Briefkontakt mit Frauen seiner Epoche, u.a. mit Hildegard von Bingen. Vgl. Leclercq, Dom Jean: La femme et les femmes dans l'oeuvre de Saint Bernard, Paris 1982.

134 Hieronymus argumentierte folgendermaßen: „Solange eine Frau für Geburt und Kinder da ist, ist sie so verschieden vom Mann wie der Körper von der Seele. Doch wenn sie Christus mehr als der Welt zu dienen wünscht, dann hört sie auf eine Frau zu sein, und wird Mann genannt werden." Thomas von Aquin übernimmt ihn mit den Worten, als Nonne würde die Frau die Würde eines Mannes erlangen. Zitate und Übersetzungen nach Anderson, Bonnie S. / Zinsser, Judith P.: Eine eigene Geschichte. Frauen in Europa. Frankfurt a. M. 1995, Bd.1, S. 122 und 157. Körperliche Sexualität und Gebären waren die Hauptkriterien, über die sich Weiblichkeit definierte. Vgl. auch ebd., S.121 f. und 246. Dokumente zum Frauenbild im Mittelalter sind gesammelt und

Die verschiedenen Werke der italienischen Anstands- und Tugendliteratur der Frührenaissance dokumentieren ihrerseits eine Diskussion darüber, wem Schrifttum zugänglich sein sollte und welche Literatur für welche Leserkreise angemessen war.

Einerseits lebte das Gebot, den *illiterati* bzw. *idiotas* keine oder nur ausgewählte Texte zugänglich zu machen, fort. Mit Zunahme der Alphabetisierung empfanden Teile der Bildungselite einen verstärkten Handlungsbedarf, zu filtern, welche Literatur den „gemeinen Gläubigen" zugänglich gemacht werden dürfe und welche nicht.

Der Dominikanermönch und Kopist Filippo da Strata warnte in den 1470er Jahren den Dogen und den Senat der Stadt Venedig vor der Einführung der Druckerpresse. Die Feder sei aus einer Jungfrau geboren, die Druckerei hingegen sei eine Hure. Drucken - ein Handwerk bierbäuchiger Deutscher - beflecke die Bildung, indem es sie Ungebildeten zugänglich mache, welche über Büchern lediglich die Figur von Eseln abgäben[135]. Filippo sprach als Kopist von Handschriften, übernahm die Argumentationsweisen der Kirchenväter und stand in vollkommenem Einklang mit den Bildungsidealen seines Ordens, welcher innerhalb der eigenen Reihen Bildung lediglich den Klerikern und nicht den Laienbrüdern zugestand.

Im Jahr 1471 wurden in Venedig drei Anstandsbüchlein veröffentlicht: der schon erwähnte *Decor puellarum* für junge Mädchen, die *Gloria mulierum* für Ehefrauen sowie die *Palma virtutum*, das sich an junge Männer richtete. Die Werke gehörten zu den ersten Druckerzeugnissen der Lagunenstadt. Der Autor, gemäß Einleitungstext ein namentlich nicht genannter Karthäusermönch, bzw. der oder die Herausgeber, deren genaue Identität unklar ist, nutzten offenbar bewußt die von Filippo da Strata verschmähte Druckerpresse, mit der sich ein hoher Verbreitungsgrad erreichen ließ[136]. In der Möglichkeit der erweiterten Zirkulation von Texten sah man anders als Filippo nicht grundsätzlich eine Gefahr, sondern auch die Möglichkeit der Belehrung weiterer Kreise der Gesellschaft.

Die *Palma virtutum* geht ausführlich auf die geeignete Literatur für junge Männer ein. Explizit zur Lektüre vorgeschrieben werden die *Vitae patrorum* und der *Fior di virtù*, ferner die in Dialogform verfaßte Lebensbeschreibung des Heiligen Benedikt von Gregor von Tours sowie Heiligenlegenden allge-

---

veröffentlicht bei Ketsch, Peter: Frauen im Mittelalter, Bd. 2, Frauenbild und Frauenrechte in Kirche und Gesellschaft. Quellen und Materialien, hrsg. von Annette Kuhn, Düsseldorf 1984.

135 Vgl. Strata, Filippo da: Polemic against Printing; und ders.: Lection del asinello, B.M., Manoscritti italiani, Classa I, 72 (5054).

136 Zur Entstehung und Veröffentlichung der Trilogie vgl. v.a. Lowry, Martin: Humanism and Antisemitism in Renaissance Venice. The Strange Story of the Decor puellarum. In: La Bibliofilia 87, 1985, S. 39-54.

mein, Boethius, Dante, die Briefe des Heiligen Hieronymus, des Heiligen
Cyprianus, Lactanzius und andere Werke von Kirchengelehrten:

Se dapoi che hai benedicta lamensa altra occupation non impedisse peruno pezo lege-
rai qualche libro spirituale over morale come la bibia la vita degli sancti padri: el dialogo de san gregorio: & altri simeli over fior di vertude Boetio: Dante. Item le epistole
de sancto Hieronymo: de sancto Cypriano: Lactantio over altre simel opere de doctori
de la sancta matre eclesiam: le qual siano de elegantia & sanctita.[137]

Die *Palma virtutum* empfiehlt zu lesen, wenn keine andere Beschäftigung
daran hindere. Es setzt deutliche Schwerpunkte im Bereich der geistigen und
moralischen Literatur[138]. Hervorgehoben werden die Heilsgeschichte und
theologische Werke. Bis auf Dante nennt es vornehmlich frühchristliche Autoren. Antike Verfasser werden nicht empfohlen und scholastische zumindest
namentlich nicht genannt. Die gewählten Präferenzen korrespondieren mit
Bücherverzeichnissen mittelalterlicher Klosterbibliotheken, welche den Kirchenvätern als *patres maiores* und ersten Deutern der heiligen Schrift nach der
Heilsgeschichte die höchste Bedeutung beimessen[139]. Das Lesen diente hier
vornehmlich der Erbauung und der Bewahrung vor der Versuchung. Indem
der Autor Lesen im Sinne der *devotio moderna* instrumentalisierte, setzte er
seinerseits, wie Filippo da Strata, die Traditionen seines Ordens fort. Deutlich
werden auch die Wurzeln in der Mystik. Die empfohlenen Bücher werden
nicht nur als erbaulich („libro morale"), sondern auch als geistig-spirituell
(„libro spirituale") beschrieben.

Die Laienliteratur forderte für den gehobenen und zunehmend lesekundigen Stadtbürger eine hohe Bildung und band diese ausdrücklich an das Lesen.
In den ersten Jahren der zweiten Hälfte des 14. Jahrhunderts faßte der Toska-
ner Paolo da Certaldo in einem Anstandsbüchlein Regeln und Beispiele,

---

137 Vgl. Palma Virtutum, Venezia (Jenson) 1471, Hain 12283, (B.M. Inc V 828), np.
138 Der 1360 verstorbenen bergamaskische Jurist Alberico Rosciate klassifizierte in sei-
     nem Testament Boethius ebenfalls als libro morale. Vgl. Nebbiai dalla Guardia:
     Documenti, S. 97.
139 Vgl. u.a. Christ, Karl / Kern, Anton: Das Mittelalter. In: Handbuch der Bibliothekswis-
     senschaft, Bd. 3.1, Geschichte der Bibliotheken, Wiesbaden 1955, S. 271-272. Der
     typische mittelalterliche Bücherkatalog, der in den meisten Fällen, wenn auch nicht
     eingehalten, so doch angestrebt wurde, folgt bei der Auflistung der einzelnen Werke
     einem rein „klassisch"-theologischen Prinzip, nach dem alles auf die Bibel
     ausgerichtet ist und deshalb die Bibel und ihre Teilstücke voranstellt. Die Kirchenväter
     werden diesen unmittelbar nachgestellt. Ihnen folgen die patres minores, die
     Theologen des Mittelalters, und schließlich werden die heidnischen antiken
     Schriftsteller und die Werke der artes liberales angeschlossen, unter denen sich
     wiederum heidnische Autoren befinden konnten. Grundlage dieser Kategorisierung
     sind vor allem die historischen Kataloge von Klosterbibliotheken wie Reichenau oder
     St. Gallen. Die Bibliotheksforschung hat hiervon auch eine bestimmte Art der Wertung
     der Bücher abgeleitet. Vgl. auch Milde: Bücherverzeichnisse. S. 19-22. Nebbiai dalla
     Guardia weist auf ein ähnliches Vorgehen bei den Klosterbibliotheken von Bobbio
     und Montecassino hin. Vgl. Nebbiai dalla Guardia: I documenti, S. 70-75.

Sprichwörter und Weisheiten des guten Benehmens zusammen. Die Mahnungen betrafen das alltägliche, häusliche und kaufmännische Leben. Da Certaldo wandte sich in klarem Umgangsflorentinisch an den Leser und stellte der Sammlung fünf Schlüssel zur Weisheit voran, ohne die man weder Einsicht noch Wissen erlangen könne. Nach der Ehrfurcht vor Gott und dem Respekt vor seinem Lehrmeister war der dritte Schlüssel die permanente Lektüre und das Studium von Büchern:

La terza chiave de la sapienza si è che tu continuamente legghi molti libri con molto studio, però che leggere continuamente fa 'mparare molte cose; e chi molti libri legge, molte e nuove cose truova, e domanando, molto impara: e però sempre leggi e studia con molto sollecitudine.[140]

Lesen, das Zugänglichmachen von Informationen, gilt hier als Grundstein für die Weisheit. Immer wieder sei deshalb zu lesen, möglichst viel und mit großem Eifer. Der Florentiner Leon Battista Alberti argumentierte fast hundert Jahre später in seinen Büchern über das Hausleben, den *Libri della famiglia* (1432 und 1434), ähnlich. Für ihn waren eine umfassende Bildung und Belesenheit nicht nur nützlich, sondern gehörten zu den notwendigen Voraussetzungen des Stadtbürgers, damit dieser die Geschicke seines Hauses und seiner Stadt würde lenken können:

Non mi stendo, ché troppo sarebbe lungo recitare quanto siano le lettere, non dico utili, ma necessarie a chi regge e governa le cose; ne descrivano quanto elle siano ornamento alla republica.[141]

Auch der im venezianischen Ragusa aufgewachsene Benedetto Cotrugli plädierte in seinem Traktat über die Kunst des Kaufmanns für einen permanenten Bildungsprozeß. Nach der Ausbildung galt es für den Kaufmann, weiter zu studieren, und das hieß zu lesen. Cotrugli schrieb zur Einrichtung des Kaufmannshauses:

Tertio, havere nel primo solaro uno scriptoio habile alle facciende tue, et dextro che d'ogni banda si possa sedere et seperato, senza dare inpaccio alla famiglia di casa per li forestieri che vengono a contare teco.[142]

Innerhalb seiner detaillierten Beschreibung der Anordnung eines jeden Raumes des Hauses trennte Cotrugli das Kontor - so ist hier das erwähnte *scriptoio comune* zu verstehen - deutlich von den familiären Lebensbereichen. Innerhalb der letzteren sah er auch einen persönlichen Lebensraum für den Hausherrn vor, ein *scriptoio separato* in seiner Kammer oder in der Nähe seiner Kammer, das zusätzlich zum *scriptoio comune* einzurichten sei. Dort,

---

140 Vgl. Certaldo, Paolo da: Libro di buoni costumi, hrsg. von Alfredo Schiaffoni, Firenze 1945, S. 60-61.
141 Vgl. Alberti: S. 85.
142 Vgl. Cotrugli: S. 230.

und nicht im *scriptorio comune*, könne man zu vorgerückter Stunde studieren, eine - so Cotrugli - sehr lobenswerte und ehrenhafte Tätigkeit:

Et chi si dilecta di lectere non debbe tenere libri nello scriptoio commune, ma havere scriptoio seperato in camera sua o almeno apresso d'essa, per potere studiare quando tempo t'avanza. Et questo è laudabilissimo et gloriosissimo exercito.[143]

Laut Cotrugli ist Lesen vornehmlich *studiare* und *esercito*, Weiterbildung und Übung.

Indem sie den von Leonardo Bruni formulierten Gedanken, Bildung forme den ganzen Menschen, aufgriffen, vertraten Cotrugli und Alberti eindeutig humanistische Bildungsideale. Bas Buch war transportabel und, einmal vorhanden, jederzeit verfügbar. Für den gestiegenen Bildungsanspruch und den damit verbundenen Bildungsbedarf war es daher ideal. Mit dem Buch war Studieren ohne Lehrmeister und neben den geschäftlichen Verpflichtungen möglich. Cotrugli lobt darüber hinaus das zurückgezogene Lesen und pflegt auch diesbezüglich humanistische Ideale. Schon Francesco Petrarca idealisierte 1373 in seinen Briefen die zurückgezogene Beschäftigung mit dem Buch im eigenen Landhaus:

...corpore tranquillus...sine tumultibus, sine erroribus, sine curis legens et scribens et deum laudans...[144]

Das Lob der ruhigen Orte, an denen stille und konzentrierte Lektüre zu bestimmten Zeiten des Tages möglich ist, wiederholt sich in humanistischen Schriften[145]. Lesen wird zu einer intimen Auseinandersetzung mit Inhalten. Die Humanisten griffen dabei das antike, auf Epikur und Horaz zurückgehende Verständnis des *otium* auf, das, anders als in mittelalterlichen Schriften, nicht verwerflichen Müßiggang bedeutete, sondern eine Lebensform beschrieb, den Tag in Harmonie, gewinnbringend und unter anderem auch durch Lesen zu nutzen. Das Studium von Büchern wurde dadurch zum Vergnügen[146].

Zu den idealen Leseinhalten äußerte sich Benedetto Cotrugli kaum. Lediglich einmal, als er sich rechtfertigte, auch seinen Töchtern höhere Bildung zukommen zulassen, rühmte er Vergil als Autor[147]. Alberti war diesbezüglich

---

143 Vgl. ebd.
144 Vgl. Petrarca: Ep. rer. sen. XV. 5 (Brief von 1373). Abgedruckt bei Petrarca, Francesco: Petrarca. Prosa, hrsg. von G. Martellotti u.a., Milano / Napoli 1955. Der Vicentiner Bartolomeo Pagallo rät in einem Architekturtraktat aus der zweiten Hälfte des 15. Jahrhunderts ebenfalls, in seiner Landvilla an die Schlafkammer eine „elegant" eingerichtete Bibliothek anzuschließen: „...alla camera a letto sia annessa una bibliotheca abbastanza elegante, unica mia suppelletile..." Zitiert nach Bentmann, Reinhard / Müller, Michael: Die Villa als Herrschaftsarchitektur, Frankfurt a. M. 1992, S. 277.
145 Thematisiert auch bei Zorzi: Dal manoscritto al libro, S. 839-852.
146 Vgl. Zorzi: Dal manoscritto al libro, S. 840 f.
147 Vgl. Zitat S. 84.

ausführlicher. Zur Lektüre empfahl er vor allem antike Autoren, Demosthenes, Cicero, Livius und Xenophon aufgrund ihrer Sprache, Homer und Vergil aufgrund der Anmut ihrer Poesie [148]. Auf eine etwaige ungeeignete Literatur gingen beide nicht ein. Für Dante gehörten hundertfünfzig Jahre zuvor neben Vergil noch Ovid, Statius und Lucan zu den Musterautoren für die „suprema constructio", den hohen Stil der italienischen Dichtung[149]. Ovids *Metamorphosen* wurden im Mittelalter wie in der Renaissance desweiteren als Kompendium der antiken Mythologie gelobt und als Anschauungsmaterial für moralisierende Schriften und Predigten geschätzt[150].

In den genannten Schriften rechtfertigten die Vertreter des Stadtbürgertums ihr Bildungsbedürfnis und damit ihren Zugang zur Literatur. Sie stellten sich selbst deutlich als *literati* dar.

Die Bewunderung antiker Autoren rief die Reaktion extremer religiöser Rigoristen hervor. Sie nannten auch die in ihrem Sinne ungeeignete Literatur beim Namen. So waren unter Florentiner Gelehrten im Tre- und Quattrocento Werke heidnischer Autoren der Antike, insbesondere als Schulbuchautoren, umstritten. Stein des Anstoßes waren vor allem die nicht nur von Humanisten rezipierten *Metamorphosen* des Ovid. Zeugnisse für den Streit finden sich schon in Boccaccios *Genealogia*. Einen Höhepunkt stellen die Dispute zwischen den Humanisten Collucio Salutati und Angelo Crivelli einerseits und dem Kammadulenser Giovanni da San Miniatio und dem Dominikaner Giovanni Dominici andererseits dar. Der Dominikaner Girolamo Savonarola hetzte schließlich, nachdem er 1494 die Medici aus Florenz vertrieben und die Theokratie ausgerufen hatte, von der Kanzel nicht nur gegen Luxus und Eitelkeit, sondern auch gegen Ovid, den er als närrisches Lügenmaul beschimpfte. In Mailand entstand, wahrscheinlich aus der Feder eines Franziskaners, der sogenannte *Antiovidianus*, der an den Ovidbewunderer Ambrogio Migli gerichtet war. Der Text lehnt das lateinische Werk als Schulbuch grundsätzlich ab und empfiehlt statt dessen sich selbst als Lehrwerk. Anders als die Humanisten fanden die Rigoristen in Ovids Fabeln keine tiefsinnigen philosophischen Aussagen, sondern verstanden die Geschichten, welche u.a. von Liebesbeziehungen zwischen Göttern und Menschen handeln, rein wörtlich. Sie verurteilten vor allem ihre Frivolität und Lasterhaftigkeit und wiesen auf die Gefahr für Sittlichkeit und Moral hin, die von diesen ausgingen. Die Polemiken richteten sich auch gegen Priester, welche in ihren Predigten Ovids Fabeln zitierten[151]. In Venedig werden Ende des 15. Jahrhunderts Stimmen

---

148 Vgl. Alberti: S. 84 f.
149 Vgl. Dante: De vulgari eloquentia, II,VI, 7. Vgl. auch Buck: Die Beudeutung der „volgarizzamenti", S. 19.
150 Vgl. Curtius: S. 11-13; u. v.a. Guthmüller: Ovidius metamorphosos, S. 34-55.
151 Zur Polemik gegen Ovid vgl. v.a. Guthmüller: Formen des Mythologieverständnisses, S. 112 f.

laut, die Ovids mythologische Fabeln als eine für Frauen ungeeignete Lektüre bezeichnen.

Die Diskussion über die geeignete Frauenliteratur wurde insgesamt wesentlich heftiger und umfangreicher geführt. Bei den Autoren der Traktat- und Moralliteratur des 14. und 15. Jahrhunderts bestand offensichtlich das Bedürfnis, anschaulich zu werden. Das Bild von der moralisch anfälligen Frau blieb weiterhin maßgeblich.

Bezüglich der Erziehung der Mädchen und den notwendigen Eigenschaften einer Frau bestand in der Literatur der Frührenaissance, wie gesagt, weitestgehend Einstimmigkeit dahingehend, daß diese auf die Heiratsfähigkeit ausgerichtet sein sollte[152]. Über die hierzu notwendigen Fertigkeiten bestand allerdings Uneinigkeit. Rigoristen betrachteten bisweilen Lesenlernen generell als eine für Frauen teuflische Art der Bildung. Der venezianische Franziskanerpater Fra Paolino belegte im 14. Jahrhundert diese These mit dem Beispiel der Töchter Karls des Großen, welche ebenfalls leseunkundig waren, und empfahl, „Handarbeit sei [für Frauen und Mädchen] besser als Kopfarbeit[153]". Der Florentiner Paolo da Certaldo erklärte zwar die eifrige Lektüre zahlreicher Bücher zur stadtbürgerlichen Pflicht, sah für Mädchen jedoch nicht die Notwendigkeit, Lesen und Schreiben zu lernen, sofern sie nicht Nonne werden wollten. Er empfahl, man solle sie nähen, spinnen und kochen lehren:

E s'ell'è fanciulla femina, polla a cuscire, e nona a leggere, ché non istá troppo bene a una femina sapere leggere se sia già non la volessi fare Monaca...[154]

Die Forderungen stehen allesamt in Widerspruch zu den praktischen Notwendigkeiten und der tatsächlichen Lesekundigkeit von Frauen in der Epoche.

Bernardino di Siena, der Anfang des 15. Jahrhunderts Predigerreisen durch die Toskana und Oberitalien unternahm, argumentierte hingegen:

Volete vo fare le donne oneste? Fateli imparare lettere, che, t'aviso, che non possono stare senza diletto, e se farai si dilettino nelle Scritture, bon parte; ma se noch vacheranno a quello, vacheranno in dilettarsi in vanità. La vanità sua si purghera in quello leggere e dilettarsi.[155]

Wolle man Frauen ehrbar machen, so solle man sie lesen lernen lassen. Denn, so warnte er, ohne Vergnügen könnten sie nicht leben, und wenn sie dieses

---

152 Vgl. v.a. King: Frauen in der Renaissance, S. 197-205.
153 Zitiert nach Heißler / Blastenbrei: S. 57.
154 Vgl. Certaldo: S 126 f. Für weitere Beispiele vgl. King: Frauen in der Renaissance, S. 197-200.
155 Vgl. San Bernardino di Siena: Le prediche volgari, hrsg. von Ciro Cannarozzi, Bd.5, Florenz 1940, S. 50. Die Stelle wird auch zitiert bei Origo: Der Heilige der Toskana, S.58. Dort wird diletto mit Unterhaltung übersetzt, was im übertragenen Sinne des Wortes zutreffend ist. Der deutsche Begriff Unterhaltung soll hier allerdings zunächst im urspünglichen und nüchternen Sinn des Wortes verwendet werden, welcher dem toskanischen diletto, was mit Vergnügung und Verzückung eine tiefere Emotion beschreibt, nicht entspricht.

Vergnügen in der Heiligen Schrift suchten, um so besser; aber wenn sie sich nicht dafür interessierten, würden sie sich mit Eitelkeiten vergnügen. Mit der Lektüre der heiligen Schrift könnten sie sich jedoch von der Eitelkeit reinigen. Wörtlich beschrieb Bernardino Lesen als Möglichkeit der Bewahrung vor der Versuchung. Darüberhinaus sah er es nicht nur als Mittel der Erbauung, sondern auch der Läuterung von der Sünde an. Was er allerdings als Eitelkeiten verstand, denen eine Frau verfallen könne, kommentierte Bernardino hier nicht. An anderer Stelle seiner Predigten nannte er die übermäßige Schwatzhaftigkeit als eine der sündhaften, verwerflichen Eitelkeiten der Frau[156]. Wiederholt zitierte er bei seinen Predigten auch Ubertino da Casale und benannte als die drei größten Gefahren, denen eine Frau ausgesetzt sein könne, die körperliche Schönheit, der materielle Reichtum und vor allem die Zeit zu haben, das zu tun, was ihr gefalle[157]. Bernardinos Gedanke, der Frau zur Beschäftigung und zur Befriedigung ihres Unterhaltungsdranges die Bibel als Lektüre in die Hand zu legen, läßt erkennen, daß falscher Zeitvertreib in seinem Sinne auch die Lektüre verwerflicher Literatur sein konnte. Bernardino erkannte damit auch in der nicht religiösen und nicht erbaulichen Literatur eine für Frauen faszinierende Wirkung. Diese Vorstellung wurden in anderen, Bernardino vorangegangenen Texten deutlicher formuliert. Giovanni Boccaccio widmete Mitte des 14. Jahrhunderts - auf die Ritterromanliteratur anspielend - die Novellen seines *Decamerone*, welche voll von „gefälligen" und „häßlichen" Fällen der Liebe und anderen schicksalhaften Ereignissen seien, allen „unglücklich verliebten" Frauen. So wie Männer Melancholie, Langeweile und ungestilltes Verlangen durch Jagd, Fischfang, Spiel und Handel bekämpften, fänden Frauen in der Lektüre derartiger Erzählungen das beste Mittel zum Vergnügen und gegen die Langeweile[158]. Dante erzählte Anfang des 14. Jahrhunderts im *inferno* der *Göttlichen Komödie* von seinem Treffen mit Francesca da Polenta und Paolo Malatesta, genannt „der Schöne". Francesca wurde 1275 aus politischen Gründen mit Paolos Bruder, dem *condottiere* Gianiotto Malatesta, genannt „der Hinkende", verheiratet. Ihrer beider Verdammnis ging auf den gemeinsam begangenen Ehebruch zurück. Angeregt hatte sie hierzu die gemeinsame Lektüre toskanischer Liebeslyrik, des *Romanzo di Galeotto* (*Galahad*), während derer sie die Liebe zwischen Lanzelot und Guinever nachempfanden:

> Noi leggiavamo, un giorno per diletto,
> di Lancilotto come amor lo strinse:
> soli eravamo e senza alcun sospetto.
>   Per più fiate li occhi ci sospine
> quella lettura, e scolorocci il viso;

---

156 Vgl. Bianchi: Le prediche volgari di San Bernardino di Siena, Bd. 2, S. 446.
157 Vgl. Mormando, Franco: Bernardino of Siena. „Great Defender" or „Merciless Betrayer" of Woman? In: Italica 75, 1998, S. 22-40, insbesondere S. 29 f.
158 Vgl. Boccaccio: Decamerone, Proemio.

> ma solo un punto fu quel che ci vinse
> Quando leggemmo il disïato riso
> esser baciato da cotanto amante,
> questi, che mai da me non fia diviso
> la bocca mo basciò tutto tremante.
> Galeotto fu'l libro e chi lo scrisse:
> quel giorno più non vi leggemmo avante[159]

Erhält bei Boccaccio Lektüre lediglich eine Katharsisfunktion im rein geistigen Sinne, so regt in Dantes Episode die Lektüre zur tatsächlich praktizierten Sünde an. Durch ihre Lektüre wurden Francesca und Paolo letztlich aus dem Kreise der Reinen ausgeschlossen, so wie Lanzelot durch den Ehebruch aus der heiligen Gralsgemeinschaft verdammt worden war. Während Dante die Liebenden, denen keine kirchliche Absolution erteilt werden konnte, durch die gemeinsame Verdammnis in der Hölle vereinigte und durch ewige Treue vom Schmerz geläutert ein gewisses Maß an Glück finden ließ, griffen der oder die Autoren des in Versform verfaßten *Libro di vizi*, eines die Todesarten der Wollüstigen beschreibenden „Lasterkatalogs" aus dem 14. Jahrhundert[160], die Geschichte ebenfalls auf. Hier wurde vor allem das Recht des gehörnten Ehemannes bestätigt, an den Sündern blutige Rache geommen zu haben.

Venezianische Schriften wurden im 15. Jahrhundert nicht nur bezüglich der erbaulichen, sondern auch der verwerflichen Literatur anschaulicher. Der *Decor puellarum* forderte von der jungen Frau zunächst die weiblichen Tugenden Fleiß, Demut, Frömmigkeit, Enthaltsamkeit und Keuschheit:

Debbe la donna essere prudente, constante, grave, patiente, studiosa, humana, modesta misercorde, pia et religiosa, magnanima, continente, pudica, diligente, sobria, abstinente, sagace et operosa et sempre nello exercitio dello lavorare.[161]

Es gesteht der jungen Frau auch elementare Lesefertigkeiten zu. In sieben Kapitel unterteilt, entwirft es umfangreich den traditionellen Tagesablauf, den eine junge Dame zu befolgen habe, und geht dabei präzise auf den idealen Lesestoff für junge Mädchen ein. Pflicht sei grundsätzlich ein kontemplativer Lebenswandel, und die *contemplazione* erreiche die junge Frau nur durch Gebete, Lernen und das Studium der heiligen Schrift in völliger geistiger und seelischer Hingabe:

Finitele tre consideratione: Seguita la contemplatione che fa la secunda parte de la accesa divatione...Sapiate carissime che la contemplatione consiste in vero conoscimento de dio & de le cose spirituale acquistata per graia de oratione docotrina & studio de la sacra scriptura cum spirtual affectione & gusto de interire sapore per speciale gade spirito facto.[162]

---

159 Vgl. Dante Alighieri: La divina commedia, Inferno V, 127-138.
160 Vgl. Frenzel, Elisabeth: Stoffe der Weltliteratur, Stuttgart 1988, S. 221.
161 Vgl. Cotrugli: S. 238. Zu den weiblichen Tugenden vgl. Anm. 152.
162 Vgl. Decor puellarum: 21v-22r.

Lesen wird wiederum als Akt der Frömmigkeit im Sinne der *devotio moderna* instrumentalisiert. Was in der *Palma virtutum* nur angedeutet ist, wird im *Decor puellarum* deutlich gesagt. Lesen als „studio cum spiritual affectione" kann sogar ein Akt mystischen Empfindens sein[163].

Der *Decor puellarum* empfiehlt, daß das Mädchen die Zeit, in der es kein Tagwerk zu verrichten habe, in Andacht, Meditation oder religiöser Erbauung verbringen solle. Mit seinen Gebeten soll es gemäß dem Stundenbuch, dem Madonnenoffizium, vorgehen, wozu im Hause ein kleiner Altar einzurichten sei, um im Anschluß einige Heiligenlegenden zu lesen.

Fateve uno altarolo elquale delectateve adornar de belle imagine & devote: cum belli ornamenti over de statii de vostra man: fazando in questo modo.
In primamente far per uno poco alcune oratione a questo altare
Per uno poco leger chi sa: chi non sa imprende se hanno al modo qualche libri de sancti & sancte
Poi retorna ala oratione al suo altare
Poi chi sa scrivere scriva qualche devota opera. Si veramente ve avanzasse temporer fugir el pericolo de locio podete ad honore de misser dnédio exercitar ne lo adornamento del vostro altar zoe far qualche veste a qualche nostra donna: qualce recamo: qualche retaio avanti laltar: over far veste: o altri ornamenti a qualche madonna che sia vostra devota sempre intermettando la ratione fina a la hora de la cena...[164]

Zum sinnvollen Zeitvertreib wird wieder die Handarbeit, jedoch auch das Lesen empfohlen. Lesen dient wiederum der Erbauung und hat die Funktion, den „ozio", den Müßiggang, zu vermeiden[165]. Der *Decor puellarum* empfiehlt dafür die Lektüre von Heiligenlegenden. An anderer Stelle wird das Werk bezüglich der Lesestoffe noch ausführlicher:

& recever qualche fructo de virtu: come sono legende de qualche sancte vergine: ovver degli sancti padri: dove non se nomia cossa de luxuria. Ancora fior de virtu: quello libreto che se chiama Palma virtutum: & quello che se chiama gloria de le donne: spechio de la croce & simil altri utili & virtuosi libri. La bibia veramente avvi dózelle le quale sete ignorante & senza littere azo non intresate in qualche heresia non ve conforto che del testamento vechio legete: salvo cha el genesis zoe lo primo et lo secundo libro & fin che Moyses fece lo tabernaculo. Li libri de li re: la legenda de sam Daniele: de Samuel: de Saul & c. Ma piu vi conforto lo testamento novo tutto quanto. poche non li posite errare. Si che solicitateve in ogni bone opere sopradicte in questo mondo: azo che ne altro recever possiate el glorioso premio de vita eterna per infinita saecula saeculorum.[166]

Zu lesen seien also Legenden der heiligen Jungfrau und der heiligen Väter - aber nur, wenn dort nichts Lasterhaftes erwähnt werde - die *Palma virtutum* und die *Gloria delle donne*, der Spiegel des Kreuzes und andere ähnlich nütz-

---

163 Der Begriff affezzione beschreibt eine innige und emotionale Form der Zuwendung.
164 Decor puellarum: 44rv.
165 Ozio vom lat. otium hat hier, anders als im antiken epikureischen Sinne, eindeutig eine negative Bedeutung.
166 Decor puellarum: 58v-59r.

liche und tugendhafte Bücher, das Neue Testament ganz, da aus ihm keine
falschen Schlüsse gezogen werden könnten, das Alte Testament nur in
Auszügen, da es Teile habe, für dessen Verständnis sie zu *ignorante*, zu un-
wissend, seien. Zu lesen seien davon die ersten beiden Bücher der Genesis bis
zu der Stelle, an der Moses den Tabernakel errichtet, sowie aus den Büchern
der Könige die Erzählungen von Daniel, Samuel, Saul etc. Die Vorstellung,
einem *idiota* könne der Primärtext der christlichen Lehre, die Bibel, nicht
direkt zugänglich gemacht werden, lebt hier in eingeschränkter Form weiter.
Wiederum wird auf die Gefahr der Fehlinterpretation verwiesen. Gemäß dieser Vorgabe solle das junge Mädchen vor allem nicht die jüdischen Gesetze,
die Moses den Juden auf dem Weg ins gelobte Land erteilte, lesen[167]. Die
möglichen Folgen falscher Lektüre werden später beschrieben:

Lo quinto saphil sie lo udir da lo quale lanima de le donzelle lievemente rimane
atoxichata & morta: e per quanto ve prego fugite le fabule et historie: cancione: libri:
et parole: che contenga materia de luxuria: de gola; et amor carnali: ni di noze ni de
simelvani et senuali parlari. Ancora guardatve de le murmuratione: & dir mal daltri se
volete aquistar bona gratia & bona fama.[168]

Der *Decor* warnt schließlich vor einem Schicksal, wie es zuvor bei Dante
Francesca da Polenta ereilte. Zu fliehen sei vor Fabeln und Geschichten, Büchern und Worten, die von Luxus, Genuß und fleischlicher Liebe handelten.
Weder bei Tag noch bei Nacht solle darüber gesprochen werden, und die
murmuratione, das Weitererzählen und Schnattern darüber sei zu vermeiden,
wolle man eine ehrenhafte *fama* erlangen. Auch dürfe ein junges Mädchen nie
von einem Mann Lesen lernen, mit dem es ohnehin nie eitle oder fleischliche
Dinge besprechen solle:

et non da alchuo maschulo per bona casone: cum questo che mai non vogliate ni leger
ni scriver cosse vane ni carnale: ni cossa che non possiate intender.[169]

Der zweite Teil der Trilogie, die *Gloria mulierum,* baut auf dem *Decor puellarum* auf. Es ist sehr kurz gefaßt, da der Autor in der Regel auf das vorangegangene Werk verweist. Außerdem obliegen der Ehefrau mehr häusliche
Pflichten, weswegen sie weniger freie Zeit ausfüllen muß. Ausdrücklich wird
allerdings nochmals auf den notwendigen Besitz und Gebrauch des
Madonnenoffiziums hingewiesen[170].

---

167 Zum antisemitischen Charakter des Decor puellarum vgl. auch Lowry: Humanism and
    Antisemitism.
168 Decor puellarum: 52r.
169 Decor puellarum: 58v-59r.
170 Vgl. Gloria mulierum: 17v. „Le oratione de le perfecte donne sonno li sicti pater nostri
    li septi psalmi e loficio de nostra donna in una overo in piu volte come faria la sera da
    puo cena dir compieta e matutino la matina prima e terza allhora de messa li septe
    psalmi Avanti disnar sexta da poi disnar nona."

Filippo da Strata, der Dominikaner von Murano, argumentierte bezüglich möglicherweise verwerflicher Literatur für Frauen ähnlich wie der Autor des *Decor puellarum*. Er warnte vor allem vor der Lektüre Ovids, welche Frauen zu einem sündigen Leben verführen würde[171]. Da Strata kann im Sinne der oben schon erwähnten Moralisten seiner Zeit dahingehend interpretiert werden, daß er hier nicht nur vor der *Liebeskunst*, der *Ars amatoria*, sondern auch vor den *Metamorphosen* warnte, welche, wie gesagt, eine große Anzahl von Liebesgeschichten beinhalten. Der Venezianer Gregorio Correr riet der adligen Humanistin Cecilia Gonzaga, die am Hof ihres Vaters in Mantua Anfang des 15. Jahrhunderts von Vittorino da Feltre unter anderem in Griechisch und Latein unterrichtet worden war, in einem Brief, sich der gleichen Lektüre zuzuwenden, die für Nonnen angemessen sei. „Eine Braut Christi soll nur heilige Bücher und kirchliche Schriftsteller lesen. Daher sollst du deinen geliebten Vergil beiseite legen ... Nimm statt dessen den Psalter zur Hand, statt des Cicero das Evangelium ... Du findest in den kirchlichen Schriften, wenn du auch das suchst, die höchste Beredsamkeit...[172]." Somit wurden in diesem Fall ausdrücklich auch Vergil und Cicero als unangemessene Lektüre betrachtet, allerdings weniger aufgrund ihrer etwaigen Verwerflichkeit als aufgrund ihres sprachlichen Anspruchs.

Deutlich wird, daß sich die weiblichen Bildungs- und Lektüreideale in den erwähnten Fällen vor allem auf religiöse und volkssprachliche Lektüre richten. Lesen sollte in erster Linie der Erbauung und der Bewahrung vor Verwerfung dienen.

Der Florentiner Leonardo Bruni legte hingegen Battista de Montefeltro einen Unterrichts- und Lektüreplan vor, der fast das gesamte Spektrum der *studia humanitatis* umfaßte. Er empfahl, lateinische Bücher über Geschichte, Moralphilosophie und Dichtung zu lesen. Die Rhetorik sparte er aus. Sie sei für die Angelegenheiten des Mannes, wozu Kriege und Schlachten zählten, notwendig. Rhetorisch argumentierend würde eine Frau beispielsweise vor Gericht ihre Würde verlieren[173]. Bruni empfahl Battista zwar die Lektüre lateinischer Poesie, wozu streng genommen auch Ovid zu zählen ist, sah allerdings auch die *vita contemplativa* als das ideale Leben der Frau an.

Der venezianische Patrizier Lauro Querini erstellte 1441 der Isotta Nogarola einen Studienplan, der sowohl die Rhetorik als auch die Philosophie umfaßte. Demnach sollte sie sich mit der Dialektik und daraufhin vor allem mit Aristoteles, dazu mit den Kommentaren des Boethius und den arabischen Philosophen Avicenna, Averroes und Al Ghazali auseinandersetzen[174]. An

---

171 Vgl. Strata, Filippo da: Polemic against Printing, np.
172 Zitiert nach King: Frauen in der Renaissance, S. 210 f.
173 Vgl. Garin: Geschichte der abendländischen Pädagogik, S. 154 f. Vgl. auch King: Frauen in der Renaissance, S. 231.
174 Die arabischen Autoren lagen in lateinischer Übersetzung vor. Vgl. Kap. 6.3.1.

christlichen Autoren empfahl er nur Thomas von Aquin[175]. Sein Katalog ist
zum Teil noch traditionellen scholastischen Idealen verpflichtet. Querini
bewunderte Isottas Bildung. Er lobte allerdings auch, wie andere seiner Zeitgenossen, die von ihr bewahrte Jungfräulichkeit und ihre Abkehr vom weltlichen Luxus. Man sah, wie bereits Hieronymus und Thomas von Aquin, die
Jungfräulichkeit als Pflicht der gebildeten Frau an[176]. Umfassende Literatur
durfte sich eine Frau nur bei gleichzeitiger Läuterung durch Enthaltsamkeit
zugänglich machen, was bisweilen sogar wörtlich als eine Form der Entweib-
lichung stilisiert wurde. So schrieb Guarino Veronese an Isotta, sie müsse ihr
Geschlecht ablegen und den Mann in der Frau, „ in muliere virum", erschaf-
fen[177]. Die Gefahr weiblicher Verführbarkeit und Verführung galt es durch
das Negieren des eigenen Geschlechts auszuschließen.

Benedetto Cotrugli allerdings kommentierte in seinem Traktat der Kaufmannskunst die Erziehung seiner Töchter:

> Et pero molti m'anno ripreso perché io faccio imparare grammatica alle mie figliole et
> recitare alcuni versi di Virgilio a mente: follo non solamente per farle perfecte gram-
> matiche et rethoriche, ma per farle prudenti, savie et di buona salda memoria, delle
> quali cose nulla può essere maggiore dote a chi ha sentimento, et beato il giovane che
> vi si abatte. Et però Laschiena et Asiothea si vestirono in abito virile et andarono
> audire la doctrina di Socrate et furono philosophesse; et le smemorate et sanza cervello
> con molta difficultà si possono ridurre, et si vogliono admonire spesso et quasi
> continuo, et haverli apresso una donna grave, che continui circa le sue costume per
> ridurre quella leggiereza a gravitate. Alcune sono hebete, ciò e debili d'ingegno,
> adormentate, grosse d'intellecto, grasse di corpo et dormogliose et stractura, et sono
> tucte carne senza spirito.[178]

Cotrugli erklärte Bildung, in die er Kenntnisse in Grammatik und Rhetorik
und die Lektüre Vergils mit einbezog, zur wertvollsten Mitgift einer Frau, weil
sie ihr Stolz, Weisheit und große Erinnerungskraft verleihe, und glücklich sei
der Jüngling, dem sie sich versprechen würde. Ungebildete Frauen hingegen
bedürften der ständigen Maßregelung und seien stumpfsinnig, mithin schwach
im Geiste, gelangweilt, zäh vom Intellekt, fett vom Körper und einschläfernd.
Sie seien letztlich Fleisch ohne Geist. Allerdings betonte Cotrugli auch, traurig
sei das Haus, in dem der Hahn schweige und die Henne krähe, und der gute
Kaufmann sei zuallererst männlich und habe sich die Frau gefügig zu
machen[179]. Gebildete Frauen tragen gemäß Cortugli jedoch zur Würde des
Hauses und der Familiengemeinschaft bei. Der Heirat und ihrem Geschlecht
müssen sie seiner Ansicht nach nicht entsagen. Cotruglis Argument, daß Bil-

---

175 Vgl. Nogarola, Isotta: Isotae Nogarolae opera quae super sunt omnia. Mit Arbeiten
     von Angela und Ginevra Nogarola, hrsg. von Eugenius Abel, 2 Bde., Wien / Budapest
     1886, Bd 2., S. 12 f., 21 und 23.
176 Vgl. King: Frauen in der Renaissance, S. 233-236.
177 Guarino Veronese: S. 306. Übersetzung nach King: Frauen in der Renaissance, S. 234.
178 Vgl. Cotrugli: S. 240.
179 Vgl. Cotrugli: S. 232.

dung die wertvollste Mitgift sei, die eine Frau mit in die Ehe bringen könne, hat einen deutlichen Bezug zu alltäglichen Lebensnotwendigkeiten. Er übernahm eindeutig humanistische Ideale, wonach vor allem die Bildung den Menschen formt. Mit seinen Forderungen, auch junge Mädchen sogar in Latein, Grammatik und Rhetorik zu unterrichten, damit sie heiratsfähig seien, nahm er allerdings eine für seine Zeit radikal-humanistische Position ein.

Die Literatur spiegelt die verschiedenen Schulen und Geistesbewegungen der Zeit wider. Mit dem Rückgriff auf traditionelle Argumentationsweisen entfaltete sich ein pluralistisches Meinungsbild. Mehrere tonangebende Bewegungen, humanistische oder traditionelle, zum Teil an Orden gebundene, führten auch in Venedig eine Diskussion um Lesevorgaben. Rigoristen verweigerten weiten Kreisen der Gläubigen entweder jedes Recht auf Lektüre, oder sie schrieben vornehmlich die Lektüre christlicher Schriftsteller vor. Humanisten widersprachen ihnen zum Teil, indem sie vor allem antike Autoren lobten. Andere empfahlen beides. Eine einstimmig empfohlene oder aber verpönte Literatur ist nicht auszumachen.

Ein Konsens bestand allerdings bezüglich der Unterscheidung zwischen der geeigneten Lektüre für Gebildete und Ungebildete. Die Gebildeten, die *literati*, je nachdem, wer dazu gezählt wurde, ob nur hochgebildete Kleriker, nur Männer oder zusätzlich auch ein bestimmter Teil hochgebildeter Frauen, sind grundsätzlich vor etwaiger verwerflicher Literatur gefeit. Dementsprechend kennen auch diejenigen, die Frauen potentiell zu den Gebildeten zählen, für diese keine verwerfliche Literatur. Hinsichtlich der *illiterati* wurde jedoch deutlich unterschieden. Ihnen sollte, wenn überhaupt, lediglich Religiöses und Erbauliches zugänglich gemacht werden, das der Bewahrung vor Verwerflichem dienen konnte. Lektüre wurde damit auch ein Instrument der *devotio moderna*.

Bezüglich der Rezeption von Schrifttum wurde somit deutlich differenziert. Für die Gelehrten galt das Lesen als Studium, also als intellektuelle Übung, und war damit in erster Linie rationaler Akt. Lesen konnte, insbesondere in den Schriften der Humanisten, zwar zu einer gewissen Glückseligkeit führen. Doch resultierte diese immer aus der Freude am Studium und aus dem Genuß der reinen Grammatik, nicht aus etwaigen unterhaltsamen Aspekten von Literatur. Für andere galt Lesen als einfache religiöse Belehrung. Zum Teil wurde Lesen sogar als Akt direkten religiösen Empfindens gesehen, also auch als emotionaler Prozeß. Nur bei wenigen Autoren schimmert die Bewunderung für die Literatur als reiner Kunstform durch, die aus keinem anderen Grund zu lesen sei als der Freude an der Sprache.

Bemerkenswert ist in diesem Zusammenhang das wiederkehrende Ideal, dem Studium oder der Erbauung und damit dem Lesen einen Teil der verfügbaren Tageszeit vorzubehalten, während manche Schriften das Lesen nur empfahlen, wenn nichts anderes zu verrichten sei. Dem Lesen wurde damit eine unterschiedlich hohe Wertschätzung entgegengebracht. Wurde es einerseits den profanen Dingen des Tagesgeschäfts untergeordnet, so genießt es andererseits den Stellenwert einer eigenständigen, notwendigen und alltäglichen Handlung mit rituellem Charakter, der sogar spezielle Räume im Hause vorbehalten sein sollten.

Auffällig ist ferner, daß mit Ausnahme des Unterrichts im Gruppenverband Lesen immer allein vollzogen werden sollte und nicht in der Gemeinschaft. Humanisten sahen darin die beste Möglichkeit zum ungestörten Studium. Rigoristen fürchteten die Gefahr, Lektüre in der Gemeinschaft könnte, wie an adligen Höfen des Mittelalters, zur Unterhaltung beitragen oder zur gemeinschaftlich begangenen Sünde verführen.

Das Ideal der höfischen Kultur des Mittelalters, Lektüre solle auch dem *diletto*, dem Vergnügen dienen, wurde mit zunehmender Schärfe angegriffen. Boccaccios *Decamerone* kokettiert noch mit der Faszination der Verwerflichkeit und präsentiert sich diesbezüglich im Nachhinein tatsächlich, wie von Vittore Branca bezeichnet, als ein „Spätwerk" mittelalterlicher Literatur[180]. Ansonsten überwiegen insbesondere im 15. Jahrhundert, am Vorabend der konfessionellen Auseinandersetzungen in Europa, die Versuche religiöser Moralisierung und Disziplinierung, deren Protagonisten nicht nur die kirchlichen Anstandshüter, sondern auch Anhänger der *studia humanitatis* waren. Die Möglichkeit, daß Lesen Gefühle hervorrufen kann, ist in diesem Zusammenhang von nahezu allen Kommentatoren erkannt worden. Vor der Gefahr, daß falsche Emotionen geweckt werden könnten, wird eindringlich gewarnt. Die Idee, Lektüre könne verwerflich sein, war existent. Texte, die von anderer Liebe als der Liebe zu Gott, von Eitelkeiten und Luxus erzählen, haftete ein „Hauch" des Verwerflichen an. Wenn auch nur die Rigoristen des 15. Jahrhunderts ausdrücklich vor ihnen warnten, so wurden sie doch auch sonst nur selten empfohlen. Gewarnt wurde vor allem vor den Werken Ovids, vor Fabeln, Ritterromanen, Novellen und Liedern, gelegentlich vor Vergil und bisweilen sogar vor Auszügen aus dem Alten Testament oder Teilen der Heiligenlegenden. Die sich mit dem ausgehenden 15. und beginnenden 16. Jahrhundert etablierende Zensur ist also nicht nur als eine Reaktion auf die Druckerpresse, sondern auch als Ergebnis zunehmender Moralisierung im Vorfeld der konfessionellen Auseinandersetzung zu verstehen[181].

Das Phänomen fordert eine aufmerksame Analyse der Quellen. Die präziser werdenden moralisierenden Stimmen weisen unter Umständen auch auf kontroverse Moralvorstellungen hin. Die Schriften der venezianischen

---

180 Vgl. Brance, Vittore: Boccaccio medievale e nuovi studi sul Decamerone, Firenze 1981.

181 Zur zunehmenden Verdammung von Vergnügen seitens kirchlicher Moralprediger im Laufe der Frührenaissance vgl. auch Rizzi, Allessandra: Dal divieto alla moralizzazione: Il gioco e la predicazione al tramonto del medio evo. Vortrag vom 5. Februar 1994 (unveröffentlicht).

Ordensmänner gaben zum Teil extreme und rigoristische Moralideale wieder, die wohl nicht von der breiten Masse getragen wurden. Filippo della Stratas Ordensbruder Savonarola war in Florenz kurzfristiger Erfolg vergönnt. Filippos Warnungen blieben in Venedig allerdings ohne Folgen. Den Druckern wurde Einlaß gewährt. Der *Decor puellarum* wurde kaum gekauft, da er offenbar nie wieder aufgelegt wurde[182]. Wenn Filippo da Strata und der Verfasser des *Decor puellarum* vor verwerflicher Lektüre warnten, setzten sie sich offensichtlich mit der Lektüre auseinander, derer ein junges Mädchen potentiell habhaft werden konnte. Das mit der Einführung der Druckerpresse einhergehende größere Angebot an Büchern mag mitverantwortlich für die eindringlichen Warnungen gewesen sein. Die Anschaulichkeit, mit der die Folgen falscher Lektüre bei jungen Mädchen beschrieben wurden, und das Anfügen einer Verhaltensregel für den Fall der Zuwiderhandlung machen deutlich, daß die Autoren schon frühzeitig die Möglichkeit, die erwähnten Titel könnten in die Hände junger Mädchen geraten, gesehen hatten. Die Quellen malen damit ein Bild von zirkulierenden Erzählungen, Ritterromanen und Novellen, die von Männern und Frauen zumindest nicht ausschließlich zur Bildung und Erbauung gelesen wurden, sondern auch faszinierten und reines *diletto*, Vergnügen und Unterhaltung, gewährten. Hier wird eine Diskrepanz zwischen formulierten Verhaltensidealen und den etwaigen realen Zuständen in Venedig deutlich, der sich die Quellenanalyse stellen muß. Letztlich ist zu fragen, inwiefern nicht auch die Faszination des Verwerflichen bzw. dessen, was einerseits gepriesen und geschätzt und andererseits heftig verdammt wurde, den Reiz für ihre Besitzer ausmachte.

3.2.2. Lese- und Lektüreideale in der darstellenden Kunst

Durch die Bedeutung der Schrift als Medium der göttlichen Wahrheit und durch die Beschränkung des Zugangs zur Lektüre auf wenige Auserwählte wurde das Buch ein sakraler Gegenstand und selbst zum Kunstwerk. Prächtig gestaltete Meßbücher und Bibeln wurden auf Altären ausgestellt. Bücher großer Heiliger, wie zum Beispiel die Evangeliare, mit denen Missionare gepredigt hatten, wurden Reliquien gleich verehrt. Entsprechend lagerten sie zumeist nicht in Bibliotheken, sondern waren als Kultobjekte und zur Verehrung in den Kirchen ausgelegt[183].

---

182 Eine Neuauflage ist bislang unbekannt.
183 Zum Symbolwert des Buches im Mittelalter vgl. Pächt, Otto: Buchmalerei des Mittelalters, München 1989, S. 9-12; und v.a. Das Buch als magisches und als Repräsentationsobjekt, hrsg. von Peter Ganz, Wiesbaden 1992. Zur Gestaltung von Büchern vgl auch Kap 5.1.

Darüber hinaus waren Buch- und Lesedarstellungen in der Frührenaissance
häufig Thema der darstellenden Kunst und auch der venezianischen Malerei[184]. Zur Erforschung der materiellen Kultur bzw. zur Rekonstruktion privater Lebenswelten im 14. und 15. Jahrhundert wird dem Kunstwerk als Quelle
mithin eine hohe Aussagekraft beigemessen. Die sogenannte „Wende zum
Realismus" im Übergang vom Mittelalter zur Neuzeit äußerte sich darin, daß
Maler und Bildhauer Räume und Lebensverhältnisse nun plastisch zu erfassen
suchten. Insbesondere die Malerei verfügte über die technischen Mittel, genau
das penibel festzuhalten, was die Künstler tatsächlich sahen. Sind beispielsweise biblische Szenen vor einem zeitgenössischen Hintergrund dargestellt, so
gewährten Einrichtungen von Räumen oder Stadtansichten auch den Blick auf
private bzw. öffentliche Lebensräume. Ein Bild wird gerne wörtlich mit einem
„Fenster" oder einem „Schlüsselloch" verglichen, das dem Historiker einen
unverfälschten Blick auf intime und private Lebenswelten der Vergangenheit
gewähre[185]. Forscher wie Georges Duby und anfänglich Keith Moxey geste-
hen explizit der Malerei als Quelle einen ähnlichen Aussagegehalt zu wie den
Protokollen des Inquisitionsgerichtes, anhand derer Emmanuel Le Roy
Ladurie den Alltag im südfranzösischen Pyrenäendorf Montaillou rekonstru-
ierte[186]. Die Malerei fungiert für sie also, in der Terminologie Ahasver von

---

184 Eine umfassende kunsthistorische Analyse zu Buch- und Lesedarstellung in der Male-
     rei des Mittelalters und der Frührenaissance steht noch aus. Die Beschäftigung mit der
     niederländischen Malerei seit dem ausgehenden 15. Jahrhundert hat allerdings wert-
     volle Arbeiten hervorgebracht. Vgl. u.a. Eikemeier, Peter: Bücher in Bildern. In: De
     Arte et Libris. Festschrift Erasmus 1934 - 1984, Amsterdam 1984, S. 61-67; und In het
     licht van het lezen. De rol van het boek in de beeldende kunst (Katalog zur
     gleichnamigen Ausstellung), Zwolle 1992.
185 Die Vorgehensweise ist u.a. diskutiert bei Jaritz, Gerhard: „Et est ymago ficta non
     veritas". Sachkultur und Bilder des späten Mittelalters. In: Pictura quasi fictura. Die
     Rolle des Bildes in der Erforschung von Alltag und Sachgeschichte des Mittelalters
     und der frühen Neuzeit, Wien 1996, S. 9-13. Die Malerei als historische Quelle wird
     diskutiert in: Kühnel, Harry: Abbild und Sinnbild in der Malerei des Spätmittelalters.
     In: Europäische Sachkultur des Mittelalters, Wien 1980, S. 83-100; Vavra, Elisabeth:
     Kunstwerke als Quellenmaterial der Sachkulturforschung. In: ebd., S. 195-232;
     Documents iconographiques et culture matérielle, hrsg. von Jean-Pierre Sosson,
     Brüssel 1985; ders.: Les images et la culture matérielle au bas Moyen Âge. In: Mensch
     und Objekt im Mittelalter und in der frühen Neuzeit, Wien 1989, S. 345-354; Image et
     histoire. Actes du colloque Paris-Censier, Mai 1986, Paris 1987; Art and History.
     Images and their Meaning, hrsg. von Robert I. Rotberg und Theodore K. Rabb,
     Cambridge u.a. 1988; Imhof, Arthur E.: Im Bildersaal der Geschichte oder: Ein
     Historiker schaut Bilder an, München 1991; Historische Bilderkunde: Probleme -
     Wege - Beispiele, hrsg. von Brigitte Tolkemitt und Rainer Wohlfeil (Zeitschrift für
     historische Forschung, Beiheft 12) Berlin 1991; oder Haskell, Francis: History and its
     Images. Art and the Interpretation of the Past. New Haven / London 1995.
186 Vgl. Duby, Georges: Einleitung. In: Geschichte des privaten Lebens, Bd. 2, Vom
     Feudalzeitalter zur Renaissance, hrsg. von Philippe Ariès und Georges Duby, S. 11-16,
     dort S. 12: „Ab 1350 etwa öffnet der Blick des Malers dem Historiker das Innere der

Brands gesprochen, als „Überrest" einer Zeit, welcher - nicht zur Überlieferung angelegt und „unmittelbar von Gegebenheiten übriggeblieben" - frei von subjektiven Bewertungen ist[187]. Einer derartigen Einschätzung eines Gemäldes als fotografisch authentisch[188] ist allerdings zu widersprechen. Nicht selten ist das gesamte dargestellte Programm eines Bildes im 14. und 15. Jahrhundert vor und bei seiner Entstehung im Wechselspiel zwischen Künstler und Auftraggeber festgelegt worden. Bilder sind das Ergebnis einer bewußten Inszenierung[189]. Diejenigen, die am Schaffensprozeß beteiligt waren, standen obendrein - bewußt oder unbewußt - in ihrer Darstellungsweise unter dem Einfluß bestehender Traditionen und zeitgenössischer Vorstellungen[190]. Hartmut Boockmann warnt deshalb: „Er (der Historiker) darf das, was die Überlieferung (gemeint ist u.a. Malerei) ihm anbietet, nicht mit der einstigen Wirklichkeit verwechseln.[191]" Ein Bild gewährt nur eine subjektive Sicht auf die Vergangenheit: die Sicht des Künstlers bzw. Auftraggebers und des jeweiligen Zeitgeistes. Das Bild als historische Quelle ist demnach eher als „Tradition" denn als „Überrest" zu verstehen und entsprechend zu interpretieren[192]. Auf der Suche nach eben der Art und Weise, wie Menschen einer Zeit Dinge darstellen wollten, das heißt, welche Beziehung sie zu den dargestellten Objekten hatten, wird die Malerei hingegen zur wertvollen Quelle[193]. Es ist anzunehemn, daß Lesedarstellungen auch Leseideale ihrer Zeit ausdrücken.

Häuslichkeit, des privaten Raumes, ganz ähnlich wie es die Neugier der Weiber von Montaillou wenige Jahrzehnte zuvor getan hatte. Zum ersten Male hat der Historiker die Möglichkeit, den Voyeur zu spielen und diskret zu beobachten, was in dieser geschlossenen Welt, in die van der Weyden die Jungfrau Marie und den Verkündigungsengel stellt, vor sich ging."; und Moxey, Keith: The Practice of Theory. Poststructuralism, Cultural Politics and Art History, Ithaka / London 1994, dort S. 89: „The reality effect appears to offer us immediate, untrammeled access to the world, a window onto familiar objects of our perception, as well as a demonstration of unparalleled artisanal skill." Moxey hat seine Thesen später relativiert. Vgl. v.a. ders.: Reading the „Reality Effect". In: Pictura quasi fictura, S. 15-21.

187 Brandt: S. 52. Zu dieser Definition vgl. Kap 2.3.
188 Wortlaut nach Jaritz: S. 10.
189 Eine Grundlegende Arbeiten ist diesbezüglich Baxandall, Michael: Painting and Experience in Fifteenth Century Italy, Oxford / New York 1988. Vgl. auch Roeck, Bernd: Kunstpatronage in der frühen Neuzeit, Göttingen 1999.
190 Wie im Testament besteht auch im Bild eine Spannung zwischen individuellem Gestaltungswillen und kollektiven Leitvorstellungen. Vgl. die entsprechende Definition des Testaments durch Erdmann Weyrauch in Kap 2.3., S. 51.
191 Vgl. Boockmann, Hartmut: Die Stadt im späten Mittelalter, München 1986, S. 7.
192 Zur Unterscheidung der Quellentypen „Tradition" und „Überrest" vgl. auch Kap 2.2.
193 Vgl. auch Jaritz: S. 12. Bei der Analyse ist der Historiker allerdings jeglichen Gesetzmäßigkeiten und Grenzen hermeneutischer Verfahrensweisen unterworfen. Innerhalb der Kulturwissenschaft werden Kunstwerke mit der Übernahme sprachwissenschaftlicher Methoden und Begriffe zunehmend Objekte semiotischer Analysen. Bilder transportieren intendierte oder unbewußt gemachte Mitteilungen. Der Ikonologie wird von daher bisweilen eine „hervorragende Funktion als Element einer kulturhistorischen

Als Medium der christlichen Wahrheit fand das Buch zunächst vor allem symbolische Verwendung in der Malerei. Kreuzigungsdarstellungen des Mittelalters und der Renaissance zeigen zum Beispiel den Lieblingsjünger Johannes mit der Heiligen Schrift in der Hand neben dem aufgerichteten Kreuz stehend[194]. Das Buch dient als Verweis auf die Herkunft der dargestellten Szene, den Schrifttext der Bibel. Gott offenbart sich über die Schrift. In der venezianischen Malerei und Plastik wurde das symbolträchtige Wappentier Venedigs, der Löwe von San Marco, in der Regel ebenfalls mit aufgeschlagenem Buch dargestellt, welches die Seiten mit den Worten der Berufung des Evangelisten Markus, „Pax tibi Marce evangelista meus", zeigt (vgl. Abb. 1). Das Buch dient auch hier als entscheidender Beleg für ein historisches Ereignis, denn der Legende nach geht die Gründung der Stadt auf die göttliche Berufung des Evangelisten zurück, der in diesem Moment in der Lagune sein Lager aufgeschlagen hatte. Erneut fungiert das Buch als Mittler der Wahrheit.

In Darstellungen des hohen Mittelalters und der Frührenaissance werden Bücher darüber hinaus als Attribute verwendet, welche die Identität und den Rang einer bestimmten Person kenntlich machen. Apostel werden durch das Tragen der Heiligen Schrift ausgewiesen, Diakone durch das Evangeliar, die Evangelisten durch das Evangelium, Ordensstifter, Äbte und Ordensheilige durch die Ordensregeln und Kirchenväter wie Augustinus und Hieronymus, deren Bedeutung auf ihre Schriften bzw. auf ihre Übersetzungen zurückgeht, durch ihre Bücher[195]. Das Buch ist den jeweils ins Bild gesetzten *literati* als zeichenhaftes Erkennungsmerkmal beigegeben und wird zugleich als vorrangiges Studienobjekt der *literati* kenntlich gemacht.

Hermeneutik" zugesprochen, welche allerdings an die Grenzen jeglicher hermeneutischer Verfahrensweisen innerhalb der historischen Forschung stößt. Ausgangspunkt jeden hermeneutisch- nachvollziehenden Verstehens einer vergangenen Kultur sind immer die von der aktuellen Kultur geprägten Denkstrukturen und Begrifflichkeiten des jeweiligen Forschers, was die Gefahr birgt, eher den gegenwärtigen Zeitgeist als den historischen im Bild zu entdecken. Zu einer kritischen Auseinandersetzung mit Möglichkeiten und Grenzen der Ikonologie als Werkzeug des Kulturhistorikers vgl. Roeck: Psychohistorie, S. 250; und Die Lesbarkeit der Kunst. Zur Geistes-Gegenwart der Ikonologie, hrsg. von Andreas Beyer, Berlin 1992. Zur Problematik der Ontologie des historischen Bewußtseins und seiner Theorie der Hermeneutik als Grundlage falscher Interpretationsweisen vgl. Nipperdey, Thomas: Kulturgeschichte, Sozialgeschichte, Historische Anthropologie. In: Vierteljahrsschrift für Sozial- und Wirtschaftsgeschichte 55, 1968, S. 145-146. Die ikonologische Interpretation des Kunstwerks als historische Quelle einer vergangenen Kultur führt also nur in Ergänzung mit weiterführenden Analysen zusätzlicher Quellen zum Erfolg. Ergebnisse können sich hier nicht nur, wie von Roeck unterstrichen, gegenseitig ergänzen, sondern vielmehr bestätigen oder gegebenenfalls korrigieren. Der Gefahr einer Fehlinterpretation, die auf der Projektion gegenwärtiger Denkmuster auf vergangene Kulturen beruht, wird damit reduziert. Vgl. Roeck: Psychohistorie, S. 253 f.

194 Vgl. Pächt: S. 9.

195 Zahlreiche Beispiele sind abgedruckt bei Hanebutt Benz: Katalogteil Mittelalter.

(Abb. 1: Vittore Carpaccio, Der Löwe von San Marco, Detail, spätes 15. Jahrhundert, Öl auf Leinwand, 130 x 368 cm, Venezia, Palazzo Ducale)

In der Frührenaissance erscheint das Buch in der Malerei nicht mehr nur als symbolhaftes Zeichen bzw. Attribut. Zunehmend werden auch Personen bei der Lektüre oder beim Schreiben dargestellt. Ein frühes Beispiel für diesen Bildtypus des Gelehrten in seinem Studierzimmer ist die Illustration einer Paduaner Petrarca-Handschrift von ca. 1400. An einem Tisch sitzend studiert Petrarca ein Buch, das aufgeschlagen vor ihm auf einem kleinen, einfachen Lesepult liegt. Weitere Folianten stapeln sich in Wandnischen[196] oder liegen auf einem *leggio*, einem drehbaren Lesepult, auf das von mehreren Seiten Bücher aufgelegt werden konnten und welches gewöhnlich in den Tisch mit eingebaut war (vgl. Abb. 2, umseitig). Auch die Kirchenväter erscheinen im Zuge der „Wende zum Realismus" in Bildern zunehmend nicht mehr nur stehend mit einem Buch in der Hand, sondern werden bei der alltäglichen Beschäftigung eines Gelehrten, beim Lesen und Schreiben, dargestellt. Ein Gemälde des in Venedig ansässigen Sizilianers Antonello da Messina von 1456 zeigt den Heiligen Hieronymus in seiner Klause an einem Pult sitzend und ein Buch lesend. In den Regalen sind um den Studierenden herum Bücher verschiedener Größe aufbewahrt (vgl. Abb. 3, umseitig). Vittore Carpaccios

---

196 Heute in der Hessischen Landes- und Hochschulbibliothek Darmstadt. Vgl. Hanebutt-Benz: S. 24. Zu den Lesemöbeln vgl. ebd., S. 24-32 und 41-52.

(rechts Abb. 2: Petrarca in seinem
Studierzimmer, Petrarca-Handschrift,
Padova, um 1400, Hessische Landes-
und Hochschulbibliothek, Darmstadt)

(unten Abb. 3: Antonello da Messina,
Der heilige Hieromymus in seinem
Studierzimmer, Detail, 1456, Öl auf
Leinwand, 45,7 x 36,2 cm, London,
National Gallery)

Darstellung des Heiligen Augustinus in seiner Kammer präsentiert den Gelehrten inmitten von Büchern, welche teils offen, teils geschlossen verstreut im Raum liegen oder auf Bücherborden aufgereiht sind (vgl. Abb. 4 und 5).

(oben Abb. 4: Vittore Carpaccio, Der Heilige Augustinus in seiner Kammer, um 1502, Öl auf Leinwand, 144 x 208 cm, Venezia, Scuola di San Giorgio degli Schiavoni)

(rechts Abb. 5: Vittore Carpaccio, Der Heilige Augustinus in seiner Kammer, Detail)

Federico da Montefeltro war einer der ersten weltlichen Potentaten, der sich als Gebildeter in seinem Studierzimmer darstellen ließ. Der vom Papst zum Herzog von Urbino erhobene *condottiere* errichtete sich einen mächtigen Herrscherpalast samt umfangreicher Bibliothek und einem ebenso aufwendig wie kostbar ausgestattetem *studiolo* und beauftragte Pedro Berruguete, ihn als Studierenden und Lesenden zu porträtieren (vgl. Abb. 6)[197].

(Abb. 6: Pedro Berruguete, Federico da Montefeltro, um 1477, Urbino, Palazzo ducale, Galleria delle Marche)

Die Heiligenlegenden des Mittelalters beschreiben die Kirchenväter - die ersten großen Gelehrten des Christentums - als belesen und als große Liebhaber und Sammler von Büchern. Außer, daß sie mit nahezu asketischem Eifer lasen bzw. studierten, wird darüber, wie und wo sie dies taten oder wie und wo sie Ihre Bücher sammelten, nahezu nichts berichtet[198]. Die Maler des 15. Jahr-

---

197 Vgl. u.a. Liebenwein, Wolfgang: Studiolo. Die Entstehung eines Raumtyps und seine Entwicklung bis um 1600, Berlin 1977; und Le Studiolo d'Isabella d'Este, Ausstellungskatalog, Paris 1975, insbesondere S. 19.
198 In der Legenda aurea heißt es in der Vita des Chrysostomus: „...Er ward zuerst gelehrt in aller Weltweisheit; die ließ er darnach und gab sich ganz dem Lesen der heiligen Schriften..."; und in der Vita des Hieronymus: „...in den heiligen Schriften aber übte er

hunderts mußten die vorliegende Überlieferung in dieser Hinsicht ergänzen. Sie stellten die jeweiligen Gelehrten bzw. Lesenden nun sämtlich zurückgezogen und zumeist in einem eigens dem Studium vorbehaltenen Bereich dar. In allen Fällen ist eine große Anzahl von Büchern zu sehen. Umfangreiches Wissen machte umfangreiche Lektüre notwendig. Die Darstellungen entsprechen deutlich dem von Cotrugli zur gleichen Zeit geforderten *scriptorio separato*, welches er dem Kaufmann zur Einrichtung empfahl. Dieses findet hier also eine deutliche Parallele nicht nur in der repräsentativen Herrscherarchitektur eines Federico da Montefeltro, sondern auch in den Interieurschilderungen der Malerei[199].

Als Demutsmadonna, ein Bildtypus mit Ursprung im Italien des 14. Jahrhunderts, sitzt die Mutter Gottes nicht mehr, wie zuvor üblich, aufrecht und erhöht in einem repräsentativen Thron, sondern auf der ebenen Erde. In diese Tradition der Bilderfindung gehört auch die Darstellung der Jungfrau Maria bei der Lektüre im *hortus conclusus* (vgl. Abb. 7).

(Abb.7: Stundenbuch Gregors XV., Initiale, Lesende und betende Madonna, Ende des 15. Jahrhunderts, Biblioteca Apostolica Vaticana, Città del Vaticano)

Die Figur der andächtig in der Heiligen Schrift oder in einem Gebetbüchlein lesenden Mutter Gottes wurde fester Bestandteil der Verkündigungsikonographie. In einer Verkündigungsdarstellung des Venezianers Carlo Crivelli (1435-1495) kniet Maria betend vor einem aufgeschlagen auf einem Pult liegenden Buch. Im Hintergrund der Szene finden sich drei weitere Bände auf einem Bord über ihrem Bett (vgl. Abb. 8 und 9 folgende Seiten).

---

sich Tag und Nacht und schöpfte gierig daraus... Da las er in seinen eigenen Büchern, die er sich selbst mit großem Fleiß hatte gesammelt, und in anderen Büchern, oft ohne Speise bis zum Abend ..." Vgl. Die Legenda aurea des Jakobus de Voragine, aus dem Lateinischen übersetzt von Richard Lenz, Köln 1969, S. 705 und 757 f.
199 Vgl. Zitat S. 84.

(Abb. 8: Carlo Crivelli, Verkündigung mit dem Heiligen Emidius, um 1486. Öl und Tempera auf Leinwand, 207 x 146 cm, London, National Gallery)

(Abb. 9: Carlo Crivelli. Verkündigung mit
dem Heiligen Emidius, Detail)

Vittore Carpaccios Darstellung des Traums der heiligen Ursula steht deutlich
in dieser Bildtradition. Das Gemälde ist Teil eines Zyklus, den der Künstler
für die Laienbruderschaft der Heiligen Ursula in Venedig zwischen 1490 und
1498 malte. Der Engel, welcher der schlafenden Ursula das Martyrium verkündet, erscheint im Morgenlicht von Osten kommend. Die Heilige liegt in
einem Bett mit Baldachin, von dessen Seiten allerdings - entgegen der üblichen Schlafgebräuche - keine Vorhänge herabhängen, so daß die weibliche
Hauptperson für den Betrachter zu sehen ist[200]. Schränke, Türen und Fenster
stehen offen. Ein Nelkenstrauß in einer langhalsigen Vase symbolisiert die
Hochzeitsnacht. Eine Myrte, Symbol der Venus, versinnbildlicht die Liebe. In
einer Ecke der Schlafkammer der Heiligen befindet sich ein kleines Regal mit
drei Büchern. Auf einem Tisch davor liegt ein aufgeschlagenes Buch (vgl.
Abb. 10 und 11).

---

200 Zu Formen des Schlafens und zu Bettmöbeln vgl. u.a. La Roncière. Charles de: Gesell-
schaftliche Eliten an der Schwelle zur Renaissance. In: Geschichte des privaten
Lebens. Bd. 2. Vom Feudalzeitalter zur Renaissance. hrsg. von Philippe Ariès und
Georges Duby. Frankfurt a.M. 1990. S. 161-298. hier S. 186-188: und Thornton,
Peter: The Italian Renaissance Interior. 1400-1600. New York 1991. S. 111-167.

(rechts Abb. 10:
Vittore Carpaccio, Der
Traum der Heiligen
Ursula, um 1495, Öl
auf Leinwand, 274 x
267 cm, Venezia, Gal-
leria dell'Accademia)

(unten Abb. 11: Vittore
Carpaccio, Der Traum
der Heiligen Ursula,
Detail)

Über eine vor der Verkündigung lesende Maria wird weder in Legenden noch
in biblischen oder apokryphen Schriften berichtet. Überhaupt sind lesende
Frauen bzw. weibliche Heilige dort eine Seltenheit. Auch hier hatte die
Malerei nahezu keine detaillierte Anleitung aus der schriftlichen Überlie-

ferung. Es finden sich aber wiederum Parallelen zur zeitgenössischen Traktatliteratur. Die von Crivelli und Carpaccio geschilderten Interieurs entsprechen den Empfehlungen des *Decor puellarum* zur Einrichtung der Kammer
einer jungen Dame. Zum Gebet sollte im Hause ein besonderer Platz geschaffen werden, an dem man sich auch der erbaulichen Lektüre hingeben konnte.

Die Traktatliteratur stellt also bezüglich der Lese- und Lektüreideale nicht nur
eine Rezeption traditioneller Topoi dar, welche lediglich innerhalb der eigenen Gattung fortlebten und diskutiert wurden. Leseideale wurden in Venedig
nicht nur im Wort diskutiert, sondern auch im Bild präsentiert. Die zeitgenössische Malerei bestätigt letztendlich die hohe Bedeutung des Buches und des
Lesens in der Vordruckzeit wie auch die Einschränkungen, welche dem Leser
bezüglich der Rezeptionsformen auferlegt wurden. Als wesentlicher Bestandteil der Kirchenausstattung, der offiziellen Räume der städtischen Gremien
sowie der Laienbruderschaften, welche eine zentrale Rolle im Leben des
Venezianers spielten, konfrontierten die Gemälde ihre Betrachter an bedeu-
tenden Orten und waren dort in der Regel immer einer Öffentlichkeit oder
einer Gemeinschaft und nicht nur Einzelpersonen zugänglich. Das somit relativ breitenwirksame und anschaulich vermittelte Medium reflektiert deutlich
die Lese- und Lektüreideale, welche sich anhand der literarischen Quellen
markieren lassen. Das Buch ist Symbol der Wahrheit und Studienobjekt der
literati. Lesen dient in der Regel dem Studium oder der Erbauung bzw. der
privaten Andacht. Lesen ist immer ein intimer Akt und dient nie der geselligen
Unterhaltung[201]. Die dargestellten Szenen und Gegenstände sind Teil eines
inszenierten Bildprogramms. Jeder Gegenstand, auch die zum Teil nur im
Hintergrund auftauchenden Bücher, sind bewußt im Bild plaziert. Die Bücher
tauchen nicht zufällig auf. Sie sind nicht in Schränken versteckt, sondern wie
die dargestellten Personen in Szene gesetzt und haben Symbolcharakter[202].

---

201 Darstellungen der unterhaltenden Funktion von Lektüre, zum Beispiel in der Form,
daß sich Menschen gegenseitig eine Novelle oder einen Roman vorlesen, finden sich
in der Malerei selten. Vornehmlich Buchillustrationen des Mittelalters zeigen
gelegentlich Menschen, die in Gemeinschaft lesen. Vgl. Hanebutt Benz: u.a. S. 13, 41
und 48.
202 Auf den Aussagegehalt der Malerei als Quelle zur Rekonstruktion privater Lebenswelten wird noch eingegangen in Kap. 7. Die dort vorgenommene Analyse der Aufbewahrung von Büchern in Venedig unterstreicht die Erkenntnis, daß die Malerei diesbezüglich nicht unbedingt reale Szenen wiedergibt.

4. Buchbesitzer und Buchbesitz

4.1. Das Buch und die Dokumentation von Buchbesitz in den Quellen

Die Revolutionierung durch den Buchdruck mit beweglichen Lettern lag in der Möglichkeit, einen Text schneller und einfacher vervielfältigen zu können. Damit war letztlich das Prinzip der Edition geboren. Ein Text wurde von da an in der gleichen Form und Gestaltung vielfach veröffentlicht[1]. Das verbreitete und gedruckte Textmedium definiert somit das Druckwerk, nach dessen Vorläufern gesucht werden soll.

Teile der Forschung lassen die Geschichte des Buches mit der Druckerpresse beginnen, da diese auf Dauer auch zur Vereinheitlichung der Erscheinungsformen von Büchern beigetragen hat. Erhaltene Handschriften des 14. und 15. Jahrhunderts präsentieren sich hingegen noch in vielfältiger Form. Überliefert sind illustrierte und reich besetzte Prachtexemplare, einfache Gebrauchshandschriften und zahlreiche Mischformen, Bücher, die lediglich kunstvoll gestaltete Initialen, allerdings keine Seitenillustration oder prächtige Einbandverzierungen vorweisen, oder Bücher, in denen fehlende Anfangsbuchstaben oder freigehaltene Seitenabschnitte darauf hinweisen, daß für sie ursprünglich eine Illustration vorgesehen war[2].

Etymologische Wörterbücher erklären die ursprüngliche Bedeutung des italienischen Begriffs *libro* (von lat. *liber*) widersprüchlich. Battisti und Allesio erläutern ihn als einen Packen Papier oder Pergament, der mit einem Faden zusammengebunden ist[3]. Die Definition schließt andere Kriterien, die ein Buch ausmachen könnten, wie zum Beispiel einen festen Einband oder einen Buchdeckel, nicht mit ein. Prati hingegen zählt dieses zu den Eigenschaf-ten eines Buches hinzu[4]. Die venezianischen Quellen bestätigen die erstgenannte Definition. In den Inventaren, Testamenten, Briefen und Geschäftsbüchern der Venezianer werden Hand-schriften in der Regel mit dem lateinischen Begriff *liber* oder dem volkssprachlichen *libro* bezeichnet, unabhängig von Material, Gestaltung, Form oder Inhalt. Der Umstand des

---

1 Vgl u.a. Kenney, Edward John: The Classical Text. Aspects of Editing in the Age of Printing, Berkeley / Los Angeles 1974.
2 Zu Form und Gestaltung der Handschriften und zum Forschungsstand der Kodikologie vgl. auch Kap 5.1.
3 Vgl. Dizionario Etimologico Italiano, hrsg. von Giovanni Battisti und Giancarlo Alessio, Firenze 1952, Bd. 3, S. 2223.
4 Vgl. Vocabolario Etimologico Italiano, hrsg. von Angelo Prati, Torino 1951, S. 582.

zusammengenähten Papiers oder Pergaments scheint das einzige gemeinsame Kriterium zu sein, das die Verwendung des Begriffs rechtfertigte[5]. Für Buchbände findet sich dementsprechend im wörtlichen Sinne die Bezeichnung *volume*. Die Zeitgenossen differenzierten hier eindeutig. Ercole da Fiore verwies 1461 in seinem Testament auf all seine „libri volumi e scartafazij"[6].

Noch in den ersten Jahren nach der Etablierung der Druckerpresse wurden gebundenes Papier und Pergament in unbeschriebenem Zustand als *libro* bezeichnet. So erwähnte Pietro Spiera in seinem Testament von 1491 „un libro et i zornal nuovi non scripti[7]". Auch für Geschäftsbücher sowie Bücher mit eigenhändigen Aufzeichnungen aus dem alltäglichen Bedarf wurde der Begriff *libro* gebraucht, wenn es sich um zusammengebundenes Papier oder Pergament handelte. Sie stellen allerdings als Medium keine Vorläufer des Druckwerks dar und werden hier nicht in die Betrachtung mit einbezogen. In den Quellen sind sie gut von anderen Büchern zu differenzieren, da sie meist durch den vorangestellten Artikel *el* oder *il* und das Personalpronomen *suo* bzw. *mio* gekennzeichnet sind. So verfügte Misser Zuanne d'Arfa in seinem Testament vom 17. Mai 1445, dem *Ser* Lazaro Moro sein „chapuzo negro" und sein Gesangbuch auszuhändigen, um damit seine Schulden, wie sie in *seinem* Buch („sul mio libro") erschienen, zu tilgen[8]. Mitunter findet sich für Geschäftsbücher auch der Begriff *zornal* oder *quadernus*. Als 1440 venezianische Beamte in Nikosia die Habe Lodovico Corrers inventarisierten, stießen sie auf Säcke mit Schriften. Der Inhalt wurde genau aufgelistet, so unter anderem das Buch, welches das „zornale" seiner Geschäftsreisen aus dem Jahre 1429 beinhaltet: „Item librum unum cum suo zornale viatici del 1429[9]". *Zornal* (ven. für *giornal*, von *giorno* (Tag)) ist damit eine Gattungsbezeichnung und betitelt das Buch für tägliche, geschäftliche Einträge, in diesem Falle die einer Handelsreise[10], während *libro* das reine Objekt Buch bezeichnet. Der lateinische Begriff *quadernus* wurde ebenfalls als Bezeichnung für ein Buch bzw. ein Heft zur Geschäfts- oder Amtsführung verwendet. So nannten auch die Prokuratoren von San Marco die Hefte, in denen sie ihre Einträge vornah-men, *quaderni*. In Alvise Donas Hinterlassenschaft findet sich „i

---

5   Zur Verwendung des Wortes *libro* in den Quellen der Frührenaissance vgl. auch Nebbiai-Dalla Guardia: Documenti, S. 24-31.
6   Vgl. Anhang I, 1461.
7   Vgl. Anhang I, 1491/2.
8   Vgl. ASV, S.N., Testamenti, B. 1149, Paolo Benedetto, Carta Nr. 186; und Anhang I, 1440/2
9   Vgl. Anhang 1440/2.
10 Es ist zu vermuten, daß diese *zornali* ausschließlich Geschäftsbücher waren und daß es sich nicht um *ricordanze* handelt, die den Charakter von Familienbüchern oder autobiographischen Tagebüchern hatten, wie man sie von Florentinern kennt. *Ricordanze* dieser Art sind von Venezianern nicht überliefert. Vgl. Cicchetti, Angelo / Mordenti, Raul: I libri di familia in Italia, Bd. 1, Filologia e storiografia letteraria, Roma 1985.

quaderno de raxio con suo zornal de 1422". Zur Benennung von Literatur im weitesten Sinne findet sich der Begriff *quaderno* selten[11].

Ein Buch konnte einen Mehrfachband, der verschiedene Werke umfaßte, oder nur den Auszug eines Werkes darstellen. *Pre* Piero besaß beispielsweise, als er 1465 sein Testament verfaßte, sieben Bücher, in denen jeweils zwei Werke zusammengebunden waren, unter anderem einige Grammatikregeln, „un par de regule" des Guarinus „ligata de compagnia" mit den *Metamorphosen* des Ovid sowie die *Tragödien* des Seneca bis zum siebten Buch, „fina al setimo libro", „scritto de compagnia" mit Quintillians *Ad herennium*[12].

Handelt es sich hingegen um lose, noch ungebundene Blätter Papier, auf die verschiedene Werke geschrieben waren, wird nicht immer der Begriff *libro* oder *liber* benutzt. Es findet sich der Begriff *scartafacio* oder *scartabello* (= Haufen Papier). Die Prokuratoren fanden bei der Inventarisierung der Hinterlassenschaft des Arztes Domenico Leonelli seine sechs „liber" und „libelli" sowie eine Menge Stöße Papier, „multitudine scartabello", die „in medicine" begannen und „in artibus" weitergingen[13]. Derartige *scartafaciī* werden in die Betrachtung mit einbezogen. Für die Analyse ist das Hauptkriterium zur Bestimmung des Vorläufers des gedruckten Buches ein geschlossener, geschriebener und in Umlauf befindlicher Text.

Als Buchbesitzer gelten in der vorliegenden Untersuchung diejenigen, denen als Privatperson der Besitz eines *volume*, *libro* oder *scartafacio*, die den Kriterien des Vorläufers des Druckwerks entsprechen, eindeutig nachgewiesen werden kann. Gezählt werden dementsprechend die Erblasser eines Testamentes und deren Buchbestände, nicht aber die Erben, denen die Bücher vermacht wurden. Zum einen ist nicht nachzuweisen, ob das Testament, so wie es geschrieben war, vollstreckt wurde. Zum anderen waren Erben zunächst passive Buchbesitzer, denen kein aktives Interesse an den Büchern nachgewiesen werden kann. Außerdem würde die Hinzunahme der in Testamenten genannten Erben das Gesamtbild verzerren. Ein Teil der ermittelten Buchbestände würde damit doppelt auftreten. Liegen allerdings Informationen vor, daß das Erbe angetreten und der ererbte Buchbestand Grundstock für eine eigene bzw. neue Bibliothek wurde, indem bestimmte Bücher übernommen, andere abgestoßen und zusätzliche angeschafft wurden, werden auch die Erben als Buch-

---

11 Lediglich Donna Constantia vermachte 1331 all ihre „libri e quaderni" ihrer Tochter Catherina und bezeichnete mit „quaderni" möglicherweise zusammengebundene Texte, die im Gegensatz zu ihren „libri" von geringerem Umfang waren. Selbst in diesem Falle bleibt offen, ob Constantina ihrer Tochter nicht die Bücher der Familie hinterließ. Vgl. Anhang I, 1331.

12 Vgl. Anhang I, 1465/3. *Pre* Pietro hing seinem Testament ein Inventar seiner Bücher an.

13 Vgl. Anhang I, 1439.

besitzer aufgenommen und ihr Buchbestand in die Analyse mit einbezogen[14].
Die Erben werden desweiteren berücksichtigt, wenn auf diese Weise ersichtlich wird, wie „Ärmere" zu Buchbesitz kamen, indem sie als Erben eingesetzt
wurden, oder wenn Verwendungsarten von Büchern dadurch erkennbar werden, daß bestimmte Bücher gezielt speziellen Personen zu bestimmten Zwek-
ken vererbt wurden. Bei Versteigerungen von Büchern wird in der Regel
ebenfalls der ursprüngliche Besitzer gezählt. Die Käufer werden nicht immer
in den Verkaufslisten genannt, und die Informationen in den Quellen sind zu
spärlich, um diese vor ihrem soziokulturellen Hintergrund darzustellen. Wenn
Käufer genannt sind, werden meistens nur ihre Namen aufgeführt, woraus in
vielen Fällen noch nicht einmal hervorgeht, ob der Käufer überhaupt in Venedig ansässig war oder lediglich für den Kauf in die Stadt kam. Gleichfalls
bleibt verborgen, inwiefern wirklich ein direkter Käufer oder aber ein etwaiger
Buchhändler oder ein Mittler für eine Institution, zum Beispiel ein Kloster, als
Käufer auftrat.

4.2.   Zur Quantität von Buchbesitz

4.2.1. Häufigkeit

Durch die Erwähnung verschiedener *libri* in den untersuchten Quellen können
nun in 255 Fällen Buchbesitzer und Buchbesitzerinnen identifiziert werden.
Diese in einem Zeitraum von 1159 bis 1498 aktenkundig geworden. 64 Buchbesitzer lassen sich anhand von Hausrats- und Nachlaßinventaren ermitteln,
davon 46 in den Akten der Prokuratoren von San Marco und 18 in notarieller
Vermögensverwaltung. Ferner liegen 145 Testamente mit Angaben zu Buchbesitz vor. In 28 Fällen ist Buchbesitz über Auktionslisten greifbar, und 17
Buchbesitzer können anhand überlieferter Papiere ihrer jeweiligen Geschäfts-
verwaltung nachgewiesen werden. Über sieben Buchbesitzer geben Briefe
Auskunft. Lediglich in einem Fall ist die Bibliothek eines Buchbesitzers
anhand von Besitzervermerken in überlieferten Originalmanuskripten rekonstruiert worden. In 14 der genannten Fällen ist Buchbesitz über mehrere verschiedene Quellen greifbar, so daß Vergleichsmöglichkeiten vorliegen.
    Die schriftliche Überlieferung von Buchbesitz war nicht der Regelfall. In
Testamenten wurden Bücher nur in Ausnahmefällen erwähnt. Hinterlassenschaftsinventare wurden selten und nur unter bestimmten Umständen angefertigt. Sie haben sich auch nicht in jedem Fall in den Archiven erhalten. In den
umfangreich erhaltenen Akten der Nachlaßverwaltungen der Prokuratoren

---

14 So bei Lodovico Bembo und Girolamo da Molin. Vgl. Anhang I, 1395 bzw. 1458/86.

fanden sich nur in 105 Fällen Hinterlassenschaftsinventare[15]. Auktionen sind
ebenfalls nicht in jedem Fall durchgeführt worden bzw. überliefert. Die ermittelten 255 Buchbesitzer stellen also den Ausschnitt einer Gesamtmasse dar.

62 dieser Buchbesitzer sind von verschiedenen Forschern bereits anhand
von Testamenten ermittelt worden. Bei der neuerlichen Durchsicht von insgesamt 6000 Testamenten, jeweils 3000 des 14. und 15. Jahrhunderts, konnten
89 Buchbesitzer ermittelt werden, wovon 83 der Forschung bislang unbekannt
waren. In jedem 67. der neu konsultierten Testamenten wurden damit Bücher
erwähnt. In notarieller und behördlicher Vermögens- und Nachlaßverwaltung
konnten 54 Versteigerungslisten und 145 Inventare ausgewertet werden[16].
Hier zeigt sich, daß bei jeder zweiten Versteigerung und bei fast jeder zweiten
Inventarisierung Bücher veräußert bzw. registriert wurden. Unter denjenigen,
deren Habe auf diese Weise verwaltet wurde, war Buchbesitz also relativ verbreitet.

Im Zeitraum von 1159 bis 1400 ist in 92 Fällen Buchbesitz aktenkundig
geworden, wovon ein Buchbestand auf das 12. Jahrhundert und zwei auf das
späte 13. Jahrhundert datieren. Nach 1400 sind bis zum Auftreten der ersten
Druckwerke in den Quellen im Jahre 1474 insgesamt 139 Buchbesitzer faßbar[17]. Die Notierung von Buchbesitz hat im Laufe der Zeit also zugenommen.
Bis 1400 werden in 54, zwischen 1400 und 1469 in 79 der angefertigen
Testamente Bücher genannt. Der Umstand, daß Bücher hier nur sehr selten
Erwähnung fanden, verbietet unkritische Rückschlüsse. Von den insgesamt 62
einsehbaren Inventaren bis 1400 nennen allerdings nur 18 Bücher, während im
15. Jahrhundert das Verhältnis 82 zu 46 ist. Bis 1400 finden sich somit nur in
jedem dritten bis vierten Inventar Bücher, im 15. Jahrhundert in mehr als
jedem zweiten. In den Inventaren der Prokuratoren von San Marco, die vornehmlich vermögende Hinterlassenschaften verwalteten, stehen im 15. Jahrhundert bis zum Auftreten der ersten Druckwerke 27 Inventare mit Vermerken
zu Büchern nur 14 ohne solche Angaben entgegen. Somit ist nur in jedem
dritten Inventar kein Buch erwähnt. Von den 14 Inventaren, die keine Bücher
nennen, nehmen nur 8 relativ umfangreich den Hausrat eines männlichen

---

15 Die *Commissarie* lagern in 536 *buste* mit durchschnittlich drei Nachlaßverwaltungen.
    Vgl. Guida: S. 887.
16 Sechs Inventare listen lediglich die Mitgift einer Frau auf, sechs umfassen besonders
    wertvolle Gegenstände und 19 sind nicht vollständig erhalten. 104 Inventare fanden
    sich in der Nachlaßverwaltung der Prokuratoren und 39 in notarieller Vermögensver-
    waltung.
17 Im Jahre 1469 klagten die Prokuratoren von San Marco als Erbschaftsverwalter Barto-
    lomeo Morosinis vor den *Giudici del Proprio* die Herausgabe des Erbes des Sohnes
    Francesco Morosinis ein und listeten hierzu in ihren Akten auch Bücher auf, wobei
    sich erstmals der Verweis „in stampa" findet. Vgl Anhang I, 1469/1.

Venezianers auf und sind vollständig erhalten[18]. Lediglich in diesen Fällen kann mit relativer Sicherheit ausgeschlossen werden, daß Bücher nicht Teil der zu verwaltenden Habe gewesen sind. Im 15. Jahrhundert war demnach ein „Haushalt" eines wohlhabenden Venezianers, in dem es kein Buch gegeben hat, relativ selten, und die Selbstverständlichkeit des Buchbesitzes setzte sich vom 14. zum 15. Jahrhundert hin durch. Schriftlichkeit, die Voraussetzung zur Teilnahme am wirtschaftlichen und politischen Leben, fand nicht nur Anwendung im alltäglichen Geschäfts- und Briefverkehr der Venezianer, sondern zog auch eigenen Buchbesitz nach sich.

4.2.2. Die Größe der Buchbestände

Insgesamt lassen sich 1936 Bücher erfassen, davon 600 aus dem 14. Jahrhundert und 1336 aus dem 15. Jahrhundert. Bei dem Großteil der Buchbesitzer, insgesamt in 131 Fällen, konnten lediglich vereinzelte Bände, maximal bis zu drei Exemplare, erfaßt werden. Kleine Buchsammlungen von bis zu zehn Exemplaren sind in 51 Fällen ermittelt. 30mal treten umfangreichere Buchbestände von bis zu 62 Exemplaren auf. Fünfmal sind große Buchbestände mit über 100 Bänden dokumentiert. In 38 Fällen bestehen lediglich Hinweise auf Buchbesitz, so daß einzelne Bücher nicht faßbar sind.

Die Quellen geben allerdings selten Einblick in eine vollständige Bibliothek. In Testamenten wird zum Teil von *libros* gesprochen, ohne daß eine Anzahl angegeben ist, oder es werden nachweislich nicht alle besessenen Exemplare erwähnt. In Verkaufslisten sind nur verkaufte Bücher notiert. Lediglich vom Besitzer selbst angefertigte Buchlisten und vor allem Hinterlassenschaftsinventare von Erbschaftsverwaltern gewähren bisweilen Einblick in einen nahezu vollständigen Buchbestand eines Besitzers. Ungenauigkeiten können auch hier auftreten, doch ist davon auszugehen, daß lediglich einzelne Exemplare nicht inventarisiert wurden bzw. ein Bestand im größeren Umfang grundsätzlich wiedergegeben wird. Quantitative Charakterisierungen einzelner Sammlungen sind damit möglich.

In 69 Fällen kann mit Sicherheit davon ausgegangen werden, daß eine Sammlung nahezu vollständig notiert wurde. In den übrigen 186 Fällen kann nicht ausgeschlossen werden, daß mehr als die erwähnten Bücher besessen wurden. In 30 Fällen liegen sogar eindeutige Hinweise vor, daß außer den erwähnten Büchern noch weitere besessen wurden, wenn zum Beispiel ein Testator einige Bücher erwähnte und darüber hinaus von seinen *„alios libros"* spricht. Die verschiedenen Buchbestände verteilen sich folgendermaßen:

---

18 Vier Inventare sind hingegen nicht komplett erhalten; zwei geben den Besitz von Frauen wieder; in einem ist nur sehr wenig Hausrat erwähnt, sondern größtenteils die *beni immobili*; eines listet nur Luxusgegenstände auf und eines vornehmlich Kleider.

	insgesamt	vollständig erfaßt	mit Hinweis auf mehr
bis zu 3 Exemplare	131	30	12
bis zu 10 Exemplare	51	15	12
bis zu 30 Exemplare	19	12	3
bis zu 62 Exemplare	11	8	3
über 100 Exemplare	5	4	-
lediglich Hinweise auf Bücher	38	-	-
Summe	255	69	30

Betrachtet man lediglich die vollständig dokumentierten Buchbestände, zeigt sich, daß diejenigen, die nur wenige Exemplare besaßen, anteilmäßig überwiegen. Eine umfangreiche Buchsammlung mit über 30 Bänden besaßen 17 % der Buchbesitzer. Über eine mittelgroße Buchsammlung von 11-30 Exemplaren verfügten ebenfalls 17 % der Buchbesitzer. 22 % der Buchbesitzer hatten einen kleinen Buchbestand von bis zu 10 Bänden. Der Großteil der Buchbesitzer (44 %) besaß lediglich bis zu drei Bücher (vgl. Diagramm 1). Die Mehrzahl der faßbaren Bücher war im Besitz von nur wenigen Buchbesitzern: Die fünf großen Buchsammler mit über 100 Büchern verfügten über 41% der ermittelten Exemplare und fast drei Viertel der Bücher, 71 % befanden sich in nur 18 % der vollständig erfaßten Bibliotheken (vgl. Diagramm 2). Die Masse an zirkulierenden Handschriften befand sich also noch in den Händen weniger Buchsammler. Signifikant ist allerdings der Umstand, daß über die Hälfte der hier betrachteten Privatleute (56%) eindeutig mehr als drei Bücher besaßen, das heißt Bücher sammelten und nicht nur über ein einzelnes Exemplar, etwa ein Gebetbuch oder eine Bibel, verfügten. Das Buch hatte sich als Medium damit in Teilen der Gesellschaft durchgesetzt - ein grundlegender Faktor für die Etablierung des Druckgewerbes im ausgehenden 15. Jahrhundert.

Diagramm 1: Größe der vollständigen Buchbestände

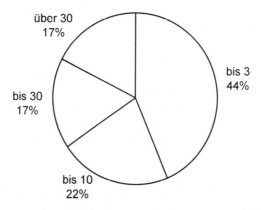

Diagramm 2: Anteile am Gesamtaufkommen

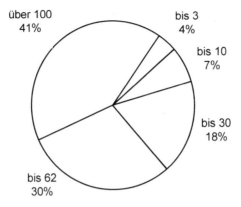

Die von Bec veröffentlichten Buchbestände aus den Inventaren der Florentiner Vormundschaftsverwaltung zeichnen ein fast identisches Bild für Florenz. Zwischen den Jahren 1413 und 1453 besaßen von 145 Buchbesitzern 83, das heißt 57 % der dort aktenkundig gewordenen Buchbesitzer, nachweislich mehr als drei Exemplare[19].

4.3. Die Buchbesitzer

4.3.1. Stände und Geschlechter

Die 255 Buchbesitzer setzen sich aus allen Ständen und beiden Geschlechtern zusammen. 210 sind männlich, 43 weiblich[20], und in zwei Fällen ist das Geschlecht nicht belegt. 64 Buchbesitzer sind Kleriker[21], 96 Adlige (venezianische Patrizier) und 83 sind *popolani*. Bei zwölf Buchbesitzern ist der Stand unbekannt. Unter den 43 Frauen sind 16 Patrizierinnen, 21 *popolane* und drei Klerikerinnen. Von drei Buchbesitzerinnen ist der Stand unbekannt.

---

19 Bec faßt alle Buchbesitzer mit bis zu fünf Exemplaren zu einer Kategorie zusammen. Im Sinne der Fragestellung sind Buchbestände von vier und fünf Exemplaren nicht als vereinzelter Buchbesitz zu werten, so daß Becs Quellen einer erneuten Analyse unterzogen wurden. Vgl. Bec: Les livres desFlorentins, S. 20-22 und S. 149-185.

20 Die Frauen sind nicht nur als Erben männlichen Besitzes aktenkundig geworden, sondern verfügten eigenständig in ihren Testamenten über Bücher oder wurden in den Dokumenten als Besitzerinnen ausgewiesen.

21 Von den 60 Klerikern sind sieben eindeutig venezianische Patrizier.

Diagramm 3: Stände

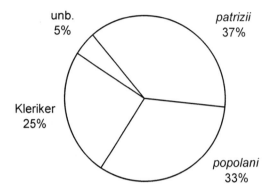

Von den 83 *popolani* handelt es sich bei 17 eindeutig um alteingesessene Venezianer, die auch den Titel *cives venetiarum* führten. 17 weisen die Dokumente eindeutig als Zugewanderte aus. Sie stammten aus verschiedenen Städten und Regionen Ober- und Mittel-italiens, aus Deutschland, Frankreich, Albanien und Ungarn. Zu den nachweislich zugewanderten Buchbesitzern gehören ein Adliger aus Treviso und ansonsten sechs Ärzte, drei Lehrer, zwei Rechtsgelehrte und ein Barbier, also Vertreter der Berufsgruppen, welche die Großstadt Venedig generell anzog[22]. Unter den Klerikern befinden sich fünf nachweislich Zugereiste. In den übrigen Fällen reichen die überlieferten Angaben nicht aus, die Herkunft zu rekonstruieren[23]. Der Anteil an Zugezogenen unter den Buchbesitzern ist möglicherweise höher, denn insbesondere bei zahlreichen als Buchbesitzer ermittelten Lehrern und Priestern, bei denen es sich häufig um Zugereiste handelte, ist die Herkunft unklar[24].

Die sich aus den Quellen ergebende Verteilung der Geschlechter und Stände ist nicht unbedingt repräsentativ. Insgesamt sind deutlich mehr Patrizier als *popolani* greifbar. Betrachtet man nur die Testamente, so verteilen sich die Stände allerdings folgendermaßen: 53 Kleriker, 49 *popolani* und 37 *patrizii* (siehe Diagramm 4).

---

22 Vgl. Kap. 3.1.1.
23 In Testamenten nennen einfache Priester lediglich ihren Titel und den Vornamen. Doch selbst Familiennamen, die auf eine entsprechende Herkunft hindeuten, reichen nicht aus, um zu ermitteln, seit wieviel Generationen eine Familie in der Stadt ansässig war. Ob Francesco de Tuscia, den 1405 Leonardo de Capitenato in seinem Testament als den Eigentümer der in seinem Haus befindlichen Bücher ausweist, tatsächlich selbst oder einer seiner Urahnen aus der Toskana eingewandert waren, bleibt beispielsweise im Dunkeln. Vgl. Anhang I, 1405/1.
24 Von ungeklärter Herkunft sind unter den Buchbesitzern insgesamt vier Lehrer, sieben Ärzte und 47 Kleriker.

Diagramm 4: Stände der Buchbesitzer in Testamenten

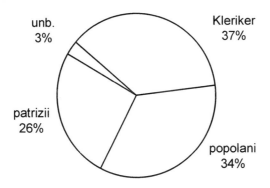

Hier treten nun mehr *popolani* als Patrizier auf. Der hohe Anteil an Patriziern, die über 37% aller ermittelten Buchbesitzer ausmachen, gegenüber einem auf 5% geschätzten Anteil an der ansässigen Bevölkerung Venedigs, ist neben der Tatsache, daß die Patrizier in Venedig größtenteils lesekundig und gebildet waren und ein großer Teil wahrscheinlich wohlhabend genug war, sich Bücher zuzulegen[25], also auch darauf zurückzuführen, daß der heute noch gut zugängliche Aktenbestand der Prokuratoren von San Marco vornehmlich Einblick in das Erbe von Patriziern gewährt. 45 der 96 Patrizier konnten anhand der Nachlaßverwaltung der Prokuratoren von San Marco nachgewiesen werden, während von den 83 *popolani* dort nur 25 zu finden sind. 6 *popolani* sind anhand der Erbverwaltung eines Notars zu ermitteln. Bei 48 *popolani* wird der Buchbesitz dafür in ihren Testamenten faßbar und bei 2 Personen in Briefen. Der Anteil von 26 % Adligen unter den über Testamente nachweisbaren Buchbesitzern nähert sich allerdings dem geschätzten Anteil der Adligen an der lesekundigen Bevölkerung von höchsten 25 % an[26].

Daß 25 % der ermittelten Buchbesitzer Kleriker waren, ist nicht verwunderlich, da diese meist lesekundig waren. Doch auch hier verbietet die Quellenlage einen unkritischen Vergleich. 52 der 64 Kleriker sind lediglich durch ihr Testament bekannt, dem Dokument, das vor allem Buchbesitzer ohne direkte Erben nachweist. Insbesondere Kleriker mußten ohne offizielle Erben ihre Erbregelung im Testament genauer darlegen, wodurch ihre persönliche Habe - nicht zuletzt ihre Bücher - häufiger im Testament Erwähnung fand, insbesondere dann, wenn sie hohe Werte darstellten. Ordensgeistliche, die entweder über keine persönliche Habe verfügten oder deren Erbschaft durch den Orden geregelt wurde, sind dementsprechend wenig als Buchbesitzer zu erfassen, obwohl sie unter Umständen zahlreicher in der Stadt ansässig waren.

---

25 Zu den Vermögen der Patrizier und den Buchpreisen vgl. Kap. 4.3.2. und Kap 5.2.
26 Vgl. Kap. 3.1.

Vor allem einfache Priester sind durch Testamente oder an ein Testament angefügte Inventare auszumachen. Auf andere Weise wurden sie nur in vier Fällen als Buchbesitzer aktenkundig, weil sie ihre Bücher verpfänden mußten oder verliehen hatten. Bischöfe und Kardinäle hingegen sind in Nachlaßverwaltungen greifbar geworden. So konnten von den sieben Angehörigen des venezianischen Patriziats im Klerikerstand, die allesamt höhere Kirchenämter bekleideten, vier in der Nachlaßverwaltung der Prokuratoren ermittelt werden.

Eine wesentliche temporäre Veränderung des Standesgefüges unter den ermittelten Buchbesitzern ist innerhalb des untersuchten Zeitraumes nicht zu verzeichnen. Die Querschnitte durch die beiden Jahrhunderte ergeben jeweils ein ähnliches Bild. Bis zum Jahre 1400 sind 20 Kleriker (22 %), 38 Patrizier (41 %) und 30 *popolani* (33 %) auszumachen[27]. Im 15. Jahrhundert sind 45 der Buchbesitzer Kleriker (28 %), 60 Patrizier (37 %) und 53 *popolani* (33 %)[28]. Soweit es aus den Quellen ersichtlich wird, ist auch keinem Stand allein eine besondere Buchsammelleidenschaft zuzuschreiben. Mehr als zehn Exemplare besaßen nachweislich elf Kleriker, zehn Patrizier und zwölf *popolani*.

Auffällig ist allerdings, daß von den 43 Frauen 35 im 15. Jahrhundert aktenkundig geworden sind gegenüber nur acht aus dem 14. Jahrhundert. Die Anzahl an ermittelten Buchbesitzerinnen hat sich damit insgesammt vervierfacht. Im 15. Jahrhundert waren 21 % aller ermittelten Buchbesitzer weiblich, während es im 14. Jahrhundert erst 9 % waren.

Soweit es die Quellen dokumentieren, war Buchbesitz im Venedig der Frührenaissance nicht das Privileg nur eines bestimmten Geschlechts oder eines bestimmten Standes. Es deutet sich allerdings eine Tendenz an, daß unter Frauen der Buchbesitz vom 14. auf das 15. Jahrhundert zunahm.

4.3.2. Berufe, Positionen und Ämter

Von den 210 männlichen Buchbesitzern liegen bei 145 genaue Angaben zum Beruf oder zur Position vor. 25 waren zu der Zeit, als ihr Buchbesitz aktenkundig wurde bzw. unmittelbar vor ihrem Tod, in staatlichen Diensten tätig, bevor ihre Erbverwalter ihren Besitz inventarisierten oder versteigerten. Sechs bekleideten das Dogenamt, vier waren Prokuratoren von San Marco, vier trugen den Titel *imperialis miles* (Soldat bzw. Beamter des Reiches), zwei waren *cancellieri ducali* (Leiter der Staatskanzlei), einer war *gastaldo ducale*

---

27 Bei vier (4%) bis zum Jahre 1400 genannten Buchbesitzern ist der Stand unbekannt.
28 Bei acht (5%) der im 15. Jahrhundert genannten Buchbesitzern ist der Stand unbekannt.

(höchster, direkter Gefolgsmann des Dogen) einer *commandador in galeas* (Galeerenkommandant) und ein weiterer *capitano in galeas* (Galeerenkapitän). Sieben waren im diplomatischen Dienst in Ämtern der Republik tätig oder besetzten Herrscherposten venezianischer „Satellitenstaaten"[29]. Einer von ihnen weilte in Rom, der in den Quellen lediglich den Titel *imperialis miles* trug, einer war durch Heirat *marchese* von Bonitza und *feudo* (Lehnsmann) des Fürsten von Morea auf dem Peloponnes, einer war *conte* (Herzog) von Budva an der südöstlichen Adriaküste, einer war *luogotenente* (Stadthalter) im Friaul, einer *podestà* (Gouverneur) in Treviso, einer *capitano* (Militärkommandant) in Padua und einer Konsul in Alexandria.

Neun Buchbesitzer lassen sich eindeutig als aktive Kaufleute identifizieren. Sie führen entweder die Berufsbezeichnung *mercatore*[30], oder in den Quellen dokumentieren Geschäftsbücher, Briefe, Quittungen u.ä. ihre händlerische Tätigkeit. Es fällt darüber hinaus schwer, den Kaufmann als eigene Berufsgruppe unter den Buchbesitzern zu isolieren. Der venezianische Patrizier war nicht selten als junger Mann zunächst in den Geschäften der Familie tätig und zog sich im Alter von diesen zurück, um Ämter der Republik zu übernehmen, ohne dadurch seine Besitzrechte am Familienvermögen und die Verfügungsgewalt darüber zu verlieren[31]. Die hohen Beamten der Republik waren somit nicht nur Politiker, sondern zugleich Geschäftsleute. Großgrundbesitzer, die Ländereien und Besitz auf der *terraferma* oder auf Kreta hatten, handelten mit ihren Erzeugnissen und waren nicht selten auch in andere Geschäfte ihrer Familie oder ihrer Handelsgesellschaften involviert. Von den 65 männlichen Buchbesitzern, für die keine direkten Angaben zu Beruf und Position überliefert sind, sind 40 Adlige, größtenteils Vertreter der ehrwürdigsten Familien der Stadt, z.B. drei Giustinian, drei Contarini, drei Gradenigo, drei Morosini, zwei Dona, zwei Correr, zwei da Molin, zwei Morosini, zwei Dandolo und jeweils ein Barbaro, Grisson, Emo, Bernardo, Malipiero, Bembo, Sanudo, Cornaro, Zorzi, Soranzo, Bragadin, Querini und Michiel[32]. Dieser „Hochadel" übte, wenn überhaupt, Ämter in der Stadt aus oder lebte von seinem Vermögen bzw. von Handelsgeschäften. Da eventuell ausgeübte Ämter

---

29 Zur Herrschaftspolitik der Venezianer im östlichen Mittelmeer vgl. u.a. Venezia e l'oriente fra tardo Medioevo e Rinascimento, hrsg. von Agostino Pertusi, 1966.
30 Zu Begriff und Berufsverständnis des *mercatore* in der Renaissance vgl. u.a. Bec: Les marchands écrivains.
31 Zu diesem *cursus honorum* des venezianischen Patriziers vgl. u.a. Tucci: Il patrizio veneziano.
32 Zu den Adelsfamilien Venedigs vgl. v.a. Chojnacki, Stanley: In Search of the Venetian Patriciate; und ders.: Kinship Ties and Young Patricians in Fifteenth-Century Venice. In: Renaissance Quarterly 38, 1985, S. 240-270. Marino Sanudo zählte die Molins, Loredans, Valiers, Morosinis, Zorzis, Contarinis, Marins, Pisanis, Badoers, Vendramins und Tagliapietras zu den 16 „bei nomini della nobiltà veneziana". Vgl. Sanuto: Diarii, VIII cc 307-308.

in diesen Fällen nicht angegeben sind und die jeweils genannten Personen keine Titel tragen, lebten sie vermutlich vom eigenen Kapital bzw. Handel.

Von drei Buchbesitzern erfahren wir, daß sie *botteghe,* Geschäfte bzw. Läden, besaßen. Einer davon war *aromatarius,* Gewürzkrämer, und einer führte eine *bottega di legname* (Holzgeschäft).

14 Buchbesitzer waren Rechtsgelehrte akademischer Bildung, fünf davon waren Kleriker, vier *nobili* und drei *popolani.* Ein Kleriker war gleichzeitig Doktor der Theologie und ein Patrizier war Prokurator von San Marco. In kirchlichen oder staatlichen Diensten standen damit lediglich sechs der Rechtsgelehrten. 16 Buchbesitzer waren studierte Ärzte, *medici* und *cirughi,* und einer war *barbitonius* und gleichzeitig als Babier und Wundarzt tätig. Zwei Buchbesitzer waren Notare, sieben waren Lehrer, *maestri* oder *rectori di scuola,* wovon einer den Titel *magister de diversis artis* trug. Sechs waren Studenten, *scholari.* Eine abgeschlossene akademische Bildung besaßen somit nachweislich nur 30 Buchbesitzer.

Zwei Buchbesitzer trugen den Titel *magister cantus.* Sie waren in verschiedenen Kirchen Venedigs als Kantoren tätig. Ferner sind als Buchbesitzer ein Goldschmied oder Münzer, ein Maler und ein Seematrose ermittelt.

Von den 61 männlichen Klerikern, die als Buchbesitzer recherchiert sind, ist Pietro Barbo später zu Papst Paul II. gewählt geworden, einer war als Titularpatriarch von Jerusalem Kurienkardinal, vier waren Erzbischöfe, sieben Bischöfe, davon einer *capellano del santo padre,* und einer war Primicerius von San Marco, was faktisch einem Bischof gleichkam[33]. Zwölf Kleriker waren *plebani,* ein weiterer *primicerius,* einer *titularius,* einer *mansionarius,* und 23 waren einfache Priester. Vier werden als *canonici* bezeichnet, darunter war einer *segretario di papa.* Mönche sind insgesamt fünf zu finden, darunter ein Abt und ein Prior. 17 Kleriker waren damit in höheren kirchlichen Ämtern, und 47 betreuten verschiedene Gemeindekirchen oder waren einfache Ordensgeistliche.

Von den 43 Frauen waren zum Zeitpunkt, als ihr Buchbesitz aktenkundig wurde, 22 Witwen, darunter eine Dogenwitwe sowie die Witwe eines Färbermeisters, neun waren Ehefrauen, wovon eine die Frau eines Seefahrers war. Über Position oder Beruf der Ehemänner geben die Quellen ansonsten keine Auskunft. Drei Buchbesitzerinnen waren Nonnen, und bei sieben ist der Status unbekannt.

Wie bei den Ständen kann sich auch die Verteilung der verschiedenen Berufe in den Quellen zufällig ergeben haben. Insgesamt präsentieren sich die Buchbesitzer allerdings als heterogene Gruppe, und es werden sämtliche Teile der venezianischen Gesellschaft greifbar, die lesekundig waren. Auffällig ist vor

---

33 Vgl. Kap. 1.

allem, daß sich nicht nur die Bildungseliten unter den Buchbesitzern befinden, sondern auch Kaufleute, Gewerbetreibende und Handwerker. Auch zahlreiche Frauen besaßen Bücher, obwohl ihnen eine höhere Bildung in der Regel verschlossen blieb. Inwieweit die einzelnen Buchbesitzer allerdings repräsentative Stellvertreter ihrer Berufsgruppen sind, wird im Einzelfall und unter genauer Betrachtung der Inhalte der Buchsammlungen zu klären sein[34].

4.3.3. Vermögensverhältnisse

Die markantesten Kriterien zur Ausdifferenzierung der venezianischen Gesellschaft im 14. und 15. Jahrhundert waren neben der Standeszugehörigkeit und der Zugehörigkeit zu einer bestimmten Berufsgruppe vor allem unterschiedliche ökonomische Lebensgrundlagen. Ein wesentlicher Unterschied bestand zwischen den wirtschaftlich vollkommen unabhängigen Venezianern, welche allein von ihrem Kapital bzw. durch Investitionen oder Handel mit Kapital leben konnten, und denjenigen, die ihre Existenz hauptsächlich durch die Übernahme bezahlter Ämter, das Betreiben eines Gewerbes, eines bestimmten Handwerks oder durch Lohnarbeit sicherten. Die in diesem Sinne „Abhängigen" lebten ihrerseits unter extrem unterschiedlichen Umständen. Diejenigen, welche als selbständige Handwerker oder Gewerbetreibende tätig waren oder aufgrund ihres Standes, ihrer Ausbildung oder besonderer Fähigkeiten ein relativ hohes Honorar erhielten (zum Beispiel Ärzte, Rechtsgelehrte, kaufmännische Angestellte oder spezialisierte Handwerker und Handwerkermeister), verfügten zumindest über ein bescheidenes Vermögen, das ihnen erlaubte, soziale Funktionen, zum Beispiel verschiedene Ämter in Bruderschaften, zu übernehmen. Teilweise erlangten sie sogar einen Wohlstand, der ihnen zwar keine vollkommene wirtschaftliche Unabhängkeit garantierte, sie jedoch zu den maximal 10 % derjenigen Venezianer zählen ließ, die zur Finanzierung von öffentlichen Angelegenheiten zu Staatsanleihen herangezogen wurden. Wesentlich bescheidener lebten indessen die Tagelöhner, deren Lebensumstände sich von denen ihrer Meister erheblich unterschieden, einfache Matrosen auf den Handelsgaleeren oder Dienstboten. Sie waren mitunter nicht nur von finanziellen, sondern auch von materiellen Zuwendungen abhängig, indem sie Kost und Logis von ihren Herrschaften, Lohngebern oder Gilden gestellt bekamen. Ihre Lebensbedingungen unterschieden sich faktisch daher nur noch kaum von den zahlreichen in der Stadt lebenden Sklaven. Hinzu kommen noch die „Armen", das heißt Menschen ohne einen sicheren

---

34 Vgl. Kap. 6.

Broterwerb, welch e in der Regel von karitativen Zuwendungen abhängig waren[35].

In den untersuchten Quellen sind in 143 Fällen die jeweiligen Vermögensverhältnisse der Buchbesitzer ausreichend dokumentiert, so daß sie sich den verschiedenen Vermögensschichten der Stadt zuordnen lassen. Diese lassen sich anhand anderer, zum Teil von der Forschung umfangreich bearbeiteter Quellen relativ genau beziffern.

Das zur Finanzierung des zweiten Chioggiakrieges angelegte Steuerkataster, der *estimo* von 1379, erfaßt 2 128 zu besteuernde, genauer gesagt zu Staatsanleihen heranzuziehende private Körperschaften und schätzt deren Vermögen ein [36]. Gino Luzzatto unterteilt die steuerpflichtigen Privatvermögen in 8 zunächst willkürlich gewählte Steuerklassen[37]:

Patrimonium (lire a grossi)	*nobili*	*popolani*	zusammen
über 50.000	1	-	1
50.000 - 35.000	4	1	5
35.000 - 20.000	20	5	25
20.000 - 10.000	66	20	86
10.000 - 5.000	158	48	206
5.000 - 3.000	145	88	233
3.000 - 1.000	386	214	600
1.000 - 300	431	541	972
gesamt	1211	917	2128

35 Die Forschungen zur Sozial- und Wirtschaftsgeschichte Venedigs sind reichhaltig. Vgl. v.a. Romano: Patricians and Popolani. Zur ökonomischen Ausdifferenzierung vgl. v.a. Luzzatto, Gino: Storia economica di Venezia dall'XI al XVI secolo, Venezia 1961, S. 127-135; und Queller: The Venetian Patriciate, S. 29-50. Zur Definition von Armut in der Renaissance vgl. u.a. Pullan: Poveri, mendicanti e vagabondi, S. 985-997. Zu den Lebensbedingungen der Tagelöhner und Sklaven vgl. Romano: Patricians and Popolani, S. 86-90. ZU Handwerkerzünften vgl. Caniato / Dal Borgo.

36 Der *estimo* ist abgedruckt bei: I prestiti della Repubblica di Venezia (secolo XII-XV). Introduzione storica e documenti, hrsg. von Gino Luzzatto, Padova 1929, Documenti, S. 138 -195. Vgl. auch Merores, Margarete: Der venezianische Steuerkataster von 1379. In: Vierteljahresschrift für Sozial- und Wirtschaftsgeschichte 16, 1922, S. 415-419; und Queller, Donald E.: The Venetian Family and the *Estimo* of 1379. In: Law, Custom and Social Fabric in Medieval Europe. Essays in Honor of Bryce Lyon, hrsg. von Bernhard S. Bachrach und David Nicholas, Kalamazoo 1990, S. 186-210.

37 Zahlen nach Luzzatto: Storia, S.130. Die Zahlen geben immer die Obergrenze der einzelnen Stufen an. Die zweithöchste Stufe ist dementsprechend zu lesen als 50 000 - 35001. Luzzatto liefert z.T. widersprüchliche Angaben. Präzisiert wurde seine Einteilung erstmals bei Queller: The Venetian Family, v.a. S. 126, Anm. 8.

Besteuert wurden Körperschaften mit einem geschätzten *patrimonium* von mindestens 300 *lire a grossi* und mehr[38]. Nicht jeder Venezianer wurde als steuerpflichtig eingestuft. Im *estimo* werden nur 2 128 Venezianer und damit der vermögendere Teil der Gesellschaft greifbar. Deutlich wird desweiteren die breite Spanne der Vermögen zwischen 300 und über 50 000 *lire a grossi* in Form einer Vermögenspyramide. Vermerkt sind nur sehr wenige reichere Steurpflichtige und dagegen relativ viele, die über einen offensichtlich bescheideneren Wohlstand verfügten. Ergänzt man diejenigen, die nicht vermögend genug waren, um aufgenommen zu werden, setzt sich die Verteilung nach unten fort. Es muß sich, gemessen an der anzunehmenden hohen Zahl von Erwerbstätigen in der Stadt, auch bei einer niedrigen Schätzung der Bevölkerungszahl um mindestens 20 000 gehandelt haben[39]. Der *estimo* zeigt ferner, daß zwar die *nobili* als politisch herrschende Klasse die meisten Steuerpflichtigen beziehungsweise Vermögenden zählten, daß die politischen Machtverhältnisse jedoch nicht unbedingt mit der wirtschaftlichen Finanzkraft einzelner Standesvertreter einher gingen. Es gab sehr reiche *popolani*, die Großkaufleute und Bankiers waren, und es gab weniger wohlhabende *nobili* und *popolani*. Einige hundert Adlige müssen, verglichen mit der Anzahl der Vertreter im Großen Rat, im *estimo* gar nicht erfaßt worden sein[40]. Stanley Chojnacki schließt aus dem *estimo*, daß weniger als 10 % aller Adligen über die Hälfte des Gesamtvermögens venezianischer Patrizier verfügte, während über 70 % der Adligen weniger als ein Fünftel desselben besaß[41].

Zu den oberen Steuerklassen finden sich in den Listen kaum Berufsangaben, mitunter lediglich der Vermerk *mercatore,* Händler[42]. Hier werden die wirtschaftlich starken Venezianer, die sich in ihrer Existenz vornehmlich auf Kapital stützten, faßbar.

Steuerpflichtige mit Berufsangaben tauchen im *estimo* vornehmlich in den unteren drei Steuerklassen bis zu einem *patrimonium* von 5 000 *lire a grossi*

---

38 Das höchste geschätzte *patrimonium*, das des Frederigo Corners, betrug 60.000 *lire a grossi. Lira a grossi* bezeichnet in diesem Fall eine reine Recheneinheit. 26 *lire a grossi* entsprachen 1 *lira di grossi.* 2,6 *lire a grossi* entsprachen damit 1 Golddukaten. Gino Luzzattos Angabe, der Wert einer *lira a grossi* sei 2,6 Golddukaten ist fehlerhaft. Vgl. Luzzato: Storia economica, S. 129. Der Wert der einzelnen venezianischen Münzen und Recheneinheiten ist genau berechnet bei Lane, Frederic C. / Müller, Rheinhold C.: Money and Banking in Medieval and Renaissance Venice, Baltimore / London 1985, S. 123-133, zur *lira a grossi* v.a. S 127. Vgl. auch Lane: Le vecchie monete, S. 55-57; und Queller: The Venetian Family, S. 206, Anm. 8.
39 Zu Bevölkerungsentwicklung und Zusammensetzung vgl. Kap. 3.1. Geht man von der Schätzung Frederic C. Lanes von ca. 80 000 Einwohnern zur Zeit des Chioggiakrieges bei nur 20 % an Einwohnern unter 20 Jahren aus, kann es sogar noch mehr als 20 000 nichtbesteuerte Erwerbstätige gegeben haben.
40 Vgl. hierzu auch Queller: The Venetian Family, S. 187 f.
41 Rechnung nach Chojnacki: In Search of the Venetian Patriciate, S. 65.
42 Vgl. Merores: Steuerkataster, S. 416 - 419.

auf. Dort finden sich unter anderem Ärzte, Beamte, Gewerbetreibende und Handwerker, Gewürzhändler, Goldschmiede, Schmiede, Färber, Krämer und Gasthofbesitzer. Unter den einzelnen Berufsgruppen bestanden allerdings erhebliche Unterschiede. Die *spizier*, Gewürzhändler, wurden beispielsweise auf Vermögen von 300 bis 15 000 *lire a grossi* geschätzt[43]; die *tenctori*, die Färber, auf Vermögen zwischen 300 und 3 000 *lire a grossi*[44]. Die Steuerklassen erfassen also Venezianer, die ihre Existenz auf Beruf oder Gewerbe gründeten und damit ein ausreichendes Vermögen besaßen, um steuerlich belangt zu werden. Adlige, denen ein Handwerk oder Gewerbe standesgemäß nicht zustand, sind in den untersten Steuerklassen des *estimo* vor allem als Beamte im Dienste der Republik verzeichnet, wie zum Beispiel der Militärkommandant und Sieger im Chioggiakrieg Vettor Pisani, dessen Vermögen 1379 nicht über 1 000 *lire a grossi* geschätzt wurde. Hier sind Patrizier auszumachen, die ihre Existenz auf bezahlte Ämter stützten, womit die Adelsrepublik verarmten Standesgenossen ein Auskommen sicherte[45].

Kleriker sind als Privatpersonen im *estimo* grundsätzlich nicht erfaßt. Einige Gemeinden werden als Körperschaften aufgeführt. Die jeweiligen geschätzten Vermögen liegen zwischen 300 *lire a grossi* bei Santa Maria Zobenigo, 1 200 *lire a grossi* bei San Moisè und 6 000 *lire a grossi* für die Häuser der *pievana* von San Zulian.

Zu den besteuerten Körperschaften im *estimo* gehören auch 200 Frauen. Es handelt sich hierbei entweder um Witwen oder Töchter, die, da ihre Söhne oder Enkel noch minderjährig waren, über das Familienvermögen verfügten[46], oder aber um mit hohen Mitgiften und Erbschaften ausgestattete Frauen. Die Mitgift war der Erbanteil der Venezianerin am väterlichen Vermögen, von dem ihr nach dem Tod des Ehemanns in der Regel zwei Drittel wieder zurückgezahlt wurden. Starb sie vor ihrem Mann, konnte sie auch in ihrem Testament über die weitere Verwendung ihrer Mitgift bestimmen[47].

Der *estimo* von 1379 ist das einzige überlieferte venezianische Dokument seiner Art. Steuerlisten aus dem 15. Jahrhundert sind nicht erhalten. Andere Quellen deuten darauf hin, daß im Quattrocento die Privatvermögen der äußerst Wohlhabenden gewachsen sind, sich ansonsten die Vermögensverhältnisse jedoch ähnlich differenzieren. Laut Angabe des Chronisten Marino Sanudo verfügte der Doge Andrea Vendramin bei seinem Amtsantritt 1476 als einer der reichsten Männer der Stadt über ein Vermögen von 160 000 Duka-

---

43 Vgl. entsprechende Einträge im *estimo* bei Luzzatto: Documenti, S. 146, 152, 165 und 173.
44 Vgl. entsprechende Einträge ebd., S. 151, 164, 172, 180 und 187.
45 Vgl. auch Queller: The Venetian Patriciate, S. 29-50.
46 Zur geschäftlichen Position der Venezianerin im ausgehenden Mittelalter vgl. Kap 3.1.
47 Zu Mitgiftregelungen in Venedig vgl. v.a. Chojnacki, Stanley: Marriage Legislation and Patrician Society in Fifteenth-Century Venice. In: Law, Custom and Social fabric, S. 163-184.

ten, was ungefähr 416 000 der im *estimo* verwendeten Rechnungseinheit *lira a grossi* entsprochen hätte. Den Dogen Agostino Barbarigo bezeichnet der Chronist Priuli als einen der reichsten Männer der Stadt im ausgehenden 15. Jahrhundert, da er 1507 seiner Familie 70 000 Dukaten hinterlassen habe, was ungefähr 182 000 der im *estimo* verwendeten Rechnungseinheit *lira a grossi* entsprochen hätte[48]. Die Angaben Sanudos und Priulis können nicht auf ihre Genauigkeit hin überprüft werden[49], sie zeigen jedoch, daß ein derartiges Vermögen von Zeitgenossen Agostino Barbarigos zu den höchsten der Stadt gezählt wurde. Mit den im 15. Jahrhundert einsetzenden wirtschaftlichen Schwierigkeiten im Levantehandel bemühten sich zunehmend „ärmere" Adlige um bezahlte Ämter der Republik oder der Kirche. Die Republik zahlte Mitte des Jahrhunderts ihren adligen Beamten im inneren und diplomatischen Dienst Gehälter von insgesamt über 200 000 Dukaten, was ein durchschnittliches Jahresgehalt von 200-300 Dukaten pro Kopf ergab[50].

In öffentlichen oder kirchlichen Diensten standen in Venedig neben reinen Verwaltungsbeamten im 15. Jahrhundert auch Baumeister, Musiker, ein Großteil der Ärzte[51] oder die Lehrer höherer Schulen. Die Lehrer der 1446 gegründeten *Scuola* von San Marco erhielten beispielsweise ein Jahressalär von 120 Dukaten[52]. Auf private Zahlungen, das heißt Honorare und Löhne, waren hingegen neben den Handwerkern im 14. wie im 15. Jahrhundert Notare angewiesen, welche fast ausschließlich Priester waren, die damit einen nicht unansehnlichen Nebenerwerb hatten[53]. Ebenso erging es den Lehrer der Elementarschulen. Sie erhielten für die Unterrichtung eines Jungen pro Jahr zwischen 2 und 12 Dukaten[54]. Bisweilen verhalf auch ihnen ein Nebenerwerb zu einem gewissen Wohlstand. Magister Odoricus, *rector scholarum*, baute im ausgehenden 14. Jahrhundert beispielsweise auf einigen Feldern bei San Giovanni Battista noch Wein und Getreide an. 1382 vermachte er sie seiner

---

48 Vgl. Priuli, Gerolamo: I Diarii, II, 81 und Luzzatto: Storia economica, S. 234.

49 In seinem Testament erwähnte Agostino lediglich 5 561 Dukaten an Geldwerten. Vgl. Testament bei Roeck: L'arte per l'anima, S. 99-127. Das Testament spezifiziert als Dokument jedoch nie das Gesamtvermögen. Vgl. Kap 2.3. Der Familiensitz Agostinos wurde um 1 500 auf 4 600 Dukaten geschätzt. Vgl. Roeck: L'arte per l'anima, S. 25, Anm. 55. Für Hinweise zum Vermögen im Testament Agostino Barbarigos danke ich Claudia Bienentreu.

50 Vgl. Queller: The Venetian Patriciate, S. 32.

51 Ärzte waren in Venedig in einer Zunft zusammengeschlossen, welche die Zertifikate zur Berufsausübung ausstellte und individuelle Geschäfte mit Apothekern verbot. Viele Ärzte waren nicht zuletzt durch ihre Tätigkeit für Hospitäler praktisch „Gesundheitsbeamte". Vgl. Lane: Seerepublik, S. 322 f.; u.v.a. Cecchetti, Bartolomeo: Per la Storia di Medicina in Venezia, Venezia 1886. Hier sind allein 20 Ärzte in „öffentlichen" Diensten anhand von Quellen dokumentiert.

52 Zu den Gehältern vgl. u.a. Alessio: S. 528.

53 Vgl. ebd. und Kap. 3.1.1.

54 Vgl. Kap. 3.1.1.

Frau und den *fratribus servorum*[55]. Im *estimo* wurde er allerdings nicht als besteuerbar erfaßt. Paolo da Faiano, ebenfalls *rector scholarum*, handelte Anfang des 15. Jahrhunderts zusätzlich mit Büchern, was ihm zu einem gewissen Wohlstand verhalf[56]. Notare und Lehrer erhielten insgesamt höhere Honorare als die Lohnabhängigen, z.B. die *gondolieri* oder die Lohnarbeiter im Arsenal, welche bei einem Monatslohn von 1-5 Dukaten zum Teil Kost und Logis gestellt bekamen[57].

18 Buchbesitzer, die in den letzten Jahrzehnten des 14. Jahrhunderts aktenkundig wurden, können durch den *estimo* ökonomisch eingeordnet werden. Das Quellenmaterial gibt bisweilen einen vielfältigen Einblick in die wirtschaftlichen Lebensverhältnisse auch der übrigen Buchbesitzer. Testamente oder Nachlaßverwaltungen dokumentieren zum Teil die feste Habe, die *beni immobili*, Häuser, Felder, Liegenschaften etc., die *beni mobili*, Hausrat, Kleider, Luxusgegenstände, Juwelen etc., sowie monetäre Werte, Mitgiften, Staatsanleihen und Ähnliches, die sich mit den entsprechenden Werten der im *estimo* verzeichneten Buchbesitzer vergleichen lassen.

In den untersuchten Fällen werden Wertangaben in den verschiedenen gebräuchlichen Münzwährungen und Recheneinheiten gemacht. Zumeist finden sich Angaben in *ducati d'oro*. Die *serenissima* begann 1285 mit der Prägung der Golddukaten und schuf damit ein Zahlungsmittel, das dem sich stark verbreitenden Florentiner *fiorino* gleichwertig war. Beides waren Münzen mit einem Goldanteil von 3,5 Gramm. Anders als beispielsweise in deutschen Städten wurde die Prägung der Goldmünzen mit dieser Goldmenge in den unabhängigen Kommunen Italiens lange Zeit beibehalten und nicht verändert[58]. Der Dukat stellte eine stabile Währung dar. Er fungierte nicht nur als reales Zahlungsmittel, zum Beispiel für Waren und Löhne, sondern wurde auch bevorzugt als Recheneinheit beim Abschluß von Verträgen, bei der Ausgabe von Obligationen sowie als sichere Geldanlage benutzt[59]. Er wurde wie der gleichwertige *fiorino* nicht nur in Venedig, sondern in weiten Teilen des europäischen und vor allem des Levantehandels als Zahlungsmittel anerkannt[60]. Er eignet sich daher gut als Vergleichswert für Preise und Kosten in verschiedenen Städten, auch über einen längeren Zeitraum hinweg. Ferner finden sich Preisangaben in *lira di grossi, lira di piccoli, soldi, denari* oder, insbesondere im frühen 14. Jahrhundert, in *grossi*. *Grossi* und *denari* waren ursprünglich die Bezeichnungen für die ersten, seit dem 12. Jahrhundert in

---

55 Vgl. seine Ausführungen im Testament bei Bertanza: Maestri, S. 165-167.
56 Vgl. Bertanza: Maestri, S. 297-299.
57 Vgl. Romano: Patricians and Popolani, S. 77-90. Die Gehälter der Tagelöhner werden genauer betrachtet in Kap. 5.2.
58 Vgl. Lane / Müller: S. 491.
59 Vgl. Lane / Müller: S. 3-9.
60 Vgl. Luzzatto: S. 213 f.

Venedig geprägten Silbermünzen[61]. *Lira di grossi* und *lira di piccoli* wurde vom 13. Jahrhundert zum Geschäfts- und Bankverkehr am Rialto als reine Recheneinheiten verwendet und waren nach Carlo M. Cipolla „ghost money"[62]. Eine *lira di grossi* wurde ursprünglich als Sammelbegriff für 240 *grossi* verwendet und entsprach 10 Dukaten. Für *lira di grossi* setzte sich zunehmend auch die Kurzbezeichnung *grossi* durch[63]. Im frühen 14. Jahrhundert hatte ein Dukat einen Gegenwert von 64 *soldi*. In der zweiten Hälfte des 15. Jahrhunderts war er 124 *soldi* wert. Im Verhältnis zur *lira di piccoli* schwankte der Dukat zwischen 3 und 5 Lira. Meistens war er 4 *lire di piccoli* und 15 *soldi* wert[64]. Der jeweilige Kurs von *grossi* zu *piccoli* oder von *ducati* zu *piccoli* ist für die verschiedenen Jahre gut dokumentiert[65].

Der Dokumenttypus, der in den meisten Fällen vorliegt und somit die Möglichkeit zu einer detaillierteren vergleichenden Analyse bietet, ist das Testament. Erblasser ohne Söhne, Kleriker und in einigen Fällen auch Frauen, die keinen Nachkommen zum direkten Erben erklären, regelten ihr Erbe relativ ausführlich. Das Gesamtvermögen eines Venezianers kann jedoch nicht in jedem Fall durch sein Testament erfaßt werden[66]. Häufig werden lediglich Legate spezifiziert, die nicht im *residuum* vererbt werden[67]. Marcus Paruta, dessen Vermögen im *estimo* auf 7000 *lire a grossi* geschätzt wurde, erwähnte siebzehn Jahre später in seinem Testament an Geldwerten nur 6320 Dukaten, also nur gut ein Drittel dieses Vermögens[68]. Anhand der im Testament erwähnten Positionen können allerdings Erkenntnisse über die wirtschaftliche Lage des Erblassers gewonnen werden, die eine Zuordnung des Vermögens und Vergleiche zulassen. So sind Erblasser, die im Testament schon über 10 000 Dukaten an Dritte vermachten, den vermögenden Venezianern zuzuzäh-

---

61 Vgl. Robbert, Louise Buenger: Money and Prices in Thirteenth-Century Venice. In: Journal of Medieval History 20, 1994, S. 373-390, hier S. 375-377.

62 Vgl. Cipolla, Carlo M.: Money, S. 38-51.

63 Es ist von daher bisweilen schwierig, bei ungenauen Angaben in den Quellen zwischen *lire di grossi* und alten *grossi* zu unterscheiden.

64 Dieser Kurs ist durch zahlreiche Quellen aus dem späten 14. und dem 15. Jahrhundert belegt. Entweder vermerkten Zeitgenossen den Wechselkurs zur Erläuterung direkt in ihren Rechnungsbüchern, Quittungen u.ä. oder dieser läßt sich aus überlieferten Rechnungen und Kaufverträgen nachträglich errechnen. *Pre* Antonio valutierte nach dem Tode Pietro Corners 1407 Bücher für dessen Erbverwalter, die Prokuratoren von San Marco. Dabei gibt er die Preise sowohl in Dukaten als auch in Lire an. So war ein neues Testament z.B. 2 Dukaten wert. Pre Antonio fügt dazu an: „val (valet) L. iiii s. xv". Vgl. Anhang I, 1406.

65 Vgl. Luzzatto: S. 214; und Lane / Müller: S. 527. Zu den venezianischen Münzwährungen vgl. auch Müller, Reinhold C.: The Venetian Money Market. Banks, Panics, and the Public Debt, 1200-1500, Baltimore / London 1997.

66 Vgl. Kap. 2.2.

67 Zur Problematik der Vermögenseinschätzung anhand von Testamenten vgl. v.a. Müller: Il banchiere d'avanti a dio, S. 50-61.

68 Vgl. ASV, S.N., Testamenti, B. 858bis, Marco Raffanelli, Registro 91rv /Lxxxxi.

len. Nützlich sind darüber hinaus einzelne Legate, die in vielen Testamenten aufgenommen sind. Wertvoll sind hierunter die Versorgungsleistungen an weibliche Verwandte, insbesondere an Töchter, die den ihnen zugestandenen Erbanteil in der Regel als Mitgift ausgezahlt bekamen. Legate, die sich in nahezu jedem Testament finden, sind Mitgiften für noch unverheiratete Töchter oder Beiträge zu Mitgiften sowie Legate an weibliche Verwandte oder nahestehende Dritte - z.B. freigelassene Sklavinnen oder Töchter der *socii*, der vertrauten Geschäftspartner - sowie Versorgungsleistungen an alleinstehende weibliche Hinterbliebene, Mütter oder Tanten. Mitgiften stiegen zwischen dem 14. und 15. Jahrhundert stark an. Die Zunahme übertraf die zeitgleiche Steigerung der allgemeinen Lebenshaltungskosten, soweit diese wirtschaftshistorisch greifbar ist[69]. Stanley Chojnackis quantitative Untersuchung zu testamentarisch bezifferten Mitgiften aus Testamenten verschiedener Epochen zeigt auf, daß sich die durchschnittliche Mitgift für Patrizierinnen in den von ihm untersuchten Fällen von 1330 bis 1450 von gut 500 Dukaten auf über 2000 Dukaten mehr als vervierfacht hat:

Adlige Mitgiften in Golddukaten (Daten nach Chojnacki[70])

		bis 1330	1331-1370	1371-1410	1411-1450
Höchstes	p:	769	1000	2300	4500
Vermächtnis	m:	-	200	1500	2000
	n:	4	769	2000	2000
Niedrigstes	p:	269	283	1000	1000
Vermächtnis	m:	-	200	200	400
	n:	4	4	1	10
Mittleres	p:	509	576	1350	2000
Vermächtnis	m:	-	200	891	900
(Median)	n:	4	634,5	200	500
Durchschnittl	p:	535	606,4	1340,9	2244,4
Vermächtnis	m:	-	200	897,8	991,7
	n:	4	500	589,6	569,2
Total	p:	3214 (99,9%)	3032 (38%)	29500 (58%)	20200 (43%)
	m:	-	200 (2,5%)	5582 (11%)	11900 (25%)
	n:	4 (0,01%)	3000 (37,5%)	15379 (31%)	14800 (32%)
		3218 (100%)	6232 (100%)	50461(100%)	46900 (100%)

p = väterlich; m = mütterlich; n = nicht parental

---

69 Die Angaben der Forschung sind zum Teil widersprüchlich. Diskutiert bei Chojnacki, Stanley: Dowries and Kinsmen in Early Renaissance Venice. In: Journal of Interdisciplinary History 5, 1975, S. 571-600, hier S. 573. Vgl. auch Kap. 5.2.
70 Vgl. Tabellen bei Chojnacki: Dowries, S. 581 und 588.

Der 1476 gewählte Doge Francesco Vendramin sah für seine sechs Töchter
sogar „Spitzenmitgiften" von 5000 bis zu 7000 Dukaten vor, um ihnen ein-
flußreiche Heiraten zu sichern[71]. Diese Mitgiften stellten eine der meist nur
Patriziern zugestandenen Ausnahmen von gesetzlich geregelten Beschränkungen dar. Am 22. August 1420 setzte der Senat der Republik eine Obergrenze
für Mitgiften auf 1600 Dukaten fest. Hohe Mitgiften, die zum Teil zur Verhei-
ratung der Töchter nötig wurden, stürzten zunehmend Adlige in die Armut
und gingen in einigen Fällen sehr zu Lasten der männlichen Erben. Ausnahmen von der staatlichen Verordnung waren vor allem für Heiraten verarmter
Adliger mit Töchtern sehr wohlhabender Bürgerlicher zugelassen. Die stei-
gende Notwendigkeit hoher Mitgiften zeigt vor allem die Zunahme der Betei-
ligung Dritter, Mütter, Geschäftspartner, Großeltern, Onkel etc. an einzelnen
Mitgiften, die im frühen 14. Jahrhundert noch relativ unüblich war, im 15.
Jahrhundert allerdings gut die Hälfte des Gesamtvolumens der von Chojnacki
erfaßten Mitgiften ausmachte. Sie erklärt auch die zahlreichen, in den vorliegenden Testamenten der Buchbesitzer aufgeführten Versorgungsleistungen an
unverheiratete weibliche Verwandte, deren Mitgift man alleine offensichtlich
nicht hatte aufbringen können. An der Höhe einzelner Mitgiften oder Zugaben
zu Mitgiften, welche die Buchbesitzer ihren Töchtern beziehungsweise Verwandten oder Dritten hinterließen, kann also abgelesen werden, was man zu
zahlen imstande war. Einige Buchbesitzer ordneten beispielsweise zur Finanzierung der Mitgift oder anderer Versorgungsleistungen den Verkauf
bestimmter Güter an. Dadurch wird der Wert des tatsächlichen Vermögens
greifbar. So verfügte *Pre* Paolo, Plebanus von San Eustachio, 1457 mit seinem
Tod den Verkauf seiner gesamten Habe samt seiner Bücher. Er schätzte sie
auf 500 Dukaten. Seiner Schwester sollten davon 200 Dukaten zukommen[72].

Chojnacki erfaßt insgesamt nur 42 adlige Mitgiften. Seine Untersuchung
kann damit als nur bedingt repräsentativ gelten. Nach neuerlichem Quellen-
studium läßt sich präzisieren, daß Chojnacki vornehmlich die Mitgiften der
wohlhabenden Venezianer erfaßt. Viele Mitgiften, welche beispielsweise
einige der ermittelten Buchbesitzer testamentarisch ihren Töchtern hinterließen, betragen im 14. wie im 15. Jahrhundert sogar nur um die 50 Dukaten.
Bartolomeo Rubeis, ein aus Treviso stammender Adliger, hinterließ 1367 in
Venedig seiner Tochter beispielsweise eine Mitgift von 50 Dukaten[73], ein
Betrag, der weit unter der von Chojnacki aufgeführten niedrigsten Mitgift aus
dem Zeitraum liegt. Er entspricht auch der Höhe von Mitgiften, welche Töchter von Lehrern der Elementarschulen oder *cancellieri* der Republik erhielten,
also von Vätern unterer, im *estimo* nicht erfaßter Vermögensschichten. Hierzu

---

71 Vgl. Chojnacki: Marriage Legislation, S. 177 und Anm. 38.
72 Vgl. ASV, S.N., Testamenti, B. 875, Lorenzo Stella, Carta Nr. 58.
73 Vgl. ASV, S.N., Testamenti, B. 355, Giovanni della Tavola de Argoiosi, Pergament
    Nr. 1.

gehört auch der *cancelliere ducale* Rafaino Caressini, der 1385 sein Testament machte und seine Tochter mit einer Mitgift von 50 Dukaten bedachte[74]. Er war sechs Jahre zuvor nicht im *estimo* erfaßt worden. Diese Mitgiften entsprechen auch der Höhe von Mitgiften, die Schuhmacher und Goldschmiede zahlen konnten, von denen aus beiden Jahrhunderten testamentarische Mitgiften von 13 bis 130 beziehungsweise 50 bis 200 Dukaten überliefert sind[75]. Andere von Buchbesitzern hinterlassene Mitgiften bewegen sich zwischen 400 und 600 Dukaten, wie im Falle Bernadiggio de Pietros. Er hinterließ 1397 seiner Tochter 400 Dukaten[76], ebenfalls weniger als die Hälfte der von Chojnacki aufgeführten niedrigsten väterlichen Mitgift aus dem Zeitraum. Mitgiften geben damit Hilfen, die Buchbesitzer ökonomisch einzuordnen[77]. Vor allem die breite Spanne an Mitgiften macht die unterschiedlichen Vermögensverhältnisse sichtbar. Bisweilen sind in den Quellen auch mütterliche Mitgiften oder Zugaben zu Mitgiften durch Dritte bei den Buchbesitzern auszumachen. Auch sie liefern ihrerseits Grundlagen zum Vergleich der üblichen Zuwendungen dieser Art in ihrer Zeit.

Die venezianische Erbpraxis sah vor, für wohltätige Zwecke ein Zehntel des Vermögens, die sogenannte *decima dei morti*, dem Bischof von Castello zu entrichten. Dieser verwandte ein Viertel für sich, ein Viertel für den Klerus, ein Viertel zur Finanzierung kirchlicher Zeremonien und ein Viertel für Arme[78]. In den untersuchten Testamenten werden darüber hinaus weitere Legate *ad pias causas* aufgelistet: Spenden an Klöster, Hospitäler oder Waisenhäuser, Zahlungen an Kirchen für die Messen zum Gedächtnis an den Verstorbenen oder Zahlungen an Arme unter der Auflage, für das Seelenheil des Verstorbenen zu beten, regelmäßig Kerzen anzuzünden oder Pilgerfahrten zu unternehmen. Hier sind jedoch starke individuelle Unterschiede zu erkennen. Einige bedachten vornehmlich Arme, während andere nur Legate an ihre Gemeindekirche aufführten. Bisweilen ist vermutlich mehr als ein Zehntel des Vermögens entrichtet worden. Einige vermögende Buchbesitzer wie der Doge Marino Zorzi ließen ganze Hospitäler errichten[79]. Einer seiner späteren Amts-

---

74 Vgl. ASV, PSM, Atti Misti, B. 148, Commissarie di Rafaiono Caressini, Registro Vr-VIr.

75 Vgl. Romano: Patricians and Popolani, S. 34-38. Romano weist ebenfalls auf die verschiedenen Kategorien von Mitgiften hin.

76 Vgl. ASV, PSM, Atti Misti, B. 141a, Commissarie di Bernardigio de Pietro.

77 Es bleibt zwar zu berücksichtigen, daß die Höhe einzelner Versorgungsleistungen unter Umständen von der Anzahl derer, die es zu unterhalten galt, abhängig war. Der Großteil der ermittelten Buchbesitzer hatte allerdings durchgehend mehrere Nachkommen. In der Regel sind mindestens drei Kinder in den Dokumenten faßbar.

78 Vgl. Molmenti: La vita privata, Bd. II, S. 347 f. Weitere Beispiele bei Müller: Il banchiere d'avanti a dio, S. 61-64.

79 Zorzi unterstützte mit seiner Hinterlassenschaft wesentlich die Dominikaner von Castello beim Aufbau des Hospitals, dessen Verwaltung deshalb seinen *fidecommissarii*, den *Procuratori di San Marco*, oblag. Vgl. ASV, PSM de citra, B. 170,

nachfolger, Agostino Barbarigo, hinterließ hingegen Klöstern und Kirchen kleinere Legate und seine Staatsanleihen am *Monte vecchio*, welche kaum noch Gewinne abwarfen, während er seine lukrativeren Anleihen am *Monte nuovo* seiner Familie zukommen ließ[80]. Die Angaben können dennoch helfen, die Vermögen der Buchbesitzer einzuschätzen. Reichtum kann mit Sicherheit festgestellt werden. Jemand, der mehrere Tausend Dukaten für wohltätige Zwecke hinterlassen konnte, ist der finanzstärkeren Schicht Venedigs zuzuzählen. Dagegen kann der Umstand, daß ein Erblasser generell nur geringe Mitgiften und andere Legate verteilt und ansonsten keine Immobilien, Sklaven etc. erwähnt und auch *ad pias causas* nur wenige Dukaten vermachen kann, seine beschränkten Vermögensverhältnisse bestätigen.

Zur Ergänzung ist bei der Einschätzung von Vermögen auch auf erhaltene Geschäftsbücher und Briefe zurückzugreifen, welche wirtschaftliche Aktivitäten dokumentieren. Aus ihnen sind bisweilen auch *beni mobili* und *beni immobili* rekonstruierbar. Zum Teil dokumentieren sie auch die Armut eines verschuldeten und abhängigen Buchbesitzers. Erbschaftsverwaltung, Inventarisierung oder Verkauf der Erbmasse geben ebenfalls Auskunft. Sie zählen mitunter Haus- und Grundbesitz, Liegenschaften, Tafelsilber, Pelze, Schmuck oder Edelsteine auf. Insbesondere bei Frauen wird deutlich, ob ihre persönliche Habe ein bescheidenes oder reiches Ausmaß besaß. Doch bedarf es hier möglichst der Kontrolle durch den Vergleich mit anderen Quellen. Das Inventar der „*cose in domo*" von Barbarella Michiel, der Witwe Niccolò Michiels, zählt nur sehr wenige Luxusgegenstände wie Pelze, Tafelsilber oder Juwelen, auf. In ihrem Testament vermachte sie jedoch insgesamt 2892 Golddukaten, einen Betrag, über den nur Venezianerinnen der reichsten Familien verfügen konnten[81].

Grundsätzlich ist festzuhalten, daß anhand der Dokumente vorhandener Reichtum belegt werden kann, der Nachweis bescheidener Vermögensverhältnisse jedoch des Vergleichs mehrerer Quellen bedarf.

Commissarie di Marino Zorzi, Doge. Das Testament mit entsprechendem Legat und Weisung vom 10. Juni 1311 liegt dort lose in mehreren Abschriften vor.

80 Der Emissionswert der Anleihen am *Monte vecchio* war stark gesunken. Die Dividenden wurden nicht mehr ausgeschüttet. Der Emissionswert am *Monte nuovo* war höher, und die Dividenden waren garantiert. Vgl. Luzzatto, S. 203-208; Lane: Seerepublik, S. 393; u. v.a. Knapton, Michael: Guerra e finanzia. In: La Repubblica di Venezia nell'età moderna. Dalla guerra di Chioggia al 1517, hrsg. von Giuseppe Galasso, Torino 1986, S. 275-353. Für den Hinweis auf das Vorgehen Barbarigos danke ich Claudia Bienentreu. Vgl. entsprechende Passagen im Testament Barbarigos bei Roeck: L'arte per l'anima, Fol. 2v, 19-20 / Fol. 2v, 27-29 / Fol. 2v 39 - Fol. 3r, 2 / Fol. 3r, 9-13 / fol 3r, 19-23 (*Monte vecchio*) und Fol. 3v, 11-13 / fol 5r, 2-6 (*Monte nuovo*).

81 Vgl. ASV, PSM de citra, B. 103, Commissarie di Barbarella Michiel, Fol. 2 (Inventar) und ebd., Pergament vom 21. Mai 1459 (Testament).

Insgesamt können vier soziale Abstufungen markiert werden, denen sich die einzelnen Buchbesitzer, sofern genügend Informationen vorliegen, zuordnen lassen:

1. „Sehr Wohlhabende": Venezianer, welche in der Regel kein berufliches Gewerbe ausübten, sondern ausschließlich vom Handel oder von ihrem Vermögen leben konnten, 1379 im *estimo* dementsprechend mit einem Vermögen von über 5000 *lire a grossi* eingestuft wuden, bzw. später über vergleichbare Vermögen verfügten, die in ihrem Testament Legate an Dritte, zum Beispiel *ad pias causas,* von mehreren tausend Dukaten erwähnten, oder Spitzenmitgiften zahlen konnten. Eingeschlossen werden auch die Venezianerinnen der reichen Familien, welche in der Regel mit entsprechenden Mitgiften als Erbanteil ausgestattet wurden, sofern sie nicht schon als Witwe über die Geschäftsvollmachten verfügten.

2. „Wohlhabende": bezahlte Beamte der Republik, Adlige und Bürgerliche, Ärzte, Advokaten, gewerbeabhängigen Kleinhändler, Handwerker, Honorar- und Lohnabhängige, Priester und Lehrer, die es zu einem bescheidenen Wohlstand gebracht hatten, im *estimo* in den unteren Steuerklassen zu finden sind, mitunter über Häuser und Grundbesitz verfügten und mittlere Mitgiften (im 14. Jahrhundert bis zu 200, nach 1377 bis zu 600 Dukaten) aufbringen konnten, bzw. Frauen, die über derartige Mitgiften bestimmen konnten.

3. „Bescheiden Vermögende": Honorar-, Lohn- und Gewerbeabhängige, die ihren Nachkommen, soweit nachweisbar, nur ein geringes Patrimonium (bis zu 800 Dukaten) hinterlassen konnten, womit sie nach den Kriterien des *estimo* steuermäßig nicht erfaßt wurden bzw. erfaßt worden wären, die nur niedrige Legate *ad pias causas* und nur geringe Mitgiften (im 14. Jahrhundert um die 50, im 15. bis zu 100 Dukaten) vermachen konnten, sowie Frauen, die über derartige Beträge verfügten.

4. „Kaum Vermögende - Verarmte": Buchbesitzer, die lediglich über eine Habe von wenigen Dukaten verfügten, so daß ihre Bücher ihren herausragenden Besitz darstellten, oder die sogar soweit verschuldet waren, daß sie ihre Bücher verkaufen oder verpfänden mußten.

Im *estimo* von 1379 finden sich insgesamt elf Venezianer, die in den folgenden Jahren, bis 1398, als Buchbesitzer aktenkundig wurden. Ihre geschätzten Vermögen lagen zwischen 600 und 12 000 *lire a grossi*. Über ein hohes Vermögen von über 5000 *lire a grossi*, das eine unabhängige Existenz erlaubte, verfügten fünf der hier erwähnten Venezianer: der Doge Andrea Contarini mit einem au 14 000 *lire a grossi* geschätztem eigenen Vermögen; der 1398 als *podestà* von Treviso verstorbene Michele Contarini mit einem auf 10 000 *lire a grossi* geschätzten Vermögen; der *popolano* Markus Paruta mit einem auf 7000 *lire a grossi* geschätzten Vermögen; der Kaufmann Lodovico Bembo mit einem auf 5500 *lire a grossi* geschätzten Vermögen und dessen Sohn Leonardo mit einem auf 5000 *lire a grossi* geschätzten Vermögen.

Bei zwölf weiteren Buchbesitzern sind anhand anderer Dokumente sowohl für das 14. als auch für das 15. Jahrhundert eindeutig hohe Vermögen nachzuweisen. Bartolomeo Querini, Bischof von Castello, der 1291 seinem Neffen seine Bibliothek vermachte, verfügte über mehrere 1 000 *lire di grossi*[82]. Marco Dandolo, Sohn des Dogen Giovanni Dandolo, wohl zur Offenlegung seines Vermögens in seinem Testament gezwungen, da er auch einen in der Levante lebenden Sohn aus erster Ehe bedenken und Erbstreitigkeiten vermeiden wollte, bedachte 1319 in seinem Testament ausdrücklich alle drei Söhne mit 2 000 *lire di grossi* (ca. 60 000 Dukaten)[83]. Bertucci da Pesaro erwähnte am 31. August 1329 im Testament über 7 000 *lire di grossi* (ca. 70 000 Dukaten) und vermachte allein 1 000 *lire di grossi* zur Einrichtung eines Hospitals[84]. Marco Inzegneri hinterließ 1366 einer seiner Töchter eine Mitgift von 1 000 Dukaten. Tommaso Sanudo vom *confinio* Santa Trinità hinterließ seinen beiden Töchtern Cecilia und Maria 1374 jeweils eine Mitgift von 2 000 Dukaten[85]. Toma Talenti behielt in seinem Testament allein 7 000 Dukaten zur Gründung einer Kongregation der Olivetaner in Venedig vor[86]. Giovanni Dandolo vom *confinio* San Antonin vermachte seiner Nichte Barbarella, der Tochter seines Bruders Daniele, 1407 sogar 3 000 Dukaten[87]. Michele Zon, unter anderem ein Geschäftspartner Cosimo de Medicis, hinterließ 1449 seiner Tochter Maria ebenfalls eine Mitgift von 3 000 Dukaten[88]. Der 1440 in Nikosia verstorbene und im Levantehandel erfolgreiche Kaufmann Lodovico Correr konnte seiner Frau 3000 Du-

---

82 Vgl. ASV, PSM de citra, B. 272, Commissarie di Bartolomeo Querini, Fasc. 1, Pergament.

83 Vgl. ASV, PSM de citra, B. 59, Commissarie di Marco Dandolo, Pergament vom 30. September 1319.

84 Vgl. ASV, PSM de citra, B. 32, Commissarie di Bertuzzi da Pesaro, Quaderno 1, Testament vom 31. August 1329.

85 Vgl. ASV, PSM, Atti Misti, B. 74a, Commissarie di Tommaso Sanudo, Scheda I, Pergament vom 22. Januar 1377.

86 Vgl. Testament bei Lazzarini, Lino: 129-135.

87 Vgl. ASV, PSM de citra, B. 56, Commissarie di Giovanni Dandolo, Pergament Nr. 49.

88 Der Name Zon ist nicht zu verwechseln mit dem Namen des venezianischen Patriziergeschlechts Zeno. Vgl. ASV, PSM, Atti Misti, B. 125a, Commisseria di Michele Zon, Testament vom 27. Juli 1449. Seine Erbschaftsverwaltung zeugt insgesamt von weitläufigen Geschäftsverbindungen. Am 30. Oktober hielt der Londoner Notar William Stifford die geschäftlichen Verpflichtungen zwischen Michele Zon (bzw. seinen Erben) einerseits und Piero de Medici und Ierozo de Polli andererseits fest. Michele erhielt Zahlungen von den anderen beiden, die sie im Auftrag für Cosimo de Medici tätigten. Vgl. ebd., Pergament nn. vom 30. Oktober 1449. Ferner war er als Geldverleiher tätig. Vgl ebd., Inventarii 1449-1460.

katen vermachen[89]. Francesco Giustinian, der 1452 in seinem „libro" die Buchausleihen an Bekannte notierte, sah am 20. Februar 1472 in seinem Testament für seine Tochter Orsa 2 000 Dukaten und für eine noch möglicherweise noch zu erwartende, noch nicht geborene Enkelin 2 500 - 3 000 Dukaten an Mitgift vor[90]. Zuan de Musolini konnte 1463 seine Tochter mit einer Mitgift von 1300 Dukaten aussatten[91]. Giugliemo Querini vermachte 1468 neben dem *residuum* Legate von über 10 000 Dukaten an Dritte[92]. Das Inventar seines Hauses bei San Giovanni in Bragora zeugt von einer eindrucksvollen Einrichtung mit Jagdgeräten, Waffen, Wandteppichen etc.[93].

Als Mitglieder der finanzstärksten Schicht weisen sich über ihre Vermögen desweiteren sechs Frauen aus: Maria Contarini, die 1392 in ihrem Testament über 1 147 Dukaten verfügte[94]; Isabetta Contarini, die 1448 ihrer Tochter Elena 2000 Dukaten Mitgift hinterließ[95]; Donna Margerita, die Witwe des „nobilis viris domini Leonardo Abramo", die 1449 neben 2 400 Dukaten auch reichlich Tafelsilber und feinste Garderobe vermachte[96]; Paula Contarini, die Ehefrau Andrea Contarinis vom *confinio* San Severo, die 1458 im Testament 2634 Dukaten erwähnt, wovon 1800 ihr Ehemann erhalten sollte und jeweils 200 ihre drei Töchter[97]; Cataruzza Contarini, geborene Morosini, die 1450 insgeamt 2 334 Dukaten vererbte, von denen sie ihrem Ehemann nur 200 zukommen ließ[98]; desweiteren die schon erwähnte Barbarella Michiel, Witwe Niccolò Michiels, die in ihrem Testament 1459 ein Legat von insgesamt 2 892 Dukaten aufführt[99].

Zu der Schicht der Venezianer, die ihre Existenz vornehmlich auf ihr Vermögen stützten, zählen ebenfalls die übrigen fünf Dogen und die Dogenwitwe

---

89   Seine Geschäftspapiere werden drei Tage nach seinem Tod mit seinem Hausrat inventarisiert. Vermögenswerte sind hier leider nicht ersichtlich. Vgl. ASV, PSM, Atti Misti, B. 121a, Commissarie di Ludovico Correr, Carteggio nn; und sein Testament ebd., Pergament vom 17. Oktober 1440.

90   Vgl. ASV, PSM de citra, B. 115, Fasc. 6.

91   Vgl. ASV, S.N., Testamenti, B. 1149, Paolo Benedetto, Carta Nr. 109.

92   Vgl. ASV, PSM de citra, B. 271, Fasc. 10, Testament vom 18. März 1468.

93   Vgl. ASV, PSM, Atti Misti, B. 66, Commissarie di Marco Inzegneri, Carteggio nn. (Inventar), bzw. Registro I, 5r-6v (Testament).

94   Vgl. ASV, S.N., Testamenti, B. 369, Graziano Graziani, Carta Nr. 22. Maria Contarini ist die Ehefrau eines Andrea Contari vom *confinio* Santa Fosaca. Eine Identität mit dem gleichnamigen Dogen ist auszuschließen, da dieser nicht in Santa Fosca ansässig war. Auch fehlt in den Quellen bei der Namensnennung konsequent jede Titelangabe.

95   Vgl. ASV, PSM, Atti Misti, B. 163, Commissaria di Isabetta Contarini, Testament vom 1. Juni 1448.

96   Vgl. ASV, C.I., Notai, B. 27, Bruno Felice, Pergament vom 17. Juli 1449.

97   Vgl. ASV, S.N., Testamenti, B. 565, Pietro Grasselli, Carta Nr. 158.

98   Vgl. ASV, S.N., Testamenti, B. 565, Pietro Grasselli, Carta Nr. 180. Cataruzza ist nachweislich weder verwandt noch verschwägert mit oben genannter Paula.

99   Vgl. ASV, PSM de citra, B. 103, Commissarie di Barbarella Michiel, Pergament vom 21. Mai 1459.

Alvica Gradenigo. Das Dogenamt wurde ausschließlich von der finanzstärkeren Schicht bekleidet[100]. Gleiches gilt für Pietro Barbo, den späteren Papst Paul II[101].

Auf bis zu 5000 *lira a grossi* wurden im *estimo* von 1379 sechs der ermittelten Buchbesitzer geschätzt: der Arzt Bertucci da Ponte mit 4 000; Giovanni Gradenigo mit 3 000; Andrea Coccho mit 1 500; Niccolò Paon mit 1 000, der Rechtsgelehrte Niccolò Morosini mit 600; desweiteren Andriolo Alemano mit 500 *lire a grossi*. Zu dem wohlhabenden Mittelstand lassen sich 15 weitere Buchbesitzer zählen: der *presbiterius* Francsco Preconatis, der 1348 über 184 *lire di grossi*[102] verfügte; der Arzt Guidone da Bagnolo, der bis zu seinem Tod 1362 als Leibarzt des kretischen Königs zu Wohlstand gekommen war[103]; Donatus de Casetino, ein Freund Petrarcas, der 1371 seiner Tochter 400 Dukaten hinterließ[104]; Giorgio Bassegio, *imperialis miles*, der 1385 einige tausend Dukaten, kostbare Handschriften und seine Waffen vermachte[105]; Johannes Contareno, der 1371 sein Testament in Famagusta machte, darin 1390 Dukaten erwähnte und seine Schwester mit 100 Dukaten versorgte[106]; Philipus Melioratis, Doktor beider Rechte, der 1382 offensichtlich ohne direkte Nachkommen starb und in seinem Testament Legate an Dritte von insgesamt 1 287 Dukaten austeilte, wovon er den *fratri minori* 200 Dukaten zukommen ließ und die Mitgift der Tochter eines Freundes mit 100 Dukaten unterstützte[107]; der schon erwähnte Bernadiggio de Pietro, der in seinem Testament von 1397 seiner Tochter und seinem Sohn jeweils 400 Dukaten vorbehielt[108]; Amado di Amati, der 1424 seine Tochter mit einer Mitgift von

---

100 Lorenzo Celsi hat allein seinem Notar für die Niederschrift des Testaments 100 *lire di grossi* hinterlassen. Vgl. ASV, PSM, Atti Misti, B. 120, Commissarie di Lorenzo Celsi, Registro 8r-10v.
101 Vgl. Sabbadini: I, S. 64 f.
102 Vgl. ASV, S.N., Testamenti, B. 1063, Notar unbekannt, Testament liegt bei Nicola Venier, Carta Nr. 5.
103 Guidone stammte aus der Emilia Romagna, lebte auf Kreta unter den dort ansässigen Venezianern und blieb der Stadt noch lange verbunden. In seinem Testament ernennt er auch Venezianer zu seinen *fidecommissarii*, und sein Vermögen bleibt der Stadt erhalten. Zu seiner Hinterlassenschaft und zu seinen sozialen Beziehungen vgl. Kap. 6.3.2.2.
104 Vgl. Bertanza: Maestri, S. 120 f.
105 Vgl. ASV, PSM de citra B. 53, Commissarie di Giorgio Baseggio. Im *estimo* von 1379 ist Giorgio noch nicht aufgeführt. Offensichtlich war er als Soldat durch den Sieg über Genua im Chioggiakrieg vermögend geworden.
106 Vgl. ASV, S.N., Testamenti, B. 369, Niccolò Cordon, Registro, Nr.. 37.
107 Vgl. ASV, S.N., Testamenti, B. 828, Gabriele Rampinelli, Carta Nr. 6. 1 287 Dukaten entsprach in jener Zeit etwa 500 *lira a grossi*, womit er drei Jahre zuvor steuerlich im *estimo* hätte erfaßt werden müssen.
108 Vgl. ASV, PSM, Atti Misti, B. 141 a, Commissarie di Bernardigio de Pietro.

300 Dukaten bedachte[109]; Paulus da Faiano, *rector scholarum*, der mit Büchern handelte, was ihm bescheidenen Wohlstand brachte[110]; der 1436 verstorbene *gastaldo ducale* Andrea Zuani, dessen Töchter testamentarisch mit einer Mitgift von 600 Dukaten ausgestattet wurden[111]; Andrea Cornaro, der 1442 in seinem Testament sein Vermögen von 3 355 Dukaten offenbarte, wovon 1 000 Dukaten sein einziger Sohn Antonio erhalten sollte, während sein restliches Vermögen für noch nicht geborene Nachkommen angelegt werden sollte[112]; Stefano de More (zu lesen als Morosini), venezianischer *capitano* in Padua, der 1453 die Mitgift seiner Enkelin mit 20 *lire di grossi* unterstützte[113]; der Arzt Pietro Tomasi[114], der 1458 ein Witwenheim einrichten ließ; Magister Philippus, „de diversis artium doctor"[115], der 1467 eine Mitgift von 400 Dukaten hinterließ, sowie der 1490 verstorbene Buchbesitzer Bartolomeus Almericis, *magister* und *notarius*, dessen Ehefrau eine Mitgift von 600 Dukaten mit in die Ehe gebracht hatte[116].

Zu den Frauen, die über vergleichbare Mitgiften verfügten, gehörten: Francesca Guidotti, die 1375 die Summe von 428 Dukaten hinterließ[117]; Donna Madaluzia, Witwe Bartomoleos Philiparis, die 1419 insgesamt 516 Dukaten vermachte[118]; Donna Andriola, die 1446 den Betrag von 330 Dukaten hinterließ[119], sowie die Nonne Polesina Inselma, die 1462 über 305 Dukaten verfügte[120].

Es lassen sich zudem 35 Buchbesitzer identifizieren, welche die Quellen als wohlhabend ausweisen, da sie über eine bestimmte Geldmenge im Testament verfügten, Geschäfte von relativ hohem Volumen tätigten, Häuser oder Staatsanleihen besaßen oder in prächtig eingerichteten Häusern wohnten, deren Vermögenswerte jedoch nicht ausreichend dokumentiert sind, um sie mit Sicherheit einer der beiden oben skizzierten Vermögensgruppen zuordnen zu

---

109 Vgl. ASV, PSM, Atti Misti, B. 112, Inventar (einzelnes Pergament) vom 1. Dezember 1424.
110 Vgl. Anm. 54.
111 Vgl. ASV, PSM, Atti Misti, B. 4b, Commissaria di Andrea Giovanni, Testament vom 19. Juni 1436.
112 Vgl. ASV, S.N., Testamenti, B. 730, Johannes de Larocca, Protocolli 7v-8r, Nr.. 14.
113 Vgl. ASV, S.N., Testamenti, B. 724, Girolamo Bon, Testament vom 2. Juli 1453, Carta nn.
114 Vgl. Connell: S. 176-182.
115 Vgl. ASV, S.N., Testamenti, B. 531, Francesco de Grassi, Carta Nr. 111.
116 Vgl. ASV, S.N., Testamenti, B. 875, Lorenzo Stella, Carta Nr. 175. Bartolomeo zahlt seine Frau mit 400 Dukaten aus. Ein Drittel der Mitgift, das *corredum*, stand ihm zu. Vgl. Chojnacki: Marriage Legislation, S. 164 f.
117 Vgl. ASV, S.N., Testamenti, B. 415, Pietro canonico di Castello, Carta nn, Testament vom 6. Januar 1375.
118 Vgl. ASV, S.N., Testamenti, B. Stefano Marario, B. 724, Carta Nr. 46.
119 Vgl. ASV, S.N., Testamenti, B. 337, Baldasar de Ripa, Carta Nr. 140.
120 Vgl. ebd., Carta Nr. 136.

können. Donna Constatia, Witwe des Carolin Grisson, erwähnte 1331 in ihrem Testament einzelne Legate in Höhe von 963 *lire* und 314 *soldi*. Sie notierte allerdings auch von ihre *imprestidi*, ihre Staatsanleihen bei der „camera de comun", und trat als Führerin des Familiengeschäfts auf, das sie wahrscheinlich als Witwe leitete[121]. Niccolò Zorzi residierte 1349, als *feudo del principato di Morea* in einem Schloß, „che stava a buana guardia della stretta delle Termopili[122]". Agnesina Zeno vermachte 1348 einen Ring, ihren „anullus [...] a sanguine", und 20 *lira di grossi* dem Kloster San Antonio auf Torcello. Sie besaß außerdem ein Haus in San Giovanni Chrisostomo. Ihr gesamtes Vermögen ist nicht erfaßbar[123]. Lorenzo Soranzo ist 1364 in der Lage, die Kirche San Stefano mit Altären, Bänken, Büchern, Meßbüchern, Altar- und Kirchenschmuck auszustatten[124]. Francesco Lanzenigo verfügte 1400 über zahlreiche Güter in verschiedenen Städten und Dörfern, vor allem in Treviso, Padua, Verbono, Volpago und Bibiano[125]. Bartolomeo Grimani war bis 1412 im Seehandel tätig und hatte sein Haus mit reichlich Tafelsilber und -gold sowie Juwelen ausgestattet[126]. Cecilia Bembo, geborene Dolfin und Witwe des „egregio decorate militis" Antonio Bembo, vermachte 1420 ihrem Sohn ihre Bücher und stiftete 150 Dukaten den „frari di San Francesco". Außerdem hinterließ sie *case*, Häuser, wovon eines in der *contrada* Santa Chiara lag und eine jährliche Mieteinnahme von 24 Dukaten einbrachte[127]. Giovanna Nani, die Witwe Petrus Nanis de Venetis, machte 1426 ihr Testament in Padua und setzte den *decretorum doctor* Luca Leono, den späteren Bischof, damals aber wohl noch ihr Protegé oder Beichtvater, als Haupterben ein. Sie entließ ihn aus allen Schulden und war in der Lage, ihm neben ihrem wertvollen Hausrat noch 50 Dukaten für ein Meßbuch zu hinterlassen[128]. Pietro da Bernardo erwähnte 1427 in seinem Testament 3 400 Dukaten und entließ eine Sklavin in Freiheit. Er sprach auch von seinen Geschäftsbüchern, die er in seinem „studio" habe. Die Wertangaben können in diesem Falle fast

---

121 Vgl. ASV, S.N., Testamenti, B. 337, Marco Pievano di San Stefano Confessore, Registro 22r-23r, Nr.. 42. Das Testament datiert auf das Jahr 1331, als 1000 *lire di piccoli* noch einen Gegenwert von 166 *lire di grossi* hatten.
122 Zitiert nach Lazzarini, Vittorio: S. 172.
123 Vgl. ASV, PSM, Atti Misti, B. 126a, Commissaria di Agnesina Zeno, Registro 1 VIIr - VIIIIr (Testament) und Carteggio nn., undatiert.
124 Vgl. ASV, S.N. Testamenti, B. 730, Pietro Nadal, Protocolli 20r.
125 Vgl ASV, PSM, Atti Misti, B. 177, commissarie di Francesco da Lancenigo, Carte nn.
126 Bartolomeo besaß Seekarten und nautisches Gerät. Vgl. Proc, PSM, Atti Misti, B. 170a, Commissaria di Bartolomeo Grimani da Sta Sofia, foglio nn. (Inventar). Sein Testament ist nicht sehr aussagekräftig. Vgl. ebd. Pergament nn.
127 Vgl. ASV, S.N., Testamenti, B. 486, Francesco Ghibellino, Carta Nr. 239. Zu ihren anderen Häusern machte sie keine Angaben. Zu Immoblienpreisen Vgl. Wirobisz, André: L'attività edilizia a Venezia nel XIV e XV secolo. In: Studi Veneziani 7, 1965, S. 307-343.
128 Vgl. ASV, S.N., Testamenti, B. 730, Johannes de Larocca, Protocolli 9r-10v, Nr.. 15.

das ganze *patrimonium* oder vielleicht nur ein Zehntel wiedergeben, da er weder Mitgiften noch Söhne als direkte Erben erwähnte[129]. Vittore Loredan hinterließ 1428 seinem Sohn allein 1 000 Dukaten zum Ankauf von Saatsanleihen[130]. Pietro Gradenigo war bis zu seinem Tod 1434 in umfangreiche geschäftliche Aktivitäten involviert[131]. Francesco Morosini war bis 1436 stark im Mittelmeerhandel aktiv und kooperierte mit dem Großkaufmann Giacomo Badoer[132]. Lorenzo Donà war 1436 Besitzer und Bewohner mehrerer Häuser in Venedig[133]. Alvise Donà legte in seinem Testament 1438 Staatsanleihen in Höhe von 1 600 Dukaten offen[134]. Luxuriös eingerichtet lebte Stefano da Bertolo. Er besaß *arzentiere di casa* (Haus- und Tafelsilber) sowie Schmuck und Edelsteine[135]. Andrea und Angelo Cornaro ordneten 1426 bzw. 1465 an, ihre Juwelen, Silberwaren und Bücher zu verkaufen und den Gewinn für die Erben in Anleihen zu investieren[136]. Der Prokurator von San Marco, Bartolomeo Morosini, lebte bis 1444 ebenfalls in einem prächtig eingerichteten Haus. In seinem Testament legte er seine Vermögensverhältnisse zwar nicht offen dar, hinterließ aber ein ansehnliches Stipendium für einen jungen Nachfahren aus dem Hause Morosini[137]. Elena Giustinian stand laut ihrem Testament im Jahre 1450 bei ihrem Sohn mit 1 000 Dukaten in der Schuld, ließ diesem dafür den größten Teil ihrer sehr kostbaren Habe zukommen und vermachte noch 157 Dukaten an Dritte[138]. Bernardus Martino, Erzbischof von Korfu, stattete 1451 über sein Testament seine Bischofskirche reich aus[139]. Als

---

129 Vgl. ASV, S.N., Testamenti, B. 730, Johannes de Larocca, Protocolli 12rv, Nr.. 18.
130 Vgl. ASV, PSM, Atti Misti, B. 176, Commissarie di Vettore Loredan, Testament vom 19. Juli 1428.
131 Vgl. seine Aussagen in seinem Testament in ASV, C.I., Notai, B. 213, Tabarino Odorico, Registro 1433-1437, 29v.
132 Vgl. Crouzet-Pavan: S. 713; und Luzzatto: Storia economica, S. 168-176.
133 Vgl. die verschiedenen Inventare in ASV, PSM, Atti Misti, B. 173, Commissarie di Lorenzo Donà.
134 Vgl. Abschrift des Testaments in ASV, PSM, Atti Misti, B. 157, Commissarie di Alvise Donà, Quaderno np.
135 Vgl. ASV, PSM de Ultra, B. 140, Commissaria di Michel Zacharia, Fasc. XXV, Carteggio nn.
136 Vgl. ASV, S.N. Testamenti, B. 730, Johannes de Larocca, Protocolli 7v-8r, Nr. 14. bzw. C.I., Notai, B. 175. Rubeus Francesco, Pergament nn. Der Verkauf von Gütern zur Anleihenfinanzierung für die Erben muß kein Zeichen für mangelnde Finanzreserven sein, sondern kann auch die Wahl des steuergünstigsten Erbvorgangs bekunden. Vgl. Kap. 2.2.
137 Vgl. ASV, PSM de citra, B. 183, Commissara di Bartolomeo Morosini, Fasc. 4 (Inventar) und ebd., B. VII, Nr. 2 (Testament).
138 Vgl. ASV, S.N., Testamenti, B. 531, Francesco de Grassi, Carta Nr. 98.
139 Bernardus ordnete in seinem Testament an, daß sein grüner Stein mit einer am Kreuze verlorenen Träne Christi in Kristall eingefaßt auf dem Altar seiner Kirche aufbewahrt werden sollte: "Item volo quod lapis viridis coloris ad forma cordis ubi lacrime sancte signoris filio suo Iesu Christo in cruce existente eccideret dum aderutem feret ut creditur et fertur et Jerusalem portata fuit per siat ponatur et ornet in cristalo in uno

einstiger Bischof von Cataro stiftete Bernardus Minimo 1455 neben reichen Schenkungen an seine Bischofskirche auch Santa Iustina in Padua Altarbilder[140]. Der *aromatarius* Gasparino Britti verfügte 1458 im Testament größtenteils über festes, schwer einzuschätzendes Vermögen. Geldwerte erwähnte er in einer Höhe von insgesamt 1950 Dukaten. Er verfügte auch über die Mitgift seiner Mutter von 200 Dukaten[141]. Gewürzhandel konnte in Venedig ein gewinnträchtiges Geschäft sein. Im *estimo* von 1379 war der Gewürzhändler Niccolò Starion mit 15 000 *lire a grossi* sogar einer der wohlhabendsten Bürgerlichen der Stadt[142]. Im reich eingerichteten Haus Andrea da Molins fanden 1464 die Prokuratoren neben Juwelen auch eine Geldkassette mit mehreren hundert Dukaten[143]. Niccolò Saraton erläuterte 1464 sein *residuum* in seinem Testament nicht. Er gab allerdings an, in seiner *botega di legname* noch Holz und Waren mit einem Gesamtwert von 2000 Dukaten zu haben[144]. Er erwähnte außerdem in seinem Testament noch ein *domum* in der *contrada* San Pancrazio. Pietro Spiera, 1491 in Damaskus gestorben, hinterließ zahlreiche Perlen und Edelsteine, mit denen er vielleicht sogar gehandelt hat. In seinem Besitz fanden seine Erbverwalter noch einen Wechsel von 500 Dukaten[145]. Paolo Manzoroni hatte bis 1498 sein Haus prächtig mit Waffen, Wandteppichen, kostbaren Truhen etc. eingerichtet[146].

Der Gruppe sind die drei übrigen der vier als Buchbesitzer identifizierten Prokuratoren von San Marco zuzuzählen, ein hohes Amt, das nur mit Vermögenden bekleidet werden konnte, sowie Francesco Michiel, bis 1348 Erzbischof auf Kreta; Pietro Lando, Erzbischof von Castello[147]; Dominikus, Mitte des 15. Jahrhunderts Bischof von Torcello; Bagio da Molin, bis 1444

---

tabernaculo conderenti et perpetuo sit ipsius altarius Sancte Signoris nee possit illo modo extca ecclesiam dar vel concedi". Vgl. ASV, PSM de Ultra, B. 43, Commissarie di Bernardo Martino archivescovo di Corfù, Registro.

140 Vgl. ASV, PSM de ultra, B. 46, Commissaria di Bernardus vescovo di Cataro, Registro Ir -VIr.

141 Vgl. ASV, PSM, Atti Misti, B. 110, Commissarie di Gasparino Britti, Testament vom 22. Januar 1458.

142 Zu den *spicier* im *estimo* vgl. auch Merores: Der venezianische Steuerkataster, S. 417.

143 Vgl. ASV, PSM, Atti Misti, B. 64, Carte di Girolamo da Molin, Inventarii.

144 Das Hinterlassenschaftsinventar Nicolò Saratons gibt eine eher nüchterne Hauseinrichtung wieder. Vgl. ASV, PSM, Atti Misti, B. 13, Commissaria di Nicolò Saraton, Inventario. In seinem Testament vermachte er einerseits Legate *ad pias causas* lediglich in der Höhe von jeweils 5 Dukaten, erwähnte aber gleichzeitig drei Häuser.

145 Vgl. ASV, S.N., Testamenti, B. 750, Christofero Percisini, Protocolli, Nr.. 1. Das ein Tag nach seinem Tode angefertigte Inventar findet sich ebd., Carta nn.

146 Vgl. ASV, C.I., Notai, B. 105, Lauro Antonio, Registro 31 rv.

147 Marco Lando ordnet in seinem Testament nicht nur den Verkauf seiner Bücher und Gesangbücher, sondern auch seines Tafelsilbers und seiner Juwelen an. vgl. ASV, PSM de citra, B. 66, Commissarie di Marco Lando. Pergament nn. vom 23. Januar 1423.

Patriarch von Jerusalem[148]; Andreas Bono, Bischof von Esquilium (Jesolo) sowie Erzbischof Marco Cathanio. Wenn letztere nicht schon von Haus aus vermögend waren, so sind sie durch ihre Ämter in die finanzstarke Schicht aufgestiegen.

17 adlige oder bürgerliche Buchbesitzer, die in den Jahren 1379 bis 1400 aktenkundig wurden, finden sich nicht im *estimo* von 1379. Die Ärzte Geraldus de Regio und *Misser* Andrea sowie die Rechtsgelehrten Rodolfo de Sanctis, Philippus Melioratis, Bassiano del fu Leone, Paxinus de Falconibus und Zorzi de Buongadagni sind vermutlich jedoch erst nach 1379 zugezogen oder waren 1379 noch ohne Bürgerrechte und damit nicht abgabepflichtig. Sie tragen nicht unbedingt venezianische Namen. Andrea, Bassiano, Philippus, Paxinus und Zorzi stammten nachweislich jeweils aus Osimo, Lodi, Segre, Brixen und Treviso. Der oben erwähnte, wohlhabende *imperialis miles* Giorgio Basegio - ebenfalls im estimo nicht erwähnt - ist wahrscheinlich erst durch den Sieg im Chioggiakrieg gegen Genua zu seinem Vermögen gekommen[149]. Bei Bernadiggio de Pietro und Maria Contarini konnten ebenfalls auf anderem Wege hohe Vermögen belegt werden. Insgesamt waren sechs im *estimo* nicht erwähnte Buchbesitzer nachweislich alteingesessene Venezianer, die zwischen 1379 und 1399, also in den ersten zwanzig Jahren nach dem *estimo,* faßbar sind. Auch etwaige Ehegatten, Väter oder mögliche Verwandte gleichen Namens 1379 sind in diesen Fällen in den Steuerlisten unter ihrem Kirchensprengel nicht erwähnt. Es handelt sich unter anderem um den *cancelliere ducale* Rafaino Caressini, den Rechtsgelehrten Rodolfo de Sanctis, Magister Odoricus, Andriolo Malipiero oder Johannes Grisson. In allen Fällen wurde der Buchbesitz mit dem Testament oder *post mortem* aktenkundig, und es ist davon auszugehen, daß die meisten von ihnen in reifem Alter verstarben, da sie schon Nachkommen in ihren Testamenten erwähnten. Sie sind demnach mit großer Wahrscheinlichkeit den Vermögensgruppen zuzuzählen, welche 1379 nicht belangt wurden[150]. Für Rafaino Caressini, Rodolfo de Sanctis,

---

148 Die Hinterlassenschaftsverwaltung seines Neffen und Erben Girolamo liefert zahlreiche Hinweise auch zu Bagio da Molin. Vgl. ASV, PSM, Atti Misti, B. 85a, Commissarie di Girolamo Molin.

149 Vgl. Anm 105.

150 Im Falle von Giacomo Barozzi vom *confinio* San Moisè kann hingegen nicht ausgeschlossen werden, daß es sich bei verschiedenen, unter seinem Kirchensprengel aufgeführten Barozzi, die auf 1500 und 3000 *lire a grossi* eingestuft wurden, um mögliche Vorfahren oder nahe Verwandte handelt. Giacomo Barozzi vererbte 1399 einen Großteil seines Hausrats. Seiner Nichte ließ er zwölf *lire,* wobei nicht ersichtlich ist, ob *di grossi* oder *di piccoli,* sowie einen Ring, einen Pelz, und ein Bett zukommen. Ihr Mann Bernardo Venier erhält unter anderem seine Seekarte, was unter Umständen ein wertvoller Besitz war. 1386 hatte er Weinberge auf den Inseln, „vigne in isola", für 300 Dukaten erstanden, die er im Testament den Minoriten zukommen ließ. Vgl. Te-

Magister Odoricus und Andriolo Malipiero liegen sogar eindeutige Hinweise für bescheidene Vermögensverhältnisse vor.

Insgesamt lassen sich 53 Buchbesitzer wirtschaftlich den unteren beiden der zu Grunde gelegten Vermögensgruppen zuordnen. Hierunter befinden sich Rechtsgelehrte, Ärzte und Schulmeister, *plebani*, einige der einfachen Priester sowie vereinzelt verarmte Adlige.

Als „Bescheiden Vermögende" können insgesamt 21 männliche Buchbesitzer ermittelt werden: Magister Geraldus de Regio, *medicus* und *fisicus*, verfügte 1382 im Testament über 582 Dukaten und hinterließ davon seiner Frau 200 Dukaten[151]. Magister Odoricus verdingte sich 1382 als Lehrer. Er besaß als zusätzliches Auskommen einige kleine Felder bei San Giovanni Battista, wo er Wein und Getreide anbaute, die er den *fratribus servorum* vermachte. Ansonsten ordnete er an, mit seiner Hinterlassenschaft seine ausstehenden Zahlungen zu begleichen und vermachte sein *residuum* seiner Schwester und seiner Frau[152]. Andriolo Malipieros Habe wurde 1389 in Tana auf der Krim veräußert. Seine Frau, von ihm als Haupterbin eingesetzt, erhielt den Großteil davon, insgesamt 200 Dukaten[153]. Rodolfo de Sanctis hinterließ 1388 seiner Tochter eine Mitgift von 100 Dukaten[154]. Lorenzo Correr stattete 1449 seine Tochter ebenfalls mit einer Mitgift von 100 Dukaten aus[155]. Petrus Feci, *phisicus* aus Conigliano und *habitator venetiarum*, legte in seinem Testament 1458 sein gesamtes Vermögen dar und führte insgesamt 731 Dukaten auf. Nachkommen erwähnte er nicht. Dem Haupterben, seinem jüngeren Bruder Niccolò, vermachte er 400 Dukaten[156]. Die Habe des Arztes Giovanni Recanati, *artium et medicine doctor*, umfaßte 1428 gemäß der Schätzung der Prokuratoren 150 Dukaten[157]. Mit 400 Dukaten ist der *presbiterius* und *plebanus* von San Lio, Victor Bonifatius, 1430 in der Lage, seine Haushälterin Tomadella wie eine Tochter als Haupterbin auszustatten[158]. Der *plebanus* von San Blasius, Petrus Pensavem, entließ 1413 seine Sklavin Caterina in die Freiheit, den Großteil seiner *beni* erhielt sein noch unmündiger Protegé

---

stament in ASV, PSM de citra, B. 251, Commissaria privata di Giacomo Barozzi, Pergament vom 10. August 1399; und Kaufvertrag in: ebd., Fasc. 5.

151 Vgl. ASV, S.N., Testamenti, B. 466, Giovanni Gazo, Registro 8v, Nr. 24 und Carta Nr. 3.

152 Vgl. Bertanza: Maestri, S. 165-167. Vgl. Anm. 45.

153 Vgl. ASV, PSM, Atti Misti, B. 104a, Commissarie di Andriolo Malipiero, Inventar vom 18. Mai 1391 und ebd., Testament vom 9. Apri 1389.

154 Vgl. ASV, PSM, Atti Misti, B. 62, Commissarie di Rodolfo di Sanctis, Testament vom 9. Juli 1388.

155 Vgl. ASV, PSM, Atti Misti, B. 145, Commissarie di Lorenzo Correr, Registro.

156 Vgl. ASV, S.N., Testamenti, B. 738, Bonaventura da Padernello, Testament vom 22. Juli 1458, Carta nn. Seine Schwester stattete er mit einer Mitgift von 300 Dukaten aus.

157 Vgl. ASV, PSM, Atti Misti, B. 75, Commissarie die Giovanni Recanati, Registro 3v.

158 Vgl. ASV, S.N., Testamenti, B. 1063, Nicolò Venier, Protocolli 9rv, Nr. 11.

Simon[159], den er Caterina anvertraute. Raffaino Caressini, *cancelliere ducale*, vermachte seinen Töchtern eine Mitgift von 50 Dukaten[160]. Den gleichen Betrag sieht Magister Bonus 1371 als Versorgung für seine Tochter vor[161]. *Pre* Paolo, *plebanus* von San Eustachio bezifferte 1458 seine gesamten *beni*, wozu er auch seine Bücher und seine *arzentea* (Silberwaren) zählte, in seinem Testament auf 500 Dukaten, von denen nach Verkauf seine Schwester 200 Dukaten und das „monasterio corpus christi" 250 Dukaten erhalten sollten[162]. Für weitere Priester, meist *plebani* und *primicerii*, sind ähnliche Vermögens-verhältnisse zu konstatieren: Petro Bachari (1335)[163]; Johannes Guido (1338)[164]; Gasparino Favario (1382)[165]; Suno de Cenis (1399)[166]; Marcus Basilio (1430)[167]; Markus Alberto (1445)[168] und Blasius de Lupis (1448)[169]. Der *commandador* Baldassare Arigo ordnete 1466 in seinem Testament den Verkauf seiner Habe an. Sein jüngster Sohn erhielt 150 Dukaten[170]. Der *magister cantus* Albertus Francigena gab 1491 den Hauptteil seines Vermö-gens, 150 Dukaten, in die Hände seiner Frau[171].

Desweiteren treten sechs Frauen mit eindeutig niedriegen Vermögen auf: Donna Helena verfügte 1447 neben einem bescheidenen Hausrat über 62 Dukaten[172]. Im gleichen Jahr ordnete Francescina Falconis an, ihren Hausrat für Arme zu verkaufen. Inventarisierung und Verkauf sind leider nicht doku-mentiert. Herausragendes Stück in ihrem Erbe war ein Pelz. An Geldmitteln erwähnte sie im Testament 35 Dukaten[173]. 1447 hinterließ Donna Grazia vom *confinio* San Piero de Castello 59 ½ Dukaten und 3 *pelizie*[174]. Donna Gratia von *confinio* San Polo verfügte 1449 ebenfalls über 50 Dukaten[175]. Donna Gerita zog 1459 nach dem Tod ihres Mannes kinderlos ins Kloster San Bernardo auf Murano, wo sie auch ihr Testament machte. Sie erwähnte insge-

---

159 Vgl. ASV, S.N., Testamenti, B. 724, Donato de Nadal, Protocollo Nr. 13.
160 Vgl. ebd., Testament vom 19. Oktober 1382.
161 Vgl. Bertanza: Maestri, S. 114-115. Bonus verfügte, daß im Falle des Todes seiner Tochter die Mutter die vorgesehenen 50 Dukaten erhalten sollte.
162 Vgl. ASV, S.N., Testamenti, B. 875, Lorenzo Stella, Carta Nr. 58.
163 Vgl. ASV, S.N., Testamenti, B. 982, Andrea Prete di San Ternita, Protocollo 13r, Nr.. 29.
164 Vgl. ASV, S.N., Testamenti, B. 1154, Odorico Brutto, Registro 34r, Nr.. 72.
165 Vgl. ASV, S.N., Testamenti, B. 828, Gabriele Rampinelli, Carta Nr. 15.
166 Vgl. ASV, S.N., Testamenti, B. 466, Giovanni Gazo, Registro 20v, Nr.. 60.
167 Vgl. ASV, S.N., Testamenti, B. 1063, Niccolò Venier, Protocolli 7r-8r, Nr.. 9.
168 Vgl. ASV, S.N., Testamenti, B.337, Baldassare de Ripa, Registro 11v, Nr.. 21.
169 Vgl. ASV, S.N., Testamenti, B.565, Pietro Grasselli, Registro 6v-7r.
170 Vgl. ASV, PSM, Atti Misti, B. 123, Commissaria di Baldassar Arigo, Testament vom 27. März 1466.
171 Vgl. ASV, S.N., Testamenti, B. 875, Lorenzo Stella, Carta Nr. 68.
172 Vgl. ASV, S.N., Testamenti, B. 1149, Paulo Benedetto, Carta Nr. 10.
173 Vgl. ASV, S.N., Testamenti, B. 565, Pietro Grasselli, Carta Nr. 189.
174 Vgl. ASV, S.N., Testamenti, B. 337, Baldasar de Ripa, Carta Nr. 147.
175 Vgl. ASV, C.I., Notai, B. 175, Rizzo Giovanni, Protocolli 8r.

samt 181 Dukaten und ordnete an, ihre *beni* anzulegen und den jährlichen Gewinn von 4 Dukaten ihrem wohl minderjährigen Neffen auszuzahlen. Ihre Nichte erhielt lediglich ein Gebetbuch und dies nur, solange sie unverheiratet war[176]. Donna Elisabetta, Witwe des Färbers Stefano von San Silvestro, vermachte 1463 über ein Gesamtvermögen von 125 Dukaten und 13 *lira di piccoli*, wovon sie ihrer Tochter 40 Dukaten hinterließ[177].

Bei 24 Buchbesitzern, hierunter zwei Frauen, sind noch bescheidenere Vermögen nachzuweisen, so daß ihre Bücher ihre herausragendsten Schätze darstellten: *Pre* Piero hatte 1465 ebenfalls außer seinen Büchern lediglich spärlichen Besitz[178]. Der *presbitero* Pasquale, von flämischer Abstammung, verfügte 1448 über nur wenige Kleider und 7 Dukaten[179], der Priester Allesandro de Ferris 1452 über 9 Dukaten[180]. Ähnliche Werte vermachten die *Presbiteri* Zuan de Sivenicho im Jahre 1420[181], *Pre* Luchianus 1449[182], der *pievano* Matheus de Stephanis 1477[183] und Hieronimo von San Carolo di Lupino 1485[184]. Der aus Albanien stammende *presbiterius* Petrus Bogisa (oder Vogisa) hinterließ 1483 sein *residuum* den Armen, seinem Neffen eine Jacke und einen Mantel und *Pre* Giorgio sein Breviar. An Geldwerten erwähnte er insgesamt 6 Dukaten[185]. Hinzuzuzählen sind ferner der aus Frankreich stammende Barbier Stephan de Petit, der in seinem kurzen Testament 1435 nur Legate in Höhe von jeweils 2 bis 4 Dukaten[186] erwähnte. Über ähnlich niedrige Geldbeträge konnten weiterhin verfügen: Marco Mucio (1381)[187], der *rector scholarum* Bartolomeo a Ferro (1401)[188], *Pre* Giacomo di Lancilotto (1422)[189] und *Pre* Teodoro (1430)[190]. *Suora* Caterina (Constatini) vom Dritten Orden des Heiligen Franziskus vermachte 1426 aus einer bescheidenen persönlichen Habe 12 Dukaten[191]. Donna Maria Boja erwähnte 1489 in ihrem Testament 8 Dukaten und 44 *soldi*, welche sie zwei Frauenklöstern hinterließ,

---

176 Vgl. ASV, S.N., Testamenti, B. 337, Rugiero Cataldo, Nr.. 91.
177 Vgl. ASV, S.N., Testamenti, B. 724, Girolamo Bon, Carta Nr. 1.
178 Vgl. ASV, S.N., Testamenti, B. 1149, Paolo Benedetto, Carta Nr. 13.
179 Vgl. ASV, S.N., Testamenti, B. 531, Francesco de Grassi, Carta Nr. 247.
180 Vgl. ASV, S.N., Testamenti, B. 565, Pietro Grasselli, Registro 3r, Testament nn.
181 Vgl. ASV, S.N., Testamenti, B. 415, Giovanni de Buzzi, Testament vom 23. März 1420, Carta nn.
182 Vgl. ASV, S.N., Testamenti, B. 738, Bonaventura de Padernello, Carta nn.
183 Vgl. ASV, S.N., Testamenti, B. 46, Niccolò O(A)ranzo, Carta Nr. 74.
184 Vgl. ASV, S.N., Testamenti, B. 750, Marchi di Ruphi (liegt bei Christofero Percisini), Registro 1484-1486, Nr. 5.
185 Vgl. ASV, S.N., Testamenti, B. 875, Lorenzo Stella, Carta Nr. 142.
186 Vgl. ASV, S.N., Testamenti, B. 486, Francesco Ghibellino, Carta Nr. 210.
187 Vgl. Chechetti: Libri, S. 333, Anm. 6.
188 Vgl. Bertanza: Maestri, S. 236.
189 Vgl. Chechetti: Libri, S. 335.
190 Vgl. ebd., S. 335, Anm. 4.
191 Vgl. ASV, S.N., Testamenti, B. 486, Pasqualino Biancho, Carta Nr. 15.

und ein *residuum*, das an ihren Ehemann ging[192]. Der Schulmeister Vittore Bonapaxi listete 1426 in seinem Testament seinen noch verwertbaren Hausrat, vor allem Kleider und Bücher, samt Wertangaben auf. Die Liste umfaßt nur 20 Positionen und gibt einen Gesamtwert von 48 Dukaten wieder, welche dem Augustinerkloster von Santa Iustina zukommen sollten. Der Rest seines Besitzes rekrutiert sich aus noch ausstehenden Unterrichtshonoraren von insgesamt 120 Dukaten, mit denen seine Schulden beglichen werden sollen[193]. Gezwungen, ihre Habe teilweise oder ganz zu veräußern, um ihre Schulden zu begleichen, waren außerdem Marino Navaglia (1309)[194], der *plebanus* Philippo de Monte Martan (1335)[195], der *archidiaconus* Petrus de Natalis (1358)[196], *Pre* Zuan d'Arfa (1445)[197] und Magister Johannes Fulcro (1454)[198]. Ihre Bücher verpfändeten der Augustinermönch Fra Jeremia (1345), *presbiterius* Francesco de Tuscia (1405)[199] und *Pre* Ruzier (1430)[200].

Zu den unteren beiden Vermögensschichten ist noch Johannes Grisson zu zählen, der als Venezianer nicht im *estimo* von 1379 erwähnt. ist. Er kann anhand der Quellenangaben allerdings nicht mit Sicherheit einer speziellen Vermögensschicht zugeordnet werden.

---

192 Vgl. ASV, S.N., Testamenti, B. 875, Lorenzo Stella, Carta Nr. 129.
193 Vgl. ASV, S.N., Testamenti, B. 824, Pomino Vettore, Nr.. 63; vgl. auch Bertanza: Maestri S. 321-324.
194 Vgl. ASV, S.N., Testamenti, B. 337, Marco Pievano di San Stefano Confessore, Registro, Nr. 1.
195 Vgl. ASV, S.N., Testamenti, B. 982, Andrea Prete di San Ternita, Protocollo 15r, Nr. 31.
196 Vgl. ASV, S.N., Testamenti, B. 730, Pietro Nadal, Testament vom 22. Oktober 1358, Carta nn.
197 Vgl. ASV, S.N., Testamenti, B. 1149, Paolo Benedetto, Carta Nr. 186.
198 Vgl. ASV, S.N., Testamenti, B. 565, Pietro Grasselli, Registro 3rv, und Carta Nr. 350.
199 Sein Geldgeber Francesco de Capitenato hielt Verpfändung in seinem Testament fest. Vgl.: Bertanza: Maestri, S. 275.
200 Vgl. Pfandbrief in ASV, PSM, Atti Misti, B. 135, Commissarie di Maso Ubriachi, Scheda II, Fasc. I.; und ASV, S.N., Testamenti, B. 337, Baldassare de Ripa, Carta Nr. 76 (wahrscheinlich fälschlicherweise dorthin geratene Zeugenaussagen über den Diebstahl der verpfändeten Bücher).

Die Buchbesitzer repräsentieren sehr unterschiedliche Vermögensverhältnisse. Sie verteilen sich zahlenmäßig folgendermaßen:

1. Sehr Wohlhabende	30	(21 %)	(12 %)
2. Wohlhabende	25	(17 %)	(10 %)
nicht eindeutig einschätzbare Wohlhabende	35	(24 %)	(14 %)
Wohlhabende insgesamt	*90*	(63 %)	(35 %)
3. Bescheiden Vermögende	27	(19 %)	(11 %)
4. Verarmte, kaum Vermögende	24	(17 %)	(9 %)
nicht eindeutig einschätzbare „Ärmere"	1	(1 %)	(½ %)
weniger Wohlhabende insgesamt	*53*	(37 %)	(21 %)
Total	143	(100 %)	(56 %)
nicht Einschätzbare	112		(44 %)
Gesamtzahl der Buchbesitzer	255		(100 %)

Es sind deutlich mehr wohlhabende Venezianer als Venezianer mit bescheidenerem Vermögen unter den Buchbesitzern nachweisbar. Die Verteilung mag dadurch beeinflußt sein, daß in den Quellen vorhandenes Vermögen leichter identifiziert werden kann als nicht vorhandenes Vermögen und daß Vermögen zur Erbschaftsverwaltung häufiger aktenkundig geworden ist. Trotzdem ist der Anteil von wohlhabenden und sehr wohlhabenden Venezianern unter den Buchbesitzern im Vergleich zu ihrem Anteil an der Gesamtzahl aller Venezianer mit einem gesicherten Auskommen sehr hoch. Für 90 aller 255 ermittelten Buchbesitzer sind eindeutig derartig hohe Vermögen nachweisbar, daß sie nach den Kriterien des *estimo* 1379 steuerlich erfaßt wurden bzw. erfaßt worden wären. Das heißt, daß mindestens 35 % aller recherchierten Buchbesitzer diesen Steuerklassen zuzurechnen sind. Im *estimo* sind allerdings höchstens 10% aller erwerbstätigen und vermögenden Venezianer erfaßt.

Insbesondere der Anteil an eindeutig sehr Vermögenden mit 30 von 255 Buchbesitzern ist sehr hoch, was bedeutet, daß mindestens 12 % der obersten Steuerklasse zuzurechnen sind. Die Auswertung des *estimo* beziffert den Anteil der finanzstärksten unter allen erwerbstätigen und vermögenden Venezianern allerdings auf höchstens 1,5 %. Angesichts der Tatsache, daß Buchbesitz nur zufällig dokumentiert und nur ein geringer Teil der Buchbesitzer erfaßt ist, unterstreicht die vorgenommene Erhebung der Vermögen deutlich, daß Buchbesitz unter den Wohlhabenden Venedigs relativ verbreitet war. Das Vorhandensein eines großen Vermögens scheint somit Einfluß auf den Buchbesitz gehabt zu haben, was nicht überrascht.

Bescheidenere Vermögen sind vergleichsweise unterrepräsentiert. Die unterschiedliche Verteilung der Vermögensverhältnisse unter den Buchbesitzern ist jedoch nicht so ausgeprägt, daß eine extreme Häufung für nur eine bestimmte Vermögensgruppe zu konstatieren wäre. Die 53 ermittelten Buchbesitzer mit bescheidenerem Vermögen belegen, daß Buchbesitz auch hier nicht untypisch war. Darunter befindet sich eine nicht zu unterschätzende Anzahl von 24 Eigentümern (mindestens 9 % aller Buchbesitzer), für die ihre Bücher oder ihr Buch zum herausragenden materiellen Besitztum gehörten und für die es offensichtlich erstrebenswert oder notwendig war, Bücher zu besitzen. Die Fälle, in denen Priester und Schulmeister ihre Bücher verkaufen beziehungsweise verpfänden mußten, zeigen deutlich die untere Grenze der Vermögensverhältnisse, die Buchbesitz erlaubten. 30 der 53 weniger vermögenden Buchbesitzer waren Priester oder Mönche, vier waren Schulmeister, drei Ärzte, einer Barbier und Wundarzt, einer Rechtsgelehrter, ein *cancelliere ducale*, einer Galeerenkommandant und einer Seefahrer. Acht waren Frauen, hierunter eine Nonne.

Die jeweiligen Vermögensverhältnisse beeinflußten auch den Umfang der Bibliotheken. Bei 110 Buchbesitzern, die verschiedenen Vermögensverhältnissen zugeordnet werden können, ist der Buchbesitz so weit dokumentiert, daß sich die Anzahl der jeweiligen Exemplare ermitteln läßt[201]. Die erfaßten Exemplare verteilen sich folgendermaßen:

Anzahl der nachweisbaren Exemplare	bis zu 3	bis zu 10	bis zu 30	bis zu 62	über 100
1. Sehr Wohlhabende	14	8	1	1	-
2. Wohlhabende	8	6	1	2	1
nicht genau einschätzb. Wohlhabende	8	8	5	1	3
Wohlhabende insgesamt	*30*	*22*	*7*	*4*	*4*
3. Bescheiden Vermögende	12	6	3	1	-
4. Verarmte, kaum Vermögende	14	4	2	-	-
weniger Wohlhabende insgesamt	*27*	*10*	*5*	*1*	-
Summe	57	32	12	5	4

Daß große Bibliotheken bei wohlhabenden Buchbesitzern nachweisbar sind, überrascht nicht. Trotzdem sind 16 Fälle nachweisbar, in denen weniger vermögende Buchbesitzer nicht nur über vereinzelte Exemplare verfügten, sondern eine kleine Buchsammlung besaßen. Es sind acht Priester, zwei Schulmeister, ein Arzt, ein Rechtsgelehrter und ein *cancelliere ducale,* ein venezianischer Patrizier, von dem keine Tätigkeit überliefert ist, und eine Frau. Bei fünf von ihnen liegen sogar Hinweise vor, daß sie mehr als die zählbaren Bücher besessen haben. Bei vier weniger vermögenden Buchbesitzern, bei denen die Quellen nur ein oder zwei Bücher erwähnen, läßt sich vermuten, daß sie mehrere Bücher hatten. Der Arzt Giovanni Recanati besaß sogar

---

201 In 35 Fällen kann davon ausgegangen werden, daß der Buchbesitz vollständig erfaßt ist, bei 22 der übrigen 73 Fällen liegen eindeutige Hinweise vor, daß mehr als die zahlenmäßig faßbaren Bücher besessen wurden.

nachweislich 53 Bände. Es handelt sich in erster Linie um Buchbesitzer gebildeter Berufe. Vermögen ist also nicht der einzige Faktor, der Einfluß auf den Buchbesitz hatte[202].

Ein diachroner Vergleich gibt ein differenzierteres Bild:

		bis 1400	nach 1400
1.	Sehr Wohlhabende	18	12
2.	Wohlhabende	14	11
	nicht eindeutig einschätzbare Wohlhabende	6	29
	Wohlhabende insgesamt	*38*	*49*
3.	Bescheiden Vermögende	9	18
4.	Verarmte, kaum Vermögende	5	19
	nicht eindeutig einschätzbare Ärmere	1	-
	weniger Wohlhabende insgesamt	*15*	*38*
	Summe	53	77
	nicht Einschätzbare	39	86
	Gesamtzahl der Buchbesitzer	92	163

Wohlhabende Buchbesitzer sind sowohl im 14. als auch im 15. Jahrhundert zu einer relativ großen Zahl erfaßbar. Allerdings kann nicht ausgeschlossen werden, daß auch innerhalb ihrer Vermögensschichten der Buchbesitz zugenommen hat, da 86 Buchbesitzer des 15. Jahrhunderts ökonomisch nicht eindeutig einzuordnen sind - gegenüber nur 43 des 14. Jahrhunderts. In beiden Jahrhunderten sind mehr wohlhabende als weniger vermögende Buchbesitzer nachzuweisen. Die Zahl der weniger Vermögenden hat sich allerdings vom 14. zum 15. Jahrhundert mehr als verdoppelt. Hier kann also ein deutlicher Zuwachs konstatiert werden, der sich nicht durch die Erfindung des Buchdrucks erklären läßt. Nur vier der weniger vermögenden Buchbesitzer sind nach dem Auftreten der Druckwerke in den Quellen aktenkundig geworden. Auch waren die Frühdrucke des 15. Jahrhunderts nicht unbedingt billiger als die bereits im Umlauf befindlichen Handschriften[203]. Betrachtet man hingegen die Buchbesitzer im 14. Jahrhundert näher, so fällt auf , daß es sich bei den weniger Vermögenden, die bis 1370 aktenkundig geworden sind, ausnahmslos um Kleriker handelt, nämlich fünf Priester und einen Mönch. Ansonsten sind bis zu diesem Zeitpunkt vier Dogen, ein Bischof, ein Erzbischof, ein Kanoniker, zwei sehr wohlhabende bürgerliche Kaufleute, vier eindeutig wohlhabende venezianische Patrizier und drei Frauen, hierunter zwei wohlhabende

---

202 Das Verhältnis von Bildung des Buchbesitzers und Umfang der Buchsammlungen wird thematisiert in Kap.6.
203 Vgl. Kap. 5.2.

Patrizierinnen, als Buchbesitzer aktenkundig geworden. Die acht Buchbesitze-
rinnen mit eindeutig bescheidenerem Vermögen sind allesamt erst im 15.
Jahrhundert nachzuweisen. Die Übersicht unterstreicht, daß die Zunahme der
Erwähnung von Büchern nicht unbedingt durch Zufall zu erklären ist, sondern
auf eine Zunahme an Angehörigen niedrigerer Vermögensschichten unter den
Buchbesitzern zurückgeht. Die Quellen dokumentieren also die Tendenz einer
Popularisierung von Buchbesitz vom 14. auf das 15. Jahrhundert.

5. Gestaltung und Wert der Bücher

5.1. Material, Form und Gestaltung

Die Kodikologie leitet aus der Art der Gestaltung auch die Bestimmung der Handschriften ab, ob sie zum Beispiel als Repräsentationsobjekte oder dem alltäglichen Gebrauch dienen sollten[1]. Die jeweiligen Aussagen stützen sich auf die Untersuchung erhaltener Exemplare. Sie können helfen, sich ein Bild der Manuskripte in den Häusern der Venezianer zu machen. Sie müssen allerdings mittels der Angaben in den venezianischen Quellen zu Form und Aussehen einzelner Bücher bezüglich ihrer repräsentativen Aussagekraft überprüft werden[2].

Die vorrangigen Herstellungsorte mittelalterlicher Manuskripte waren die Klöster[3]. Geschrieben wurde auf Pergament, eingebunden in Leder. Das verwendete Material war relativ kostbar. Die Arbeit der Mönche galt als Gottesdienst, was den höchstmöglichen Aufwand erforderte und zu einer feinen, akkuraten Arbeitsweise führte, vom sauberen Schreiben und sorgfältiger Bindearbeit bis hin zu minuziöser und prächtiger Illustration mitsamt einer kunstvollen Gestaltung der Initialen[4]. Das Buch hatte nicht allein den Anspruch der praktischen Handhabung zu erfüllen. Prächtige, für Kirchen hergestellte Bibeln und Meßbücher dienten nicht nur als Lesevorlage, sondern lagen auch zur Anbetung aus und waren somit Bestandteil der Kirchendekoration[5]. Im Zuge der Gotik wurde seit dem hohen Mittelalter bei einer zunehmend ornamentaler werdenden Gestaltung der Schrift in vielen Fällen sogar Unleserlichkeit in Kauf genommen[6]. Die kostbare und aufwendige Art der Fertigung und Illustration beschrieb eine Tradition, welche die Ansprüche an das Buch bezüglich Form und Gestaltung bis in die Neuzeit beeinflußte. Die Klöster richteten Skriptorien ein, mithin Bereiche, die ausschließlich der Herstellung und Vervielfältigung von Büchern vorbehalten waren. Das Skriptorium wurde

---

1 Vgl. Petrucci, Armando: Alle origini del libro moderno. Libri da banco, libri da bisaccia, libretti da mano. In: Libri, scrittura e pubblico nel Rinascimento. Guida storica e critica, hrsg. von Armando Petrucci, Bari 1979; S. 137-156.
2 Zur Problematik der mangelnden repräsentativen Aussagekraft erhaltener Exemplare vgl. Kap 1, S. 16.
3 Zur Geschichte der Buchfabrikation und des Skriptoriums vgl. Vezin, Jean: La fabrication des manuscrits; und Trost, Vera: Scriptorium. Die Buchherstellung im Mittelalter, Stuttgart 1991.
4 Vgl. u.a. Pächt.
5 Vgl. v.a. Das Buch als magisches und als Repräsentationsobjekt.
6 Vgl. Lülfing: S. 42.

zum festen Bestandteil der Institution Kloster und zugleich selbst zur Institution. Die verschiedenen Arbeitsschritte der Buchherstellung wurden jeweils von Spezialisten ausgeführt, welche die entsprechenden Fähigkeiten besaßen und weiterentwickelten. Es gab Mönche, die ausschließlich schrieben; einige unter ihnen waren aufgrund ihrer Sprachkenntnisse vornehmlich für griechische oder hebräische Abschriften zuständig. In jedem Falle war vorausdenkendes Schreiben notwendig, was Fachkräfte verlangte. Der Schreiber mußte schon vor der Niederschrift wissen, wie er die einzelnen Buchstaben und Wörter auf der Seite zu setzen hatte, um gleichmäßige Schriftzüge und saubere Spalten zu erhalten und den angemessenen Platz für einen Kommentar, die einzufügenden Initialen und die Illustration zu lassen. Für letztere, das heißt für die Verzierungen und Miniaturmalereien, waren andere Spezialisten verantwortlich. Der ganze Apparat unterstand einem Ordinarius, der jeden Arbeitsvorgang beaufsichtigte, zensierte und die Qualität überprüfte. Die Rolle des Herausgebers erfüllten die Aufseher der Skriptorien und Bibliotheken oder die Äbte, bei denen die Entscheidung lag, welches Buch hergestellt werden sollte.

Seit dem 13. Jahrhundert wuchs die Zahl der Skriptorien außerhalb der klösterlichen Institutionen. An Königs- und Fürstenhöfen gingen Schreiber ein Abhängigkeitsverhältnis mit ihrem Patron ein. In den Städten bildeten sich Skriptorien der sogenannten *stationarii*, die Bücher auf Auftragsbasis abschrieben. Nicht selten übernahmen auch die *cartolai*, die Papierhändler, derartige Aufgaben und wurden zu Buchhändlern und Buchherstellern. Sie setzten die personelle Struktur der klösterlichen Skriptorien fort. Ein *stationario* oder *cartolaio* beaufsichtigte in seinem Geschäft, der *bottega*, mehrere Schreiber. Einige beschäftigten auch Illustratoren. Bisweilen führten Illustratoren aber ihre eigenen *botteghe*[7]. Der Auftraggeber hatte die Rolle des Herausgebers, der Inhalt und Gestaltung eines Werkes bestimmte. Selten traf der *stationario* selbst die Entscheidung, ein bestimmtes Buch herzustellen[8].

Mitte des 15. Jahrhunderts war in Florenz die Anzahl der *cartolai* so groß, daß sie, anderen Handwerkszweigen zahlenmäßig ebenbürtig, ein eigenes Stadtviertel bildeten[9]. Die rechtliche Stellung der *cartolai* entsprach derjeni-

---

7   Vgl. u.a. Mare, Albinia de la: Bartolomeo Scala's Dealings with Booksellers, Scribes and Illuminators 1459-63. In: Journal of the Warburg and Courtauld Institutes 39, 1976, S. 239-245, hier S. 240.

8   Zur Geschichte der Edition vgl. Bourgain, Pascale: L'édition des manuscrits. In: Histoire de l'édition française, Bd. 1, S. 49-75.

9   Nach Giuseppe Martini begann die Straße der *cartolai* an der kleinen Verbindung der damaligen *via Palagio* (heute *Ghibellina*) und der *piazzetta di Sant'Apollinare*. Die Geschäfte erstreckten sich entlang der *via della Condotta* bis zu den Treppen der Kirche der *Badia* gegenüber der *piazzetta*, der gegenüberliegenden Seite des *Bargello*, und an den alten Mauern der Sakristei des Dormitoriums der *Badia Fiorentina*. Vgl. zu den *cartolai* allgemein Martini, Giuseppe Sergio: La bottega di un cartolai

gen der Handwerker und Krämer. Auch sie waren in einer Zunft zusammengeschlossen, gehörten jedoch der breiten Kategorie der *merciai* (Händler) innerhalb der übergeordneten Zunft der *medici* (Ärzte) und *speziali* (Apotheker) an. Die Zugehörigkeit der *cartolai* zu dieser Zunft erklärt sich aus dem Umstand, daß sie die Tinte, wie die *speziali* ihre Arzneien, selber mischten und die Zutaten bei den gleichen Lieferanten besorgten[10].

An den Universitäten hatte sich seit dem 13. Jahrhundert eine besondere Prozedur der Buchherstellung entwickelt. Dort bestimmte der Rat der Professoren die *pecia*, eine Kommission von sechs Professoren (*pecarii*), welche die Arbeit eines *stationarius* beaufsichtigten. Die Kommission entschied darüber, welches Buch benötigt wurde. Sie entschied auch darüber, welches von den hergestellten Büchern nicht "de bona littera et bene correctae" war. Der *stationarius* war in seiner Tätigkeit vollkommen an die Universität gebunden, welche auch die Preise der Bücher bestimmte[11].

In Venedig sind im 14. und 15. Jahrhundert Buchhändler nachweisbar, bei denen jedoch unklar bleibt, ob sie auch Aufträge zur Herstellung annahmen. Als Schreiber für private Auftraggeber verdingten sich dort allerdings schreibende Mönche in den Klöstern der Stadt, die Schreiber der Kanzlei, vereinzelte Lehrer und sogar schreibkundige Strafgefangene im Gefängnis am Dogenpalast[12].

Armando Petrucci hat die erhaltenen, im 15. Jahrhundert geschaffenen Codizes gemäß der Gestaltung, dem Ort und der Umstände ihrer Herstellung sowie der dahinterstehenden Funktion in drei Standardformen unterteilt[13]. Demnach gilt als *libro da banco* das seit dem 12. Jahrhundert im universitären Umfeld hergestellte Buch. Sein Hauptkennzeichen ist neben der meist verwendeten gotischen Kursive und einer zweispaltigen Anordnung des Textes vor allem ein großes Format, das genügend Platz für Kommentare bietet. Das *libro da banco* blieb dementsprechend vor Ort, in der Universität. Nach Petrucci dienten Großfoliobände nur selten dem privaten Nutzen.

Als in privaten Lebensbereichen, unabhängig von einer Institution entstandene Bücher nennt Petrucci zum einen das *libro umanistico*. Er zählt hierzu mittel- und kleinformatige Bücher, die von professionellen Schreibern und

---

fiorentino della seconda meta del Quattrocento. In: La Bibliofilia 58 (Supplemento), 1956, S. 1-81.

10 *Speziali* geht auf *le spezie* (die Gewürze) zurück.

11 Vgl. Hirsch: Printing, S. 61.

12 Das Herstellungswesen der Bücher in Venedig wird im Rahmen der Buchpreisanalyse genau erläutert. Vgl. Kap. 5.2.

13 Vgl. Petrucci: Alle origini del libro moderno, S. 141-143. Mit Petruccis Typologisierung wird in der Kodikologie weitläufig gearbeitet. Vgl. auch Grendler, Paul F.: Form and Function in Italian Renaissance Popular Books. In: Renaissance Quarterly 46, 1993, S. 451-485.

gegebenenfalls Illustratoren für eine vornehmlich humanistisch geprägte Leserschaft angefertigt wurden. Andere Forscher ergänzen, daß im Zuge des Humanismus Bücher in Europa vor allem für Akademiker, Bürgertum und Adel ein Prestigeobjekt wurden, und daß diese sich auch großformatige Bücher zugelegt hätten. Sie verweisen auf die ursprünglich in Privatbesitz befindlichen und erhaltenen Prachteinbände des ausgehenden 15. und des 16. Jahrhunderts, bei denen, ausgehend von Italien, bezüglich der Gestaltung der Einbände eine Zunahme orientalischer und byzantinischer Vorbilder festzustellen ist[14]. Die Entwicklung äußerte sich in einer verstärkten Verwendung von dunklen Ledern, von denen sich goldene Prägungen, verschlungene Rahmen und Beschläge stärker abhoben. Ferner verweisen sie auf eine Zunahme von Textilbezügen oder hölzernen Buchdeckeln, die mit Gold-, Silber- und Metallschmuck oder aber mit Edelsteinen besetzt waren. Auch das Wappen des Besitzers wurde als Besitzervermerk Teil der vielfältigen Ornamentik. Als *superlibro* schmückte es den Ledereinband oder den Buchdeckel[15].

Petrucci nennt schließlich das *libro popolare* oder das *libro da bisaccia*. Es zeichnet sich dadurch aus, von nicht professionellen Schreibern, nicht selten vom Benutzer selbst[16], meist in Form der praktischen Kanzleikursiven[17] und nicht in *antiqua* oder gotischer Handschrift angefertigt worden zu sein. Dieser Typus habe rein privaten oder professionellen Zwecken gedient. Dem *libro da bisaccia* fehlten daher in der Regel Kommentar und Illustration[18].

Soweit es sich aus den Quellen erschließen läßt, präsentierten sich die Bücher der Venezianer in vielfältiger Form. In einigen Fällen ist erwähnt, daß ein Buch in Leder eingebunden ist, und bisweilen finden sich Zusätze zu Größe, Seitenmaterial, Verzierung, Schrifttypen oder Illustration. Mittels derartiger Angaben wurden insbesondere in Hinterlassenschaftsinventaren Bücher gekennzeichnet, um ihren Wert herauszuheben oder weil der Autor unbekannt war.

Bei 50 Buchbesitzern liegen Angaben zum Material der Buchseiten, der *fogli,* von insgesamt 303 Büchern vor. Am 10. Dezember 1464 erfaßten die

---

14 Vgl. Arnim: Zur Geschichte der europäischen Einbandkunst, S.XIV. Er bestätigt die Ergebnisse Helwigs.

15 Von der vielfältigen Forschung vgl u.a. Schunke, Ilse: Venezianische Renaissanceeinbände; Goldschmidt: Gothic and Renaissance Book Bindings.

16 Vgl. auch Reiter, Eric H.: The Reader as Author of the User-Produced Manuscript. Reading and Rewriting Popular Latin Theology in the Late Middle Ages. In: Viator. Medieval and Renaissance Studies 27, 1996, S. 151-169.

17 Es handelt sich hier um einfache und weniger kunstvolle Schriftarten, welche im Verwaltungs- und Geschäftsverkehr praktische Verwendung fanden, von der breiten Masse der Schreibenden benutzt wurden und sich schneller schreiben ließen. Zu den praktisch verwendeten Kursiven vgl. u.a. Petrucci: Alle origini del libro moderno, S-141-143; oder Reiter: The Author as Reader, S. 151.

18 Vgl. Petrucci: Alle origini del libro moderno, S. 141-143.

Prokuratoren von San Marco die Habe des Nicolò Saraton, welche sie als Erbschaftsverwalter aus dem Hause in ihre Amtsräume überführt hatten. Sie listeten auf: „ ...vi libri grandi e pizolli in bambaxina e in membrana...“[19]. Neben dem hier benutzen Terminus *membrana* wird in den Quellen Pergament auch mit *carta bergamena, carta bona* oder *carta peccora* bezeichnet. *Carta peccora* weist Schafsleder als das Rohmaterial des Pergaments aus. Mit der Bezeichnung *carta bona* (=gut) unterschied man das als wertvoller erachtete Pergament vom Papier, welches wiederum gelegentlich mit *carta triste* (=traurig, schlecht) bezeichnet wurde. Meistens findet sich allerdings das Wort *papiro* oder die bei Nicolò Saraton benutzte Bezeichnung *carta bumbaxina* bzw. *bambaxina*, womit auf die Baumwolle als Rohstoff der Seiten hingewiesen wurde.

Bei 20 Buchbesitzern sind Bücher aus Papier, bei 18 Bücher aus Pergament explizit markiert. In 14 Fällen finden sich Angaben zu beiden Materialien. Insgesamt wurde bei 172 Exemplaren auf Pergament und bei 131 auf Papier hingewiesen. Inwiefern man bei dieser Art von Registrierung einem Prinzip folgte, indem man jeweils konsequent lediglich die Bücher des einen Seitenmaterials hervorhob, um sie von den Büchern des anderen Materials zu unterscheiden, ist nicht mehr nachzuvollziehen. In einigen Fällen ist ungenau registriert worden[20]. Welches Material im einzelnen häufiger vorlag, bleibt damit unbestimmbar. Auffällig ist allerdings, daß die Häufigkeit der Unterscheidung nach Materialien im Laufe der Jahre zunimmt. Bis zum Jahre 1400 wurde nur in 11 Fällen das Material der Seiten erwähnt, das heißt nur in ungefähr jedem achten Fall, in dem Bücher aktenkundig wurden. Nach 1400 wurde in 39 Fällen und damit in jedem vierten Fall das Seitenmaterial notiert. Es ist zu vermuten, daß bei der Registrierung häufiger die Möglichkeit zur Materialunterscheidung gegeben war und sich das Papier als das neuere Buchseitenmaterial mit dem ausgehenden 14. Jahrhundert allmählich durchsetzte[21].

Auch bezüglich des Vorhandenseins bzw. Nichtvorhandenseins eines Bucheinbandes liefern die Quellen Hinweise. Domenico Leonellis, Marco Morosini, Luca Sesto, Lorenzo Donà, Ercole da Fiore und Pietro Tomasi besaßen nachweislich einige Werke, welche in Form eines *scartafacio* vorgefunden

---

19 Vgl. ASV, PSM , Atti Misti, B. 13, Commissarie di Nicolò Saraton.
20 Bei Iuliano Rivanello oder Girolamo da Molin finden sich beispielsweise einige Bücher aus Papier, einige aus Pergament und einige ohne Materialangabe. Vgl. Anhang I, 1474/1 und Anhang I, 1458/1486.
21 Erstmalig wurde ausdrücklich auf ein Buch aus Papier im Jahre 1362 im Hinterlassenschaftsinventar Pietro Soranzos hingewiesen Vgl. ASV, PSM , Atti Misti, B. 73, Commissaria die Soranzo Pietro q. Lorenzo. Papier war seit dem 12. Jahrhundert in Europa bekannt, setzte sich jedoch erst im Laufe des 14. Jahrhunderts durch. Vgl. Kap. 5.2.

und mit dem Vermerk „non compidi" oder „non ligati" versehen wurden[22]. Demnach waren sie ungebunden. Bei 148 Büchern ist hingegen ein Ledereinband erwähnt, bei 143 sogar mit Angabe der Farbe[23].

Angaben zum Format sind seltener. Lediglich bei 74 Exemplaren wurde vermerkt, ob das Buch klein, *pizola* bzw. *parvus*, oder groß, *grande* bzw. *magnus*, war. 32 der Bände mit Angaben zum Format waren zudem im Besitz eines einzelnen Buchbesitzers, des Rechtsgelehrten Filippo degli Arditi. Einer vergleichenden Analyse bezüglich zeitlicher Veränderungen fehlt damit die Grundlage. Es ist lediglich zu vermuten, daß mit *magnus* auf *folio*- und Groß-*folio*- Format und mit *parvus* auf deutlich kleinere Formate, zumindest auf *quarto*-Format, hingewiesen wurde. Die bis heute erhaltenen Exemplare aus dem ausgehenden Mittelalter haben mindestens *quarto*-Format. Werke im *octavo*-Format sind aus der Epoche kaum erhalten. Es kann somit davon ausgegangen werden, daß die in den Quellen als kleine Bücher bezeichneten Werke wahrscheinlich Bände von mindestens 20 cm Länge waren[24].

Als die venezianischen Behörden 1440 die Habe Filippo degli Arditis konfiszierten, beschlagnahmten sie 22 großformatige und 10 kleinformatige Bücher. Von großem Format war vor allem seine Rechtsliteratur, während die kleinformatigen Werke aus klassischer Literatur, Cicero, Seneca, Statius und Lucianus bestanden[25]. Auch bei Gebetbüchern und Bibeln finden sich häufig Größenangaben. Hierbei ist durchaus zu vermuten, daß ein enger Zusammenhang zwischen der Größe und der ursprünglichen Funktion des Buches existiert. Es wurde zwischen Prachtbibeln und schmuckvollen Gebetbüchern, die eher Wertgegenstände und Reliquiare waren[26], einerseits und Gebrauchsbibeln und -gebetbüchern andererseits differenziert. 13 Bibeln, Breviare und Offizien haben den Vermerk „groß", elf haben den Vermerk „klein". So verlieh zum Beispiel Guglielmo Querini im Jahre 1457 eine von ihm so bezeichnete „bibia portativa[27]". Das Buch war demnach von einer Größe, die sein Besitzer für handlich bzw. „tragbar" befand. Querini unterschied mit dem adjektivischen Zusatz seine Bibel von den großformatigen Prachtbibeln, welche in Kirchen zur Anbetung und als festliche Ausstattung auslagen. Prachtexemplare jener Art sind hinter den liturgischen Büchern zu vermuten, die einige venezianische Bischöfe über ihre Testamente einzelnen Kirchen zukommen ließen,

---

22 Vgl. Connell: S. 172, 175 und 179. Zu Lorenzo Dona vgl. ASV, PSM , Atti Misti, B. 173, Commissarie di Lorenzo Donà; zu Ercole da Fiore vgl. Anhang I, 1461.
23 53 Ledereinbände waren rot, 30 waren grün, 28 weiß, 14 blau und acht schwarz.
24 Größen von Handschriften sind zuletzt untersucht worden bei Bischoff, Frank M. / Maniaci, Marilena: Pergamentgröße, Hanschriftenformate, Lagenkonstruktion. In: Scrittura e civiltà 19, 1995, S. 277-319, v.a. S. 314 -316.
25 Vgl. Connell: S. 169 f.
26 Zu Prachtbibeln vgl. Kap. 3.2.2.
27 Vgl. Zorzi: Dal manoscritto al libro, S. 859; und Anhang I, 1468.

während sie ihre übrigen Bände Verwandten oder befreundeten Priestern vermachten. Marco Michiel, *archivescovo* in Kreta, hinterließ 1348 seiner Gemeindekirche neben liturgischen Geräten auch sein Meßbuch und sein *Passionale*. Seine kanonische Rechtsliteratur sollte jedoch ein männlicher Nachfahre des Hauses Michiel erhalten für den Fall, daß er Priester werde und studiere[28]. Als ehemaliger Bischof von Korfu hinterließ Bernardus Martino seiner früheren Wirkungsstätte ebenfalls ein Meßbuch, während er ein Meßbuch aus Papier dem *presbiterius* Francesco Barbarella zukommen ließ[29]. Bernardus Minimo, *vescovo* von Cataro, vermachte 1455 der Kirche San Pietro in Padua sein *breviarium*, welches dort angekettet in der Sakristei verwahrt wurde. Seine Predigtsammlungen und Heiligenlegenden hingegen vererbte er verschiedenen Klöstern und seine humanistische Buchsammlung seinem Neffen[30].

In einigen Fällen ist bei der Registrierung der Bücher die Schriftart festgehalten worden. Die tragbare Bibel Guigliemo Querinis war gemäß der Beschreibung des Besitzers „de letera tramontana[31]", also in gotischer Handschrift, geschrieben. Auch Girolamo da Molin führte in seinem *Alphabetum librorum*, einer Liste, auf der er von 1450 bis 1458 seine Buchausleihen an Bekannte und Freunde vermerkte, nicht nur Titel und Material, sondern mitunter auch den Schrifttypus der Bücher auf[32]. Demnach besaß er eine Heilige Schrift, ein Werk von Duns Scotus und eine Chronik „in litera ultramontana" sowie jeweils ein Werk von Laktantius und Walter Burley, die Briefe des Hieronymus und die *Dialoghi* Gregors des Großen in „litera antiqua", also im von Humanisten gepriesenen, sich an die antiken, lateinischen Buchstaben

---

28 Vgl. ASV, PSM de citra, B. 101, Commssarie di Francesco Michiel, Foglio 1.: „....Medietas ipsorum omnium introitum dari debeant uni scolari seu clerico da domo nostrum de cha Michel pro suis victu et vestitu omni anno, qui studere debeant in jure canonico septem annis continuis.et alias medietas expendi debeant pro ipsos nostros fidecommissarios in libris canonicis pro ipso studente, qui scolaris, seu clericus in ipso iure canonico studere debeat septem annis continuis, habendo quolibet ipsorum annorum medietatem dictorum introitum quod proventuum pro ipso suo victu et vestitu et alia medietatem in dictis libris...‟

29 Vgl. ASV, PSM de ultra, B. 43, Commissarie di Bernardo Martino archivescovo di Corfù, Registro: „....Missale ... in papiro ... dimitto presbiterio francesco barbarela per anima mea... Aliud ... missale votum quod est sine assidibus compaginetur et mittatur ecclesiem corphyrem...‟

30 Vgl. ASV, PSM de ultra, B. 46, Commissaria di Bernardus vescovo di Cataro, Registro Ir -VIr. Zu seiner Buchsammlung vgl. Anhang I, 1455/1.

31 Vgl. Anhang I, 1468.

32 Das *Alphabetum librorum* befindet sich heute in ASV, PSM , Atti Misti, B. 144a. Es ist publiziert bei Chechetti, Bartolomeo: Una libreria circolante a Venezia nel secolo XV. In: Archivio Veneto 36, 1886, S. 161-168; und Nebbiai-Dalla Guardia, Donatella: Les Livres et les amis de Girolamo Molin (1450-1458). In: La Bibliofilia 93, 1991, S. 153-174.

anlehnenden Antiquatypus[33]. Diese Vermerke weisen die Bücher als die Produkte fachmännischer Kopiare aus, welche die entsprechende Kalligraphie,
die beiden kunstvollen Idealschrifttypen des 14. und 15. Jahrhunderts,
beherrschten und die jeweiligen Bücher womöglich sogar für ein bestimmtes
Honorar angefertigt hatten[34]. *Pre* Piero, *titulario* von San Jacobo all'Orio,
bezeichnete 1465 die Schrift eines seiner Breviare in Inventar als „lettera
bastarda[35]", wobei anzunehmen ist, daß auf den unter gleichen Namen
bekannten Schriftypus hingewiesen wurde. Tomaso de Bonincontro, Abt von
San Giorgio Maggiore, verfügte indessen 1380 über ein Buch, eine *Summa
intitulis decretalium* des Gottofredo von Trani, „in mala litera"[36]. Auch im
Nachlaß Girolamo da Molins fanden seine Erbverwalter 1486 ein Buch, „le
recolete del patriarcha", das in schlechter Schrift, „in mala litera" geschrieben
sei. Die Schriftarten der Bücher werden keiner der Idealschrifttypen zugeordnet, sondern im Gegenteil als nicht kunstvoll bzw. minderwertig beschrieben.
Die beiden so charakterisierten Schriften scheinen sich auf die verschiedenen
Formen der ebenso verschmähten wie weitverbreiteten Kanzleikursive zu
beziehen, welche einfacher auszuführen war und deshalb vor allem im
Geschäfts- und Verwaltungsverkehr Gebrauch fand. Die Bücher sind wahrscheinlich nicht von professionellen Kopiaren, sondern womöglich sogar von
ihrem jeweiligen Besitzer selbst angefertigt worden. Anhand der Beschreibung läßt sich das Buch keinem Autor zuschreiben. Es ist vielmehr zu vermuten, daß es sich um eine eigenhändig abgeschriebene Dekretaliensammlung
des Kirchenrechtsgelehrten Bagio da Molin, Patriarch von Jerusalem, handelte, dessen Haupterbe Girolamo war. Möglicherweise trug es den Besitzervermerk des ehemaligen Eigentümers, welches die Nachlaßverwalter zu
der hier angewandten Form der Registrierung veranlaßte[37]. Bei einer weiteren
bei Girolamo gefundenen Predigtsammlung wurde wortwörtlich vermerkt, daß
es aus der Hand des Patriarchen stamme: „sermones copperti veridi in papiro

---

33 Ein Exemplar der Briefe des Heiligen Hieronymus in *antiqua* vom venezianischen
     Kopisten Ruggero Cataldo von 1420 liegt in der Bodleian Library in Oxford, Canon.
     Pat.Lat. 224. Eine Übereinstimmung konnte nicht nachgewiesen werden. Zu den
     gebräuchlichen Schrifttypen vgl. u.a. Fevrier, James G.: Histoire de l'écriture, Paris
     1959.
34 Zu Kopisten in Venedig vgl. v.a. Barile, Elisabetta: Michele Salvatico a Venezia,
     copista e notaio dei capi sestiere. In: Mantovani, Gilda P. / Prosdocimi, Lavinia /
     Barile Elisabetta: L'umanesimo librario tra Venezia e Napoli. Contributi su Michele
     Salvatico e su Andrea Contrario, Venezia 1993, S. 43-103; und dies.: Littera antiqua e
     scritture alla greca, Venezia 1994, S. 13-45. Im allgemeinen vgl. Bühler, Carl: The
     Fifteenth Century Book: The Scribes, the Printers, the Illuminators, Philadelphia 1960,
     S. 15-39.
35 Vgl. ASV, S.N., Testamenti, B. 1149, Paolo Benedetto, Carta Nr. 13.
36 Vgl. Cecchetti: Libri, S. 334, Anm. 2.
37 Zum Erbe Girolamo da Molins vgl. Kap. 6.4.2.

sibi est facta de manu domini patriarchae ... [38]". Bei Giovanni Morosini fanden die Prokuratoren ein Buch, dessen Titel und Autoren sie im Inventar nicht angaben. Sie notierten stattdessen, daß es in der Handschrift des Besitzers, „de man de p (sic) zuan moro...[39]" geschrieben sei. Ebenso fand man bei Lodovico Bembo zwei eigenhändig, „de propria man", geschriebene Bände, darunter einen Tugend- und Lasterkatalog, „de virtudi e vicii[40]". Von dem unter Venezianern offensichtlich nicht ungewöhnlichen Verfahren, sich Bücher selbst anzufertigen, und von den damit einhergehenden Mühen zeugt auch das Testament des Prokurators Ornato Iustinian. Er lobt seinen Sohn Pankratius und den bei ihm noch in Schuldigkeit stehenden „etolissimo" Zuan di Bruti, welche die große Mühe aufbrächten („portono una grande fadiga"), Bücher zu schreiben, während er selbst noch nicht einmal ein Rechnungsbuch geführt habe, da ihn dies zu viel Zeit vom Dienst am Staate gekostet hätte:

Io mai ne i libro ne i zornal scrissi per che el forzo de questo tempo sumstato fuora i servixo dela signoria nostra.[41]

Manche Notierungen zeugen von dem Vorhandensein einer Illustration. Paolo da Faiano vermachte in seinem Testament von 1420 unter anderem ein Meßbuch und verweist auf dessen schöne Schrift, sein schönes Aussehen und den Wert von 34 Dukaten: „missale pulcrum de pulcra litera valoris ducatorum XXXIIII[42]". Ob hier nur auf eine reine Handschrift oder gar auf illustrierte Buchstaben verwiesen wurde, bleibt unklar. Bei der Inventarisierung des Haushaltes von Bartolomeo Grimani am 29. Januar 1419 fiel den Prokuratoren die Schönheit eines Breviars mit den Evangelien als Anhang auf: „Item i breviario molto belo con i vangeli[43]". Girolamo da Molin beschrieb in einigen Fällen seine Bücher genauer. So vermerkte er im *alphabetum librorum,* daß er am 8. Juli 1456 dem *gastaldo ducale* Zuan Bernardo ein Meßbuch zum Verkauf übergeben habe, welches sehr gut illustriert, „aminiado benissimo[44]", gewesen sei. Nachweislich illustrierte Bände besaß auch Lorenzo Sanudo. Sein Buchbesitz ist wie der Girolamo da Molins aufgrund eines erhaltenen *libro di conto,* eines persönliches Rechnungsbuches, dokumentiert. Dort vermerkte er nicht nur, wann er wem ein bestimmtes Buch verliehen hatte, sondern auch geleistete Zahlungen an die Schreiber und Illustratoren seiner Werke. Im Jahre 1455 zahlte er einmal einem Misser Zorzi *miniador* 4 Duka-

---

38 Vgl. ASV, PSM , Atti Misti, B. 85a, Commissarie di Girolamo da Molin, II, Fasc. IIIb.
39 Vgl. ASV, C.I., Notai, B. 193, Sori Francesco, 112v.
40 Vgl. ASV, PSM , Atti Misti, B. 168, Commissarie di Alvise Bembo, Carteggio nn.
41 Vgl. ASV, PSM de citra, B. 117, Commissaria di Ornatus Iustinian , Registro 2, 11r-17r.
42 Vgl. Anhang I, 1420/4.
43 Vgl. ASV, PSM, Atti Misti, B. 170a, Commissaria di Bartolomeo Grimani da Sta Sofia.
44 Vgl. *Alphabetum librorum*, Anhang I, 1458/1486.

ten für die Arbeit an einem Breviar[45] und fünfmal am 10. und 24. November
sowie am 2., 22. und 24. Dezember einem Misser Vielmo *miniador* jeweils
zwischen ½ und 66 Dukaten für verschiedene Arbeiten, unter anderem an
einem Iuvenal und an einem Offizium[46]. Die Miniaturisten sind als Giorgio
Alemagna und als Guglielmo Giraldi, welcher unter anderem für Frederico da
Montefeltro arbeitete, zu identifizieren[47]. Im Geschäftsbuch ist auch für die
Illustration eines Laktantius die Zahlung von 2,4 Dukaten an einen gewissen
Lunardo erwähnt, den Zorzi als Leonardo Bellini identifiziert, den Cousin der
Malerbrüder Gentile und Giovanni[48].

Weitere Hinweise auf die Gestaltung der Bücher thematisieren die Verzierung der Schrift oder des Einbandes. Lorenzo Sanudo besaß einen Petrarca
„rigato", also in Spalten geschrieben[49]. Paolo Barbo unterschied im Jahre
1325 in seinem Testament ein mit goldenen Buchstaben, „con letere doro[50]",
geschmücktes Offizium von den übrigen Büchern. Francesco Clarelo hinterließ 1422 ein *Passionale* mit großen Buchstaben: „unum meum librum
pasionarium litere grosse[51]". Beide Hinweise beziehen sich vermutlich auf die
Gestaltung der Initialen.

Im Inventar der Silberwaren, der „arzentiere di casa", des Stefano Bertoldo
aus dem Jahre 1420 wird ein mit Silber bedeckter Dante erwähnt: „Libero uno
de dante clavad darzento[52]". Hinweise auf prächtige und wertvolle Einbandverzierungen finden sich im übrigen jedoch hauptsächlich bei Meß- und
Gebetbüchern sowie bei Bibeln. Girolamo da Molin besaß eine mit alexandrinischer Seide bezogene Bibel sowie ein mit karminroter Seide bezogenes
Werk des Gregor von Nyssa, beide mit einem silbernen Verschluß[53].
Francesco de Franceschi verfaßte 1464 nicht nur ein Testament, sondern
listete zur Erläuterung im Anschluß die Dinge auf, welche er sich im Leben
zugelegt hatte. Dort findet sich unter anderem „uno hofizio varnido
(venezianisch für *guarnito*) darzento" im Werte von 15 Dukaten[54]. Der hohe
Wert des Buches basierte also entweder auf einem mit silbernen Verzierungen
besetzten Buchdeckel oder auf mit Silber dekorierten Buchstaben. Giovanni
Dandolo erwähnte in seinem Testament ein großes und schönes, mit silbernem

---

45   Vgl. ASV, Giudici di Petizion, B. 955, Libro di Sanudo, 105r.
46   Vgl. ebd. 107r, 108r und 110r.
47   Vgl. Zorzi: Dal manoscritto al libro, S. 856.
48   Vgl. ebd. Zorzi erwähnt dort die Zahlung an Lunardo, macht jedoch keine genaue
     Quellenangabe.
49   Vgl. ASV, Giudici di Petizion, B.955, libro di Sanudo, 160r.
50   Vgl. ASV, PSM de ultra, B. 31, Testament vom 5. September 1325.
51   Vgl. ASV, S.N., Testamenti, B. 730, Johannes de Larocca, Protocolli 3v, Nr. 4.
52   Vgl. ASV, PSM de ultra, B. 140, Commissaria di Michel Zacharia, Fasc. XXV,
     Carteggio nn.
53   Girolamo spricht von „veluto alexandrino" und „veluto cremesino". Vgl. *Aphabetum
     librorum*, Anhang I, 1458/1486.
54   Vgl. ASV, S.N., Testamenti, B. 1149, Paolo Benedetto, Carta Nr. 112.

Einband und Edelsteinen besetztes Meßbuch und verfügte, daß es nach seinem Tod in seinem Hause, mithin in seiner Familie verbleiben solle und nicht verkauft oder auf andere Weise zweckentfremdet werden dürfe:

...Item dimitto nepotibus meis soprascriptis meum *messale* magnum et pulchrum et calicem argenteum cum paranientis, cum condictione quod non possint illud vendere nec alienores sed volo quod remaneat in domo mea...[55]

Donna Margerita erwähnt 1449 in ihrem Testament einen Psalter in großem Format und zwei Offizien, „unum psalterum a parte magna et due offitia de nostra dona", wovon sie bei einem hervorhebt, daß es in Flandern hergestellt und mit silbernen Fäden durchwirkt sei, „unum factum est in Flandra fulata argento"[56]. Elena Giustinian hinterließ 1450 ihrem Sohn ein in schwarzes Leder gebundenes und mit vier silbernen Broschen versehenes Offizium:

Item lasso a mio fio piero querini i mio ofizieto de sancta maria con i coverta negra con varnido con quattro broche darzento...[57].

Bisweilen sind die Siegel bzw. die Wappen der Besitzer Teil der Buchverzierung. Lorenzo Donas besaß zwei Offizien, von denen eines mit einem silbernen, die Insignien des Hauses zeigenden Siegel, und das andere mit Gold bedeckt und mit einem silbernen Siegel oder Stempel eines fremden Hauses versehen war:

i officio de nosta donna covito pmo doro con pulli axzento- et fignali de ple[-] ... i offo de nostra dona con zolli axzento con arma dacha (zu lesen als *da ca*) donado[58]

Girolamo da Molin versah im *alphabetum librorum* sieben Bücher mit dem Hinweis, sie trügen die „arme" (Waffen/Insignien) der Molin entweder in den Ledereinband eingraviert oder auf der ersten Seite: eine Bibel, eine Tafel über das *Librum moralium* Gregors, das *Breviloquium* Bonaventuras, ein *De proprietate rerum* des Bartolomeus Anglicus, einen Walter Burley, einen Kommentar über ziviles Recht des Dinus del Mugello und einen Festus Pompeius. Darüberhinaus besaß er ein Werk des Gregorios von Nyssa, welches die „arme" des Patriarchen von Aquileia trug[59]. Im Hinterlassenschaftsinventar des *gastaldo ducale* Andrea Giovanni vermerkten die Prokuratoren 1436 bei

---

55 Vgl. ASV, PSM de citra, B. 56, Commissarie di Giovanni Dandolo, Testament vom 5. März 1407.
56 Vgl. ASV, C.I., Notai, B. 27, Bruno Felice, Pergament vom 17. Juli 1449.
57 Vgl. ASV, S.N., Testamenti, B. 531, Francesco de Grassi, Carta Nr. 98.
58 Vgl. ASV, PSM , Atti Misti, B. 173, Commissarie di Lorenzo Donà. Im venezianischen Schriftverkehr des Quattrocento stehen mitunter „z" und vor allem „p" für das „ b" im Toskanischen. *Pulli, polli* oder *zolli* ist also als bolli (= Siegel, Stempel) zu lesen.
59 Zur Beschaffenheit der Bücher im *Alphabetum librorum* vgl. v.a. Nebbiai-Della Guardia: Les amis de Girolamo da Molin, S. 131-141.

18 seiner 25 Bücher, daß sie „senza bollini", also ohne Siegel, seien[60]. Die übrigen sieben Exemplare hingegen sind wohl mit einem Siegel versehen gewesen.

Hinweise auf nicht wertvolle Bücher bzw. auf eine nicht kunstvoll ausgeführte Gestaltung finden sich seltener. Neben den erwähnten Verweisen auf ungebundene Bücher oder auf eine schlechte Schrift verbirgt sich lediglich hinter einem Vermerk *Pre* Pieros, *titulario* von San Jacobo all'Orio, ein Hinweis auf Bücher schlechter Qualität. Er schreibt, daß seine Bücher aus schlechtem Papier und auch aus anderen schlechten Dingen seien, über die er nicht schreiben wolle: „Li super dicti libri tuti sono in carta tristo e certe altre cose et che non scrivo[61]".

Insgesamt läßt sich festhalten, daß der Buchbestand der Venezianer sowohl großformatige, in Leder eingebundene, illustrierte, zum Teil mit silbernen Broschen oder Edelsteinen besetzte Prachthandschriften mit eingeprägtem Besitzerwappen, festen Buchdeckeln und wertvollen Verschlüssen als auch aus in jeder Hinsicht einfacher und schlichter gestaltete Gebrauchshandschriften umfaßte. Vor allem sind Zwischenstufen der beiden Extreme zu erkennen. Einige Bücher waren ungebunden. Andere waren eingebunden, aber nicht illustriert, einige besaßen lediglich eine kunstvolle Schrift oder illustrierte Initialen. Markant ist vor allem, daß die Verbreitung der auf Papier geschriebenen Exemplare neben den Bänden aus Pergament im Laufe der Epoche zunahm. Die Vielfalt der nachweisbaren Formen von Büchern läßt verschiedene Arten des Umgangs und der Funktion vermuten. Eine Einteilung der Handschriften in Standardformen bezüglich Gestaltung und Funktion, wie sie Petrucci vorgenommen hat, setzt also falsch an.

Darüber hinaus zeigt sich, daß in Venedig nicht erst im ausgehenden 15. Jahrhundert, sondern auch schon im 14. und im frühen 15. Jahrhundert Privatleute, vor allem Patrizier, prächtige und großformatige Handschriften, vornehmlich Bibeln und Gebetbücher, besaßen. Die Quellen belegen zur Mitte des 15. Jahrhunderts eine Tendenz, verstärkt auch andere Bücher, antike Werke oder scholastische Traktate, prächtig zu gestalten. Die beschreibenden Adjektive wie *buona* und vor allem *bello* weisen die Prachthandschriften als Werke aus, die ihre Betrachter offensichtlich beeindruckten. Die Bücher galten im Urteil der Zeitgenossen als ästhetische Objekte. Es zeigen sich enge Verbindungen zwischen materiellen und immateriellen Werten. Prachthandschriften waren damit ein Statussymbol der Belesenheit und der Frömmigkeit.

---

60   Vgl. ASV, PSM , Atti Misti, B. 4b, Commissaria di Andrea Giovanni, Carteggio von 1436.
61   Vgl. ASV, S.N., Testamenti, B. 1149, Paolo Benedetto, Carta Nr. 13.

5.2. Buchpreise

Marino Zorzi gibt einen Überblick über die bisher bekannten Handschriftenpreise im Venedig des 15. Jahrhunderts. Er erwähnt Werte zwischen 2 und 60
Dukaten und bestätigt die bisherigen Kenntnisse über die üblichen Buchpreise
der Epoche[62]. Als Gründe für die weite Preisspanne vermutet Zorzi Unterschiede bezüglich Material, Größe und Gestaltung der einzelnen Bände. Er
unterstellt allerdings den Venezianern das Bestreben, ihre Bücher, die sie
kauften und herstellen ließen, Schritt für Schritt möglichst kostbar gestalten zu
lassen. So zeigen erhaltene Manuskripte, bei denen die Initialen fehlen und
viel Platz an den Rändern gelassen ist, daß hier noch illustriert werden sollte.
Nach den erneuten und umfassenden Recherchen liegen nun zu 435 venezianischen Handschriften Preisangaben vor, die eine weitergehende Analyse
ermöglichen[63].

---

62 Vgl. Zorzi: Dal manoscritto al libro, S. 828 f.
63 Nach Gian Carlo Alessio ist eine Untersuchung der Kostenfaktoren von Handschriften
    nicht möglich, da es zu wenig Vergleichsmöglichkeiten gebe.Vgl. Alessio, Giancarlo:
    Il manoscritto e il suo pubblico. Circolazione del libro e domanda di letteratura nel
    Quattrocento. In: Biblioteche oggi 3, 1985, Nr.1, S.15-33, hier v.a. S. 20 f. Breitange-
    legte quantitative Analysen der Buchpreise im 14. und 15. Jahrhundert liegen bislang
    tatsächlich nur wenige vor. Diese sind Bozzolo, Carla / Ornato, Ezio: Pour une histoire
    de livre manuscrit au Moyen Âge, Paris 1983; Borlandi, Franco: Biblioteche pavesi
    del Quattrocento. In: Bolletino della Società Pavese di Storia Patria 46, 1947, S. 43-
    67; Cipolla, Carlo M.: Il valore di alcune biblioteche nel Trecento. In: Bolletino
    storico Pavese 7, 1944, S. 5-20. Vgl. auch Cipolla, Carlo M.: Money. S. 57-63. Quel-
    lenmaterial liefert auch Petti Balbi: Il libro nella società genovese. Relativ gut erarbei-
    tet sind mittlerweile die Herstellungs- und Materialkosten von Handschriften in eini-
    gen italienischen Städten. An dieser Stelle sei v.a. verwiesen auf Martini; und Devoti,
    Luciana: Aspetti della produzione del libro a Bologna. Il prezzo di copia del
    manoscritto giuridico tra XIII e XIV secolo. In: Cultura e Civiltà 18, 1994, S. 77-142.
    Nicht eindeutige Quellen werden in der folgenden Analyse nicht betrachtet und sind
    nicht in den 435 angegebenen Preisen enthalten. In einigen Fällen finden sich Preisanga-
    ben mit der einfachen Bezeichnung *grossi*. Hier ist es im Einzelfall schwer zu diffe-
    renzieren, inwieweit auf einfache *grossi*, *lira di grossi* oder *lira a grossi* verwiesen
    wird. 1269 wechselte z.B. ein Psalter für 9 *grossi* den Besitzer. 9 einfache *grossi*, d.h.
    1 *lire di piccoli*, hätte nicht einmal dem Papierwert entsprochen. Zudem ist anzuneh-
    men, daß das Psalter im 13. Jahrhundert noch auf Pergament geschrieben war. Hier
    handelt es sich wahrscheinlich um *lire di grossi*, was allerdings nicht eindeutig ist. Der
    Währungsangabe *grossi* stellt die Forschung bezüglich seiner Werteinschätzung vor
    große Probleme und eignet sich nur schwer für vergleichende Analysen. Zur schwieri-
    gen Differenzierung zwischen *grossi* und *lire di grossi* vgl. Kap. 4. 3.2., Anm. 63.
    Zum Wert der *grossi* im Vergleich zur *lira di piccoli* vgl. Robbert: Money and Prices,
    S. 377.

In einzelnen Fällen haben verschiedene Umstände zur schriftlichen Notierung der Preise geführt, welche es differenziert zu berücksichtigen gilt. Bei den Wertangaben handelt es sich:

a) um Preise, die Bücher auf den Auktionen von Hinterlassenschaften erzielten, und die von den Prokuratoren in den Akten der Erbschaftsverwaltung festgehalten wurden;

b) um Schätzungen, die ein Sachverständiger im Auftrag der Erbverwalter zur Erfassung eines Vermögens durchführte, bevor die Habe versteigert oder unter den Erben aufgeteilt wurde;

c) um Preisangaben, die Besitzer selber in ihren Testamenten oder in diesen angehängten Inventaren machten, in der Regel ebenfalls zum Weiterverkauf der Bücher nach dem Tod;

d) um Angaben in Testamenten zu noch ausstehenden Zahlungen für verkaufte, gekaufte oder bei einem Schreiber in Auftrag gegebene Bücher;

e) um Einträge in persönliche Rechnungsbücher, wo Zahlungen an Schreiber, Miniaturisten oder Buchhändler vermerkt sind.

f) um Legate in Testamenten, die der Erblasser einem Erben zur Anschaffung eines Buches hinterließ.

Die Preise wurden in den gebräuchlichen Münzwährungen bzw. Recheneinheiten angegeben, im frühen 14. Jahrhundert zumeist in *soldi di grossi*, ansonsten in den meisten Fällen in *ducati d'oro*, in der Einheit, welche über beide Jahrhunderte hinweg eine relativ stabile Währung darstellte[64].

Sämtliche Preisangaben bestätigen die von Zorzi angegebene weite Preisspanne. Die Werte liegen zwischen ½ und 80 Dukaten[65]. Nicolò Faraone hinterließ 1320 der Kirche Santa Maria Formosa 50 Dukaten, um sich ein Evangelium anfertigen zu lassen[66]. 1340 kostete die Bibel des Giacomo Gradenigo 80 Dukaten. Paulo da Faiano gab 1420 in seinem Testament den Wert seines „missale pulchrum" mit 34 Dukaten an[67]. Giovanna Nani hinterließ 1426 dem späteren Bischof Luca Leon 50 Dukaten, um sich ein „antiphonario cum missale" anfertigen zu lassen[68]. 1455 engagierte Lorenzo Sanudo für seinen Sohn Marino einen Lehrer und ließ ihm für 40 Dukaten ein Buch anfertigen[69]. 1372 schätzte Toma de Bonincontro, Abt von San Giorgio

---

64 Zu den verschiedenen gebräuchlichen Münzwährungen vgl. Kap. 4.3.3. 1 *soldo di grossi* oder *solidus grossorum* entsprach zu der Zeit 1/2 Dukaten. Vgl. Lane/Müller: S. 333 f.

65 Eine *lira di grossi* hatte den Gegenwert von ungefähr 10 Dukaten.

66 Vgl. Cecchetti: Libri, S. 359.

67 Vgl. Bertanza: Maestri, S. 297-299.

68 Vgl. ASV, S.N., Testamenti, B. 730, Johannes de Larocca, Protocolli 9r-10v, Nr. 15. Das Werk wird hier nicht als Buchbesitz aufgenommen, da der Vollzug des Testaments nicht nachgewiesen und der Besitz nicht greifbar ist.

69 Vgl. ASV, Giudici di Petizion, B. 955, libro di Lorenzo Sanudo, 12r.

Maggiore, im Auftrag der Prokuratoren von San Marco den Wert der Bücher des in Avignon verstorbenen Venezianers Lodovico Gradenigo. Die Bände wurden zurück nach Venedig verschifft und sollten dort verkauft werden[70]. Der Abt vermerkte als Preisangaben immer runde Beträge in den dem Dukaten gleichwertigen Florentiner *fiorini* oder in *grossi*[71]. Von insgesamt 38 Büchern bedachte er 14 mit einer Wertangabe von weniger als 2 *fiorini*. 2 Bücher schätzte er auf 1 ½ *fiorini*, 8 auf genau 1 *fiorino* und 4 auf nur ½ *fiorino*. Zusätzlich führte er noch „multi libri ciceronis" auf, die seiner Meinung nach zusammen 4 *fiorini* wert waren. Ob es sich um einen Sammelband oder um mehrere Bücher handelte, bleibt unbekannt, so daß keine einzelne Wertangabe rekonstruiert werden kann.

Die Preise der Handschriften entsprechen den bekannten Preisen der ersten Druckwerke des 15. Jahrhunderts. Diese erzielten ihrerseits je nach Gestaltung Preise von ¼ bis 40 Dukaten[72]. Druckwerke waren damit zunächst nicht unbedingt billiger.

Die wertvollen Bücher, welche die Spitzenpreise von 30 bis 80 Dukaten erzielten, waren sowohl im 14. als auch im 15. Jahrhundert „Luxusgegenstände". Ihre Preise liegen in der Höhe von Mitgiften, mit denen Ende des 14. Jahrhunderts bürgerliche Beamte, Notare oder Lehrer ihre Töchter ausstatteten[73]. Sie überstiegen die überlieferten Preise, die für Sklaven zu zahlen waren. Eine 26jährige zirkassische Sklavin kostete Ende des 14. Jahrhunderts 26 Dukaten und eine bosnische Sklavin gleichen Alters 1421 34 Dukaten[74]. Mitte des 15. Jahrhunderts zahlte die Republik ihren bezahlten adligen Beamten ein durchschnittliches Jahressalär von 200 bis 300 Dukaten. Eine kleine Sammlung wertvoller Bücher von 5 bis 10 Exemplaren entsprach also dem Jahresverdienst eines adligen Beamten. Der Besitzer eines Vermögens, das einen Wert von 15-16 Prachthandschriften à 50 Dukaten umfaßte, gehörte - allein gemessen an seinem Buchbesitz - eindeutig zu den wohlhabenderen Venezianern[75].

Auch „preiswertere" Exemplare, die für nur 1, 2 oder 3 bis 4 Dukaten gehandelt wurden, konnten nicht als billig gelten. Ihr Wert entsprach ungefähr

---

70 Vgl. ASV, PSM , Atti Misti. B. 139, Commissaria di Ludovico Gradenigo, Inventarii nn. von 1375 und 1376.

71 Ein Florentiner *fiorino* entsprach einem venezianischen Dukaten. Vgl. Kap. 4. 3.3. Bonincontro gab die Werte nie in *fiorini* plus *lira* plus *soldi* an, wie es an anderer Stelle bei Lagerlisten, Verkäufen und Versteigerungen zu finden ist, sondern immer in runden Beträgen. Seine Preisangaben sind dementsprechend wirklich Schätzungen.

72 Zu den Preisen der Druckwerke vgl. u.a. Hirsch: Printing, S. 39; Pettas: The Cost of Printing .

73 Die gewöhnlichen Mitgiften umfaßten etwa 50 bis 100 Dukaten. Vgl. Kap. 4.3.3.

74 Vgl. Bertanza: Maestri, S. 207; und Cechetti: Libri, S. 358.

75 Zu den einzelnen Vermögensverhältnissen und Gehältern vgl. Kap. 4 .3.3.

dem monatlichen Verdienst eines Tagelöhners. Ein von einem Adligen ange-
stellter Gondoliere erhielt Mitte des 15. Jahrhundert einen Monatslohn von
ungefähr einem Dukaten plus Verpflegung und Unterkunft[76]. Ebenfalls einen
Dukaten im Monat verdienten die Tintenmischer in den ersten Druckerwerkstätten Italiens[77]. Ein gelernter Handwerker verdiente als Tagelöhner 1420 im
Arsenal 20 *soldi* pro Tag. Sein Wochenlohn lag damit ungefähr bei einem
Dukaten. Konnte er den ganzen Monat arbeiten, verdiente er um die 4 Dukaten im Monat. Ein ungelernter Tagelöhner erhielt die Hälfte, 10 *soldi* pro Tag.
Von Steinmetzen sind in Venedig Tageslöhne von 32 *soldi* im Jahre 1424
überliefert. Kalfaterer verdienten im Winter 22 *soldi* und im Sommer ebenfalls
32 *soldi* pro Tag[78]. Ein Preis von einem ein oder zwei Dukaten entsprach
einem Großteil der monatlichen Lebenshaltungskosten nicht nur der unteren,
sondern auch der mittleren Vermögensschichten. Carlo M. Cipolla ermittelte
anhand Pavianer Quellen die Lebenshaltungkosten eines wohlhabenden Stadtbürgers im ausgehenden 14. Jahrhundert als 20 *fiorini* pro Jahr und diejenigen
eines Jungen der Oberschicht inklusive Schulkosten im späten 15. Jahrhundert
auf 14 *fiorini*[79]. Die venezianischen Quellen dokumentieren ähnliche Verhältnisse. Andrea da Osmo, Magister der Medizin, beauftragte im Januar 1397 in
seinem Testament die Prokuratoren von San Marco, vier Bedürftigen seiner
Heimatstadt Rimini zum Studium der Medizin und der *artes generales* in
Padua jeweils für zehn Jahre 25 Dukaten pro Jahr auszuzahlen[80]. Die überlieferten Lebensmittelpreise geben eine Vorstellung von den Möglichkeiten der
zeitgenössischen Lebensführung. Zwischen 1459 und 1464 erhielt man für
einen Dukaten jeweils 30 *staii* (Scheffel) Mehl oder große Mengen der aus der
Lagune gewonnenen Meeresfrüchte, zum Beispiel 120 Portionen *moeche*
(Lagunenkrebse), eine Delikatesse, à 26 Stück und 60 Portionen *go*
(Lagunenfisch). Ein Dukat hatte ferner den Gegenwert von 120 Pfund Äpfeln
oder 900 Zitronen, beides Früchte, die zumeist importiert wurden, oder von 80
Pfund Lammfleisch, 20 Hühnern, 20 Enten oder 24 Tauben[81].

---

76 Vgl. u.a. Sanuto: De Origine, S. 20-23.
77 Vgl. Pettas: The Cost of Printing, S. 70 f.
78 Löhne nach Lane/Müller: S. 249 f.
79 Vgl. Cipolla, Carlo M.: Money, S. 60 f.
80 Vgl. ASV, PSM de citra, B. 144, Commissarie di Andrea di Osmo, Fasc. 5.
81 Fleisch und Geflügel stellten relativ exklusive Speisen dar. Zugrunde liegen die von
     Cecchetti publizierten Preisdekrete der Serenissima von 1459-1564. Ein Scheffel Mehl
     war festgesetzt auf 4 *soldi*, zwei Hühner auf 13 *soldi*, eine Ente auf 6 *soldi* und eine
     große Taube auf 5 *soldi*. 100 Tintenfische waren festgesetzt auf höchstens 5 *soldi*,
     zwei Portionen *moeche* à 26 Stück und eine Portion *go* (Lagunenfisch) erhielt man für
     2 *soldi*. 2 Pfund Äpfel, 2 Pfund Trauben oder 15 Zitronen waren ebenfalls auf 2 *soldi*
     festgesetzt. Vgl. Cecchetti: La vita dei veneziani nel Trecento, II, Venezia 1885. S. 97,
     102-115 und 189-190. Mitte des 15. Jahrhunderts entsprachen ungefähr 120 *soldi*
     einem Dukaten. Vgl. Luzzatto: S. 214 f.

Die Lebensmittelpreise waren vom 14. zum 15. Jahrhundert gestiegen. *Soldi* und *denari*, in denen die Preise festgesetzt wurden, sind allerdings von der *serenissima* gegenüber dem Dukaten parallel zur Preissteigerung regelmäßig entwertet worden. Der Dukat hat vom 14. zum 15. Jahrhundert seine Kaufkraft weitgehend behalten[82].

Die Fachbibliothek eines Rechtsgelehrten oder Arztes mit über 30 Bänden stellte somit, selbst wenn sie nur aus Büchern bestand, die für wenige Dukaten zu erstehen waren, für ihren Besitzer einen sehr großen Wert dar. Die Tatsache, daß in einem solchen Fall ein Großteil des Vermögens aus Büchern bestand, zeigt, wie dringend die Notwendigkeit des Buchbesitzes bzw. der Wunsch danach gewesen sein muß. Andererseits war ein Buch für Angehörige der venezianischen Mittelschichten offenbar kein unerreichbarer Besitz[83]. Der Erwerb eines relativ „preisgünstigen" Buches verlangte vielleicht Entbehrungen. Der Preis stellte jedoch nicht unbedingt einen Hinderungsgrund dar, sich einzelne Exemplare zuzulegen.

Zahlenmäßig verteilen sich die einzelnen Preisangaben unterschiedlich. Insgesamt 209 der Bücher kosteten bis zu 2 Dukaten, 122 Exemplare kosteten zwischen 2 und 5 Dukaten, 74 Exemplare zwischen 5 und 12 Dukaten. Nur noch 9 Bücher hatten Preise zwischen 12 und 20 Dukaten, und insgesamt 21 der 435 Bücher kosteten über 22 Dukaten. Es zeigt sich ein deutliches Übergewicht der „preiswerteren" Bücher. 48 % aller mit Preisangaben versehenen Exemplare hatten einen Wert von bis zu 2 Dukaten, und gut drei Viertel der Bücher (76 %) sind mit Wertangaben von bis zu höchstens 5 Dukaten überliefert. Lediglich 7% der Bücher kosteten über 12 Dukaten.

Die verschiedenen Preiskategorien verweisen unter Umständen auf verschiedene Arten von Büchern. Bei etwa 12 Dukaten scheint ein Grenzpunkt zu liegen, der die Masse der „preiswerteren" Bücher von den „teuren" Exemplaren trennt (siehe auch Diagramm 5). Innerhalb der preiswerteren Katego-

---

82 1371 durften beispielsweise die *macellai* ein Pfund Hammel- oder Lammfleisch für ungefähr 2/3 *soldi* verkaufen. 1463 kostete es fast das 2 ½ fache, nämlich 1 ½ *soldi* . Da 1371 ein Dukat ungefähr für 80 *soldi* gehandelt wurde und 1463 ungefähr 120 *soldi* wert war, stieg der Preis gemessen am Dukaten für das Fleisch allerdings lediglich um 1/3. 1371 erhielt man theoretisch für einen Dukaten 120 Pfund und 1461 80 Pfund Hammelfleisch. Die Preise sind dokumentiert bei Cecchetti: La vita dei Veneziani, Teil II, S. 129-131. Zum Verhältnis von *soldi* zu *ducati* vgl. Luzzatto: S. 213 f. Zur Kaufkraft des Dukaten vgl. Luzzatto S. 214. Die Stabilisierung des Dukaten und der *grossi* bei gleichzeitiger Entwertung der *soldi* war ein bewußt eingesetztes Mittel der venezianischen Geldpolitik, die auf Sicherung und Bereicherung der Staatskasse abzielte. Das Phänomen wurde bearbeitet bei Hübner, Hans J.: Quia bonum sit anticipare tempus. Die kommunale Versorgung mit Brot und Getreide vom späten 12. bis ins 15. Jahrhundert (Diss. phil.), Frankfurt a.M. 1997.

83 Hier sei auf die Lehrer, Kleinhändler oder Handwerkermeister verwiesen. Vgl. Kap. 4.3.

rien gibt es wiederum starke Unterschiede. Die Preiskurve scheint die Band-
breite der Buchformen mit ihren Extremen, Prachthandschriften einerseits und
Gebrauchshandschriften andererseits, widerzuspiegeln.

Diagramm 5: Buchpreise in Golddukaten / Venedig / 14. und 15. Jahrhundert

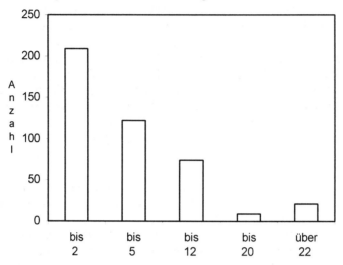

Bemerkenswert ist ferner eine diachrone Entwicklung der Preiskategorien.
Von den in Genoveser Privatbesitz des 13. Jahrhunderts ermittelten Büchern
sind für 26 Exemplare Preisangaben überliefert. Sie hatten alle den Gegenwert
der in den gleichen Quellen überlieferten Preise für Sklaven oder der Mitgift
einer Tochter aus bescheiden wohlhabenden Hause[84]. In Venedig kosteten in
der ersten Häfte des 14. Jahrhunderts nur 18 von 56 mit Preisangaben versehenen Büchern bis zu 2 Dukaten, also lediglich 32% (siehe Tabelle). In der
zweiten Häfte des 14. Jarhunderts kosteten 59 von 127 Büchern, also 46%, bis
zu 2 Dukaten. Die auffallend geringe Zahl an preiswerten Büchern der billigsten Kategorie in der ersten Hälfte des 14. Jahrhunderts ist umso höher zu
bewerten, als daß diese Bücher sich bis auf ein Exemplar allesamt im Besitz
nur eines Bewohners Venedigs, des Arztes und Professors der Medizin,
Magister Elia, befanden. Erst mit Auslaufen des Trecento sind die „billigeren"
Bücher häufiger, d.h. in mehreren Fällen in den Quellen nachweisbar. In diesem Zeitraum scheinen sich markante Veränderungen im Preisgefüge vollzogen zu haben. Das Phänomen der extremen Preisunterschiede, zwischen den
„günstigeren" Gebrauchshandschriften einerseits und den kosbaren Prachthandschriften andererseits, nahm, gemäß den Quellen, also im auslaufenden

---

84   Vgl. Petti Balbi: Il libro nella società genovese, S. 15-17.

14. Jahrhundert seinen Anfang und trat vor allem im 15. Jahrhundert in den Vordergrund. Im Laufe des 15. Jarhunderts hat sich das Preisgefüge indessen kaum verändert (siehe Tabelle). Auffällig ist ferner die vergleichsweise hohe Anzahl an nachweisbar teuren Handschriften in der zweiten Hälfte des 15. Jahrhunderts. Dies kann aufgrund der geringen Anzahl an dokumentierten Exemplaren dieser Kategorie Zufall sein. Möglicherweise zeigt sich jedoch, daß mit der Zunahme an einfachen Gebrauchshandschriften und mit dem Auftreten erster Druckwerke in diesen Jahren der Besitz von Prachthandschriften als Repräsentationsobjekt und Luxusgegenstand an Bedeutung und Attraktivität gewann, da es mit dem Auftreten des „Billigen" möglich wurde, sich mit dem Besitz des „Teuren" abzuheben[85].

Buchpreise / Venedig / 14. und 15. Jahrhundert

	bis 2 Duk.	bis 5 Duk.	bis 12 Duk.	bis 22 Duk.	über 22 Duk.	total
- 1350	18 (32%)	28 (47%)	8 (14%)	3 (5%)	2 (4%)	56 (100%)
- 1400	59 (46%)	33 (26%)	29 (23%)	3 (2%)	3 (2%)	127 (100%)
- 1450	69 (61%)	22 (19%)	17 (14%)	1 (1%)	1 (1%)	114 (100%)
- 1500	63 (45%)	42 (30%)	20 (14%)	2 (1%)	11 (8%)	138 (100%)
total	209 (48%)	122 (28%)	74 (17%)	9 (2%)	21 (5 %)	435 (100%)

Das verstärkte Auftreten der „preiswerteren" Bücher geht mit der festgestellten Zunahme an Buchbesitzern mittlerer Vermögensschichten in den Quellen einher. Das Auftreten unterschiedlich vermögender Buchbesitzer bzw. -käufer scheint auch unterschiedliche Preise verursacht zu haben. Eventuell ermöglichte auch das Aufkommen „billigerer Bücher" mittleren Vermögensschichten die Anschaffung von Büchern.

Der Preis einer Handschrift war von mehreren Faktoren abhängig. Zorzi vermutet vor allem unterschiedliches Material, also interne Faktoren, hinter den verschiedenen Preisen. Für eine synchrone Analyse der Preisverhältnisse an einem Ort zu einer bestimmten Epoche sind interne Kostenfaktoren durchaus maßgebend. Neben dem Materialwert sind dabei insbesondere die Arbeitskosten für Schreiber, Buchbinder und Illustratoren zu beachten. Für eine diachrone Analyse, also den Vergleich der Buchpreise über eine längere Zeitspanne hinweg, gilt es allerdings, auch externe Kostenfaktoren und ihre Auswirkungen auf interne Faktoren in die Analyse einzubeziehen[86]. Eine sich verändernde konjunkturelle Lage beeinflußte unter Umständen die Material- und Lohnkosten. Caterina Tristano hat jüngst, aufbauend auf vorangegange-

---

85 Hier sind Ansatzpunkte für weitergehende Forschungen gegeben.
86 Vgl. Tristano, Caterina: Prezzo e costo del libro in epoca medievale. Presentazione di una ricerca. In: Scrittura e civiltà 1, 1990, S. 271-279. Vgl. auch Tristano, Caterina: Economia del libro in Italia tra la fine del XV e l'inizio del XVI secolo. Il prezzo del libro vecchio. In: Scrittua e civiltà 14, 1990, S. 199-279.

nen Forschungsergebnissen zum Thema Handschriftenpreise, folgenden Katalog an Kostenfaktoren vorgelegt[87]:

Interne Faktoren:
a) die Kosten für die verwendeten Materialien (Papier bzw. Pergament, Einband etc.);
b) die Kosten bei der Fertigung (Schreiben, Binden, Illustrieren), die abhängig sind von der Arbeitsdauer einerseits und der Qualität der Arbeit andererseits;
c) die Anzahl der einzelnen Buchteile bzw. -einheiten (Seiten, Zeilen, verzierte Initialen, Illustration, etc.).

Externe Faktoren:
a) die konjunkturelle Entwicklung (Bevölkerungszu- oder -abnahme, Wirtschaftskrisen, kultureller Wandel etc.), welche die Qualität der Bücher (und damit den Preis) sowie die Anzahl der potentiellen Abnehmer beeinflussen können;
b) Faktoren, die im sozialen Status von Käufer und Hersteller begründet liegen, da dieser zu einer Erhöhung oder Minderung des Preises führen kann.

Im Sinne der Fragestellung bedarf Tristanos Kostenkatalog der Modifizierung. Bisweilen ist er übermäßig zergliedert. Die unter c) aufgeführten internen Faktoren sind mit denen unter a) und b) aufgeführten interdependent. Der Katalog legt außerdem ausschließlich Kriterien zur Analyse derjenigen Preise fest, die Bücher beim erstmaligen Kauf, das heißt auf einen Auftrag der Käufer bei den jeweiligen Herstellern hin, erzielt haben. Ein Buchmarkt, auf dem mit fertigen Produkten gehandelt wurde und dessen Gesetzmäßigkeiten den Preis möglicherweise mitbestimmten, wird nicht beachtet[88]. Bei der Analyse der venezianischen Buchpreise, die zu einem Großteil aus Wertangaben bestehen, zu denen Bücher beim Verkauf über Zwischenhändler und beim Kauf aus zweiter Hand gehandelt wurden, gilt es von daher zusätzliche Faktoren zu beachten.

Insbesondere stellt sich die Frage, ob der Inhalt einer Handschrift als interner Kostenfaktor Auswirkungen auf den Buchpreis hatte. Angesichts einer

---

87 Vgl. Tristano: Il prezzo del libro. Ihr Katalog ist ein Zwischenbericht des Sonderforschungsprojektes des C.N.R.S. zu historischen Buchpreisen, das seine Schwerpunkte mittlerweile nach dem 15. Jahrhundert setzt. Ihre Arbeit ist in erster Linie methodisch wertvoll. Neues Quellenmaterial, anhand dessen sich die bestehenden Erkenntnisse präzisieren ließen, hat sie nicht erschlossen. Tristano baut ausdrücklich auf den Arbeiten von Bozzolo / Ornato; Borlandi: Biblioteche Pavesi; und Cipolla, Carlo M.: Money. Die aktuelle Buchforschung lehnt sich weitestgehend an Tristanos Kostenkatalog an. Vgl. v.a. Devoti.
88 Wie bei Noakes wird also die Existenz eines Buchmarktes in der Vordruckzeit negiert. Vgl. Kap 1. S.

minderwertigen Literatur, die sich möglicherweise nur über „billige", in den Quellen nicht auftretende Bücher verbreitete, ist dieser Faktor auf jeden Fall relevant[89]. Außerdem ist ein eventuelles Mißverhältnis zwischen Angebot und Nachfrage, welches die Preise beeinflußt haben könnte, zu beachten. Gerade in der Vordruckzeit erzielte eine seltene Handschrift im Zweifelsfall hohe Preise. Ein Ausklammern der jeweiligen „Marktsituation" bedeutet, daß unter Umständen bestehende Nachfrage- oder Angebotslücken unberücksichtigt bleiben. In der Vordruckzeit war nicht jedes Buch immer und zu jeder Zeit problemlos verfügbar. Schließlich muß berücksichtigt werden, ob insbesondere bei Büchern, die aus einem Nachlaß heraus verkauft wurden, Abnutzungserscheinungen das Käuferinteresse und damit auch den Preis minderten.

5.2.1. Material- und Herstellungskosten

Auf dem Deckblatt einer *Promissione ducale*, welche die Republik Venedig im Jahre 1463 fertigen ließ, sind die Kosten vermerkt, welche für das Schreiben, Binden, das Papier und die Illustration des Buches entrichtet worden sind:

per miniaduram	L. 1	s 10
per ligadure	L. 1	s 5
per charte e rigadura	L. 6	s 5
per el scriptor	L. 12	s 8
	L. 22	s 5[90]

Die Aufzeichnung ist nicht außergewöhnlich. Schreiben, Binden und Illustrieren waren Tätigkeiten, die in einem arbeitsteiligen Prozeß von verschiedenen Personen ausgeführt wurden, die jeweils gesondert bezahlt werden mußten. Die Materialkosten waren in den Honoraren der einzelnen Handwerker nicht unbedingt inbegriffen und wurden gesondert berechnet. Die Herstellung der *Promissione ducale*, ein im Vergleich zur Bibel oder zum Kanon der Medizin des Avicenna nicht umfangreiches Textkorpus, kostete die *serenissima* entsprechend den Vermerken umgerechnet fast vier Golddukaten[91]. Die meisten Kosten, über 50% der Gesamtsumme, verursachte der Schreiber. Insgesamt überwogen die Arbeitskosten. An Materialkosten ist nur die „charta" (hier Pergament) erwähnt, die lediglich 28 % der Gesamtsumme ausmacht. Da ansonsten keine Materialkosten erwähnt werden, bleibt die Vermutung, daß die

---

89 Zum Vorwurf, die konsultierten Quellen würden eine Literatur, die sich nicht über Prachtbände verbreitete, nicht erfassen, vgl. Kap. 2.2.
90 Zitiert nach Roeck: Arte per l'anima. S. 13, Anm. 18.
91 Zugrundegelegt ist das Verhältnis von einem Dukaten zu 4 *lire* und 15 *soldi*. Vgl. Kap. 4., Anm. 64.

Kosten für die Tinte, für die Farben der Illustration und für den Ledereinband in den Preisen für „das Binden", „die Miniaturmalerei" oder für „den Schreiber" inbegriffen waren. Überraschend ist allerdings, daß die Kosten für die Illustration im Vergleich zu den Schreiberkosten sehr gering ausfallen. Beides waren aufwendige, langwierige Tätigkeiten, welche von Spezialisten ausgeübt wurden. Andere Quellen, welche im Folgenden noch diskutiert werden, geben wesentlich höhere Kosten für die Miniaturmalerei wieder. Nicht zuletzt die Farben waren wesentlich kostpieliger. Es ist daher in Frage zustellen, inwiefern der Vermerk in der *Promissione ducale* die vollständigen Kosten umfasst. Vielleicht listet er nur die Kosten auf, welche noch zusätzlich zu Material oder Personal, über das die *serenissima* nicht schon verfügte, zu entrichten war. Möglicherweise besaß man beispielsweise noch Farben von anderen Projekten.

Papier, das über das maurische Spanien in den Okzident gelangte, war in Europa seit dem 12. Jahrhundert bekannt, verbreitete sich jedoch nicht sofort als Werkstoff der Buchherstellung. Das hauptsächlich aus Baumwolle gewonnene Material galt irrtümlicherweise zunächst als ein nicht besonders haltbarer Stoff. Mit der Zunahme des Fernhandels setzte sich Papier seit dem 14. Jahrhundert als Schreibstoff im Wirtschafts- und Geschäftsverkehr durch, zwar nicht als Grundlage für wichtige Verträge und Dokumente, deren Reinschrift in der Regel auf Pergament vorgenommen wurde, wohl aber für Vertragsentwürfe, Geschäftsbriefe oder zur Buchführung. Im 13. Jahrhundert befanden sich die meisten Papiermühlen Europas noch in Spanien. Nach Italien wurde Papier von dort exportiert. Die erste italienische Papiermacherei ist für das Jahr 1269 in Fabriano bei Ancona nachgewiesen. Bis zur Jahrhundertwende hatten sich dann einzelne Papiermühlen in Amalfi, in Bologna und im Friaul gegründet. Die erste Papiermühle bei Venedig wird 1307 in Treviso faßbar. 1366 billigte der Senat der Lagunenrepublik den Mühlen von Treviso ein Lumpensammelprivileg in Venedig zu. Im Laufe des 14. Jahrhunderts stieg die Anzahl der Papiermühlen stark. So siedelten sich beispielsweise vermehrt Mühlen am Gardasee an. Ende des Jahrhunderts exportierte Genua in großem Maß Papier, u.a. in das Ursprungsland der europäischen Papierproduktion, nach Spanien. Seit Ende des 14. Jahrhunderts wurde Papier in Italien schließlich durch frühindustrielle Herstellungsverfahren produziert. Die Mühlen waren nun manufakturartige Betriebe. Kaufleute investierten in das Gewerbe und übernahmen den Vertrieb[92].

Mit der zunehmenden Herstellung und Verbreitung des Papiers in Europa sank dessen Preis. Ein Ries, aus dem sich mehrere *quaderni* legen ließen, die zusammen wieder ein kleines Buch ergaben, kostete 1392 in Nürnberg noch 2

---

92 Zur Entwicklung der Papierherstellung in Europa und Italien vgl. u.a. Weiß, Wisso:
    Zeittafel zur Papiergeschichte, Leipzig 1983, S. 37-69.

Gulden[93]. Bonincontro schätzte 1372 den Wert von nur einem noch ungebundenen und wahrscheinlich noch unbeschriebenen *quaderno* aus dem Nachlaß Lodovico Gradenigos auf den Wert von ½ *fiorino*. Hier hätte ein kleines, aus mindestens vier *quaderni* zusammengelegtes Buch 2 Dukaten gekostet. Im Geschäft der Florentiner *cartolai* Gerardo und Monte di Giovanni kostete 1476 ein *quaderno* einfaches Papier 9 *soldi*[94], was zu deser Zeit nur 1/14 Dukaten bzw. *fiorino* entsprach. Als im Jahre 1484 der Florentiner Kaufmann Battista d'Angolo Vernacci 300 Breviare für den Kammadulenserorden drukken ließ, kostete ihn das Papier für jedes einzelne Breviar, das aus 395 Blättern, also 788 Seiten bestand, nur 1/8 *fiorino*[95]. Rudolf Hirsch hat für Frankfurt am Main einen stetigen Preisverfall des Papiers von 1401 bis 1536 von 432 auf 136 Pfennige pro Ries nachgewiesen[96].

Pergament war teurer. Ein *quaderno* aus Pergament kostete 1476, zu der Zeit, als die Papierherstellung schon weiterentwickelt war, im Geschäft der erwähnten *cartolai* Gerardo und Monte di Giovanni durchaus das Zehnfache eines *quaderno* aus gebräuchlichem Papier: Ein *foglio* bzw. Bogen Pergament aus Ziegenfell kostete 3 *soldi* und 4 *denari*, ein *foglio* aus Schafsfell 4 *soldi* und ein *foglio* aus Kalbsfell 5 *soldi*[97]. Ein *foglio* Pergament ergab höchstens ein bis zwei Seiten für ein Buch im danach benannten *foglio*- oder Groß*foglio*fomat und damit maximal acht Seiten für ein Buch im *quarto*-Format, dem kleinsten aus der Epoche überlieferten Buchformat[98]. Ein 80-seitiges handgeschriebenes Buch im kleinen *quarto*-Format aus Schafsfell kostete also, vorausgesetzt, *cartolaio*, Schreiber und Binder arbeiteten so sauber, so daß kein Verschnitt oder Verlust entstand, mindestens 2 Lire, also fast ein halber Dukat. Mit 80 Seiten ließ sich allerdings nur ein kleines Gebetbuch gestalten. Das oben erwähnte *Breviarium camadulense* des Battista d'Angolo Vernacci umfaßte hingegen 788 Seiten und kostete den Hersteller nur 1/8 *fiorino*. An Pergament hätte dieses Buch also ungefähr 4 ½ Dukaten bzw. *fiorini* gekostet.

Florentiner und venezianische Quellen aus dem 14. und 15. Jahrhundert zeigen, daß in beiden Städten die einzelnen Honorare für Schreib-, Binde- und Illustrationsarbeiten unterschiedlich hoch waren. In Venedig vermerkte Rodolfo de Sanctis 1388 in seinem Testament, einem Antonio Mauroceno zunächst 20 Dukaten und dazu noch einen Dukaten „*pro aptatura* (zu lesen als addatura = Adaption, Anpassung, Kopie) *Berengarii maioris*" geliehen zu

---

93 Vgl. ebd.: S. 57.
94 Vgl. Martini: S. 45.
95 Vgl. Pettas: The Cost of Printing, u.a. S. 70 f.
96 Vgl. Hirsch: Printing, S. 61.
97 Vgl. Martini: S. 45-47.
98 Vgl Kap 5.1. Anm. 25.

haben[99]. Im Rechnungsbuch des Bartolomeo de la Scala sind zwischen 1459 und 1463 zehn Vermerke mit Zahlungen an Schreiber für Abschriften von Büchern zu finden, die zwischen 1 und 10 *fiorini* liegen. Es ist nicht immer ersichtlich, für wieviele Bücher das jeweilige Honorar bezahlt wurde und inwieweit es sich möglicherweise nur um Teilzahlungen handelt. Iacobo da Imola erhält für die Abschrift einer Dekade der römischen Geschichte des Titus Livius 5 *lire* und 19 *piccoli*, also etwas mehr als einen *fiorino*. Stephan de Petit, ein aus Frankreich stammender *barbitonius,* hinterließ 1438 in Venedig dem *speziarius* Bartolomeus den festgelegten Preis von 2 Dukaten für ein *libro de medicina,* das dieser gerade für ihn anfertigte[100]. Inwieweit in diesen Fällen auch das Material und eine mögliche Illustration beglichen wurden, geht aus den Quellen nicht hervor. 1463 zahlte ein namentlich nicht bekannter Venezianer laut Eintrag in seinem Rechnungsbuch dem Dominikanermönch Magistro Benedicto für die Abschrift eines Aristoteleskommentars 5 Dukaten, den Materialpreis nicht inbegriffen[101]. Lorenzo Sanudo notierte in seinem *libro di conto* Zahlungen für Schreiber und Illustratoren getrennt. Am 27. November 1455 vermerkte er eine Zahlung von 10 Dukaten an Mateo da Feanza „per far scriva i tulio de ofiziis[102]“. Schreiberhonorare waren vermutlich auch im 15. Jahrhundert vom Umfang des zu kopierenden Textes abhängig. Die weite Preisspanne geht allerdings auch auf eine unterschiedliche Qualität der Arbeit zurück. Da Lorenzo Sanudo nachweislich bekannte und teure Illustratoren beauftragt hatte, war sicherlich auch der erwähnte, nicht weiter identifizierte Schreiber Mateo kein Dilettant. Der Spezialist, der die feinen Schriftzüge beherrschte, war teurer als ein solcher Schreiber wie der mit Stephan da Petit befreundete Apotheker, der jenem ein „libro in medizina" für insgesamt nur 2 Dukaten anfertigte. Die unterschiedliche Höhe des Honorars erklärt sich neben der künstlerischen Qualität auch aus dem Umstand, daß die Arbeit eines Spezialisten, der ausschließlich als Kopiar und Schreiber arbeitete, langwierig war und dieser damit seine Existenz sicherte. Die Abschrift eines Buches konnte sich über mehrere Tage und mitunter Wochen hinstrecken. Vespasiano da Bisticci beschäftigte 45 Schreiber. Für Cosimo de' Medici ließ er innerhalb von 22 Monaten 200 Bücher herstellen[103]. Jacobo

---

99 Vgl. ASV, PSM , Atti Misti, B. 62, Commissarie di Rodolfo di Sanctis; vgl. auch Cecchetti: Libri, S. 335.

100 Vgl. ASV, S.N., Testamenti, B. 486, Francesco Ghibellino, Carta Nr. 210.

101 Vgl. Cecchetti: Libri, S. 346.

102 Vgl. ASV, Giudici di petizion, B. 955, Libro di Lorenzo Sanudo 108r. Ein Jacobo Tedesco erhielt von Sanudo immer wieder Zahlungen zwischen 18 und 57 Dukaten. Nach Zorzi kopierte er für Sanudo humanistische Schriften. Vgl. Zorzi: Dal manoscritto al libro. S. 821. In den Einträgen heißt es allerdings immer „mio Scriptor". Es geht hieraus nicht hervor, ob es sich um einen Buchschreiber handelt. Eventuell handelt es sich um einen hochgestellten Sekretär, eine Art Geschäftsführer.

103 Zu Bisticci vgl. v.a. Mare, Albinia de la: Vespasiano da Bisticci. Historian and Bookseller (Diss.phil.), London 1965; und dies.: Bartolomeo Scala's Dealings with

Tedesco erhielt am 6. Oktober 1455 von Lorenzo Sanudo den Auftrag zur Abschrift eines *De civitate dei* des Augustinus, welches er ihm am 18. Dezember, fast zweieinhalb Monate später, lieferte[104]. Ob Jacobo in diesem Zeitraum ausschließlich an dieser einen Handschrift gearbeitet hat, geht aus Sanudos Notizen nicht hervor. Viele andere Arbeiten konnte der Schreiber in dieser Zeit allerdings nicht verrichten. Giovanni Marco Cinico (1458-1498) prahlte damit, ein Manuskript in 52 Stunden schreiben zu können, und erhielt dafür den Spitznamen „velox"[105]. Vorausgesetzt, daß ihm maximal zehn reine Arbeitsstunden pro Tag zur Verfügung standen, arbeitete er also fünf bis sechs Tage an einem Buch. Den Verdienstmöglichkeiten eines Rechtsgelehrten oder eines hochgebildeten Lehrers einer Akademie grundsätzlich vergleichbar, erhielt ein venezianischer oder Florentiner Schreiber zwischen 10 und 20 Dukaten mindestens für seine monatliche Arbeit. Ein Schreiber, der nur 2 Dukaten oder sogar weniger erhielt, konnte nicht allein damit seine Existenz bestreiten und lieferte wahrscheinlich keine feine, akkurate Arbeit ab. Hierbei handelte es sich also eher um „Freundschaftspreise", mit denen möglicherweise nur der Materialaufwand abgedeckt wurde.

Das Binden kostete 1476 bei dem Florentiner *cartolaio* Gherardo e Monte di Giovanni je nach Material und Größe des Buches zwischen 11 *soldi* und 4 *lire*. Die *legatura* eines Buches in rotem Leder in Kleinformat, *quarto*, kostete 11 *soldi*, die eines Buches in Großformat, *formato reale*, in Kalbsleder kostete 1 *lira* und 17 *soldi*. Für das Binden des dritten Teiles der *summa* des San Antonino wurden in einem Falle 3 *lire* und 10 *soldi* verlangt[106]. In allen Fällen kostete das Binden unter einem Dukaten. Mit Silber oder Gold verzierte Buchdeckel waren wahrscheinlich also nicht im Preis inbegriffen. In Venedig vermerkte 1463 ein namentlich unbekannter Venezianer, 4 *lire* und 10 *soldi* für das Binden eines Buches bezahlt zu haben[107]. Lorenzo Sanudo zahlte 1455 für verschiedene Bindearbeiten jeweils zwischen 1 und 4 Dukaten[108]. Er bezahlte diesen Preis vermutlich nicht für das bloße Zusammenbinden und einen einfach gehaltenen Einband.

Illustrationen waren, wie das Schreiben, eine langwierige Feinarbeit von Spezialisten und dementsprechend teuer. Eine vollständige Illustration konnte einen privaten Auftraggeber durchaus 40 bis 100 *florini* bzw. Dukaten für Gestaltung und Farben kosten[109]. Lorenzo Sanudo zahlte 1455 dem „misser Vielmo Giraldo" *miniador* für die Illustration eines Offiziums 66 Dukaten.

Booksellers, Scribes and Illuminators 1459-63. In: Journal of the Warburg and Courtauld Institutes 39, 1976, S. 239-245.

104 Vgl. Zorzi: Dal manoscritto al libro. S. 858.

105 Vgl. De Hamel, Christofer: Scribes and Illuminators, Toronto 1994, S. 7.

106 Vgl. Martini: S. 47.

107 Vgl. Checchetti: Libri, S. 348 und Anhang I, 1464/3.

108 Vgl. Zorzi: Dal manoscritto al libro, S. 858.

109 Die Preisangaben sind dokumentiert bei Cipolla, Carlo M.: Money, S. 52-56.

Darüber hinaus führte er in seinem Rechnungsbuch Zahlungen an die Illustratoren von ½ Dukaten, einem Dukaten, 39 Dukaten und 44 Dukaten auf. Hier könnte es sich um Ratenzahlungen bzw. um Zahlungen für einzelne Arbeitsabschnitte oder für unterschiedliche Illustrationen, die unterschiedlich hohe Kosten verursachten, handeln. Eine relativ einfache, mit der Feder in schwarzweiß ausgeführte Illustration war günstiger als eine farbige, mit dem Pinsel ausgeführte Buchbemalung. Das Material war teurer und die Arbeit zeitaufwendiger. Für die Gestaltung der Initialen sind bei Sanudo Zahlungen an einen gewissen Zorzi Tedesco detailliert aufgeführt. Er erstellte 300 Buchstaben zum Preis von je 4 *soldi*. Für einen Dukaten verzierte er also 30 Initialen einzelner Kapitel und Abschnitte. Der oben genannte, namentlich nicht bekannte Venezianer vermerkte, 1464 für die Illustration der Intitialen des Vorwortes seines Aristoteleskommentars 28 *soldi* pro Buchstabe bezahlt zu haben, so daß ihn die gesamte Arbeit 5 *lire* und 2 *soldi* gekostet habe[110].

Aus den überlieferten Preis- und Honorarangaben ergeben sich folgende Rückschlüsse. Das Material eines Buches aus Papier und von bescheidenem Umfang kostete im 14. Jahrhundert mindestens 2 bis 3 Dukaten. Im 15. Jahrhundert konnte der Preis aufgrund der gefallenen Papierpreise darunter liegen. Für einen Einband mußten allerdings in beiden Jahrhunderten zusätzlich mindestens ½ Dukaten gezahlt werden. Ein relativ umfangreiches Buch aus Pergament kostete hingegen mindestens 4 Dukaten an Seitenmaterial. Erhielt eine Handschrift eine einfache Illustration, waren zum Beispiel nur die Initialen verziert, fielen zusätzlich weitere 1 bis 2 Dukaten an. Wurde es von einem Spezialisten abgeschrieben, sind in beiden Jahrhunderten nochmals mindestens 5-10 Dukaten einzuberechnen. Eine prächtige Illustration kostete sowohl im Trecento als auch im Quattrocento mindestens 10 Dukaten. Ein mit Silber und Edelsteinen besetzter Einband erhöhte den Preis nochmals.

Eine Handschrift war in der Herstellung also grundsätzlich teuer, konnte allerdings je nach Gestaltung unterschiedliche Kosten verursachen. Vor allem die Honorare der Spezialisten für die Gestaltung der Schrift und der Illustration sowie die Materialien für eine aufwendige Verzierung waren wesentliche Kostenfaktoren. Demnach muß unterschieden werden, ob ein Buch bei einem professionellen Schreiber in Auftrag gegeben und illustriert wurde oder von einem nicht ausschließlich vom Buchhandel lebenden Schreiber, von einem Verwandten, einem Freund, einem Sträfling oder gar von seinem künftigen Besitzer selbst abgeschrieben wurde und man auf eine Illustration verzichtete. Im letzteren Fall waren insbesondere mit der zunehmenden Verbreitung des Papiers im Laufe des 14. Jahrhunderts Möglichkeiten gegeben, preiswertere Bücher herzustellen. In den Fällen, in denen preiswerte Bücher erwähnt werden, scheinen tatsächlich einfache Exemplare vorgelegen zu haben.

---

110 Vgl. Anhang, II, 1464/3.

Eine Preisliste des Paduaner Buchhändlers Antonio Moretto von 1480 führt über 100 Bücher auf, die in der Regel mit Preisangaben zwischen ¼ und 6 Dukaten versehen sind. Der Großteil der Bücher kostete weniger als 2 Dukaten. Die Bücher waren vermutlich zum Großteil schon Druckwerke und lagen hauptsächlich noch ungebunden und ohne Illustration in Antonios Laden. Die Liste bestätigt, daß die Kosten für Schreiber, Illustration und Einband die entscheidenden Faktoren waren, welche die hohen Preise der Handschriften und der an anderer Stelle notierten kostbaren Druckwerke verursacht haben[111]. Es wird allerdings ebenfalls deutlich, daß die Druckerpresse den Preis für ein einfaches Buch ohne prächtige Gestaltung beim Kauf aus erster Hand durch das Ausschalten der hohen Schreiberkosten erheblich verringert hat.

5.2.2. Externe Faktoren

Die Forschung weist immer wieder darauf hin, daß vor allem Bibeln, Meßbücher und Breviare kostbar gestaltet waren[112]. Bei den in Venedig recherchierten Fällen gehörten allerdings nur 14 der Bücher, die aufgrund ihres Preises oder der Beschreibung in den Quellen eine prächtige Gestaltung vermuten lassen, zu dieser Kategorie. Zu fünf Werken ist kein Titel überliefert. 16 Bände sind anderen Genres zuzuordnen. Drei von ihnen waren eindeutig Werke antiker Autoren, ein Titus Livius, ein Ptolemeios und ein Seneca. Die weiteren Werke waren zwei Digestensammlungen und zwei Stadtrechtscodices sowie ein Avicenna, ein „libro in greco", ein Augustinus, ein „Libro eticorum", das zusammen mit einem „libro sopra el libro eticorum" verkauft wurde, wahrscheinlich die *Ethik* des Aristoteles und ein Kommentar zur *Ethik* des Aristoteles, eine *Problemata aristotilis*, wahrscheinlich ebenfalls eine Abhandlung über Aristoteles, ein Papias und eine *Conclusio* aus der *Legenda aurea*. Die teuren Bücher gehörten also verschiedenen Gattungen an. Die drei von Bonincontro aus dem Nachlaß Lodovico Gradenigos auf nur ½ *fiorino* geschätzten Bücher waren ein Ovid, ein Werk mit dem Titel *De fide et legibus* und ein Wilhelm von Auxerre. Insgesamt waren bei den Büchern, die bis zu 5 Dukaten kosteten, verschiedene Genres vertreten: medizinische und astronomische Bücher, Werke der mittelalterlichen Scholastik, antike Literatur, die Statuten Venedigs sowie Bibeln, Evangelien, Meßbücher und Breviare. Auch bei den Büchern, die mit Wertangaben zwischen 5 und 12 Dukaten notiert wurden, sind unterschiedliche Gattungen auszumachen: juristische und medi-

---

111 Liste in ASV, Miscelanee di Carte non appartenenti ad alcun archivio, B. 23.
112 Vgl. u.a. Zorzi: S. 828.

zinische Fachliteratur, Bibeln und Gebetbücher sowie antike Klassiker[113]. Es
kann nicht ausgeschlossen werden, daß im Einzelfall ein Käufer für eine be-
gehrte Handschrift einen hohen Preis zu zahlen hatte. In der Regel präsentieren sich die Preise allerdings unabhängig vom Inhalt.

Die Zunahme an günstigeren Handschriften ging mit dem Auftreten von Angehörigen mittlerer Vermögensschichten unter den Buchbesitzern einher. Das
mag auf Dauer zu einem zusätzlichen Angebot billigerer Produkte geführt
haben. Dafür, daß der soziale Status des Käufers oder Verkäufers den Preis im
Einzelfall gesenkt oder erhöht hat, finden sich in den venezianischen Quellen,
anders als beim Schulgeld[114], keine Hinweise. Allenfalls sind Beispiele dafür
dokumentiert, daß armen Klerikern oder Studenten Bücher geschenkt wurden.
Dieser Umstand veränderte jedoch nicht den Preis, der dem Buchhändler oder
Schreiber zu zahlen war.
   Ilse Schunke schließt aus dem Mangel an erhaltenen, in Venedig angefer-
tigten Einbänden der Zeit, daß generell nur wenige Buchhersteller, Schreiber,
Illustratoren, Buchbinder und Buchhändler in der Stadt anwesend gewesen
wären. Sie führt dies auf eine mangelnde Nachfrage nach Büchern in Venedig
zurück[115]. Schunkes Behauptung muß jedoch widersprochen werden. Die
Klöster in Venedig stellten keine isolierten Bücherwelten dar. Ihre Buchbestände, die zum Teil durch private Förderer aufgebaut wurden, dienten ihrerseits der Abschrift und dem Weiterverkauf an Privatleute. Schon 1335 wandte
sich der Trevisaner Oliviero Forzetta an zwei Dominikaner von San Giovanni
e Paolo, um sich einen Seneca, einen Orosius, die Kommentare des Thomas
von Aquin, einen Averroes und einen Aristoteles zu besorgen[116]. Die Bibliothek und das Skriptorium des Klosters befanden sich unter anderem mittels der
Hinterlassenschaft des Dogen Marino Zorzi im Aufbau. Zorzis Erbschaftsverwalter, die Prokuratoren von San Marco, statteten die jeweiligen Prioren
regelmäßig mit den finanziellen Mitteln zum Bücherankauf aus[117]. Im 15.
Jahrhundert wuchs zudem das Skriptorium von San Michele in Isola, das
ebenfalls für private Auftraggeber arbeitete, zu einem der größten der Stadt

---

113 Vgl. v.a. die Buchsammlungen Giovanni Recanatis, Anhang I, 1428/1, Pietro Corners,
    Anhang II, 1406, Lorenzo Corners, Anhang I, 1449/5, Donna Zornetas, Anhang I,
    1449/1.
114 Vgl. Kap. 3.1.1.
115 Vgl. Kap 1.
116 Vgl. u.a. Zorzi: Dal Mansocritto al libro, S. 819.
117 Zum einen sind einzelne Bucheinkäufe in der Nachlaßverwaltung des Dogen regi-
    striert. Vgl. ASV, PSM de citra, B. 168, Commissarie di Giorgio Marin, Registro 19r.
    Zum anderen befindet sich dort auch ein loses Inventar der Klosterbibliothek, welches
    die Verantwortung der Prokuratoren für die Bibliothek dokumentiert. Vgl. ebd., Carta
    nn.

an[118]. Als Kopiare für private Auftraggeber verdingten sich auch die Schreiber der Kanzlei. So gehörten Michele Salviatico und Andrea Contrario zu den begehrten Handschriftenspezialisten des frühen 15. Jahrhunderts[119]. Ferner nahmen Schreibkundige und Sträflinge in den venezianischen Gefängnissen Aufträge zum Kopieren von Büchern an[120]. Buchherstellung und -verkauf beschrieben eine Möglichkeit des Nebenerwerbs für die in der Stadt anwesenden Lehrer, wie zum Beispiel für Paolo da Faiano[121]. Die Kopiare waren häufig zugezogene Auswärtige, was unterstreicht, daß die Nachfrage nach Schreibern in Venedig vorhanden war.

Neben der Möglichkeit, sich auf einen direkten Auftrag hin Bücher herstellen zu lassen, ist im Venedig des 14. und 15. Jahrhunderts auch ein Buchhandel nachweisbar. Bücher „aus zweiter Hand" wurden nicht nur bei den Versteigerungen der Prokuratoren erstanden. Verschiedene Händler der Zeit tragen in den Akten Venedigs den Titel „venditor librorum", was sie neben den ansässigen *cartolai* eindeutig nicht nur als Papier-, sondern als Buchhändler auszeichnet[122]. So machte am 7. Mai 1358 ein Magister Tanus als „venditor librorum" vom *confinio* San Moisè sein Testament[123]. Der Magister Albertus, *doctor grammaticae*, ernannte in seinem Testament vom 14. Januar 1359 nicht nur seine Frau, die Färberstochter Lucia, sondern auch Magister Iacobo aus Cremona und Magister Petrus Claudius, beide „venditorem librorum" vom *confionio* San Silvestro, zu seinen *fidecommissarii*[124]. Mitte des 15. Jahrhunderts sind Buchläden am Rialto, in der Strazzaria und bei Santa Maria Formosa nachweisbar[125].

Für beide Jahrhunderte ist also ein selbständiges und etabliertes Buchhandels- und -herstellungswesen dokumentiert. Ein vollständiges Angebot konnte diese Infrastruktur allerdings noch nicht liefern. Venezianer nutzten ihre Handelskontakte, um darüber hinaus selbst Bücher zu erstehen. Pietro Miani ließ auf venezianischen Handelsgaleeren Bücher importieren[126]. Lauro Querini

---

118 Vgl. Zorzi: Dal manoscritto al libro, S. 818 f.; und Meneghin, Vittorino: San Michele in isola di Venezia, Venezia 1962.
119 Vgl. Barile: Michele Salviatico.
120 Vgl. Zorzi: Dal manoscritto al libro, S. 821.
121 Vgl. Kap. 3.1.1.
122 Die Forschung versteht bisweilen fälschlicherweise *cartolai* direkt als Buchhändler. Zur Begriffsklärung vgl. Zorzi: Dal manoscritto al libro, S. 819 f.
123 Vgl. Testament bei Bertanza: Maestri, S. 65.
124 Vgl. ebd., S. 69.
125 Vgl. Zorzi: Dal manoscritto al libro, S. 820.
126 Vgl. King: Venetian Humanism, S. 8; und Santa, Giuseppe dalla: Uomini e fatti dell'ultimo Trecento e del primo Quattrocento. Da lettere a Giovanni Contarini, patrizio veneziano studente a Oxford e a Parigi, poi patriarca di Costantinopoli. In: Nuovo Archivio Veneto 32, 1916, S. 5-105, hier S. 46. Miani ist nicht als Buchbesitzer aufgenommen worden, da nicht eindeutig ermittelt werden kann, ob er die Bücher tatsächlich besaß oder nur mit ihnen handelte.

erwarb bekanntlich während seiner Handelsreisen in der Levante griechische Manuskripte[127]. Girolamo da Molin bat in den 1440er Jahren seinen Vater, ihm aus Konstantinopel griechische Werke zu senden[128]. Die Hinterlassenschaft des Kaufmanns Michele Zon von 1449, in der sich auch eine Kiste mit 37 griechischen Codices befand, läßt die Vermutung zu, daß er auch diese auswärtig besorgt hatte und daß sie für andere Venezianer bestimmt waren. Für die Beschaffung lateinischer Codices waren nicht, wie bei den griechischen Werken, Reisen in die Levante notwendig. Diesbezüglich bot vor allem das nahe Padua, das als Universitätsstadt zahlreiche Schreibstuben und Buchhändler beherbergte, gute Möglichkeiten. Neben dem Binnenmarkt ist also auch der auswärtige Buchmarkt bei der Suche nach Buchanschaffungsmöglichkeiten der Venezianer zu berücksichtigen. Auch dieser Umstand dokumentiert, entgegen der Darstellung Schunkes, eine vorhandene Nachfrage.

Ob und inwieweit sich die Kauf- und Herstellungsbedingungen vom 14. auf das 15. Jahrhundert verbessert haben, läßt sich anhand der Quellen nicht feststellen. Die Möglichkeit, daß hier auch ein Grund für die Veränderungen im Preisgefüge im Laufe der beiden Jahrhunderte zu suchen ist, muß mit in Erwägung gezogen werden. Ein etwaiges größeres Angebot hat allerdings nicht bei sämtlichen Formen von Büchern zu einem Preisverfall geführt. Bücher wurden nicht generell billiger. Handschriften der höchsten Preiskategorie wurden über das 14. und 15. Jahrhundert hinweg gehandelt.

Girolamo da Molin verkaufte einen Teil der Bücher aus dem Erbe seines Onkels Bagio da Molin. Für die auf Pergament geschriebenen und in Leder eingebundenen Handschriften erhielt er Zahlungen zwischen 3½ und 10 Dukaten. Beispielsweise bekam er für Varros *De lingua latina* in kleinem Format, aus Pergament und in rotes Leder gebunden, 4 Dukaten. Im Vergleich zu den überlieferten Kosten für Pergament und Bindearbeiten lag der Preis deutlich unter den bei der Herstellung anfallenden Kosten. Etwaige Löhne für Schreiber, Illustratoren und Buchbinder sowie die ursprünglichen Materialkosten gingen hier offensichtlich nicht mehr in den Kaufpreis ein. Wurde ein Buch aus zweiter Hand verkauft, so wurde der aktuelle Preis anscheinend verstärkt durch externe Faktoren bestimmt.

In einigen Fällen kam beim Buchhandel nachweislich das Verhandlungsgeschick des Verkäufers oder Käufers sowie das jeweilige Verhältnis von Angebot und Nachfrage zum tragen. Giovanni Morosini gelang es 1461, ein Buch, das er für 5½ Dukaten bei einem Buchhändler erstanden hatte, wenige Monate später für 7 Dukaten weiterzuverkaufen, ohne Veränderungen, wie zum Beispiel einen kostbareren Einband, angebracht zu haben, die den Wert

---

127 Zu weiteren Beispielen venezianischer Bucheinkäufe in der Levante vgl. King: Venetian Humanism, S. 8 f.
128 Vgl. Kap 3.2.1.

gesteigert hätten[129]. 1407 schätzte *Pre* Antonio den Wert der 38 Bücher des ein Jahr zuvor verstorbenen Pietro Corner im Auftrag von dessen Erbschaftsverwaltern. Die Bücher wurden im Anschluß versteigert. Ein *Tractatum in astrologia*, das *Pre* Antonio auf einen Dukaten geschätzt hatte, wurde für 3 Dukaten verstiegrt. Die Statuten Venedigs - ebenfalls auf einen Dukaten geschätzt - erzielten zwei Dukaten, ein Evangelistarium - auf 3 *lire* geschätzt - 5 *lire* und eine Bibel - auf 37 *lire* geschätzt - 50 *lire* versteigert[130]. In allen Fällen waren die Käufer bereit, einen höheren Preis als den von Antonio festgelegten zu bezahlen. Es ist möglich, daß Antonio im Vorfeld anhand seiner Erfahrungen im Umgang mit Büchern und in Kenntnis des Wertes der Materialien, der Anfertigung und der Gestaltung Mindestpreise festgelegt hatte, die aufgrund einer starken Nachfrage oder des Verkaufsgeschickes der Beamten übersteigert wurden. Die verschiedenen Werke Rafaino Caressinis hingegen wurden 1390 sämtlich zu Preisen von unter einem Dukaten und somit deutlich unter den überlieferten Papierpreisen verkauft[131]. Eine Abnutzung von Büchern, eine mangelnde Nachfrage oder geschicktes Kaufverhalten könnten in diesen Fällen zu dem deutlichen Preisverlust geführt haben.

Marktbedingungen, welche die Preise unmittelbar veränderten, sind somit nachweisbar. In bezug auf die hohen Preisunterschiede zwischen der billigsten und der teuersten Kategorie von Büchern waren sie jedoch nicht entscheidend. Die Prokuratoren versteigerten eine Bibel Pietro Corners 1407 für 50 *lire*, was damals 11 Dukaten entsprach. Allerdings war die Bibel schon von *Pre* Antonio auf 8 Dukaten geschätzt worden, gehörte also nicht zu den billigsten Büchern. Bücher der höchsten Preiskategorie traten auch bei Verkäufen aus zweiter Hand auf. 1440 verkauften die Prokuratoren ein Meßbuch aus dem Nachlaß Alvise Donas für 50 Dukaten[132]. Girolamo da Molin kämpfte 1468 gerichtlich vor den *Guidici di petizion* um das Erbe seines Onkels Bagio, welches ihm sein Verwandter Polo Malipiero, in dessen Obhut er sich ursprünglich befand, vorenthalten habe. Er erwähnte in seinem Schreiben an das Gericht auch Bagios Bibliothek und hob vor allem dessen Meßbuch im Wert von 50 Dukaten hervor[133]. Kostbare Prachtexemplare verloren ihren hohen Wert in diesen Fällen nicht. Das Material von Einband und Verzierung sowie deren aufwendige Gestaltung stellten im Gegensatz zu Papier und Pergament bleibende Werte dar. Bücher, die nicht prächtig gestaltet waren und in der Herstellung 4 bis 5 oder 10 Dukaten gekostet haben, waren im Weiterverkauf allerdings unter Umständen billiger.

---

129 Vgl. ASV, PSM, Atti Misti, B. 22. Vorfall bereits erwähnt bei Connell: S. 165.
130 In der Nachlaßverwaltung finden sich sowohl die Schätzungen als auch die Einträge der Verkäufe. Vgl. Anhang I, 1406.
131 Vgl. Anhang I, 1385/1.
132 Vgl. Anhang I, 1338.
133 In seiner Nachlaßverwaltung haben sich mehrere Versionen des Anschreibens erhalten. Vgl. ASV, PSM , Atti misti, B. 64, Carte di Girolamo Molin, Atti giudiziari, Carte nn.

5.2.3. Fazit

Es lassen sich sowohl interne als auch externe Faktoren nachweisen, welche
für die unterschiedlichen Preiseder Bücher verantwortlich sind. Die Preise der
höchsten Kategorie sind allerdings hauptsächlich mit der Gestaltung des
Buchdeckels und der Illustration zu erklären. Ein Buch, das 50 Dukaten
kostete, mußte sowohl im 14. als auch im 15. Jahrhundert eine prächtige Illustration eines angesehenen Miniaturisten, eine perfekt gesetzte und ausgeführte Schrift und einen wertvollen Einband besessen haben. Es war wahrscheinlich großformatig und aus Pergament gefertigt[134]. Die Grenze von 12
Dukaten trennt also tatsächlich Prachthandschriften von weniger aufwendig
gestalteten Exemplaren. Hinter den Büchern, welche weniger als 12 Dukaten
kosteten, können sich allerdings verschiedene Werke verbergen. Sofern sie
zweiter Hand, also auf einem Markt, gehandelt wurden, können sie durchaus
aus Pergament gewesen sein, einen Ledereinband besessen und unter Umständen eine bescheidene Illustration aufgewiesen haben. Die Bücher der billigsten Kategorie, welche lediglich Preise von etwa 2 Dukaten erzielten, der
Großteil der mit Wertangaben notierten überlieferten Bücher, waren wahrscheinlich überwiegend eher einfache Gebrauchshandschriften. Der Umstand,
daß sie in der Regel wahrscheinlich nicht von professionellen Schreibern angefertigt wurden, läßt zudem vermuten, daß sie auch nicht für eine spätere
Illustration vorgesehen waren.

Die Verteilung der Buchpreise sowie deren diachrone Entwicklung unter-
streichen nicht nur die Erkenntnis der Vielfalt der kursierenden Handschriften,
welche sich schon aus den Angaben zur Gestaltung der Bücher ergeben hat.
Vielmehr läßt sich dieser Befund noch entscheidend präzisieren. Es zeigt
sich, daß vom 14. zum 15. Jahrhundert zunehmend preiswertere Bücher,
welche mit weniger Aufwand und geringeren Kosten gefertigt waren,
bestimmte Marktsegmente besetzten, während gleichzeitig weiterhin auch
Prachtbände zur Habe vermögender Venezianer gehörten. Nicht auszuschließen ist, daß auch eine Intensivierung des kommerziellen Buchhandels die
Beschaffung der Bücher für den einzelnen Käufer vereinfachte und die Preise
verringerte. Allerdings ist dies nur für Bücher der unteren Preiskategorien
anzunehmen. Ein Prachtexemplar stellte einen bleibenden Wert dar und erlitt
keinen schwerwiegenden Preisverlust. Insgesamt ist damit festzuhalten, daß
Änderungen in den Herstellungsarten im Laufe der Frührenaissance zu einem
zusätzlichen Angebot preiswerterer Gebrauchshandschriften vielfältiger Art
führten und daß im 15. Jahrhundert offensichtlich ein gestiegener Bedarf an
diesen bestand.

---

134 Zu den Formen der Gestaltung vgl. Kap 5.1.

6. Die Inhalte der Bücher und ihre Rezipienten

Die Inhalte der jeweils besessenen Bücher sind nicht immer vollständig überliefert. So listete beispielsweise der Arzt Guidone da Bagnolo im Anschluß an sein Testament hauptsächlich seine Fachliteratur auf[1]. Geraldus de Regio erwähnte in seinem Testament ausschließlich die Buchtitel, welche seinem Sohn zum Studium offenbar nicht dienlich waren[2]. Lediglich in 69 Fällen liegt ein relativ umfassend dokumentierter Buchbestand vor. Der Großteil der Buchbestände ist inhaltlich nur partiell faßbar[3]. Mittels der Untersuchung einzelner Buchbesitzer und ihrer Buchbestände kann ein typischer Buchbesitz bestimmter Gruppen der venezianischen Gesellschaft von daher nicht erfaßt werden. Verschiedene Leseinteressen, welche womöglich eine verstärkte Hinwendung zum Buch auslösten, lassen sich auf diese Weise nicht markieren. Ausgehend von einer Betrachtung der einzelnen Buchinhalte und einer Zuordnung zu ihren jeweiligen Besitzern lassen sich jedoch die Verbreitung bestimmter Bücher innerhalb der venezianischen Gesellschaft und spezifische Lektürevorlieben der verschiedenen Gesellschaftskreise kennzeichnen.

6.1. Überblick: Autoren, Epochen und Sprache

Von den 1934 zahlenmäßig erfaßbaren Büchern liegen zu 1449 genügend Angaben vor, um sie einer bestimmten Epoche, einem bestimmten Verfasser oder einer bestimmten Gattung zuordnen zu können[4].

Insgesamt lassen sich 534 verschiedene Buchtitel und 239 verschiedene Autoren identifizieren[5]. Die 15 am häufigsten nachweisbaren Autoren sind folgende:

---

1 Vgl. Anhang I, 1380/2.
2 Vgl. Anhang I, 1386.
3 Angesichts der Tatsache, daß der untersuchte Buchbesitz in der Regel *post mortem* aktenkundig geworden ist, kann sogar die Möglichkeit nicht ausgeschlossen werden, daß in keinem Falle der vollständige Buchbestand überliefert ist. Die erforderliche Methodik der Quellenanalyse wird diskutiert in Kap 2.3.
4 In 365 Fällen wird lediglich von „Büchern" berichtet, und es fehlt jede Angabe zum Inhalt oder zum Autor. In 128 Fällen sind die Hinweise unklar. Bücher werden zum Beispiel mit den ersten Worten des Textes gekennzeichnet („un libro qui incipit..."), welche sich im Nachhinein nicht identifizieren lassen, oder die Quellen sind zu beschädigt oder nicht mehr zu entziffern.

Autor	Exemplare	Buchsammlungen
1. Cicero	59	21
2. Aristoteles	40	16
3. Seneca	25	22
4. Galenos	23	7
5. Augustinus	21	14
6. Ovid	20	17
7. Gregor der Große	18	15
8. Avicenna (Ibn Sina)	18	4
9. Donatus	15	12
10. Petrarca	15	9
11. Thomas von Aquin	14	13
12. Vergil	13	10
16. Boethius	12	10
14. Titus Livius	11	8
15. Dante	11	11

Die Liste erfaßt lediglich diejenigen Autoren, von denen mehr als zehn Werke nachgewiesen werden können. Zu erwähnen wäre insofern auch Alexander von Villa Dei. Sein *Doctrinale* ist viermal mit Angabe des Verfassers zu finden. Darüber hinaus sind zehn weitere *doctrinali* in den Quellen ohne Autorenangabe erwähnt, wohinter sich wahrscheinlich ebenfalls Exemplare des Grammatiklehrbuchs Alexanders verbergen, was jedoch nicht mit Sicherheit bestätigt werden kann. Ähnlich verhält es sich mit der *Legenda aurea* des Jacobus von Voragine. Eindeutig ist sie siebenmal nachzuweisen. Bei weiteren acht Sammlungen von Heiligenlegenden, die lediglich mit dem Titel *Legenda sanctorum* oder *Vitae sanctorum* gekennzeichnet sind, könnte jedoch ebenfalls das Werk des Jacobus gemeint sein, zumal der Titel *Legenda sanctorum* durchaus als Synonym für die *Legenda aurea* gebräuchlich war[6].

Cicero ist der meistnachgewiesene Autor. Seine Dominanz relativiert sich jedoch angesichts der Tatsache, daß sich die 59 ihm zugeschriebenen Exemplare auf nur 21 Buchbesitzer verteilen, während Seneca, von dem nur 25 Exemplare erfaßt werden können, in 22 Buchsammlungen auftaucht. Obwohl Cicero also in den Quellen zahlenmäßig der am meisten vertretene Autor ist, kann seine Verbreitung im Vergleich zu anderen antiken Autoren jedoch nicht als außergewöhnlich hoch eingeschätzt werden. Von Aristoteles lassen sich doppelt so viele Bücher nachweisen wie von Ovid. Die Schriften des Letzteren befanden sich jedoch in mehreren Buchbeständen. Verbreitung und Anzahl der nachweisbaren Exemplare veschiedener Autoren korrellieren somit nur

---

5 Anonyme Autoren sind nicht mitgezählt.
6 Überliefert sind auch Titel wie *Nova legenda* und *Novum passionale*. Vgl. Nickel, Rainer: Nachwort. In: Jacobus von Voragine, Legenda Aurea, Stuttgart 1988. S. 270.

schwach. Es scheint Autoren gegeben zu haben, deren Werke gesammelt wurden, und solche, von denen zumeist nur ein Exemplar besessen wurde, welche jedoch relativ verbreitet waren.

Unter den nachweisbaren Autoren dominieren bezüglich der Häufung und Verbreitung antike Autoren. Insgesamt wurden allerdings Werke verschiedener Epochen besessen. Sofern sich die Werke bestimmten Autoren bzw. Epochen zuweisen lassen, können 394 Exemplare antiken Autoren zugeschrieben werden[7]. 75mal sind Bibeln, Teilstücke der Bibel oder apokryphe Schriften nachweisbar[8]. 98 Schriften können den Kirchenvätern und dem frühen Christentum zugeordnet werden[9]. Von Autoren des frühen und hohen Mittelalters sind 397 Titel nachweisbar[10]. 97 Werke können „aktuellen" Autoren des 14. und 15. Jahrhunderts zugeschrieben werden (siehe Diagramm 6)[11].

Diagramm 6: Autoren / Epochen

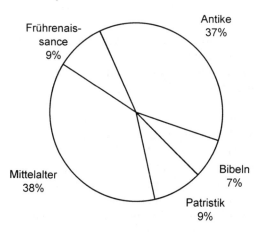

Der Großteil der zuschreibbaren Literatur, 91 %, ist also kein zeitgenössisches, das heißt im 14. und 15. Jahrhundert verfaßtes Schriftgut. Angesichts der relativ schwerfälligen handschriftlichen Vervielfältigungsmethoden und

---

7   Zur Literatur der Antike vgl. u.a. Lesky, Albin: Geschichte der griechischen Literatur, 3. Aufl., Bern 1971; und Bickel, Ernst: Geschichte der römischen Literatur, 2. Aufl., 1961.
8   Vgl. Kap. 6.4.3.1.
9   Zur patristischen Literatur vgl. Altaner, Berthold / Stuiber, Alfred: Patrologie; Leben, Schriften und Lehre der Kirchenväter, 8. Aufl., Freiburg 1978.
10   Zur Literatur des Mittelalters vgl.Brunhölzl, Franz: Geschichte der lateinischen Literatur des Mittelalters, 1975; und v.a. Curtius.
11   Zur Literatur vgl.u.a. Libri, scrittura e pubblico nel Rinascimento. Guida storica e critica, hrsg. von Armando Petrucci, Bari 1979; Brunhölzl; Curtius; und Buck August: Die italienische Literatur im Zeitalter Dantes und am Übergang vom Mittelalter zur Renaissance, Heidelberg 1989.

der Tatsache, daß Buchbesitz in der Regel *post mortem*, nach dem Tod des Besitzers, aktenkundig geworden ist, kann die Zahl von 97 im 14. und 15. Jahrhundert entstandenen Titeln allerdings als verhältnismäßig hoch angesehen werden. Die Präsenz dieser „aktuellen" Literatur in den privaten Buchsammlungen dokumentiert ein aktives Interesse an Büchern und eine vorhandene Zirkulation von Handschriften. Wie schnell und über welche Wege frisch geschriebene Werke Bestandteil von Privatbibliotheken geworden sind, wird noch im Einzelfall zu betrachten sein.

Lediglich in 16 Fällen wurde bei der Registrierung auch auf die Sprache der Werke eingegangen.

131 Titel sind eindeutig Werke griechischer oder hellenistischer Autoren[12]. Sechs Werke wurden von byzantinistischen Autoren verfaßt. Lediglich in 57 Fällen ist allerdings gesichert, daß die Werke in der Originalsprache vorlagen. Michel Zon, Handelspartner Cosimo de Medicis, besaß 37 Bücher „in greco", welche die Prokuratoren nicht genauer spezifizieren konnten. Andrea Contarini besaß ebenfalls mehrere „libri in greco". Pietro Tomasi hatte griechische Exemplare eines Plutarch und eines Paolo Aegitena. Francesco Barbaro besaß Platons *De legibus* in der lateinischen Übersetzung des Georg von Trapezunt[13]. Ansonsten waren seine 17 weiteren Bücher griechischer bzw. byzantinischer Autoren im Original abgefaßt[14]. In den übrigen Fällen insbesondere bei den ermittelten Werken des Aristoteles, ist davon auszugehen, daß es sich um ins Lateinische übertragene Exemplare handelte[15].

Nur bei 43 der erfaßten Bücher handelt es sich um originale volkssprachliche Titel. In neun Fällen wurde auf eine Übersetzung in die Volkssprache, ein sogenanntes *volgarizzamento,* hingewiesen: bei zwei Bibeln, drei Evangeliensammlungen, einem *Aesop*-Roman, einem Augustinus, einem Johannes Cassinus und einmal bei einem Exemplar der Stadtstatuten Venedigs[16]. Darüber hinaus besaß Elena Giustinian vier und der *gastaldo ducale* Andrea Zuani um die sechs Werke in *volgare*. Der Arzt Pietro Zuda hatte sogar einen

---

12 Zur griechischen und hellenistischen Literatur vgl. Lesky, Albin: Geschichte der griechischen Literatur, 3. Aufl., Bern 1971; Beck, Hans Georg: Geschichte der byzantinischen Volksliteratur, München 1971 (Byzantinisches Handbuich II/3); und ders.: Kirche und theologische Literatur im byzantinischen Reich, München 1959 (Byzantinisches Handbuch II/1).

13 Vgl. Anhang I, 1454/5.

14 Zum Überblick über die umfangreiche Literatur zur Verbreitung griechischer Codices in Italien und Europa vgl. Dotti bizantini e libri greci nell'Italia del secolo XV, hrsg. von Mariarosa Cortesi und Enrico V. Maltere, Napoli 1992; u. v.a. I Greci in Occidente. La tradizione filosofica, scientifica e letteraria dalle raccolte della Biblioteca Nazionale Marciana, hrsg. von Gianfranco Fiaccadori und Paolo Eleuteri, Venezia 1996.

15 Zu den einzelnen Übersetzungen vgl. Kap 6.3.4.

16 Vgl. die jeweiligen Kapitel. Zu den *volgarizzamenti* generell vgl. Buck / Pfister.

in das Französische übertragenen Galenos. Der Doge Francesco Dandolo hinterließ mit seinem Tod im Jahre 1339 zwei französische Bücher. Ein lediglich mit „libro in franxese" registriertes Werk besaß auch Andrea Zuani. Auf Latein wurde lediglich in einem Fall hingewiesen. Inwiefern bei der übrigen Literatur Übertragungen in die Volkssprache vorliegen, ist nicht zu klären. Allerdings kann davon ausgegangen werden, daß der Großteil der nicht unbedingt hochgebildeten Buchbesitzer vorwiegend übersetzte Literatur besaßen. Besonders bei den Frauen ist dies anzunehmen, so wie es beispielsweise bei Elena Giustinian eindeutig dokumentiert ist.

6.2. Die Gattungen als Ansatzpunkt einer historischen Rezeptionsanalyse

Der Heterogenität der Buchbesitzer entsprechend, war die Literatur der Venezianer inhaltlich und formal vielfältig. Neben Bibeln und apokryphen Schriften sind Meß-, Gebet- und Andachtsbücher, Bibelauslegungen, theologische Summen und Traktate, Werke antiker Philosophie, vereinzelte Schriften der ersten Humanisten, Titel der *artes liberales* (Grammatik, Rhetorik, Dialektik, Arithmetik, Geometrie, Musik und Astronomie) aber auch Schriften der Wahrsagekunst, der Naturkunde, der Alchimie, medizinische und juristische Fachliteratur, Glossare und Enzyklopädien, Predigtsammlungen (Homilien), Bußbücher, Sentenzen (Spruchsammlungen), Heiligenlegenden (Hagiographie), mystische Literatur, Anstands- und Tugendliteratur, Chroniken sowie Lebens- und Tatenbeschreibungen (Historiographie), antike Mythologie, Satiren und Dramen sowie Romane, Novellen und Lyrik des Mittelalters und der Renaissance nachweisbar.

Es zeigt sich, daß die Quellen nicht ausschließlich eine bestimmte Form von Buchbesitz erfassen, sondern das gesamte Spektrum der im 14. und 15. Jahrhundert bekannten Literatur. Es finden sich Fach- und Gebrauchsbücher sowie „schöngeistige" Literatur; Schriften, die sich an Spezialisten richteten, sowie solche, die einem breiten Publikum vorgelegt wurden; die Literatur der traditionellen Scholastik sowie die der *studia humanitatis;* Werke christlicher sowie heidnischer Autoren; Prosatexte und Lyrik, volkssprachliche sowie ursprünglich in Latein oder Griechisch verfaßte Texte, erzählende Literatur, die erbaulicher, dokumentierender oder auch unterhaltender und bisweilen frivoler Natur war; Bücher, welche „Anstands-hüter" empfahlen, und Bücher, vor denen sie ausdrücklich warnten[17]. Es bestätigt sich damit der eingangs behauptete Aussagegehalt der Quellen. Die Hypothese, daß bestimmte Bücher

---

17 Zu Entstehung und formalen Aspekten der einzelnen Schriften vgl. auch Kap 3.2.

zwar kursierten aber aufgrund einer „doppelten Moral" niemals Eingang in die
Quellen fanden, ist widerlegt[18].

Das Spektrum entspricht der Literatur, welche die ersten Druckerpressen
italienischer Städte im 15. Jahrhundert produzierten. Nach Leonardas Gerulaitis verteilen sich die überlieferten Frühdrucke inhaltlich folgendermaßen[19]:

	Religion[20]	Literatur[21]	Recht	Philsophie u. Wissenschaft[22]
Venedig	26%	37%	19%	18%
Rom	29%	39%	22%	10%
Mailand	23%	43%	26%	8%
Florenz	50%	41%	1%	8%
Bologna	15%	36%	30%	19%
Brescia	26%	55%	12%	7%
Neapel	32%	37%	18%	13%
Insgesamt	28%	40%	20%	12%

Literatur selbst mag als Kunstform einem Selbstzweck genügen[23]. Bei der
Frage nach dem expliziten - also dem tatsächlichen - Rezipienten kann der
Sozialhistoriker jedoch davon ausgehen, daß der Leser und Benutzer eines
Buches immer eine bestimmte Absicht verfolgte und aus verschiedenen Gründen zum Lesen angetrieben wurde. Rolf Sprandel benennt zwei pragmatische
Zwecke von Literatur in einer Gesellschaft: zum einen „Zwecke, die den Aufgaben des jeweiligen gesellschaftlichen Systems in einer unmittelbaren alltäglichen und ernsthaften Weise dienen" und zum anderen „ Zwecke, die zum
Spielbereich einer Gesellschaft gehören, mit ihm indirekt und hintergründig
dem Systemerhalt dienen, aber in Form der Entlastung von Lebensernst, in der
des Gegengewichts gegenüber den Anspannungen des Systems."[24] In der Tat
spricht die Vielfalt der Literatur der Venezianer für ein unterschiedlich gearte-
tes Interesse an Büchern und für verschiedene Funktionen. Zur Suche nach
den Ursachen und Hintergründen, welche den jeweiligen Buchbesitz beding-

---

18 Vgl. Kap. 2.2.
19 Vgl. Gerulaitis, Leonardas: Printing and Publishing in Fifteenth-Century Venice,
    Chicago 1976, S. 64-67. Gerulaitis Gattungsunterteilung ist zwar relativ undiffe-
    renziert, sie dokumentiert dennoch die inhaltliche Vielfältigkeit der frühen Druckwerke.
20 Bibeln und Heilsgeschichte, Liturgie, devotionale Literatur, Theologie.
21 Gerulaitis spezifiziert hier nicht genau. Im Vergleich mit den anderen Genres versteht
    er hierunter wahrscheinlich Novellen, Erzählungen, Epen und Lyrik der Frührenais-
    sance und des Mittelalters, antike Mythologie und Dramen sowie Historiographie.
22 Antike und scholastische Philosophie sowie Naturkunde und -wissenschaften.
23 Vgl. Wörterbuch der Soziologie, hrsg. von W. Bernsdorf, 1969, S. 641: „ Literatur ist
    jedes Wort, das nicht ein Werkzeug, sondern ein Selbstzweck ist. Literatur ist jeder
    Lesestoff, der keinem rein funktionalen Zweck dient, sondern einem kulturellen und
    nicht nutzbedingten Bedarf entspricht."
24 Vgl. Sprandel: S. 11 f.

ten und somit in Venedig zu einer verstärkten Hinwendung zum Buch führten, ist es erforderlich, die vorliegende Literatur formal und inhaltlich zu differenzieren, um zu überprüfen, ob sich den verschiedenen Gattungen auch verschiedene Funktionen und Rezeptionsformen zuordnen lassen können und ob bestimmte Lesergruppen bestimmte Bücher, die inhaltliche oder formale Gemeinsamkeiten aufweisen, bevorzugten. Anders als Literaturwissenschaftler kann der Sozialhistoriker der Definition von Literaturgattungen nicht vollends entsagen[25].

Die Bibliotheksforschung orientiert sich bei der Gattungsdifferenzierung gerne an überlieferten Bücherkatalogen großer Klosterbibliotheken des Mittelalters und der Renaissance, welche bei der Auflistung der einzelnen Werke ein theologisches Ordnungsprinzip anstreben, wodurch die vorhandene Literatur auch nach Epochen untergliedert wird. Alles ist auf die Bibel ausgerichtet. Diese und ihre Teilstücke sind vorangestellt. Die Kirchenväter, als *patres maiores* und als erste Deuter der Heiligen Schrift, werden unmittelbar nachgestellt. Ihnen folgen die *patres minores*, die Theologen des Mittelalters, und schließlich werden die antiken Schriftsteller und die Werke der *artes liberales* angeschlossen, wobei sich unter letzteren heidnische Autoren befinden konnten. Die Bibliotheksforschung hat hiervon eine hierarchische Bewertung von Büchern abgeleitet, welche im Humanismus dahingehend verändert wurde, daß hier ein stärkeres Gewicht auf antike Literatur gelegt wurde. Diese stellten einige Vertreter der Geistesbewegung in ihren Bücherlisten voran[26]. Die jeweiligen Rangfolgen der Bücher entsprechen allerdings eindeutig dem jeweiligen Literaturideal der Zeit und geben von daher nicht unbedingt Aufschluß über ihre tatsächliche Wertschätzung bzw. den Gebrauch einzelner Gattungen[27]. Außerdem wird in den Listen nur Gelehrtenliteratur erfaßt. Der in Venedig ermittelte Buchbestand ist wesentlich umfangreicher. Unter der in venezianischem Privatbesitz ermittelten Literatur der Kichenväter, welchen in den Katalogen der Klosterbibliotheken als *patres maiores* eine eigene herausragende Position eingeräumt wurde, befinden sich beispielsweise sowohl theologisch-philosophische Traktate wie der *Gottesstaat* und die *Soliloquia* des Augustinus, die *Himmlische Hierarchie* des Dionysios Areopagite oder die exegetischen Schriften des Ambrosius als auch die *Dialoghi de vita et miracolis patrum Italicorum* Gregors des Großen - nach Aussage des Autors

---

25   Vgl. auch Kristeller: Der Gelehrte und sein Publikum, S. 214.
26   Vgl. u.a. Christ, Karl / Kern, Anton: Das Mittelalter. In: Handbuch der Bibliothekswissenschaft, 2. Aufl., Bd. 3.1., Geschichte der Bibliotheken, Wiesbaden 1955, S. 271-272. Grundlage dieser Kategorisierung sind vor allem die historischen Kataloge von Klosterbibliotheken wie Reichenau oder St. Gallen.Vgl. auch Milde: Bücherverzeichnisse, S. 19-22. Nebbiai-Dalla Guardia weist auf ein ähnliches Vorgehen bei den Klosterbibliotheken von Bobbio und Montecassino hin. Vgl. Nebbiai-Dalla Guardia: Documenti, S. 70-75.
27   Vgl. Kap. 3.2.

kein Werk für Gelehrte, sondern ein *opus populare*[28]. Ferner lassen sich die
eher erbaulich und sittlich geprägten Predigten des Basileios, Chroniken,
Briefsammlungen oder die *Etymologie* Isidors von Sevilla - ein Handbuch des
zeitgenössischen Wissens - nachweisen. Die verschiedenen Titel verteilen sich
auf unterschiedliche Buchbesitzer. Unter diesen befanden sich einerseits 13
Kleriker verschiedenen Ranges (vom einfachen Priester bis hin zum Bischof
oder Erzbischof) oder Laien wie Lodovico Gradenigo, der Gesandter an der
päpstlichen Kurie war. Sie verfügten -wie es im Folgenden noch dargelegt
wird - allesamt über eine mehr oder weniger umfangreiche Gelehrtenbibliothek[29]. Andererseits finden sich auch zwölf Venezianer, welche sich nicht in
erster Linie der Theologie als Wissenschaft verschrieben hatten, unter ihnen
zwei Frauen, denen jede höhere institutionelle Bildung verschlossen war,
sowie drei Kaufleute und ein Maler. Insbesondere die sprachlich einfach
gestalteten *Dialoghi* Gregors des Großen, das am meisten nachgewiesene
Werk der Patristik, besaßen auch Buchbesitzer, die ansonsten kaum theologische Traktate und Summen sammelten. Hierzu zählen Donna Marcolina oder
der Kaufmann Francesco Morosini, der 1436 in seinem Testament die Briefe
des Hieronymus, eine Beschreibung der Himmelfahrt des Hieronymus, eine
Beschreibung der Gestirne, ein Gebetbuch, ein Grammatik und den
Canzionere Petrarcas als Besitz benannte. Nicolo Zorzi führte im Jahre 1349
in seinem Testament neben den *Dialoghi* noch drei Werke volkssprachlicher
Lyrik und Prosa auf, einen *Troja*-Roman, den *Tesoretto* Brunetto Latinis und
ein Werk Dantes. Unter der antiken Literatur befanden sich ebenfalls Schriften
verschiedenen Inhalts: medizinische und naturkundliche Traktate, philosophische Schriften, historiographische Werke, mythologische Erzählungen, Satiren
und Dramen. Schon Zeitgenossen des 14. und 15. Jahrhunderts wie Petrarca,
Tomaso Parentuncelli und Hartmann Schedel unterschieden in ihren Bücherlisten antike Autoren dementsprechend in Philosophen, Historiker und Dichter[30]. Andere vereinigten in ihren Listen Werke verschiedener Epochen, indem
sie beispielsweise historiographische Werke der Antike, des Mittelalters und
des Humansimus in einer Gruppe zusammenfaßten[31]. Zu einer flächendecken-
den Bestandsaufnahme und zur Suche nach bestimmten Lesegewohnheiten
und Gattungen, welche eine verstärkte Hinwendung zum Buch hervorgerufen
haben, reicht deshalb die allein an theologischen und epochalen Kriterien
orientierte Differenzierung der Literatur nicht aus. Eine Unterteilung der Titel
nach formalen und inhaltlichen Kriterien zur Rezeptionsanalyse im Sinne der
Fragestellung findet hingegen in den Quellen ihre Rechtfertigung. Es ist dabei

---

28 Vgl. Kap. 3.2.
29 Vgl. Kap. 6.2.
30 Vgl. Milde: Bücherverzeichnisse.
31 Vgl. Nebbiai-Dalla Guardia: Documenti, S. 97.

differenzierter vorzugehen, als es Gerulaitis bei seiner oben genannten Einteilung der frühen Druckerzeugnisse Venedigs getan hat[32].
Die ermittelte Literatur der Venezianer verteilt sich zahlenmäßig äußerst unterschiedlich. Es ergibt sich folgende Gewichtung:

Gattungen	Anzahl	Buchsammlungen
1. Theologie (Scholastik)	189	44
2. Rechtsbücher	172	37
3. Medizin	133	17
4. Gebet- und Andachtsbücher	132	90
5. Epen, Lyrik, Novellen, Dramen	105	51
6. antike Moral und Staatsphilosophie	100	35
7. Grammatiken, Vokabularien, Rhetorik	86	33
8. Historiographie	79	41
9. Natur und Welt[33]	75	21
10. Bibeln, Bibeltexte, Biblisches	73	37
11. Hagiographie	70	30
12. Homilien	55	18
13. Liturgie	44	31
14. Exegese	25	10
15. Anstands- und Tugendliteratur	17	15
16. Schriften der Humanisten	15	10
17. Mystik	14	6
18. Enzyklopädien, Glossare	13	12

Die Inhalte der Bücher allein geben nicht unbedingt Auskunft über den Grund und die Art der Rezeption. Lassen sich Fachbücher wie Gesetzessammlungen oder Grammatiken eindeutig einer bestimmten Funktion, welche sie für ihre Rezipienten erfüllten, zuordnen, so könnte die gedichtete und erzählende Literatur wie historiographische Werke, zeitgenössische Novellen, antike Mythologie, Heiligenlegenden oder auch Texte des Alten Testaments bei ihren Lesern trotz ihrer Verschiedenheit unter anderem einem Zweck, zum Beispiel der Erbauung, gedient haben. Sie könnte aber auch, mitunter sogar gleichzeitig, unterschiedliche Interessen befriedigt haben: religiöse Erbauung, höhere Bildung, historisches Interesse, einfache Unterhaltung oder bloße Sensationslust[34]. Zudem sind Werke, die sich inhaltlich unterscheiden, formal

---

32 Der für den Historiker notwendige Forschungsansatz wird auch verteidigt bei Sprandel: S. 19-24. Zur generellen Kritik an den gebräuchlichen Arten der Klassifikation vgl. v.a. Nebbiai-Dalla Guardia: Documenti, S. 96-98.

33 Naturkunde, Technik, Alchimie, Astrologie und Wahrsagung, eingeschlossen 16 Werke antiker Naturphilosophie.

34 Zur Bestimmbarkeit von Rezeptionsformen vgl. Grimm: Rezeptionsgeschichte. Zur Rezeption von Ovids Metamorphosen und der antiken Mythologie in der frühen Re-

nicht immer voneinander zu trennen. Diverse volkssprachliche Schriften des Mittelalters wie *Troja*-Romane oder die *Fatti di Cesare*, mittelalterliche Tatenbeschreibungen des Julius Cäsar, sind strenggenommen historiographische Werke, entsprechen aus sprachlichen und erzähltechnischen Gesichtspunkten allerdings der mittelalterlichen Romanliteratur. Insbesondere Heldenepen sind historische Dokumentation und Dichtung zugleich[35].

Wie bei den Autoren treten allerdings auch bezüglich der Gattungen Unterschiede zwischen Häufigkeit und Verbreitung auf:

Gattung	Anzahl	Bibliotheken
1. Gebet- und Andachtsbücher	132	90
2. Epen, Lyrik, Novellen, Dramen	105	51
3. Theologie (Scholastik)	189	44
4. Historiographie	79	41
5. Bibeln, Bibeltexte, Biblisches	73	37
6. Rechtsbücher	172	37
7. antike Moral- und Staatsphilosophie	100	35
8. Grammatiken, Vokabularien, Rhetorik	86	33
9. Hagiographie	70	30
10. Liturgie	44	31
11. Natur und Welt	75	21
12. Homilien	55	18
13. Medizin	133	17
14. Anstands- und Tugendliteratur	17	15
15. Enzyklopädien, Glossare	13	12
16. Schriften der Humanisten	15	10
17. Exegese	25	10
18. Mystik	14	6

Häufigkeit und Verbreitung korrelieren erneut nur schwach miteinander. Zahlenmäßig sind die Fachbücher und die wissenschaftliche Literatur, die Schriften, die an Spezialisten gerichtet waren, am stärksten vertreten. Am verbreitetsten waren allerdings Gebet- und Andachtsbücher. Verschiedene

---

naissance vgl. v.a. Guthmüller: Ovidio metarmorphoseos vulgare. Gestaltung und Rezeptionsformen bestimmter hagiographischer Werke und ihre zum Teil brutalen und komischen Passagen wurden eingehender diskutiert in: Gurjewitsch: Mittelalterliche Volkskultur; und v.a. ders.: Probleme der Volkskultur und Religiosität. Auf die Komik in mittelalterlicher Historiographie, Hagiographie und Epik wurde hingewiesen bei Curtius: S. 423-434. Zu den vielfältgen Rezeptionsformen der Renaissanceliteratur vgl. u.a. Leeker: Zwischen Belehrung und Unterhaltung.

35 Eine gattungspoetische Auseinandersetzung gibt u.a. Kasten, Ingrid: Bachtin und der höfische Roman. In: Bickelwort und wildin mære. Festschrift für Eberhard Nellmann, hrsg. von Dorothee Lindemann u.a., Göppingen 1995, S. 51-70.

Genres der gedichteten und erzählenden Literatur sind ebenfalls häufiger vertreten. Die Literatur, die von ihren Autoren einem breiteren Publikum vorgelegt wurde, hat offenbar tatsächlich einen höheren Verbreitungsgrad erreicht. Faßt man sämtliche Werke mit narrativem Charakter, antike Mythologie, Historiographie und Dramen, volkssprachliche Ritterromane, mittelalterliche Lyrik sowie die Novellen der Frührenaissance als Literatur und Dichtung im engeren Sinne zusammen[36], entsteht ein Genre, das verbreiteter ist als sämtliche Fachliteratur zusammen.

Anhand der gleichzeitigen Betrachtung von Häufigkeit und Verbreitung lassen sich insgesamt zwei in den Quellen auftretende Literaturtypen charakterisieren, die Ansatzpunkte zur weitergehenden Analyse der Lesegewohnheiten der Venezianer bieten.

a) Zum einen sind bestimmte Gattungen auszumachen, über die nur wenige Buchbesitzer verfügten. Sie seien definiert als „Spezialistenliteratur". Unter ihnen fallen darüber hinaus einerseits die Gattungen auf, von denen vergleichsweise wenige Buchbesitzer über mehrere Exemplare verfügten. Sie lassen sich damit auch als „Sammelliteratur" bezeichnen. Womöglich handelt es sich nicht nur um reine Fach-, sondern auch um „Liebhaberliteratur". Außerdem sind bestimmte Werke erkennbar, die äußerst selten nachgewiesen werden können wie zum Beispiel die mystische Literatur. Sie seien hier als „Exotika" bezeichnet. Hierunter verbirgt sich unter Umständen eine Spezialistenliteratur, die möglicherweise ungewöhnliche intellektuelle Bedürfnisse ihrer Zeit befriedigte, aufgrund schwacher Verbreitung und Vervielfältigung schwer zu beziehen war und deshalb auch selten zur Abschrift vorlag. Vielleicht gehörten die Werke auch ausschließlich zum bevorzugten Besitz der in den Quellen unterrepräsentierten Gesellschaftsgruppen.

b) Zum zweiten finden sich Gattungen, die in relativ vielen Bibliotheken auftauchen. Sie seien hier definiert als „gemeine Literatur". Womöglich stellen sie auch eine „populäre" Literatur in dem Sinne dar, daß sie von den meisten der verschiedenen gesellschaftlichen Gruppen rezipiert wurde[37]. Vielleicht zirkulierten Werke wie Epen, Dramen und Historiographie im Gegensatz zur reinen Fachliteratur nicht ausschließlich aufgrund höherer Glaubens- und Bildungsideale oder praktischer Gesichtspunkte, sondern auch

---

36 Angeregt wird diese literaturhistorische Vorgehensweise bei Curtius. Vgl. Curtius. Eurpäische Literatur und lateinisches Mittelalter.

37 Mit Populärliteratur soll hier demnach nicht ein Teil einer möglicherweise existenten Populär- oder Volkskultur bezeichnet werden wie sie unter anderem von Gurjewitsch, Burke und vor allem von Muchembled definiert worden ist. Vgl.Kap 1. Anm. 82-86. Sprandel verwendet für Literatur, die im Mittelalter nicht ausschließlich von Gelehrten im Rahmen eines wissenschaftlichen Diskurses rezipiert wurde, den Begriff „Trivialliteratur". Vgl. Sprandel: S. 353-258.

aufgrund ihres dichterischen oder unterhaltenden Wertes. Womöglich stellen sie als „Nicht-Spezialistenliteratur", an der ein breites Interesse bestand, sogar Gattungen dar, die häufiger besessen wurden, als es zunächst die Quellen dokumentieren, da sie beim Tod des Eigentümers im Familienbesitz blieben, ohne daß ein Eintrag in irgendeiner Form der schriftlichen Erbschaftsverwaltung notwendig war.

Zahlenmäßig läßt sich „Spezialisten- und Sammelliteratur" am häufigsten nachweisen. Das Verhältnis der differenzierten Literaturgattungen zueinander kann allerdings keinen Anspruch auf Repräsentativität erheben, da Fach- oder Gelehrtenbibliotheken unter Umständen häufiger schriftlich notiert wurden als möglicherweise existierende „gemeine" Bibliotheken und deshalb in den Quellen auch häufiger erwähnt sind[38]. Eindeutig festzuhalten ist jedoch, daß ein großer Teil der vorhandenen Bücher in venezianischen Buchbeständen Fachliteratur war und daß ein entsprechender Bedarf hiernach in der Vordruckzeit bestand.

6.3. Spezialisten- und Sammelliteratur und ihre Besitzer

6.3.1. Rechtsliteratur

Die 172 recherchierten Exemplare von Rechtsliteratur verteilen sich auf 37 Buchsammlungen. 17 Buchbesitzer besaßen nachweislich kanonische Rechtsliteratur, bestehend aus 26 Dekretalensammlungen und 58 Kommentaren, und 22 Buchbesitzer besaßen Zivilrechtsliteratur, die sich aus 41 Gesetzestexten und -kompendien sowie 37 Kommentaren zusammensetzte. Digestensammlungen, also Sammlungen römischen Rechts wie der *Codex Iustinianus*, sind insgesamt 24mal verzeichnet. 14mal sind die Stadtstatuten Venedigs aufgelistet, einmal eine *Promissione ducale* - eine Art Eidesleistung auf die venezianische Verfassung und Definition der Rechte und Pflichten des jeweiligen Dogen, die er vor Amtsantritt zu leisten hatte - einmal die Statuten der Stadt Verona und ein Seerechtscodex. Zweimal finden sich Hinweise auf Bücher „in iuris civilis", womit möglicherweise Kodizes des venezianischen Zivilrechts gemeint sind, wofür es jedoch keine weiteren Hinweise gibt. Bei zehn Exemplaren ist lediglich angegeben, daß es sich um „recolette" oder Bücher „in iure" handelte. Sie können zwar als Rechtsliteratur identifiziert, allerdings nicht genauer spezifiziert werden.[39]

---

38   Vgl. Kap. 2.2.

39   Zur Rechtsliteratur und Rechtsgeschichte im Allgemeinen vgl. Hattenhauer, Hans: Europäische Rechtsgeschichte, 3., erweiterte Aufl., Heidelberg 1999. Zur Literatur der Speziellen Rechtsbereiche vgl. Feine, Hans Erich: Kirchliche Rechtsgeschichte, 5., durchgesehene Aufl. Köln 1972; Wenger, Leopold: Die Quellen des römischen

17 der Buchsammlungen, die unter anderem Rechtsbücher umfaßten, sind bis zum Jahre 1400 aktenkundig geworden, 20 Buchsammlungen danach. Im 14. Jahrhundert befand sich damit in fast jeder sechsten bis siebten der nachgewiesenen Bibliotheken Rechtsliteratur, im 15. Jahrhundert in jeder achten. Bis zum Jahre 1400 lassen sich allerdings 41 Exemplare zahlenmäßig erfassen, danach 124. Die Exemplare an Rechtsliteratur nehmen vom 14. zum 15. Jahrhundert also deutlich zu.

Rechtsliteratur trat bisweilen vereinzelt in den Buchbeständen auf, zum Teil wurde sie regelrecht gesammelt. Den mit 21 Titeln umfangreichsten Bestand an Rechtsliteratur besaß Bagio da Molin, Patriarch von Jerusalem und Gelehrter des Rechts und der Theologie. In 15 Bibliotheken können mehr als drei Exemplare an Rechtsliteratur ermittelt werden. 22 Buchbesitzer besaßen bis zu drei Exemplare, wovon bei 15 nur ein Rechtsbuch nachgewiesen werden kann. Bei 7 Buchbesitzern kann anhand der Quellen eindeutig ausgeschlossen werden, daß sie mehr als ein Rechtsbuch besaßen.

Der Zuwachs der Bücher vom 14. zum 15. Jahrhundert ist vor allem auf die Rechtsbuchsammlungen zurückzuführen. Aus der Zeit von 1426-1486 sind zehn Rechtsbibliotheken einsehbar, die mehr als drei Exemplare aufwiesen. In ihnen befanden sich insgesamt 116 Bücher und damit fast zwölf Rechtsbücher pro Bibliothek. Ihnen stehen fünf Bibliotheken aus einem deutlich zurückliegenden Zeitraum, den Jahren 1339 bis 1388, gegenüber, die mehr als drei Bücher aufwiesen. In diesen befanden sich insgesamt 26 Rechtsbücher, also nur gut fünf pro Bibliothek[40].

Tabelle: „Fachbibliotheken" / Recht im 14. Jahrhundert

Name	Jahr	Beruf / Titel / Rang / Position	Anzahl
Francesco Dandolo	1339	Doge	6
Tomaso Bonincontro	1380	Abt	6
Michele Belleto	1345	Bischof	5
Rodolfo de Sanctis	1388	*decretorum doctor*	5
Philippus Melioratis	1382	*iuris et decretorum doctor*	4
		gesamt	26

Rechts, Wien 1953; Wieacker, Franz: Römische Rechtsgeschichte. Quellenkunde, Rechtsbildung, Jurisprudenz und Rechtsliteratur, München 1988;   Maranini, Giuseppe: La costituzione di Venezia, 2 Bde., Firenze 1974; und Musatti, Eugenio: Storia della Promissione ducale, Padua 1888.

40   30 der 47 von Giovanna Petti Balbi nachgewiesenen privaten Buchbesitzer in Genua aus dem Trecento verfügten über Rechtsliteratur. Ihnen ließ sich ebenfalls nur der Besitz von 1 bis 7 Exemplaren an Rechtsliteratur nachweisen. Allerdings sind sie lediglich über ihre Testamente, Pfandbriefe oder Kaufverträge aktenkundig geworden, welche keinen vollständigen Einblick in eine Bibliothek gewähren. Vgl. Petti Balbi: Il libro nella società genovese, Registri di documenti 1, 2, 3, 4, 7, 11, 12, 13, 15, 16, 17, 18, 19, 20, 21, 22, 23, 24, 26, 29, 30, 34, 39, 40, 41, 42, 46, 47, 50, 51. Petti Balbi hat insgesamt 53 Buchsammlungen veröffentlicht. In 5 Fällen handelt es sich allerdings um institutionellen, d.h. kirchlichen und klösterlichen Buchbesitz.

Tabelle: „Fachbibliotheken" / Recht im 15. Jahrhundert

Name	Jahr	Beruf / Titel / Rang / Position	Anzahl
Bagio da Molin	1444	Patriarch / *decretorum doctor*	26
Filippo degli Arditi	1440	*decretorum doctor*	22
Girolamo da Molin	1451-58 / 1486	Prokurator / *iuris doctor*	20
Marco Morosini	1440	*decretorum doctor*	10
Petrus de Fortis	1449	*decretorum doctor*	8
Pre Lorenzo	1480	Priester	8
Marco Gonella	1460	Pleban	7
Francesco Morosini	1466	*scolaro*	6
Iuliano Rivanello	1474	- kein Hinweis -	6
Antonio Grisson	1426	*scolaro in iure canonico*	4
		gesamt	117

Bei den 15 in den Tabellen aufgeführten Buchbesitzern kann davon ausgegangen werden, daß der größte Teil ihres Rechtsbuchbesitzes erfaßt ist[41]. Unter ihnen finden sich acht der 14 als Buchbesitzer ermittelten, nachweislich akademisch gebildeten Rechtsgelehrten, da sie in den Quellen den Titel *decretorum doctor* oder *iuris doctor* führen. Francesco Michiel besaß als *decretorum doctor* im Jahre 1348 drei juristische Bücher. Bei vier weiteren Rechtsgelehrten geben die Quellen nur unzureichend Auskunft über den Buchbesitz, womit auch ihr möglicher Rechtsbuchbesitz im Dunkeln bleibt[42]. Der einzige Rechtsgelehrte, von dem ein umfangreicher Buchbestand ohne Rechtsliteratur erfaßt ist, war Bernardus Minimo, Bischof von Cataro und *decretorum doctor*. Er listete in seinem Testament 29 Bücher auf und erwähnte kein einziges Rechtsbuch. Stattdessen verfügte er neben einigen reli-

---

41 Bei Bagio und Girolamo da Molin, Filippo degli Arditi, Pre Lorenzo, Iuliano Rivanello, Francesco Dandolo und Michele Belleto zeugen Hinterlassenschaftsinventare von ihrem Buchbesitz. Petrus de Fortis, Antonio Grisson, Tomaso Bonincontro, Rodolfo de Sanctis und Filippo Melioratis listen in ihren Testamenten ausführlich ihre Rechtsbücher auf. Petrus de Fortis hinterließ ausdrücklich seine Rechtsbücher einem *scolaro* zum Studium, Antonio Grisson hatte als Student noch keine direkten Erben und verteilte seine bewegliche Habe an Bekannte und Verwandte. Rodolfo de Sanctis mußte seine Bücher detailliert auflisten, um sie von geliehenen Büchern, die sich in seiner Sammlung befanden und nicht sein Eigentum waren, zu unterscheiden. Der Abt Tomaso di Bonicontro hatte keine direkten Erben. Beide listeten umfangreiche Bibliotheken von insgesamt 12 Exemplaren auf.

42 Bernardo Casalocios Buchbesitz ist anhand einer Auktionsliste überliefert, aus welcher der gesamte Buchbesitz nicht klar hervorgeht. Donatus de Casetino sprach 1371 in seinem Testament von „suos libros" (seinen Büchern), ohne diese zu benennen. Marco Tomasino nannte 1457 in seinem Testament ebenfalls außer einem Breviar lediglich all seine Bücher „omnes libris mei" und spezifizierte lediglich zwei mit dem Hinweis, daß sie ungebunden, „incompagnatos", waren. Nicolo Morosini erwähnte in seinem Testament einige „lecturas iuris canocici et civilis" ohne Zahlenangabe. Vgl. Anhang I, 1379/1.

giösen und liturgischen Büchern über einen humanistisch orientierten Buchbe-stand[43].

Bezüglich der Rechtsbereiche sind keine allgemeinen Vorlieben oder Entwicklungen zu erkennen. Kirchenrecht ist für das 14. Jahrhundert 20mal und im 15. Jahrhundert 55mal, Zivilrecht ist für das 14. Jahrhundert 18mal und für das 15. Jahrhundert 54mal nachzuweisen. Unter den Buchbesitzern, die über mehr als nur drei Exemplare von Rechtsliteratur verfügten, sind in beiden Jahrhunderten sowohl Vertreter auszumachen, die sich offensichtlich auf einen Rechtsbereich spezialisierten, als auch Sammler, die über mehrere Exemplare beider Gebiete verfügten. Michele Belleto, Bischof auf Kreta, besaß im Jahre 1345 fünf Bücher kanonischen Rechts[44], der Plebanus Marco Gonella 1460 sieben und *Pre* Lorenzo 1480 acht. Als Student der Rechte nannte Antonio Grisson ebenfalls ausschließlich Bücher kanonischen Rechts sein Eigentum[45]. Überwiegend Kirchenrechtsliteratur im Umfang von 19 Exemplaren besaß 1444 auch Bagio da Molin, doch hatte er auch sieben Exemplare zivilen Rechts[46]. Für drei weitere Buchbesitzer ist eine ausgewogene Anzahl von Werken aus beiden Bereichen nachweisbar. Im Jahre 1449 hatte Petrus de Fortis drei Bände Kirchenrecht gegenüber fünf Bänden zivilen Rechts[47] und 1441 Marco Morosini sieben gegenüber drei[48]. Girolamo da Molin besaß zehn Werke Kirchenrecht gegenüber sieben Titeln zivilen Rechts. Als er jedoch zwischen 1451 und 1458 als Student in Padua sein *Alphabetum librorum* anlegte, verzeichnete er nur den Verleih von Büchern kanonischen Rechts. Römisches Recht und die Statuten Venedigs fanden seine Erbverwalter erst 1486 in Girolamos Nachlaß, nachdem er Prokurator von San Marco geworden war und das Büchererbe seines Onkels Bagio angetreten hatte[49]. Fünf Buchsammlungen wiesen vornehmlich Werke zivilen Rechts auf. Im Nachlaß des Dogen Francesco Dandolo fanden sich im Jahre 1339 nur ein Werk kanonischen Rechts, jedoch fünf Bücher zivilen Rechts[50]. Filippo degli Arditi besaß 1420 zwei Bücher kanonischen Rechts gegenüber 19 Werken römischer Rechtsliteratur[51]. Francesco Morosini, Iuliano Rivanello und Filippo de Melioratis verfügten ausschließlich über zivilrechtliche Bände.

Bei den Buchbesitzern, welche nur über vereinzelte Rechtsbücher verfüg-ten und von den Quellen nicht als Rechtsgelehrte ausgewiesen werden, bestand ebenfalls ein mehr oder weniger enger Bezug zwischen ihren Büchern

---

43 Vgl. Anhang I, 1455/1.
44 Vgl. Anhang I, 1445/1.
45 Vgl. Anhang I, 1387.
46 Vgl. Anhang I, 1444/1.
47 Vgl. Anhang I, 1449/6.
48 Vgl. Anhang I, 1441.
49 Vgl. Anhang I, 1458/1486.
50 Vgl. Anhang I, 1339.
51 Vgl. Anhang I, 1474/1.

bzw. ihrem Buchbestand und ihrem Beruf. Es handelt sich vor allem um Staatsdiener wie Dogen, Prokuratoren, Gouverneure oder Sekretäre, einen Studenten sowie zahlreiche Kleriker, einige Bischöfe, ein Prior, Mönche und Priester. Unter ihnen mögen sich weitere Rechtsgelehrte befunden haben. Akademische Titel tragen sie in den Quellen jedoch nicht. Die Kleriker besaßen vereinzelte Werke kanonischen Rechts, Ordens- oder Priesterregeln. Den Staatsdienern läßt sich nicht selten der Besitz der Stadtstatuten nachweisen (siehe Tabelle). Auch der Maler Ercole da Fiore verfügte über ein Exemplar der Stadtstatuten Venedigs. In dem seinem Testament angehängten Inventar aus dem Jahre 1463 erwähnt er außerdem Heiligenlegenden und eine *Promissone ducale*. Ercole da Fiore konnten bis dato keine erhaltenen Gemälde bzw. Fresken zugeschrieben werden. Seine Bücher sprechen allerdings dafür, daß er unter anderem einen Auftrag besaß, ein religiöses oder staatliches Zeremoniell in Venedig zu malen, oder sich um einen solchen bewarb. Bei der Darstellung eines Zeremoniells und bei der Porträtierung verschiedener Beamter oder Gremien der Republik hatte der Maler auf die Konformität mit der Verfassung zu achten. Der Ablauf des Zeremoniells, die Kleidung und das Auftreten von Beamten in der Öffentlichkeit - auch bei religiösen Feierlichkeiten - waren Ausdruck der verfassungsmäßigen Machtverhält-nisse innerhalb der Republik, welche in den noch erhaltenen Zeremoniendarstellungen genauestens wiedergegeben werden[52].

Tabelle: vereinzelter Rechtsbuchbesitz

Buchbesitzer	Jahr	Beruf/Titel	Exemplare / Titel
Giacomo Gradenigo (1340)	1340	- kein Hinweis -	*digesto*
Fra Augustino (1345), Mönch	1345	Mönch	*decretali* *summa decretalium*
Francesco Michiel	1348	*decretorum doctor* / Erzbischof	*ordinem manuale seconda* *curiam romanam* *sextum Bonifatium papae*
Benedetto Emo	1360	- kein Hinweis -	*libri di statuarum per volgare*
Nicolò Giustinian	1369	- kein Hinweis -	*statuti veneziani*
Lodovico Gradenico	1372	Gesandter	*decretales* *codex de venetiis* *de fide et legibus*

---

52 Dogen im Amt finden sich nie ohne ihre Räte dargestellt. Vgl. zur venezianischen Staatsikonographie u.a. Wolters, Wolfgang: Der Bilderschmuck des Dogenpalastes, Wiesbaden 1983; und Sinding Larsen, Staale: Christ in the Council Hall. Studies in the Religious Iconography of the Venetian Republic, Spoleto 1974. Die Ausstattung des Dogenpalastes, des vorrangigen Schauplatzes repräsentativer Staatsikonographie, ist aus der Zeit Ercole da Fiores leider verloren. Zur Komplexität des veneziansichen Staatszeremionells als Ausdruck der Verfassungsrealitäten vgl. insbesondere Casini, Matteo: I gesti del principe. La festa politica a Firenze e Venezia in età rinascimentale,Venezia 1996, S. 29-72.

Bernardo de Casalocio	1372	decretorum doctor	due quaterni in iure canonico
Tomaso Sanudo	1374	- kein Hinweis -	statuti venetiarum
Johannes Surraldo	1382	Prior	decimum decretalium sextum clementis
Johannes Grisson	1387	- kein Hinweis -	statuta veneta
Michele Contarini	1398	podestà	statuti iglossadi
Francesco de Lanceniggo	1400	canonico, segretario del papa	constitutiones papal
Pietro Corner	1406	Prokurator	statuti
Anonymus	1410	- kein Hinweis -	summa rolandini (Orlando Bandinelli)
Vittore Loredan	1428	Gesandter	statuti segundi venetian
Bededicto Morosini	1451	scolaro	libro in lege
Bartolomeo Querini	1453	- kein Hinweis -	Iustino
Ercole da Fiore	1461	Maler	statuti venexiani promissione ducale
Antonio Prenzimo	1463	Priester	librum decreti
Pre Piero	1465	titularius	San Antonin manuale de confessione (summa confessorum)
Giacomo di Lancilotto	1472	Priester	summa Johannina (Johannes Andrea)
Antonio de Sambrino	1478	Priester	rationale divinorum officiorum San Antonin, summa confessorum

Rechtsliteratur war ausschließlich Fachliteratur. Daß bei denjenigen Personen Rechtstexte nachgewiesen werden konnten, bei denen ein direkter Bezug zum Beruf bestand, zeigt, daß Bücher in diesen Fällen nicht ungenutzte Erbstücke darstellten. Der quantitative Besitz war unterschiedlich. Diejenigen, welche sich mit den Rechten wissenschaftlich auseinandersetzten oder einmal auseinandergesetzt hatten, besaßen kleine Sammlungen, die an Umfang, soweit es die Quellen wiedergeben, vom 14. auf das 15. Jahrhundert deutlich zunahmen und zu einem stärkeren Aufkommen an Rechtsliteratur führten. Diejenigen, die sich einzelne Rechtsbücher aus praktischen bzw. beruflichen Gründen zulegten, verfügten in der Regel lediglich über die Exemplare, welche sie auch tatsächlich für ein konkretes Anliegen benötigten.

6.3.2. Natur und Welt

6.3.2.1. Medizinische Literatur und ihre Besitzer

133 Exemplare medizinischer Fachliteratur in 17 Bibliotheken lassen sich über die Quellen erfassen. In den jeweiligen Buchsammlungen befanden sich insgesamt 46 Werke arabischer Mediziner, 27 Werke europäischer Mediziner des hohen und ausgehenden Mittelalters bzw. der Frührenaissance und 32 medizinische Werke antiker Gelehrter[53]. 28 Bücher wurden lediglich mit dem Vermerk *in medicina* oder aber mit einer anderen Inhaltsbezeichnung versehen, anhand derer sie als medizinische Fachliteratur ermittelt, jedoch keiner Epoche und keinem bestimmten Autoren zugeordnet werden können.

Der meistrezipierte Autor war Galenos, dessen Werke sich 23mal in den Bibliotheken finden. Unter den Medizinern der abendländischen Antike wurde außerdem Hippokrates konsultiert, von dem sechs Exemplare nachgewiesen werden können. Zwei Werke finden sich von Diascorides und eins von Celsus.

Von der Medizin des Orients sind sowohl der Besitz medizinischer Enzyklopädien als auch sogenannte *Praktiken* belegt. In den Sammlungen befanden sich 18 einzelne Exemplare des Kanons der Medizin von Avicenna (arab. Ibn Sinna), siebenmal das *Colliget* und der *Commentum fisicorum* des Averroes, sechs Werke Almansurs, vier Serapions des Jüngeren sowie jeweils drei Werke Abulcasims und Mesues des Älteren. Jeweils einmal sind das *De simplicibus* Serapions des Älteren, der Galenoskommentar des Honein ben Ischak, das *De dietibus particularis* des Isaak Iudeus und die Medizintraktate des Paulus Aegitena und des Gerardus Sabloneta erwähnt.

Von der europäischen Medizin des Mittelalters und der Frührenaissance ließen sich insgesamt 16 verschiedene Autoren diverser Kompendien, Praktiken und Traktate ermitteln. Die Liste umfaßt die Gelehrten verschiedener europäischer Universitäten. Viermal sind Wilhelm von Saliceto, jeweils dreimal Dino Aldebrandino, Albertus Magnus und Simone Januensis, jeweils zweimal Gentile von Foligno sowie Thadaeus Alderotti und jeweils einmal Nicolaus von Salerno, Thadaeus Florentinus, Bruno von Longobucco, Petrus von Tossignano, Arnaldo von Villanova, Gilbertus Anglicus, Johannes von Toledo, Johannes von Sancto Polo, Constantini Africani und Pietro d'Abano nachzuweisen. Die vorrangigen Themen der europäischen Medizin sind Kommentare zu Avicenna und Galenos sowie Traktate über Chirurgie, Fieber, das Auge und die Pest. Diese Schwerpunkte finden sich auch bei den medizi-

---

53 Zur Medizin und ihrer Literatur im 14. und 15. Jahrhundert vgl. u.a. Gordon, Benjamin Lee: Medieval and Renaissance Medicine, London 1960; und Siriasi, Nancy G.: Medieval and Renaissance Medicine, Chicago / London 1990. Speziell zur Literatur der arabischen Mediziner vgl. u.a. Schipperges, Heinrich: Arabische Medizin im lateinischen Mittelalter, Berlin / Heidelberg / New York 1978.

nischen Werken, die nur mit Anmerkungen zum Inhalt versehen sind und keinem Autor zugeordnet werden können.

Von 16 als Buchbesitzer identifizierten Ärzten lassen sich bei elf eindeutig medizinische Bücher spezifizieren, wobei in vier Fällen sogar ein umfangreicherer medizinischer Buchbestand dokumentiert ist. Guidone da Bagnolo zählte in der seinem Testament angefügten Bücherliste insgesamt 30 medizinische Werke auf[54]. In der Hinterlassenschaft des Magister Elia fanden sich 26 medizinische Werke[55]. Von Giovanni Recanati wurden nach seinem Tod im Jahre 1428 28 und von Pietro Tomasi, der 1458 verstarb, 26 medizinische Bände versteigert[56]. Bei Zudi da Pietro und Domenico Leonellis lassen sich nur einzelne Medizinbücher erfassen. Die Quellen geben jedoch Hinweise, daß sie mehr Bücher besaßen, die jedoch unbekannt bleiben[57]. Zuan de Musolini, Nicollo Rochabonella, Geraldus de Regio und Petrus Feci gaben in ihren Testamenten an, Bücher *in medicina* bzw. in *cirogia* zu besitzen[58]. Auch der Barbier und Wundarzt Stephan de Petit ließ sich 1435 von einem befreundeten Apotheker ein Buch „in medicina" abschreiben[59]. Die Ärzte Paolo Altabula, Bassiano del fu Leone und Misser Andrea notierten in ihren Testamenten lediglich ihre Bücher und gaben keine Auskunft über deren Anzahl oder Inhalt[60]. Bei der Versteigerung der Habe des 1372 verstorbenen Arztes Ponte da Bertuccis wurde der Verkauf eines Buches vermerkt, das sich ebenfalls nicht identifizieren läßt[61]. Inwiefern er mehr Bücher besaß und wenn, welcher Art diese waren, bleibt im Dunkeln. Bei der 1382 vorgenommenen Inventarisierung der Habe seines Kollegen Andriolo Alemannos wurden drei Klassiker der Antike mit Autoren und Titelangabe hervorgehoben. 52 weitere Bücher wurden ohne Angabe zu Inhalt oder Autor erwähnt[62]. Eventuell waren diese Titel den Nachlaßverwaltern unbekannt, oder sie betrachteten diese Bücher als nicht erwähnenswert. Untersuchungen von Bibliotheken anderer Städte der Epoche und des vorangegangenen Jahrhunderts haben gezeigt, daß jeder Arzt Italiens aus dem 13., 14. und 15. Jahrhundert, dessen Buchbesitz sich anhand von Quellen genau identifizieren läßt, über medizinische Literatur verfügte[63]. Es ist also davon auszugehen, daß die fünf Ärzte, bei denen aufgrund der Un-

---

54 Vgl. Anhang I, 1380/2.
55 Vgl. Anhang I, 1326.
56 Vgl. Anhang I, 1428/1.
57 Vgl. Anhang I, 1458/4.
58 Vgl. die Testamente von Petrus Feci, Nicolo Rochabonella und Geraldus de Regio in: Anhang I, 1458/5, 1462/1, 1386.
59 Vgl. Anhang I, 135.
60 Vgl. die Testamente von Magister Elia, Bassiano del fu Leone, Misser Andrea und Paolo Altabula in: Anhang I, 1326 , 1392/1, 1384/1, 1464/4.
61 Vgl. Versteigerungsliste aus der Nachlaßverwaltung Ponte da Bertuccis in: Anhang I, 1381.
62 Vgl. Anhang I, 1382/2.
63 Vgl. Bresc; und Petti Balbi: Il libro nella società genovese.

genauigkeit der Quellen ein Großteil der Bücher nicht spezifiziert werden kann, ebenfalls entsprechende Fachbücher besaßen.

Die Bibliotheken der in Venedig ansässigen Ärzte weisen ihre Besitzer, dem medizinischen Horizont der Zeit entsprechend, als umfassend gebildete und interessierte Männer aus. Die Buchsammlungen der Ärzte bergen keine Überraschungen. Die Besitzer verfügten über eine universitäre Bildung, und ihre Fachbücher entsprechen dem zeitgenössischen Bildungskanon der medizinischen Schulen[64].

Gemäß der antiken und mittelalterlichen Vorstellung, daß der menschliche Körper als Mikrokosmos ein Abbild der Welt als Makrokosmos darstellte, widmeten sich die Ärzte zudem nicht allein Schriften, die sich dem Wesen der menschlichen Physis und einzelnen Krankheiten wie dem Fieber oder der Pest beschäftigten, sondern auch der Naturphilosophie, der Naturkunde und der Astronomie[65]. Magister Elia besaß die sogenannten *Tabule tolletane* (astronomische Tafeln), das Traktat über den Landbau des Palladius oder die *Geometrie* Euklids. Guidone da Bagnolo verfügte über drei naturphilosophische bzw. naturkundliche Werke des Aristoteles, darunter das *De caelo et mundi* oder die *Physica*, die Geometrien Gebers und Euklids, sechs arabische Astrologietraktate sowie ein Werk zur Astrologie des Albertus Magnus. Aus dem Nachlaß Pietro Tomasis wurden 1458 das *De animalibus* des Aristoteles, die Albertus Magnus zugeschriebene Gesteinskunde *De lapidibus* und dessen *De meteoris*, alchimistische Traktate des Raimond Lull, ein Werk des Astronoms Gerardus Sabloneta, ein Klaudios Ptolemaios[66], Porphyrs Kommentar zu Ptolemaios, ein *De musica* Plutarchs, vier Traktate *in astrologia*, ein Buch zur Wahrsagung aus Erdzeichen und das *De orologii* des Givanni Dondi - ein Werk über die Zeitmessung - versteigert.

Vereinzelte Werke der Medizin besaßen darüber hinaus noch der Doge Francesco Dandolo, die Patrizier Paolo Barbo, Girolamo da Molin, Andrea Francesco Barbarigo, Francesco Barabaro und Lodovico Grandenigo, der *gastaldo ducale* Andrea Zuani und der *rector scholarum* Paolo da Faiano[67].

---

64 Die Traktate und Enzyklopädien der Griechen und Araber galten als Grundlage für die zeitgenössische Schulmedizin des christlichen Abendlandes. Insbesondere Galenos war fundamental für die arabische und europäische Medizin des Mittelalters und fand zahlreiche Kommentatoren. Arabische Werke waren über das maurische Spanien nach Europa gelangt und vor allem an der medizinischen Universität von Salerno übersetzt worden. Insbesondere Avicenna gehörte zu den verbreitetsten Autoren. Vgl. hierzu die medizinischen Bibliotheken sizilianischer Ärzte bei Bresc: S. 34-40; oder Caroti: La Biblioteca di un medico fiorentino; und De Vecchi: I libri di un medico umanista fiorentino. Vgl.auch Gordon.

65 Vgl. u.a. Sollbach, Gerhard E.: Die mittelalterliche Lehre vom Mikrokosmos und Makrokosmos, Hamburg 1995.

66 Angebenen ist lediglich der Autor. Ob es sich um sein Werk zu Mathematik, Astronomie, Geographie, Harmonielehre oder Optik handelt, bleibt offen.

67 Vgl. Anhang I, 1339.

Keiner trug den Titel eines *magister* oder *doctor in medicina* bzw. *in cirurgia* oder war nachweislich als Heiler und Wundarzt im weitesten Sinne tätig. Eine praktische Berufsausübung war für Patrizier nicht standesgemäß. Inwiefern die Bücher von ihren in den Akten dokumentierten Besitzern wirklich gelesen wurden, bleibt ungewiß. Die Quellen zeigen jedoch, daß medizinische Literatur nicht nur unter Ärzten, sondern auch unter Patriziern und höherstehenden bzw. gebildeten Bürgern kursierte. Bisweilen wurde sie extra im Testament erwähnt. Medizinische Literatur diente also offensichtlich nicht allein praktischen Notwendigkeiten.

6.3.2.2. Naturkunde und Naturphilosophie

Neben den Kompendien der Medizin zeugen insgesamt 77 Werke, welche bei 22 Buchbesitzern nachweisbar sind, von einem besonderen Interesse einzelner Venezianer an Natur, Welt und Kosmos. So finden sich Werke des *quadriviums* der *septem artes liberales*, Arithmetik, Musik, Geometrie und Astronomie, Werke antiker Naturphilosophie, alchimistische Traktate, geographische Werke, welche Erde und Kosmos erklären, Werke, die Anleitungen zur Deutung von Erd- und Himmelszeichen geben, sowie Traktate über den Landbau und den Fischfang.

24 Schriften können antiken Autoren, 22 Werke Autoren des christlichen Mittelalters und der Renaissance (darunter drei Werke aus der Feder byzantinischer Autoren) und acht Werke arabischen Autoren zugeschrieben werden. 23 Werke können keinem Autor zugeordnet werden.

Fünf der Buchbesitzer waren Kleriker, neun Patrizier und acht Bürgerliche. Auffällig ist, daß sich in neun Sammlungen medizinische und naturkundliche Werke ergänzten. Zu den jeweiligen Besitzern gehörten auch vier der acht Ärzte, deren Buchbestand ausführlich dokumentiert ist[68]. Der Patrizier Andrea Francesco Barbarigo besaß 1439 einen Hippokrates. Der Band ergänzte auch bei ihm eine kleine Sammlung naturphilosophischer Werke. Im Inventar ist der Hippokrates direkt im Anschluß an die *Philosophia naturalis* des Aristoteles aufgeführt. Barbarigos Erbverwalter fanden desweiteren die *Questiones super physicam* des Albertus Magnus[69]. Medizinische Werke ergänzten den Bestand an Naturphilosophie oder Naturkunde auch bei Lodovico Gradenigo, der unter anderem einen Galenos und eine *Philosophia naturalis* sein eigen nannte[70], sowie bei Francesco Barbaro, der neben einer *Terapeutica imperfecta* auch das Lehrgedicht über den Fischfang des Oppianos aus Kilikien, ein Traktat zur Landwirtschaft des Palladius, die *Topica* des Aristoteles, das *De musica* des Klaudios Ptolemaios und die astrologischen Kalenderbe-

---

68 Vgl. Kap. 6.3.2.1.
69 Vgl. Anhang I, 1439//1.
70 Vgl. Anhang I, 1372/1.

rechnungen des Gregoras besaß[71]. Zeitweise hatte Barbaro auch über die von
Guarinus von Verona im Jahre 1419 in Verona wiederentdeckte und verbreitete Naturkunde Plinius des Jüngeren verfügt[72]. Im *Alphabetum librorum* des
Girolamo da Molin wurde zwischen 1451 und 1458 kein Verleih eines naturkundlichen Buches vermerkt. 1486 fanden die Prokuratoren von San Marco in
seinem Besitz jedoch fünf medizinische Bücher, die *Physik* des Aristoteles
samt Kommentar, den Kommentar zu Aristoteles' *De natura* von Albertus
Magnus, einen anonymen Kommentar zu Aristoteles *De Geometria*, die *Geographie* Strabons und die Einführung in die Astronomie, das *De sphaera
mundi* des Johannes von Sacrobosco.

Bagio da Molin, Patriarch von Jerusalem und kanonischer Rechtsgelehrter,
hinterließ 1444 außer einem umfangreichen Bestand an theologischer und
juristischer Literatur auch das Leo VI. zugeschriebene *Donnerbuch* und die
fast ganz aus Plinius' Naturkunde entnommene Sammlung von Welt- und
Naturbeschreibungen des Solinus, das *De mirabilibus mundi*[73], wovon auch
Bernardus Minimo, Bischof auf Kreta, im Jahre 1455 ein Exemplar besaß[74].
Dem Kaufmann Michele Zon, dessen Habe 1449 inventarisiert wurde, gehörte
ein Buch „in alchimia"[75]. Guglielmo Querini und Christofero Poeti besaßen
jeweils ein Werk über die Landwirtschaft, das *Ruralia commodorum* des
Petrus Crescentius[76].

Das Interesse an Natur, Welt, Kosmos und Technik hatte nicht nur bei den
Medizinern mitunter auch praktische Hintergründe. Paolo Bembo besaß ein
„libro a navigar", eine nautische Schrift, welche wahrscheinlich auch der aktiven Seefahrt diente. Naturkundlicher Buchbesitz hatte womöglich auch beim
Münzer und Goldschmied Luca Sesto, der 1458 in seinem Testament die
Albertus Magnus zugeschriebene Gesteinskunde *De lapidibus* erwähnte, einen
berufsbezogenen Hintergrund. Andererseits besaß er auch Bücher in Astrologie. Die Traktate über den Ackerbau und das Landleben des Palladius und des
Petrus von Crescentius oder die Naturkunde des Plinius können einem praxisorientierten Interesse für die Landwirtschaft im Hinterland, beispielsweise bei
der Urbarmachung der Terraferma im Quattrocento, gedient haben.

Einige Buchsammler widmeten sich speziell der Astrologie und Wahrsagung. *Fra* Jeremia, ein 1345 bei *Ser* Manfredo Ubriachi verschuldeter Augustinermönch, verpfändete neben seiner Kirchenrechtsliteratur, seinen Predigtsammlungen und seinen beiden Bänden des Augustinus, auch ein Buch
über Astrologie. Als Pietro Corner 1406 starb, besaß er neben wenigen

---

71 Vgl. Anhang I, 1345/5.
72 Zur Zirkulation von Plinius' Naturkunde vgl. Sabbadini: II, S. 193.
73 Vgl. Anhang I, 1444/1.
74 Vgl. Anhang I, 1453/3.
75 Vgl. Anhang I, 1449/3. Michele besaß außerdem 37 griechische Bücher, worunter sich
    auch naturkundliche Werke befunden haben könnten.
76 Vgl. Anhang I, 1468.

Exemplaren antiker Philosophie, einem Exemplar des *Troja*-Romans und zwei Teilen von Dantes *Göttlicher Komödie*, den Stadtstatuten Venedigs und vielen Exemplaren religiöser Literatur das *De sphaera mundi* des Johannes von Sacrobosco, die *Theoria planentarum* Gerardus Sablonetas, drei anonyme Schriften zur Astrologie, den der Sterndeutung dienenden *Aparatus iudiciis stellarum* des Aboazen Haly sowie ein Buch über die Handlese- und eines über die Erdzeichenlesekunst[77]. Ein Buch über Astrologie besaßen nachweislich auch Francesco Morosini (Testament von 1436), Lorenzo Sanudo (Testament von 1458) und Marco Gonella (Testament von 1463). Aus dem vielfältigen Buchbesitz des Patriziers Bartolomeo Bragadin, der den Ruf eines *musarum cultor* genoß, wurden 1480 ein Buch der astronomischen Tafeln König Alfons des Weisen und ebenfalls ein Buch der Erdzeichenlesekunst versteigert[78]. Darüber hinaus waren keine naturkundlichen Werke nachzuweisen. Der 1498 verstorbene Paolo Manzaroni besaß neben einer volkssprachlichen Bibel, zwei Novellensammlungen und dem *Gottesstaat* des Augustinus ebenfalls ein Buch über die Erdzeichenlesekunst[79].

Die Buchsammlungen dokumentieren, daß zur Zeit der sich erst emanzipierenden Naturwissenschaft das Interesse an Natur und Welt das Spektrum des Funktionierens des gesamten Universums, der Erscheinungen des Himmels und der Erde umfaßte. Das *quadrivium* der etablierten *artes liberales*, Arithmetik, Geometrie, Musik und Astronomie ergänzte sich mit Medizin, Naturphilosophie und Naturkunde, Alchimie und bisweilen sogar mit Sterndeutung und Magie. Astrologie und Astronomie sind noch nicht zu unterscheiden[80]. Bezüglich der Verbreitung naturkundlicher Werke kann eine Entwicklung festgestellt werden. Schon früh zeigten in der ersten Hälfte des 14. Jahrhunderts Buchbesitzer wie Paolo Barbo oder Francesco Dandolo ein naturkundliches Interesse. Verstärkt werden Schriften über Natur, Welt und Kosmos allerdings im 15. Jahrhundert nachweisbar. Damit ist ein wachsendes Interesse an bestimmten Büchern faßbar. Es zirkulierten verstärkt „neue" Titel, das heißt Bücher, die man sich bewußt zulegte. In den ersten Buchsammlungen traten anfangs noch vornehmlich medizinische Bücher auf. Einen Wendepunkt stellte die Bibliothek Guidone da Bagnolos dar, Leibarzt des zypriotischen Königs und Vertrauter zahlreicher Venezianer, der 1380 mehrere Werke in Astrologie und Geometrie hinterließ[81]. Im Jahre 1372 gab

---

77 Vgl. Anhang I, 1406.
78 Vgl. Anhang I, 1480.
79 Vgl. Anhang I, 1488/1.
80 Zu den Naturwissenschaften in Mittelalter und Renaissance vgl. diesbezüglich u.a. Rossi, P.: Francesco Bacone. Della magia alla scienza, Torino 1978; Crombie, Alistair C.: Science, Optics and Music in Medieval and Early Modern Thought, London 1990; und Sollbach.
81 Seine Bibliothek ist zwar nicht unmittelbar in Venedig faßbar geworden, doch sie hatte starken Einfluß auf venezianische Sammlungen.

Lodivico Gradenigo in seinem Testament an, daß einige der Bücher seines
Bestandes, u.a. Suetons Kaiserviten oder ein Titus Livius Eigentum Bagnolos
seien, während Bagnolo selbst von ihm ein Buch mit den *Declamationes*
Senecas, die *Declamationes* Quintilians und mehrere andere nicht benannte
Schriften geliehen habe[82]. Bagnolo besaß auch laut der Nachlaßverwaltung
der Prokuratoren von San Marco einen Galenos und die *Philosophia naturalis*
des Aristoteles. Die Vermutung liegt nahe, daß Gradenigo über den Austausch
und die Bekanntschaft mit Bagnolo in den Besitz dieser Werke gekommen
war, da die Schriften ebenfalls Bestandteil der Bibliothek Bagnolos gewesen
waren. Sie hatten möglicherweise als Vorlagen zur Abschrift der Exemplare
Gradenigos gedient. Es zeichnet sich hier ein möglicher Weg ab, über den
naturkundliches Interesse und letztendlich naturkundliche Schriften über die
Bibliotheken der Klöster und Universitäten in die Häuser wohlhabender
Stadtbewohner gelangten. Der Arzt hatte diesbezüglich eine Mittlerfunktion
inne. Ärzte besaßen eine umfassende Bildung und verfügten, unter anderem
durch ihr Studium an den großen Universitäten Europas, über einen bisweilen
großen Besitz medizinischer und naturkundlicher Werke. Ärzte verblieben
nicht im intellektuellen Umfeld der Universitäten, sondern zogen in andere
Städte und hatten unter anderem aufgrund ihres Berufes Zugang zu den wohlhabenden Häusern. Gleichzeitig philosophisch gebildet und interessiert, wurden sie Bestandteil der intellektuellen Elite einer Stadt[83]. Die Schriften, die sie
mitbrachten, konnten sich außerhalb der Universitäten verbreiten[84]. Mitunter
könnten Patrizier und Bürger selbst durch ihr niversitätsstudium und dem
Angebot an Vorlesungen in Medizin, Mathematik oder Astronomie zu ihrem
Interesse an Natur und Welt gelangt sein wie es für das ausgehende 15. Jahrhundert dokumentiert ist[85].

Die medizinischen und naturkundlichen Schriften, die rezipiert wurden,
waren zum großen Teil antike Werke. Auffallend hoch sind auch die Texte
arabischen Ursprungs. Aus Europa ist Literatur des hohen Mittelalters oder
des 13. und 14. Jahrhunderts nachzuweisen. Autoren des 15. Jahrhunderts sind

---

82 Vgl. ASV, PSM, Atti Misti, B. 139, Commissaria di Ludovico Gradenigo, Testament
    vom 10. Februar 1372: „...Item vollo eisdem restitui unum librum quem ab ipso habui,
    in quo sunt: Suetonibus de XII caesaribus; decam titi livii de bello macedonico et
    multi alii libri, sed procurent predicti Commissari ab ipsis...habere unum meum librum
    quem sibi mutuavi, in quo sunt declamationes Senece et multi alii libri ejiusdem et
    declamationes quintilian". Quelle zum Teil auch zitiert bei Cecchetti: Libri, S. 334,
    Anm. 1.
83 An italienischen Universitäten war die Medizin an die philosophische Fakultät ange-
    gliedert. Vgl. Kap. 3.1.2.
84 Den Ärzten wurde eine besondere Funktion innerhalb der intellektuellen Zirkel der
    Reniassance zugeschrieben. Vgl. Garin, Eugenio: Der Philosoph und Magier. In: Der
    Mensch der Renaissance, hrsg. von dems., Frankfurt a. M./ New York 1990, S. 175-
    214. Das Phänomen wird weiterführend diskutiert in Kap. 6.3.4.
85 Vgl. Kap 3.1.1.

nicht dokumentiert. Generell wurde jedes Werk mindestens über hundert Jahre nach dem Tod des Verfassers aktenkundig. Die Veränderung besteht also zunächst in der verstärkten Rezeption alter Schriften, was auch eine Suche nach verlorenen Texten bedeutete. In dieser Hinsicht bestätigt sich die Erkenntnis zur italienischen Renaissance von Peter Burke: „Kulturwandel vollzog sich additiv und nicht substitutiv"[86].

Abschließend ist festzuhalten, daß, abgesehen von den hauptsächlich der Astrologie und Wahrsagung verpflichteten Buchsammlern, einige Buchbesitzer ein starkes Interesse an der Beschäftigung mit Natur und Welt zeigten, das mehr als nur rein praxisorientiert war. Der Arztberuf war für das Patriziat nicht standesgemäß, was jedoch offensichtlich nicht gleichbedeutend mit einer Abkehr von der Medizin und Naturkunde als Wissenschaft war. Die venezianischen Patrizier und Bürgerlichen, die im späten 15. Jahrhundert nachweislich Vorlesungen in Astrologie, Mathematik und Medizin hörten und zum Teil darin auch akademische Abschlüsse machten, hatten also Vorgänger.

Medizinische und naturkundliche Literatur in Venedig war sowohl Fachliteratur als auch Liebhaberliteratur.

Tabelle: Buchbesitzer Natur und Welt

Name	Jahr	Stand	Beruf / Amt / Position	Genre: Anzahl
Paolo Barbo	1325	Patrizier	- kein Hinweis -	Medizin: x
Magister Elia	1329	Bürger	*medicus*	Medizin: 26 Sonstiges: 3
Francesco Dandolo	1339	Patrizier	*Doge*	Medizin: 1
Fra Augustino	1345	Kleriker	Mönch	Sonstiges: 1*
Guidone da Bagnolo	1362	Bürger	*medicus*	Medizin: 32 Sonstiges: 12
Lodovico Gradenigo	1372	Patrizier	Gesandter	Medizin: 1 Sonstiges: 1
Geraldus de Regio	1386	Bürger	*medicus*	Medizin: x **
Pietro Corner	1406	Patrizier	Prokurator	Sonstiges: 8*
Paolo da Faiano	1420	Bürger	*rector scholarum*	Medizin (totum Avicenna)
Zudi da Pietro	1428	Bürger	*medicus*	Medizin 1 + x
Giovanni Recanati	1428	Bürger	*medicus*	Medizin: 28**
Domenico Lionellis	1429	Bürger	*medicus*	Medizin: 4 + x Sonsiges: 1
Francesco Morosini	1434	Patrizier	Kaufmann	Sonstiges: 1*
Andrea Zuani	1436	Bürger	*gastaldo ducale*	Medizin: 1
Andrea Francesco Barbarigo	1439	Patrizier	- kein Hinweis -	Medizin: 1 Sonstiges: 2
Bagio da Molin	1444	Patrizier / Kleriker	*decretorum et theologiae doctor*, Patriarch	Sonstiges: 2

---

86 Vgl. Burke: Die Renaissance in Italien, S. 29.

Marco Bembo	1445	Patrizier	Kaufmann	Sonstiges: 1
Michele Zon	1449	Bürger	Kaufmann	Sonstiges: 1
Francesco Barbaro	1454	Patrizier	- kein Hinweis -	Medizin: 1 Sonstiges: 5
Bernardus Minimo	1455	Patrizier / Kleriker	Bischof	Sonstiges: 1
Lorenzio Sanudo	1458	Patrizier	- kein Hinweis -	Sonstiges: 1*
Petrus Feci	1458	Bürger	*medicus*	Medizin: x **
Pietro Tomasi	1458	Bürger	*medicus*	Medizin: 25 Sonstiges: 14
Luca Sesto	1458	Bürger	Goldschmied	Sonstiges: 2
Christofero Poeti	1460	Bürger	- kein Hinweis -	Sonstiges: 1
Niccolò Rochabonella	1462	Bürger	*medicus*	Medizin: x **
Marco Gonella	1463	Kleriker	Pleban	Sonstiges: 1
Gugliemo Querini	1468	Patrizier	Kaufmann	Sonstiges: 1
Pre Lorenzo	1480	Kleriker	Priester	Sonstiges: 1*
Bartolomeo Bragadin	1480	Patrizier	- kein Hinweis -	Sonstiges: 2*
Girolamo da Molin	1486	Patrizier	*decretorum doctor /* Prokurator	Medizin: 5 Sonstiges: 5
Paolo Manzaroni	1498	Bürger	- kein Hinweis -	Sonstiges: 1

x = Hinweise auf mindestens ein (weiteres) Werk
* vornehmlich Astrologie und Wahrsagung
** keine Auskunft über mögliche sonstige Bücher

6.3.3. Theologie und scholastische Philosophie

In 44 Bibliotheken befanden sich insgesamt 189 Schriften, Summen, Traktate und Bibelauslegungen 43 verschiedener christlicher Glaubenslehrer[87].

Einen Großteil machten die Schriften der Kirchenväter und des frühen Christentums aus[88]. Allein Augustinus ist mit insgesamt 21 Exemplaren nachzuweisen, die sich auf elf verschiedene Titel verteilten und somit ein umfang-

---

87 Bibelauslegungen und Kommentare sind hier berücksichtigt, sofern sie im Rahmen der christlichen Gelehrtendiskussion entstanden sind. Bibelkommentare, welche der Glaubensvermittlung an ein Laienpublikum dienten, sind nicht aufgeführt. Vgl. hierzu 6.3.8.2. Zur theologischen Literatur von den Kirchenvätern bis zur Spätscholastik vgl. Altaner /Stuiber. Grabmann, Martin: Die Geschichte der katholischen Theologie seit dem Ausgang der Väterzeit, 2. Aufl., Darmstadt 1961, Landgraf, Artur Michael: Einführung in die Geschichte der theologischen Literatur der Frühscholastik, Regensburg 1948; und Schmidt, Martin Anton: Scholastik. Kirchliche Kunst im Mittelalter, hrsg. von Kurt Goldhammer, Göttingen 1996.
88 Nicht einbezogen sind hier historiographische und naturkundliche Werke, Glossare, Homilien sowie Ordens- und Priesterregeln der Kirchenväter. Vgl. hierzu Kap. 6.4.4., 6.3.2., 6.3.7., 6.3.8.1. und 6.3.1.

reiches Oeuvre bildeten. Zumeist fand sich allerdings sein *De civitate dei*, insgesamt siebenmal. Von Hieronymus sind zwölf Werke dokumentiert. An zwei dieser Bände war eine Lebensbeschreibung des Heiligen angehängt. Von Basileios können sieben, und von Gregor dem Großen, von Ambrosius, von Laktantius sowie von Cassianus jeweils drei Schriften recherchiert werden. Von Dionysios Areopagites, Isidor von Sevilla, Cassiodor und Johannes Chrisostomos lassen sich jeweils zwei Werke eindeutig als theologische Traktate identifizieren und von Eusebius, Origenes, Gregor von Nyssa, Cyprianus und Fulgentius jeweils eines.

Vereinzelt waren auch Werke verschiedener Ordensgelehrter des frühen Mittelalters im Besitz der Venezianer: jeweils zweimal Werke des Remigius von Auxerre und die Eucharistielehre des Radbert von Corbie und einmal ein Bibelkommentar des Beda Venerabilis.

Autoren des hohen und späten Mittelalters bzw. der Scholastik waren relativ häufig vertreten[89]. Unter den sogenannten Frühscholastikern können vier Werke des Anselm von Canterbury in vier Buchbeständen ermittelt werden, unter anderem seine Gebete und seine Erlösungslehre. Jeweils zweimal wurde das *De miseria humanae conditionis* des Lothar von Segni und das *De claustro animae* des Hugo von Folieto verzeichnet, jeweils einmal die Auslegungen der Apokalypse von Joachim von Fiore und das *De simbolo apostolorum* des Hugutio von Pisa. Lediglich dreimal können theologische und philosophische Traktate des Albertus Magnus nachgewiesen werden. Von seinem Zeitgenossen Alexander von Hales wie Albertus einer der ersten Verwerter der gesamten aristotelischen Philosophie, wurde nur ein Werk in den Quellen notiert. Die sogenannten Hochscholastiker waren häufiger vertreten. Der am meisten verbreitete Autor war Thomas von Aquin. 14mal wurden Werke des Dominikaners bei 13 verschiedenen Buchbesitzern genannt, hauptsächlich seine *Summa theologiae* (insgesamt sechsmal), komplett oder in Auszügen. Bonaventura kann sechsmal in drei Bibliotheken nachgewiesen werden, die Sentenzen des Petrus Lombardus dreimal und die *Summa logicales* des Petrus Hispanus zweimal. Jeweils einmal sind Werke des Petrus Johannes Olivi, des Bartholomeus von Messina, des Vincenz von Beauvais und des Ricardus von Mediavilla in den Quellen aufgeführt.

Vertreten waren ebenfalls die „aktuellen" Schriften der sogenannten Spätscholastiker und der Theologen des 14. und 15. Jahrhunderts. Schriften des Duns Scotus befanden sich jeweils einmal in zwei Bibliotheken. Sein Schüler Walter Burley kann immerhin achtmal in fünf Bibliotheken nachgewiesen werden, Aegidius Romanus - ein Schüler des Thomas von Aquin - dreimal. Polo della Pergola war als „zeitgenössischer", in Venedig ansässiger Autor siebenmal mit Werken in vier Bibliotheken vertreten. Schriften des Gregor von Rimini sind zweimal nachweisbar. Desweiteren wurden jeweils einmal die

---

89   Zur Frühscholastik vgl.; und Grabmann.

Logik des Wilhelm von Ockham, eine Bibelauslegung des Nikolaus von Lyra, die *Questiones disputatae* des Matheus von Aquasparta sowie jeweils ein Traktat des Albertus von Sachsen und des Manuel Kalekas verzeichnet.

Darüber hinaus finden sich 46 Summen, Traktate, Bibelauslegungen, Kompendien und Kommentare theologischen Inhalts mit ungenauer oder keiner Autorenangabe.

Als Buchbesitzer theologischer Schriften lassen sich vier hohe Beamte der Republik, vier Ärzte, fünf Kaufleute, fünf Rechtsgelehrte, ein Patriarch, zwei Bischöfe, ein Kanoniker und päpstlicher Sekretär, ein Abt, zwei Plebane, zwei Mönche - davon einer apostolischer Kaplan - drei einfache Priester, ein Student und eine Frau identifizieren. Somit waren zwölf der Buchbesitzer Kleriker, 22 Patrizier und 9 Bürgerliche. Das Spektrum dieser Buchbesitzer war damit recht heterogen. Auffällig ist allerdings der hohe Anteil an Patriziern.

Die Schriften wurden zum Teil gesammelt, zum Teil verfügten die Buchbesitzer nur über vereinzelte theologische Werke. So können bei 29 Buchbesitzern nur ein oder zwei theologische Abhandlungen nachgewiesen werden (siehe Tabelle am Ende des Kapitels). In der Regel nannten diese Buchbesitzer ohnehin nur maximal fünf Bücher ihr Eigentum, gehörten also nicht zu den Buchsammlern und verfügten nicht über reine Gelehrtenbibliotheken. In acht dieser Fälle ist der Buchbestand allerdings nicht vollständig dokumentiert, und es kann nicht ausgeschlossen werden, daß sie noch andere theologischen Schriften besaßen.

Theologische Werke waren ein wesentlicher Bestandteil venezianischer Gelehrtenbuchsammlungen. Sofern größere Buchsammlungen nachweisbar sind, finden sich immer theologische Schriften, und in der Regel sind mehrere Titel verzeichnet. Lediglich den Ärzten Magister Elia, Guidone da Bagnolo und Pietro Tomasi sowie den Patriziern Bartolomeo Bragadin, Michele Zon und Francesco Giustinian kann eine umfangreiche Buchsammlung, aber nur vereinzelte theologische Werke nachgewiesen werden[90]. 14 Buchbesitzer besaßen nachweislich mindestens drei theologische Werke. Herausragend waren die Bestände Girolamo da Molins und seines Onkels Bagio da Molin mit 34 bzw. 31 Exemplaren[91]. Bei ihnen sowie bei Lodovico Gradenigo und Lorenzo Sanudo bildeten theologische Schriften den Schwerpunkt ihrer kompletten Gelehrtenbuchsammlung[92]. Vor allem Kleriker und Patrizier besaßen mehrere theologische Werke. Bei den sieben bürgerlichen Buchbesitzern können nur vereinzelte Werke dieses Typs nachgewiesen werden.

---

90 Bei Francesco Giustinian lassen sich neun Werke, bei Bartolomeo Bragadin 15, bei Guidone da Bagnolo 62, bei Magister Elia über 63 und bei Pietro Tomasi 66 Werke spezifizieren.

91 Girolamo hatte zwar einen Teil seiner Bücher von seinem Onkel geerbt. Von seinen theologischen Werken, hatte er jedoch den größten Teil selbst erworben.

92 Vgl. Anhang I, 1472/1 und 1455/6.

Schriften christlicher Glaubenslehre sind sowohl für das das 14. als auch für das 15. Jahrhundert bei jedem sechsten der ermittelten Buchbesitzer belegt. Hier ist also kein Zuwachs zu verzeichnen. Eine stärkere Häufung der Werke in den einzelnen theologischen Buchbeständen ist allerdings durchaus zu konstatieren. Bis zum Jahr 1400 besaßen nur vier von 18 Buchbesitzern mehr als zwei Exemplare, also nur jeder vierte bis fünfte, im 15. Jahrhundert allerdings elf von 28, also jeder zweite bis dritte. Der jeweilige Bestand an theologischer Literatur nahm somit im Durchschnitt zu.

Die einzelnen Buchbestände mit theologischer Literatur unterscheiden sich nicht nur quantitativ, sondern auch qualitativ. Besaßen Buchbesitzer nur vereinzelt theologische Werke, handelte es sich in der Regel um Schrifttum von Kirchenvätern, vor allem des Augustinus, Bibelauslegungen oder die *Summa theologica* des Thomas von Aquin (siehe Tabelle). Die Schriften ergänzten in diesen Fällen vornehmlich Gebetbücher, Heiligenlegenden oder Bibeln. Maddalena Scrovegni besaß neben der Lehre Basileius' des Großen auch Heiligenlegenden und mystische Literatur[93]. Francesco Morosini verfügte neben den Briefen des Hieronymus auch über die Beschreibung der Himmelfahrt des Hieronymus, über Heiligenlegenden, ein Gebetbuch und eine Sonettsammlung[94]. Bei Rodolfo de Sanctis ergänzte ein Werk des Laktantius seine kanonischen Rechtsbücher[95]. Bei Paolo Manzoroni trat Augustinus' *Gottesstaat* zu zwei Novellensammlungen, einer volkssprachlichen Bibel und einem Werk der Geographie[96]. Derselbe Titel fand sich mehreren Gebetbüchern auch bei Pietro Gradenigo[97]. Giugliemo Querini besaß neben den Briefen des Hieronymus und einem Laktantius vor allem antike Literatur[98]. Martino da Cortona erwähnte in seinem Testament ein theologisches Traktat des Augustinus, Heiligenlegenden und nicht weiter spezifizierbare Werke von verschiedenen Kirchenvätern[99]. Der Humanist Francesco Barbaro besaß ein Werk des Thomas von Aquin, ansonsten drei Bibelauslegungen von Kirchenvätern und eine umfangreiche Sammlung naturkundlicher und antiker Werke[100]. Das Interesse an theologischen Schriften der Kirchenväter ging in diesen Fällen, soweit es die Quellen dokumentieren, nicht unbedingt einher mit einem ausgeprägten Interesse an der scholastischen Theologie.

Zwölf Buchbesitzer verfügten sowohl über Werke der Patristik als auch über scholastische Texte. Vor allem die ermittelten Sammlungen theologischer Literatur bestanden aus Schriften beider Bereiche, wobei sich innerhalb der

---

93 Vgl. Anhang I, 1431.
94 Vgl. Anhang I, 1416/1
95 Vgl. Anhang I, 1388.
96 Vgl. Anhang I, 1498/1.
97 Vgl. Anhang I, 1494/1.
98 Vgl. Anhang I, 1468/2.
99 Vgl. Anhang I, 1434/2.
100 Vgl. Anhang I, 1454/5.

jeweiligen Sammlungen qualitative Unterschiede festmachen lassen. Bei vielen zeichnet sich eine Spezialisierung ab.

Die Werke der Spätscholastiker und der „aktuellen" Theologen des 14. und 15. Jahrhunderts verteilten sich auf 13 Buchbesitzer. Hierunter befanden sich sowohl die Sammler theologischer Literatur wie Girolamo da Molin und Lodovico Gradenigo[101] als auch Buchbesitzer, die entweder nur über wenige Bücher verfügten oder deren Buchsammlungen andere inhaltliche Schwerpunkte aufwiesen. Aus dem Buchbestand Pietro Tomasis wurde neben seiner medizinischen, naturkundlichen und antiken Literatur lediglich ein Duns Scotus als einziges theologisches Werk versteigert[102]. Bartolomeo Bragadin verfügte neben einem Band von Polo della Pergola und einem von Augustinus ansonsten ebenfalls vornehmlich über Bücher antiker Mythologie und Philosophie[103], ähnlich wie Michele Zon, der das *De vita et moribus philosophorum* Walter Burleys zusätzlich zu seiner umfangreichen Sammlung klassischer griechischer und römischer Werke besaß[104]. Alvise Dona gehörten an theologischer Literatur ausschließlich drei Schriften des Polo della Pergola wie zum Beispiel dessen *Dubii* [105]. Sie wurden 1438 bei der Inventarisierung seiner Habe aufgenommen. Die Schriften des von 1420 bis 1454 in Venedig an der Scuola di Rialto unterrichtenden Schulmeisters fanden offensichtlich schnell Eingang in die Bibliothek eines Schülers[106]. Die älteste erhaltene Handschrift der *Dubii* datiert auf das Jahr 1445. Bei Lodovico Gradenigo ist ebenfalls nicht auszuschließen, daß er als zuletzt 1372 in Avignon am päpstlichen Hof ansässiger Gesandter die Werke des 1358 verstorbenen Gregor von Rimini aufgrund des Kontaktes mit dem Autor selbst besaß. Gregor lehrte als Augustinerchorherr in Paris, Bologna, Padua, Perugia und Rimini und war in den beiden letzten Jahren seines Lebens Ordensgeneral der Augustiner. Die Werke der Spätscholastiker sind eindeutig nicht über mehrere Generationen hinweg vererbt worden, sondern relativ unmittelbar und damit aufgrund eines bewußt vollzogenen Aneignungsprozesses von der Feder des Autors in die ermittelten Bibliotheken gelangt.

Gegenüber den theologischen Buchsammlungen, die sehr durch zeitgenössische Literatur geprägt sind, fallen diejenigen auf, in denen zeitgenössische Theologen unterrepräsentiert sind oder völlig fehlen. Tomaso Sanudo, der 1374 sein Testament verfaßte, besaß neben einem Werk des Thomas von Aquin, Büchern der frühen Glaubenslehrer Eusebius und Isidor von Sevilla, Heiligenlegenden und der Ethik des Aristoteles lediglich die Logik des

---

101 Vgl. Anhang I, 1458/1486 und 1372/1.
102 Vgl. Anhang I, 1458/4.
103 Vgl. Anhang I, 1480/2.
104 Vgl. Anhang I, 1449/3.
105 Vgl. Anhang I, 1382/2.
106 Zur *Scuola di Rialto* und Polo della Pergolas Wirken in Venedig vgl. v.a. Nardi: Letteratura e cultura veneziana del Quattrocento, S. 111-118.

William von Ockham[107]. Der 1312 verstorbene Doge Marino Zorzi nannte neben einem anonymen Kommentar des Aristoteles und der *Ethik* des Aristoteles selber, das Lexikon des Papias sein Eigen[108]. *Pre* Lorenzo besaß hauptsächlich kanonische Rechtsliteratur, mittelalterliche und antike Historiographie sowie Mythologie. Seine sieben theologischen Abhandlungen setzten sich im wesentlichen aus Werken Bonaventuras und Thomas von Aquins zusammen[109]. Bagio da Molin verfügte über 16 hagiographische und 14 historiographische Werke, 15 Homilien und sieben mystische Werke. Zu seinen 31 Werken theologischer Literatur gehörte zwar auch ein Werk Walter Burleys, sie bestanden ansonsten jedoch hauptsächlich aus den Schriften von Früh- und Hochscholastikern[110].

Viele Buchsammler verfügten vor allem über Werke des Augustinus, des Thomas von Aquin und des Hieronymus, die einen sehr hohen Verbreitungsgrad erreichten und deshalb als „Klassiker" der Theologie bezeichnet werden können. Die 36 Autoren, von denen nur eine oder zwei theologische Abhandlungen nachgewiesen werden können, befanden sich hingegen fast ausschließlich in den großen Buchsammlungen Bagio und Girolamo da Molins, Lodovico Gradenigos und Lorenzo Sanudos.

Zusammenfassend ist festzuhalten, daß theologische Schriften keine den Kirchengelehrten vorbehaltene Spezialistenliteratur waren. Insbesondere theologische Traktate der Kirchenväter und die Schriften des Thomas von Aquin erreichten eine höhere Verbreitung und waren nicht ausschließlich Bestandteil von Buchsammlungen mit einem theologischen Schwerpunkt. Unter den Buchsammlern war eine relativ breite Masse von Buchbesitzern, deren „klassische" theologische Schriften andere religiöse Literatur wie Heiligenlegenden, Bibeln oder mystische Werke ergänzten. Diese sind von wenigen Spezialisten, die mitunter durch ihre Bücher am aktuellen theologischen Diskurs teilhatten, zu unterscheiden. Innerhalb der theologischen Sammlungen sind verschiedene Geistesrichtungen zu erkennen, und es zeigt sich wie sehr die geistigen und geistlichen Entwicklungen der Zeit anhand privater Buchbestände konkret faßbar sind. Sie haben in diesen Fällen durchaus privaten Buchbesitz beeinflußt und einzelne Buchanschaffungen ausgelöst.

Tabelle: Buchbesitzer / Theologie

Name	Jahr	Stand	Beruf / Rang / Position	Anzahl
Marino Zorzi	1312	Patrizier	Doge	1
Magister Elia	1326	Bürger	*medicus*	3
Matteo Manelosso	1332	Patrizier	- kein Hinweis -	1
Francesco Dandolo	1339	Patrizier	Doge	1 *

---

107 Zusätzlich besaß er die Statuten Venedigs. Vgl. Anhang I, 1374/1.
108 Vgl. Anhang I, 1311.
109 Vgl. Anhang I, 1480/1.
110 Vgl. Anhang I, 1444/1.

Fra Augustino	1345	Kleriker	Mönch	1 *
Michele Belleto	1345	Kleriker	Bischof	3 *
Marco Capello	1356	Patrizier	- kein Hinweis -	1 **
Guidone da Bagnolo	1362	Bürger	*medicus*	2
Johannes Contareno	1371	Patrizier	- kein Hinweis -	1 **/ ***
Lodovico Gradenigo	1372	Patrizier	Gesandter	17 */ ***
Paolo da Bernardo	1374	Bürger	- kein Hinweis -	1 *
Tomaso Sanudo	1374	Patrizier	- kein Hinweis -	2
Bonincontro	1380	Kleriker	Abt	2
Rodolfo de Sanctis	1388	Bürger	*decretorum doctor*	1 *
Andrea Cocho	1398	Patrizier	- kein Hinweis -	1
Francesco Lancenigo	1400	Kleriker	Kanoniker/ *segretario del papa*	x
Bernardo de Mula	1401	Patrizier	- kein Hinweis -	1 *
Pietro Corner	1406	Patrizier	Prokurator	2
Giovanni Recanati	1428	Bürger	*medicus*	2
Pre Ruzier	1430	Kleriker	Pleban	3 ***
Maddalena Scrovegni	1431	Bürgerin	- kein Hinweis -	1 *
Martino da Cortona	1434	Kleriker	Mönch / Apostolischer Kaplan	1 *
Pietro Gradenigo	1434	Patrizier	- kein Hinweis -	1 *
Francesco Morosini	1436	Patrizier	Kaufmann	1 *
Alvise Dona	1438	Patrizier	- kein Hinweis -	3 ***
Andrea Francesco Barbarigo	1439	Patrizier	- kein Hinweis -	3 ***
Alvise Corner	1440	Patrizier	Kaufmann	2 **/ ***
Bagio da Molin	1444	Kleriker/ Patrizier	Patriarch / *decretum et teologiae doctor*	31 */ ***
Michele Zon	1449	Bürger	Kaufmann	2 ***
Francesco Giustinian	1452	Patrizier	- kein Hinweis -	1
Filippo Lanzaria	1453	Kleriker	- kein Hinweis -	1 *
Francesco Barbaro	1454	Patrizier	- kein Hinweis -	4 *
Bernardus Minimo	1455	Kleriker	Bischof / *decretorum doctor*	3 */ ***
Pietro Tomasi	1458	Bürger	*medicus*	1 ***
Lorenzo Sanudo	1458	Patrizier	Kaufmann	10
Marco Gonella	1460	Kleriker	Pleban	3
Antonio Prenzomino	1463	Kleriker	Priester	2
Pietro Morosini	1466	Patrizier	*scolaro*	2 ***
Giuglielmo Querini	1468	Patrizier	Kaufmann	1 *
Antonio de Sambrino	1478	Kleriker	Priester	5
Pre Lorenzo	1480	Kleriker	Priester	7
Bartolomeo Bragadin	1480	Patrizier	- kein Hinweis -	2 ***
Girolamo da Molin	1486	Patrizier	*iuris doctor* / Prokurator	34 */ ***
Paolo Manzaroni	1498	Bürger	- kein Hinweis -	1 *

x = lediglich Hinweise auf Bücher in Theologie
* teilweise oder ausschließlich Patristik
** ausschließlich Bibelauslegungen
*** teilweise oder ausschließlich Spätscholastik

6.3.4. Die Philosophie der Antike

Abhandlungen, Reden und Briefe aus dem Bereich antiker Moral- und Staatsphilosophie lassen sich 100mal in 35 Bibliotheken nachweisen[111].

Die meistvertretenen Autoren waren hier Cicero und Aristoteles. 35 der 59 nachgewiesenen Werke Ciceros waren eindeutig zu identifizierende Werke seiner staatsphilosophischen Schriften, Reden und Briefe[112]. Die Moral- und Staatsphilosophie des Aristoteles konnte 24mal nachgewiesen werden. Elfmal sind Seneca zugeschriebene bzw. zuschreibbare Werke zu finden, neunmal moralphilosophische Briefe, eine Abhandlung über die vier Tugenden und eine über die Wohltätigkeit. Zweimal wurden Titus Livius zugeschriebene Reden verzeichnet, zwöfmal Werke des Boethius, fünfmal Macrobius, viermal Platon, einmal Varros *Disciplinae*, sein grundlegendes Werk zu den freien Künsten, einmal das Traktat zur Gelehrsamkeit des Nonnius Marcellus, einmal die *Moralia* des Plutarch, zweimal Porphyrios, davon ein Werk sein Kommentar zu Aristoteles, einmal Demosthenes, einmal Diogenes Laertios und einmal Alexandros von Aphrodisias.

Die 35 ermittelten Buchbesitzer waren fünf Kleriker und 29 Laien, letztere 15 Patrizier und 14 Bürgerliche[113]. Der Anteil an Klerikern ist hier auffallend gering.

Antike Philosophie ist im 14. Jahrhundert in jeder achten und im 15. Jahrhundert in jeder siebten Bibliothek belegt. Eine zunehmende Präsenz antiker Philosophie zeigt sich jedoch deutlich bei einer Betrachtung der Verbreitung einzelner Autoren. Vor dem Jahre 1371 sind an antiker Staats- und Moralphilosophie in Venedig fast ausschließlich die philosophischen Werke des Aristoteles nachweisbar, welcher schon zu den traditionell rezipierten Autoren der scholastischen Lehre gehört hatte[114]. Cicero, dessen Werke das Sprach- und Literaturideal der Humanisten darstellten, wurde in Venedig selbst erstmalig im Jahre 1372 in einer Privatbibliothek aktenkundig, als die Buchsammlung Lodovico Gradenigos inklusive „multi libris ciceronis" von Avignon aus zur anschließenden Versteigerung überführt wurde. Das Oeuvre Ciceros verbreitete sich dann vor allem im Laufe des 15. Jahrhunderts intensiv. Stellt man die Verbreitung von Cicero und Aristoteles als Ideale verschiedener Schulen einander gegenüber, ergibt sich folgendes Bild:

---

111 Zur entsprechenden Literatur vgl.u.a. Geyer, Carl Friedrich: Philosophie der Antike, Darmstadt 1996; Lesky; und Bickel.

112 13mal fanden sich Rhetoriken und Poetiken (vgl. Kap. 6.3.5.), und neun Werke waren lediglich mit einer Autorenangabe versehen, können also nicht spezifiziert werden.

113 Bei einem Buchbesitzer ist der Stand unbekannt.

114 Lediglich der Doge Giovanni Dolfin besaß zwei Werke des Boethius. Vgl. Anhang I, 1360/1.

Diagramm 7: Verbreitung von Cicero und Aristoteles im Vergleich

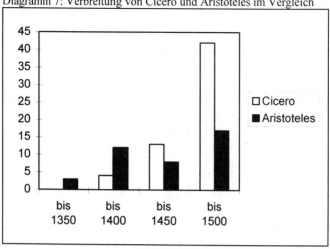

Makrobius, der an Platon orientierte Kommentare zu den Werken Vergils und Ciceros verfaßte, konnte ebenfalls erstmals im Jahr 1372 nachgewiesen werden. Vornehmlich im 15. Jahrhundert zu belegen sind auch Boethius (erstmalige Erwähnung 1361), Seneca (seit 1372) und vor allem die griechischen Philosophen Platon, Diogenes und Alexandros. Der zunehmenden Rezeption bestimmter Autoren, vor allem Platons und der Platoniker, liegt ihre Wiederentdeckung bzw. Übersetzung im 15. Jahrhundert zugrunde[115]. Aristoteles war hingegen schon im hohen Mittelalter verbreitet, übersetzt und kommentiert worden. Wie bereits bei den spätscholastischen Schriften zeigt sich auch hier wie relativ schnell sich gerade erst bekanntgewordenes Schriftgut in privatem Buchbesitz in Venedig verbreitete. Der zunehmende Besitz der Werke Ciceros und der von den Humanisten bevorzugten Philosophen löste allerdings den Besitz von Aristoteles nicht ab. Dieser ist auch weiterhin im 15. Jahrhundert häufig nachweisbar.

Mit der Zunahme der bekannten Autoren vergrößerten sich auch die einzelnen Buchbestände an antiker Philosophie, nachdem zuvor lediglich vereinzelte philosophische Exemplare nachgewiesen werden konnten. Erstmals verfügte Lodovico Gradenigo 1372 über mehr als zwei Exemplare antiker Philosophie. Im 15. Jahrhundert sind bei sechs Buchbesitzern nur ein Werk antiker Philosophie nachweisbar, wovon in einem Fall nur zwei Bücher einer wahrscheinlich größeren Buchsammlung bekannt sind. Fünf Buchbesitzer besaßen zwei Werke, neun nachweislich zwischen drei und sechs Exemplare und zwei Venezianer, Pietro Tomasi und Francesco Barbaro, sogar elf. Das im Zuge des

---

115 Vgl. Hankins, James: Platon in the Renaissance, 2 Bde., Leiden u.a. 1990.

Renaissancehumanismus zunehmende, sich nicht nur primär auf die Werke Aristoteles' konzentrierende Interesse an antiker Philosophie kann also anhand der Privatbibliotheken quantitativ erfaßt werden.

Ermittelt sind als Besitzer Schulmeister der Sprach- und Lateinschulen, hochrangige und einfache Kleriker, Rechtsgelehrte und Ärzte, hohe Beamte der Republik sowie Patrizier und Bürgerliche, deren Leben stark durch ihre Handeltätigkeit geprägt war[116]. Der Humanismus präsentiert sich hier nicht als ein auf eine kleine intellektuelle und kulturelle Elite[117] beschränktes Phänomen, sondern als Geistesbewegung, die von einer breiteren Schicht getragen wurde.

17 der 35 Buchbesitzer, also fast die Häfte, besaßen nachweislich neben den Werken der antiken Moral- und Staatsphilosophie auch Schriften der Naturkunde und Naturphilosophie. Bei sechs der übrigen 18 Buchbesitzer ist der umfangreiche Buchbestand zu ihrem Tod vollständig erfaßt. Philosophie und Naturkunde bzw. Naturphilosophie ergänzten sich jedoch nicht. Unter ihnen befinden sich Francesco Lancenigo, Filippo degli Arditi, *Pre* Piero und Iuliano Rivanello. Bei den restlichen zehn Buchbesitzern konnte der Bestand nicht vollständig erfaßt werden. Der Anteil an Übereinstimmung von nahezu 50 % ist deshalb als sehr hoch einzuschätzen. Der gemeinsame Besitz von Naturphilosophie und antiker Moral- und Staatsphilosophie ergab sich also höchstwahrscheinlich nicht zufällig. Darüber hinaus befanden sich unter den naturkundlichen und -philosophischen Werken nicht nur Schriften antiken Ursprungs wie die Mathematiken, Geographien, Physiken oder Astrologien des Aristoteles, des Plutarch oder des Euklid, sondern auch medizinische Schriften verschiedenen Ursprungs sowie mittelalterliche Naturkunde, Astrologie und Alchimie. Unter den derart umfassend interessierten Buchbesitzern fallen wiederum Ärzte auf[118]. Die Medizin war an den italienischen Universitäten an die philosophische Fakultät angebunden[119]. Das Studium der *artes* war grundsätzlich vor jedem Studium zu absolvieren, auch vor dem medizinischen[120]. Nicolo Rochabonella trug in seinem Testament den Titel „artium et medicine doctor". Seine Bücher in „artium et medicine" hinterließ er seinem Enkel, damit dieser ebenfalls in beiden Bereichen studieren könne, „per suis doctoratibus artium et medicine"[121]. Auch Giovanni Recanati trug beide Titel. In seiner Buchsammlung befanden sich neben seinen medizinischen Werken

---

116 Hervorzuheben ist vor allem Michele Zon. Vgl. Anhang I, 1449/3.
117 Für entsprechende Definitionen vgl. Kap 1.
118 Vgl. Kap. 6.3.2.
119 Vgl. Kristeller: Der Gelehrte und sein Publikum, S. 213; und Sambin, Paolo: Il dottorato in arti (1478) di Girolamo Donato. In: Quaderni per la storia dell'Università di Padova 6, 1973, S. 215-216.
120 Vgl. Schipperges, Heinrich: Der Garten der Gesundheit. Medizin im Mittelalter, München / Zürich 1985, S. 168-175.
121 Vgl. ASV, S.N., Testamenti, B. 565, Pietro Grasselli, Carta Nr. 3.

unter anderem die *Metamorphosen* des Ovid, die *Ethik* des Aristoteles, die *Consolatione philosophiea* des Boethius, die Grammatik des Donatus und ein Werk des Annaeus Lukanus.

20 der 35 Buchbesitzer besaßen neben den antiken Philosophen auch theologische Schriften, ein interessantes und für die geisesgeschichtliche Forschung wertvolles Ergebnis. In drei Fällen waren die Ethik des Aristoteles bzw. die moralphilosophischen Briefe Senecas Teil einer „klassischen" scholastischen Buchsammlung, und zwei Buchbesitzer verfügten zusätzlich über die theologische Schrift eines Kirchenvaters. Acht dieser Buchbesitzer gehörten allerdings zu den zwölf Venezianern, welche sich durch den Besitz aktueller theologischer Autoren der Spätscholastik auszeichneten[122]. Sie waren demnach umfassend interessiert und dokumentieren die Verbindungen zwischen den beiden Lehren[123].

Mit dem wachsenden Interesse an antiker Philosophie zeigt sich anhand der überlieferten Buchbestände auch die Übernahme des antiken Philosophenideals, sich als Universalgelehrter zu verstehen und die Wahrheit in jeder Erscheinungsform zu suchen. Eugenio Garin hat das Phänomen anhand einiger Gelehrter des 15. und 16. Jahrhunderts dargelegt und auf Marsilio Ficino, Paracelsus und Roger Bacon verwiesen[124]. Die Buchbesitzer Venedigs, also die hier ermittelten Ärzte, Priester, Beamten und Kaufleute, zeigen, daß Anklänge an das Ideal schon im ausgehenden 14. Jahrhundert auftraten und das Ideal in der Folgezeit nicht nur auf wenige Fälle beschränkt blieb, sondern offenbar eine breite Basis besaß. Außerdem traten diesbezüglich wie im Falle von Ficino und Paracelsus Ärzte hervor. Verschiedene Wissenschaften bedeuteten offensichtlich nicht unbedingt verschiedene Rezipienten.

Tabelle: Buchbesitzer / Philosophie der Antike

Name	Jahr	Stand	Titel / Position / Rang / Beruf	Anzahl
Marino Zorzi	1312	Patrizier	Doge	1 *
Magister Elia	1326	Bürger	*medicus*	3 * / ***
Giovanni Dolfin	1360	Patrizier	Doge	2
Magister Johannes	1361	Bürger	Schulmeister	1
Guidone da Bagnolo	1362	Bürger	*medicus*	1
Magister Bonus	1371	Bürger	Schulmeister	1
Lodovico Gradenigo	1372	Patrizier	Gesandter	4 ** / ***
Paolo da Bernardo	1374	Bürger	- kein Hinweis -	2 *

---

122 Vgl. Kap. 6.3.3.
123 Venezianer besuchten an den Akademien bisweilen Vorlesungen in beiden Geistesrichtungen. Vgl. Kap 3.1.2. Grundlegend zu den philosophischen und theologischen Strömungen der Renaissance ist u.a. Garin: Geschichte und Dokumente der abendländischen Pädagogik.
124 Vgl. Garin, Eugenio: Der Philosoph und Magier. In: Der Mensch der Renaissance, hrsg. von Eugenio Garin, Frankfurt a.M./ New York 1990, S. 175-214; u. v.a. ders.: Il ritorno dei filosofi antichi, Napoli 1994.

Tomaso Sanudo	1374	Patrizier	- kein Hinweis -	1 ***
Zorzi de Buongadagni	1396	Bürger	- kein Hinweis -	1
Francesco Lancenigo	1400	Kleriker/ Parizier	Kanoniker / *segretario del papa*	5
Pietro Corner	1406	Patrizier	Prokurator	2 * / **
Anonymus 3	1420	unb.	- kein Hinweis -	1
Giovanni Recanati	1428	Bürger	*medicus*	4 **
Alvise Dona	1438	Patrizier	- kein Hinweis -	1 ***
Andra Francesco Barbarigo	1439	Patrizier	- kein Hinweis -	2 **/ ***
Filippo degli Arditi	1440	Bürger	*decretorum doctor*	2
Magister Polo	1443	Bürger	Schulmeister	1
Bagio da Molin	1444	Kleriker/ Patrizier	Patriarch / *decretorum et theologiae doctor*	2 **
Michele Zon	1449	Bürger	Kaufmann	5 **/ ***
Lorenzo Correr	1449	Patrizier	- kein Hinweis -	2
Francesco Giustinian	1452	Patrizier	- kein Hinweis -	1
Francesco Barbaro	1454	Patrizier	- kein Hinweis -	11 **
Bernardus Minimo	1455	Kleriker	Bischof	6 **/ ***
Girolamo da Molin	1458	Patrizier	*iuris doctor* / Prokurator	4 ***
Pietro Tomasi	1458	Bürger	*medicus*	11 **/ ***
Lorenzo Sanudo	1458	Patrizier	Kaufmann	3 **
Christofero Poeti	1460	Bürger	- kein Hinweis -	1 **
Pre Piero	1465	Kleriker	*titularius*	4
Giuglielmo Querini	1468	Patrizier	Kaufmann	2 **
Iuliano Rivanello	1474	Bürger	- kein Hinweis -	6
Lodovico Foscarini	1478	Patrizier	Prokurator	1
Bartolomeo Bragadin	1480	Patrizier	- kein Hinweis -	3 **
Pre Lorenzo	1480	Kleriker	- kein Hinweis -	1 **
Francesco da Presta de Bormi	1498	Bürger	- kein Hinweis -	3

* vornehmlich Aristoteles / Seneca zusammen mit klassischer Scholastik
** zusammen mit Naturphilosophie und Naturkunde
*** zusammen mit Spätscholastikern

6.3.5. Grammatiken, Vokabularien, Rhetoriken, Poetiken

Wörterbücher, Lehrwerke, Grammatiken, Regelsammlungen sowie Rhetoriken und Poetiken können 86mal in 33 Bibliotheken nachgewiesen werden[125].

40mal sind entsprechende Werke antiker Autoren dokumentiert, 15mal lateinische Grammatiken und Rhetoriken des Aelius Donatus, 14mal Rhetoriken und Poetiken des Cicero, dreimal Rhetoriken des Quintillian, und jeweils

---

125 Zu Lehrwerken und Grammatiken vgl.auch Kap. 3.1.3. Zu Vokabularien vgl.u.a. Pausch, Oskar: Das älteste Italienisch-Deutsch Sprachbuch. Eine Überliefeung aus dem Jahre 1424, nach Georg von Nürnberg, Wien 1972.

einmal Grammatiken des Priscianus, die Wörterbücher des Festus Pompeius,
die *Ars poetica* des Horaz und Varros *De lingua latina.*

Ferner ist in den Quellen viermal das im 12. Jahrhundert verfaßte
Doctrinale des Alexander von Villa Dei genannt. Weitere zwölfmal ist auf ein
Doctrinale verwiesen, ohne daß ein Autor verzeichnet wäre. Die Vermutung
liegt nahe, daß auch hier das Werk Alexanders vorlag. Desweiteren sind
Lehrwerke des 14. und 15. Jahrhunderts nachweisbar. Zweimal wird auf
grammatikalische Regelwerke verwiesen, wobei sich in einem Fall die Auto-
renangabe auf den Hinweis beschränkt, daß sie nicht von Guarinus sei. Zwei-
mal finden sich Regeln, die einem Johannes von Suncino bzw. Solino zugeschrieben werden. Einmal ist Lorenzo Vallas Darlegung des ciceronianischen
Lateins, das *De elegantia lingue latine,* notiert. Außerdem sind zweimal die
Poetik des Galfred von Vinosalvo, einmal die *Rudimentae grammaticales* des
Niccolò Perotto und einmal das *Liber Evae Colombae* erwähnt.

Zehn Werke beschäftigen sich eindeutig nicht mit der lateinischen Sprache. Fünfmal sind die auf der Grammatik des Chrysoloras aufbauende griechische Regelsammlung des 1460 verstorbenen Guarinus von Verona verzeichnet, viermal der *Graecismus* des Evrard von Béthune und einmal das *De
vocabulis peregrinis rhetoricis* des Cyrillos.

Grammatiken und *vocabulisti*, das heißt Wörterbücher des Lateins oder
anderer Sprachen, sowie Orthographien finden sich in den Quellen neunmal,
ohne daß ein Autor angegeben ist.

Die Besitzer der linguistischen Werke verteilten sich auf die verschiedenen
Stände und Berufsgruppen. 15 waren Bürgerliche, 12 Patrizier und sechs Kleriker. Hierunter befanden sich zwei Dogen, zwei Prokuratoren, zwei auswärtige Gesandte, drei Schulmeister, drei Studenten, vier Rechtsgelehrte, zwei
Kaufleute und zwei Ärzte sowie drei hochrangige und drei einfache Kleriker.

Die Verbreitung und Häufigkeit nimmt in den Quellen deutlich zu. Sieben
der Buchbesitzer wurden im 14. Jahrhundert und 26 im 15. Jahrhundert aktenkundig. Damit sind in den ermittelten Fällen nur in jeder dreizehnten Bibliothek des 14. und in jeder fünften bis sechsten Bibliothek des 15. Jahrhunderts
linguistische Lehrwerke nachweisbar. Außerdem wurden nur elf der 86 ermittelten Werke im 14. Jahrhundert aktenkundig, während 75 im 15. Jahrhundert
notiert wurden. Der zahlenmäßige Anstieg geht vor allem auf 15 Buchbesitzer
zurück, bei denen mehr als zwei Werke ermittelt werden können. Diese sind
nahezu ausschließlich für das 15. Jahrhundert belegt (siehe Tabelle).

Markanter als die quantitativen sind die qualitativen Unterschiede. 18
Buchbesitzern kann lediglich der Besitz von nur vereinzelten lateinischen
Lehr- oder Regelwerken, Vokabularien und Grammatiken nachgewiesen werden. In diesen Fällen war vor allem das *Doktrinale* des Alexander von Villa
Dei oder die *Ars grammatica* des Aelius Donatus Teil einer kleinen Buchsammlung. Sie dienten ihren Besitzern bzw. deren Söhnen wohl vornehmlich
zur Teilnahme am alltäglichen Rechts- und Wirtschaftsleben. So rüsteten im

Jahre 1421 die Prokuratoren von San Marco als Nachlaßverwalter die Söhne Bartomoleo Zanchettas, Lodivico und Giovanni, mit Büchern zum Sprachstudium aus, u.a. mit einem *doctrinale* und einer Grammatik[126]. Die Lehrwerke ergänzten mitunter antike historiographische Werke, Epen oder mythologische Texte. Francesco Giustinian verfügte über eine zum Großteil aus erzählender Literatur bestehende Buchsammlung. Er besaß neben einem *doctrinale* die *Cura pastoralis* Gregor des Großen, die Briefe Senecas, eine Bibel, einen Vergil, verschiedene Chroniken, einen Iuvenal, die *Vitae philosophorum* Walter Burleys und Boccaccios *L'Elegie di madonna fiametta*[127]. Im Jahre 1469 verzeichnete ein anonymer Kaufmann in seinem Rechnungsbuch Buchkäufe, die er für seinen Sohn wahrscheinlich zum Lateinstudium getätigt hatte: ein Psalter, einen Sallust, einen Tacitus und einen Donatus[128]. Bernardus Minimo hatte den *Jüdischen Krieg* des Flavius Iosephus sogar mit einer Grammatik zu einem Band zusammengebunden[129]. Die Beispiele weisen einerseits darauf hin, daß hier antike Erzählungen vielleicht zum Erlernen und Üben von Latein, also als Unterrichtslektüre, dienten. Sie deuten andererseits auch darauf hin, daß mit der Verbreitung lateinischer Mythologie und Historiographie zu deren Verständnis auch Grammatiken und Lehrbücher kursierten[130]. In beiden Fällen war der Verwendungszweck der Werke eher mittelbar.

Neun der Buchbesitzer waren Rechtsgelehrte und hochrangige Staatsdiener (siehe Tabelle). Zahlreiche Gelehrte der Epoche erklärten in ihren Schriften Kenntnisse in Grammatik und Rhetorik zu unabdingbaren berufsbefähigenden Voraussetzungen eines Rechtsgelehrten oder Staatenlenkers[131]. 1446 erklärte der *Maggior consiglio* Venedigs mit der Gründung der *Scuola* an der *Cancelleria* die Ausbildung in diesen Fächern zum offiziellen Bildungsgang für ihre Staatsdiener[132]. Der Anspruch an den Beruf führte in den vorliegenden Fällen nicht nur zum Besuch des Grammatik- und Rhetorikunterrichtes, sondern auch zur eigenen Anschaffung der benötigten Literatur.

17 Buchbesitzer verfügten neben den weiterverbreiteten Lehrwerken auch über Rhetoriken, Poetiken und griechische Grammatiken. Hier zeigt sich ein weitergehendes Interesse an den Disziplinen Grammatik und Rhetorik. Unter den Buchbesitzern befanden sich Buchsammler wie Lodovico Gradenigo, Francesco Lancenigo, Girolamo da Molin, Giovanni Recanati, Francesco Barbaro, Bernardo Minimo, Pietro Tomasi, Lorenzo Sanudo, *Pre* Piero und

---

126 Vgl. Anhang I, 1421.
127 Vgl. Anhang I, 1452/2.
128 Vgl. Anhang I, 1269.
129 Vgl. Anhang I, 1453/1
130 Zum Forschungsstand zur gängigen Unterrichtslektüre im Venedig der Frührenaissance vgl. Kap. 3.1.3.
131 Prominente Beispiele sind Leon Battista Alberti und Leonardo Bruni. Vgl. Kap 3.1.2. und 3.2.1.
132 Zum Beschluß des *Maggior consiglio* vgl. Kap. 3.1.2.

Iuliano Rivanello, welche sich gleichzeitig durch ihren umfangreichen Besitz an antiker, nicht ausschließlich aristotelischer Philosophie und durch den vereinzelten Besitz der ersten philosophischen Abhandlungen einzelner Humanisten auszeichneten[133]. Insbesondere die schnelle Verbreitung der erst im frühen 15. Jahrhundert entstandenen griechischen Grammatik des Guarinus bezeugt ein reges Interesse an der Sprache. 1454 ist sie erstmals im Besitz Francesco Barbaros nachweisbar, der als Humanist stark in der Tradition des Manuel Chrysolaras, des Schulmeisters des Guarinus, stand[134]. Erwähnt wurde sie auch im Jahre 1458 vom Arzt Pietro Tomasi, der sogar 2 Exemplare besaß, 1465 vom Gemeindepriester *Pre* Piero und 1472 vom Bürger Clemente Plagagna[135]. Die Beispiele deuten auf ein breites humanistisches Interesse an antiken Sprachen hin, welches sich in den privaten Buchsammlungen vom 14. auf das 15. Jahrhundert durchsetzte und auch bezüglich der Hinwendung zur Rhetorik nicht auf kleine intellektuelle Kreise beschränkt blieb.

Aufschlußreich ist diesbezüglich auch der gesonderte Blick auf Briefsammlungen antiker Autoren, deren Sprache und Form Vorbilder für den humanistischen Briefverkehr wurden Sie können ebenfalls hauptsächlich im 15. Jahrhundert nachgewiesen werden. Lediglich bei Guidone da Bagnolo ist der Besitz der Briefe Senecas im 14. Jahrhundert verbürgt. Demgegenüber stehen 15 Buchbesitzer, die nachweislich alle im 15. Jahrhundert über Briefe antiker Autoren verfügten (siehe Tabelle).

Die Verteilung der linguistischen Werke zeigt also einerseits die Verbreitung und Bedeutung bestimmter Regelwerke, vor allem des *Doctrinale* des Alexander von Villa Dei und der *Ars grammatica* des Aelius Donatus, als die in Venedig gebräuchlichen Lehrwerke zum Erlernen der lateinischen Sprache. Neben Aelius Donatus hatte das Werk Alexanders selbst noch im 15. Jahrhundert in der Lagunenstadt einen hohen Stellenwert als Lehrbuch[136]. Andererseits zeigt sich eine relativ große Zahl an Spezialisten, deren Buchbestand auf eine detaillierte Auseinandersetzung mit antiken Sprachen hinweist. Die Präsenz der Grammatiken, Lehrbücher und Vokabularien in den ermittelten Buchbeständen reflektiert damit sowohl praktische Schreibnotwendigkeiten in Venedig als auch ein zunehmendes Interesse am klassischen Latein und an der griechischen Sprache bei einigen Buchbesitzern, welche sich damit als Träger humanistischer Bildungsideale markieren lassen.

Tabelle Buchbesitzer: Grammatiken / Vokabularien / Poetiken

Name	Jahr	Stand	Titel / Beruf / Rang / Position	Anzahl
Francesco Dandolo	1339	Patrizier	Doge	2 *
Magister Johannes	1361	Bürger	Schulmeister	1 *

133 Vgl. Kap. 6.3.7.
134 Vgl. u.a. King: Venetian Humanism, S. 1-12 und 92 f.
135 Vgl. Anhang I, 1465/3; 1458/4; 1472/2.
136 Die bisherige Forschungslage läßt sich dahingehend also präzisieren. Vgl. Kap. 3.1.3.

Marco Correr	1367	Patrizier	Doge	1
Magister Bonus	1371	Bürger	Schulmeister	1 *
Lodovico Gradenigo	1372	Patrizier	Gesandter	2
Rafaino Caressini	1385	Bürger	*cancelliere ducale*	1
Francesco Lancenigo	1400	Kleriker/ Patrizier	Kanoniker / *segretario del papa*	3
Pietro Corner	1406	Patrizier	Prokurator	2 *
Bagio Dolfin	1420	Patrizier	Konsul in Alexandrien	1 *
Lodovico und Giovanni Zanchetta	1421	Bürger	*scolari*	4 *
Amado dei Amati	1424	Bürger	- kein Hinweis -	4 *
Vittore Bonapaxii	1426	Bürger	Schulmeister	7
Giovanni Recanati	1428	Bürger	*medicus*	4
Filippo degli Arditi	1440	Bürger	*decretorum doctor*	4
Marco Morosini	1441	Patrizier	*decretorum doctor*	1 *
Bagio da Molin	1444	Kleriker/ Patrizier	*decretorum et theologiae doctor*, Patriarch	3
Pre Pasquale	1448	Kleriker	Priester	1 *
Michele Zon	1449	Bürger	- kein Hinweis -	2
Lorenzo Correr	1449	Patrizier	- kein Hinweis -	1 *
Francesco Giustinian	1452	Patrizier	- kein Hinweis -	1 *
Francesco Barbaro	1454	Patrizier	- kein Hinweis -	3
Ser Venturini	1454	Bürger	- kein Hinweis -	2 *
Bernardus Minimo	1455	Kleriker	Bischof	3
Girolamo da Molin	1458	Patrizier	*iuris doctor* / Prokurator	3
Pietro Tomasi	1458	Bürger	*medicus*	2
Lorenzo Sanudo	1458	Patrizier	Kaufmann	5
Pre Piero	1465	Kleriker	*titularius*	4
Giugliemo Querini	1468	Patrizier	Kaufmann	1
Anonymus 5	1469	unb.	- kein Hinweis -	1 *
Clemente Plagagna	1472	Bürger	- kein Hinweis -	1 *
Iuliano Rivanello	1474	Bürger	- kein Hinweis -	10
Pre Lorenzo	1480	Kleriker	Priester	4 *
Francesco de Presta de Bormi	1498	Bürger	- kein Hinweis -	1 *

* ausschließlich Lehr- und Regelwerke, Grammatiken oder Vokabularien

Tabelle: Buchbesitzer / Briefsammlungen / Antike

Name	Jahr	Stand	Titel / Position / Rang / Beruf	Anzahl
Paolo da Bernardo	1372	Bürger	- kein Hinweis -	1
Anonymus	1420	unb.	Seefahrer	1
Giovanni Recanati	1428	Bürger	*medicus*	2
Alvise Dona	1438	Patrizier	- kein Hinweis -	1
Lorenzo Correr	1449	Patirzier	- kein Hinweis -	2
Michele Zon	1449	Bürger	Kaufmann	2
Francesco Giustinian	1452	Patrizier	- kein Hinweis -	1
Pietro Tomasi	1458	Bürger	*medicus*	2

Lorenzo Sanudo	1458	Patrizier	Kaufmann	1
Christofero de Poeti	1460	Bürger	- kein Hinweis -	1
Pre Piero	1465	Kleriker	*titularius*	1
Guglielmo Querini	1468	Patrizier	Kaufmann	1
Iuliano Rivanello	1474	Bürger	- kein Hinweis -	2
Pre Lorenzo	1480	Kleriker	Priester	2
Bartolomeo Bragadin	1480	Patrizier	- kein Hinweis -	2
Francesco da Presta de Bormi	1498	Bürger	- kein Hinweis -	2

6.3.6. Schriften der Humanisten

Die Verfasser der im Laufe des 14. und 15. Jahrhunderts zunehmenden Werke
der *studia humanitatis* können lediglich 15mal bei zehn Buchbesitzern nachgewiesen werden[137]. Sie bestehen größtenteils aus den philosophischen Texten
Petrarcas, von dem in den Quellen insgesamt neun Abhandlungen oder Briefe
vermerkt sind. Darüber hinaus sind zweimal Werke Poggio Bracciolinis erwähnt, seine *Facetie* und ein mit *De nobilitate* betiteltes Werk, und jeweils
einmal Filelfus, Gregorios von Konstantinopel, Francesco Barbaro sowie die
Cicero-Kommentare Gasparino Barizzas.
    Werke aus der Feder von Humanisten waren Teil von nachweislich um-
fangreichen Buchbeständen[138]. Sie sind in der Regel gemeinsam mit antiker
Philosophie vertreten. Humanistische Autoren waren insgesamt relativ selten
vertreten, was sich daraus erklären läßt, daß die ermittelten Buchsammlungen
in der Frühphase der Geistesbewegung aktenkundig wurden. Entsprechend
ihrer Entwicklung zeigt sich allerdings eine deutliche Zunahme der nachweisbaren Schriften humanistischer Autoren im 15. Jahrhundert (siehe Tabelle).
Ihr Verbreitungsgrad ist dem der zeitgenössischen scholastischen Autoren
vergleichbar, welche 24mal in zwölf Bibliotheken ermittelt werden können[139].
    Wie die zeitgenössischen Scholastiker sind auch die Werke der Humani-
sten relativ unmittelbar nach ihrem Entstehen in den verschiedenen Bibliotheken greifbar. Der *cancelliere* Benintendi Ravignati verfügte 1356 erstmals
nachweislich über die Briefe Petrarcas[140], welche er direkt vom Autor abge-

---

137 Zur Literatur der Humanisten vgl. Buck, August: Studia humanitatis, hrsg. von Bodo
    Guthmüller, Karl Kohut und Oskar Roth, Wiesbaden 1981; u.v.a. Kristeller, Paul Os-
    kar: Iter Italicum: A Finding List of Uncatalogued or Incompletely Catalogued
    Humanistic Manuscripts of the Renaissance in Italian and Other Libraries, London /
    Leiden 1967. Zur Humanismus-Forschung zu Venedig vgl. v.a. King, Margaret L.:
    Venetian Humanism in an Age of Patrician Dominance, Princeton 1986.
138 In den Fällen, wo ein kompletter Buchbestand ermittelt ist, verfügten Buchbesitzer,
    wenn sie die Schrift eines Humanisten besaßen, über mindestens 19 Bücher.
139 Vgl. Kap. 6.3.3.
140 Vgl. Anhang I, 1356/1.

schrieben bzw. direkt bekommen hatte. Petrarcas Werke sind in den Quellen von da an gehäuft zu finden. Ravignatis Schriften kursierten offensichtlich seitdem unter den Schreibergelehrten der Kanzlei und in Teilen des Patriziats[141]. Ebenso tauchte schon 1448 ein Werk des 1453 verstorbenen Poggio Bracciolini in der Hinterlassenschaft des Arztes Pietro Tomasi auf. Möglicherweise hatte es sich schon einige Jahre in dessen Besitz befunden[142]. Das Werk des Filelfus wurde 1469, noch zu Lebzeiten des Autors, aktenkundig[143]. Girolamo da Molin verlieh schon 1453 ein Werk des Gregorios, der als Patriarch von Konstantinopel Teilnehmer am Konzil von Ferrara war und zu dieser Zeit in Rom weilte[144].

Humanistische Schriften gehörten vorrangig zum Besitz weniger Spezialisten. Die Entwicklung des Humanismus in den Buchsammlungen zeigt sich also eher in der zunehmenden Präsenz der von Humanisten bevorzugten Literatur als in der Verbreitung philosophischer Abhandlungen der Vertreter der *studia humanitatis* selbst.

Tabelle: Buchbesitzer / Humanismus

Name	Jahr	Stand	Titel / Beruf / Rang / Position	Anzahl
Benintendi Ravignani	1356	Bürger	*cancelliere*	1
Bagio da Molin	1444	Kleriker/ Patrizier	Patriarch	1
Francesco Barabaro	1454	Patrizier	- kein Hinweis -	3
Bernardus Minimo	1455	Kleriker	Bischof	2
Pietro Tomasi	1458	Bürger	*medicus*	1
Pietro Barbo	1469	Patrizier	- kein Hinweis -	1
Iuliano Rivanello	1474	Bürger	- kein Hinweis -	2
Bartolomeo Bragadin	1480	Patrizier	- kein Hinweis -	1
Girolamo da Molin	1486	Patrizier	Prokurator / *iuris doctor*	1
Francesco de Presta de Bormi	1498	Bürger	- kein Hinweis -	1

---

141 Die Bedeutung der Anwesenheit des Autors in der Lagunenstadt als Anstoß für die Etablierung neuer Bildungsideale in Venedig wird damit unterstrichen. Die Ergebnisse Gargans werden hier bestätigt. Vgl. v.a. Gargan, Luciano: Il preumanesimo a Vicenza, Treviso e Venezia. In: Storia della cultura veneta. Il Trecento, Vicenza 1976, S. 156-161.

142 Das Geburtsdatum Tomasis geht aus seinem Nachlaß nicht eindeutig hervor. Die umfangreiche Hinterlassenschaft, die Zeugnisse über seine Tätigkeit in Hospizen, seine Briefe etc. deuten allerdings daraufhin, daß er schon mindestens ein bis zwei Jahrzehnte als ausgebildeter Arzt in Venedig tätig gewesen sein mußte. Vgl. ASV, PSM de citra, B. 119 und B. 120.

143 Vgl. Anhang I, 1469/2.

144 Vgl. Anhang I, 1458/1456. Gregorios hatte 1450 wegen seiner Unionstreue als Kardinal abdanken müssen.

6.3.7. Wissen: Enzyklopädien und Glossare

Einzelne Bibliotheken enthielten Werke enzyklopädischen und lexikographischen Charakters. In den Quellen sind zweimal das *De mirabilis mundi* des Solinus, eine Sammlung von Merkwürdigkeiten[145], dreimal die Ethymologien Isidors von Sevilla, ein knappes Handbuch des zeitgenössischen Wissens aus dem frühen 7. Jahrhundert, siebenmal das *De proprietate rerum* des Bartholomaeus Anglicus aus dem 13. Jahrhundert und eine Zusammenfassung des kompletten Wissens der Zeit (mit Ausnahme des historischen), verzeichnet.

Die insgesamt zwölf Exemplare verteilten sich auf elf Bibliotheken. Ihre Besitzer waren zwei Ärzte, zwei Prokuratoren, zwei Rechtsgelehrte, drei hochrangige und zwei einfache Kleriker. Zum Teil übten sie also spezielle Berufe aus. Allesamt verfügten sie über breite Buchbestände, die naturkundliche, philosophische oder theologische Schwerpunkte aufwiesen. Ihre Besitzer bereicherten also ihre Gelehrtenbibliotheken mit Enzyklopädien. Sie verbeiteten sich offenbar nicht zufällig, sondern dienten als Nachschlagewerke im Studium oder bei der Berufsausübung.

Tabelle: Buchbesitzer / Enzyklopädien und Glossare

Name	Jahr	Stand	Beruf / Rang / Titel / Position	Autor
Paolo da Bernardo	1374	Bürger	- kein Hinweis -	Isidor
Bonincontro	1380	Kleriker	Abt	Bartolomeus
Gasparino Favario	1382	Kleriker	Pleban	Isidor
Pietro Corner	1406	Patrizier	Prokurator	Bartolomeus
Giovanni Recanati	1428	Bürger	*medicus*	Isidor
Bagio da Molin	1444	Kleriker/ Patrizier	*decretorum et theologiae doctor*, Patriarch	Solinus Bartolomeus
Francesco Barbaro	1454	Patrizier	- kein Hinweis -	Bartolomeus
Bernardus Minimo	1455	Kleriker	Bischof	Solinus
Pietro Tomasi	1458	Bürger	*medicus*	Bartolomeus
Girolamo da Molin	1458	Patrizier	Prokurator / *iuris doctor*	Bartolomeus
Pre Lorenzo	1480	Kleriker	Priester	Bartolomeus

6.3.8. Religiöses und Erbauliches

6.3.8.1. Homilien (Predigtsammlungen)

Bei 19 Buchbesitzern sind 51mal Homilien nachweisbar[146]: insgesamt sechs Predigtsammlungen des Bernhard von Clairvaux, sechs des Dominikus und drei des Jacobus von Voragine ferner zwei Fastenpredigten des Roberto

---

145 Heute bekannt als *Collectanea rerum memomaribilum.*
146 Zu Homilien vgl. u.a. Die Homilien, hrsg. von Bernhard Rehm, 3., verbesserte Aufl., Berlin 1992.

Caracciolo und eine des Leonardo di Matteo. 33 Werke sind in den Quellen ohne Angabe eines Autors mit dem Vermerk *homiliarum*, *libretto da predicar* oder *sermones* erwähnt. In einigen Fällen findet sich ein weiterer Hinweis auf den Inhalt. So ist dreimal auf Fastenpredigten verwiesen, einmal auf Oster-, Advents- und Feiertagspredigten, einmal auf Predigten, die „per exempla veteris testamenti", also auf Beispielen des Alten Testamentes, basierten, und einmal auf anhand der Evangelien argumentierende Predigten. Einmal finden sich Predigten über das Teuflische, *la diabolica*, einmal über die Heiligen, einmal über die heilige Margaritha und einmal über den heiligen Andreas.

Über Predigten verfügten erwartungsgemäß vor allem Kleriker, welche diese darüber hinaus an Kleriker weitervererbten. Suno de Cenis vermachte seine „libros per predicar" ausdrücklich seiner Gemeindekirche San Stefano, damit sie dort in der Sakristei den Priestern zur Verfügung stünden[147].

Allerdings können auch neun Laien ermittelt werden. Girolamo da Molin erbte seine 10 Predigtsammlungen vermutlich von seinem Onkel Bagio da Molin[148]. Da Homilien nicht nur in den umfangreichen Gelehrtenbuchsammlungen der Kleriker standen, sondern auch einige Laien wie Lodovico Gradenigo, Bartolomeo Bragadin oder Lodovico Bembo über sie verfügten, ist anzunehmen, daß sie wahrscheinlich nicht nur von Klerikern zur Predigt, sondern auch aus wissenschaftlich-theologischem Interesse oder zur Erbauung gelesen wurden[149]. Sie stellten somit keine reine Spezialistenliteratur dar.

Tabelle: Buchbesitzer / Homilien

Name	Jahr	Stand	Titel / Beruf / Rang / Position	Anzahl
Michele Belleto	1345	Kleriker	Bischof	3
Fra Augustino	1345	Kleriker	Mönch	2
Lodovico Gradenigo	1372	Patrizier	Gesandter	1
Bonincontro	1380	Kleriker	Abt	2
Suno de Cenis	1393	Kleriker	Pleban	x
Lodovico Bembo	1395	Patrizier	Kaufmann	1
Andrea Cocho	1398	Patrizier	- kein Hinweis -	1
Pietro Corner	1406	Patrizier	- kein Hinweis -	2
Bagio da Molin	1444	Kleriker/ Patrizier	Patriarch / *decretorum et theolociae doctor*	15
Pre Teodoro	1450	Kleriker	Priester	1
Francesco Giustinian	1452	Patrizier	- kein Hinweis -	1
Bernardus Minimo	1455	Kleriker	Bischof	1
Pietro Tomasi	1458	Bürger	*medicus*	1

147 Vgl. Anhang I, 1393.

148 Als er 1486 verstarb, befanden sich allerdings nur noch zehn der 15 Homilien seines Onkels in seinem Besitz. Vgl. Anhang I, 1458/1486.

149 Predigten beinhalteten zum Teil Exempla, also Geschichten, welche theologische Inhalte veranschaulichen sollten und welche grundlegend für die Entwicklung der Novellistik waren. Vgl. u.a. Leeker.

Marco Gonella	1460	Kleriker	Pleban	4
Pre Piero	1465	Kleriker	titularius	1
Antonio de Sambrino	1478	Kleriker	Priester	2
Bartolomeo Bragadin	1480	Patrizier	- kein Hinweis -	1
Girolamo da Molin	1486	Patrizier	Prokurator / iuris doctor	10
Francesco da Presta de Bormi	1498	Bürger	- kein Hinweis -	1

x = lediglich Hinweis auf Homilien

6.3.8.2. Exegese

Die Auslegung der Bibel stand stets im Zentrum der theologischen Diskurse. Unter den ermittelten Bibelkommentaren finden sich Schriften, welche im Rahmen der wissenschaftlich theologischen Dispute entstanden waren. Hinter den zahlreichen Schriften, die nicht unter einem besonderen Titel oder mit Autorenangabe, sondern lediglich mit Verweisen wie *exposition, declaratio* oder *commentario della bibbia* (=Erklärung bzw Kommentar der Bibel) in den Quellen notiert sind, verbergen sich möglicherweise anschaulichere, an ein breiteres Publikum gerichtete Werke. Die Betrachtung theologischer Schriften hat ergeben, daß es Besitzern exegetischer Schriften gab, die ansonsten über keine theologische Gelehrtenliteratur verfügten wie zum Beispiel Marco Capello oder Alvise Corner[150]. Bei Giovanni Contarini konnte 1371 sogar ein Evangelienkommentar zusätzlich zu einem *Fioretto della bibbia* und anderen *fioretti*, also volkssprachlichen apokryphen Schriften, festgestellt werden[151].

Tabelle: Buchbesitzer / Exegese

Name	Jahr	Stand	Titel / Position / Rang / Beruf	Anzahl
Marco Capello	1356	Patrizier	- kein Hinweis -	1
Johannes Contareno	1371	Patrizier	- kein Hinweis -	1
Lodovico Gradenigo	1372	Patrizier	Gesandter	1
Lodovico Correr	1440	Patrizier	Händler	1
Bagio Da Molin	1444	Klerike/ Patrizier	*decretorum et theologiae doctor*, Patriarch	9
Lorenzo Correr	1449	Patrizier	- kein Hinweis -	1
Michele Zon	1449	Bürger	Kaufmann	1
Francesco Barbaro	1454	Patrizier	- kein Hinweis -	2
Girolamo da Molin	1458	Patrizier	*iuris doctor* / Prokurator	9
Pre Lorenzo	1480	Kleriker	Priester	3

---

150 Vgl. Anhang I, 1356/2 und 1440/2; sowie Kap. 6.3.3.
151 Vgl. ebd.; und Anhang I, 1371/4.

6.3.8.3. Tugend- und Anstandsliteratur

Außer Bibelauslegungen finden sich in den Quellen 17 weitere erbauliche Werke in Form von Moraltraktaten, Anstands- und Tugendliteratur bei 15 Buchbesitzern.

Diese Werke waren relativ vielfältig. Nur wenige Autoren sind genannt, die meisten Titel können daher nicht genau zugeschrieben werden. Der Bischof Michele Belleto besaß ein Buch über die Tugenden, *De virtutibus*, des Basilius sowie ein Traktat gegen die Laster, *Contra vicia*[152]. Der Humanist Francesco Barbaro besaß Raimundus' Traktat über die Laster und ihre Bekämpfung, *De viciis et eorum remediis*[153]. Bernardiggio di Pietro und Elena Giustinian besaßen jeweils das *Fior di virtù*[154]. Girolamo da Molin besaß eine *summa de virtutibus*[155], der Galeerenkommandant Baldassare Arigo einen Lasterkatalog, „un libro que tracta peccorum"[156], und Leonardo Bembo ein Buch über die Tugenden und Laster, „de virtudi e vicii", welches nach seinem Tod sein Sohn von ihm übernahm[157]. Ein gleiches Werk hatte auch der Maler Ercole da Fiore[158], während Iuliano Rivanello ein Buch über Sitten und Tugenden, „levatis [sic] et mores virtuti"[159], und Lorenzo Sanudo ein Buch über die richtige und perfekte Lebensweise, „de modo vivendi recte e perfecte", besaßen[160]. Der Kantor Albertus Franchigena verfügte über *Due moralie sante Anne*, zwei Moraltraktate der heiligen Anna oder über ihr Leben[161]. Lodovico Gradenigo und der Arzt Andriolo Alemanno besaßen jeweils eine moralische Auslegung der *Metamorphosen* des Ovid[162].

Anstandsbücher sind lediglich in jeder 17. Buchsammlung vermerkt. Es handelt sich nicht um Fachbücher oder wissenschaftliche Werke, die möglicherweise häufiger einem Dritten vermacht oder verkauft wurden. Anstandsbücher wurden unter Umständen deshalb in Testamenten seltener erwähnt bzw. seltener zur Nachlaßverwaltung inventarisiert, da sie ohne Erwähnung automatisch an die direkten Erben gingen. Erbauliche Texte waren zudem nicht selten mit Bibeln, Heiligenlegenden oder Erzählungen in einem Band

---

152 Vgl. Anhang I, 1345/1.
153 Vgl. Anhang I, 1454/5.
154 Vgl. Anhang I, 1397/2 und 1450/1.
155 Vgl. Anhang I, 1458/1486.
156 Vgl. Anhang I, 1466/2.
157 Vgl. Anhang I, 1396/1.
158 Vgl. Anhang I, 1461/1.
159 Vgl. Anhang I, 1474/1.
160 Vgl. Anhang I, 1458/6.
161 Vgl. Anhang I, 1491/1.
162 Vgl. Anhang I, 1371/1 und 1381/3. Zur Verbreitung der in Frankreich unter dem Titel *Ovid moralisé* verbreiteten Ovid-Exemplare vgl. auch Guthmüller: Ovidio Metamorphoseos.

zusammengebunden[163]. In den Inventaren und Testamenten wurde möglicherweise nur das Hauptwerk aufgelistet. Eine höhere Präsenz von Anstandsliteratur ist also grundsätzlich nicht auszuschließen.

Anstandsbücher ergänzten in einigen Fällen umfangreiche Gelehrtenbibliotheken wie die Lodovico Gradenigos, Lorenzo Sanudos oder Iuliano Rivanellos. Größtenteils sind sie allerdings in Sammlungen festzustellen, die sich aus Heiligenlegenden, Bibeln und zum Teil auch aus historiographischen Werken zusammensetzten. Sie treten damit gemeinsam mit der Literatur und den Themen auf, auf die sie exemplarisch zurückgreifen[164].

Ferner zeigt sich, daß hier eine Gattung vorliegt, die hauptsächlich im Besitz von Laien verschiedener Berufe, Stände, Bildungsgrade und Geschlechter nachweisbar ist. Es finden sich sowohl Vertreter mittlerer Vermögensschichten wie Albertus Franchigena und Ercole da Fiore als auch Mitglieder der ehrwürdigen wohlhabenden Familien wie Elena Giustinian, Girolamo da Molin oder der bürgerliche Kaufmann Michele Zon. Lediglich einer der Buchbesitzer ist Kleriker (siehe Tabelle). Für Kleriker als *literati* schien diese Form von Belehrung und Erbauung nicht nötig. Die Werke richteten sich mit ihren Ratschlägen ausdrücklich an Laien[165].

Tabelle Buchbesitzer / Erbauliches

Name	Jahr	Stand	Beruf / Rang / Position	Anzahl
Michele Belleto	1345	Kleriker	Bischof	2
Lodovico Gradenigo	1372	Patrizier	Gesandter	1
Andriolo Alemanno	1381	Bürger	*medicus*	1
Lodovico Bembo	1395	Patrizier	Kaufmann	1
Leonardo Bembo	1396	Patrizier	- kein Hinweis -	1
Bernardiggio di Pietro	1397	Bürger	Kaufmann	1
Michele Zon	1449	Bürger	Kaufmann	1
Elena Giustinian	1450	Patrizierin	- kein Hinweis -	1
Francesco Barbaro	1454	Patrizier	- kein Hinweis -	1
Lorenzo Sanudo	1458	Patrizier	Kaufmann	1
Ercole da Fiore	1461	Bürger	Maler	1
Baldassare Arigo	1466	Bürger	*commandador in galeas*	1
Iuliano Rivanello	1474	Bürger	- kein Hinweis -	1
Girolamo da Molin	1486	Patrizier	*iuris doctor* / Prokurator	1
Albertus Franchigena	1491	Bürger	*magister cantus*	2

---

163 Vgl. Kap. 2.2.
164 Vgl. Kap. 6.4.3.-6.4.5. Herausragend ist hier der Buchbestand von Elena Giustinian. Vgl. Anhang I, 1450/1. Ihre Buchsammlung wird diskutiert in Kap. 6.4.5.
165 Moraltraktate bzw. Anstandsliteratur zur Laienbelehrung sind zahlreich überliefert.Vgl. Kap 3.1.1.

6.3.8.4. Mystik

Bei sechs Buchbesitzern können 14 mystische Werke nachgewiesen werden. Von Bernhard von Clairvaux sind neben seinen Predigten acht Werke in vier Bibliotheken dokumentiert. Die *Revelationes* der Birgitta von Schweden befanden sich jeweils einmal im Bezitz zweier Venezianerinnen. Der Humanist Juliano Rivanello besaß zwei *Arte mistiche* des Ognibene von Lonigo. Darüber hinaus sind das *De claustro anima* des Hugo von Folieto und ein *De vita mistica* des Richard von St. Victor dokumentiert[166].

Eine umfassende Hinwendung zur mystischen Literatur, die weite Kreise umfaßte und einen Gegensatz zur sehr abstrakt geführten Diskussion der Scholastik darstellte, ist also anhand der gefundenen Buchsammlungen in Venedig nicht nachzuweisen. Vier der Buchbesitzer, bei denen Werke der Mystik vermerkt wurden, verfügten über eine theologische Gelehrtenbibliothek. Die beiden Buchbesitzerinnen stellen jedoch interessante Einzelfälle dar. Mystische Literatur ergänzte in diesen Fällen den Bestand an religiösen und erbaulichen Büchern von Venezianern, welche sich ansonsten nicht wissenschaftlich orientierten. Markus Paruta überließ seiner Ehefrau Margerita in seinem Testament 1396 ein *Breviarium* und ein *Manuale* sowie neben einer Heiligenlegende oder einem weiteren Gebetbuch die *Revalationes* der Heiligen Birgitta von Schweden, welche sie sich für ihr „piacere" hatte anfertigen lassen.

...Ancor lasso a la dita (Margerita) lo suo breviario grando el suo manual liberamente ... voglio che i libri di stanta Bridda e quello di Sabbato[167] i quali Margerita a fati fare per suo piacere san suoi liberi...[168]

Die *Revalationes* waren gerade erst, unmittelbar nach dem Tod Brigittas 1373, von deren Beichtvätern ins Lateinische übersetzt worden. Relativ frühzeitig ist somit ein Exemplar in Venedig nachweisbar. Margherita hatte die Anfertigung der Bücher in Auftrag gegeben[169]. Maddalena Scrovegni besaß 1431 neben

---

166 Zur mystischen Literatur vgl. Diefenbach, Peter: Visionen und Visionsliteratur im Mittelalter, Stuttgart 1981: und Dienzelbacher, Peter: Christliche Mystik im Abendland, Paderborn 1994.

167 Der Titel konnte bislang nicht genau zugeschrieben werden. Ein Buch *Istorie sancti Sabati* ist auch von Bresc auf Sizilien nachgewiesen worden. Er vermutet dahinter entweder das Leben und die Passion des Heiligen Sabinus oder ein Samstagsoffizium. Vgl. Bresc: 99/17, S. 178.

168 Vgl. ASV, S.N., Testamenti, B. 858 bis, Marco Raffanelli, Registro 91rv (Lxxxxi), Testament vom 27. Mai 1396 und Anhang I, 1396/2.

169 Mit dem Verweis „per il suo piacere" wurden an anderer Stelle nicht geschäftliche von geschäftlichen Aktivitäten unterschieden. *Piacere* (=Gefallen) kann also nicht unbedingt als Hinweis auf ein angestrebtes mystisches Erleben verstanden werden.

den *Revalationes* eine sittengeschichtlich geprägte Lehre des Basileus des
Großen und eine Sammlung von Heiligenlegenden.

Tabelle: Buchbesitzer / Mystik

Name	Jahr	Stand	Titel/ Beruf/ Rang/ Position	Anzahl
donna Margeritha (Paruta)	1396	Bürgerin	Kaufmannsgattin	1
Maddala Scrovegni	1431	Bürgerin	- kein Hinweis -	1
Bagio da Molin	1444	Kleriker/ Patrizier	*decretorum et theologiae doctor*, Patriarch	7
Bernardus Minimo	1455	Kleriker	Bischof	1
Girolamo da Molin	1458	Patrizier	*iuris doctor* / Prokurator	2
Iuliano Rivanello	1474	Bürger	- kein Hinweis -	2

6.4. Gemeine Literatur

6.4.1. Gebets- und Andachtsbücher

Verschiedene Gebetbücher, Psalter, Breviare und Offizien waren am weitesten
verbreitet. Sie finden sich insgesamt 132mal bei 90 Buchbesitzern. Bei mehr
als jedem dritten Buchbesitzer konnte also ein Gebetbuch nachgewiesen werden.

57 der 90 Gebetbuchbesitzer lassen sich anhand von Testamenten nachweisen. Gebetbücher wurden häufig als einziges Buch in Testamenten
genannt, da sie zum Beispiel von Frauen einem nahestehenden Kleriker oder
einer weiblichen Verwandten hinterlassen wurden. Die im folgenden Kapitel
dargelegte Untersuchung der Handhabung und Lagerung von Büchern zeigt,
daß Gebetbücher in der Regel deutlich getrennt von den übrigen Büchern auf-
gehoben wurden[170]. Das Breviar oder das Offizium war ein von dem übrigen
Buchbestand unabhängiger Besitz. Der Umstand könnte dazu geführt haben,
daß Gebetbücher in Testamenten erwähnt wurden, während andere Bücher
womöglich verschwiegen wurden. Hierin könnte der Grund ihrer Dominanz
unter den ermittelten Gattungen bestehen. Umgekehrt besteht die Möglichkeit,
daß Gebetbücher, welche in Familienbesitz blieben, nicht aktenkundig wurden, wenn aufgrund eines Verkaufs, Versands oder auch der Vererbung an
Dritte eine ganze Buchsammlung, zum Beispiel eine Fachbuchsammlung,
notiert wurde.

Aus dem Trecento sind 20 und aus dem Quattrocento 70 Gebetbuchbesitzer nachzuweisen. Damit kann bei fast jedem zweiten Buchbesitzer des 15.
Jahrhunderts ein Gebetbuch nachgewiesen werden, im 14. Jahrhundert aller-

---

170 Vgl. Kap. 7.3.

dings nur bei jedem vierten bis fünften. In den 82 untersuchten Inventaren des 15. Jahrhunderts wurden in 20 Fällen Gebetbücher genannt, in den 62 ausgewerteten Inventaren des 14. Jahrhunderts lediglich in fünf. Damit finden sich in jedem vierten untersuchten Inventar des Quattrocento Gebetbücher und lediglich in jedem zwölften des Trecento. Auch die Erwähnung in den untersuchten Testamenten ist ansteigend. Im 15. Jahrhundert wurden in 43 Fällen Gebetbücher erwähnt, gegenüber nur 14 aus dem 14. Jahrhundert. Der Besitz an eigenen Gebetbüchern hat unter Venezianern offenbar vom 14. zum 15. Jahrhundert deutlich zugenommen.

Bei 63 Buchbesitzern ist in den Quellen nur ein Gebetbuch verzeichnet. Bisweilen wurden Gebetbücher jedoch auch gesammelt. In 15 Fällen können zwei, in acht drei, bei Amado dei Amati vier und bei Lorenzo Dona sogar sechs Exemplare nachgewiesen werden[171]. Die überwiegende Anzahl nur einmal vorhandener Gebetbücher und die separate Aufbewahrung und Handhabung spricht dafür, daß sie Gebrauchsbücher darstellten und regelmäßig zum Gebet und zur Andacht verwendet wurden. Dabei ist nicht auszuschließen, daß das eine oder andere auch ein Prachtexemplar war. Ferner weisen die kleinen Sammlungen von Gebetbüchern darauf hin, daß diese Art von Schrifttum nicht allein der Gebetshandlung diente. Lorenzo Dona besaß ausschließlich Madonnenoffizien, und die Vermerke zur Gestaltung der Bücher im Inventar bezeugen, daß mindestens zwei davon sehr wertvolle Prachtbände waren[172]. Gebetbücher stellten offensichtlich nicht nur reine Gebrauchsutensilien im pragmatischen Sinne dar, sondern galten darüber hinaus selbst als Devotionalien.

Der Besitz von Gebetbüchern verteilt sich in beiden Jahrhunderten auf beide Geschlechter sowie auf verschiedene Stände, Berufe, Positionen und Vermögensverhältnisse.

Ein Breviarium, ein Offizium oder einen Psalter besaßen sowohl der Prokurator von San Marco, Girolamo da Molin, die mit einer sehr hohen Mitgift ausgestattete Paula Contarini oder der wohlhabende Kaufmann Markus Paruta als auch die mit einer bescheidenen Mitgift ausgestattete Donna Elisabetha oder der Student Antonio Grisson[173]. Insgesamt gehörten 25 Gebetbuchbesitzer nachweislich zu den Wohlhabenden und 29 zu den „bescheiden" oder „kaum Vermögenden". 32 der Gebetbuchbesitzer waren Kleriker verschiedenen Ranges: zwölf einfache Priester, sieben *plebani*, ein Mansionarius, ein *titularius*, drei Bischöfe, ein Erzbischof, ein Patriarch, ein Kanoniker, ein Mönch, drei Nonnen und ein Prior. Sieben wurden im 14. Jahrhundert und 23 im 15. Jahrhundert aktenkundig. Sie ließen ihre Gebetbücher zudem in der

---

171 Vgl. Anhang I, 1439/2 und 1424.
172 Zur Untersuchung der Gestaltung von Büchern, insbesondere zu Lorenzo Donas Offizien, vgl. Kap 5.2.
173 Vgl. Anhang I, S. 1458/1486, 1458/2, 1396/2, 1463/1 und 1426/4. Zu den jeweiligen Vermögensverhältnissen vgl. Kap 4.3.3.

Regel nach ihrem Tod ihren Standesgesossen testamentarisch zukommen. Den
Klerikern standen 57 Laien gegenüber: 28 Vertreter des venezianischen Patriziats, wovon acht im 14. Jahrhundert ermittelt werden konnten, und 29 Bürgerliche, von denen sechs vor dem Jahre 1400 aktenkundig wurden.

28 der 43 ermittelten Buchbesitzerinnen besaßen nachweislich mindestens
ein Gebetbuch, 20 von ihnen ein oder bisweilen mehrere Madonnenoffizien.
Bei neun der übrigen 15 Frauen sind in dem jeweiligen Inventar lediglich
Bücher ohne Spezifizierung aufgelistet, oder sie vermachten in ihren Testamenten Bücher, ohne Titel zu erwähnen[174]. In diesen Fällen kann Gebetbuch-
besitz zwar nicht nachgewiesen, jedoch auch nicht ausgeschlossen werden.
Sofern Buchbesitz bei Frauen nachweisbar und spezifizierbar ist, liegt also in
nahezu jedem Fall auch ein Gebetbuch vor. Fanden die Werke in Testamenten
Erwähnung, so wurden in der Regel weibliche Verwandte, Töchter, Nichten
und Enkelinnen, als Erben eingesetzt. Die Aussage Tiziana Plebanis, ein typi-
sches Buch der Frau in der Frührenaissance sei das Madonnenoffizium gewesen, wird durch die Quellen eindeutig bestätigt[175].

Zusammenfassend kann festgehalten werden, daß es im 15. Jahrhundert
unter Venezianern und Venezianerinnen gebräuchlich war, sofern es die
Mittel erlaubten, ein Gebetbuch oder unter Umständen auch mehrere zu besit-
zen, welche der praktischen Gebetsausübung dienten und bisweilen materielle
Werte darstellten. Gemäß den Quellen nahm die Regelmäßigkeit des privaten
Gebetbuchbesitzes vom 14. zum 15. Jahrhundert zu.

6.4.2. Meßbücher

Bei 31 Buchbesitzern sind insgesamt 44 Meßbücher, *missali* und *pontificali,*
erwähnt.

Bis 1400 wurden sie nur in jedem fünfzehnten Fall, in dem Buchbesitz
aktenkundig wurde, erwähnt; im 15. Jahrhundert allerdings in jedem siebten
bin achten Fall.

Im Besitz von Meßbüchern waren nachweislich 31 Kleriker und 9 Laien
(siehe Tabelle). Zwölf der neunzehn ermittelten Kleriker erwähnten ausdrücklich in ihrem Testament ein bzw. zwei Meßbücher und vermachten sie anderen
Priestern oder ihrer Kirche. Erzbischof Francesco Michiel hinterließ 1348 sein
Breviar und seine Bücher kanonischen Rechts armen Priestern zum Studium,

---

174 Vgl. die Buchsammlungen von Maria Rizo, Donna Costantia, Cecilia Bembo, Barba-
    rella Michiel, Isabetta Morosini, Flora Novella, Franceschina Marasco, Zaccaria Palma
    und Alvica Gradenigo in Anhang I, 1454/1, 1331, 1420, 1459/2, 1450/6, 1457/2,
    1430/4, 1474/2 und 1359.Von Donna Margherita waren nur Bücher zu ermitteln, wel-
    che sie aus dem Nachlaß ihres Mannes Andrea Francesco Barbarigo als Auszahlung
    ihrer Mitgift akzeptieren mußte.Vgl. Anhang I, 1396/2.
175 Vgl. Plebani: S 37-40; und Kap 3.2.1.

während er seine Meßbücher gemeinsam mit Meßgewändern und wertvollen liturgischen Gefäßen seiner Bischofskirche vermachte[176]. Bernardus Martinus, Bischof auf Korfu, überließ eines seiner Meßbücher aus Papier einem ihm bekannten Priester. Ein zweites - möglicherweise kostbareres - erhielt seine Bischofskirche[177]. Es ist nicht überraschend, daß Meßbücher im privaten Besitz von Klerikern, insbesondere von Priestern, welche ja aktiv Messen und Gottesdiente zelebrierten, aktenkundig wurden. Ein Meßbuch gehörte offenbar auch zur Ausstattung des Priesters selbst und nicht nur zu der seiner Kirche. Gemeindekirchen wurden entsprechend venezianischer Rechtsgebräuche zu einem wesentlichen Teil durch Erbschaften *ad pias causas* finanziert[178]. Am Beispiel der Meßbücher zeigt sich, daß auch kirchlicher bzw. institutioneller Buchbesitz aus privatem hervorging.

Auffällig sind die neun Laien, die nachweislich in Besitz von Meßbüchern waren (siehe Tabelle). Girolamo da Molin war als Erbe eines Klerikers in den Besitz eines Meßbuches gelangt. Um die Hinterlassenschaft seines Onkels mußte Girolamo vor Gericht allerdings streiten. In verschiedenen Schreiben an die *Giudici di petizion* erwähnte er dabei die ihm zustehenden Gelder und Bücher, hob das *missale* als einziges Buch namentlich hervor und verwies auf dessen Wert von 50 Dukaten[179]. Zwei weitere in den Quellen auftretende Meßbücher, welche sich im Besitz von Laien befanden, wurden bereits im vorangegangenen Kapitel als besonders wertvolle Prachtexemplare identifiziert[180]. Diese Meßbücher stellten eher Reliquiare und kostbare Devotionalien dar als primär liturgisches Gerät. Befanden sich unter den Klerikern, die ein Meßbuch besaßen, auch einfache und finanziell nicht übermäßig bemittelte Priester, so gehörten die jeweiligen Laien, sofern ihre Vermögensverhältnisse

---

176 Vgl. ASV, PSM de Citra, B. 101, Commssarie di Francesco Michiel, Fasc. 1: „....Item dimittimus dicte ecclesie nostre unum par de nostris bacillibus argenteis, illud videlicet quod habeat arma nostra. Et nostrum *missale* et par unum de pontificalibus paramensis cum mitra et baculo pasturalis..."

177 Vgl. ASV, PSM de ultra, B. 43, Commissarie di Bernardo Martino archivescovo di Corfù, Registro, Testament vom 14. Dezember 1451: „....*Missale Vero* (?) in papiro quedam est secundem romaniam curiam dimitto presbiterio francesco barbarela pro anima mea... Aliud Vero (?) *missale* votum quedam est sine assidibus compaginetur et mittatur ecclesiem corphyrem..."

178 Vgl. Kap. 2.1.

179 Vgl. ASV, PSM, Atti misti, B. 64, Carte di Girolamo Molin, Carte nn. Mit dem Tod Bagio da Molins 1444 oder 1446 gelangte dessen Buchsammlung in die Hände dessen Schwagers Polo Malipiero, unter dessen Obhut der damals noch minderjährige Girolamo stand. Malipiero verweigerte später offensichtlich die Weitergabe. Das Nachlaßinventar Girolamos von 1486 läßt erkennen, daß Girolamo letztendlich doch in den Besitz der Bücher gelangte -möglicherweise aufgrund seiner erfolgreichen gerichtlichen Klage. Vgl. auch Kap. 5.2. Vgl.ebenfalls den Auszug aus der Klageschrift Girolamos in Anhang I, 1458/1486. Ansonsten ASV, PSM, Atti Misti, B. 64, Carte di Girolamo Molin qd Maffei dottore, Inventarii und Atti giudizarii.

180 Gestaltung, Wert und Bedeutung von Meßbüchern wird intensiv behandelt in Kap. 5.2.

einschätzbar sind, ausschließlich den wohlhabenden Schichten an. Bei ihnen ist der ermittelte Besitz von Meßbüchern damit nicht zufällig. Meßbücher waren wie einige der Gebetbücher, als kostbar gestaltete Devotionalien von hohem religiösen und materiellen Wert und damit Bestandteil des Besitzes wohlhabender Bürger und Patrizier.

Tabelle: Meßbuchbesitz

Name	Jahr	Stand	Position / Titel / Rang / Beruf	Anzahl
Anonymus	1329	unb.	- kein Hinweis -	1
Michele Belleto	1345	Kleriker	Bischof	1 *
Lorenzo da Mezzo	1346	Kleriker	Priester	1
Francesco Michiel	1348	Kleriker/ Patrizier	Bischof	2 *
Marco Mucio	1381	Kleriker	Priester	1 *
Leonardo Bembo	1396	Patrizier	- kein Hinweis - (wohlhabend)	1
Francesco Lancenigo	1400	Kleriker/ Patrizier	Kanoniker / *segretario del papa*	1
Francesco Tuscia	1405	Kleriker	Priester	1 *
Pietro Corner	1406	Patrizier	Prokurator (wohlhabend)	2
Giovanni Dandolo	1407	Patrizier	- kein Hinweis - (wohlhabend)	1
Pre Stefano	1408	Kleriker	Priester	2
Paolo da Faiano	1420	Bürger	*rector scolarum* / Buchhändler (wohlhabend)	2
Anonymus	1420	Kleriker	Erzbischof	1
Francesco Clarelo	1422	Kleriker	Priester	1 *
Marco Lando	1426	Kleriker	Bischof	2
Pietro Zuda	1428	Bürger	*medicus* (Vermögen unbekannt)	1
Martino da Cortona	1434	Kleriker	Mönch / apostolischer Kaplan	2 *
Pietro Gradenigo	1434	Patrizier	- kein Hinweis - (wohlhabend)	1
Filippo degli Arditi	1440	Bürger	*decretorum doctor* (Vermögen unbekannt)	1
Bagio da Molin	1444	Kleriker/ Patrizier	Patriarch / *decretorum et teologicae doctor*	1
Pre Pasquale	1448	Kleriker	Priester	1 *
Pre Teodoro	1450	Kleriker	Priester	1 *
Bernardus Martinus	1451	Kleriker	Bischof	2 *
Filippo Lanzaria	1453	Kleriker	Priester	2 *
Girolamo da Molin	1458	Patrizier	Prokurator / *iuris doctor* (wohlhabend)	2
Marco Gonella	1460	Kleriker	Pleban	3
Andreas Bono	1466	Kleriker	Bischof	2
Clemente Plagagna	1472	Bürger	- kein Hinweis - (Vermögen unbekannt)	2
Giacomo Lancilotto	1472	Kleriker	Priester	1 *
Pre Lorenzo	1480	Kleriker	Priester	1

* Erwähnung im Testament

6.4.3. Heilsgeschichte

6.4.3.1. Bibeln und Biblisches

In 37 Bibliotheken befanden sich nachweislich 73 Bibeln, Teilstücke der Bibel wie einzelne Bücher des Alten oder des Neuen Testaments, die Apostelbriefe oder apokryphe Schriften[181].

Der einfache Hinweis auf eine *Bibbia (Bibel)* oder die S*anta scrittura* (Heilige Schrift) findet sich in den Quellen insgesamt 22mal bei 21 Buchbesitzern. Zweimal wird der Begriff „parte della Bibbia" (Teile der Bibel) notiert. Zehnmal sind einzelne Bücher oder Teile des Alten Testaments genannt, hierunter das Buch Hiob (zweimal), verschiedene Bücher Mose (viermal) und Psalmensammlungen (dreimal). Einmal wird wörtlich auf Teile des AltenTestaments hingewiesen. Das Neue Testament bzw. dessen Teilstücke werden 25mal erwähnt. Zweimal wird ausdrücklich das „Neue Testament" als Titel genannt. 14mal finden sich Hinweise auf Evangeliarien, das heißt Evangeliensammlungen, wovon bei vieren auf die Briefe und bei einem auf die Apokalypse und die Briefe als Anhang hingewiesen wird. Jeweils einmal finden sich allein das Lukas- und das Matthäusevangelium. Fünfmal sind die Paulusbriefe und einmal die Apokalypse genannt. Einmal ist eine Sammlung von Zitaten der Evangelien und der Apostelbriefe verzeichnet.

Apokryphe Schriften wurden 14mal aktenkundig: drei Marienleben, ein Nikodemusevangelium, einmal die *Infantia del Salvador* des Enselmino da Treviso, einmal das sogenannte *Fioretto della bibbia*, einmal ein *Lucidarium* und eine Erzählung über die zwölf Apostel, einmal eine Kindheitsbeschreibung Jesu, zweimal eine Beschreibung der Passion, eine der Himmelfahrt Jesu und ein mit *De vita iesu christi* betiteltes Werk. Inwiefern es sich bei den letztgenannten um eigenständige Schriften oder aber um Teilstücke, handelte, die auch in das sogenannte *Fioretto della Bibbia* oder in das *Lucidarium* Eingang gefunden haben, geht aus den Quellen nicht hervor[182]. Ferner findet sich ein Werk über das Leben des Moses, das Gregorios von Nyssa zugeschrieben wird.

Bibeln und Biblisches können insgesamt in jeder achten bis neunten Bibliothek des 14. und in jeder sechsten Bibliothek des 15. Jahrhunderts nachgewiesen werden. Die Verbreitung nahm zu. Aus dem 14. Jahrhundert können nur hochrangige Kleriker und, soweit es sich erschließen läßt, wohl-

---

181 Zu verschiedenen Überlieferungen der Bibel vgl. Mertens, Heinrich A.: Handbuch der Bibelkunde. Literarische, historische, archäologische, religionsgeschichtliche, kulturkundliche und geographische Apekte des Alten und Neuen Testaments. 2., neubearb. Aufl., Düsseldorf 1997.
182 Zu verschiedenen erhaltenen Manuskripten der Lucidarien vgl. Lefèvre: L'Elucidarium et les Lucidaires. Die Sammlungen umfassen unter anderem Lebens- und Kindheitsbeschreibungen Jesu, der Maria etc.

habende Patrizier als Bibelbesitzer ermittelt werden (siehe Tabelle)[183]. Im 15.
Jahrhundert verteilten sie sich auf verschiedene Stände, Berufe, Positionen
und Geschlechter. So befanden sich unter den Buchbesitzern des 15. Jahrhunderts auch vier Frauen, fünf einfache Priester, und weniger wohlhabende
Venezianer wie der Maler Ercole da Fiore. Die zunehmende Verbreitung ging
also einher mit einer zunehmenden „Popularisierung" der Heiligen Schrift.

Acht Buchbesitzer besaßen drei oder mehr Bände biblischer Texte. Auffällig ist die Häufung bei Pietro Corner und bei Girolamo da Molin. Ansonsten besaß jeder der ermittelten Buchbesitzer nur ein oder zwei Exemplare[184].

Die Hinweise zur Gestaltung der Bücher zeigen, daß unter den nachgewiesenen Bibeln sowohl Gebrauchs- als auch Prachthandschriften waren[185]. Die
Doppelfunktion erklärt sich durch den hohen Stellenwert der Heiligen Schrift.
Das Buch hatte als Träger der göttlichen Offenbarung eine hohe Bedeutung,
was erklärt, daß es nicht nur als Prachtexemplar zirkulierte, sondern bisweilen
sogar gesammelt wurde.

Es kann also festgehalten werden, daß Bibeln zum Teil Luxusgegenstände
waren, im übrigen jedoch durchaus zur gemeinen Literatur zu zählen sind. Ihre
Verbreitung auch außerhalb privilegierter Eliten setzte sich allerdings erst im
15. Jahrhundert durch.

Tabelle: Buchbesitzer / Bibeln und Biblisches

Name	Jahr	Stand	Titel/Beruf/Rang/Position	Anzahl
Giacomo Gradenigo	1340	Patrizier	- kein Hinweis -	1
Michele Belleto	1345	Kleriker	Bischof	1
Francesco Michiel	1348	Kleriker/ Patrizier	Erzbischof	1
Giovanni Dolfin	1360	Patrizier	Doge	1
Donato Contarini	1366	Patrizier	- kein Hinweis -	1
Johannes Contareno	1371	Patrizier	- kein Hinweis -	1
Giovanni Gradenigo	1381	Patrizier	- kein Hinweis -	1
Andrea Contarini	1382	Patrizier	Doge	1
Lodovico Bembo	1395	Patrizier	Kaufmann	2
Leonardo Bembo	1396	Patrizier	- kein Hinweis -	2
Bernadiggio di Pietro	1397	Bürger	Kaufmann	1
Bernardo de Mugia (Mula)	1401	unb.	- kein Hinweis -	4
Donna Lucia	1401	Patrizierin	- kein Hinweis -	1
Pietro Corner	1406	Patrizier	Prokurator	9
Bartolomeo Grimani	1419	Patrizier	Kaufmann	1
Pietro Zuda	1428	Bürger	*medicus*	3
Giovanni Recanati	1428	Bürger	*medicus*	1

---

183 Zu den Vermögensverhältnissen der Buchbesitzer vgl. Kap. 4.3.3.
184 Fünf besaßen zwei Bücher. Bei 24 Buchbesitzern konnte nur ein Exemplar ermittelt
werden.
185 Ein Großteil der in den Quellen als Prachthandschriften identifizierbaren Bücher sind
Bibeln. Vgl. Kap. 5.

Lodovico Correr	1440	Patrizier	Kaufmann	1
Bagio da Molin	1444	Kleriker/ Patrizier	*decretorum et theologiae doctor*, Patriarch	3
Bartolomeo Morosini	1444	Patrizier	Prokurator	1
Pre Teodoro	1450	Kleriker	Priester	1
Elena Giustinian	1450	Patrizierin	- kein Hinweis -	1
Francesco Giustinian	1452	Patrizier	- kein Hinweis -	2
Lorenzo Sanudo	1458	Patrizier	Kaufmann	3
Donna Gerita	1459	Bürgerin	- kein Hinweis -	2
Marco Gonella	1460	Kleriker	Pleban	1
Ercole da Fiore	1461	Bürger	Maler	3
Antonio Prenzimo	1463	Kleriker	Priester	1
Pre Piero	1465	Kleriker	*titularius*	3
Guglielmo Querini	1468	Patrizier	Kaufmann	1
Giacomo de Lancilotto	1472	Kleriker	Priester	1
Iuliano Rivanello	1474	Bürger	- kein Hinweis -	1
Donna Cataruzza	1477	Bürgerin	- kein Hinweis -	1
Zaccaria Giustinian	1478	Patrizier	- kein Hinweis -	1
Girolamo da Molin	1486	Patrizier	*iuris doctor* / Prokurator	11
Francesco Presta de Bormi	1498	Bürger	- kein Hinweis -	2
Paolo Manzoroni	1498	Bürger	- kein Hinweis -	1

6.4.3.2. Hagiographie

Die Fortsetzungen der biblischen Heilsgeschichte, die Legenden der Heiligen[186], befanden sich 69mal in 30 Bibliotheken.

Die *Dialoghi di vita et miracolis patrum Italicorum* Gregors des Großen und die *Legenda aurea* des Jacobus von Voragine sind die vorrangig nachweisbaren Werke. Die *Dialoghi* sind insgesamt zwölfmal, die Legendensammlung des Jakobus ist eindeutig siebenmal verzeichnet. Weitere sechsmal sind Bücher jedoch mit dem Vermerk *Legenda sanctorum* versehen, eine Bezeichnung, die auch für die *Legenda aurea* üblich war. Als Autor läßt sich darüber hinaus Desiderius von Montecassino mit seinen *Miracula sancti benedicti* belegen. Ansonsten sind nur anonyme hagiographische Schriften nachgewiesen worden. 15mal finden sich darunter Werke, welche als Titel *Legendarium*, *Textus sanctorum*, *Miracoli sanctorum*, *Passio sanctorum* oder *Vitae sanctorum* trugen. Einmal finden sich eine Sammlung exemplarischer Auszüge (Sentenzen) der Heiligenlegenden. Zudem treten zahlreiche Lebens- bzw.

---

186 Zu Literatur und Gattungsdiskussion der Hagiographie vgl. Ringler, Siegfried: Zur Gattung Legende. Versuch einer Strukturbestimmung der christlichen Heiligenlegende des Mittelalters. In: Würzburger Prosastudien, Bd. 2, Untersuchungen zur Literatur und Sprache des Mittelalters. Kurt Ruh zum 60. Geburtstag, hrsg. von Peter Kesting, München 1975, S. 256-270; Internationale Geschichte der lateinischen und einheimischen Hagiographie im Abendland von den Anfängen bis 1550, Tournhut 1994; und Nahmer, Dieter von: Die lateinische Heiligenvita, Darmstadt 1994.

Leidensbeschreibungen einzelner Heiliger auf: jeweils dreimal die Legende
von Barlaam und Iosaphat und die Translation des Chrysostomus, jeweils
zweimal die Translation des heiligen Stephanus, die Passion des heiligen
Sebastian, die Passion des heiligen Vincentius, die Lebensbeschreibungen des
Paulus Eremita, des heiligen Gallus, des heiligen Macarius und des Paulus,
jeweils einmal die Lebensbeschreibung des Franziskus, des heiligen Jacobus,
des heiligen Benedikt, des heiligen Bernhard, des Martin von Tours, des Isaak
und des Alexius.

Heiligenlegenden befanden sich in jeder zehnten Bibliothek des 14. Jahrhunderts und in jeder achten bis neunten des 15. Jahrhunderts. Eine wesentliche Veränderung ist hier also nicht festzustellen.

Tabelle: Buchbesitzer / Hagiographie

Name	Jahr	Stand	Position/Beruf/Rang	Anzahl
Bartolomeo Querini (I)	1290	Patrizier	- kein Hinweis -	1
Marco Michiel	1315	Patrizier	- kein Hinweis - -	1
Francesco Dandolo	1339	Patrizier	Doge	4
Nicolo de Fabri	1341	Bürger / Kleriker	*canonico*	1
Francesco Michiel	1348	Kleriker / Patrizier	Erzbischof	1
Nicolo Zorzi	1349	Patrizier	- kein Hinweis -	1
Donatus Adamo Bartolomei	1367	unb.	- kein Hinweis -	1
Tomaso Sanudo	1374	Patrizier	- kein Hinweis -	1
Lodovico Bembo	1395	Patrizier	Kaufmann	1
Marcus Paruta	1396	Bürger	Kaufmann	1
Bartolomeo Recrovati	1420	Kleriker	*primicerius*	1
Maddalena Scrovegni	1431	Bürgerin	- kein Hinweis -	1
Martino da Cortona	1434	Kleriker	apostolischer Kaplan	2
Francesco Morosini	1436	Patrizier	Kaufmann	2
Bagio da Molin	1444	Kleriker / Patrizier	*decretorum et theologiae doctor*, Patriarch	16
Elena Giustinian	1450	Patrizierin	- kein Hinweis -	1
Francesco Giustinian	1452	Patrizier	- kein Hinweis -	1
Donna Marcolina	1452	unb.	- kein Hinweis -	1
Filippo Lanzaria	1453	Kleriker	Priester	1
Bernardus Minimo	1455	Kleriker	Bischof	4
Girolamo da Molin	1458	Patrizier	*iuris doctor* / Prokurator	8
Lorenzo Sanudo	1458	Patrizier	Kaufmann	3
Marco Gonella	1460	Kleriker	Pleban	4
Ercole da Fiore	1461	Bürger	Maler	1
Guglielmo Querini	1468	Patrizier	Kaufmann	1
Giacomo de Lancilotto	1472	Kleriker	Priester	1
Iuliano Rivanello	1474	Bürger	- kein Hinweis -	2
Matheus de Stephanis	1477	Kleriker	Pleban	1
Zaccaria Giustinian	1478	Patrizier	- kein Hinweis -	2
Francesco Presta de Bormi	1498	Bürger	- kein Hinweis -	3

6.4.3.3. Verbreitung und Rezeption der Heilsgeschichte

Werke der Heilsgeschichte, biblische oder hagiographische, finden sich in den untersuchten Quellen insgesamt 142mal bei 53 Buchbesitzern. Damit erreichen sie nach Gebet- und Andachtsbüchern den höchsten Verbreitungsgrad.

Die Heilsgeschichte war einerseits Teil der „Gelehrtenbibliotheken", das heißt der Buchsammlungen, in denen sich zahlreiche Exemplare scholastischer, philosophischer, medizinischer oder juristischer Literatur befanden[187]. Anderseits verfügten Buchbesitzer neben Bibeln und Heiligenlegenden ausschließlich über Gebetbücher, erbauliche Schriften oder mystische Literatur. So hinterließ Lodovico Bembo 1395 neben den *Dialoghi* Gregors des Großen und zwei Exemplaren der Evangelien samt Apostelbriefen, eines davon ausdrücklich volksprachlich, auch zwei Gebetbücher und ein Buch über Tugenden und Laster, „de virtudi e vicii"[188]. Sein Sohn Leonardo Bembo nahm nach dem Tod des Vaters ein Exemplar der Evangelien, die beiden Gebetbücher und das Tugend- und Lasterbuch an sich[189]. Der Kaufmann Bartolomeo Grimani verfügte 1419 ausschließlich über zwei Offizien und ein Breviar, an das die Evangelien angehängt waren[190]. Zaccaria Giustinian besaß vor seinem Tod 1478 ein Buch über das Leiden Marias, ein Madonnenoffizium und die Lebensbeschreibung des heiligen Franziskus[191]. Magdalena Scrovegni besaß zum Zeitpunkt ihres Todes 1431 neben einer *Legenda sanctorum* ein Werk Basileios des Großen und die Visionen der Birgitta von Schweden[192]. Donna Gerita verfügte in ihrem Testament über ein Evangeliarium, eine Bibel, zwei Offizien und ein großes Breviar. Allerdings erwähnte sie, noch weitere Bücher zu besitzen, ohne diese jedoch genauer zu beschreiben[193].

Die Texte der Heilsgeschichte, die wie zum Beispiel die *Dialoghi* Gregors, sprachlich für ein breiteres Publikum geschaffen waren und auch in volkssprachlichen Versionen kursierten, stellen tatsächlich eine gemeine Literatur dar. Sie waren im Besitz von Gelehrten und befanden sich auch in Buchbeständen, deren Besitzer sich keiner Gelehrtenliteratur zuwandten.

---

187 Es sind vor allem die Buchsammlungen Michele Belletos, Johannes Contarenos, Giovanni Gradenigos, Giovanni Recanatis, der Molin, Francesco Giustinians, Lorenzo Sanudos, *Pre* Pieros, Guglielmo Querinis, Iuliano Rivanellos und Antonio de Sambrinos. Vgl. Anhang I, 1445/1, 1471/4, 1381/2, 1428/1, 1458/1486, 1452/2, 1458/6, 1465/3, 1468, 1474/1 und 1478/1.

188 Vgl. Anhang I, 1395.

189 Vgl. Anhang I, 1396/1. In den Inventaren wird auch ein *Lucheto* aufgelistet, der nicht genau zugeschrieben werden kann. Womöglich handelt es sich auch hier um ein Lukas-Evangelium.

190 Vgl. Anhang I, 1419/1.

191 Vgl. Anhang I, 1474/2.

192 Vgl. Anhang I, 1431.

193 Vgl. Anhang I, 1459/1.

6.4.4. Historiographie

Hans Baron erkannte im italienischen Renaissance-Humanismus das „Erwachen des historischen Denkens", in dem Humanisten im Gegensatz zum mittelalterlichen Weltbild Geschichte nicht als eine konstante Abfolge verschiedener Epochen, der *aetates mundi*, bis hin zum Jüngsten Tag begriffen, sondern einzelne Epochen wie zum Beispiel das Mittelalter neu definierten, kritisch bewerteten und sowohl progressive wie regressive Entwicklungen erkannten. Die Weltgeschichte wurde somit nicht mehr unbedingt als Heilsgeschichte verstanden. Die „Geschichte" war damit als vergleichsweise selbständige wissenschaftliche Disziplin geboren[194]. In den ermittelten venezianischen Buchbeständen erreichen historiographische Werke, welche eine Grundlage zur Auseinandersetzung mit der Geschichte bieten konnten, im Gegensatz zu den Werken der wissenschaftlichen Disziplinen allerdings eine vergleichsweise geringe Häufung und eine relativ hohe Verbreitung. In 41 Bibliotheken lassen sich 79 historiographische Werke nachweisen. Hierunter finden sich Schriften antiker, frühchristlicher, mittelalterlicher und zeitgenössischer Geschichtsschreiber[195].

6.4.4.1. Antike Historiographie

In 27 ermittelten Bibliotheken befanden sich 43 verschiedene Werke antiker Historiographie.

Die Venezianer verfügten dabei über ein Spektrum von zehn veschiedenen Autoren. Neunmal kann die römische Geschichte des Titus Livius nachgewiesen werden, achtmal die des Valerius Maximus. Siebenmal findet sich Sallust, sechsmal Lukanus, dreimal der *Jüdische Krieg* des Flavius Josephus, jeweils zweimal Werke des Tacitus, die Kaiserviten Suetons sowie Ovids Beschreibung der römischen Festtage. Zwei Werke sind ohne Autorenangabe mit *De bello gallico* bezeichnet[196]. Jeweils einmal sind Diodor und die griechische Geschichte des Dionysos von Halicarnassos erwähnt.

---

194 Vgl. Baron, Hans: Das Erwachen des historischen Denkens im Humanismus des Quattrocento. In: Historische Zeitschrift 147, 1933, S 5-20. Zum Geschichtsbild vgl. auch Geschichtsdenken und Geschichtsbild im Mittelalter, hrsg. von Walter Lammers, Darmstadt 1965 und Löwith, Karl: Weltgeschichte und Heilsgeschichte. Stuttgart 1967.

195 Zur Literatur vgl.u.a. Werner, Carl Ferdinand: Einheit der Geschichte. Studien zur Historiographie, hrsg. von Werner Paravicini, Sigmaringen 1999; Historiographie des frühen Mittelalters, hrsg. von Anton Scharer, Wien 1994; Lesky; Bickel; Altaner / Stuiber und Brunhölzl.

196 Einmal wird ein Aretinus als Autor angegeben. Es handelt sich wahrscheinlich um eine falsche Zuschreibung. Girolamo da Molin besaß mit großer Wahrscheinlichkeit den *Gallischen Krieg* des Julius Cäsar. Vgl. Anhang I, 1458/1486.

Antike Historiographie kann im 14. Jahrhundert in jeder neunten der ermittelten Bibliotheken, im 15. Jahrhundert in jeder neunten bis zehnten nachgewiesen werden. Eine deutliche Veränderung ist damit nicht festzustellen. Die Verbreitung im 14. Jahrhundert kann im Vergleich zu der in dieser Zeit erst ansatzweise nachweisbaren antiken Philosophie als relativ hoch bezeichnet werden[197]. Antike Historiographie und Philosophie stellen bezüglich ihrer Verbreitung also unterschiedliche Literaturtypen dar.

Fünfmal können Kleriker als Buchbesitzer nachgewiesen werden. Mithin war ungefähr nur jeder fünfte der ermittelten Besitzer eines antiken historiographischen Werkes Mitglied des heiligen Standes. Bei Patriziern können historiographische Werke der Antike zwölfmal, bei Bürgern neunmal nachgewiesen werden.

Die Quellen dokumentieren, daß antike Historiographie nicht gesammelt wurde. Lediglich Giovanni Recanati, Bagio da Molin und Lodovico Gradenigo besaßen nachweislich mehrere Werke. Ansonsten sind bei den Buchbesitzern lediglich ein oder zwei Bände erwähnt[198].

Tabelle: Buchbesitzer Historiographie / Antike

Name	Jahr	Stand	Titel/ Beruf / Rang / Position	Anzahl
Marco Dandolo	1319	Patrizier	Kaufmann / Botschafter	1
Francesco Dandolo	1339	Patrizier	Doge	1*
Guidono da Bagnolo	1362	Bürger	*medicus*	2
Marco Soranzo	1370	Patrizier	*imperialis miles*	1
Lodovico Gradenigo	1372	Patrizier	Gesandter	4
Paolo da Bernardo	1374	Bürger	- kein Hinweis -	1
Giovanni Gradenigo	1381	Patrizier	- kein Hinweis -	1
Magister Odoricus	1382	Bürger	Schulmeister	1
Raffaino Caressini	1385	Bürger	*cancelliere ducale*	1
Francesco Lancenigo	1400	Kleriker/ Patrizier	Kanoniker / *segretario del papa*	2
Giovanni Recanati	1428	Bürger	*medicus*	3
Alvise Dona	1438	Patrizier	- kein Hinweis -	1
Filippo degli Arditi	1440	Bürger	*decretorum doctor*	1
Bagio da Molin	1444	Kleriker/ Patrizier	*decretorum et theologiae doctor*, Patriarch	4*
Lorenzo Correr	1449	Patrizier	- kein Hinweis -	1
Bartolomeo Querini	1453	Patrizier	- kein Hinweis -	1
Francesco Barbaro	1454	Patrizier	- kein Hinweis -	1
Bernardus Minimo	1455	Kleriker	*decretorum doctor* / Bischof	2*
Girolamo da Molin	1458	Patrizier	*iuris doctor* / Prokurator	2*
Pietro Tomasi	1458	Bürger	*medicus*	2
Giuglielmo Querini	1468	Patrizier	Kaufmann	2*

197 Vgl. Kap. 6.3.4.
198 Bei zwölf von ihnen ist der gesamte Buchbesitz, bei zweien ein relativ umfangreicher Bestand von über 50 Exemplaren ermittelt worden.

Pietro Bembo	1469	Kleriker/ Patrizier	Papst	1
Anonymus	1472	unb.	- kein Hinweis -	2
Iuliano Rivanello	1474	Bürger	- kein Hinweis -	2*
Pre Lorenzo	1480	Kleriker	Priester	1
Bartolomeo Bragadin	1480	Patrizier	- kein Hinweis -	1
Francesco de Presta de Bormi	1498	Bürger	- kein Hinweis -	1

*gemeinsam mit Hagiographie

6.4.4.2. Frühchristliche Historiographie

Historiographische Werke frühchristlicher Autoren lassen sich elfmal in neun Bibliotheken ermitteln. Am häufigsten (sechsmal) ist die von der Erschaffung Adams bis zur Eroberung Roms durch Geiserich reichende Weltchronik des Prosperus von Aquitanien verzeichnet. Desweiteren sind die auf Livius, Tacitus und Sueton fußende Weltgeschichte des Orosius (dreimal), eine Chronik des Eusebius (zweimal) sowie die Chronik der Westgoten Isidors von Sevilla dokumentiert.

Tabelle: Buchbesitzer / frühchristliche Historiographie (Patristik)

Name	Jahr	Stand	Titel/ Beruf / Rang / Position	Anzahl
Francesco Dandolo	1339	Patrizier	Doge	1*
Francesco Lancenigo	1400	Kleriker/ Patrizier	Kanoniker / *segretario del papa*	1
Giovanni Recanati	1428	Bürger	*medicus*	1
Alvise Dona	1438	Patrizier	- kein Hinweis -	1
Bagio da Molin	1444	Kleriker/ Patrizier	*decretorum et theologiae doctor*, Patriarch	2*
Pre Piero	1465	Kleriker	*titularius*	1
Iuliano Rivanello	1474	Bürger	- kein Hinweis -	1*
Pre Lorenzo	1480	Kleriker	Priester	1
Girolamo da Molin	1486	Patrizier	*iuris doctor* / Prokurator	2*

* gemeinsam mit Hagiographie

6.4.4.3. Historiographie des Mittelalters und der Renaissance

Chroniken des Mittelalters und der Frührenaissance sind 25mal bei elf Buchbesitzern festzustellen. Bagio da Molin sammelte vor allem verschiedene Teile der Weltgeschichte Guidos von Bazoches und hinterließ sie seinem Enkel Girolamo. Insgesamt tauchen in den Quellen damit fünf Exemplare des französischen Schriftstellers auf. Ebenfalls fünfmal finden sich in vier Bibliotheken Teile des Kompendiums der Weltgeschichte von Martinus von Troppau.

Dreimal können in drei Bibliotheken die Biographien großer Philosophen des Walter Burley nachgewiesen werden, und zweimal finden sich bei zwei Buchbesitzern die Lebensbeschreibungen berühmter Frauen, das *De mulieribus claris* Giovanni Boccaccios. Zudem sind einzelne Exemplare der Chronik des Heiligen Landes von Burchard Barby, dem *De regimine principum* von Aegidius Romanus, der Chronik Oberitaliens von Rolandinus von Padua, ein Exemplar der Lebensbeschreibungen des Facius, einmal die Tatenberichte des Gallischen Krieges von Francesco Barbaro und einmal ein mit „Chronica damaschi" bezeichnetes Werk nachzuweisen. Zweimal wurden Bücher mit *chronache* bzw. *liber chronache* bezeichnet und lassen sich nicht genauer kennzeichnen. Ein Werk wurde mit der Bezeichnung „chronicam mussat[=r]iam" im Testament notiert[199].

Es überwiegen die Werke des 13. Jahrhunderts (Martinus, Guido von Bazoches, Rolandinus von Padua, Aegidius Romanus, Burchard Barby) und des frühen 14. Jahrhunderts (Walter Burley). Boccaccio (1313-1375) und Facius (1400-1457) sind die einzigen zeitgenössischen Autoren, die dokumentiert sind. Die Beschreibung berühmter Frauen, ein Spätwerk Boccaccios, wurde in Venedig erstmalig im Jahre 1401 notiert, das Werk des Facius 1474. Beide waren zu diesen Zeitpunkten noch nicht lange in Verbreitung.

Historiographische Werke traten in der Regel in einer Bibliothek nicht gehäuft auf. Eine besondere Vorliebe ist damit nicht festzumachen. Lediglich das Kompendium des Martinus Oppaviensis befand sich in vier verschiedenen Bibliotheken.

Eine Chronik der Stadt Venedig kann in den vorliegenden schriftlichen Quellen kein einziges mal eindeutig nachgewiesen werden. Unter Umständen verbirgt sich hinter dem *liber chronache* Francesco Dandolos oder der *chronaca* Francesco Giustinians die Stadtgeschichte Venedigs. In der Biblioteca Marciana haben sich allerdings über 1000 Handschriften venezianischer Stadtchroniken erhalten, welche sich ursprünglich in Privatbesitz von Patrizierfamilien befanden und häufig mit der entsprechenden Familienstammtafel zusammengebunden sind[200]. Antonio Carile folgert hieraus, daß eine Stadtchronik ein durchaus gebräuchlicher Familienbesitz - zumindest der herrschenden Patrizierfamilien seit der Mitte des 14. Jahrhunderts - gewesen sei, nachdem schon u.a. mit dem Dogen Andrea Dandolo, der eigenhändig eine Chronik verfaßte, die Dokumentation der Stadtgeschichte ein öffentliches Interesse der Republik geworden war[201]. Die Chroniken schildern unter anderem die Gründung der Stadt durch den Evangelisten Markus und legitimieren

---

199 Möglicherweise ist hier verwiesen auf die *Chronik von Monembasia* (ital. *Monemvasia)* oder die Chronik von Morea.

200 Vgl. Zorzi: Dal mansocritto al libro, S. 830-832.

201 Vgl. Carile, Antonio: Aspetti della cronistica veneziana nei secoli XIII e XIV, In: La storiografia veneziana fino al secolo XVI. Aspetti e problemi, hrsg. von Agostino Pertusi, Firenze 1970, S. 75-125, hier v.a. S. 80.

dadurch nicht nur die Überführung der Gebeine des Heiligen in die Stadt, sondern auch die Stellung der Republik als eigenständige politische Macht gegenüber Papst, heiligem römischen und byzantinischem Reich. Darüber hinaus legitimierten die Chroniken die bestehende Herrschaftsstruktur der Stadt, indem sie das Patriziat genealogisch auf den römischen Adel zurückführten. Zorzi vermutet, daß die Chroniken zusammen mit den übrigen Familiendokumenten, den Geschäftsbüchern, Mitgiftverträgen etc. in den Häusern gesammelt wurden. Sofern diese in Inventaren erwähnt werden, sind sie immer an anderer Stelle als die Bücher mit der Bezeichnung *quaderni* oder *scritture* aufgeführt[202]. Der Umstand, daß die Stadtchroniken scheinbar nirgendwo in den untersuchten Quellen namentlich Erwähnung fanden, läßt darüber hinaus vermuten, daß sie gemeinsam mit den Stammtafeln Familienbesitz darstellten und beim Tod des Familienvorstandes automatisch in der Familie blieben, deshalb nicht Gegenstand einer Erbschaftsverwaltung waren und auch nicht an Dritte verkauft oder vererbt wurden. Zu einer Notierung in den untersuchten Quellen bestand damit nie Anlaß. Cariles Behauptung ist also nicht zu widerlegen. Die Stadtchronik besaß einen Sonderstatus. Sie war kein Medium, das gekauft, verkauft oder verliehen wurde, sondern in der Tat ein familiäres Dokument, das die Zugehörigkeit der Familien zur herrschenden Klasse belegte und den politischen *status quo* legitimierte. Von einer Präsenz der Stadtchroniken in den Adelshaushalten muß deshalb ausgegangen werden.

Tabelle: Buchbesitzer / Historiographie des Mittelalters und der Frührenaissance

Name	Jahr	Stand	Titel/ Beruf / Rang / Position	Anzahl
Lodovico Gradenigo	1372	Patrizier	Gesandter	1
Francesco Lancenigo	1400	Kleriker/ Patrizier	Kanoniker / *segretario del papa*	1
Bartolomeo a Ferro	1401	Bürger	*rector scolarum*	1
Pietro Corner	1406	Patrizier	Prokurator	1
Lodovico Correr	1440	Patrizier	Kaufmann	1
Bagio da Molin	1444	Kleriker/ Patrizier	*decretorum et theologiae doctor*, Patriarch	7*
Francesco Barbaro	1454	Patrizier	- kein Hinweis -	2
Bernardus Minimo	1455	Kleriker	*decretorum doctor* / Bischof	1*
Girolamo da Molin	1458/86	Patrizier	*iuris doctor* / Prokurator	4*
Iuliano Rivanello	1474	Bürger	- kein Hinweis -	1*
Pre Lorenzo	1480	Kleriker	Priester	2

*gemeinsam mit Hagiographie

---

202 Zur Art der Notierung und zur getrennten Lagerung vgl. Kap. 4.1 und Kap. 7.2.

Tabelle: Buchbesitzer / Historiographie / ungeklärt

Name	Jahr	Stand	Titel / Beruf / Rang / Position	Anzahl
Francesco Dandolo	1339	Patrizier	Doge	1*
Francesco Giustinian	1452	Patrizier		1
Bernardus Minimo	1455	Kleriker	*decretorum doctor* / Bischof	1*

* gemeinsam mit Hagiographie

6.4.4.4. Auswertung und Vergleich

Insgesamt fällt auf, daß sich, abgesehen von den nicht faßbaren venezianischen Stadtchroniken, Chroniken christlicher Autoren im Gegensatz zur antiken Historiographie nur sehr selten für das 14. Jahrhundert nachweisen lassen. Die Werke antiker Autoren hatten eine wesentlich höhere Verbreitung. Berücksichtigt man, daß die Weltgeschichten des Prosperus und des Orosius sowie das Werk des Eusebius römische oder vorrömische Geschichte zum Inhalt haben, wird in 55 Werken ausschließlich antike Geschichte behandelt, während nur 22 Werke auch nachrömische Geschichte dokumentieren.

Sieben Buchbesitzer besaßen sowohl antike als auch mittelalterliche und moderne Chroniken. Ihr gesamter Buchbesitz wurde im 15. Jahrhundert aktenkundig. Darüber hinaus nannten sie einen umfangreichen Buchbestand ihr Eigen. Bagio da Molin verfügte über eine historiographisch, religiös, theologisch und juristisch ausgerichtete Buchsammlung, welche teilweise samt den Chroniken in den Besitz seines Neffen Girolamo überging, der sich seinerseits schon eine *chronica* des Martinus Oppaviensis zugelegt hatte[203]. Beim Erzbischof Bernardo Minimo waren vier historiographische Werke Teil einer vorwiegend an humanistischen Bildungsidealen orientierten Buchsammlung. Francesco Barbaro besaß drei historiographische Werke und Iuliano Rivanello zwei[204]. Diese erwähnten Venezianer besaßen auch hagiographische Schriften. Heilsgeschichte und Weltgeschichte war in ihren Buchbeständen gemeinsam vertreten. Francesco Lancenigo besaß neben seinen vier historiographischen Werken ein breites Spektrum vorwiegend antiker Literatur[205]. Der Priester *Pre Lorenzo* hatte ebenfalls vier Chroniken und ansonsten eine vielfältige Bibliothek sowohl antiker als auch scholastischer Autoren[206]. In sämtlichen dieser Fälle war Historiographie ein wesentlicher Bestandteil von Gelehrtenbiblio-

---

203 Girolamo vermerkte seine *Chronica di fra martini* schon im *Alphabetum librorum*, als er noch um das Erbe seines Onkels, inklusive dessen Bücher, vor Gericht stritt. Vgl. Kap. 6.4.2. Anm. 179.
204 Vgl. Anhang I, 1455/1.
205 Vgl. Anhang I, 1400.
206 Vgl. Anhang I, 1480/1.

theken und damit offenbar auch Gegenstand wissenschaftlicher Auseinandersetzung[207].

Ein großer Teil der notierten antiken Historiographie findet sich indes
häufig gemeinsam mit Lehrwerken erwähnt[208]. Die Rezeption der Werke
erklärt sich in diesen Fällen möglicherweise nicht nur aus einem Interesse an
antikem Wissen und antiker Geschichte, sondern auch durch den Bedarf an
Literatur zum Erlernen der lateinischen Sprache[209].

In einigen, zumeist kleineren Buchsammlungen können die historiographischen Werke zwar ebenfalls gemeinsam mit vereinzelten wissenschaftlichen
oder philosophischen Schriften ermittelt werden. Auffallend häufig werden sie
jedoch mit Werken erzählender Literatur, Epen, Novellen oder Dramen
erwähnt. Der Schulmeister Bartolomeo a Ferro erwähnte 1401 in seinem Testament Boccaccios *De mulieribus claris* und die *Metamorphosen* des Ovid,
welche er gerade verliehen habe[210]. Aus dem Besitz des *imperialis miles* Petro
Soranzo wurden 1370 ein Dante, die *Fatti di Cesare*[211] und ein Valerius
Maximus versteigert[212]. Aus dem Besitz der *cancelliere ducale* Rafaino
Caressini, der u.a. die Stadtchronik Andrea Dandolos weiterführte, verstei-
gerte man 1385 neben einem Sallust auch zwei scholastische Werke, eine
Rhetorik Ciceros, zwei Werke Senecas - unter anderem dessen Tragödien -,
einen Horaz und einen Vergil[213]. Bartolomeo Bragadin besaß neben einem
Valerius Maximus zwei Madonnenoffizien, die Briefe Ciceros, die Ethik des
Aristoteles, die Logik Polo della Pergolas, ein Buch zur Erdzeichenlesekunst,
ein astrologisches Werk, einen Petrarca, einen Vergil, einen Seneca und die
Remedia amoris Ovids[214]. Ein Interesse an historischen Gegebenheiten kann
in diesen Fällen nicht ausgeschlossen werden, zumal Heldenepen und mythologische Erzählungen ebenfalls dokumentierenden Charakter haben. Die
Werke dienten damit möglicherweise auch in diesen Buchsammlungen dem
Studium und der Wissenserweiterung. Unter den Buchbesitzern befinden sich
zahlreiche Patrizier, unter anderem ein Doge und ein Heerführer. Hier könnten
ebenfalls eine Orientierung an Vorbildern oder ein Interesse aus praktischen
Notwendigkeiten den Besitz von Tatenbeschreibungen antiker und mittelalterlicher Herrscher und Heerführer motiviert haben. Gleichfalls treten einzelne
Staatsdiener und Juristen als Buchbesitzer insbesondere der antiken Historio-

---

207 Zur Wertschätzung der Geschichte durch einzelne Humanisten vgl. Kap. 6.4.4. Vgl.
   auch Baron: Das Erwachen des historischen Denkens.
208 Vgl. Kap. 6.3.5.
209 Vgl. Kap. 3.1.3.
210 Vgl. Anhang I, 1401/3.
211 Es handelt sich dabei um eine mittelalterliche „literarische" Tatenbeschreibung Iulius
   Cäsars.
212 Vgl. Anhang I, 1362.
213 Vgl. Anhang I, 1485/2.
214 Vgl. Anhang I, 1480/2.

graphie auf. Das literarische Interesse an den Geschicken des römischen Staatswesens ging hier unter Umständen einher mit einem berufsbedingtem Interesse am römischen Recht und römischer Staatskunst. Gleichzeitig dokumentieren die Buchbestände jedoch auch ein Interesse an Erzählungen und damit an Unterhaltung. Zu beachten gilt es diesbezüglich, daß sowohl antike Mythologie als auch einzelne historiographische Werke des Titus Livius, des Valerius Maximus oder des Sallust schon in volkssprachlichen Versionen vorlagen[215], was eine Rezeption der Literatur seitens verschiedener Gesellschaftsgruppen durchaus begünstigte.

Auffällig ist ferner, daß historiographische Werke, welche nicht Bestandteil einer größeren Gelehrtenbuchsammlung waren, sondern andere Werke mit erzählendem und unterhaltendem Charakter ergänzten, vorwiegend im Besitz von Laien waren. Eine Literatur, in der überweigend Laien als Helden auftreten, wurde offenbar bevorzugt von Laien gelesen. Klerikern läßt sich ein Interesse an Historiographie, das nicht auch dem Studium oder der Erbauung diente, nicht nachweisen.

Historiogaphische Werke, insbesondere die der Antike, stellten in der Tat eine „gemeine" Literatur dar. Sie wurde von verschiedenen Gruppen in Venedig zu unterschiedlichen Zwecken konsultiert. Sie wurde im Zuge des Humanismus durchaus eigener Bestandteil der Gelehrtenliteratur, jedoch fand sie offenbar auch als reine Unterrichtsliteratur Verwendung und wurde aufgrund ihres narrativen Chrakters gemeinsam mit anderen erzählenden Werken konsultiert.

6.4.5.   Mythologie, Lyrik und schöngeistige Literatur

Literatur im engeren Sinne ist in der Form von Epen, Heldengedichten, Lauden, Gesängen (canzoni), Spottgedichten, Satiren, Novellen, mythologischen Erzählungen, mittelalterlicher Romanliteratur, Lyrik, Komödien und Tragödien sowie vereinzelten Briefsammlungen mit literarischem Charakter nachweisbar. Insgesamt sind 105 Werke aus verschiedenen Epochen in 51 venezianischen Buchsammlungen zu finden.

6.4.5.1.   Antike Literatur

Bei 33 Buchbesitzern sind 66 verschiedene Werke antiker Mythologie, Satiren und Dramen verzeichnet. Verbreitet war vor allem Ovid, insbesondere seine *Metamorphosen*, die zwölfmal identifiziert werden können. Viermal finden sich seine Briefe und einmal sein Heilmittel gegen die Liebe, die *Remedia amoris*. Vergil ist insgesamt 13mal in den Quellen aufgeführt, hauptsächlich

---

215 Vgl. u.a. Buck: Die Bedeutung der „volgarizzamenti", S. 21-36.

seine *Aeneis*, komplett oder in einzelnen Dekaden, und einmal seine Hirten-
gedichte, die *Eklogen*. Achtmal ist der *Aesop*-Roman genannt, und viermal
finden sich die Epen Homers. Das einem Diktys als angeblichem Verfasser
zugeschriebene Tagebuch des Trojanischen Krieges ist einmal erwähnt,
ebenso die *Achilleis* des Statius. Horaz wird als Autor achtmal aufgeführt,
allerdings lassen sich nur seine Briefe und seine Oden an die Freude als
Werke literarischen Charakters identifizieren. Desweiteren finden sich jeweils
dreimal die Gedichte des Catullus sowie die satirischen Werke des Juvenal
und des Persius. Einmal sind die Spottgedichte des Martial und die Elegien
des Xenophanes notiert. Jeweils einmal sind - unter dem Titel *De aureo asino*
- auch die Metarmorphosen des Apuleius, die *Attischen Nächte* des Aulius
Gellius und die Liebeslyrik des Tibullus aufgenommen. Darüber hinaus sind
auch antike Dramen verzeichnet, vor allem die Tragödien Senecas, welche
insgesamt zehnmal erwähnt werden. Jeweils einmal sind der lateinische
Komödienschreiber Plautus sowie die griechischen Dramatiker Aristophanes,
Sophokles und Euripides genannt.

Die Buchbesitzer verteilten sich auf die verschiedenen Stände, jedoch ist
auffällig, daß auch im Bereich der antiken Literatur die Kleriker gegenüber
den Laien verhältnismäßig unterrepräsentiert waren. Nur sechs Buchbesitzer
waren Kleriker gegenüber 14 Patriziern und 13 Bürgerlichen (siehe Tabelle).

Antike Literatur und Dichtung ist in jeder sechsten der ermittelten Bibliotheken des 14. Jahrhunderts und in jeder achten des 15. Jahrhunderts nachzuweisen. Vor allem Ovid, Seneca und der *Aesop*-Roman waren schon im frühen
14. Jahrhundert stark vertreten. Vergil verbreitete sich ebenso wie die Schriften Ciceros erst von 1372 an[216]. Die verschiedenen Satiriker und vor allem die
griechischen Autoren sind ebenfalls größtenteils im 15. Jahrhundert erwähnt.
Griechische Werke stellten gegenüber den relativ weit verbreiteten Werken
Ovids und Senecas erwartungsgemäß eine reine Spezialistenliteratur dar, die
sich im Zuge des Humanismus in Venedig erst zu verbreiten begann. Sie
befanden sich lediglich in drei Bibliotheken und waren bis auf ein Werk
Homers ausschließlich im Besitz des Humanisten Francesco Barbaro.

Die über die Quellen belegten Schriften genügten in der Frührenaissance
verschiedenen Ansprüchen. Alberti lobte Mitte des 15. Jahrhunderts die antiken Dichter Vergil und Homer aufgrund der Anmut und der Poesie ihrer
Sprache[217]. Dichtung und Epen erfreuten ihre Rezipienten allerdings nicht nur
durch ästhetische Qualitäten. Die Tragödien Senecas dienten als moralphilo-
sophisches Anschauungsmaterial. Die *Metamorphosen* Ovids, die von Rigoristen zum Teil als lasziv verdammt wurden, fungierten für andere als erbauliche Literatur oder als Kompendium der antiken Mythologie und damit des

---

216 Vgl. Kap. 6.2.4.
217 Vgl. Kap 3.2.

antiken Wissens[218]. Einige Werke wie die Schriften Ovids, Vergils oder Lucans existierten zudem schon in volkssprachlichen Versionen. Die Übersetzungen lassen ihrerseits unterschiedliche Funktionen erkennen. Zum Teil sind die Texte sprachlich und inhaltlich sehr vereinfacht, um einem breiteren Publikum zugänglich zu sein. Die Geschichten sind aus der antiken mythologischen Welt in die Alltagswelt der Frührenaissance versetzt. Sie entsprachen somit dem Erfahrungshorizont des durchschnittlichen Zeitgenossen und waren für diesen verständlich. Bei der zu Beginn des 14. Jahrhunderts vorgenommenen Ovid-Übersetzung Simone Simintendis wird beispielsweise aus der Nymphe Daphne eine *fanciulla*, ein junges Mädchen, und Orakelsprüche werden als Gebete wiedergegeben. In anderen Ovid-Übersetzungen finden sich ergänzend ursprünglich nicht erzählte Mythen der Antike. Zudem ist ein Inhaltsverzeichnis, eine Art Index, angefügt, durch den das Werk als Nachschlagewerk nutzbar wird. Darüber hinaus existierten sehr stark an das Original angelehnte, lyrisch ausgearbeitete Versionen, die offensichtlich hohen literarischen Ansprüchen genügten[219].

22 Buchbesitzer hatten nachweislich neben der antiken fiktiven Literatur auch Werke antiker Philosophie. Bei 16 der 34 Buchbesitzer konnte zusätzlich antike Historiographie festgestellt werden. Bei zehn der übrigen 18 Buchbesitzer ist der Buchbestand nicht vollständig erfaßt. Lediglich acht Buchbesitzer verfügten somit ausschließlich über literarische Werke der Antike, ohne gleichzeitig entsprechende historiographische Schriften zu besitzen. Diese Übereinstimmung ist als besonders hoch zu bewerten.

Die nachgewiesenen Buchbesitzer zeigten in der Mehrzahl ein umfassendes Interesse an Zeugnissen antiker Überlieferung und damit an der Antike als solcher. Unter Umständen hat sich antike Mythologie und Dichtung im Zuge des Renaissance-Humanismus eher aufgrund dieses allgemeinen Interesses als vorrangig aufgrund ihres narrativen Charakters, ihrer unterhaltenden Eigenschaften oder ihres „dichterischen Wertes" verbreitet[220]. Zeitgenössische Humanisten wie Petrarca oder Hartmann Schedel, die ebenfalls sämtliche Gattungen der antiken Literatur besaßen, führten in ihren Bücherlisten Historiographen, Dichter und Philosophen allerdings getrennt voneinander auf. Sie begriffen sie also als unterschiedliche Gattungen und differenzierten entsprechend. Für Alberti läßt sich ähnliches nachweisen. Er lobte die Dichtungen Vergils und Homers aufgrund der Anmut und der Poesie der Sprache und verehrte die Philosophen und Historiographen Demosthenes, Cicero, Livius

---

218 Vgl. u.a. Buck: Die Bedeutung der „volgarizzamenti", S. 13-21.
219 Vgl. v.a. die vergleichenden Textanalysen der *volgarizzamenti* Giovanni dei Bonsignori, Arrigo Simintendi und des Girolamo da Siena bei Guthmüller: Ovidio Metamorphoseos, S. 56-135.
220 Insbesondere die Metamorphosen Ovids galten auch als Kompendium und Nachschlagewerk der antiken Mythologie. Vgl. Alberti, S. 84 f. und Kap 3.1.3.

und Xenophon aufgrund ihrer Beherrschung der Grammatik[221]. Die Buchbe-
sitzer Venedigs hingegen, die sich ebenfalls sämtlichen Gattungen der antiken
Literatur zuwandten, unterschieden diese nicht unbedingt voneinander. *Pre
Piero*, der *titularius* von San Jacobo all'Orio, fügte seinem Testament eine
Bücherliste an, innerhalb der er antike und religiöse Werke differenzierte, die
antike Literatur jedoch nicht weiter unterteilte. Seine *Metamorphosen* des
Ovid waren außerdem mit einer Sammlung grammatikalischer Regeln in
einem Band zusammengebunden[222]. Insgesamt sind bei acht Buchbesitzern
Werke antiker Literatur gemeinsam mit grammatikalischen Lehrwerken
erwähnt. Antike Dichtung und Epen könnten auch hier wie antike Historiographie, als Unterrichts- bzw. Lernliteratur gedient haben. Der Arzt Geraldus
de Regio hinterließ hingegen 1386 in seinem Testament zunächst einem noch
zu bestimmenden armen Studenten alle seine Bücher aus den Bereichen
Logik, Philosophie und Medizin. Darüber hinaus, so erwähnt er, habe er noch
drei weitere Bücher in seinem Haus, die vollständige *Aeneis* Vergils, die
gesamten *Metamorphosen* des Ovid und die Komödien des Terentius:

...Item dimitto meos libros loycalles et philosophie et medicine, distribuendos pauperibus scolaribus intrantibus in studiis generalibus...Notum facio quoniam habeo ultra
meos libros qui sunt in domo mea, etiam libros tres silicet primum opus ovidii
complectum (sic), secundum librum opus virgilii completum, tercitum vero terentium
africani...[223]

Geraldus hatte seine verschiedenen Bücher deutlich voneinander getrennt.
Ovid, Vergil und Terentius sah er offensichtlich nicht als reines Gelehrten-
rüstzeug an, denn er wies den Dichtern eine gesonderte Position zu. Wie sein
Zeitgenosse Petrarca differenzierte er antike Dichter von Historikern und
Philosophen[224].

In allen Fällen war antike Literatur Eigentum von Buchbesitzern, bei denen
aufgrund ihrer akademischen Titel eine höhere Bildung vorausgesetzt werden
kann, oder die über eine Gelehrtenbuchsammlung verfügten, die ansonsten
scholastische, philosophische oder naturkundliche Werke umfaßte[225]. Frauen,
denen höhere Bildung in der Regel verschlossen war, konnten als Eigentüme-
rinnen antiker Literatur ebenfalls nicht ermittelt werden. Demnach ist festzuhalten, daß die Lektüre antiker Literatur, egal, ob die Besitzer sich ihr aus
einem Interesse an antikem Wissen heraus oder vorrangig aus Freude an
schöngeistiger Literatur widmeten, ein Vergnügen war, das vorwiegend unter
Gelehrten Verbreitung fand, welche auch der lateinischen Sprache mächtig

---

221 Vgl. Kap. 3.2.1.
222 Vgl. Anhang I, 1465/3.
223 Vgl. ASV, S.N., Testamenti, B. 466, Giovanni Gazo, Registro 8v, Nr. 24, sowie Carta
    Nr. 3. Vgl. auch Lazzarini, Lino: S. 236 f.
224 Vgl. Kap. 6.2.
225 Vgl. Kap. 6.3.3. und 6.2.4.

waren. Antike Literatur stellte in diesem Sinne somit keine gemeine Literatur dar, obwohl sie zum Teil schon von Übersetzern einem breiteren Lesepublikum zugänglich gemacht worden war.

Tabelle: Buchbesitzer / Antike Literatur (Mythologie / Epen / Dramen)

Name	Jahr	Stand	Titel / Beruf / Rang / Position	Anzahl
Marco Dandolo	1319	Patrizier	Kaufmann / Gesandter	1 *
Francesco Dandolo	1339	Patrizier	Doge	1 *⁄ **
Giacomo Gradenigo	1340	Patrizier	- kein Hinweis -	1
Lorenzo da Mezzo	1346	Kleriker	Priester	1
Magister Johannes	1361	Bürger	Schulmeister	1 **
Marco Inzegneri	1366	Bürger	Kaufmann	2
Magister Bonus	1371	Bürger	Schulmeister	1 *
Lodovico Gradenigo	1372	Patrizier	Gesandter	3 *
Paolo da Bernardo	1374	Bürger	- kein Hinweis -	3
Andriolo Alemanno	1381	Bürger	*medicus*	1
Raffaino Caressini	1385	Bürger	*cancelliere ducale*	4 *
Geraldus de Regio	1386	Bürger	*medicus*	3
Andrea Cocho	1398	Patrizier	- kein Hinweis -	1
Francesco Lancenigo	1400	Kleriker/ Patrizier	Kanoniker / *segretario del papa*	3 *
Bartolomeus a Ferris	1401	Bürger	Schulmeister	1
Pietro Correr	1406	Patrizier	Prokurator	1 **
Girolamo Dona	1412	Patrizier	- kein Hinweis -	1
Giovanni Recanati	1428	Bürger	*medicus*	2 *
Pietro Zuda	1428	Bürger	*medicus*	1
Alviese Dona	1438	Patrizier	- kein Hinweis -	1 *
Filippo degli Arditi	1440	Bürger	*decretorum doctor*	3 *
Marco Morosini	1441	Kleriker	*decretorum doctor*	1 **
Bagio da Molin	1444	Kleriker/ Patrizier	Patriarch	1 *
Lorenzo Corner	1449	Patrizier	- kein Hinweis -	1 *⁄ **
Francesco Giustinian	1452	Patrizier	- kein Hinweis -	2 **
Francesco Barbaro	1454	Patrizier	- kein Hinweis -	5 *
Girolamo da Molin	1458	Patrizier	*iuris doctor* / Prokurator	1 *
Lorenzo Sanudo	1458	Patrizier	Kaufmann	4
Pietro Tomasi	1458	Bürger	*medicus*	3 *
Pre Piero	1465	Kleriker	*titularius*	6
Iuliano Rivanello	1474	Bürger	- kein Hinweis -	2 *
Bartolomeo Bragadin	1480	Patrizier	- kein Hinweis -	3 *⁄ **
Pre Lorenzo	1480	Kleriker	Priester	4 *⁄ **

* zusammen mit Historiographie
** zusammen mit Grammatiken und Lehrwerken

6.4.5.2. Lyrik und Prosa des Mittelalters und der Renaissance

Insgesamt 38 Werke europäischer Lyrik und Prosaliteratur des Mittelalters und der Frührenaissance können bei 26 Buchbesitzern nachgewiesen werden.

Die drei großen Florentiner Autoren Dante, Petrarca und Boccaccio nehmen deutlich eine führende Position ein. Dantes *Göttliche Komödie* ist am häufigsten, insgesamt elfmal, anzutreffen. Sechsmal sind Bände mit Sonetten Petrarcas erwähnt. Davon sind namentlich einmal der *Canzoniere*, zweimal die *Triumphi* und einmal die *Cantilenes morales* aufgeführt[226]. Von Boccaccio sind einmal das *Ninfale fiesolano* und zweimal seine *L'Elegie di madonna fiametta* verzeichnet. Darüber hinaus finden sich zweimal seine Lebensbeschreibungen berühmter Frauen, das *De mulieribus claris*, welche auch historiographische Werke darstellen[227]. Bücher mit Boccaccio als Autorenangabe sind noch in drei weiteren Fällen erwähnt. Einmal ist auf eine Sammlung von hundert volkssprachlichen Novellen hingewiesen, womit möglicherweise der *Decamerone* Boccaccios oder ein Exemplar des heute als *Novellino* bekannten Novellensammlung gemeint sein könnte, welche ursprünglich auch unter dem Titel *Cento novelle antiche* verbreitet war[228]. Ferner sind jeweils einmal das *Tesoretto* Brunetto Latinis sowie die *Facetie*, die lasziven Schriften des Poggio Bracciollini, erwähnt. Auch finden sich Gedichte und Prosatexte anonymer Autoren oder Werke ohne Autorenangabe. Viermal sind mittelalterliche *Troja*-Romane verzeichnet und einmal die *Fatti di Cesare*. Jeweils einmal findet sich ein *libro de romancii*, ein *libro de chanzon e laudi* und *chanzoni*. Zweimal findet sich der Hinweis auf sogenannte Blümelein, *Fiori* bzw. *Fiori novelle*. Möglicherweise verbergen sich hinter Büchern, welche lediglich als Bücher in Französisch notiert sind ("libro in franxese"), französische oder provenzalische Erzählungen und Lyrik[229].

Literatur des Mittelalters und der Renaissance ist bei jedem elften bis zwölften Buchbesitzer des 14. Jahrhunderts und bei jedem neunten bis zehnten des 15. Jahrhunderts nachweisbar. Eine merkliche Zunahme der Verbreitung im Laufe der Jahrhunderte läßt sich bei dieser Gattung anhand der Quellen also nicht ablesen.

Als Besitzer traten Frauen wie Männer auf. Auffällig ist darüber hinaus, daß unter ihnen nur ein Kleriker, der Bischof Bernardo Minimo war. Hier liegt also wie bereits im Falle der historiographischen Werke oder der antiken

---

226 Zweimal wird lediglich auf *Sonetti* des Dichters verwiesen.
227 Vgl. Kap. 6.4.4.3.
228 Die Bezeichnung datiert auf das Jahr 1498. Zur Etymologie des *Novellino* vgl. v.a. Leeker.
229 Vgl. Kap 6.1. Zwei Bände mittelalterlicher Romanliteratur, die sich auf Sizilien in Privatbesitz nachweisen ließen, waren eindeutig in französischer Sprache. Vgl. Bresc, S. 102.

Mythologie eine von Laien bevorzugte Literatur vor. Wiederum wurde eine Literatur, deren Helden hauptsächlich Laien sind, von Laien besessen.

Markant ist zudem, daß, sofern sich die Buchbesitzer wirtschaftlich einordnen lassen, bis zum Erscheinen der ersten Druckwerke ausschließlich wohlhabende Venezianer über diese Form der Literatur verfügten. Unter ihnen befanden sich bisweilen, insbesondere im 14. Jahrhundert, auch politisch Mächtige. Offensichtlich handelt es sich bei diesem speziellen Buchbesitz um eine Art von „Luxus" von reichen und einflußreichen Laien.

Die Bücher waren Teil unterschiedlich orientierter Buchbestände. Als Elena Giustinian 1450 in ihrem Testament ihren Buchbesitz aufführte, erwähnte sie neben einem Boccaccio ein volkssprachliches Evangelium, Heiligenlegenden und das *Fior di virtù*[230]. Der Boccaccio-Band, möglicherweise die Lebensbeschreibungen berühmter Frauen, könnte hier wie die übrige Literatur Elenas vorrangig religiösen bzw. erbaulichen Ansprüchen genügt haben. Angesichts der Bücher, die Elena in ihrem Testament offenlegt, entspricht sie deutlich den weiblichen Leseidealen der Zeit, welche der Frau anrieten, sich dem Madonnenoffizium, dem Neuen Testament, Heiligenlegenden und erbaulicher Literatur zuzuwenden[231]. Inwieweit die Bücher Elena auch zur Unterhaltung oder zur Befriedigung eines ästhetischen Anspruchs an Literatur dienten, ist der Quelle nicht zu entnehmen.

In Hinterlassenschaftsinventaren werden Novellen und Erzählungen in vielen Fällen gemeinsam mit Heiligenlegenden erwähnt. Buchsammlungen, die wie bei Elena, ausschließlich aus erbaulichen Stoffen bestanden, sind allerdings kaum auszumachen. Die Bestände sind zumeist von Vielfalt geprägt. Bei Bernardus Minimo finden sich die *Triumphi* Petrarcas in einer vor allem an humanistischen Bildungsidealen orientierten Gelehrtenbibliothek. Er besaß im Jahre 1455 philosophische Abhandlungen Petrarcas sowie Rhetoriken und Traktate des Cicero, antike Historiographie, Schriften des Hieronymus und vereinzelte Heiligenlegenden[232]. 1452 verzeichnete der Kaufmann Francesco Giustinian in seinem Geschäftsbuch den Verleih mehrerer Bücher an Freunde. Vermerkt sind dort eine Bibel, die *Cura pastoralis* Gregors des Großen, eine Chronik Walter Burleys, ein Vergil, ein Iuvenal und Boccaccios *L'Elegie di madonna fiametta*[233]. Francesco Morosini, ein im Levante-Handel tätiger Kaufmann, hinterließ 1436, als er in Damaskus verstarb, eine kleine Buchsammlung. Sie bestand aus einer Grammatik auf Papier und vier zumeist in rotes Leder eingebundenen Bänden aus Pergament: Die Briefe des heiligen Hieronymus, die Beschreibung der Himmelfahrt des Heiligen, ein Madonnenoffizium, die *Vita patrum* Gregors des Großen, ein Buch

---

230 Vgl. Anhang I, 1450/1.
231 Vgl. Kap. 3.2.1. und 3.2.2.
232 Vgl. Anhang I, 1455/1.
233 Vgl. Anhang I, 1452/2.

über Astrologie und ein Buch mit „allen" Sonetten Petrarcas[234]. Im Hinterlassenschaftsinventar Paolo Manzaronis verzeichnete dessen Notar 1498 fünf
Bücher: eine volkssprachliche Bibel und den *Gottesstaat* des Augustinus, ein
Buch der Geometrie und ein *Libro di cento novelle* sowie einmal ein *Fior di
novelle*[235]. Acht Buchbesitzer besaßen neben mittelalterlicher Literatur gleichzeitig Werke antiker Mythologie, Epik und Lyrik. Unter ihnen zeichnet sich
vor allem Lorenzo Sanudo als Sammler aus. Als er zwischen 1455 und 1456
in seinem Rechnungsbuch seinen Buchverleih an Freunde und Verwandte
notierte, vermerkte er unter anderem Boccaccios *L'Elegie di madonna
fiametta*, einen Petrarca, jeweils zwei Bücher mit Gesängen und Lobgedich-
ten, die erste Dekade der *Aeneis* Vergils, die Metamorphosen des Ovid, die
Komödien des Terentius und die Satiren des Iuvenal. Unter seinen Freunden
und Verwandten erfreuten sich insbesondere Boccaccio und Petrarca, die
Werke Isidors von Sevilla oder einzelne Heiligenlegenden großer Beliebtheit.
Sie wurden mehrfach ausgeliehen. Neben einem Bedarf an religiöser und zum
Teil wissenschaftlicher Literatur dokumentieren die Inventare iñ diesen Fällen
auch eine Liebe zu Lyrik und Erzählungen.

Einige Buchbesitzer hoben den Besitz mittelalterlicher Literatur ausdrücklich in ihren Testamenten hervor. Niccolò Zorzi lebte als *marchese* und *feudo
del principato* von Morea auf dem Peloponnes und hinterließ 1349 seinem
Sohn Francesco testamentarisch einen *Troja*-Roman, einen Dante, den
Tesoretto Brunetto Latinis und die *Dialoghi* Gregors des Großen, welche ihm
nicht vor vollendetem 15. Lebensjahr ausgehändigt werden dürften:

...Item lasso a mio fio Franzescho marchissioto le mie libri, li qualle si è questi: tresoro
uno, troian uno, vita patrum uno e Dante uno, li quali libri ello non debbia avere s'ello
non n'avera complido ani XV...[236]

Andere Werke erwähnt Nicolò nicht. Giorgio Baseggio, der als Kriegsheld des
Chioggiakriegs nicht nur zu militärischen Ehren, sondern auch zu ansehnli-
chem Wohlstand gelangt war[237], hinterließ 1385 seine Waffen, seine prunk-
volle Rüstung, seine Fahnen sowie einen Dante mit Erläuterungen und die
Fatti di Cesare dem „heiligen Kapitel", wohl dem von San Marco, für den
Fall, daß sein Sohn Nicolò diese Besitztümer nicht annehmen wollte:

...Lasso i tutti le mie bandiere, pavesi, lanze, la sovravestia indorada, el mio elmo, el
mio libro che trata di fati di Cesaro, el mio dante e le gluose, in casi che da nicuola
baseio non acceptasse el asso de la possesions [...] in lo santo capitolo...[238]

---

234 Giovanni ist bekannt als einer der Venezianer, welche orientalische Pflanzen in Vene-
     dig einführten und kultivierten Vgl. Anhang I, 1436/1 und Crouzet Pavan: S. 713.
235 Vgl. Anhang I, 1498/1.
236 Zitiert nach Lazzarini, Vittorio: S. 172.
237 Vgl. Kap. 4.3.3.
238 ASV, PSM de citra, B. 53, Commissarie di Giorgio Baseggio. Testament von 1385.

Der Doge Lorenzo Celsi, bei seiner Amtsübernahme von Petrarca als *musarum cultor* gelobt, vermachte mit seinem Testament von 1368 ebenfalls ausdrücklich einen Dante[239].

Die aufgeführten literarischen Werke erfüllten im Einzelfall vielleicht praktische Notwendigkeiten. So dienten die Tatenbeschreibungen des Julius Cäsar dem Kriegshelden Giorgio Baseggio möglicherweise als literarisches Vorbild. Die gesonderte Stellung im Testament dokumentiert deutlich eine besondere Wertschätzung speziell dieser Literaturform. Höfisch-hochmittelalterliche Formen der Literatur- bzw. Kunstpflege fanden hier im privilegierten venezianischen Patriziat und wohlhabenden Bürgertum eine Fortsetzung[240]. Die Bücher waren Teil eines standestypischen Besitzes und wurden mit anderen sozialen Insignien wie Waffen, Rüstung und Bannern gleichgesetzt. Der Besitz der Bücher diente somit nicht nur der unterhaltenden oder erbaulichen Lektüre, sondern entsprach augenscheinlich einem kulturellen Habitus.

Mit der Literatur des Mittelalters und der Renaissance werden also innerhalb der Quellen, die tendenziell insbesondere die beruflichen Fachbibliotheken bezüglich Umfang und Titel erfassen, Bücher faßbar, die nicht ausschließlich aufgrund pragmatischer, wissenschaftlicher oder religiöser Gesichtspunkte Teil des privaten Buchbesitzes waren. Eine „gemeine Literatur" in dem Sinne, daß sie von verschiedenen Gruppen der Gesellschaft besessen wurde, stellte diese Literatur jedoch eindeutig nicht dar.

Tabelle: Buchbesitzer / Literatur des Mittelalters und der Frührenaissance

Name	Jahr	Stand	Titel / Beruf / Rang / Position	Anzahl
Belello da Pesaro	1332	Bürger	- kein Hinweis -	2
Matteo Manelosso	1332	Patrizier	- kein Hinweis -	1
Nicolo Zorzi *	1349	Patrizier	*marchese / feudo di Morea*	3
Lorenzo Celsi *	1357	Patrizier	Doge	1
Giovanni Dolfin *	1360	Patrizier	Doge	1
Marco Soranzo	1370	Patrizier	*imperialis miles*	2
Lodovico Gradenigo	1372	Patrizier	Gesandter	1
Giorgio Baseggio *	1385	Patrizier	*imperialis miles*	2
Pietro Corner *	1406	Patrizier	- kein Hinweis -	2
Stefano Bertoldo *	1420	Bürger	- kein Hinweis -	1
Pietro Zuda	1428	Bürger	*medicus*	1
Francesco Morosini *	1436	Patrizier	Kaufmann	1
Elena Giustinian *	1450	Patrizierin	- kein Hinweis -	1
Francesco Giustinian	1452	Patrizier	- kein Hinweis -	1
Bernardus Minimo *	1455	Kleriker	Bischof	1
Flora Novella	1457	Bürgerin	- kein Hinweis -	1
Lorenzo Sanudo	1458	Patrizier	Kaufmann	4

---

239 Vgl. Anhang I, 1357.
240 Vgl. Kap. 3.2.1.

Pietro Tomasi *	1458	Bürger	*medicus*	1
Giovanni Corner	1462	Patrizier	- kein Hinweis -	1
Ercole da Fiore	1462	Bürger	Maler	1
Andrea da Molin *	1464	Patrizier	*conte di Budva*	1
Iuliano Rivanello	1474	Bürger	- kein Hinweis -	1
Zaccaria Giustinian	1478	Patrizier	- kein Hinweis -	1
Donna Luchese	1490	Bürgerin	- kein Hinweis -	1
Francesca da Presta de Bormi	1498	Bürger	- kein Hinweis -	3
Paolo Manzaroni *	1498	Bürger	- kein Hinweis -	2

* Wohlhabende. Die nicht gekennzeichneten Buchbesitzer konnten bezüglich ihres Vermögens nicht genau eingeschätzt werden.

7. Lesen und private Lesekultur

Ermitteln lassen sich Bücher im Privatbesitz verschiedener Venzianer und Venezianerinnen des 14. und 15. Jahrhunderts, das heißt Bücher, welche bei der Vermögenserfassung als das Eigentum einer bestimmten Person gekennzeichnet wurden. Aus dem Wissen um den Besitz allein lassen sich noch keine sicheren Erkenntnisse gewinnen, ob die Bücher gelesen wurden, von wem, wann, an welchen Orten und zu welchem Zweck.

„Anstandshüter" und Humanisten empfahlen Lesen ausschließlich zum Studium oder zur Erbauung und warnten bisweilen vor der Lektüre zum reinen Vergnügen[1]. Neben den entsprechenden Begriffen *studiare* und *dilettarsi* war der übergordnete Begriff für *lesen = lezer* (ven. für ital. *leggere*, lat. *legere*) als neutrale Bezeichnung für die Rezeption von Büchern bzw. Schriften in der venezianischen Volkssprache präsent. So hinterließ Antonio Dragonese im Jahre 1460 seinem Sohn Christoferosalo testamentarisch all seine Bücher zum Lesen: „E lassoli tutti mie libri da *lezer*"[2]. Leider verschwieg Antonio, welche Bücher dies sind.

Die Bücher der Venezianer lagerten, wenn sie nicht verliehen waren, in den Heimen der Besitzer. Sie gehörten zum Bestand eines Hauses, in dem in der Regel ein ganzer Familienverband lebte, in dem Kinder geboren wurden, über Heirat, Beruf und die persönliche Zukunft entschieden, Verträge gemacht, gearbeitet, gefeiert, geliebt, gestritten und gestorben wurde. Die Quellen, insbesondere die Inventare, geben bisweilen Auskunft über den Ort der Aufbewahrung von Büchern und damit über ihren Stellenwert und die Rolle, welche ihnen und dem Lesen im Alltag und in der privaten Lebenskultur zukam[3]. Die Form der Lagerung bzw. der notariellen oder behördlichen Registrierung ist häufig ein Hinweis auf die Art und Intensität der Benutzung. Die Quellen dokumentieren von daher neben dem bloßen Besitz auch die Aspekte der zeitgenössischen Handhabung von Büchern.

Philippe Ariès und Roger Chartier messen der Möglichkeit des ungestörten Umgangs mit geschriebenen Texten eine hohe Bedeutung für die Privatisierung des alltäglichen Lebens in der frühen Neuzeit seit 1500 bei. Ihre Beurteilung gründet auf der These, im ausgehenden Mittelalter, wozu sie das 14. und 15. Jahrhundert zählen, habe man in einer Welt gelebt, die weder privat noch

---

1 Vgl. Kap. 3.2.
2 Vgl. ASV,S.N., Testamenti, B. 1195, Vettore Rosati, Protocollo, Nr. 70; und Anhang I, 1460/2.
3 Vgl. Kap. 2.2.

öffentlich gewesen sei[4]. Sie verweisen auf die Erforschung der Alltagskultur
in den ländlichen Gegenden Südfrankreichs, wo sämtliches Leben im Kollektiv der Dorfgemeinschaft stattfand bzw. jener nicht verborgen blieb[5]. Georges
Duby und andere Historiker widersprechen dieser These. Mittels der Hinzunahme von Quellen zu urbanen und höfischen Lebensräumen legen sie dar,
wie sich bereits im 14. und 15. Jahrhundert Alltagsleben in dezidiert privaten
und intimen Bereichen vollzog[6]. Verstanden sie ihre Arbeiten noch als
„exploratorisch" und „vorläufig"[7], so liegen mittlerweile Forschungen vor, die
weiteres Quellenmaterial zugänglich machen und damit die Möglichkeit bieten, auch die privaten Lebensbereiche im Venedig der Frührenaissance genauer zu erfassen[8].

7.1. Venezianische Wohnkultur

Venedig erlebte mit der wirtschaftlichen Erstarkung im 14. und 15. Jahrhundert große städtebauliche Veränderungen. Stein setzte sich als Baumaterial für
sämtliche Wohnbereiche sowohl der oberen als auch der unteren Vermögensschichten durch, und es bildeten sich spezielle Formen verschiedener Haustypen heraus. Die Zeitgenossen differenzierten ihre Wohnhäuser nach sozio-
architektonischen Gesichtspunkten. Die venezianischen Quellen unterscheiden
zwischen dem *domus a sergentibus* und dem *domus a statio* [9].

---

4   Vgl. Kap. 2.
5   Vgl. Ariès: Einleitung zu einer Geschichte des privaten Lebens, S. 7; und Foisil,
    Madeleine: Die Sprache der Dokumente und die Wahrnehmung des privaten Lebens.
    In: Geschichte des privaten Lebens, Bd. 3, S. 333-370, hier S. 341-344.
6   Vgl. Geschichte des privaten Lebens, hrsg. von Philippe Ariès und George Duby,
    Frankfurt a.M. 1990, Bd. 2, Vom Feudalzeitalter zur Renaissance, insbesondere die
    Beiträge von Georges Duby, S. 11-16 und S. 471-496; und Philippe Braunstein: S.
    497-587.
7   Vgl. Duby: Einleitung. In: Geschichte des privaten Lebens, Bd. 2, S. 11.
8   Hier ist vor allem zu verweisen auf Crouzet-Pavan.
9   Zeugen von den Bau- und Wohnformen der Frührenaissance sind zunächst die vene-
    zianischen Stadthäuser aus dem 14. und 15. Jahrhundert, deren ursprüngliche Form
    sich erhalten hat oder rekonstruierbar ist. Als Immobilien und Handelsobjekte haben
    Häuser Eingang in verschiedene zugängliche schriftliche Quellen gefunden, z.B. in
    Bauvorschriften der Serenissima, in Kaufverträge, in zivilgerichtliche Prozeßakten oder
    in behördliche und notarielle Erfassungen von Immobilienbesitz. Mitunter finden sich
    hier Angaben zu Form und Struktur der Häuser. Crouzet-Pavans Auseinandersetzung
    mit Wohn- und Lebensbereichen unter städtebaulichen und soziologischen Gesichts-
    punkten basiert auf einem entsprechend umfangreichen Quellenbestand. Vgl. v.a.
    Crouzet-Pavan, S. 495-526. Vgl. auch Wirobisz, André: L'attività edilizia a Venezia
    nel XIV e XV secolo. In: Studi Veneziani 7, 1965, S. 307-343; und Goy, Richard J.:

Das *domus a sergentibus* war in der Regel ein Mietshaus und wurde von mehreren Parteien bewohnt, welche in separaten Bereichen, zumeist jeweils in einer Etage, lebten. Die Häuser mit ihrem häufig beengten Wohnraum wiesen typischerweise mit Fensteröffnungen und Eingang auf einen Innenhof oder einen kleinen *campo*[10]. Um diesen gruppierten sich mehrere Häuser und Wohnkomplexe, die sich eine Zisterne teilten, welche zur Wasserversorgung im Hof oder, seit dem 14. Jahrhundert, auf dem gemeinschaftlichen *campo* angelegt war[11]. Das Leben einer Familie war damit architektonisch, wirtschaftlich und sozial so stark in eine Hof- bzw. Zisternen- oder Nachbarschaftsgemeinschaft eingebunden, daß persönliche und intime Wohnbereiche nicht gegeben waren[12].

Beim *domus a statio* handelte es sich in der Regel um das Domizil einer einzelnen Hausgemeinschaft. Es war der mehr oder weniger herrschaftliche Stammwohnsitz einer entsprechend wohlhabenden adligen oder bürgerlichen Familie.[13] In den meisten Fällen sprechen die schriftlichen Quellen beim *domus a statio* von zwei Etagen, *solari*, womit die Stockwerke über dem Erdgeschoß bezeichnet wurden. Viele der venezianischen Stadthäuser des 14. und 15. Jahrhunderts verfügen heute noch über diese klassische Geschoßaufteilung. Im Erdgeschoß befand sich der Eingangsbereich, ein Vestibül, um das sich die *botega*, die Geschäftsräume, das Kontor, der Laden oder die Werkstatt - abhängig davon, welchem Gewerbe der jeweilige Hausbesitzer nachging - gruppierten. Eine innen oder außen angelegte Treppe führte in die erste Etage zum zentralen *portego*, der als größter Raum des Hauses dem Empfang von Gästen, dem Abhalten von Festen und Ähnlichem dienen konnte. Er besaß in der Regel eine breite Fensterfront, welche sich in der Fassade mittig über dem Eingangsbereich aufbaute, und einen Kamin mit Aufsatz und Abzug, der sich im Laufe des 14. Jahrhunderts insbesondere in größeren Hausanlagen als zusätzliche Feuerstelle neben dem Herd durchsetzte. Vom *portego* aus erreichte

---

Venetian Vernacular Architecture. Traditional Housing in the Venetian Lagoon, Cambridge 1989.

10 Mit *campo(von lat. campus = Feld)* wurden in Venedig die Plätze der einzelnen Kirchensprengel bezeichnet, welche zu Ehren der *Piazza di San Marco* nicht *piazza* (=Platz) genannt wurden.

11 Der *campo* war seit dem Schleifen der Immunitätsmauern seit dem 13. Jahrhundert öffentlich zugänglich und unterschied sich dadurch von einem Innenhof. Vgl. Crouzet-Pavan: S. 496-503.

12 Zum *domo a sergentibus* und seine Einbindung in Hof- bzw. Straßengemeinschaft vgl. Crouzet-Pavan: S. 499-509 und 522-526; im allgemeinen Goy, Richard J.: S. 172-182 u.a.

13 Zu Aufbau und Funktionen des *domus a statio* vgl. v.a. Crouzet-Pavan: S. 509-522. Von der umfangreichen Literatur zur venezianischen Palastarchitektur sei hier nur verwiesen auf Arslan, Edoardo: Das gotische Venedig. Die venezianischen Profanbauten des 13. bis 15. Jahrhunderts, München 1971; und Tricanato, Egle Ricarda: La casa patrizia e il suo rapporto con l'ambiente, (o.O.) 1953.

man weitere, zumeist kleinere Zimmer. Das *domus a statio* verfügte zudem
über eine relativ geräumige Küche, die *cuxina*, welche häufig wegen des offenen Herdfeuers in den zweiten Stock verlegt wurde, über separate Kammern
für die Dame, den Herrn und die übrigen Hausbewohner sowie gegebenenfalls
über Gästegemächer. Neben dem Familienvorstand, seiner Frau und den ge-
meinsamen Kindern lebten bisweilen auch Geschwister samt ihren Familien,
unter Umständen die verwitwete Mutter oder Tante, die Hausbediensteten
und, falls vorhanden, einige Sklaven unter einem Dach. Den verschiedenen
Personen und Parteien wurden, wenn genügend Raum verfügbar war, eigene
Gemächer oder eine eigene Etage zugewiesen. Mächtige Familienclans besaßen neben dem Stammwohnsitz Nebendomizile in der Stadt, auf einer Lagu-
neninsel oder seit dem 15. Jahrhundert auch auf der *terraferma*. Andererseits
gab es Hausbesitzer, die, wenn es finanziell notwendig wurde, Teile ihres
eigenen Wohnsitzes, meistens einzelne Etagen, an andere vermieteten. In
diesen Fällen lassen sich die beiden Haustypen *domus a statio* und *domus a
sergentibus* sozioarchitektonisch nicht mehr eindeutig differenzieren.

Die Fassaden der *domi a statio* präsentierten sich, je nach den finanziellen
Mitteln des Bauherren, nach außen hin mit prächtiger Gestaltung zum *campo*
oder zum Kanal. Mitunter besaß ein Haus auch zwei mit Fensteröffnungen,
Türen, Loggien und Balkonen akzentuierte Schauseiten sowohl zum Kanal als
auch zu einer *calle* oder einem *campo*. In sich stellte das *domus a statio* allerdings einen geschlossenen Lebensbereich dar. Es besaß häufig eine eigene
Zisterne und konnte auch einen kleinen Innenhof und unter Umständen auch
einen *hortus*, einen Garten, umfassen.

Die umfangreich dokumentierten Fälle von zum Teil gewalttätigen Nachbarschaftsstreitigkeiten in den Polizei- und Gerichtsakten Venedigs zeigen,
wie sehr der Wohnraum bzw. das Haus von der Nachbarschaft abgegrenzt und
als eigener privater Lebensbereich begriffen bzw. verteidigt wurde[14]. Deutlich
lebte hier ein frühmittelalterliches und feudales Rechtsverständnis weiter,
demgemäß der eigene Grund und Boden einen privaten Rechts- und Machtbereich darstellte, den Hausmauern oder Grenzmarkierungen von einem öffentlichen Rechtsbereich abtrennten[15]. Das Haus des Venezianers war offen für den
Kunden und den Gast, aber immer die *casa* des Besitzers und seiner Familie,

---

14 Vgl. u.a. Crouzet-Pavan: S. 515-521.
15 Vgl. Duby, George: Private und öffentliche Macht. In: Geschichte des privaten Lebens,
    Bd. 2, S. 19-45, hier S. 23-31. Die zahlreichen Konflikte venezianischer Patrizier mit
    dem Gesetz sind Hauptgegenstand der Arbeiten von Queller: The Venetian Patriciate,
    u. v.a. von Chojnacki, Stanley: Crime, Punishment and the Trecento Venetian State. In:
    Violence and Civil Disorder in Italian Cities. 1200-1500, hrsg. von L. Martínez,
    Berkley 1972, S. 184-228. Der Rückschluß, daß es sich hier innerhalb der Ausbildung
    kommunaler Verwaltungsstrukturen v.a. um Konflikte zwischen der institutionellen
    und öffentlichen Disziplinierung der ursprünglichen privaten Rechtsbereiche und der
    traditionellen Eigenmächtigkeit des feudalen Privatmannes handelt, ist naheliegend.

was auch durch die Einrichtung der Räume zum Ausdruck gebracht wurde. Die überlieferten Hinterlassenschaftsinventare listen häufig Einrichtungsgegenstände auf, zum Beispiel Truhen oder Wandteppiche, welche mit dem Familienwappen versehen waren, sowie ausgestellte oder aufgehangene Banner und Waffen der Familie[16]. Das Haus des privilegierten Venezianers präsentierte sich in diesen Fällen wie das Adelshaus im Feudalzeitalter als Ort der Herrschafts- und Prachtentfaltung[17].

Das *domus a statio* umfaßte sowohl Wohn- als auch Geschäftsbereiche, die deutlich voneinander getrennt waren. Sie bestanden als gesonderte Orte in verschiedenen Geschossen. Geschäftskunden konnten lediglich auf Erdgeschoßebene im Kontor empfangen werden, engere Bekannte oder wichtige Gäste wiederum im *portego* in der ersten Etage. Darüber hinaus existierten, wenn es die Größe des Hauses und die finanziellen Mittel erlaubten, die persönlichen Gemächer des Hausherrn und der übrigen Hausbewohner. In diesem Falle teilte sich das Haus in drei Lebensbereiche, die sich durch einen jeweils unterschiedlichen Grad an Intimität auszeichneten: den nicht intimen Geschäftsbereich, den intimen Bereich einzelner Hausbewohner und einen Mischbereich, der als Gemeinschaftsbereich der Hausgemeinschaft und als Repräsentationsraum für den Empfang auserwählter Gäste diente. Die von Familienwappen und -waffen geprägte Einrichtung des *portego* dokumentiert seine Doppelfunktion[18].

7.2. Die Orte der Aufbewahrung von Büchern

Als Buchbesitzer lassen sich vornehmlich Angehörige der mittleren und oberen Vermögensschichten Venedigs ausmachen. Die einzelnen Heime der

---

16 Zur Einrichtung venezianischer *palazzi* und zur familiären Selbstdarstellung vgl. v.a. Crouzet-Pavan: S. 401-406. Einen grundlegenden Überblick über die vielfältigen Formen und Ausprägungen der Inneneinrichtung und Mobiliars wohlhabender Italiener in der Renaissance vgl. v.a. Thornton, Peter: Italian Renaissance Interior. 1400 - 1600, New York 1991.

17 Zu Adelshäusern im Feudalzeitalter vgl. u.a. Duby, George / Barthélemy, Dominique: Französische Adelshaushalte im Feudalzeitalter. In: Geschichte des privaten Lebens, Bd. 2, S. 49-160, insb. S. 68-75.

18 Zu unterschiedlich intimen Bereichen wohlhabender Stadtbewohner anderer oberitalienischer und toskanischer Kommunen im 14. und 15. Jahrhundert vgl. La Roncière: S. 200-230; und Thornton, Peter: S. 284-320. Zu einer ähnlichen Raumaufteilung bei Adelshäusern des frühen und hohen Mittelalters vgl. Duby / Barthélemy: S. 75. Die Autoren beziehen sich auf den *Roman de Renart*, in dem verschiedene Kategorien von Gästen, Vertrauten, Freunden und Fremden unterschiedlichen Zugang zu verschiedenen Bereichen des Hausherren haben.

Buchbesitzer mögen unterschiedlich gewesen sein. Soweit es die Quellen dokumentieren, lebten allerdings auch die Angehörigen mittlerer Vermögensschichten in ihren eigenen Häusern. Der Arzt Nicolò Rochabonella spricht in seinem Testament von seinem Haus samt Garten, den er wahrscheinlich auch zum Anbau von Heilkräutern genutzt hatte, da er von einem umfangreichen Bestand an Arzneien in seinem *laboratorium* spricht[19]. Der Schulmeister Magister Odoricus besaß neben seinem Haus ebenfalls Gärten, welche er zum Wein- und Gemüseanbau als Nebenerwerb nutzte[20]. Der Maler Ercole da Fiore nannte ein Domizil in Venedig sein Eigen und zudem, wohl noch aus Familienbesitz, die Hälfte eines Hauses in Padua[21]. Bei einem Großteil der Buchbesitzer kann davon ausgegangen werden, daß sie über einen mehr oder weniger großen eigenen Lebensbereich verfügten.

Soweit es die Quellen dokumentieren, bewahrten die Venezianer ihre Bücher in der Regel getrennt von ihren übrigen Dokumenten, Briefen, Geschäfts- und Rechnungsbüchern, auf. So erwähnt zum Beispiel die Haushaltsliste der Habe Lodovico Corrers, die insgesamt 81 Positionen umfaßt, zunächst vier Bücher: die Evangelien, eine *expositio* der Evangelien, ein Anstandsbuch und ein Offizium. Die Geschäftsbücher, die *libri* der *botega*, der *compania* sowie seiner Geschäftsreisen hingegen werden an anderer Stelle, 19 Positionen später, aufgelistet[22]. In den 33 vorliegenden Hinterlassenschaftsinventaren, welche von Dritten, das heißt Beamten oder Notaren, im Stammwohnsitz des Hinterbliebenen angefertigt wurden und in denen mehr als zwei Bücher aufgeführt sind, sind kaum Geschäfts- und Rechnungsbücher gemeinsam mit anderen Büchern erwähnt, sondern, wie bei Correr, an verschiedenen Stellen aufgenommen. Lediglich bei dem in Damaskus ansässigen Pietro Spiera fanden die Beamten in einem Sack mit Geschäftspapieren auch ein „*volume*" Boccaccios[23]. Die Empfehlung Benedetto Cotruglis, im Kaufmannshaushalt für die Bücher ein „*scriptoio seperato*" abseits vom Kontor einzurichten, spiegelt demnach eine gängige Praxis wider[24]. Auch in der Aufbewahrung von Büchern wurde zwischen geschäftlichem und privatem Bereich unterschieden.

In den Inventaren werden zumeist mehrere Bücher gemeinsam bzw. nacheinander erwähnt. Nur in wenigen Fällen tauchen vereinzelte Exemplare an anderer Stelle als die übrigen Bücher auf. Bei den separat notierten Bänden

---

19 Vgl. ASV, S.N., Testamenti, B. 565, Pietro Grasselli, Carta Nr. 3: „domum meam sit in venetiis cum ortulo".
20 Vgl. Bertanza: Maestri, S. 165-167; und Kap. 4.3.2.
21 Vgl. Testament bei Paoletti: S. 9-11, insb. S. 9.
22 Vgl. Anhang I, 1440/2.
23 Vgl. ASV, S.N., Testamenti, B. 750, Christofero Percisini, Carta nn.
24 Vgl. Zitat in Kap. 3.2.1.

handelt es sich in erster Linie um Gebet- und Andachtsbücher oder um Bibeln, wie es zum Beispiel die Inventarisierung der Habe Bartolomeo Morosinis zeigt[25]. Im Inventar der Besitztümer des *gastaldo ducale* Andrea Zuani treten Bücher gesammelt an mehreren Stellen auf. Leider sind nur wenige Titel angegeben, so daß kein Prinzip in der getrennten Aufbewahrung zu erkennen ist. Ein Offizium wurde allerdings ebenfalls isoliert aufgenommen[26]. Auch im Inventar des Arztes Pietro Zuda wurde ein Breviar nicht zusammen mit den anderen Büchern notiert[27]. Offenbar wurde in diesen Fällen Andacht von Studium und Lektüre differenziert.

Gemäß den Quellen, die Hinweise auf die Formen der Lagerung geben, bewahrten Venezianer ihre Bücher meistens in Truhen, Kisten, Schränken und bisweilen auch in Säcken auf, teils separat und teils zusammen mit anderem Hausrat. Michele Zon lagerte den Großteil seiner Bücher - so vermerkten es im Jahre 1449 die Prokuratoren von San Marco bei der Inventarisierung seiner Hinterlassenschaft - in *capse*, was mit Schrein, Kästchen oder Schatulle zu übersetzen ist[28]. Bei Lorenzo Dona fanden die Prokuratoren 1439 dessen reich verzierte Offizien in einer *capsa* aus Nußbaum[29]. Bei *Ser* Venturini stießen die Erbverwalter 1454 auf zwei Bücher, ein *doctrinale* und die Regeln des Guarinus, in einem *chofano novo*, in einer neuen Truhe[30], gemeinsam mit zwei langen Tauen, zwei alten Mänteln, zwei Baretten, einem kleinen Teppich und einer Decke. Bei Nicollò Saraton fanden sich 1474 sechs Bücher in einem *chofano,* gleichfalls neben Teilen seiner Kleidung[31]. Vittore Loredan, der als venezianischer Gesandter oder Kaufmann in Florenz weilte und dort 1428 auch verstarb, verwahrte in seinem *laboratorio* neben einigen Seidentüchern, silbernen Gürteln, einem Sack voller Korrespondenz und anderen Gegenständen auch die Statuten Venedigs in einer *capsa*[32]. Im Hinterlassenschaftsinventar Paolo Manzaronis vermerkten die Erbverwalter 1498 einen *scrigno*, was ebenfalls mit Schrein, Kasten oder in diesem Fall sogar mit Bücherschrank zu übersetzen ist. Hierin befanden sich ausschließlich seine fünf Bücher: ein Augustinus, zwei Novellensammlungen, eine volkssprachliche Bibel und ein

---

25 Vgl. ASV, PSM de citra, B. 183, Commissaria di Bartolomeo Morosini, Fasc. 4.
26 Vgl. ASV, PSM, Atti Misti, B. 4b, Commissaria di Andrea Giovanni, Carteggio von 1436.
27 Vgl. ASV, PSM, Atti Misti, B. 1a, Commissarie di Pietro Iudi o Zuda, Inventar vom 1. November 1428.
28 Vgl. ASV, PSM, Atti Misti, B. 125a, Commissaria di Michele Zon, Inventar vom 3. September 1449.
29 Vgl. ASV, PSM, Atti Misti, B. 173, Commissarie di Lorenzo Donà.
30 Vgl. Molmenti: S. 447.
31 Vgl. ASV, PSM, Atti Misti, B. 13, Commissaria di Nicoló Saraton, Carte nn. Das Inventar liegt in vier Abschriften vor.
32 Vgl. ASV, PSM, Atti Misti, B. 176, Commissarie di Vettore Loredan, Carte.

libro in geomateria[33]. Auch Paolo Barbo erwähnte in seinem Testament vom 25. September 1325 seine wertvollen Offizien, welche er in einem eigenen *scrigno* habe[34]. Marco Dandolo lagerte Anfang des 14. Jahrhunderts zwei Exemplare des *Aesop*-Romans, einen Valerius und einen Cato in einer eigenen *capsa*[35], ebenso wie Domenico Leonellis, *cirurgo* vom *confinio* San Agnese, dessen Bücher man in einer *capsa longa* fand[36]. Giorgio Ruzzini starb im Jahre 1453 auf der Galeere Bernarda. Das Schiff segelte auf der Reise nach Alexandria unter der Führung Francesco Loredans. Nach dem Tod Giorgios inventarisierte Loredan gemeinsam mit drei weiteren Patriziern und einem an Bord befindlichen Notar die Habe des Verstorbenen, welche in Kisten und Truhen, *capse, cistele* und *cophane,* aufbewahrt war. In einer *capsela a scripturis* fanden sie neben Dingen wie Schreibmaterial, drei Elfenbeinkämmen und einem Hut auch einen goldenen Ring, ein Offizium und direkt neben einem *lapis pro auguario*, einem Stein zur Wahrsagung, zwei Psalter[37]. Truhen waren verbreitete Aufbewahrungsmittel für Hausrat, Kleider, Geschirr und, wie sich zeigt, auch für Bücher[38]. Der toskanische Kaufmann Francesco Datini lagerte in seinem Haus in Florenz seine Bücher ebenfalls in einer mit zwei Schlössern versehenen Truhe[39]. Bücherborde oder -regale, wie sie uns bisweilen in der Malerei der Epoche begegnen, konnten in den Quellen nicht nachgewiesen werden[40]. Das *scrinium* als Bücherschrank und Büchertruhe war ein seit der Antike bekanntes Möbel und stellte auch außerhalb Venedigs eine gängige Form der Buchaufbewahrung dar[41]. In manchen Fällen, wie zum Beispiel bei den kostbaren Offizien, bestimmte wohl der materielle Wert der Bücher ihre Lagerung, daß heißt ihre Aufbewahrung in einer geschlossenen

---

33 Vgl. ASV, C. I., Notai, B. 105, Lauro Antonio, 31rv.
34 Vgl. ASV, PSM de ultra, B. 31, Testamento di Paolo Barbo vom 25. September 1325. Aus dem Testament geht nicht hervor, ob er seine medizinischen Fachbücher, die er im Anschluß erwähnt, ebenfalls im *scrigno* lagerte.
35 Vgl. ASV, PSM de citra, B. 59, Commissarie di Marco Dandolo, Inventarii.
36 Vgl. ASV, PSM, Atti Misti, B. 167, Commissarie di Leonellis Domenico, Carta nn.
37 Vgl. Molmenti: S. 446 f.
38 Vgl. Thornton, Peter: S. 192 -204.
39 Vgl. Origo: Im Namen Gottes und des Geschäfts, S. 249 f.
40 Vgl. Kap. 3.2.2. und Anhang I, Abbildungen 12-14. Es bestätigt sich damit die These, daß Bücher bewußt in den Bildern plaziert wurden. Die Schränke sind geöffnet, nicht geschlossen. Auf Borden sind Bücher gut zu sehen. Das Bücherbord bzw. Bücherregal ist demnach sogar vielleicht eine Erfindung der Malerei.
41 Einen Giebelschrank mit geöffneten Flügeltüren, in dem Bücher gelagert werden, zeigt u.a. schon ein Mosaik im Grabmal der *Gallia Placidia* in Ravenna aus dem 5. Jahrhundert. Isabeau von Bayern bestellte im Jahr 1339 für 48 *sous* eine lederbezogene hölzerne Truhe, mit der sie ihre Bücher mit auf Reisen nehmen wollte. Das Hinterlassenschaftsinventar der Gabrielle de la Tour, Gräfin von Montpensier, führt 1474 insgesamt über 200 in Truhen und Schränken sortierte Bücher auf. Vgl. Hanebutt-Benz: S. 31 f.

Truhe. Bücher ließen sich dort nicht nur vor Diebstahl, sondern auch vor Feuchtigkeit, Staub und Licht schützen. Giorgio Ruzzini nahm seine Gebetbücher auf eine Seereise in die Levante in einer Kiste mit, in der er unter anderem Auguralien verwahrte[42]. Insbesondere im Jahr der Eroberung Konstantinopels durch die Türken war die Reise nicht ungefährlich. Ruzzini suchte offensichtlich im Gebet und in der Schicksalsbefragung Schutz. Die Kisten stellten in diesem Fall auch einen sicheren Ort zur Verwahrung persönlich wertvoller Dinge dar, mittels derer man auch in größeren Lebensgemeinschaften intime Bereiche schaffen konnte.

Wenn bei der Inventarisierung von Zimmer zu Zimmer vorgegangen wurde, lassen sich die Plätze der Lagerung in den Häusern genauer lokalisieren.

Im Jahre 1366 fanden die Prokuratoren von San Marco, als sie das Haus Marco Inzegneris kurz nach dessen Tod inventarisierten, einen *Aesop*-Roman in der Kammer, in der er verstorben war, „in camera si moribatur", also wohl in einem persönlichen Gemach[43]. Bei Pietro da Molin fand man 1436 ein Offizium im „hospizium", mithin in der Gästekammer[44]. Bei Bartolomeo Morosini vermerkte man 1444 eine Bibel und fünf oder 15 Bücher in einem „albergo picolo"[45]. Die Habe Amado de Amatis, welche 1424 von den Prokuratoren gemeinsam mit den Erben inventarisiert wurde, fand sich in insgesamt vierzehn verschiedenen Räumlichkeiten, hierunter die Küche, der *portego*, ein zum Hof zeigendes *magazeno* und mehrere mit *albergo* oder *camera* bezeichnete Zimmer. Vier Gebet- und Andachtsbücher, hierunter zwei wertvolle Madonnenoffizien, befanden sich in einer *camera picola*, als deren Einrichtung bzw. Inhalt darüber hinaus ein Bett, eine ansehnliche Sammlung feiner Damenbekleidung und eine Madonnenikone notiert wurden[46]. Es handelte sich augenscheinlich um die Kammer einer Dame[47]. Mit Ikone und Büchern existierte hier ein Ort zur privaten Andacht, wie es fast ein halbes Jahrhundert später das *Decor puellarum* der jungen Frau empfahl[48]. Weitere Bücher, einen Donatus, ein Buch eines sogenannten *Ser Mori*, ein *doctrinale* und ein *paio di regule*, fand man allerdings in einer reich eingerichteten *camera grande* auf

---

42 Vgl. Anhang I, 1453/1.
43 Vgl. ASV, PSM, Atti Misti, B. 66, Commissarie di Marco Inzegneri, Carteggio nn; und Anhang I, 166/2.
44 Vgl. ASV, C.I., Notai, B. 122, Manfredo de Certaldo de Antonio, Quaderno II (1436), 20r-22v; und Anhang I, 1463/3.
45 Vgl. ASV, PSM de citra, B. 183, Commissaria di Bartolomeo Morosini, Fasc. 4; und Anhang I, 1444/2. Die Zahlenangabe zu den Büchern ist in der Quelle nicht eindeutig.
46 Vgl. ASV, PSM, Atti Misti, B. 112, Inventar (einzelnes Pergament) vom 1. Dezember 1424. Vgl. auch Anhang I, 1424.
47 Zur Einrichtung von Damengemächern vgl. La Roncière: S. 215-217.
48 Vgl. Kap. 3.2.1.

der ersten Etage[49]. Hier stieß man desweiteren auf Truhen, mehrere feinver-
zierte Kleidungsstücke, einen großen Tisch aus Zypressenholz, acht aus
Damaskus stammende Kerzenständer, reichlich Tafelsilber, verschiedene
Majolika, ein *agnus dei* aus Silber, eine Reiterfigur, Waffen, Kupferwaren aus
Deutschland, ein Tuch aus Kreta, auf dem Hunde abgebildet waren, zwei
Spiegel und einen großen Vorhang[50]. Die *camera grande* war wesentlich
prächtiger eingerichtet als der *portego*. Dort fanden die Prokuratoren lediglich
zwei Bänke, einen großen Tisch aus Zypressenholz, einen kleinen Tisch zum
Essen („da manzar"), Kissen, Besteck und Schüsseln, eine Anrichte und eine
Marienikone. Der *portego* diente offensichtlich als Speisesaal, der abgesehen
von einem Bild der Mutter Gottes nicht sonderlich ausgeschmückt war.
Welcher Funktion hingegen die *camera grande* diente, ob sie nur dem Hausherrn oder der gesamten Hausgemeinschaft zur Verfügung stand, ob sie ständig oder nur zu bestimmten Anlässen genutzt wurde, ist dem Inventar nicht zu
entnehmen. Es handelt sich allerdings den mit Abstand repräsentativsten
Raum des Hauses, in dem nicht nur die Bücher lagerten, sondern auch Raritä-
ten und kostbare Dinge unterschiedlicher Machart und Herkunft[51]. Vielleicht
erfüllte er mehrere Funktionen und stellte neben dem als Speisesaal genutzten
portego eine Art Salon oder Kabinett dar.

Gasparino Britti, *aromatarius* vom *confinio* San Salvador, hinterließ seiner
Frau 1458 testamentarisch sein Geschäft und - ausdrücklich davon getrennt -
seine Weltkarte sowie seine Bücher und Porzellanwaren mit der Auflage,
diese Dinge nicht zu verkaufen, sondern sie weiterzuvererben. Seine übrigen
Häuser samt Habe sollte nach demTod seiner Erben jedoch zu Gunsten der
Gemeindekirche verkauft werden:

...Item laso la mia botega con quello che e dentro et ogni mio bene amia mozier
Grazioxa et si Ilaso el mio napomondi et algune altre mie cosse zoe libri e lavor de
porzelana a la dita Grazioxa mia mozier con condiction che la non possa a vender ni i
pegnar et che da po le soa morte sia de i heredi de sua fia Franceschina tuta volta
Intando che questo fia dopo la morte de Jacomo mio fio questo dena Juli heredi de
franceschina... Item voio che quando sara morti i beneficati di questo testo [v]oio che

---

49 Sämtliche Werke dienten wohl zum Studium der lateinischen Sprache. Zu den
    gebräuchlichen Lehrbüchern der lateinischen Sprache vgl. Kap 3.1.3. sowie 6.3.5. und
    6.3.4.3.3.
50 Zur schmuckvollen Einrichtung der Häuser wohlhabender Venezianer unter Verwen-
    dung von Waffen als Wandschmuck vgl. Crouzet-Pavan: S. 401-406. Zu Importen öst-
    licher Kleinkunstgegenstände, insb. aus Majolika, vgl. u.a. Coco, Carla: Venezia
    Levantina, Venezia 1993.
51 Die venezianische Sammelleidenschaft der späteren Jahrhunderte wurde u.a. untersucht
    von Krzysztof, Pomian: Collectors and Curiosities. Paris - Venice. 1500 - 1800, Oxford
    1990.

sia venddude le mie case et ogni mio altro bene per i segnori procuratori de San Marco et sia adado a San Salvador...[52]

Neben der Weltkarte und den Porzellanwaren wurde somit auch den Büchern eine besondere Bedeutung beigemessen. Sie gehörten zu dem Teil des Erbes, der auf jeden Fall im Familienbesitz bleiben sollte.

Bücher waren bei Gasparino wie auch bei Amado de Amati keine reinen Gebrauchsgegenstände. Ihnen kam ein herausgehobener Platz und wahrscheinlich auch eine gesteigerte Wertschätzung zu. Sie waren offensichtlich nicht nur reines Medium des Wissens. Man las ein Buch oder zeigte es womöglich vor, wie man eine Weltkarte, Kunstgegenstände oder Kuriositäten studierte, sammelte und präsentierte. Buchbesitz erfüllte in diesen Fällen einen Zweck, der über die alltäglichen Notwendigkeiten und Pflichten hinausging.

Hauseigene Bibliotheken, also ein ausschließlich zur Lagerung und zum Studium von Büchern vorgesehener Raum, werden in den Quellen nicht dokumentiert. Die Inventare, die Einblicke in die Hauseinrichtung gewähren, geben nur kleine Handschriftensammlungen wieder, die keine Bibliothek im eigentlichen Sinne hätten füllen können[53]. Daß Bücher in den Inventaren meist gesammelt aufgelistet wurden, zeigt jedoch, daß es Plätze im Wohnraum gab, an denen gezielt Literatur verwahrt wurde. Innerhalb der umfangreicheren Buchsammlungen sind in vielen Fällen zudem Schwerpunkte und Ordnungssysteme auszumachen. Michele Zon hatte für lateinische und griechische Bücher eine separate Kiste angelegt. Sein Psalter und zwei Bücher über Alchimie sind an anderen Stellen des Inventars aufgelistet[54]. Bei der Inventarisierung der Bücher Filippo degli Arditis führten die Beamten 1441 zunächst seine 23 Rechtsbücher auf. Erst im Anschluß wurden andere Werke notiert, unter anderem antike Literatur, Statius, Cicero, Horaz, Lucianus, und Seneca sowie ein *doctrinale* und die Poetik des Galfredus von Vinosalvo[55]. Es ist anzunehmen, daß die Bestandsaufnehmer die Bücher auch in dieser Ordnung vorgefunden hatten[56]. Von den Besitzern selbst angelegte Inventare lassen

---

52 ASV, PSM, Atti Misti, B. 110, Commissarie di Gasparino Briti. Testament vom 22. Januar 1458.

53 Hinsichtlich der neun Sammlungen, bei denen sich mehr als 50 Exemplare nachweisen lassen, geben die Quellen keine Hinweise auf die Art der Unterbringung bzw. Lagerung im Haus. Vgl. Kap. 4.2.

54 Vgl. ASV, PSM, Atti Misti, B. 125a, Commissaria di Michele Zon, Inventar vom 3. September 1449.

55 Vgl. Connell: S. 169-171. Auch im Fall von Marco Morosini nehmen die Prokuratoren von San Marco zunächst dessen Rechtsliteratur und im Anschluß die antiken Werke auf. Vgl. Connell: S. 171 f.; und Anhang I, 1441.

56 Die Fälle, in denen sich einzelne Vorschriften und eine Reinschrift eines Inventars erhalten haben, zeigen, daß bei den Inventarisierungen keine nachträglichen Sortierungen vorgenommen wurden. Die Haushaltsgegenstände, inklusive der Bücher, werden

ebenfalls Kategorisierungen erkennen. Bagio da Molin, Rechtsgelehrter und Titularpatriarch von Jerusalem an der römischen Kurie, führte 1444 in der eigenhändig verfaßten Versandliste von 149 Exemplaren seiner in Kisten lagernden Bücher zunächst seine theologischen und religiösen Werke, Homilien und Heiligenlegenden und im Anschluß seine juristischen Bücher auf[57].

Pre Piero, *titulario* von San Jacobo all'Orio, der seinem Testament eine Liste von Büchern anfügte, erwähnte zunächst seine Gebetbücher, dann seine antike Literatur samt den Grammatiken und zuletzt seine religiösen und theologischen Bände, Heiligenlegenden, Summen und Traktate[58]. Derartige Strukturierungen sind zu stringent und reflektiert, um lediglich Zufälle zu sein[59]. Bücher wurden zumindest von diesen Besitzern geordnet und überlegt gesammelt. Füllten die Buchbestände auch keinen eigenen Raum im Sinne einer Bibliothek aus, so stellten sie doch innerhalb der jeweiligen venezianischen Häuser einen geschlossenen Verbund dar.

7.3. Leseorte und Leseformen

Daß Venezianer in der Lagerung ihrer Bücher bisweilen zwischen Studium, Beruf und Gebet differenzierten, läßt auch verschiedene Formen, Orte und Momente des Lesens im Hause vermuten. In einigen Fällen fanden sich Bücher im persönlichen Wohnbereich des Hausherrn, seiner Frau oder eines sonstigen Hausbewohners. In anderen Fällen waren sie in Räumen untergebracht, die mehreren Personen zugänglich waren und die zum Teil auch dem Empfang von Gästen dienten. Mitunter liefern die Quellen sogar Hinweise, daß, sofern es sich einrichten ließ, besondere Raumbereiche zur Aufbewahrung und Lektüre von Büchern geschaffen wurden. Insbesondere für das Lesen zur religiösen Erbauung bzw. zur Andacht scheinen eigene sakrale Bereiche vorgesehen gewesen zu sein. Zu welcher Zeit, an welchen Orten und in welcher Form sich ansonsten mit Büchern auseinandergesetzt wurde, bedarf einer weitergehenden Betrachtung.

---

bei jeder Version des Inventars, sowohl bei den ersten Notizen als auch bei der Reinschrift, in der gleichen Reihenfolge aufgeführt. Vgl. u.a. die Inventarisierung des Hauses Alvise Donàs in: ASV, PSM, Atti Misti, B. 157, Commissarie di Alvise Donà, Carteggii nn. Bei der reinen Bestandsaufnahme gab es zu einer nachträglichen Sortierung der Bücher auch keinen Anlaß. Anders verhält es sich unter Umständen bei Listen, auf denen Fachleute allein die hinterlassenen Bücher mit Wertschätzungen zur anschließenden Versteigerung aufführten. Vgl. auch die Quellenkritik in Kap. 2.2.

57 Vgl. ASV, PSM, Atti Misti, B. 85a, Commissarie di Girolamo Molin, II, Fasc. IIIa.

58 Vgl. ASV, S.N., Testamenti, B. 1149, Paolo Benedetto, Carta Nr. 13.

59 Zur Kategorisierung der Literatur durch die Zeitgenossen vgl. auch Nebbiai-Dalla Guardia: Documenti, S. 96-98. Siehe auch Kap. 6.1.

Buchbesitz ist in den Quellen im Laufe der Zeit zwar immer häufiger faßbar. Angesichts der Größe einzelner Bestände stellten Bücher allerdings insofern noch eine Besonderheit dar, als daß nicht täglich zu einem neuen, unbekannten Titel gegriffen werden konnte. Zumeist waren nur wenige Exemplare in einem einzelnen Haushalt vorhanden. Bücher wurden gegenseitig ausgeliehen[60], und gerade der Leihverkehr belegt, daß die Handschrift als ein Wertgegenstand von außergewöhnlicher Art geschätzt wurde. Das Ideal, durch die Lektüre möglichst vieler Bücher zu umfangreicher Bildung zu gelangen, war zwar bekannt und von Paolo da Certaldo Ende des 14. Jahrhunderts ausdrücklich als notwendige Pflicht des Stadtbürgers formuliert worden[61]. Die „Leselust" im Sinne des Vergnügens an einer genußvollen Lektüre zahlreicher Bücher, wie sie seit dem 17. Jahrhundert auch Thema der Malerei wurde[62], war dem Menschen der Frührenaissance jedoch in der Regel unbekannt. Die Vermutung, die Bücher in den venezianischen Haushalten stellten - abgesehen von Fach- und Gebetbüchern - vor allem einen materiellen Besitz dar und fungierten allenfalls als Repräsentationsobjekte bzw. Statussymbole, ist in diesem Sinne statthaft. Es kann davon ausgegangen werden, daß sie deutlich weniger als in der Folgezeit der regelmäßigen Lektüre dienten. Zu beachten sind allerdings die unterschiedlichen Fähigkeiten der Lesekundigen in der Frührenaissance. Ein Großteil von ihnen war vermutlich aufgrund seiner elementaren Bildung zum schnellen Lesen nicht in der Lage. Manche konnten Schrift nur dann entschlüsseln, wenn sie laut Buchstabe für Buchstabe und Silbe für Silbe aneinanderreihten[63]. Auch die nicht vorhandene gemeinsame Volkssprache in Italien bzw. deren noch nicht vereinheitlichte Orthographie zwang die Leser oft zum lauten Lesen: Das Zeichensystem Schrift konnte in diesen Fällen also nur verstanden werden, wenn es vorher bewußt in das Zeichensystem Sprache umgesetzt worden war. Lesen war für Viele also eine langwierige Beschäftigung. Auch ist anzunehmen, daß in der Vordruckzeit, also in der Epoche vor der Einführung moderner Massenkommunikationsmittel, noch andere Relationen zwischen der Anzahl von Informationen und den Empfindungen bzw. Wirkungen, die sie imstande waren zu erzielen, herrschten. Wie Neuigkeiten aus fernen Ländern und Kulturen beschäftigten, erfreuten, schockierten oder faszinierten einzelne Legenden, Novellen und Gedichte ihre Rezipienten vermutlich länger und wirkten auch bei einer wiederholten

---

60 Für 15 Buchbesitzer ist dokumentiert, daß sie Bücher ver- bzw. ausgeliehen hatten
61 Certaldo, Paolo da: Libro di buoni costumi, hrsg. von Alfredo Schiaffoni, Firenze 1945, S. 60-61: „La terza chiave de la sapienza si è che tu continuamente legghi molti libri con molto studio, però che leggere continuamente fa 'mparare molte cose; e chi molti libri legge, molte e nuove cose truova, e domandando, molto impara: e però sempre leggi e studia con molto sollecitudine."
62 Vgl. u.a. Leselust.
63 Vgl. hierzu v.a. Saenger: Silent Reading. Zu den verschiedenen Stadien der Lesekundigkeit im Venedig des 14. und 15. Jahrhunderts vgl. Kap 3.1.1.

Rezeption auf sie. Die Auseinandersetzung mit kleinen inhaltlichen Details
einer Erzählung war möglicherweise wesentlich intensiver. Bücher wie die
Metamorphosen des Ovid mit ihren 150 Sagen oder die *Legenda aurea* des
Jakobus mit ihren 182 Kapiteln lieferten einzelnen Lesern oder einem Lesezir-
kel, die sich pro Tag einer Sage bzw. Legende widmen wollten, langfristig
Lese- und Diskussionsstoff. Die Moralisten des 14. und 15. Jahrhunderts erkannten somit die faszinierende Wirkung, welche vor allem erzählende Texte
bei ihren Rezipienten hervorriefen. Sie setzten Lesen und Vorlesen zur reinen
Unterhaltung und als Mittel gegen die Langeweile auf die gleiche Stufe eitler
und verdammungswürdiger Freuden wie die Schwatzhaftigkeit, das Karten-
spiel oder Vergnügungsformen wie die Tierhetzen, welche beispielsweise in
den Straßen und auf den Plätzen von Florenz und Venedig stattfanden[64].

Benedikt von Nursia hatte im 9. Jahrhundert in seiner Ordensregel festgelegt, jedem Mönch zu Beginn der Fastenzeit ein Buch auszuhändigen, dem
dieser sich intensiv widmen und das er erst am Ende der Fastenzeit wieder
zurückgeben sollte. Meistens wurden die Bücher von den Klöstern allerdings
erst ein Jahr später zurückgefordert. Indessen erwartete man von den Mönchen, den Inhalt des Buches in jeder Einzelheit zu kennen[65]. Die Situation der
Venezianer im Tre- und Quattrocento war nicht grundlegend anders.
Francesco Giustinian, der in den 1440er Jahren seine Chroniken, seine Bibel,
seinen Vergil, die Briefe Senecas und Boccaccios *Amorosa Fiametta* an
Freunde und Bekannte verlieh, erhielt die Werke - gemäß seiner Einträge im
Rechnungsbuch - in der Regel nach zwei bis sechs Monaten zurück[66]. Nicht
nur Fachbücher dienten vermutlich ihren Besitzern als Nachschlagewerke, auf
die man wiederholt zurückgriff. Auch jenseits der praxisbezogenen Wissensaneignung hat ein Leseerlebnis eher in einer langsamen, intensiven, ausführli-
chen und rekurrenten Auseinandersetzung mit dem Text bestanden[67].

Das *Decor puellarum* forderte von der jungen Frau, in regelmäßigen Abstän-
den die Stundengebete zu verrichten[68]. Lektüre empfahl es vor allem dann,
wenn nichts anderes zu tun sei. Das Anstandsbüchlein teilt dem Lesen innerhalb der idealen Tagesgestaltung eine eher untergeordnete Rolle zu, weist
allerdings auch auf die sozialen Voraussetzungen des Lesens hin: Männliche
und weibliche Angehörige der mittleren Vermögensschichten waren stark in
die Geschäfts- und Hausarbeit eingebunden. Angehörige wohlhabender

---

64 Vgl. entsprechende Beispiele in Kap. 3.2.1.
65 Vgl. Chaytor: S. 10.
66 Vgl. Anhang I, 1452/2.
67 Vgl. hierzu auch Vavra, Elisabeth: Literatur und Publikum. In: Alltag im Spätmittelal-
    ter, hrsg. von Harry Kühnel, Graz / Wien / Köln 1986, S. 323-340; u.v.a. Engelsing:
    Analphabetentum und Lektüre.
68 Vgl. entsprechende Zitate in Kap. 3.2.1.

Schichten hatten im allgemeinen mehr Freiräume, um sich dem Buch zuzuwenden. Moralisten empfahlen in der Frührenaissance insbesondere den wirtschaftlich vermögenderen Stadtbürgern die Lektüre, damit sie nicht in der ihnen übermäßig zur Verfügung stehenden Freizeit, den ihnen ihr Status gewährte, dem Laster verfielen. Humanisten priesen die Stadtflucht und das zurückgezogene Leben auf dem Lande, die intensive Lektüre erst ermöglichten. Die lärmende und geschäftige Stadt bekam den Nimbus einer lesefeindlichen Zone. Francesco Petrarca lobte zunächst das anregende Treiben des Hafens an der *riva degli schiavoni*, wo ihm die Republik ein Haus zur Verfügung gestellt hatte, stilisierte einige Jahre später jedoch seinen Rückzug ins Hinterland von Padua als einzige Möglichkeit, die zum Studium notwenige Ruhe zu finden[69].

Verschiedene Quellen der Frührenaissance dokumentieren, daß man in der Organisation des Tagesablaufs mit dem Beginn des Abends, der *Vesper*, die Nacht vom Tag trennte. In Venedig wurde das Ende des Tages offiziell von der *marangona*, der Glocke von San Marco, angekündigt. Das Tagwerk, das jede Aktivität außer Hause bedeutete, war damit beendet. Die Nacht galt traditionell, in Venedig wie andernorts, als Zeit der Gefahr für Leib, Leben und Eigentum, als Zeit des Verbrechens, wie es auch der Name der venezianischen Polizeibehörde *Signori di notte al criminal* (notte=Nacht) dokumentiert. Der vom Tag und der Nacht getrennte Abend hingegen bot die Möglichkeit, sich in private Bereiche des Hauses zurückzuziehen. Er gewährte Freiräume unter anderem für das Lesen, so wie Benedetto Cotrugli in seinem Traktat dem Kaufmann empfahl, sich in seiner Kammer oder in der Nähe seiner Kammer zu vorgerückter Stunde der Lektüre hinzugeben[70]. Einen geeigneten zeitlichen Rahmen boten darüber hinaus die Sonn- und Feiertage, an denen die Arbeit untersagt war.

Soweit sich die Abend- und Feiertagsgestaltung ober- und mittelitalienischer Familien rekonstruieren läßt, fand viel in der Gemeinschaft statt. Vor allem versammelte sich die Familie zum Essen[71]. Die Abende wie zum Teil auch die Feiertage galten ansonsten der Handarbeit, dem Besprechen von Familienangelegenheiten wie zum Beispiel zukünftiger Heiraten, der Unterrichtung der Kinder, dem Austausch von Neuigkeiten, dem Spiel und der Unterhaltung. Zu den letzten beiden Beschäftigungen weilten mitunter auch

---

69 Vgl. entsprechende Zitate in Kap. 3.2.1. Zu Petrarcas Venedigaufenthalt vgl. u.a.Vianello, Nereo: I libri di Petrarca e la prima idea di una pubblica biblioteca a Venezia. In: Miscellanea Marciana di Studi Bessarionei, Padova 1976, S. 435-451; und Lazzarini, Lino: Francesco Petrarca e il primo umanesimo a Venezia.

70 Vgl. Zitat aus seinem Traktat *Il libro dell'arte di mercatura* in Kap. 3.2.1.

71 Man aß in der Gemeinschaft. So listen die Inventare mitunter große Tafeln auf. In Palästen, wie in dem des Amado de Amati, lassen sich anhand der Einrichtung separate Speisezimmer lokalisieren. Vgl. ASV, PSM, Atti Misti, B. 112, Inventar (einzelnes Pergament) vom 1. Dezember 1424.

Gäste im Haus. Die Formen der Abendgestaltung vermischten sich. Mit Kindern spielte man aus didaktischen Gründen mitunter Buchstabenspiele, Handarbeit wurde während des Gesprächs verrichtet, und auch die Toilette, das Waschen und die Körperpflege, waren Momente des sozialen Beisammenseins[72]. Als Orte des Familienlebens bzw. der Geselligkeit boten sich je nach den Wohnverhältnissen unterschiedliche Plätze an. Im Sommer stellten sich die außen an das Haus gebauten Treppen, und, falls vorhanden, die Loggia oder der Garten als geeignete, da helle und angenehm warme Plätze dar. Im Winter empfahlen sich die Feuerstellen im Inneren des Hauses.

Der Notar Lappo Mazzei aus Prato ließ 1390 in seinen Briefen an Bekannte verlauten, daß er seinen Kindern allabendlich aus dem *Fioretto* des Franziskus vorlese[73]. Er stellte sich ganz im Sinne der Moralisten seiner Zeit als frommer Mensch dar. Lesen in der Gemeinschaft und damit auch das gegenseitige Vorlesen waren lediglich zum Unterricht gestattet. Ansonsten sah man hierin die Gefahr, das Gemeinschaftserlebnis könnte zur Unterhaltung beitragen und zu verwerflichem Vergnügen verleiten[74]. *Istorias* und *canzoni*, welche von Luxus, Eitelkeiten und fleischlicher Liebe erzählten, sollten nie im Beisein von Frauen erzählt werden. Hierzu zählten nicht auch historioraphische Werke und sogar verschiedene Schriften der Heilsgeschichte. Die Moralisten bedienten zwar traditioneller Argumente zwar; die Eindringlichkeit ihrer Warnungen, die Ausführlichkeit, mit der die negativen Folgen beschrieben wurden und die Empfehlungen der notwendigen Gegenmaßnahmen im Falle einer Zuwiderhandlung weisen allerdings auf andersartige Gewohnheiten in der alltäglichen Wirklichkeit hin. So traute man, sofern keine „ehrenwerte" Person als Lehrer vortrug, der Hausgemeinschaft eine sittliche Kontrolle nicht zu, sondern sah in ihr *per se* eine Gefahr. Die Moralisten gingen somit davon aus, daß ihre Vorstellungen nicht weitläufig genug verinnerlicht waren. Es ist daher anzunehmen, daß Buchbesitzer in der Tat außerhalb der Kontrolle moralisierender Instanzen im gegenseitigen Vorlesen auch Kurzweil und Unterhaltung suchten. Gemeinsames Lesen und der Austausch über Gelesenes

---

72 Vgl. u.a. La Roncière: S. 201-203. La Roncière stützt sich unter anderem auf in Gerichtsprotokollen dokumentierte Aussagen, Briefe und rechtliche Vorschriften, die Vermutungen über die bevorzugten „Freizeit-" Beschäftigungen zulassen. Zur Alltagsgeschichte Venedigs und italienischer Kommunen vgl. v.a. Molmenti; Klapisch-Zuber, Christiane: Women, Family and Ritual in Renaissance Italy, Chicago / London 1985; Herlihy, David / Klapisch-Zuber, Christiane: Les toscans et leurs familles. Une étude du *catasto* florentin de 1427, Paris 1978.

73 Vgl. Mazzei, Lapo: Lettere di un notaio a un mercante del secolo XIV con altre lettere e documenti. 2 Bde., hrsg. von Carlo Guasti, Florenz 1880. Hier zitiert nach La Roncière, S. 202. La Roncière vertseht das Zitat allerdings wörtlich, ohne in Frage zu stellen, ob es sich bei den Äußerungen nicht auch um eine Form der religiösen Selbstdarstellung handelt.

74 Vgl. Kap. 3.2.1.

stellten in den Häusern der Venezianer offensichtlich einen anregenden Bestandteil des alltäglichen Lebens dar. Romane, Novellen, Epen, Gedichte und ein Teil der Heiligenlegenden waren ohnehin zur Rezitation geschrieben. Von ihrer narrativen Struktur her entsprechen sie eher den Regeln des Vortragens als denen der stillen Lektüre. Durch das Vorlesen im Hause konnte zudem der Rezipientenkreis einer begehrten Handschrift erweitert werden. Leseunkundige sowie mit dem Alter sehschwach gewordene Mitglieder einer Hausgemeinschaft konnten an der Lektüre teilhaben.

Inwieweit die Möglichkeit bestand, sich bei der Abendgestaltung und damit auch bei der etwaigen Lektüre alleine oder in kleineren Gruppen von der Hausgemeinschaft zu separieren, war ebenfalls von den Wohnverhältnissen abhängig. In kleinen Häusern oder noch beschränkteren Wohnbereichen verrichtete man sämtliche Dinge innerhalb der Familiengemeinschaft, und selbst auswärtige Gäste nahmen bei ihren Besuchen wohl am Familienleben teil. Ein Lehrer oder *barbitonius* mußte, sofern er sich in seinem eigenen Domizil einem Buch zuwenden wollte, dies sicherlich immer im Zusammensein mit anderen Hausbewohnern tun, welche zur gleichen Zeit unter Umständen noch mit lärmender Hausarbeit oder Unterhaltung beschäftigt waren. Größere Häuser boten hingegen die Möglichkeit, sich allein oder in Gruppen am Abend in intimere Bereiche zurückzuziehen. Soweit es die Quellen dokumentieren, wurden die räumlichen Möglichkeiten auch entsprechend genutzt. In Venedig machte der Schulmeister Petro de Cortexi am 20. Dezember 1401 vor den *Signori di notte al criminal* im Verfahren gegen den später zu Tode verurteilten Kaufmann Francesco de Nani, dessen Söhne er im Lesen und Schreiben unterrichtete, über seinen abendlichen Besuch im Hause des Beschuldigten folgende Aussage: Er habe sich am vorangegangenen Sonntag zu abendlicher Stunde („circa post vesperas") in das Haus der Familie Nani begeben und sich dort zum Schachspiel niedergelassen („et posuisset se ad ludendum ad ludum scachorum"). An diesem Abend tat er dies, offenbar entgegen seiner üblichen Gewohnheiten, nicht mit Francesco de Nani selber, sondern mit dessen Vater, dem *senex*, dessen Name Petro nicht wußte. Dadurch, so vermerkten die Beamten, war Francesco de Nani alleine („sicut alias erat solitus"), ging durch das Haus („dictus Nani non ludebat sed ibat per domum") und rief heimlich und versteckt („clam et occulte") seine beiden Söhne zu sich, um sich an ihnen zu vergreifen[75]. Im Hause Nani nutzten demnach der Großvater mit einem Gast einen Raum zum abendlichen Schachspiel, während sein Sohn sich absonderte und separate Bereiche aufsuchte, in denen er seine Söhne mißbrauchen konnte. Der Umstand, das sein Tun letztlich den Hausbewohnern und dem Gast nicht verborgen blieb, mag ausschließlich im brutalen Charakter seines Vorgehens liegen, denn - durch Schläge und Schreie aufgeschreckt - muß Petro Zeuge der Mißhandlungen geworden sein.

---

75 Die Aussage ist publiziert bei Bertanza: Maestri, S. 237.

Charles de La Roncière sieht in den persönlichen, für Außenstehende meist nicht zugänglichen Gemächern toskanischer Häuser auch die Orte, in denen sich Familienmitglieder aufgrund der intimen Atmosphäre zur Freizeitgestaltung sowohl allein als auch in Gruppen zurückzogen. Er greift auf Hinterlassenschaftsinventare zurück, welche in einzelnen Räumen nicht nur Betten, sondern neben vielerlei Einrichtungsgegenständen auch Sitzmöbel erwähnen[76]. Derartige Räume gewährten von daher nicht nur die Möglichkeit des Alleinseins, sondern stellten auch ideale Orte für ungestörte Lektüre dar. Francesco Datini, ein Kaufmann aus Prato, verwahrte Ende des 14. Jahrhunderts seine Büchertruhen in seinem Haus in Florenz ebenfalls in seinem Schlafgemach[77]. In Venedig fanden die Prokuratoren von San Marco im Hause des verstorbenen Marco Inzegneri einen *Aesop*-Roman in dessen eigener Kammer.[78] Bartolomeo Morosini lagerte seine Bücher in einem *albergo piccolo*, in dem sich ansonsten zwei Betten, ein weißer Vorhang mit dem Wappen der Familie, zwei Körbe, ein Bild des Heiligen Markus und der Heiligen Maria und zwei Bänke befanden.[79] Es handelte sich wahrscheinlich auch hier um die Kammer von Familienangehörigen. Es war eindeutig nicht nur als reines Schlafgemach eingerichtet, sondern konnte durchaus mehrere Personen zum Beisammensein aufnehmen. La Roncière nimmt die Hinweise zur Lagerung von Büchern und die Darstellung persönlicher Lebensräume in der zeitgenössischen Malerei zum Anlaß, tatsächlich in den einzelnen Kammern auch die Orte des Lesens zu sehen. Inwiefern wirklich zu vorgerückter Stunde im eigenen Gemach gelesen wurde, kann allein diesen Quellen allerdings nicht entnommen werden.

Im Sommer des Jahres 1420 schrieb Leonardo Giustinian, ein wohlhabender venezianischer Patrizier, Kaufmann und selbsternannter Bücherfreund, seinem Freund und Lehrer Guarinus von Verona von seinem Landsitz auf der Insel Murano, wie sehr er dort die zuvor nicht erhoffte Freiheit genießen könne, abseits der Verpflichtungen des Alltags ein harmonisches Leben zu führen und sich der Lektüre, dem Gespräch mit gebildeten Mönchen, der Musik, Spaziergängen und Entdeckungen in der Natur hingeben zu können. Dem Lesen gelte dabei seine besondere Vorliebe. Seine Bücher würde er nur verlassen, wenn die Pflege der Gesundheit es ihm auferlege. Für das Lesen brauche er Ruhe. Zur Verarbeitung des Gelesenen suche er jedoch das Gespräch mit gebildeten Mönchen[80]. Leonardo Giustinian stellt sich hier

---

76 Vgl. La Roncière: S. 201.
77 Vgl. Inventar bei Origo: Im Namen Gottes, S. 249.
78 Vgl. Anhang I, 1366/2.
79 Vgl. ASV, PSM de citra, B. 183, Commissaria di Bartolomeo Morosini, Fasc. 4.
80 Vgl. Sabbadini: Epsitolario di Guarino, S. 138 und 306. Zu Giustinians Geschäften in der Levante vgl. Luzzatto: S. 173. Zu dessen Inszenierung als „musarum cultor" vgl. Zorzi: Dal manoscritto al libro, S. 839 f.

gegenüber seinem gelehrten Meister als den klassischen humanistischen Leseidealen verpflichtet dar. Er übernimmt fast wörtlich Petrarcas Lobpreisungen des zurückgezogenen Landlebens[81]. Von daher kann aus seinem Brief nicht uneingeschränkt rückgeschlossen werden, daß ihm in der unruhigen Stadt Venedig tatsächlich keine Möglichkeit zum Studium gegeben war. Trotz aller Stilisierungen gibt der Brief allerdings auch Leserealitäten wieder. Leonardo konnte sich als äußert wohlhabender Patrizier den Rückzug von seinen Geschäften nach Murano zum umfassenden Studium leisten. Einem Krämer etwa, der über ein bescheideneres Vermögen verfügte, war diese Möglichkeit der intensiven Auseinandersetzung mit Büchern nicht gegeben. Er war, sofern er sich der Lektüre hingeben wollte, auf die Feierabende und sein einfaches Stadthaus angewiesen.

Giustinian weist in seinem Brief auch auf die gesundheitlichen Gefahren des Lesens hin. Die Lektüre bei schlechten Lichtverhältnissen, in halbdunklen Räumen oder bei Kerzenlicht ist nicht nur anstrengend, sondern schwächt auf Dauer auch die Sehkraft. Die Entwicklung des Lesesteins bzw. der Brille um die Wende vom 12. auf das 13. Jahrhundert ermöglichte bedeutend mehr Menschen das Lesen. Schlechte Lichtverhältnisse blieben allerdings ein verbreitetes Problem der wirtschaftlich aufblühenden Städte Ober- und Mittelitaliens. Die Florentinerin Allesandra Mazzinghi Strozzi klagte in den Briefen an ihre Kinder im Exil über das Haus ihres Nachbarn, das ihr das Tageslicht raube[82]. Auch die engen Gassen Venedigs ließen wenig Sonnenlicht einfallen. Zudem waren die Notwendigkeit der Wärmeisolation des Hauses und der Wunsch nach möglichst viel Helligkeit in den Innenräumen zunächst nur ansatzweise miteinander vereinbar. Im 13. und 14. Jahrhundert wurden die Fensteröffnungen meist mit Läden abgedeckt oder mit lichtdurchlässigen Tüchern verhangen. Erst im Laufe des 15. Jahrhunderts setzten sich Glas- bzw. Butzenfenster durch. Sie blieben allerdings ein Privileg der Wohlhabenden. Das Innere der Häuser versuchte man - so dokumentiert es unter anderem das Inventar Amado de Amatis - mittels einer Vielzahl von Öllämpchen aus Ton, Zinn und Eisen, Tragelaternen und Kerzenständern, die man aus verschiedenen Teilen Europas und der Levante importierte, zu erhellen[83]. Die dadurch im Inneren des Hauses erzielte Helligkeit war vom Geldbeutel des Hausbesitzers abhängig, der einerseits die Lampen und andererseits ständig brennende Kerzen und Öl finanzieren mußte.

---

81 Vgl. Kap. 3.2.1.
82 Zitiert bei La Roncière: S. 203. Vgl. Lettere di una gentildonna fiorentina del secolo XV ai figliuoli esuli. hrsg. von Carlo Guasti, Florenz 1877.
83 Vgl. ASV, PSM, Atti Misti, B. 112, Inventar (einzelnes Pergament) vom 1. Dezember 1424. Zu den problematischen Lichtverhältnissen in den Städten der Renaissance vgl. La Roncière: S. 191-194.

Bezüglich der Wahl der Leseorte zogen Leser und Vorleser wohl helle Orte und Stunden dem späten oder gar nächtlichen Lesen am Feuer oder im Kerzen- bzw. Lampenschein vor. In den venezianischen Stadtpalästen empfahlen sich vor allem die Räume hinter der großen Fensterfront des *portego,* der Garten, der Hof, die Loggia und der Balkon. Die Nutzung des Gartens als Ortes der Muße und der Lektüre, den Humanisten wie Giustinian lobten, stellt somit nicht nur eine Übernahme antiker Ideale, sondern auch eine praktische Notwendigkeit dar[84]. In persönlichen Gemächern las man wahrscheinlich lediglich dann, wenn große Fenster oder entsprechend viele Lampen und Kerzen genug Licht gewährten. Darüber hinaus ist anzunehmen, daß die bevorzugten Zeiten des Lesens, zu dem keine existentielle Notwendigkeit bestand, abgesehen von Feiertagen die relativ hellen Sommerabende waren.

Eines der wenigen direkt überlieferten Zeugnisse einer Leseszene, die nicht in der Malerei oder Literatur kreiert wurden oder - wie im Fall Leonardo Giustinians oder Lappo Mazzeis - Ergebnis der Selbstdarstellung waren, ist der Fall des Venezianers *Ser* Andriolo della Seta, der am 27. Juli 1367 bei den *Signori di notte al criminal* aktenkundig wurde. *Ser* Andriolo war zu früher Abendstunde in einen Streit mit dem deutschstämmigen Lehrer Ermano Teutonico mit für ihn tödlichem Ausgang geraten. Nach der Aussage des beschuldigten Ermano Teutonico befand sich *Ser* Andriolo, nachdem die Glocke von San Marco schon das Ende des Tages verkündet hatte, ein Buch lesend auf einem der Balkone seines Hauses („ad unum suum balchoniem legens unum librum") und begann mit Ermano, der zusammen mit Giovanni d'Allemagna, einem offenbar ebenfalls deutschstämmigen Kollegen, auf dem Weg zu einem Fest bei Santa Maria Maddalena gerade die Straße entlang kam, ein Gespräch in lateinischer Sprache. Hierbei gerieten sie über grammatikalische Fragen in einen Streit, der soweit ging, daß beide ihre herben Beschimpfungen nicht mehr verstehen konnten („non inciperunt contendere verbis iniuriosis"). Daraufhin verließ Andriolo mit den Worten „Na warte" („Spectes me") den Balkon und lief auf die Straße, wo der Streit an Schärfe gewann und mit einem Schwerthieb unter die rechte Schulter Andriolos endete[85]. Stimmen die Aussagen Ermanos, so waren sie Streitenden äußerst stolze Bildungsbürger, die beide hartnäckig auf dem Wahrheitsgehalt ihres Wissens beharrten. Die Aussage von *Ser* Andriolos Frau, Giovanna da Bologna, widerspricht jedoch derjenigen Ermanos bezüglich der Ursache für den Streit. Sie gab zu Protokoll, die beiden Deutschen hätten eine Leiter gehabt und durch ein Fenster die Sklavinnen des Hauses beobachtet („I duo teotonici habeant scaletas et inspiciebant sclavas"). *Ser* Andriolo habe die Deutschen daran hindern bzw. von der Leiter ziehen wollen („incepit repre-

---

84 Vgl. Kap 3.2.

85 Zitiert nach Ortalli: Scuole, maestri, S. 9 f.; vgl. ASV, Sigori di notte al criminal, reg 9. (1363-1669, c. 67 r.-v., al 27 luglio 1367).

hendere ipsos"), woraus der Streit entstanden sei. Den Beamten ist es nicht gelungen, den Hergang bzw.den Verursacher des Streits zu ermitteln. Die Version der Ehefrau Giovanna ist die retrospektiv nachvollziehbarere[86]. Jedenfalls widmete sich Andriolo della Seta als venezianischer Edelmann nach dem verrichteten Tagwerk dem Lesen. Er sonderte sich dazu von der Hausgemeinschaft ab, die sich anderen Dingen hingab. Die weiblichen Hausbewohner der *casa* della Seta waren versammelt, wofür ein Grund bestanden haben muß wie zum Beispiel gemeinsame Unterhaltung oder - was die anschließende Aufregung erklären würde - die gemeinsame Toilette. Der Umstand, daß Giovanna als Frau des Hauses die Szene beobachten konnte, zeigt, daß auch sie als Hüterin der weiblichen Sklavinnen zugegen gewesen sein mußte. Ob Andriolo auf dem Balkon nur bessere Lichtverhältnisse gesucht hatte oder sich auch öffentlich zeigen wollte, ist nicht mehr nachzuvollziehen. Zeitpunkt und Ort seiner Lektüre scheinen auf eine bewußte Selbstinszenierung des Hausherrn hinzuweisen. Dennoch bestätigt die Szene, daß günstige Lichtverhältnisse zum Lesen wahrgenommen wurden. Sie ist außerdem ein Beispiel für einen Leser, der sich offensichtlich bewußt zu einer bestimmten Tageszeit der Lektüre widmete. *Ser* Andriolo zog sich vom Geschehen im Inneren des Hauses zurück und suchte die Öffentlichkeit der Straße. Lesen implizierte in diesem Fall nicht Einsamkeit und völlige Abgeschiedenheit vom Alltagsleben, sondern den Moment eines demonstrativen und beinahe rituellen Rückzugs nach dem verrichteten Tagwerk.

Durch eine Zusammenschau der verschiedenen Erkenntnisse über die zeitgenössischen Lebens- und Lesebedingungen lassen sich also wesentliche Faktoren, welche den Umgang mit Büchern und ihre Verbreitung in venezianischen Stadthäusern bestimmten, kennzeichnen.

Sofern Ärzte, Beamte, Advokaten und Notare aus beruflichen und praktischen Notwendigkeiten heraus zum Buch greifen mußten, war bei der Wahl des Leseortes sicherlich zweitrangig, ob eine intime Atmosphäre oder aber das Beisammensein mit der Hausgemeinschaft, Nachbarn, Klienten oder Gästen die Rahmenbedingungen abgaben. Inwieweit räumlich und zeitlich die Mög-

---

86 Ob es sich bei dem Vorfall nun um die Notwehr eines Gelehrten gegen einen unbelehrbaren Choleriker oder um die Verteidigung der Ehre der weiblichen Hausbewohner und des privaten Wohnbereichs seitens eines venezianischen *gentiluomo* handelt, geht aus den Akten nicht hervor. Nachbarschaftsstreitigkeiten, bei denen das Gesetz nach alter Tradition selbst in die Hand genommen und der eigene Grund und Boden verteidigt wurde, sind jedoch häufig aktenkundig geworden. Vgl. Anm. 12 dieses Kapitels. Ebenso sind Zeugnisse überliefert, daß die zumeist jungen Sklavinnen aus fernen Ländern ein Faszinosum darstellten und deshalb nicht selten unter besonderer Aufsicht der Hausherrin standen. Vgl. La Roncière: S. 230. In florentinischen Waisenhäusern waren zwischen 1430 und 1445 ein Viertel bis ein Drittel der Kinder Söhne und Töchter unverheirateter Sklavinnen. La Roncière schließt daraus, daß die Kinder von den jeweiligen Herren gezeugt worden waren, ohne dies weiter belegen zu können. Zu Sklaven in Venedig vgl. auch Romano: Patricians and Popolani, S. 86-90.

lichkeit bestand, sich dem Lesen zur Andacht, zum Studium oder zur Unterhaltung in Ruhe zu widmen, war von den wirtschaftlichen Umständen abhängig. Licht und große, mit mehreren Räumen ausgestattete Wohnbereiche
waren ein Luxus der wirtschaftlich Wohlhabenden. Daß schöngeistige Literatur und die Literaturpflege um ihrer selbst Willen vornehmlich unter Wohlhabenden nachweisbar sind, erklärt sich mithin nicht nur daraus, daß man sich
den Besitz einer Literatur ohne praktische oder religiöse Funktionen leisten
konnte, sondern auch aus dem Umstand, daß hier entsprechende räumliche
Voraussetzungen gegeben waren und ausreichend Freizeit zur Verfügung
stand. Entwicklung und Ausprägung einer privaten Lesekultur waren deutlich
an die bestehenden Formen und Möglichkeiten privater Wohnkultur gebunden.

8. Ergebnisse - Literalität und kultureller Wandel

Der Buchbesitz der Venezianer zur Vordruckzeit war vielfältig. Offenbar gab es ausreichend Möglichkeiten zur Buchherstellung und Buchbeschaffung, so daß sich nicht nur einige wenige „klassische" Schriften, wie zum Beispiel die Bibel, verbreiteten.

Die einzelnen Buchbestände dokumentieren sowohl kollektive Interessen als auch individuelle Vorlieben. Darüber hinaus lassen sich über die Jahre hinweg Veränderungen quantitativer und qualitativer Art festmachen. Verstärkt sind Buchbesitzer mittlerer Vermögensschichten nachweisbar, und es zirkulierten zunehmend Handschriften, welche eher Gebrauchsgegenstände als materialaufwendige Prachtbände darstellten. Im betrachteten Zeitraum nahmen insbesondere Fachbibliotheken an Umfang und Anzahl zu.

Die Quellen vermitteln somit einen Einblick in den Buchbesitz der Venezianer. Bei den erfaßten Büchern handelt es sich nicht nur um vereinzelte, über mehrere Generationen hinweg weitergegebene Erbstücke, sondern vor allem um neuerworbene bzw. gezielt in Auftrag gegebene Bände.

Die eingangs erörterte Notwendigkeit der Zusammenschau verschiedener Quellengattungen bestätigt sich. Testamente überliefern zumeist nur eine bestimmte Art von Buchbesitz und sind Medien der ständischen Selbstdarstellung. Hinterlassenschaftsinventare und Nachlaßversteigerungen ergänzen den Eindruck von der zirkulierenden Literatur der Epoche insofern, als daß sie unterschiedliche Formen des Lesebedarfs und somit den Wandel der Lektürevorlieben deutlicher erkennen lassen. Es sind außerdem Buchbesitzer verschiedener Gesellschaftsgruppen auszumachen und Veränderungen in der Struktur des Lesepublikums zu markieren.

8.1. Die Formen des Bücherbedarfs

Die Buchbestände der Venezianer und die Art und Weise ihrer Handhabung dokumentieren verschiedene Formen eines bestehenden bzw. sich wandelnden Bedarfs an Büchern:

a) Buchbesitz aus praktisch-professionellen Gründen
Die Venezianer der Vordruckzeit besaßen und nutzten Handschriften aus praktisch-professionellen und damit aus existenziellen Notwendigkeiten.

Ärzte, Rechtsgelehrte, staatliche Beamte und Kirchenmänner griffen zur Ausübung ihrer jeweiligen Tätigkeit auf die bestehende Fachliteratur zurück.
Berufliche Anforderungen verlangten bisweilen auch von Malern und Goldschmieden die Auseinandersetzung mit Schrifttexten. Das Buch war in erster
Linie als Medium des Wissens und der Weiterbildung gefragt. Es diente
unmittelbar den alltäglichen Tätigkeiten.

b) Buchbesitz zur Glaubensausübung / Religiosität
Die Buchbestände dokumentieren ferner eine weitverbreitete Frömmigkeit
nicht nur seitens der Kleriker, sondern auch der Laien. Die Ausbreitung von
Andachtsbüchern und Bibeln nahm vom 14. auf das 15. Jahrhundert deutlich
zu. Darüber hinaus verfügte man über hagiographische Werke, Anstands- und
Tugendtraktate und vereinzelt auch über mystische Literatur. Dieses Spektrum
im weitesten Sinne religiöser Schriften erreichte Buchbesitzer verschiedenster
Vermögensschichten. Moralideale der Zeit, welche insbesondere Frauen das
Lesen zur Andacht und Erbauung empfahlen, fanden ihre Umsetzung im Alltag zumindest insofern, als zunehmend entsprechende Handschriften angeschafft und somit auch produziert wurden. Das Buch übernahm gewisserma-
ßen eine Stellvertreterfunktion, denn es ersetzte den predigenden oder die
Messe zelebrierenden Geistlichen. Als „Schreib- und Speichermedium" trat es
an die Stelle des „Menschmediums"[1].

c) Das Buch zum Studium
Höhere Bildungsideale veranlaßten die Söhne wohlhabender Familien nicht
nur zum Besuch von Akademien und Universitäten, sondern führten in mehreren Fällen und zumeist unabhängig von den eigentlichen beruflichen Belangen
auch zur Einrichtung unterschiedlich umfangreicher Gelehrtenbuchsammlungen. Auch hier war das Buch als Wissensvermittler gefordert, und wiederum
übernahm es eine Stellvertreterfunktion. Es ergänzte und ersetzte das
„Menschmedium", den vortragenden Lehrmeister.

d) Faszination und Abwechslung im Alltag
Heiligenlegenden, Chroniken, Kaiserviten, mythologische Erzählungen,
Sonette und Romane erzielten in den Häusern der Venezianer neben einer
belehrenden und erbaulichen auch eine unterhaltende und anregende Wirkung.
Antike und volkssprachliche Literatur diente als Lerninhalt und Erbauung
zugleich. Allerdings ist die „schöngeistige" Literatur der zeitgenössischen
Schriftsteller nur unter den wirtschaftlich Privilegierten nachweisbar. Der
Lektüregenuß zur reinen Kurzweil oder aus bloßem Gefallen an der
„Schönheit" der Sprache war offenbar ein Luxus. In weiteren gesellschaftli-
chen Kreisen fanden unterhaltende Stoffe, sofern sie überhaupt zirkulierten,

---

1   Zur Terminologie Werner Faulstichs vgl. auch Kap. 1.

allenfalls auf mündlichem Wege Verbreitung. Soweit es anhand der Quellen zu rekonstruieren ist, ersetzte das „Schreib- und Speichermedium" Buch in diesem Bereich die oralen Kommunikations- und Traditionsformen nur partiell.

e) Repräsentation und Identifikation

Bücher, insbesondere die wertvollen Prachthandschriften, dienten auch als Mittel der Selbstdarstellung. Vor allem Meßbücher, Bibeln und Gebetbücher waren - als traditionelle Kultobjekte - zum Teil derart kostbar gefertigt, daß sie lediglich im Besitz sehr wohlhabender Venezianer waren und in deren Häusern auch repräsentative Funktionen übernahmen. Zudem gehörten Chroniken und Heldenliteratur zum traditionellen Vokabular ständischer - in Venedig adliger - Selbstdarstellung. Zu den Prachtexemplaren in venezianischen Haushalten zählten auch Schriften der antiken Autoren, der Kirchenväter, mittelalterlicher Scholastiker und literarische Werke im engeren Sinne. Grundsätzlich galt Buchbesitz als Ausdruck einer gehobenen Bildung, die im Verlauf des 14. und 15. Jahrhunderts nicht nur für venezianische Patrizier und privilegierte Bürger ein wesentliches Identifikationsmoment darstellte: Zwar wurde die über Buchbesitz dokumentierte Bildung als Eigenschaft des kultivierten Stadtbewohners begriffen. Aber auch Angehörige der Mittelschichten wie Handwerkermeister oder Krämer übernahmen das Ideal, denn ihren im Vergleich mit den Tagelöhnern gehobenen Sozialstatus verdankten sie nicht zuletzt ihrer Schriftlichkeit. Venezianer suchten auf ihren Handelsreisen und politischen Missionen nach griechischer und anderer abendländischer Literatur und führten umgekehrt in die zum Teil von „Ungläubigen" beherrschten Gebiete die Literatur ihrer christlichen Heimat mit. Der Buchbesitz dokumentierte und betonte die Verankerung in der eigenen Kultur.

Das Buch zeigte sich in Venedig zunächst als Besitz politischer und wirtschaftlicher Eliten oder aber vorwiegend als Eigentum spezialisierter Berufsgruppen, wie Ärzten und Rechtsgelehrten, die Fachbücher zur Ausübung ihrer jeweiligen Profession benötigten. Eine Zusammenschau der venezianischen Quellen und der von Giovanna Petti Balbi vorgelegten Genueser Buchsammlungen aus dem Duecento weist darauf hin, daß Buchbesitz aus praktisch-professionellen Gründen neben demjenigen zu repräsentativen Zwecken unter Umständen die älteste Form privaten Buchbesitzes in den unabhängigen italienischen Kommunen darstellt[2].

---

2   Unter den 47 von Petti Balbi recherchierten Buchbesitzern waren 21 Geistliche und Kanoniker, welche über Kirchenrechtsliteratur, Meß- und Gebetbücher verfügten. Elf waren Notare und Richter, die als Juristen vornehmlich Rechtsliteratur, hierunter auch Schriften des römischen Rechts, ihr Eigentum nannten. Drei waren Mediziner, welche medizinische Fachliteratur besaßen. Einer war Lehrer, und ein Buchbesitzer verfügte vornehmlich über Unterrichtsliteratur. Lediglich fünf der Geistlichen besaßen auch theologische Literatur. Fünf Buchbesitzer verfügten zusätzlich über ein bis zwei Ritter-

Der Drang nach höherer Bildung führte in der Frührenaissance zu einer verstärkten Einrichtung von Gelehrtenbibliotheken, deren Buchbestände nicht unbedingt im engeren Sinne beruflichen bzw. praktischen Zwecken dienten. Außerdem fanden verstärkt religiöse Texte Verbreitung, und die Zunahme an Buchbesitz innerhalb mittlerer Vermögensschichten geht hauptsächlich auf eine verstärkte Hinwendung zu dieser Art von Literatur zurück. Es lassen sich somit eine fortschreitende „Entprofessionalisierung" und „Popularisierung" des Buchbesitzes beobachten, welcher sich wiederum als Konsequenz der Privatisierung von Lehre und religiösem Leben darstellt und in seinen Veränderungen diese Entwicklung widerspiegelt. Ohne das Buch waren weder die private Andacht und Erbauung noch das Studium und die Unterrichtung in privaten Lebensbereichen möglich.

Das Buch, das sich als Medium der „Unterhaltung" nur innerhalb privilegierter venezianischer Schichten verbreitete, blieb in dieser Funktion offenbar zunächst ein bloßes Werkzeug und „Speichermedium" für weiterhin vorwiegend mündlich übermittelte Geschichten[3]. Allerdings machte das praktische Berufsleben elementare Schreib- und Lesefähigkeiten und darüber hinaus bisweilen auch grundlegende Kenntnisse der lateinischen Sprache erforderlich, was zu einer intensivierten Auseinandersetzung mit Büchern führte. Offensichtlich lernte man nicht nur anhand des Psalters lesen und schreiben. Neben Lehrbüchern und Regelwerken wurde auch auf lateinische und volkssprachliche Literatur, insbesondere auf mythologische, historiographische und hagiographischen Erzählungen, zurückgegriffen. Die Notwendigkeit einer zumindest elementaren Bildung war somit ein Faktor, der die Zeitgenossen an Texte heranführte, welche nicht nur einen unmittelbaren praktischen Zweck im Alltag erfüllten, sondern auch der Freude am Lesen selbst genügen konnten. Mit der verbreiteten Unterrichtsliteratur war ein Schrifttum gegeben, welches Grundlagen für die Handhabung des Buches als eigenständiges Medium lieferte.

---

romane. Bei letzteren handelte es sich um Richter und Angehörige der großen Familien der Stadt, mithin um Vertreter der städtische Eliten. Vgl. Petti Balbi: Il libro nella società genovese, S. 29-45 (Registri e documenti).

3   So auch Faulstichs Aussage zum hohen Mittelalter. Vgl. Faulstich: S. 269.

8.2. Die Buchsammlungen als Indikator des kulturellen Milieus

Den verschiedenen Funktionen des Lesens entspricht die Vielfalt der sich im Venedig der Vordruckzeit darbietenden Buchsammlungen. Sie dokumentieren ein komplexes Bild der zeitgenössischen venezianischen Kultur.

Zunächst bestimmten, wie gesagt, beruflichen Notwendigkeiten die Inhalte der jeweiligen Buchsammlungen. So fanden Lehrbücher Verbreitung, mittels derer die Schriftlichkeit erlangt und geübt werden konnte. Auch vereinzelte volkssprachliche oder lateinische Legendensammlungen dienten vermutlich sowohl der religiösen Unterweisung als auch dem Lesenlernen. Praxisgebundene und ideelle Bildungsziele kamen häufig zur Deckung. Kleriker der höheren und niederen Rangstufen verfügten über Meß- und Gebetbücher, über Priester- bzw. Ordensregeln, über einzelne Exemplare kanonischer Rechtsliteratur und bisweilen auch über Predigtsammlungen. Das Literaturspektrum war insofern standestypisch, als die jeweiligen Bände innerhalb des Klerus weitergegeben und per Testament gestiftet wurden. Ärmere Priester und Mönche kamen auf diese Weise zu persönlichem Buchbesitz. In mehreren Fällen hinterließen hochrangige Kleriker ihre Bücher Gemeindekirchen und Klöstern, damit diese einem Kollektiv von Geistlichen zu Verfügung stehen und - so wurde es in den Testamenten bisweilen explizit festgehalten - dem geistigen Studium und der Unterweisung der Gläubigen weiterhin dienen konnten. Staatsdiener besaßen nicht selten die Stadtstatuten. Gemeinsam mit den Rechstgelehrten widmeten sie sich auch dem Studium der Rhetorik, der antiken Staatsphilosophie und der Historiographie. Unter venezianischen Patriziern kursierten vereinzelt Traktate über den Ackerbau, den Fischfang und die Seefahrt, welche ihnen in ihren Ämtern oder bei ihren privaten Geschäften nützlich waren.

Handwerker wie der Goldschmied Luca Sesto oder der *barbitonius* Stephan de Petit legten sich ihrerseits Fachbücher zu. Inwiefern diese Buchbesitzer repräsentativ für ihren Stand waren, ist nicht auszumachen, denn die Quellen gewähren nur selten Einblick in die persönliche Habe von Handwerkern. Allerdings kann aufgrund dieser Beispiele festgehalten werden, daß Buchbesitz unter Malern, Goldschmieden, Apothekern, Krämern und Barbieren nicht ungewöhnlich war.

Neben den beruflichen Notwendigkeiten war die Bildung des jeweiligen Buchbesitzers in den nachgewiesenen Fällen einer der vorrangigen Faktoren, welche Größe und inhaltliche Schwerpunkte seiner Sammlung beeinflußten. Zahlreiche Buchbestände enthielten in erster Linie „gemeine Literatur", das heißt Gebetbücher, Bibeln und Heiligenlegenden. Gleichermaßen sind

Sammlungen dokumentiert, die vornehmlich volkssprachliche bzw. in die
Volkssprache übertragene Literatur umfaßten, ebenso wie Buchbestände, die
lateinische und bisweilen auch griechische Schriften aufwiesen. Buchbesitzer,
die nachweislich eine höhere Ausbildung genossen hatten oder sich höheren
Bildungsidealen verpflichtet fühlten, verfügten zudem über quantitativ und
qualitativ sehr umfangreiche Bestände. Die jeweilige wissenschaftliche Ausbildung prägte deutlich die Zusammensetzung der einzelnen Gelehrtenbuchsammlungen. Dem Fachstudium an der Universität ging in der Regel das Studium der *artes generales* voraus. Das Studium der Medizin war Teilbereich
des Philosophiestudiums. Juristen, die kanonisches oder römisches bzw. ziviles Recht studierten, setzten sich zumeist auch mit der Theologie, den Schriften der Kirchenväter und der antiken Staatsphilosophie auseinander. Der
Buchbesitz von Venezianern, die keinen akademischen Titel trugen und deshalb kaum Fach- und Gelehrtenliteratur besaßen, war im Durchschnitt von
deutlich bescheidenerem Umfang und Anspruch.

Auch die Buchbestände, für die kein direkter Einfluß durch den Beruf und die
Ausbildung des Besitzers nachgewiesen werden kann, dokumentieren spezifi-
sche kulturelle Milieus und deren Wandel im Verlauf der beiden Jahrhunderte.
   Anhands des Bestands der Gelehrtenbibliotheken ist eine deutliche Hinwendung zu den Fächern der *studia humanitatis* und eine Übernahme antiker
Philosophen-Ideale zu verzeichnen. Als Träger humanistischer Bildungsideale
taten sich in Venedig neben den Berufsgelehrten und Schulmeistern vor allem
Patrizier und wohlhabende Bürger, unter letzteren vor allem Beamte der
Republik, hervor. Klerikern läßt sich zwar eine gewisse Zurückhaltung bei
dem Erwerb klassischer Autoren der *studia humanitatis* nachweisen. Doch
treten auch einzelne Angehörige des Heiligen Standes, wie zum Beispiel *Pre
Piero*, als Besitzer kleiner humanistisch orientierter Buchsammlungen auf.
Andererseits waren die Schriften der traditionellen scholastischen Theologie
auch innerhalb der Kreise verbreitet, welche schwerpunktmäßig über im engeren Sinne humanistische Werke verfügten. Die Analyse der Buchbestände
bestätigt, daß, auch wenn unterschiedliche Lehren und Interessensgebiete
existierten und in den Sammlungen vertreten waren, nach diesem Kriterium
klar voneinander abgrenzbare Rezipientenkreise nicht markiert werden können[4]. Mit der Verbreitung humanistischer Bildungsideale wurde der Bestand

---

4   Diesbezüglich unterschieden sich venezianische Buchbesitzer deutlich von sizialiani-
    schen. Gemäß den Schlußfolgerungen Henri Brescs waren einzelne, klar abgrenzbare
    Gesellschaftsgruppen Träger bestimmter Bildungsideale und Kulturformen. Träger
    humanistischer Ideale waren vorrangig adlige Laien, während Kleriker sich hauptsäch-
    lich religiösen Schriften und scholastischer Theologie zuwandten. Vgl. Bresc: Livre et
    société, S. 77-87. Ein Kaufmanns- und Bürgerhumanismus, wie er für Florenz gerne
    und vor allem - in der Nachfolge Hans Barons - von Bec propagiert wird, ist für das

an üblicher Gelehrtenliteratur durch neue Titel ergänzt, aber nicht grundlegend erneuert. Die Buchbestände im Venedig der Vordruckzeit bestätigen Peter Burkes These, der Kulturwandel in der Renaissance habe sich additiv und nicht substitutiv vollzogen[5].

Ferner läßt sich Buchbesitz in Ansätzen als typisch männlich bzw. typisch weiblich kennzeichnen. Frauen, denen eine höhere Bildung in der Regel verschlossen war, wandten sich vornehmlich volkssprachlichen Titeln zu, während Männer häufig auch über lateinische und griechische Literatur verfügten. Frauen notierten in ihren Testamenten vor allem Breviare, Offizien und mitunter - wie zum Beispiel Christina Aymo, Maddalena Scrovegni und Elena Giustinian - auch religiös-erbauliche und mystische Literatur, die sie zumeist weiblichen Anverwandten hinterließen. Hingegen verwalteten Männer in ihren Testamenten vorrangig Fachliteratur. Als besonderen Besitz, der an den Sohn bzw. männlichen Erben weiterzugeben sei, notierten sie häufig antike und mittelalterliche Literatur und vor allem Heldenepen. Das jeweilige Spektrum reflektiert die zeitgenössischen Anforderungen an geschlechtsspezifisches Leseverhalten und damit korrespondierende Moralvorstellungen. Haushaltsinventare geben zudem einen Eindruck von den Kammern einzelner Damen, in denen speziell der privaten Andacht vorbehaltene Raumbereiche eingerichtet waren - so wie es in Anstandsbüchern empfohlen und in der Malerei dargestellt wurde.

Religiöse Literatur war allerdings auch männlichen Laien nicht fremd. Patrizier und Bürger sammelten Bibeln, Heiligenlegenden, Anstandsbücher und andere religiös-erbauliche Literatur, welche bisweilen Werke der Kunst der Wahrsagung oder der Astrologie ergänzt wurden. Reich verzierte Bibeln, Gebet- und Meßbücher gehörten zur Ausstattung der kostbar eingerichteten Stadtpaläste.

Für den nicht praxisorientierten und fachlich ungebundenen Buchbesitz war die wirtschaftliche und soziale Position des jeweiligen Eigentümers ein wesentliches Kriterium, welches Umfang und Form des jeweiligen Bestandes prägte. Werke mit narrativem Charakter, insbesondere „schöngeistige" Schriften, die vornehmlich zur Unterhaltung verfaßt und von Rigoristen verdammt wurden, lassen sich in den Quellen sowohl bei Männern als auch bei Frauen nachweisen. Bisweilen wurden sie gezielt gesammelt. Die zum Teil umstrittenen Werke waren indessen, abgesehen von antiker Mythologie, welche sich auch als lateinische Unterrichtsliteratur und erbauliches Schrifttum verbreitete, vorrangig im Besitz der wirtschaftlich und politisch mächtigen Laien. Die literarische Vorliebe stellte für sie offensichtlich keine Schande dar, denn sie wurde in den Testamenten und Inventaren nicht verschwiegen. Vielmehr war

---

Venedig der Frührenaissance nicht zu verzeichnen. Vgl. Bec: Les marchands écrivants; und ders.: Les livres des Florentins.

5   Vgl. Burke: Die Renaissance in Italien, S. 29.

der Besitz „schöngeistiger" Schriften der Stolz des wohlhabenden Venezianers, der die Handschriften mitunter gemeinsam mit seinen Waffen, seiner Rüstung oder anderen Kostbarkeiten wie Porzellanwaren, Juwelen oder Weltkarten als Teil des Nachlasses auflistete.

Der aktenkundig gewordene Buchbesitz der weniger Privilegierten ist hingegen durch die jeweiligen beruflichen Anforderungen und die entsprechenden Ausbildungsschwerpunkte geprägt. Lehrer besaßen fast ausschließlich Unterrichtsliteratur, und Priester verfügten über Meßbücher, Breviare, Predigtsammlungen und Kirchenrechtsliteratur. Nur bisweilen legte man sich, wie zum Beispiel der Titularius *Pre* Piero, auch eine kleine Gelehrtenbibliothek zu. Ferner ist in den Gruppen mit geringerem Vermögen eine verstärkte Hinwendung zu religiöser Literatur zu verzeichnen, während Romanliteratur, Novellen und Lyrik hier kaum Verbreitung fanden. Der nachweisbare Buchbesitz dieser Vermögensschichten ist demnach stärker von religiös motivierten Bildungs- und Moralidealen geprägt. Möglicherweise war hier der Einfluß der „Anstandshüter" größer bzw. effektiver. Die Annahme, als anzüglich eingeschätzte Schriften wären auch hier tatsächlich stärker verbreitet gewesen, ist zurückzuweisen. Angesichts der hohen Buchpreise ist davon auszugehen, daß Buchbesitzer, die in wirtschaftlichen Notzeiten mitunter sogar dazu gezwungen waren, ihre Bücher zu veräußern, sich in der Regel nur diejenigen Schriften zulegten, die als existentiell wichtig empfunden wurden. Offensichtlich zählte dazu auch die religiöse Literatur. Der Wunsch nach praktizierter Frömmigkeit war stark und motivierte eher die Überwindung wirtschaftlicher Hürden als ein etwaiges Interesse an reiner Kulturpflege oder unterhaltenden Geschichten.

Literatur, die nicht primär beruflichen oder religiösen Zwecke diente, war ebenso wie der Besitz repräsentativer Prachtbände ein den wirtschaftlich und politisch Privilegierten vorbehaltener Luxus. Diese verfügten nicht nur über die zum Bucherwerb erforderlichen finanziellen Mittel, sondern auch über mehr Raum zur Aufbewahrung, Lagerung und Nutzung der Handschriften als Angehörige mittlerer und unterer Vermögensschichten, deren Domizile beengter und vor allem dunkler waren. Der Behauptung Carlo M. Cipollas, Kultur sei ein „Sport" oder „Spielzeug" der Aristokratie gewesen, ist somit in der Tendenz zuzustimmen[6]. Innerhalb privilegierter Schichten läßt sich durchaus eine Form von „Alternativ-Kultur" markieren, welche sich von den kirchlichen Moralidealen abgrenzte. Angesichts der Tatsache, daß sich das venezianische Patriziat als altehrwürdiger Adel begriff, ist hier eine bewußte Anknüpfung an traditionelle Herrscherideale zu sehen, in die man im Laufe der Zeit humanistische Bildungsideale integrierte. Donald E. Quellers Charakterisierung des venezianischen Patriziats, dergemäß die Pflege humanistischer Bildungsideale zu einem Bestandteil ständischer Selbstdarstellung wurde, bestä-

6 Vgl. Cipolla, Carlo M.: Money, S. 63.

tigt sich[7]. Brescs Untersuchung zum sizilianischen Buchbesitz im 14. und 15. Jahrhundert liefert ein ähnliches Bild. Auch dort waren die Besitzer „schöngeistiger" mittelalterlicher Literatur vor allem Mitglieder des wohlhabenden Adels, der sich als Träger und Sprachrohr humanistischer Bildungsideale profilierte[8].

Aufgrund der unterschiedlichen Charaktere der Sammlungen läßt sich eine strenge Zweiteilung der venezianischen Lesekultur in eine Volkskultur der gewöhnlichen Gläubigen einerseits, die sich hauptsächlich religiösem, erbaulichem und volkssprachlichem Schrifttum zuwandten, und eine Elitenkultur der Gebildeten andererseits, die sich vornehmlich Gelehrtenbuchsammlungen zulegten, nicht behaupten[9].

Unter den einzelnen Gelehrtenbuchsammlungen bestanden starke qualitative Unterschiede. Es gab sehr traditionelle Buchbestände, wie zum Beispiel denjenigen Bagio da Molins, aber auch sehr „fortschrittliche", welche über hochspezielle und „aktuelle" Werke verfügten. Diese Buchbestände dokumentieren den theologischen oder philosophischen Gelehrtendiskurs ihrer Zeit. Hier finden sich außergewöhnliche Werke, die sonst nur eine sehr geringe Verbreitung fanden.

Andererseits sind auch eindeutig für eine Gelehrtendiskussion verfaßte theologische Schriften in Buchbeständen nachweisbar, welche ansonsten kaum Gelehrtenliteratur beinhalteten. Insbesondere die Schriften des Thomas von Aquin und der Kirchenväter Hieronymus und Augustinus fanden über die reinen Gelehrtenkreise hinaus Verbreitung. Beispielhaft ist hierfür der Buchbesitz Paolo Manzaronis, der neben einer volkssprachlichen Bibel, volkssprachlichen Novellensammlungen und *fioretti* sowie einem Buch über die Wahrsagekunst auch ein Exemplar von Augustinus' „Gottesstaat" besaß.

Einige Buchbesitzer verfügten hauptsächlich über Heiligenlegenden und Volksbibeln, ergänzt durch mystische Literatur und astrologische Werke. Ihre Bestände zeugen durchaus von einer Form der „Volksfrömmigkeit", die geprägt war von Jenseits- und Diesseitsängsten, von Heiligenverehrung und vom Glauben an Zauber und Magie[10]. Derlei Werke, inklusive der Schriften zur Wahrsagekunst und Hagiographie, waren allerdings auch nicht untypisch für ausgewiesene Gelehrtenbibliotheken.

Statt einer Zweiteilung der Kultur vermitteln die Quellen - abgesehen von einzelnen standesspezifischen Vorlieben - eher das Bild einer Bildungspyramide. Ein Großteil der venezianischen Bevölkerung, der über elementare Lesefähigkeiten verfügte, hierunter auch Frauen, war in der Lage, sich volks-

---

7   Vgl. Queller: The Venetian Patriciate. S. ix-xiii und S. 3-28.
8   Vgl. Bresc: Livre et société, S. 55-58 und 77-86.
9   Zu dieser Trennung der Kulturen vgl. Muchembled: und v.a. Gurjewitsch: Probleme der Volkskultur. Siege auch Kap. 1.
10 Zur Definition von Volkskultur vgl. Gurjewitsch: Probleme der Volkskultur.

sprachliche Literatur zugänglich zu machen, besaß Andachtsbücher und übte bisweilen die bescheidenen Lateinkenntnisse an der Lektüre antiker Historiographie und Mythologie. Über dieser Basis positionierte sich eine nicht unwesentliche Schicht an Buchbesitzern, deren Buchsammlungen ein breites Interesse an verschiedenen Schulen und Fachgebieten dokumentieren. Sie wandten sich sowohl der Theologie, der antiken Staats- und Moralphilosophie, der Rhetorik, Poetik und Historiographie als auch der Naturkunde und der Astrologie zu. Diese Schicht wird von der Bildungsspitze, einer relativ kleinen gesellschaftlichen Elite, überragt, die mit ihren Büchern und ihrem Wissen am aktuellen Gelehrtendiskurs teilnahm, neue intellektuelle Impulse gab und durch ihre Aufgeschlossenheit die Verbreitung der zeitgenössischen Literatur beförderte.

8.3. Schlußbetrachtung

Im Venedig des 14. und 15. Jahrhunderts vollzog sich ein Kulturwandel, welcher der Einführung der Druckerpresse vorausging und sie in mancherlei Hinsicht vorbereitete bzw. verlangte. Das Medium Buch setzte sich in allen Bereichen politischen, wirtschaftlichen und sozialen Lebens durch. Im 15. Jahrhundert traten Angehörige sämtlicher Gruppierungen der lesekundigen venezianischen Gesellschaft als Buchbesitzer auf. Der geschriebene Text entwickelte sich zu einem Medium des Wissens und des Glaubens, auf den im privaten Alltag zum Studium und zur Andacht verstärkt zurückgegriffen wurde. Er ermöglichte die intime Auseinandersetzung mit unterschiedlichen Inhalten und Gattungen abseits kirchlicher und weltlicher Kontrollinstanzen. Das Buch war somit Symptom einer Privatisierung des Lebens, welche als Motor für einen intensivierten Bedarf an Schrifttum wirkte.

Die Hinwendung zum Buch im Venedig der Frührenaissance stellt sich als Ausdruck existentieller Notwendigkeiten und emotionaler Bedürfnisse im Kontext urbaner Lebenskultur dar. Der Stadtbewohner, von dem zunehmend Schriftlichkeit verlangt wurde, suchte in seinem Alltag Hilfe im Glauben und in der Magie ebenso wie in der Wissenschaft und in der Geisteswelt der Antike und griff aus diesem Bedürfnis heraus auf das Buch zurück.

Das Beispiel der venezianischen Buchbestände weist die italienische Stadt der Frührenaissance als einen wesentlichen Faktor für die Verbreitung des Buches in der Vordruckzeit aus. Das Venedig des 14. und 15. Jahrhunderts verfügte nicht nur über eine kleine Schicht sehr wohlhabender Bewohner, sondern beherbergte auch eine breite Mittelschicht von Ärzten, Rechtsgelehrten, Beamten, Künstlern, Lehrern und wohlhabenden Handwerkern, deren finanzielle Möglichkeiten den privaten ebenso wie den berufsspezifischen

Bucherwerb erlaubten. Die Attraktivität der Stadt förderte die Herausbildung einer Gelehrtenkultur und das Entstehen entsprechender Buchsammlungen vor Ort.

Der Überblick über private Buchbestände einer Stadt in Verbindung mit einer sozialhistorischen Einordnung der jeweiligen Buchbesitzer dokumentiert kulturhistorische Entwicklungen. Es lassen sich standes- und geschlechtsspezifische Ausdrucksformen markieren und ein differenzierteres Bild des kulturellen Milieus gewinnen, als es beispielsweise die Arbeiten von Bec zu Florentiner Buchsammlungen vermögen. Die hermeneutische Forschung, welche anhand von erhaltenen Texten und Exemplaren Aussagen hinsichtlich der Quantität, der Formen und der Inhalte der in der Vordruckzeit verbreiten Literatur resultiert, läßt sich zum Teil verifizieren und bisweilen korrigieren. Der Renaissanceforschung eröffnen sich Möglichkeiten, zu überprüfen, inwiefern die venezianischen Phänomene typische, zeitspezifische Erscheinungen darstellen, mit deren Hilfe diese Epoche als Zeitalter einer zunehmenden Verschriftlichung von Kommunikationsformen innerhalb einer Vielzahl gesellschaftlicher Bereiche begriffen und analysiert werden kann. Für weitere Forschungen werden so Voraussetzungen geschaffen, sich mit den aus der zunehmenden Verbreitung von Lesestoffen resultierenden Auswirkungen auf Veränderungen in der Wahrnehmung von Menscheits- und Weltbildern in der Renaissance-Gesellschaft auseinanderzusetzen.

Quellenverzeichnis

Konsultierte, unveröffentlichte Quellenbestände

a) Archivio di Stato, Venezia (ASV)

Sezione Notarile (S.N.)
   Testamenti: BB. 46, 295, 337, 355, 356, 369, 415, 466, 486, 531, 565, 724,
   730, 738, 750, 796, 797, 824, 828, 832, 834, 858bis, 875, 982, 1063, 1074,
   1149, 1154.

Cancelleria Inferiore (C.I.)
   Notai: BB. 7, 17, 25, 26, 27, 56, 62, 81, 82, 83, 94, 105, 122, 148, 149, 175,
   177 I, 177 II, 190, 191, 193, 196, 212, 213, 218, 219.

Procuratori di San Marco (PSM)
   Atti Misti: BB. 1, 1a, 2, 2a, 4b, 6a, 8, 10, 13, 46, 63, 64, 65, 66, 62, 62a, 64,
   67, 69, 71, 70, 72, 73, 74a, 75, 76, 76a, 80a, 77a, 83, 84a, 85a, 88, 90a, 92,
   93b, 95, 96, 97, 99, 103, 103a, 104a, 105, 107, 110, 112, 119, 118, 120, 121a,
   122, 123, 125, 125a, 126, 126a, 128, 129, 134, 135, 139, 140, 141, 141a,
   144a, 145, 148, 150, 152a, 154a, 155, 157, 160, 161a, 162, 163, 164, 166,
   167, 168, 169, 170, 170a, 172a, 173, 175, 176, 177, 179, 180, 182, 182a, 218

   de citra: BB. 26, 32, 33, 35, 36, 41, 42, 43, 44, 45, 46, 53, 55, 56, 57, 58, 59,
   65, 66, 67, 74, 76, 83, 100, 101, 102, 103, 104, 117, 118, 121, 122, 133, 134,
   135, 143, 144, 145, 153, 157, 168, 169, 170, 171, 178, 179, 182, 183, 236,
   251, 257, 260, 269, 271, 272, 274, 275, 276, 309, 310

   de ultra: BB. 2, 8, 26, 31, 36, 43, 68, 71, 112, 122, 123, 134, 137, 139, 140,
   180, 201, 221, 241, 300, 313

Giudici di Petizion
   B. 955

Miscellanee di carte non appartenenti a nessun archivio
   BB. 21, 23

b) Biblioteca Marciana

Filippo da Strata: Lection del asinello, B.M., Manoscritti italiani, Classa I, 72
(5054)

Bibliographie

Les Actes Notariés. Source de l'Histoire sociale XVIème-XIXème siècles, Strasbourg 1979 (Actes du colloque de Strasbourg - mars 1978, réunis par Bernhard Vogler).

Von Aktie bis Zoll. Ein historisches Lexikon des Geldes, hrsg. von M. North, München 1995.

Alberti, Leon Battista: I libri della famiglia, hrsg. und kommentiert von Ruggiero Romano und Alberto Tenenti, Torino 1969.

Aleati, Giuseppe: Biblioteche e prezzi di codici a Pavia nel tardo Medioevo. In: Bolletino della Società Pavese di Storia Patria 49-50, 1951, S. 99-107.

Alessio, Giancarlo: Il manoscritto e il suo pubblico. Circolazione del libro e domanda di letteratura nel Quattrocento. In: Biblioteche oggi 3, 1985, Nr. 1, S. 15-33.

Alexander, Jonathan G.: Venetian Illumination in the Fifteenth Century. In: Arte Veneta 24, 1970, S. 272-275.

Ders.: Italienische Buchmalerei der Renaissance, München 1977.

Alfabetisazione e sviluppo sociale in Occidente, hrsg. von Harvey J. Graff, Bologna 1986.

Allaire, Gloria: The Use of Owners' Jingles in Italian Vernacular Manuscripts. In: Viator. Medieval and Renaissance Studies 27, 1996, S. 171-187.

Alltagsgeschichte. Zur Rekonstruktion historischer Erfahrungen und Lebensweisen, hrsg. von Alf Lüdke, Frankfurt a.M. / New York 1989.

Altaner, Berthold / Stuiber, Alfred: Patrologie; Leben, Schriften und Lehre der Kirchenväter, 8. Aufl., Freiburg 1978.

Ames Lewis, Francis: The Inventories of Piero de Cosimo de Medici's Library. In: La Bibliofilia 84, 1982, S. 105 -142.

Ders.: The Library and Manuscripts of Piero de Cosimo de Medici, New York 1984.

Anderson, Bonnie S. / Zinsser, Judith P.: Eine eigene Geschichte. Frauen in Europa, 2 Bde., Frankfurt a.M. 1995.

Anderson, John R.: Kognitive Psychologie, Heidelberg 1988.

Armstrong, Lilian: Renaissance Miniature Painters & Classical Imagery. The Master of Putti and his Venetian Workshop, London 1981.

Dies.: Il Maestro de Pico. Un miniatore veneziano del tardo Quattrocento, Firenze 1990.

Arnaldi, Girolamo: Il Primo secolo dello studio di Padova. In: Storia della cultura veneta, Bd. 2, Il Trecento, Vicenza 1976, S. 1-18.

Art and History. Images and their Meaning, hrsg. von Robert I. Rotberg und Theodore K. Rabb, Cambridge u.a. 1988.

Artes liberales. Von der antiken Bildung zur Wissenschaft des Mittelalters, hrsg. von J. Koch, Köln 1959.

Ariès, Philippe: Geschichte des Todes, München / Wien 1980 (franz. Original: Paris 1978).

Ders.: Geschichte der Kindheit, München / Wien 1955.

Ders.: Einleitung zu einer Geschichte des privaten Lebens. In: Geschichte des privaten Lebens, hrsg. von Philippe Ariès und Georges Duby, Frankfurt a.M. 1991 (franz. Original: Paris 1985), Bd. 3, Von der Renaissance zur Aufklärung, S. 7-19.

Arslan, Edoardo: Das gotische Venedig. Die venezianischen Profanbauten des 13. bis 15. Jahrhunderts, München 1971.

Ashtor, Eliyahu: Levant Trade in the Later Middle Ages, Princeton 1983.

Auerbach, Erich: Literatursprache und Publikum in der lateinischen Spätantike und im Mittelalter, Bern 1958.

Augustinus: „De doctrina christiana" (Corpus Christianorum Series Latina 32), hrsg. von Joseph Martin, 1962.

Bacchetti, Enrico: Clero e detenzione nella Venezia del XIV secolo. In: Studi Veneziani 30, 1995, S. 35-53.

Baldo, Vittorio : Alunni, maestri e scuole in Venezia alla fine del XVI secolo, Como 1977.

Balsamo, Luigi: I primordi della tipografia in Italia e Inghilterra. In: La Bibliofilia 79, 1977, S. 231-262.

Ders.: Commercio Librario attraverso Ferrara fra 1476 e 1481. In: La Bibliofilia 85, 1983, S. 277-298.

Ders.: Informazione e circolazione libraria nel Medioevo. In: Ricerche letterarie bibliologiche in Onore di Renzo Frattarolo, Roma 1986, S. 285-294.

Barberi, Francesco: Per una storia del libro. Profili - note - ricerche, Roma 1981.

Barberino, Francesco da: Del reggimento e costumi di donne, hrsg. von G.C. Sansone, Torino 1957 (Bologna 1875).

Barbieri, Edoardo: Le bibbie italiane del Quattrocento e del Cinquecento. Storia di bibliografia ragionata delle edizioni in lingua italiana da 1471 al 1600, Trento 1992.

Barile, Elisabetta: Michele Salvatico a Venezia, copista e notaio dei capi sestiere. In: L'umanesimo librariotra Venezia e Napoli. Contributi su Michele Salvatico e su Andrea Contrario, hrsg. von Gilda P. Mantovani, Lavinia Prosdocimi und Elisabetta Barile, Venezia 1993, S. 43-103.

Dies.: Littera antiqua e scritture alla greca. Notai e cancellieri copisti a Venezia nei primi decenni del Quattrocento, Venezia 1994.

Baron, Hans: The Crisis of the Early Italian Renaissance, 2., überarbeitete Aufl., Princeton 1966.

Barsanti, Paolo: Il pubblico insegnamento in Lucca dal secolo XIV alla fine del secolo XVIII, Lucca 1905 (Neudruck: Bologna 1980).

Bachtin, Michail M.: Literatur und Karneval. Zur Romantheorie und Lachkultur, München 1969.

Batkin, Leonid: Die italienische Renaissance. Versuch einer Charakterisierung eines Kulturtyps, Basel / Frankfurt a.M. 1981.

Baxandall, Michael: Painting and Experience in Fifteenth Century Italy, 2., überarbeitete Aufl., Oxford / New York 1988.

Baylor, Michael G.: „An der Front zwischen den Kulturen". Thomas Münzer über Volkskultur und Kultur der Gebildeten, Mainz 1991.

Bec, Christian: Les marchands écrivants à Florence 1373 -1434, Paris 1967.

Ders.: Une libraire Florentine de la fin du XVème siècle. In: Bibliothèque d'Humanisme et Renaissance 31, 1969, S. 321-332.

Ders.: Les livres des Florentins (1413-1608), Firenze 1984 (Biblioteca di „Lettere Italiane" studi e testi 29).

Beck, Hans Georg: Kirche und theologische Literatur im byzantinischen Reich, München 1959 (Byzantinisches Handbuch II/1).

Ders.: Geschichte der byzantinischen Volksliteratur, München 1971 (Byzantinisches Handbuch II/3).

Zu Begriff und Problem der Renaissance, hrsg. von August Buck, Darmstadt 1969.

Belforti, Raffaele: Le librerie di due dottori in legge nel secolo XV. In: Bolletino della Società Umbria di Storia Patria 17, 1911, S. 617-624.

Bennett, H.S.: English Books and Readers 1475-1557, 2. Aufl., Cambridge 1969.

Bentmann, Reinhard / Müller, Michael: Die Villa als Herrschaftsarchitektur, Frankfurt a.M. 1992.

Berger, Günter: Inventare als Quelle der Sozialgeschichte des Lesens. In: Romanische Zeitschrift für Literaturgeschichte 5, 1981, S. 268-377.

San Bernardino di Siena: Le prediche volgari, hrsg. von Ciro Cannarozzi, 3 Bde., Firenze 1940.

Bernstein, Basil: Social Class and Psychotherapy. In: British Journal of Sociology 15, 1964, S. 54-63.

Bertanza, Enrico / Santa, Giuseppe dalla: Maestri, scuole e scolari in Venezia fino al Cinquecento, hrsg. von Gherardo Ortalli, Vicenza 1993 (Erstdruck 1907).

Bibliography and the Study of 15th-Century Civilization, hrsg. von Lotte Hellinga und John Goldfinch, London 1987 (British Library Occasional Papers 5).

Le biblioteche nel mondo antico e medievale, hrsg. von Guglielmo Cavallo, Roma / Bari 1988.

Bibliotheksgeschichte als wissenschaftliche Disziplin, hrsg. von Peter Vodosek, Hamburg 1980 (Wolfenbütteler Schriften zur Geschichte des Buchwesens 7).

Bickel, Ernst: Geschichte der römischen Literatur, 2. Aufl., 1961.

Bischoff, Frank M. / Maniaci, Marilena: Pergamentgröße, Handschriftenformate, Lagenkonstruktion. In: Scrittura e civiltà 19, 1995, S. 277-319.

Bisticci, Vespasiano da: Le vite, hrsg., eingeleitet und kommentiert von Aulo Greco, 2 Bde., Firenze 1970/1976.

Ders.: Große Männer und Frauen der Renaissance. Achtunddreißig biographische Portaits, ausgewählt, eingeleitet und übersetzt von Bernd Roeck, München 1995.

Dotti bizantini e libri greci nell'Italia del secolo XV (Atti del Convegno internazionale, Trento, 22-23 ottobre 1990), hrsg. von Mariarosa Cortesi und Enrico V. Maltere, Napoli 1992.

Bockwitz, Hans H.: Zur Wirtschaftslage der Papiermacher und Buchdrucker im Zeitalter Gutenbergs (Wiederabdruck aus: Wochenblatt für Papierfabrikation 69, 1938, S. 479-480) In: Bockwitz, Hans H.: Beiträge zur Kulturgeschichte des Buches, Leipzig 1956, S. 85-90.

Bogeng, G.A.G.: Geschichte der Buchdruckerkunst, 2 Bde., Berlin 1941 (Neudruck: Hildesheim 1973).

Boockmann, Hartmut: Die Stadt im späten Mittelalter, München 1986.

Borlandi, Franco: Biblioteche pavesi del Quattrocento. In: Bolletino della Società Pavese di Storia Patria 46, 1947, S. 43-67.

The Italian Book 1465-1800. Studies Presented to Dennis E. Rhodes on his 70th Birthday, hrsg. von Dennis V. Reidy, London 1993.

Books and Society in History, hrsg. von Kenneth E. Carpenter, New York / London 1983 (Papers of the Association of College and Research Libraries, Rare Books and Manuscript Preconference 24-28 June, 1980, Boston).

Books and Collectors 1200-1700, hrsg. von James Cerley und Colin G.C. Tite, London 1997.

Borea, Evelina: Stampa figurativa e pubblico dalle origini all'affermatione nel Cinquecento. In: Storia del arte italiana, Teil 1. Bd. 2, Torino 1979, S. 319-413.

Borst, Arno: Alltagsleben im Mittelalter, Frankfurt a.M. 1983.

Ders.: Barbaren, Ketzer und Artisten. Welten des Mittelalters, München 1988.

Bowen, James: A History of Western Education, London 1975.

Bozzolo, Carla: La production manuscrite dans les pays Rhénans au XVème siècle (à partir des manuscrits datés). In: Scrittura e civiltà 18, 1994, S.183-242.

Dies. / Ornato, Ezio: Pour une histoire du livre manuscrit au Moyen Âge, Paris 1983.

Branca, Vittore: Ermolao Barbaro and Late Quattrocento Venetian Humanism, In: Renaissance Venice, hrsg. von John R. Hale, London 1972, S. 218-243.

Ders.: L'Umanesimo veneziano alla fine del Quattrocento. Ermolao Barbaro e il suo Circolo. In: Storia della cultura veneta, Bd.3/1, Dal primo Quattrocento al Concilio di Trento, Vicenza 1980, S. 123-175.

Ders.: Boccaccio medievale e nuovi studi sul Decamerone, Firenze 1981.

Ders.: Mercanti, scrittori, ricordi nella Firenze tra Medioevo e Rinascimento, Milano 1986.

Ders.: Boccaccio visualizzato. Amore e sublimante, amore tragico, amore festoso della novella alla figurativa narrativa. In: La novella italiana (Atti del convegno di Caprarola, 19-24 settembre 1988), Roma 1989, S. 283-302.

Braudel, Fernand: Civilisation, matérielle, économie et captitalisme. Xv^{ème}-XVIIIème siècles, Bd.1: Les structures du quotidien. Le possible et l'impossible, Paris 1979.

Ders.: Das Mittelmeer und die mediterrane Welt in der Epoche Philipps II., 3 Bde., Frankfurt a.M. 1990 (franz. Original: La Méditeranée et le monde méditerranéen à l'époque de Philippe II, Paris 1949).

Bresc, Henry: Livre et Société en Sicile (1299-1499), Palermo 1971.

Brown, Horatio F.: The Venetian Printing Press, London 1891 (Neudruck: Amsterdam 1969).

Bruce-Rosse, James: Venetian Schools and Teachers. Fourteenth to Early Sixteenth Century. A Survey and a Study of Giovanni Battista Egnazio. In: Renaissance Quarterly 29, 1976, S. 521-566.

Ders.: Das Bürgerkind in den italienischen Stadtstrukturen zwischen dem vierzehnten und dem frühen sechzehnten Jahrhundert. In: Hört ihr die Kinder weinen? Eine psychologische Geschichte der Kindheit, hrsg. von Lloyd de Mause, Frankfurt a.M. 1977, S. 263-325.

Brunello, Franco: Arti e mestieri a Venezia nel Medioevo e Rinascimento, Vicenza 1980.

Brunhölzl, Franz: Geschichte der lateinischen Literatur des Mittelalters, 1975.

Buch und Leser, hrsg. von Herbert W. Göpfert, Hamburg 1972 (Schriften des Wolfenbütteler Arbeitskreises für die Geschichte des Buchwesens 1).

Das Buch als magisches und als Repräsentationsobjekt, hrsg. von Peter Ganz, Wiesbaden 1992 (Wolfenbütteler Mittelalter Studien 5).

Buch und Text im fünfzehnten Jahrhundert, hrsg. von Lotte Hellinga und Helmar Härtel, Hamburg 1981 (Wolfenbütteler Abhandlungen zur Renaissanceforschung 2).

Bücherkataloge als buchgeschichtliche Quellen in der frühen Neuzeit, hrsg. von Reinhard Wittman, Wiesbaden / Wolfenbüttel 1982 (Wolfenbütteler Schriften zur Geschichte des Buchwesens).

Buck, August: Die Rezeption der Antike in den romanischen Literaturen der Renaissance, Berlin 1976.

Ders.: Die Bedeutung der „volgarizzamenti" für die Geistes- und Literaturgeschichte. In: Studien zu den „volgarizzamenti" römischer Autoren in der italienischen Literatur des 13. und 14. Jahrhunderts, hrsg. von August Buck und Max Pfister, München 1978.

Ders.: Studia humanitatis, hrsg. von Bodo Guthmüller, Karl Kohut und Oskar Roth, Wiesbaden 1981.

Ders.: Die italienische Literatur im Zeitalter Dantes und am Übergang vom Mittelalter zur Renaissance, Heidelberg 1989.

Bühler, Curt F.: Authors and Incunabula. In: Studies in Art and Literature for Belle da Costa Green, hrsg. von Dorothy Miner, Princeton 1954, S. 401-406.

Ders.: The University and the Press in Fifteenth Century Bologna, South Bend 1958 (Texts and Studies in the History of Medieval Education 7).

Ders.: Scribi e manoscritti nel Quattrocento Europeo. In: Libri, scrittura e pubblico nel Rinascimento.Guida storica e critica, hrsg. von Armando Petrucci, Bari 1979, S. 37-57.

Ders.: The Fifteenth Century Book: The Scribes, the Printers, the Illuminators, Philadelphia 1960.

Ders.: Early Printed Books and Manuscripts. Forty Years of Research, New York 1973.

Burckhardt; Jakob: Die Kultur der Renaissance in Italien, 9. Aufl., Stuttgart 1976.

Über Bürger, Stadt und städtische Literatur im Spätmittelalter, hrsg. von Josef Fleckenstein und Karl Stackmann, Göttingen 1980.

Burdach, Konrad: Reformation. Renaissance. Humanismus, Darmstadt 1970 (Nachdruck der 2. Aufl., Berlin / Leipzig 1926).

Burke, Peter: Popular Culture in Early Modern Europe, New York 1978.

Ders.: Die Renaissance in Italien. Sozialgeschichte einer Kultur zwischen Tradition und Erfindung, Berlin 1984 (engl. Original: Culture and Society in Renaissance Italy, London 1972)

Ders.: Küchenlatein. Sprache und Umgangssprache in der frühen Neuzeit, Berlin 1989 (Kleine Kulturwissenschaftliche Bibliothek 14).

Camerini, Paolo: Annali dei Giunti, 2 Bde., Firenze 1962 /1963.

Caniato, Giovanni / Dal Borgo, Michele: Le arti edili a Venezia, Roma 1990.

Cardini, Franco: Alfabetismo e livelli di cultura nell'età communale. In: Quaderni storici 38, 1978, S. 488-522.

Carile, Antonio: Aspetti della cronistica veneziana nei secoli XIII e XIV. In: La storiografia veneziana fino al secolo XVI. Aspetti e problemi, hrsg. von Agostino Pertusi, Firenze 1970, S. 75-125.

Caroti, Stefano: La biblioteca di un medico fiorentino. Sione di Cinozzo di Giovanni Cini. In: La Bibliofilia 80, 1978, S. 123-138.

Carter, J.W. / Muir, P.H.: Printing and the Mind of Man. The Impact of Print on the Evolution of the Western Civilization during Five Centuries, London 1967.

Il Cartulario di Arnaldo Cumano e Giovanni di Donato (Savona 1178.1188), hrsg. von Laura Balletto, Giorgio Cenatti und Gianfranco Orlandelli, Roma 1978.

Casarsa, Laura / D'Angelo, Mario / Scalco, Cesare: La libreria di Guarnerio d'Artegna, Udine 1991.

Casamassima, Emanuele / Guasiti, Cristina: La biblioteca malatestiana. Le scritture e i copisti. In: Scrittura e civiltà 16, 1992, S. 229-264.

Casini, Matteo: I gesti del principe. La festa politica a Firenze e Venezia in età rinascimentale, Venezia 1996.

Castoldi, Massimo: Laura Brenzoni Schioppo e il Codice Marciano it. cl. IX 163. In: Studi e problemi di critica testuale 16, 1993, S. 69-101.

Cecchetti, Bartolomeo: La moglie di Marino Falier. In: Archivio Veneto 1, 1871, S. 364-370.

Ders.: La stampa tabellare in Venezia nel 1447 e l'esenzione del dazio di libri nel 1433. In: Archivio Veneto 29, 1885, S. 87-91.

Ders.: La dote della moglie di Marino Falier. In: Archivio Veneto 29, 1885, S. 202-204.

Ders.: La vita dei veneziani nel 1300, Venezia 1885.

Ders.: Di alcuni libri ad uso di uno studente, secondo un legato di ser Bartolomeo Morosini. In: Archivio Veneto 31, 1886, S. 478-479.

Ders.: Libri, scuole, maestri, sussidi allo studio in Venezia nei secoli XIV e XV. In: Archivio Veneto 32, 1886, s. II, XVI.

Ders.: Una libreria circolante a Venezia nel secolo XV. In: Archivio Veneto 36, 1886, S. 161-168.

Ders.: Per la storia di medicina in Venezia, Venezia 1886.

Ders.: Stampatori e libri stampati nel secolo XV. Testamento di Nicolas Jenson e di altri tipografi in Venezia. In: Archivio Veneto 33, 1887, S. 457-467.

Certaldo, Paolo da: Libro di buoni costumi, hrsg. von Alfredo Schiaffoni, Firenze 1945.

Chambers, David S.: The Imperial Age of Venice 1380-1580, London 1970.

Chartier, Roger: Volkskultur und Gelehrtenkultur. Überprüfung einer Zweiteilung und einer Periodisierung. In: Epochenschwellen und Epochenstrukturen im Diskurs der Literatur- und Sprachhistorie, hrsg. von Hans-Ulrich Gumbrecht und Ursula Link-Heer, Frankfurt a.M. 1985, S. 376-388.

Ders.: „Lesewelten": Buch und Lektüre in der frühen Neuzeit, Frankfurt a.M. 1990.

Ders.: Die Praktiken des Schreibens. In: Geschichte des privaten Lebens, hrsg. von Philippe Ariès und Georges Duby, Frankfurt a.M. 1991 (franz. Original: Histoire de la vie privée, Paris 1985), Bd.3, Von der Renaissance zur Aufklärung, S.115-165.

Ders.: L'ordre des livres. Lecteurs, Auteurs, Bibliothèques en Europe entre XIVème et XVIIIème siècles, Aix-en-Provence 1992.

Ders.: Culture écrite et société. L'ordre des livres (XIVème-XVIIIème siècles), Paris 1996.

Chaytor, Henry John: From Script to Print. An Introduction to Medieval Vernacular Literature, London 1966 (Neudruck: Norwood 1976).

Cherubini, Paolo: Note sul commercio librario a Roma nel 1400. In: Studi Romani 35, 1983, S. 212-221.

Chevasse, Ruth: The First Unknown Authors' Copyright, September 1486, in the Context of a Humanist Career. In: The Bulletin of the John Rylands Library 69, 1986, S. 11-37.

La chiesa a Venezia tra Medioevo ed età moderna, hrsg. von Giovanni Viani, Venezia 1989 (Contributi alla storia della chiesa veneziana 3).

Chines, Loredana: Nel collezionismo librario di Malatesta Novello. In: Studi e problemi di critica tastuale 46, 1993, S. 115-129.

Chiri, Giuseppe: La poesia epico storico latina del Italia medievale, Modena 1939.

Chojnacki, Stanley: Crime, Punishment and the Trecento Venetian State. In: Violence and Civil Disorder in Italian Cities. 1200-1500, hrsg. von L. Martínez, Berkley 1972, S. 184-228.

Ders.: In Search of the Venetian Patriciate. Families and Factions in the Fourteenth Century. In: Renaissance Venice, hrsg. von John R. Hale, London 1973, S. 47-90.

Ders.: Patrician Women in Early Renaissance Venice. In: Studies in the Renaissance 21, 1974, S. 181-193.

Ders.: Dowries and Kinsmen in Early Renaissance Venice. In: Journal of Interdisciplinary History 5, 1975, S. 571-600.

Ders.: Kinship Ties and Young Patricians in Fifteenth-Century Venice. In: Renaissance Quarterly 38, 1985, S. 240-270.

Ders.: Marriage Legislation and Patrician Society in Fifteenth-Century Venice. In: Law, Custom and Social Fabric in Medieval Europe. Essays in Honor of Bryce Lyon, hrsg. von Bernhard S. Bachrach und David Nicholas, Kalamazoo 1990 (Studies in Medieval Culture XXVIII), S. 163-184.

Ciapelli, Giovanni: Libri e lettori a Firenze nel XV secolo. Le „ricordanze" e la ricostruzione delle biblioteche private. In: Rinascimento 29, 1989, S. 267-291.

Ciccaglione, Federico: I libri legali di un giudice siculo del secolo XIV. In: Archivio giuridico Filippo Serafini 3, 1899, S. 554-561.

Cipolla, Carlo: Tre libri di un giudice veronese del 1364. In: Archivio Veneto 21, 1881, S. 141-143.

Ders.: Libri e mobili di casa Aleardi al principio del secolo XV. In: Archivio Veneto 24, 1882, S. 28-39.

Ders.: La biblioteca di un Causidico veronese del sec XIII, In Archivio Veneto 26, 1883, S. 169-171.

Cipolla, Carlo M.: Il valore di alcune biblioteche nel Trecento. In: Bolletino storico Pavese 7, 1944, S. 5-20.

Ders.: Money, Prices and Civilisation in the Mediterranean World. Fifth to Seventeenth Century, Princeton 1956.

Ders.: Literacy and Development in the West, Harmondsworth 1969.

Cicchetti, Angelo / Mordenti, Raul: I libri di familia in Italia, Bd.1, Filologia e storiografia letteraria, Roma 1985.

Clair, Colin: A History of European Printing, London / New York / San Francisco 1976.

Clarke, John Willis: The Care of Books, Cambridge 1901 (Neudruck: London 1975).

Coco, Carla: Venezia Levantina, Venezia 1993.

Concina, Ennio: L'arsenale della Repubblica di Venezia. Tecniche e istituzioni dal Medioevo all'età moderna, Milano 1988.

Connell, Susan: Books and Their Owners in Venice 1345-1480. In: Journal of the Warburg and Courtauld Institutes 35, 1972, S. 163-186.

Conrad, Hirsau: Dialogus super Auctores, hrsg. von R.B.C. Huygens, Berchem / Bruxelles 1950.

Conterio, Annalisa: „L'Arte del Navegar". Cultura, formazione personale ed esperienze dell'uomo di mare veneziano nel XV secolo. In: L'uomo e il mare nella civiltà occidentale. Da Ulisse a Cristofero Colombo, Genova 1992, S. 187-225.

Contributi italiani alla diffusione della carta in occidente tra XIV e XV secolo, hrsg. von Giancarlo Castegari, Fabriano 1990 (Convegno di Studio, 22 luglio 1988).

Cortelazzo, Manlio: La cultura mercantile e marinesca. In: Storia della cultura veneta, Bd.1, Dalle origini al Trecento, Vicenza 1976, S. 671-691.

Corsten, Severin: Universities and Early Printing. In: Bibliography and the Study of the 15th Century Civilization, London 1987 (British Library Occasional Papers 5), S. 83-98.

Cosenza, Mario Emilio: Dictionary of the Italian Printers and Foreign Printers in Italy, Boston 1968.

Cotrugli, Benedetto Raguseo: Il libro dell'arte di mercatura, hrsg. und kommentiert von Ugo Tucci, Venezia 1990 (Erstauflage unter dem Titel: Della mercatura e del mercante perfetto, Venezia 1573).

Cozzi, Gaetano: Religione, moralità e giustizia a Venezia: vicende della magistratura degli esicutori contro la bestemmia, Padova 1969.

Ders.: Authority and Law in Renaissance Venice. In: Renaissance Venice, hrsg. von John R. Hale, London 1973, S. 293-345.

Crombie, Alistair C.: Science, Optics and Music in Medieval and Early Modern Europe andThought, London 1990.

Crouzet-Pavan, Elisabeth: „Sopra le acque salse". Espaces, pouvoir et société à Venise à la fin du Moyen Âge, 2 Bde., Roma 1992.

Curtius, Ernst Robert: Europäische Literatur und lateinisches Mittelalter, Tübingen / Basel 1993 (11. Auflage).

Daly, Lloyd William: Contributions to a History of Alphabetization in Antiquity and the Middle Ages, Bruxelles 1967.

Damerini, Gino: L'isola e il genobio di San Giorgio Maggiore, Venezia 1956.

Decor Puellarum,Venezia (Jenson) 1971 (B.M. Inc V 609).

Delhaye, Philippe: L'organisation scolaire au XIIe siècle, ohne Ortsangabe, 1947.

Devoti, Luciana: Aspetti della produzione del libro a Bologna. Il prezzo di copia del manoscritto giuridico tra XIII e XIV secolo. In: Cultura e Civiltà 18, 1994, S. 77-142.

De Hamel, Christofer: Scribes and Illuminators, Toronto 1994.

De Vecchi, Bindo: I libri di un medico umanista fiorentino. In: La Bibliofilia 34, 1932, S. 93-301.

Diefenbach, Peter: Visionen und Visionsliteratur im Mittelalter, Stuttgart 1981.

Dienzelbacher, Peter: Sterben und Tod. In: Europäische Mentalitätsgeschichte, Stuttgart 1993, S. 244-260.

Ders: Christliche Mystik im Abendland, Paderborn 1994.

Ders.: Angst im Mittelalter. Teufels-, Todes- und Gotteserfahrung, Paderborn 1996.

Diller, Aubrey: The Library of Francesco and Ermolao Barbaro. In: Italia Medievale e Umanistica 6, 1963, S. 252-262.

Diringer, David: The Hand-Produced Book, Plymouth 1953.

Dizionario Etimologico Italiano, hrsg. von Giovanni Battisti und Giancarlo Alessio, Firenze 1952, Bd. 3.

Documents iconographiques et culture matérielle, hrsg. von Jean-Pierre Sosson, Brüssel 1985.

I Dogi, hrsg. von Gino Benzoni, Milano 1982.

Domenico prete di S. Maurizio. Notaio in Venezia (1309 - 1316), hrsg. von Maria Francesca Tiepolo, Venezia 1970 (Fonti per la storia di Venezia, Sez. III, Archivi Notarili).

Douglas, Marie: Ritual, Tabu und Körpersymbolik. Sozialanthropologische Studien in Industriegesellschaft und Stammeskultur, Tübingen 1974.

Duby, Georges / Barthélemy, Dominique: Französische Adelshaushalte im Feudalzeitalter. In: Geschichte des privaten Lebens, hrsg. von Philippe Ariès und Georges Duby, Frankfurt a.M. 1990 (franz. Original: Histoire de la vie privée, Paris 1985), Bd. 2, Vom Feudalzeitalter zur Renaissance, S. 49-160.

Duby, Georges: Die Situation der Einsamkeit: 11. bis 13. Jahrhundert. In: Geschichte des privaten Lebens, hrsg. von Philippe Ariès und Georges Duby, Frankfurt a.M. 1990 (franz. Original: Histoire de la vie privée, Paris 1985), Bd. 2, Vom Feudalzeitalter zur Renaissance, S. 473-495.

Dülmen, Richard van: Kultur und Alltag in der frühen Neuzeit, 3 Bde., München 1990 / 1992 / 1994.

Eamon, William: Court, Academy and Printing House: Patronage and Scientific Careers in Late Renaissance Italy. In: Patronage and Institutions. Science, Technology andMedicine at the European Court, hrsg. von Bruce T. Moran, Woodbridge 1991.

Eikemeier, Peter: Bücher in Bildern. In: De Arte et Libris. Festschrift Erasmus 1934-1984, Amsterdam 1984, S. 61-67.

Eis, Gerhard: Vom Werden altdeutscher Dichtung. Literarhistorische Proportionen, Berlin 1962.

Eisenstein, Elisabeth L.: The Printing-Press as an Agent of Change, Cambridge 1979.

Encyclopedia of Library and Information Science, hrsg. von Allen Kent and Harold Lancour, New York 1996.

Engelsing, Rolf: Analphabetentum und Lektüre. Zur Sozialgeschichte des Lesens in Deutschland zwischen feudaler und industrieller Gesellschaft, Stuttgart 1973.

Ders.: Der Bürger als Leser. Lesergeschichte in Deutschland 1500-1800, 9. Aufl., Stuttgart 1974.

Ennen, Edith: Frauen im Mittelalter, München 1987.

Esch, Arnold: Über den Zusammenhang von Kunst und Wirtschaftspolitik in der italienischen Renaissance. In: Zeitschrift für historische Forschung 8, 1981, S. 179-222.

Ders.: Kultur und Wirtschaft Italiens in Spätmittelalter und Renaissance. In: Der große Ploetz. Auszug aus der Geschichte 29, völlig neubearb. Aufl., Freiburg / Würzburg 1981, S. 537-539.

Eule, Wilhelm: Kaufmännische und betriebswirtschaftliche Entfaltung des Buchgewerbes im 15. Jahrhundert. In: Archiv für Buchgewerbe und Verbrauchsgrafik 72, 1935, S. 141-146.

Della fabbricazione della carta in Amalfi, hrsg. von Nicola Milano, Amalfi 1956.

Fahy, Conor: The „De Mulieribus Admirabilis" of Antonio Cornazzaro. In: La Bibliofilia 62, 1960, S. 144-147.

Falchetta, Piero: Il dotto marinaio. Andrea Bianco e l'Atlante nautico marciano del 1436 (Einleitung zur Faksimile-Reproduktion), Venezia 1993.

Farquhar, J.D.: Creation and Imitation. The Work of a Fifteenth-Century Manuscript Illuminator, Fort Lauderdale 1976.

Faulstich, Werner: Medien und Öffentlichkeit im Mittelalter. 800-1400, Göttingen 1996.

Febvre, Lucien: Ce qu'on peut trouver dans une série d'inventaires mobiliers. De la Renaissance à la Contre-réforme: Changement de Climat. In: Annales d'histoire
sociale, 1941, S. 41-51.

Febre, Lucien / Martin, Henri Jean: L'Apparition du Livre, Paris 1958.

Fedalto, Giorgio: La chiesa Latina in Oriente, 3 Bde., Verona 1972-1977.

Feine, Hans Erich: Kirchliche Rechtsgeschichte, 5., durchgesehene Aufl., Köln 1972.

Feld, M.D.: The Early Evolution of the Authoritative Text. In: Harvard Library Bulletin 26, 1978, S. 81-111.

Ders.: Constructed Letters and Illuminated Texts: Regiomontanus, Leon Battista Alberti, and the Origins of Roman Type. In: Harvard Library Bulletin 30, 1980, S. 357-379.

Ders.: Sweynheym and Pannartz, Cardinal Bessarion, Neoplatonism, Renaissance Humanism and Two Early Printers. In: Harvard Library Bulletin 30, 1982, S. 282-335.

Ders.: A Theory of the Early Italian Printing Firms. In: Harvard Library Bulletin 33, 1985, S. 341-377, und 34, 1986, S. 294-332.

Florence and Venice. Comparisons and Relations, hrsg. von Sergio Bertelli, Nicolai Rubinstein und Craig Hugh Smyth, 2 Bde., Firenze 1979 / 1980.

Folena, Gianfranco: La cultura volgare e l'umanesimo veneziano, Firenze 1964.

Ders.: Il primo imitatore veneto di Dante. In: Dante e la cultura veneta, hrsg. von Vittore Branca und Giorgio Padoan, Firenze 1986, S. 395-421.

Folin, Marco: Procedure testamentarie e alfabetismo a Venezia nel quattrocento. In: Scrittura e civiltà 14, 1990, S. 243-270.

Foscarini, Marco: Dei Veneziani raccoltatori di codici. In: Archivio Storico Italiano 5, 1845, S. 253-280.

Franceschini, Adriano: Inventari inediti di biblioteche ferraresi del secolo XV. In: Atti e memorie della Deputazione Provinciale Ferrarese di Storia Patria, serie II, 24, 1977, und serie IV, 2, 1982.

Ders.: Codici e libri a stampa nella società e nelle biblioteche private ferraresi del secolo XV. In: La Bibliofilia 85, 1983, S. 321-339.

Frenzel, Elisabeth: Stoffe der Weltliteratur, Stuttgart 1988.

Frova, Carla: Istruzione e educazione nel Medioevo, Torino 1973.

Dies. / Petti Balbi, G.: Schooling in Renaissance Italy. Literacy and Learning 1300-1600, Baltimore / London 1989.

Frühmorgen-Voss, Hella: Text und Illustration im Mittelalter. Aufsätze zu der Wechselwirkung zwischen Literatur und bildender Kunst, hrsg. und eingeleitet von Norbert H. Ott, München 1975.

Fulin, Rinaldo: I codici veneti della Divina Commedia. In: I codici di Dante Alighieri in Venezia. Illustrazioni storico-letterale, Venezia 1865, S. 1-122.

Fumaroli, Marc: L'âge de l'éloquence, Genève 1984.

Füssel, Stephan: Gutenberg und seine Wirkung, Frankfurt a.M. 1999.

Gaeta, Franco: Storiografia, coscienza nazionale e politica nella Venezia del Rinascimento. In: Storia della cultura veneta 3/I, Dal primo Quattrocento al Concilio di Trento, Vicenza 1980, S. 1-91.

Ganda, Arnaldo: La biblioteca latina del poeta milanese Lancino Corte (1462-1512). In: La Bibliofilia 93, 1991, S. 221-272.

Gargan, Luciano: Il preumanesimo a Vicenza, Treviso e Venezia. In: Storia della cultura veneta, Bd. 2, Il Trecento, Vicenza 1976, S. 156-161.

Ders.: Cultura e arte nel Veneto al tempo del Petrarca, Padova 1978 (Studi sul Petrarca 5).

Ders.: Per la biblioteca di Giovanni Conversini. In: Vestigia. Studi in onore di Giuseppe Billanovich, Bd. 1, Roma 1984, S. 365-385.

Garin, Eugenio: Prosatori Latini del Quattrocento, Milano / Napoli 1952.

Ders.: La cultura filosofica del Rinascimento italiano, Firenze 1961.

Ders.: Geschichte und Dokumente der abendländischen Pädagogik, 3 Bde., München 1964- 1966 (ital. Original: L'educazione in Europa 1400-1600, Bari 1957).

Ders.: Medioevo e Rinascimento, Roma / Bari 1980 (Erstauflage 1954).

Ders.: Der Philsosoph und Magier. In: Der Mensch der Renaissance, hrsg. von Eugenio Garin, Frankfurt a.M./ New York 1990, S. 175-214.

Ders.: Il ritorno dei filosofi antichi, Napoli 1994.

Geert Grote, Thomas von Kempen und die Devotio moderna, hrsg. von H.N. Janowski, Olten / Freiburg i.B. 1978.

Gehl, Paul F.: Libri per donne. Le monache clienti del libraio Fiorentino Piero Morisi (1588-1607). In: Donna, disciplina e creanza cristiana, hrsg. von Gabriella Zarri, Roma 1996, S. 67-81.

Geldner, Ferdinand: Die deutschen Inkunabeldrucker, 3 Bde., Stuttgart 1968 / 1970 / 1973.

Ders.: Bücherfestpreise in der Wiegdruckzeit. In: Archiv für Geschichte des Buchwesens 15, 1975, S. 1289-1292.

Ders.: Inkunabelkunde. Einführung in die frühe Welt des Buchdrucks, Wiesbaden 1978.

Gerulaitis, Leonardas: Printing and Publishing in Fifteenth-Century Venice, Chicago 1976.

Geschichtsdenken und Geschichtsbild im Mittelalter, hrsg. von Walter Lammers, Darmstadt 1961.

Geyer, Carl Friedrich: Philosophie der Antike, Darmstadt 1996.

Giesecke, Michael: Der Buchdruck in der frühen Neuzeit. Eine historische Fallstudie über die

Durchsetzung neuer Informations- und Kommunikationstechnologien, Frankfurt a.M. 1991.

Gilbert, Felix: Humanism in Venice. In: Florence and Venice. Comparisons and Relations, hrsg. von Serge Bertelli, Nicolai Rubinstein und Craig Hugh Smyth, Firenze 1979, Bd.1, S. 13-26.

Ginzburg, Carlo: Der Käse und die Würmer. Die Welt eines Müllers um 1600, Berlin 1990 (ital. Original: Il formaggio e i vermi. Il cosmo di un mugnaio del 500, Torino 1976).

Gloria Mulierum, Venezia 1471 (B.M., Inc V 722).

Göpfert, Herbert G.: Vom Autor zum Leser. Beiträge zur Geschichte des Buchwesens, München 1972.

Goetz, Hans Werner: Leben im Mittelalter vom 7.-13. Jahrhundert, München 1986.

Goggliola, Giulio: Due inventari trecenteschi della biblioteca del convento di S. Domenico di Castello a Venezia. In: Rivista delle Biblioteche e degli Archivi 23, 1912, S. 85-122.

Goldschmidt, Ernst Philipp: Gothic and Renaissance Book Bindings. Exemplified and Illustrated from the Author's Collection, London 1928 (Neudruck: Amsterdam 1967).

Ders.: Medieval Texts and Their First Appearance in Print, London 1943 (Bibliography Society, London / Supplement to the Transactions 16).

Ders.: The Printed Book in the Renaissance. Three Lectures on Type, Illustration, Ornament, Cambridge 1950.

Gordan, Phyllis Walter G.: Two Renaissance Book Hunters. The Letters of Poggio Bracciolini to Nicolaus de Niccolis, New York 1974.

Gordon, Benjamin Lee: Medieval and Renaissance Medicine, London 1960.

Gothein, Percy: Frühhumanismus und Staatskunst in Venedig, Berlin 1932.

Gottfried von Straßburg: Tristan, hrsg. von Gottfried Weber, Darmstadt 1976.

Goubert, Pierre: Beauvais et le Beauvaisis de 1600 a 1730, Paris 1960.

Goy, Richard J.: Venetian Vernacular Architecture. Traditional Housing in the Venetian Lagoon, Cambridge 1989.

Grabmann, Martin: Die Geschichte der katholischen Theologie seit dem Ausgang der Väterzeit, 2., Aufl., Darmstadt 1961.

Gracco, Giorgio: Società e stato nel Medioevo veneziano, Milano 1967.

Ders.: Un altro mondo. Venezia nel Medioevo da secolo XI all secolo XIV, Torino 1986.

Graff, Harvey J.: Storia della alfabetisazione occidentale, Bologna 1989.

Ders.: The Legacies of Literacy. Continuities and Contradictions in the Western Culture and Society, Bloomington 1987.

Grafton, Anthony: Renaissance Readers and Ancient Texts. Comments on Some Commentaries. In: Renaissance Quarterly 38, 1985, S. 615-649.

I Greci in Occidente. La tradizione filosofica, scientifica e letteraria dalle raccolte della Biblioteca Nazionale Marciana, hrsg. von Gianfranco Fiaccadori und Paolo Eleuteri, Venezia 1996.

Greci, Roberto: Libri e prestiti in alcune biblioteche private bolognesi del secolo XV. In: La Bibliofilia 85, 1983, S. 341-354.

Gregorio, Giuiseppe de: Per uno studio della cultura scritta a Creta sotto il dominio veneziano. I codici greco-latini del secolo XIV. In: Scrittura e civiltà 17, 1993, S. 103-201.

Grendler, Paul F.: The Roman Inquisition and the Venetian Press 1540-1605, Princeton 1977.

Ders.: What Zuanne Read in School: Vernacular Texts in Sixteenth Century Venetian Schools. In: Sixteenth Century Journal 13, 1, 1982 S. 41-54.

Ders.: The Organization of Primary and Secondary Education in the Italian Renaissance. In: Catholic Historical Rewiew 71, 1985, S. 185-205.

Ders.: Chivalric Romances in the Italian Renaissance. In: Studies in Medieval and Renaissance History 10, 1988, S. 59- 102

Ders.: Schooling in Renaissance Italy: Literacy and Learning 1300-1600, Baltimore / London 1989.

Ders.: Schooling in Western Europe. In: Renaissance Quarterly 43, 1990, S. 775-787.

Ders.: La scuola nel Rinascimento italiano, Roma / Bari 1991.

Ders.: Form and Function in Italian Renaissance Popular Books. In: Renaissance Quarterly 46, 1993, S. 451-485.

Grimm, Gunter: Rezeptionsgeschichte, München 1977.

Grundmann, Herbert: Litteratus - Illiteratus. Der Wandel einer Bildungsnorm vom Altertum zum Mittelalter. In: Archiv für Kulturgeschichte 40, 1958, S. 1-65.

Guidotti, A.: Indagini su botteghe di cartolai e miniatori a Firenze nel XV secolo. In: La miniatura italiana tra Gotico e Rinascimento. Atti del II Congresso di Storia della Miniatura Italiana, hrsg. von Manuela Sesti, 2 Bde., Firenze 1985, S. 473-507.

Gurjewitsch, Aaron J.: Das Weltbild des mittelalterlichen Menschen, München 1989.

Ders.: Mittelalterliche Volkskultur, 2. Aufl., München 1992.

Guthmüller, Hans Bodo: Ovidio metamorphoseos vulgare: Formen und Funktionen der volkssprachlichen Wiedergabe klassischer Dichtung in der italienischen Renaissance, Boppard am Rhein 1981.

Ders: Studien zur antiken Mythologie in der italienischen Renaissance, Weinheim 1986.

Ders.: Formen des Mythenverständnisses um 1500. In: Literatur, Musik und Kunst im Übergang vom Mittelalter zur Neuzeit (Bericht über Kolloquien der Kommission zur Erforschung der Kultur des Spätmittelalters 1989 bis 1992). hrsg. von Hartmut Boockmann, Ludger Grenzmann, Bernd Moeller und Martin Staehlin, Göttingen 1995, S. 109-131.

Guzzetti, Linda: Le donne a Venezia nel XIV secolo. Uno studio sulla loro presenza nella società e nella famiglia. In: Studi Veneziani (N.S.) 35, 1998, S. 15-88.

Dies.: Venezianische Vermächtnisse. Die soziale und wirtschaftliche Situation von Frauen im Spiegel spätmittelalterlicher Testamente (Diss. phil.), Berlin 1998.

Hale, John Rigby: Renaissance Venice, London 1973.

Hankins, James: Platon in the Renaissance, 2 Bde., Leiden u.a. 1990.

Hanebutt-Benz, Eva Maria: Die Kunst des Lesens. Lesemöbel und Lesewelten vom Mittelalter bis zur Gegenwart (Katalog zur gleichnamigen Ausstellung), Frankfurt a.M. 1985.

Hartinger, Walter: Die Wende des Mittelalters. In: Wandel der Alltagskultur seit dem Mittelalter, hrsg. von Günter Wiegelmann, Münster 1982 (Beiträge zur Volkskultur in Nordwestdeutschland 55), S. 23-38.

Hartmann von der Aue: Iwein, Berlin 1877.

Ders.: Der aerme Heinrich, hrsg. von Friedrich Maurer, Berlin 1958.

Haskell, Francis: History and its Images. Art and the Interpretation of the Past. New Haven / London 1995.

Hattenhauer, Hans: Europäische Rechtsgeschichte, 3., erweiterte Aufl., Heidelberg 1999.

Hauser, Arnold: Sozialgeschichte der Kunst und Literatur, München 1953.

Hay, Dennis / Law, John: L'Italia del Rinascimento. 1380-1530, Roma / Bari 1989.

Heinig, Paul-Joachim: Florenz, Italien und Europa in der Frührenaissance. Ereignisse, Entwicklungen und Strukturen. In: Saeculum tamquam aureum. Internationales Symposium zur italienischen Renaissance des 14. -16 Jahrhunderts am 17./18. September 1996 in Mainz. Vorträge, hrsg. von Ute Ecker und Clemens Zintzen, Hildesheim 1997, S. 281-301.

Heißler, Sabine / Blastenbrei, Peter: Frauen in der italienischen Renaissance. Heilige - Kriegerinnen - Opfer, Pfaffenweiler 1990.

Helwig, Hellmuth: Einführung in die Einbandkunde, Stuttgart 1970.

Herlihy, David / Klapisch-Zuber, Christiane: Les toscans et leurs familles. Une étude du *catasto* florentin de 1427, Paris 1978.

Heynen, Reinhard: Zur Entstehung des Kapitalismus in Venedig, New York 1971.

Hindman, Sandra / Farquhar, James Douglas: From Pen to Press, Baltimore 1977.

Hirsch, Rudolf: Prereformation Censorship of Printed Books. In: The Library Chronicle 21, 1951, S. 100-105.

Ders.: Printing, Selling, and Reading, Wiesbaden 1967.

Histoire de l'édition française, hrsg. von Henri-Jean Martin und Roger Chartier, 3 Bde., Paris 1983 / 1984 / 1986.

Historiographie des frühen Mittelalters, hrsg. von Anton Scharer, Wien 1994.

Historische Bilderkunde: Probleme - Wege - Beispiele, hrsg. von Brigitte Tolke-mitt und Rainer Wohlfeil (Zeitschrift für historische Forschung, Beiheft 12) Berlin 1991.

Hobson, Anthony R.: Humanists and Bookbinders. The Origin and Diffusion of the Humanist Bookbinding. 1459-1559, Cambridge 1989.

Hölscher, Lucian: Öffentlichkeit und Geheimnis. Eine begriffsgeschichtliche Untersuchung zur Entstehung der Öffentlichkeit in der frühen Neuzeit, Stuttgart 1979.

Hollingsworth, Mary: Patronage in Renaissance Italy. From 1400 to the Early Sixteenth Century, London 1994.

Die *H*omilien, hrsg. von Bernhard Rehm, 3., verbesserte Aufl., Berlin 1992.

Hübner, Hans J.: Quia bonum sit anticipare tempus. Die kommunale Versorgung mit Brot und Getreide vom späten 12. bis ins 15. Jahrhundert (Diss. phil.), Frankfurt a.M. 1997 (Europäische Hochschulschriften 3. 113).

Humphreys, Kenneth William: The Book Provisions of Medieval Friars. 1225-1400, Amsterdam 1964.

Ders.: The Library of the Carmelites at Florence at the End of the Fourteenth Century, Amsterdam 1964.

Ders.: The Library of the Franciscans of the Convent of St. Antony in Padua at the Beginning of the Fifteenth Century, Amsterdam 1966.

Ders.: The Library of the Franciscans of Siena in the Late Fifteenth Century, Amsterdam 1978.

Huse, Norbert / Wolters, Wolfgang: Venedig. Die Kunst der Renaissance. Architektur, Skulptur, Malerei 1460-1590, München 1986.

Huizinga, Johann: Herbst des Mittelalters, Stuttgart 1969.

Image et histoire. Actes du colloque Paris-Censier (Mai 1986), Paris 1987.

Imhof, Arthur E.: Im Bildersaal der Geschichte oder: Ein Historiker schaut Bilder an, München 1991.

Internationale Geschichte der lateinischen und einheimischen Hagiographie im Abendland von den Anfängen bis 1550, Turnhout 1994.

Irsigler, Franz: Kaufmannsmentalität im Mittelalter. In: Mentalität und Alltag im Spätmittelalter, hrsg. von Cord Meckseper und Elisabeth Schraut, Göttingen 1985, S. 53-75.

Jaritz, Gerhard: „Et est ymago ficta non veritas". Sachkultur und Bilder des späten Mittelalters. In: Pictura quasi fictura. Die Rolle des Bildes in der Erforschung von Alltag und Sachgeschichte des Mittelalters und der frühen Neuzeit, Wien 1996, S. 9-13.

Jean, Richard: La papauté e les missions d'Orient au Moyen Âge (XIIIème-XVème siècles), Roma 1977.

Juchhoff, Rudolf: Was lasen die Kölner um die Wende vom 15. zum 16. Jahrhundert zu ihrer Unterhaltung und Belehrung? In: Essays in Honour of Victor Scholderer, Mainz 1977, S. 201-212.

Kablitz, Andreas: Renaissance - Wiedergeburt. Zur Archäologie eines Epochennamens (Giorgio Vasari und Jules Michelet). In: Saeculum tamquam aureum. Internationales Symposium zur italienischen Renaissance des 14. -16 Jahrhunderts am 17./18. September 1996 in Mainz. Vorträge, hrsg. von Ute Ecker und Clemens Zintzen, Hildesheim 1997, S. 59-108.

Kaiser, Gert: Gesellschaftliche Sinnangebote mittelalterlicher Literatur, München 1980.

Karpinski, Caroline: Italian Printmaking in the Fifteenth and Sixteenth Centuries, Boston, 1987.

Kasten, Ingrid: Bachtin und der höfische Roman. In: Bickelwort und wildin maere. Festschrift für Eberhard Nellmann, hrsg. von Dorothee Lindemann u.a., Göppingen 1995, S. 51-70.

Kellenbenz, Hermann: Europa. Raum wirtschaftlicher Begegnung, Stuttgart 1991 (Vierteljahresschriften zur Sozial- und Wirtschaftsgeschichte 92, kleine Schriften 1).

Kenney, Edward John: The Classical Text. Aspects of Editing in the Age of Printing, Berkeley / Los Angeles 1974.

Kent, Francis W.: Household and Lineage in Renaissance Florence: The Family of the Capponi, Ginori, and Ruccelai, Princeton 1977.

Ders. / Simons, P.: Art and Society in Renaissance Italy, Oxford 1987.

Ketsch, Peter: Frauen im Mittelalter, Bd. 2, Frauenbild und Frauenrechte in Kirche und Gesellschaft. Quellen und Materialien, hrsg. von Annette Kuhn, Düsseldorf 1984.

Kibre, Pearl: The Library of Pico della Mirandola, New York 1966.

King, Margaret L.: Thwarted Ambitions: Six Learned Women of the Renaissance. In: Soundings 59, 1976, S. 280-304.

Dies.: Venetian Humanism in an Age of Patrician Dominance, Princeton 1986.

Dies.: Die Frau in der Renaissance. In: Der Mensch der Renaissance, hrsg. von Eugenio Garin, Frankfurt a.M. / New York 1990, S. 282-340.

Dies.: Frauen in der Renaissance, München 1993 (ital. Original: Roma / Bari 1991).

Dies.: The Death of the Child Valerio Marcello, Chicago / London 1994.

Kirchhoff, Albrecht: Die Handschriftenhändler des Mittelalters, Osnabrück 1966 (Neudruck der 2. Aufl. von 1853).

Klapisch-Zuber, Christiane: Le chiavi fiorentine di Barbulù: l'apprendimento della lettura a Firenze nel XV secolo. In : Quaderni Storici 57, 1984, S. 765-792.

Dies.: Women, Family and Ritual in Renaissance Italy, Chicago / London 1985.

Knapton, Michael: Guerra e finanzia. In: La Repubblica di Venezia nell'età moderna. Dalla guerra di Chioggia al 1517, hrsg. von Giuseppe Galasso, Torino 1986 (Storia d'Italia 12/1).

Kock, Thomas: Theorie und Praxis der Laienlektüre im Einflußbereich der Devotio Moderna. In: Laienlektüre und Buchmarkt im späten Mittelalter. hrsg. von Thomas Kock und Rita Schlusemann, Frankfurt a. M. u.a. 1997, S. 199 - 220.

Ders.: Die Buchkultur der Devotio Moderna. Handschriftenproduktion. Literaturversorgung und Bibliotheksaufbau im Zeitalter des Medienwechsels (Diss. phil.), Frankfurt a.M. u.a. 1999.

Kretcic, Barisa: Un mercante diplomatico da Dubrovnik a Venezia nel Trecento. In: Studi Veneziani 9, 1967, S. 71-101.

Krieg, Walter: Materialien zur Entwicklungsgeschichte der Bücherpreise und des Autorenhonorars vom 15. bis zum 20. Jahrhundert, Wien 1953.

Kristeller, Paul Oskar: Der Gelehrte und sein Publikum im späten Mittelalter und in der Renaissance. In: Medium aevum vivum. Festschrift für Walter Bulst, Heidelberg 1960, S. 212-230.

Ders.: Renaissance Thought II, New York 1965.

Ders.: Iter Italicum: A Finding List of Uncatalogued or Incompletely Catalogued Humanistic Manuscripts of the Renaissance in Italian and Other Libraries, London / Leiden 1967.

Krzysztof, Pomian: Collectors and Curiosities. Paris - Venice. 1500 - 1800, Oxford 1990.

Kuhn, Hugo: Dichtung und Welt im Mittelalter, Stuttgart 1969.

Ders.: Text und Theorie, Stuttgart 1969.

Ders.: Liebe und Gesellschaft, Stuttgart 1980.

Ders.: Entwürfe zu einer Literatursystematik des Spätmittelalters, Tübingen 1980.

Kühnel, Harry: Abbild und Sinnbild in der Malerei des Spätmittelalters. In: Europäische Sachkultur des Mittelalters, Wien 1980, S. 83-100.

Labalme, Patricia H.: Bernardo Giustiniani. A Venetian of the Quattrocento, Roma 1969.

Dies.: The Last Will of a Venetian Patrician. In: Philosophy and Humanism. Renaissance Essays in Honor of P.O. Kristeller, Leiden 1976, S. 483-501.

Labowsky, Lotte: Bessarion's Library and the Biblioteca Marciana, Rome 1979.

Laienlektüre und Buchmarkt im späten Mittelalter. hrsg. von Thomas Kock und Rita Schlusemann, Frankfurt a. M. u.a. 1997.

Landau, David / Parshall, Peter: The Renaissance Print 1470-1550, New Haven / London 1994.

Lane, Frederic C.: Le vecchie monete di conto veneziane ed il ritorno all'oro. In: Atti dell'Istituto Veneto di scienze, lettere ed arti 117, 1958/1959, S. 49-78.

Ders.: Seerepublik Venedig, München 1980.

Ders.: I mercanti di Venezia, Torino 1982.

Ders.: Studies in Venetian Social and Economic History, hrsg. von Benjamin G. Kohl und Reinhold C. Müller, London 1987.

Ders. / Müller, Rheinhold C.: Money and Banking in Medieval and Renaissance Venice, Baltimore / London 1985.

Landgraf, Artur Michael: Einführung in die Geschichte der theologischen Literatur der Frühscholastik, Regensburg 1948.

La Roncière, Charles de: Gesellschaftliche Eliten an der Schwelle zur Renaissance. In: Geschichte des privaten Lebens, hrsg. von Philippe Ariès und Georges Duby, Frankfurt a.M. 1990, Bd. 2, Vom Feudalzeitalter zur Renaissance, S. 161-298.

Lauro Querini Umanista. Studi e Testi, zusammengestellt und präsentiert von Vittore Branca, Firenze 1977 (Civiltà Veneziana - Saggi 23).

Lazzarini, Lino: Paolo de Bernardo e i primordi dell'umanesimo in Venezia, Genève 1930.

Ders.: Francesco Petrarca e il primo umanesimo a Venezia. In: Umanesimo europeo e umanesimo veneziano, hrsg. von Vittore Branca, Firenze 1963, S. 87-91.

Lazzarini, Vittorio: I più antichi codici di Dante in Venezia. In: Nuovo Archivio Veneto, nuova serie 41-42, 1921, S. 171-174.

Ders.: I libri, gli argenti, le vesti di G. Dondi dall'Orologio. In: Bolletino del Museo Civico di Padova 1, nuova serie 18, 1925, S. 11-36.

Leclercq, Dom Jean: La femme et les femmes dans l'oeuvre de Saint Bernard, Paris 1982.

Lecce, Michele: Biblioteche e prezzi di libri a Verona. In: Economia e Storia 8, 1961, S. 161-178.

Leeker, Joachim: Zwischen Belehrung und Unterhaltung: Die Erzählung der italienischen Literatur des Duecento. In: Romanistisches Jahrbuch 41, 1990, S. 71-97.

Die Legenda aurea des Jakobus de Voragine, aus dem Lateinischen übersetzt von Richard Lenz, Köln 1969.

Lemaire, Jaques: Introduction à la Codicologie, Louvain la Neuve 1989.

Le Goffe, Jaques: Die Intellektuellen im Mittelalter, Stuttgart 1987 (franz. Original: Les Intellectuelles du Moyen Âge, Paris 1957).

Ders.: Für ein anderes Mittelalter, Weingarten 1987 (franz. Original: Pour un autre Moyen Âge, Paris 1977).

Lehmann, Paul: Mittelalterliche Büchertitel, München 1948 (1. Heft) und 1953 (2. Heft).

Lepori, Fernando: La scuola di Rialto dalla fondazione alla metà del Cinquecento. In: Storia della cultura veneta, Bd.3/1, Dal primo Quattrocento al Concilio di Trento, Vicenza 1980, S. 539-605.

Die Lesbarkeit der Kunst. Zur Geistes-Gegenwart der Ikonologie, hrsg. von Andreas Beyer, Berlin 1992.

Leselust. Niederländische Malerei von Rembrandt bis Vermeer (Katalog zur gleichnamigen Ausstellung), hrsg. von Sabine Schulze, Stuttgart 1993.

Lesky, Albin: Geschichte der griechischen Literatur, 3. Aufl., Bern 1971.

Lettere di una gentildonna fiorentina del secolo XV ai figliuoli esuli, hrsg. von Carlo Guasti, Firenze 1877.

Le lettere di Margherita Datini a Francesco di Marco (1384-1410), hrsg. von V. Rosati, Prato 1977.

Libri e lettori nel Medioevo, guida storica e critica, hrsg. von Guglielmo Cavallo, Roma / Bari 1977.-

Libri, scrittura e pubblico nel Rinascimento. Guida storica e critica, hrsg. von Armando Petrucci, Bari 1979.

In het *l*icht van het lezen. De rol van het boek in de beeldende kunst (Katalog zur gleichnamigen Ausstellung), Zwolle 1992.

Liebenwein, Wolfgang: Studiolo. Die Entstehung eines Raumtyps und seine Entwicklung bis um 1600, Berlin 1977.

List, Claudia / Blum, Wilhelm: Buchkunst im Mittelalter, Stuttgart / Zürich 1994.

Literatur und Laienbildung im Spätmittelalter und in der Reformation (Symposium Wolfenbüttel 1981), hrsg. von Ludger Grenzmann und Karl Stackmann, Stuttgart 1984.

Literatur und Leser, Theorien und Modelle zur Rezeption literarischer Werke, hrsg. von Gunter Grimm, Stuttgart 1975.

Literatur - Publikum - historischer Kontext, hrsg. von Joachim Bumke u.a., Bern 1977.

Livi, Ridolfo: Guido da Bagnolo medico del re di cipro. In: Atti e memorie della Deputazione di Storia Patria per le Province Modenensi 11, serie V, 1916, S. 52-56.

Löffler, Peter: Inventare. Historische Erscheinungen und rechtliche Grundlagen. In: Rheinisch-westfälische Zeitschrift für Volkskunde 23, 1977, S. 120-131.

Löwenstein, Uta: Item ein Beth... . Wohnungs- und Nachlaßinventare als Quellen zur Haushaltsführung. In: Haushalt und Familie in Mittelalter und früher Neuzeit.
Sigmaringen 1991, S. 43-70.

Löwith, Karl: Weltgeschichte und Heilsgeschichte, 5. Aufl., Stuttgart 1967.

López, Robert S.: Stars and Spices. The Earliest Italian Manual and Commercial Practice. In: Economy, Society and Government in Medieval Italy. Essays in Memory of Robert I. Reynolds, hrsg. von Robert S. López, David Herlihy und Vsevolod Slessarev, Kent 1969, S. 35-43.

Ders. / Raymond, Irving W.: Medieval Trade in the Mediterranean World, New York 1955.

Lowry, Martin: The World of Aldus Manutius. Business and Scholarship in Renaissance Italy, Oxford 1979.

Ders.: Humanism and Antisemitism in Renaissance Venice. The Strange Story of the Decor Puellarum. In: La Bibliofilia 87, 1985, S. 39-54.

Ders.: Nicolas Jenson and the Rise of Venetian Publishing in Renaissance Europe, Oxford 1991.

Ders.: Book-Prices in Renaissance Venice. The Stockbook of Bernardo Giunti, Los Angeles 1991 (UCLA, University Research Library, Department of Special Collections, Occasional Papers 5).

Lucchi, Piero: La Santacroce, il Salterio e il Babuino. Libri per imparare a leggere nel primo secolo della stampa. In: Quaderni storici 38, 1978, S. 593-639.

Ders.: Leggere, scrivere e abbaco. L'istruzione elementare agli inizi dell'età moderna. In: Scienze, credenze occulte, livelli di cultura. Convegno internazionale di Studi (Firenze, 26.-30.6.1980), Firenze 1982, S. 101-119.

Luecker, Maria Alberta: Meister Eckhard und die Devotio moderna, Leiden 1950 (Studien und Texte zur Geistesgeschichte des Mittelalters 1).

Lülfing, Hans: Johannes Gutenberg und das Buchwesen des 14. und 15. Jahrhunderts, Leipzig 1969.

Il *luogo* dei libri. Lo studioso - la biblioteca (Atti del convegno, Viterbo 10.-11.11.1994) (im Druck).

Lupprian, Karl Ernst: Il Fondaco dei tedeschi e la sua funzione di controllo del commercio tedesco a Venezia, Venezia 1978 (Quaderni del Centro tedesco di studi veneziani / Deutsches Studienzentrum Venedig 6).

Luzzatto, Gino: Storia economica di Venezia dall'XI al XVI secolo, Venezia 1961.

Ders.: Il debito pubblico della Repubblica di Venezia. Dagli ultimi decenni del XII secolo alla fine del XV, Milano / Varese 1963.

Manacorda, Giusepppe: Storia della scuola in Italia: Il Medioevo, 2 Bde., Bologna 1978).

Maranini, Giuseppe: La costituzione di Venezia, 2 Bde., Firenze 1974.

Marcon, Susy: Ornati di penna e di penello: appunti su scribi-illuminatori nella Venezia del maturo umanesimo. In: La Bibliofilia 89, 1987, S. 121-144.

Marou, Henry-Irénée: Über historische Erkenntnis, Freiburg / München 1973.

Mare, Albinia de la: Vespasiano da Bisticci. Historian and Bookseller (Diss. phil.), London 1965.

Dies.: The Handwriting of the Italian Humanists, Oxford 1973.

Dies.: Bartolomeo Scala's Dealings with Booksellers, Scribes and Illuminators 1459-63. In: Journal of the Warburg and Courtauld Institutes 39, 1976, S. 239-245.

Mariani Canova, Giordana: La decorazione dei documenti ufficiali in Venezia dal 1460-1530. In: Atti del Istituto veneto di Scienze, Letterature ed Arte 126, 1967/68, S.

Dies.: La miniatura veneta del Rinascimento, Venezia 1969.

Dies.: Alle Origini della Pinacoteca civica di Padova: i dipinti delle corporazioni religiose soppresse e la Galleria Abbaziale di S. Giustina, Padova 1980.

Martani, Margherita: Librerie a Parma nella seconda metà del XV secolo. In: La Bibliofilia 97, 1995, S. 211-244.

Martin, Henry Jean: Ce qu'on lisait à Paris au VIIème siècle. In: Bibliothèque d'Humanisme et Renaissance 21, 1959, S. 222-230.

Ders.: Livres, pouvoirs et société à Paris au XVIIe siecle (1598-1701), 2 Bde., Paris 1969.

Martini, Giuseppe Sergio: La bottega di un cartolai fiorentino della seconda metà del Quattrocento. In: La Bibliofilia 58 (Supplemento), 1956, S. 1-81.

Maryse, Hélène Maleard: Maîtres, étudiants et formes d'enseignement au Moyen Âge, Freiburg 1991.

Mattozzi, Ivo: Il polo cartario dello stato veneziano. Lavoro e produzione nelle valle del Toscolano dal XIV al XVIII secolo (im Druck).

Mazzei, Lapo: Lettere di un notaio a un mercante del secolo XIV con altre lettere e documenti, hrsg. von Carlo Guasti, 2 Bde., Firenze 1880.

McDonald, William C.: German Medieval Literary Patronage from Charlemagne to Maximilian I, Amsterdam 1973.

McLuhan, Marshall: Gutenberg Galaxis, Düsseldorf 1968.

McMurtie, Douglas C.: The Book. The Story of Printing and Bookmaking, New York 1953.

Meneghin, Vittorino: San Michele in isola di Venezia, Venezia 1962.

Der Mensch der Renaissance, hrsg. von Eugenio Garin, Frankfurt a.M. / New York 1990.

Mercanti e vita economica nella Repubblica veneta, hrsg. von Giorgio Borelli, 2 Bde., Verona 1985.

Merores, Margarete: Der venezianische Steuerkataster von 1379. In: Vierteljahresschrift für Sozial- und Wirtschaftsgeschichte 16, 1922, S. 415-419.

Dies.: Der venezianische Adel. Ein Beitrag zur Sozialgeschichte. In: Vierteljahresschrift für Sozial- und Wirtschaftsgeschichte 19, 1926, S. 193-237.

Mertens, Heinrich A.: Handbuch der Bibelkunde. Literarische, historische, archäologische, religionsgeschichtliche, kulturkundliche und geographische Aspekte des Alten und Neuen Testaments, 2., neubearb. Aufl., Düsseldorf 1997.

Metz, Rainer: Probleme der statistischen Analyse langer historischer Zeitreihen. In: Vierteljahresschrift für Sozial- und Wirtschaftsgeschichte 80, Heft 4, 1993, S. 457-486.

Meyer, Hans: Geschichte der abendländischen Weltanschauung, 5 Bde., Würzburg 1947-1950.

Meyer, Jean: La noblesse bretonne au XVIIIème siècle, 2 Bde., Paris 1966.

Miglio, Massimo: Dalla pagina manoscritta alla forma a stampa. In: La Bibliofilia 85, 1983, S. 249-256.

Milano, Ernesto: La Biblioteca Estense, Modena / Firenze 1987.

Milde, Wolfgang: Über Bücherverzeichnisse der Humanistenzeit. In: Buch und Text im fünfzehnten Jahrhundert, hrsg. von Lotte Helinga und Helmar Hertel, Hamburg 1988 (Wolfenbütteler Abhandlungen zur Renaissanceforschung 2), S. 19-31.

La Miniatura Veneta del Rinascimento 1450-1500, hrsg. von Giordana Mariani Canova, Venezia 1969.

Miniature e disegni nei manoscritti della biblioteca estense. Secoli X-XX, hrsg. von Pietro Lombardo, Modena 1984.

Miniature italiane della Fondazione Giorgio Cini dal Medioevo al Rinascimento, hrsg. von Piero Toesca, Venezia 1968.

Modigliani, Anna: Tipografia a Roma prima della stampa. Due società per fare libri con le forme, Roma 1989.

Molmenti, Pompeo: La storia di Venezia nella vita privata, 2 Bde., 4. überarbeitete Aufl., Bergamo 1906.

Mormando, Franco: Bernardino of Siena. „Great Defender" or „Merciless Betrayer" of Woman? In: Italica 75, 1998, S. 22-40.

Moos, Peter von: Die Begriffe „öffentlich" und „privat" in der Geschichte und bei den Historikern. In: Saeculum 49, 1998, S. 161-192.

Moretto Bon. Notaio in Venezia, Trebisona e Tana, hrsg. von Sandro de Colli, Venezia 1963 (Fonti per la storia di Venezia, Sez. III, Archivi notarili).

Mornet, Daniel: Les Enseignements des bibliothèques privées (1750-1780). In: Révue d'Histoire littéraire de la France 17, 1910, S. 449-496.

Morozzo della Rocca, Raimondo: Codici danteschi veneziani del '300. In: Studi in onore di Riccardo Filangieri, Napoli 1959, S. 419-421.

Mostert, M.: La magie de l'écrit dans le Haut Moyen Âge. Quelques réflexions génerales. In: Haut Moyen Âge. Culture, education, société. Etudes offertes à Pierre Riché, Lagarennes-Colombes 1990, S. 273-281.

Moxey, Keith: The Practice of Theory. Poststructuralism, Cultural Politics and Art History, Ithaka / London 1994.

Muchembled, Robert: Culture populaire et culture des élites dans la France moderne (XVème-XVIIIème siècles), Paris 1978.

Müller, Riccarda: Ein Frauenbuch des frühen Humanismus. Untersuchungen zu Boccaccios De mulieribus claris, Stuttgart 1992 (Monographien und Texte zur klassischen Altertumswissenschaft 40).

Müller, Reinhold C.: The Procurators of San Marco in the Thirteenth and Fourteenth Centuries. A Study of the Office as a Financial and Trust Institution. In: Studi Veneziani 13, 1971, S. 105-220.   -

Ders.: Il banchiere d'avanti a dio. In: Mercanti e vita economica nella Repubblica veneta, hrsg. von Giorgio Borelli, 2 Bde., Verona 1985, S. 47-103.

Ders.: The Venetian Money Market. Banks, Panics, and the Public Debt, 1200-1500, Baltimore / London 1997.

Münch, Paul: Lebensformen in der frühen Neuzeit, Frankfurt a.M ./ Berlin 1992.

Mugnai Carrara, Daniela: La biblioteca di Nicolò Leoniceno. Tra Aristotele e Galeno. Cultura e libri di un medico umanista, Firenze 1991.

Muir, Edward: Civic Ritual in Renaissance Venice, Princeton 1981.

Musatti, Eugenio: Storia della Promissione ducale, Padua 1888.

Nahmer, Dieter von: Die lateinische Heiligenvita, Darmstadt 1994.

Nardi, Bruno: Letteratura e cultura veneziana del Quattrocento. In: La civiltà veneziana del Quattrocento, Firenze 1957, S. 99-145.

Ders.: La scuola di Rialto e l'umanesimo veneziano. In: Umanesimo europeo e umanesimo veneziano, Firenze 1963, S. 93-139.

Nebbiai-Dalla Guardia, Donatella: Les Livres et les amis de Girolamo Molin (1450-1458). In: La Bibliofilia 93, 1991, S. 153-174.

Dies.: I documenti per la storia delle bibliotheche medievali (Secoli XI-XV), Roma 1992.

Nicolas, Jean: La Savoie au 18ème siècle. Noblesse et bourgeoisie, 2 Bde., Paris 1978.

Nickel, Rainer: Nachwort. In: Jacobus de Voragine. Legenda Aurea, Stuttgart 1988.

Nipperdey, Thomas: Kulturgeschichte, Sozialgeschichte, Historische Anthropologie. In: Vierteljahresschrift für Sozial- und Wirtschaftsgeschichte 55, 1968, S. 145-146.

Noakes, Susan: The Development of the Book Market in Late Quattrocento Italy: Printers' Failures, and the Role of the Middleman. In: Journal of Medieval and Renaissance Studies 11, 1981, S. 22-55.

Nogarola, Isotta: Isotae Nogarolae opera quae super sunt omnia. Mit Arbeiten von Angela und Ginevra Nogarola, hrsg. von Eugenius Abel, 2 Bde., Wien / Budapest 1886.

Ohler, Norbert: Sterben und Tod im Mittelalter, München 1990.

Origo, Iris: Im Namen Gottes und des Geschäfts. Lebensbild eines toskanischen Kaufmanns der Frührenaissance, 2., überarbeitete Aufl., München 1986.

Dies.: Der Heilige der Toskana. Leben und Zeit des Bernardino von Siena. München 1989.

Orioli, Emilio: Il catalogo di libri venduti da Cervotto di Accursio al fratello Guglielmo. In: Il bibliofilo 11, 1890, S. 3-5.

Orlandelli, Gianfranco: Il libro a Bologna dal 1300 al 1330, Bologna 1959.

Ortalli, Gherardo: Scuole, maestri ed istruzioni a base tra Medioevo e Rinascimento, Vicenza 1993.

Ders.: I procedimento per gratiam e gli ambienti ecclesiastici nella Venezia del primo Trecento. Tra amministratione, politica e carità. In: Chiesa, società e stato a Venezia. Miscelanea di studi in onore di Silvio Montin, hrsg. von Bruno Bertoli, Venezia 1994, S. 75-100.

Pächt, Otto: Buchmalerei des Mittelalters, 3., überarbeitete Aufl., München 1989.

The Painted Page. Italian Renaissance Book Illumination, hrsg. von Jonathan.G. Alexander, München / New York 1994.

Pallucchini, Rodolfo: La pittura veneziana nel Trecento, Venezia / Roma 1964.

Palma Virtutum, Venezia 1471 (Hain 12283) (B.M. Inc V 828).

Palmieri, Matteo: Vita Civile, hrsg. und kommentiert von Gino Belloni, Firenze 1982.

Palumbino, Genofefa: Della disciplina al disciplinamento. Il corpo, l'anima, il libro nelle storie di monache recluse. In: Donna, disciplina e creanza cristiana, hrsg.   von Gabriella Zarri, Roma 1996, S. 141-163.

Palumbo-Fossati, Isabetta: L'intérieur de la maison vénétienne dans la seconde moitié du XVIème siècle (Diss. phil), Paris 1982.

Paoletti, Pietro: Raccolta di documenti inediti per servire alla storia della pittura italiana nei secoli XV e XVI, Padova 1894.

Paternoster, Paolo: Le scuole pubbliche in Venezia ai tempi della repubblica, Venezia 1883.

Pausch, Oskar: Das älteste Italienisch-Deutsch Sprachbuch. Eine Überlieifeung aus dem Jahre 1424, nach Georg von Nürnberg, Wien 1972.

Pedani Fabris, Maria Pia: Veneta Auctoritate Notarius. Storia del notariato veneziano (1514-1797), Milano 1996.

Il pensiero pedagogico dell'Umanesimo, hrsg. von Eugenio Garin, Firenze 1958.

Pertusi, Agostino: L'umanesimo Greco dalla fine del secolo XIV agli inizi del secolo XVI. In: Storia della cultura veneta, Bd. 3/1, Dal primo Quattrocento al Concilio di Trento, Vicenza 1980, S. 177-264.

Peters, Ursula: Literatur in der Stadt. Studien zu den sozialen Voraussetzungen und kulturellen Organisationsformen städtischer Literatur im 13. und 14. Jahrhundert, Tübingen 1983.

Petrarca, Francesco: Prosa, hrsg. von G. Martellotti u.a., Milano / Napoli 1955.

Il Petrarca e le origini dell'Umanesimo (Atti del Convegno internazionale, Firenze 19.-22.5.1991), 3 Bde., Firenze 1992 / 1993 / 1997 (Quaderni Petrarcheschi IX-XI).

Petrucci, Armando: Notarii. Documenti per la storia del notariato italiano, Milano 1956.

Ders.: Alle origini del libro moderno. Libri da banco, libri da bisaccia, libretti da mano. In: Libri, scrittura e pubblico nel Rinascimento. Guida storica e critica, hrsg. von Armando Petrucci, Bari 1979, S. 137-156.

Ders.: Pouvoir de l'écriture, pouvoir sur l'écriture dans la Renaissance italienne. In: Annales 43, 1988, S. 823-847.

Ders. / Romeo, Carlo: Scriptores in urbibus. Alfabetismo e cultura scritta nell'Italia altomedievale, Bologna 1992.

Petrucci Nardelli, Franca: La Biblioteca Visconteo-Sforzesca. Ubicazione e disposizione del materiale librario. In: La Bibliofilia 97, 1995, S. 21-33.

Pettas, William A.: The Cost of Printing a Florentine Incunable. In: La Bibliofilia 75, 1973, S. 67-85.

Petti Balbi, Giovanna: Salvo di Pontremoli maestro di scuola a Genova tra secolo XIII e XIV. In: Studi medievali 16, 1975, S. 187-194.

Dies.: Il libro nella società genovese del secolo XIII. In: La Bibliofilia 80, 1978, S. 1-45.

Dies.: L'insegnamento nella Liguria medievale. Scuole, maestri, libri, Genova 1979.

Picone, Michelangelo: Eros e Poesia da Dante a Petrarca. In: Italianistica 27, 1998, S. 9-17.

Pistarino, Geo: Bartolomeo Lupato e l'arte libraria a Genova nel Quattrocento, Genova 1961.

Plebani, Tiziana: Nascità e caratteristiche del pubblico di lettrici tra Medioevo e prima età moderna. In: Donna, disciplina e creanza cristiana, hrsg. von Gabriella Zarri, Roma 1996, S. 23-44.

Pleticha, Eva: Adel und Buch. Studien zur Geisteswelt des fränkischen Adels am Beispiel seiner Bibliotheken vom 15. bis zum 18. Jahrhundert, Neustadt a.d. Aisch 1983.

Poesie und Gebrauchsliteratur im deutschen Mittelalter (Würzburger Colloquium 1978), Tübingen 1979.

Pollak, Michael: Production Costs in Fifteenth Century Printing. In: Library Quarterly 39, 1969, S. 318-333.

Poppi, Mario: Ricerche sulla vita e cultura del notaio e cronista veneziano Lorenzo de Monachis. Cancelliere cretese (ca. 1351-1428). In: Studi Veneziani 9, Firenze 1967, S. 153-186.

I prestiti della Repubblica di Venezia (secolo XII-XV). Introduzione storica e documenti, hrsg. von Gino Luzzatto, Padova 1929 (Documenti finanziari della repubblica di Venezia, ser 3, 1/1).

Priuli, Gerolamo: I Diarii (1499-1512), hrsg. von A. Segre und R. Cessi. In: Rerum Italicarum Scriptores nuova serie 24/3, 3 Bde., Città di Castello / Bologna 1912 -1941.

Probate Inventories. A new source for the historical studies of wealth, material culture and agriculture development. Papers presented at the Leewenborsch Conference Wageningen (5.-7. Mai 1980), hrsg. von Ad von der Woude und Anton Schurmann, Wageningen 1980.

Prodi, Paolo: The Structure and Organisation of the Church in Renaissance Venice: Suggestions for Research. In: Renaissance Venice, hrsg. von John R. Hale, London 1973, S. 409-430.

La Production du livre universitaire au Moyen Âge, Paris 1988 (Actes du symposium tenu au Collegio San Bonaventura de Grottaferrata en mai 1983).

Produzione e commercio della carta e del libro, Secolo 13 - 18, hrsg. von Simonetta Cavaciocchi, Firenze 1992.

Das Publikum politischer Theorie im 14. Jahrhundert, hrsg. von Jürgen Miethke, München 1992.

Pullan, Brian: Poveri, mendicanti e vagabondi (secoli XIV - XVII). In: Storia d'Italia. Annali 1. Dal feudalismo al capitalismo, hrsg. von Corredo Vivanti und Ruggiero Romano, Torino 1978, S. 981-1047 (wieder abgedruckt in: Pullan, Brian: Poverty and Charity. Europe. Italy. Venice, 1400-1700, Aldershot / Brookfield 1994).

Queller, Donald E.: The Venetian Patriciate. Reality versus Myth, Urbana 1986.

Ders: The Venetian Family and the *Estimo* of 1379. In: Law, Custom and Social Fabric in Medieval Europe. Essays in Honor of Bryce Lyon, hrsg. von Bernhard S. Bachrach und David Nicholas, Kalamazoo 1990 (Studies in Medieval Culture 28), S. 186-210.

Quondam, A.: Mercanzia d'onore / mercanzia d'utile. Produzione libraria e lavoro intelletuale a Venezia nel Cinquecento (unveröffentlicht).

Raabe, Paul: Was ist Geschichte des Buchwesens? Überlegungen zu einem Forschungsbereich und einer Bildungsaufgabe. In: 100 Jahre historische Kommission des Börsenvereins, Frankfurt a.M. 1976, S. 9-45.

Ders.: Bibliotheksgeschichte und historische Leserforschung. Anmerkungen zu einem Forschungthema. In: Wolfenbütteler Notizen zur Buchgeschichte 7, 1982, S. 433-441.

Raith, Werner: Florenz vor der Renaissance. Der Weg einer Stadt aus dem Mittelalter, Frankfurt a.M. / New York 1979.

Ravegnani, Giorgio: Le biblioteche di San Giorgio Maggiore, Firenze 1976.

Die Renaissance und ihr Bild in der Geschichte (Die Renaissance als erste Aufklärung III), hrsg. von Enno Rudolph, Tübingen 1998.

Reiter, Eric H.: The Reader as Author of the User-Produced Manuscript. Reading and Rewriting Popular Latin Theology in the Late Middle Ages. In: Viator. Medieval and Rennaissance Studies 27, 1996, S. 151-169.

Rhodes, Dennis E.: Annali tipografici di Lazzaro de Soardi, Firenze 1978.

Ders.: Gli annali tipografici fiorentini del XV secolo, Firenze 1988.

Riché, Pierre: Les écoles et l'enseignement dans l'Occident chrétien de la fin du Vème siècle au milieu du XIème siècle, Paris 1979.

Ringler, Siegfried: Zur Gattung Legende. Versuch einer Strukturbestimmung der christlichen Heiligenlegende des Mittelalters. In: Würzburger Prosastudien,

Bd. 2, Untersuchungen zur Literatur und Sprache des Mittelalters. Kurt Ruh zum 60. Geburtstag, hrsg. von Peter Kesting, München 1975, S. 256-270.

Rizzi, Allessandra: Da divieto alla moralizzazione: Il gioco e la predicazione al tramonto del Medioevo. Vortrag vom 5. Februar 1994 (unveröffentlicht).

Robbert, Louise Buenger: Money and Prices in Thirteenth-Century Venice. In: Journal of Medieval History 20, 1994, S. 373-390.

Roeck, Bernd: Die Lebenswelt des Bürgertums in der frühen Neuzeit, München 1991 (Enzyklopädie deutscher Geschichte 9).

Ders.: L'arte per l'anima, l'arte per lo stato. Un doge del tardo Quattrocento ed i segni delle immagini, Venezia 1991 (Centro tedesco di studi veneziani, Quaderni 40).

Ders.: Burckhardt, Warburg und die italienische Renaissance. In: Annali dell'Istituto italo-germanico in Trento 17, 1991, S. 257-296 .

Ders.: Psychohistorie im Zeichen Saturns. Aby Warburgs Denksystem und die moderne Kulturgeschichte, hrsg. von Wolfgang Hartwig und Hans Ulrich Wehler, Göttingen 1996 (Geschichte und Gesellschaft, Sonderheft 16).

Ders.: Kunstpatronage in der frühen Neuzeit, Göttingen 1999.

Rösch, Gerhard: Il Fondaco dei Tedeschi. In: Venezia e Germania, Milano 1986, S. 51-72.

Ders.: Der Venezianische Adel bis zur Schließung des großen Rats. Zur Genese einer Führungsschicht, Sigmaringen 1989.

The Role of the Book in Medieval Culture, hrsg. von Peter Ganz, 2 Bde., Brepols / Turnhout 1986 (Proceedings of the Oxford International Symposium 29.9.-1.10.1982).

Romano, Dennis: Patricians and Popolani. The Social Foundations of the Venetian Renaissance State, London 1987.

Roover, Edler de: Florence: New Facets on the Financing of Early Printed Books. In: Bulletin of the Business Historical Society 27, 1953, S. 222-230.

Ders.: Per la storia dell'arte della stampa in Italia: come furono stampati a Venezia tre dei primi libri in volgare. In: La Bibliofilia 55, 1953, S. 107-17.

Rosenfeld, Helmut: Legende, 4.Aufl., Stuttgart 1982.

Rossi, P.: Francesco Bacone. Della magia alla scienza, Torino 1978.

Rouse, Mary A. / Rouse, Richard H.: Nicolaus Gupalatinus and the Arrival of Printing in Italy. In: La Bibliofilia 88, 1986, S. 221-251.

Dies.: Cartolai, Illuminators and Printers in Renaissance Italy, Los Angeles 1988 (UCLA, University Research Library, Department of Special Collections, Occasional Papers I).

Ruggiero, Guido: Violence in Early Renaissance Venice, New Brunswick 1980.

Ders.: The Boundaries of Eros. Sex, Crime and Sexuality in Renaissance Venice, New York / Oxford 1985.

Sabbadini, Remigio: Sugli studi volgari di Leonardo Giustinian. In: Giornale Storico della Letteratura Italiana 10, 1887, S. 363-371.

Ders.: Andrea Contrario. In: Nuovo Archivio Veneto 31, 1916, S. 378-433.

Ders.: Storia e critica di testi latini, Catania 1914 (Neudruck: Hildesheim / New York 1974).

Ders.: Le scoperte dei codici latini e greci ne' secoli XIV e XV (Neudruck mit Ergänzungen und Korrekturen des Autors), hrsg. von Eugenio Garin, Firenze 1967.

Sabellicus, Marcus Antonius: Opera omnia, 4 Bde., Basel 1560.

Saeculum tamquam aureum. Internationales Symposium zur italienischen Renaissance des 14. - 16. Jahrhunderts am 17./18. September 1996 in Mainz. Vorträge, hrsg. von Ute Ecker und Clemens Zintzen, Hildesheim 1997.

Saenger, Paul: Silent Reading. Its Impact on Late Medieval Script Society. In: Viator. Medieval and Renaissance Studies 13, 1982, S. 367-414.

Salvioli, Giuseppe: L'istruzione in Italia prima delle Mille, Firenze 1912.

Sambin, Paolo: Ricerche per la storia della cultura nel secolo XV: la Biblioteca di Pietro Donato (1380-1447). In: Bollettino del Museo Civico di Padova 18, 1959, S. 53-98.

Ders.: Il dottorato in arti (1478) di Girolamo Donato. In: Quaderni per la storia dell'Università di Padova 6, 1973, S. 215-216.

Samek, Ludovici Sergio: Arte del Libro. Tre secoli del libro illustrato dal Quattrocento al Seicento, Milano 1974.

Santa, Giuseppe dalla: Uomini e fatti dell'ultimo Trecento e del primo Quattrocento. Da lettere a Giovanni Contarini, patrizio veneziano, studente a Oxford e a Parigi, poi patriarcha di Costantinopoli. In: Nuovo Archivio Veneto 32, 1916, S. 5-105.

Santoro, Marco: Storia del libro italiano. Libro e società in Italia del Quattrocento al Novecento, Milano 1994.

Sanuto, Marino: Diarii (1496-1512), hrsg. von Rinaldo Fulin, 58 Bde., Venezia 1879-1903 (Neudruck: Bologna 1969).

Sarton, George: A History of Science. Ancient Science through the Golden Age of Greece, Cambridge 1952.

Ders.: The Quest for Truth. A Brief Account of Scientific Progress During the Renaissance. In: On the History of Science. Essays by George Sarton. hrsg. von Dorothy Stimson, Cambridge (MA), 1962 (Erstabdruck in: The Renaissance. A Symposium, 8.-10.2. 1952, New York 1953, S. 35-49).

Ders.: Avicenna. Physician, Scientist, Philosopher. In: Bulletin of the New York Academy of Medicine 31, 1953, S. 307-317.

Ders.: Leonardo da Vinci (1452-1519). In: On the History of Science. Essays by George Sarton, hrsg. von Dorothy Stimson, Cambridge (MA) 1962, S. 121-148.

Schalk, Fritz: Das Publikum im italienischen Humanismus, Krefeld 1955.

Schipperges, Heinrich: Arabische Medizin im lateinischen Mittelalter, Berlin / Heidelberg / New York 1978.

Ders.: Der Garten der Gesundheit. Medizin im Mittelalter, München / Zürich 1985.

Schmidt, Martin Anton: Scholastik. Kirchliche Kunst im Mittelalter, hrsg. von Kurt Goldhammer, Göttingen 1996.

Scholz, Manfred Günter: Hören und Lesen, Studien zur primären Rezeption der Literatur im 12. und 13. Jahrhundert, Wiesbaden 1980.

Schottenloher, Karl: Die Druckersippen der Frühdruckzeit. In: Zentralblatt für Bibliothekswesen 57, 1940, S. 232-240.

Ders.: Bücher bewegten die Welt. Eine Kulturgeschichte des Buches, 2 Bde., Stuttgart 1951/52.

Schulen und Studium im sozialen Wandel des hohen und späten Mittelalters, hrsg. von Johannes Fried, Sigmaringen 1986 (Konstanzer Arbeitskreis für mittelalterliche Geschichte 30).

Schunke, Ilse: Venezianische Renaissanceeinbände. Ihre Entwicklung und ihre Werkstätten. In: Studi di bibliografia e di storia in onore di Tommaro Marinis, 4 Bde., Verona 1964, Bd. 4, S. 123-200.

Schütze, Gundolf: Gesellschaftskritische Tendenzen in deutschen Tierfabeln des 13. bis 15. Jahrhunderts, Bern 1973.

Scrittura, biblioteche e stampa a Roma nel Quattrocento, hrsg. von Massimo Miglio in Zusammenarbeit mit P. Farenga und Anna Modigliani, Città del Vaticano 1983.

La scrittura e la storia, hrsg. von Alberto Asor Rosa, Firenze 1995.

Seebode, Christian: Klösterlicher Buchdruck im deutschen Sprachraum vor dem 30jährigen Krieg. Eine historische bibliographische Studie zur Nachblüte des klösterlichen Bibliothekswesens im 15. und 16. Jahrhundert (Diss. phil./ Teildruck), Würzburg 1978.

Segarizzi, Arnaldo: Un caligrafo milanese. In: Atteneo Veneto 32, 1909, S. 63-77.

Ders.: Niccolò Barbo. Patrizio veneziano del secolo XV e le accuse contro Isotta Nogarola. In: Giornale storico della letteratura italiana 43, 1920.

Seibt, Ferdinand: Von der Konsolidierung unserer Kultur zur Entfaltung Europas. In: Europa im Hoch- und Spätmittelalter, hrsg. von dems., Stuttgart 1987 (Handbuch der Europäischen Geschichte 2), S. 6-174.

Setton, Kenneth M.: The Papacy and the Levant, 4 Bde., Philadelphia 1976-1984.

Shahar, Shulamith: The Fourth Estate. A History of Women in the Middle Ages, London / New York 1983.

Dies.: Childhood in the Middle Ages, London / New York 1990.

Sinding Larsen, Staale: Christ in the Council Hall. Studies in the Religious Iconography of the Venetian Republic, Spoleto 1974.

Siriasi, Nancy G.: Medieval and Renaissance Medicine, Chicago / London 1990.

Sleptzoff, L.M.: Men or Supermen. The Italian Portrait in the 15th Century, Jerusalem 1978.

Skrzinskaja, Elena C.: Storia della Tana. In: Studi Veneziani 10, 1968, S. 3-45.

Sollbach, Gerhard E.: Die mittelalterliche Lehre vom Mikrokosmos und Makrokosmos, Hamburg 1995.

Sorbelli, Albano: La libreria di uno stampatore bibliofilo del Quattrocento. In: Studi sulla storia della Stampa del Quattrocento, Milano 1942, S. 259-336.

Sosson, Jean-Pierre: Les images et la culture matérielle au bas Moyen Âge. In: Mensch und Objekt im Mittelalter und in der frühen Neuzeit, Wien 1989, S. 345-354.

Soudek, Josef: Leonardo Bruni and his Public. A Statistical and Interpretative Study on his Annotated Latin Version of the (Pseudo-)Aristotelian Economics. In: Studies in Medieval and Rennaissance History 5, 1968, S. 48-136.

Sprandel, Rolf: Gesellschaft und Literatur im Mittelalter, Paderborn 1982.

Spotti-Tantillo, Alda: Inventarii inediti di interesse libraio tratti dai protocolli notarili romani (1468-1523). In: Archivio della Società Romana di Storia Patria 98, 1975, S. 77-94.

Steele, Robert: The Pecia. In: The Library 11, 1931, S. 230-134.

Stocchi, Manilo Pastore: La biblioteca del Petrarca. In: Storia della cultura veneta, Bd. 2, Il Trecento, Vicenza 1976, S. 536-565.

Ders.: Scuola e cultura umanistica fra due secoli. In: Storia della cultura veneta, Bd. 3/1, Dal primo Quattrocento al Concilio di Trento, Vicenza 1980, S. 93-121.

La storiografia veneziana fino al secolo XVI. Aspetti e problemi, hrsg. von Agostino Pertusi, Firenze 1970.

Strata, Filippo de: Polemic against Printing, hrsg. von Martin Lowry, Birmingham 1986.

Stresow, Gustav: Die Kursive. In: Aus dem Antiquariat 1993, Heft 2, S. 42.

Stromer, Wolfgang von: Bernardus Teutonicus e i rapporti commerciali tra la Germania meridionale e Venezia prima della istituzione del fondaco dei Tedeschi, Venezia 1978 (Schriftenreihe des Deutschen Studienzentrums in Venedig / Centro Tedesco di Studi Veneziani 8).

Le Studiolo d'Isabella d'Este, Ausstellungskatalog, Paris 1975.

Stussi, Alfredo: Lingua, dialetto e letteratura, Torino 1993.

Suchomski, J.: Delectatio und utilitas, Bern 1975.

Sutton, Anne F. / Visser-Fuchs, Livia: Richard III's Books. Ideal and Reality in the Life and Library of a Medieval Prince, Phoenix 1997.

Tafuri, Manfredo: „La nuova Costatinopoli". La rappresentatione dell „rinovatio" nellaVenezia dell'umanesimo (1450-1509). In: Rassegna 4, 1982, Nr. 9, S. 25-38.

Text und Bild. Aspekte des Zusammenwirkens zweier Künste in Mittelalter und früher Neuzeit, hrsg. von Christel Meier und Uwe Ruberg, Wiesbaden 1980.

Text und Bild. Bild und Text, hrsg. von Wolfgang Harms Stuttgart 1990 (DFG-Symposium 1988).

Thompson, James Westfall: The Medieval Library, New York 1957.

Thornton, Peter: Italian Renaissance Interior. 1400 - 1600, New York 1991.

Tod im Mittelalter, hrsg. von Arno Borst, Gerhart von Graevenitz, Alexander Patschovsky und Karlheinz Stierle, Konstanz 1993.

Todesco, Maria-Teresa: Andamento demografico della nobiltà veneziana allo spechio delle votazioni nel Maggior Consiglio (1297-1797). In: Ateneo Veneto (nuova serie) 27, 1989, S. 119-164.

Tramontin, Silvio / Niero, Antonio / Mosolino, Giovanni / Candiani, Carlo: Culto dei Santi a Venezia, Venezia 1965.

Tricanato, Egle Ricarda.: La casa patrizia e il suo rapporto con l'ambiente, (o.O.) 1953.

Tristano, Caterina: Economia del libro in Italia tra la fine del XV e l'inizio del XVI secolo. Il prezzo del libro vecchio. In: Scrittua e civiltà 14, 1990, S. 199-279.

Dies.: Prezzo e costo del libro in epoca medievale. Presentazione di una ricerca. In: Scrittura e civiltà 1, 1990, S. 271-279.

Dies.: Economia del libro in Italia tra XV e XVI secolo. Il costo del libro „nuovo". In: Bulletin du bibliophile 2, 1991, S. 273-296.

Trost, Vera: Scriptorium. Die Buchherstellung im Mittelalter, Stuttgart 1991.

Tucci, Ugo: Tariffe veneziane e libri toscani di mercatura. In: Studi Veneziani 10, 1968, S. 65-108.

Ders.: Mercanti, navi, monete nel Cinquecento veneziano, Bologna 1981.

Ders.: La pratica della navigazione. In: Storia di Venezia 12 (Il Mare), hrsg. von Alberto Teneti und Ugo Tucci, Roma 1991, S. 69-99.

Ullman, B./ Stadler P.: The Public Library of Renaissance Florence. Niccolò Niccoli, Cosimo de Medici and the Library of San Marco, Padova 1970.

Valantine, Lucia N.: Ornament in Medieval Books, London 1965.

Vavra, Elisabeth: Kunstwerke als Quellenmaterial der Sachkulturforschung. In: Europäische Sachkultur des Mittelalters, Wien 1980, S. 195-232.

Dies.: Literatur und Publikum. In: Alltag im Spätmittelalter, hrsg. von Harry Kühnel, Graz / Wien / Köln 1986, S. 323-340.

Venedig und Oberdeutschland in der Renaissance. Beziehungen zwischen Kunst und Wirtschaft, hrsg. von Bernd Roeck, Klaus Bergdolt und Andrew John Martin, Sigmaringen 1993 (Schriftenreihe des Deutschen Studienzentrums in Venedig / Centro Tedesco di Studi Veneziani 9).

Venezia. Centro di mediazione tra oriente e occidete (secolo XV-XVI). Aspetti e problemi, hrsg. von Hans-Georg Beck, Manoussos Manoussacas und Agostino Pertusi, 2 Bde., Firenze 1977.

Venezia e la Germania. Arte, politica, commercio. Due civiltà a confronto, Milano 1986.

Venezia e l'oriente fra tardo Medioevo e Rinascimento, hrsg. von Agostino Pertusi, 1966.

Venice. A Documentary History. 1450-1630, hrsg. von David Chambers und Brian Pullan unter Mitarbeit von Jennifer Fletcher, Oxford / Cambridge (MA) 1992.

Venise, une civilisation du livre. XVème-XVIIIème siècles, Paris 1979 (Katalog zur gleichnamigenAusstellung).

Ventura, Angelo: Nobiltà e popolo nella società veneta del Quattrocento e Cinquecento, Milano 1993.

Das Verhältnis der Humanisten zum Buch, hrsg. von Felix Krafft und Dieter Wuttke, Boppard am Rhein 1977 (Mitteilungen der Kommission für Humanismusforschung der Deutschen Forschungsgesellschaft 4).

Vezin, Jean: La fabrication des manuscrits. In: Histoire de l'édition française, hrsg. von Henri-Jean Martin und Roger Chartier, Paris 1983, Bd. 1, S. 25-48.

Vianello, Nereo: I libri di Petrarca e la prima idea di una pubblica biblioteca a Venezia. In: Miscellanea Marciana di Studi Bessarionei, Padova 1976, S. 435-451.

Ders.: Il lettorato, l'accademia, il libro. Contributi sulla cultura veneta del Cinquecento, Padova 1988.

Vigo, Giovanni: Quando il popolo comminciò a leggere. Per una storia dell'alfabetismo in Italia. In: Società e storia 22, 1983, S. 803-829.

Vitali, Maria Cristina: L'umanista padovano Giovanni Marcanova (1414 / 1418-1467) e la sua biblioteca. In: Ateneo Veneto 21, Nr. 2, 1983.

Vocabolario Etimologico Italiano, hrsg. von Angelo Prati, Torino 1951.

Volkskultur des europäischen Spätmittelalters, hrsg. von Peter Dienzelbacher und Hans Dieter Mück, Stuttgart 1986.

Vorstius, Jois / Joost, Siegfried: Grundzüge der Bibliotheksgeschichte, 7., überarbeitete Aufl., Wiesbaden 1977.

Wagner, Klaus: Nuove notizie a proposito di Marin Sanudo. In: La Bibliofilia 83, 1981, S. 129-132.

Walter, Gerrit: Adel und Antike. Zur politischen Bedeutung gelehrter Kultur für die Führungselite der Frühen Neuzeit. In: HZ 226, 1998, S. 359-185.

War, Culture and Society in Renaissance Venice. Essays in Honour of John Hale, hrsg. von David S. Chambers, C.H. Clough und M. Mallet, London / Rio Grande 1993.

Warburg, Aby: Sandro Botticellis „Geburt der Venus" und „Frühling". Eine Untersuchung über die Vorstellung von der Antike in der italienischen Frührenaissance, Hamburg / Leipzig 1893 (Neudruck in: Aby Warburg. Ausgewählte Schriften und Würdigungen, hrsg. von Dieter Wuttke, Baden-Baden 1980 (Saecula spiritalia 1)).

Wege zu einer neuen Kulturgeschichte, mit Beiträgen von Rudolf Vierhaus und Roger Chartier, Göttingen 1995.

Wege in die Neuzeit, hrsg. von Thomas Cramer, München 1988.

Wenger, Leopold: Die Quellen des römischen Rechts, Wien 1953.

Wehmer, Carl: Inkunabelkunde. In: Zentralblatt für Bibliothekswesen 57, 1940, S. 214-232.

Weiss, Robert: Un umanista antiquario: Cristofero Buondelmonti. In: Lettere italiane 16, 2, 1964, S. 105-116.

Weiß, Wisso: Zeittafel zur Papiergeschichte, Leipzig 1983.

Wemer, Carl Ferdinand: Einheit der Geschichte. Studien zur Historiographie, hrsg. von Werner Paravicini, Sigmaringen 1999.

Wendenhorst, Alfred: Wer konnte im Mittelalter lesen und schreiben? In: Schulen und Studium im sozialen Wandel des hohen und späten Mittelalters, hrsg. von Johannes Fried, Sigmaringen 1986 (Vorträge und Forschungen des Konstanzer Arbeitskreises für mittelalterliche Geschichte 30).

Weyrauch, Erdmann: Datenverarbeitung als Quellenkritik? Untersuchungen zur Notwendigkeit und Methode der Analyse prozeß-produzierter historischer Daten am Beispiel der Stichprobenziehung aus fiskalischen Registern frühneuzeitlicher Städte. In: Die Analyse prozeß-produzierter Daten, hrsg. von Paul J. Müller, Stuttgart 1977 (Historisch-sozialwissenschaftliche Forschungen 2), S. 141-178.

Ders.: Nachlaßverzeichnisse als Quellen der Bibliotheksgeschichte. In: Bücherkataloge als buchgeschichtliche Quellen in der frühen Neuzeit, hrsg. von Reinhard Wittman, Wiesbaden / Wolfenbüttel 1982, S. 299-312.

Wieacker, Franz: Römische Rechtsgeschichte. Quellenkunde, Rechtsbildung, Jurisprudenz und Rechtsliteratur, München 1988.Wiegelmann, Günter: Von der Querschnittsanalyse zur seriellen Analyse. Arbeitsbericht des Projektes

„Diffusion städtisch-bürgerlicher Kultur vom 17. bis zum 20. Jahrhundert im SFB 164. In: Rheinisch-westfälische Zeitschrift für Volkskunde 26/27, 1981/82, S. 235-248.

Williams, Raymond: The Long Revolution, New York 1966.

Ders.: Gesellschaftstheorie als Begriffsgeschichte. Studien zur historischen Semantik von „Kultur", München 1972.

Ders.: Innovationen. Über den Prozeßcharakter von Literatur und Kultur, Frankfurt a.M. 1977.

Wirobisz, André: L'attività edilizia a Venezia nel XIV e XV secolo. In: Studi Veneziani 7, 1965, S. 307-343.

Wittmann, Reinhard: Subscribenten- und Pränumerantenverzeichnisse als lesersoziologische Quellen. In: Buch und Leser, hrsg. von Herbert W. Göpfert, Hamburg 1972(Schriften des Wolfenbütteler Arbeitskreises für die Geschichte des Buchwesens 1), S. 125-159.

Ders.: Geschichte des deutschen Buchhandels, München 1991.

Wolters, Wolfgang: Der Bilderschmuck des Dogenpalastes, Wiesbaden 1983.

Yates, Francis A.: The Art of Memory, London 1966.

Zanato, Tiziano: Sul testo della mercatura di Benedetto Cotrugli. In: Studi Veneziani 26, 1993, S. 15-65.

Zanoli, Giancarlo: Libri, librai, lettori. Storia sociale del libro e funzione della libreria, Firenze 1989.

Zapella, Giuseppina: Le marche dei tipografi e degli editori italiani del Cinquecento, Milano 1986.

Zarri, Gabriela: La sante vive. Cultura e religiosità femminile nella prima età moderna, Torino 1990.

Zibaldone da Canal, Manoscritto mercantile del secolo XIV, hrsg. von Alfredo Stussi mit Aufsätzen von Frederic C. Lane u.a., Venezia 1967.

Zille, Ester: Salari e stipendi a Venezia tra Quattro e Cinquecento. In: Archivio Veneto 138, 1992, S. 5-29.

Zorzi, Alvise: La Repubblica del leone, Milano 1979.

Zorzi, Marino: La libreria di San Marco. Libri, lettori, società nella Venezia dei Dogi, Milano 1987.

Ders.: La circolazione del libro a Venezia nel Cinquecento. Biblioteche private e pubbliche. In: Ateneo Veneto (nuova serie) 28, 1990, S. 117-189.

Ders.: Dal Manoscritto al libro. La circolazione del libro. Le bibliotheche. La stampa. In: Storia di Venezia, Bd.4, Il Rinascimento. Politica e cultura, Roma 1996, S. 817-969.

Anhang

I . Die Buchbesitzer in Venedig / Quellen und Dokumente

Der folgende Katalog listet die der Analyse zugrunde liegenden Buchbesitzer und ihre Bestände in chronologischer Reihenfolge gemäß der Datierung der Testamente auf[1]. Er gibt - sofern bekannt - Namen, Stand, Geschlecht, Beruf, Wohnort und Herkunft des Buchbesitzers an. Zur Angabe der Buchbestände werden nach Möglichkeit die originalen Quellentexte zitiert. Die Spezifizierung einzelner Bücher ist in den Dokumenten nicht immer eindeutig und somit ein Katalogisieren nach den heute üblichen Titeln nicht möglich.

Der Katalog umfaßt auch die bereits publizierten Buchbestände. Die jeweiligen Transkriptionen sind zum Teil übernommen, zum Teil werden sie hier in korrigierter Version wiedergegeben[2]. Die jeweilige Kommentierung wird in vielen Fällen ergänzt. Die Publikationen Enrico Bertanzas und Bartolomeo Cecchettis mußten größtenteils unkritisch zitiert werden, da sie veraltete Archivsiegel verwenden, anhand derer die entsprechenden Dokumente im Archiv mitunter nicht mehr auffindbar sind. Einige der von ihnen veröffentlichten Dokumente sind zudem aus konservatorischen Gründen nicht mehr einsehbar[3].

Die in den Dokumenten verwendeten allgemein üblichen Abkürzungen und Kürzel sind aufgelöst worden. Individuelle Abkürzungsformen in persönlichen Dokumenten einzelner Buchbesitzer mußten zum Teil jedoch belassen werden[4]. Textauslassungen meinerseits sind durch einfache ... gekennzeichnet. Unleserliche bzw. zerstörte Textteile werden durch [-] markiert. Hilfen zum Textverständis werden in (*Kommentar*) eingefügt, Ergänzungen zum Textverständnis in [Ergänzung]. Die Bücher, ihre Titel oder Angaben zum Inhalt, die Kriterium ihrer Sortierung in der Analyse waren, werden kursiv gesetzt, um sie deutlich von Angaben zu Format, Gestaltung oder Material zu unterscheiden.

---

1 Das Testament ist das einzige bei nahezu allen Buchbesitzern vorliegende Dokument. Inventare und Verkäufe sind zum Teil mehrere Jahrzehnte nach dem Tod des Besitzers gemacht bzw. angelegt worden. Ist Buchbesitz vor dem Tod des Erblassers aktenkundig geworden und liegt kein Testament vor, wird auf das Datum des jeweiligen Dokuments zurückgegriffen.

2 Die Korrekturen werden im Kommentar kenntlich gemacht.

3 Vgl. auch Gherardo Ortallis Einleitung in: Bertanza: Maestri, np.

4 Hervorzuheben sind hier vor allem das Rechnungsbuch Lorenzo Sanudos und die Bücherliste Bagio da Molins. Bei der Transkription waren mir die Archivare des Staatsarchivs eine große Hilfe. Insbesondere danke ich Claudia Salmini und Maria Francesco Tiepolo.

Der Kommentar ist bemüht, die heute gebräuchlichen Titel- und Autorennamen wiederzugeben, sofern die Angaben in den Quellen diese nicht erkennen lassen.

1159
Donna Zaccaria Palma
Witwe von Giovanni Zuani

Hinterließ San Pietro in Castello *"un libro"*(Nach Cecchetti: Libri, S. 332, Anm. 3.)

1269
Anonymus

Kaufte für seine Söhne ein *"Salterio"* für 9 *grossi*, einen *"Salustio"* für 4 *grossi* und einen *"tato et Donato"*[5] für 11 grossi. (Nach Cecchetti: Libri, S. 332, dort keine weiteren Angaben.)

1290
Bartolomeo Querini (I)
Bischof von Castello, vorher Plebanus von San Martino und Santa Maria Formosa (dies seit 1265), „capellano del santo padre".

Testament vom 14. Februar 1290:
...Item eidem isto domino Bartolomeo nepoto nostro dimittimus omnes *libros* nostros et quidam crucem parvam qua utimus quando celebravi (recte: celebramus) ... et eidem dimittimus unum *librum* in quo sunt *vite sanctorum*[6] et unum alium *librum qui vocatur melaldus* (sic) (ASV, PSM de citra, B. 272, Commissarie di Bartolomeo Querini, Fasc. 1, Pergament nn.)

1309
Marino Navaglia
Plebanus von San Simeonis

Testament vom 11. April 1309:
...Ancora volo che li debia vender la tera le bestie masarie *libri* e tute arnexei et far denar et pagar in prima [-] debite se de lanema se de lo corpo che se trovasse

---

5   Tacitus und Donatus, Gemeinschaftsband.
6   Eventuell die *Legenda aurea* des Jakobus. War auch unter dem Titel *Legende* oder *Vitae sanctorum* verbreitet. Vgl. Kap 6.4.3.2.

ligitima... (ASV, S.N., Testamenti, B. 337, Marco Pievano di San Stefano Confessore, Registro, Nr. 1, np.)

1311

Marino Zorzi
Patrizier, Doge, starb 1311

Verkäufe von 1323:
> In primum Recepimus soldi xxvii grossorum pro uno *libro vocato papias*[7] vendito vendito pistorino
> Item Recepimus soldi iiii grossorum pro uno *libro vocato ethicorum*[8].
> It Receptum soldi X grossorum pro un *alio libro super ethicorum*[9] quos libros vendidimus Marco Iustiniano s Johannis Vigulo... (ASV, PSM de citra, B. 168, Commissare di Giorgio Marin, Quaderno np.)

1315

Marco Michiel
genannt „Tartaro", Patrizier, Santa Maria Formosa

Testament vom 21. April 1315:
> ...lascia un ufficio della madonna e lo mio libro de miser sento Alexio[10]... (Nach Cecchetti: Libri, S. 333)

1319

Marco Dandolo
Patrizier, San Severo, auf Kreta geborener Sohn des Dogen Giovanni Dandolo, handelte in der Levante, machte sein Testament am 30. September 1319.

Hinterlassenschaftsinventar (Kreta) vom 16. und 17. August 1337:
> ...Que omnia Jo Dandulo filius ... domini marci dandulo dicat (diát) sè (sei) in sua camera et sic fuerit recomandata
> ...
> Item sachadello i cum cartis pluribus et scripturis
> Item sacaddei iii cum cartis
> Item sachadello i cum cartis
> ...
> Item in casiam *i libri ij ysopo*[11] et *catone*[12] et valese cum mudandis...
> (ASV, PSM de citra, B. 59, Commissarie di Marco Dandolo, Inventarii)

---

7 Papias verfaßte das *Elementarium doctrinae rudimentum*, ein alphabetisch angelegtes Lexikon sowie eine Grammatik.
8 Kurztitel für die *Ethik* des Aristoteles.
9 Möglicherweise ein Aristoteleskommentar.
10 Vita des heiligen Alexius, wird auch in der *Legenda aurea* des Jacobus von Voragine erzählt.

1324

Lanetta Polani
Patrizierin, Witwe Marco Polanis, San Moisé

Hinterlassenschaftsinventar vom 6. Januar 1324:
...
[--]*ficula* i de nose maria
..:

(ASV, PSM, Atti Misti, B. 182a, Commissarie di Lanetta Polani)

1325

Paolo Barbo
Patrizier, San Polo

Testament vom 5. September 1325:
...hanno *oficio de sancta Maria* con letere doro et i altri *ofici* in scrigno mee *libri de medesine* candeleri ij... (ASV, PSM de ultra, B. 31, Testamento di Paolo Barbo, Pergament nn.)

1326

Magister Elia
Medicus, „professore di medicina", Santa Maria Mater Domini. Hinterließ Filippo Contarini einen Teil seiner Bücher zur Tilgung von Schulden, den Rest seinen Söhnen Almorucio, Luciano, Alvise und Marco.

Bücherliste der Nachlaßverwalter:
Isti sunt libri inventi et extimationes eorum scripte per ipsum magistrum Paulum
Commenta Avicene[13], soldi V grossorum
Tractatus di spera[14], grossi XViii
Rationes Petri yspani super dictis universalibus et partricularibus[15], s iij gross.
libri *Collieth*[16] et *theoderi*[17] - s XVj gross.
Albertus super physicam[18] et *liber de anima Aristotelis*[19] -s. XV gross.

---

11 *Aesop*-Roman.
12 Eventuell Cato, *De re rustica* oder die fälschlicherweise Cato zugeschriebene *Distachia*.
13 Avicenna (Ibn Sinna) oder Avicennakommentar.
14 Möglicherweise Johannes von Sacrobosco, *De sphaera mundi*.
15 Petrus Hispanus verfaßte außer seiner *Summulae logicales* zahlreiche medizinische Schriften, u.a. ein medizinisches Kompendium, *Thesaurus pauperum* oder *Summa experimentorum*.
16 Zu lesen als *Colliget* (Averroës).
17 Wohl Theoderich von Cervia (oder von Lucca), verfaßte als Hauptwerk eine *Chirurgie*.

Prima prime fratris thome de aquino[20] .... s. XVj gross.
Collieth Averoys[21] .... s. Vii gross.
Viaticus et Racio super Viaticum - s iij gross.
tabule tolletane[22] .... s. ij gross.
Commenta Galieni super amophorismus et *prono (sticis)*[23] - ij gross.
libri de natralibus Avicene[24] - s. X gross.
Avicena de animalibus[25] s. VII gross.
libri Galieni - s. V gross.
liber Aristotilis de animalibus constrictis thome super quasdam (sic) libris naturalibus - s. X gross.
libri Galieni - s. vii. gross.
Amansor[26] - s. X gross.
Glose magistri tadei super libro de regime acutorum cum curis tadei[27] - s. iiij gross.
Almagestius in medicna cum aliis libris - s. Vj gross.
Scriptum Alberti[28] - s. XX gross.
liber divisionum casis cum antidotario suo - s. iij gross.
liber Eticorum et *politicorum et Retorice*[29] - s. gross.
Primus, secundus et quartus Avicene[30] - s. XVij. gross.
Etica aristotilis - s. Vj gross.
Tacuinum de medicina cum aliis libris multis - s. X gross.
Commenta Galieni[31] cum *questionibus de anima thome de aquino*[32] - s. Vij gross.
Rationes Egidii super libro de generatione[33] - s. iiij gross.
libri Galieni - s. V gross.
Glose super libris Galienis tribus[34] - s Viij gross.

---

18 Höchstwahrscheinlich Albertus Magnus' Kommentar zur Physik des Aristoteles.
19 Pseudoaristoteles.
20 Thomas von Aquin, *Summa theologiae*, erster Teil.
21 Averroës, *Colliget*.
22 Die astronomischen Tafeln Alfons des Weisen. *Tolettane* ist Adjektiv zu *Tolletum* (lat. für Toledo), Herrschaftssitz Alfons'. Kursierten bisweilen auch unter dem Namen *Toledanische Tafeln*.
23 Galenos oder ein Galenoskommentar.
24 Von Avicenna (Ibn Sinna) lag bis dato - soweit bekannt - lediglich der Kanon der Medizin vor. Entweder handelt es sich hier um einen Auszug, einen Pseudoavicenna oder, was wahrscheinlich ist, um einen Avicennakommentar. Vgl. auch. Guidone da Bagnolo, Anhang II, 1380/2.
25 Vgl. Anm. oben.
26 *Liber Almansur*, zusammengestellt von Rhazes.
27 Thaddaeus Alderotti, verfaßte u.a. eine *Consilia medicinalia* und zahlreiche Kommentare zu Galenos und Hippokrates.
28 Wohl Albertus Magnus.
29 Wahrscheinlich Aristoteles.
30 Avicenna (Ibn Sinna), Kanon der Medizin, erster, zweiter und vierter Teil.
31 Galenos oder Galenoskommentar.
32 Thomas von Aquin, *De anima*.
33 Möglicherweise ein Kommentar theologischer Natur zu einer Schrift zur Weltentstehung (*De generatione mundi*), ein Kommentar zum Buch Genesis, etwa des Aegidius Romanus, oder ein Buch medizinischer Natur über eine Schrift zur Zeugung des Aegidius von Corbeil.

libri Galieni auperius scripti et coerti - s. XXVj gross.
liber pellagii super agriculturam[35] - s. ij gross.
Urina ysaac - gr. XXX
Primus Avicenae[36] - s. V gross.
Rationes Egidii fratris heremitarum epistola super libro Physicorum - s. Xj gross.
Bertaldus super Viatico - s. Viij gross.
libri Galieni s. Xij gross.
liber problematum Aristotilis - s. Vj gross.
liber Galieni - s. Xij gross.
Primus Avicene -s Viij gross.
Rozarina Rozerij - s. j gross.
libri de Astrologia - s. iiij gross.
Rozerina cum *aliis libris* - gross. XXX
Galienus - s. Vij gross.
Primis Avicene - s. Vj gross.
Rationes tegri cum litera teldei super partem primi talonis Avicene et *questiones super nupta physica* - s. V gross.
Antitotarium et *canones* - gross. XXX
Notule pronosticorum magistri teldi - s. XV parv.
Euclides geumetrie - s. Vij gross.[37]
Paulus grecus, obtima pratica[37] - s. iiij gross.[38]
Scripta thome de Aquuino super metafisica[38] et *aliis libris* - s. X gross.
dyascorides[39] - libr iiij parvorum

                                    *

Isti non sunt estimati
liber de vertitate catholice fidei contra erores infedelium edictus a fratre Thoma de aquino
liber magistri Bartolomei super libro moralium[40]
liber qui incipit due sunt partes phylosofie
liber sive Retorica qui incipit quoniam nihil melius ad veritatis indagationem etc.
liber qui incipjt *Malicia constructionis diverse,* et finit *honor et laus sit edentore nostre, amen*[41].

                                    *

Hic scribitur vendicio librorum

---

34   Galienuskommentar.
35   Ein Traktat über den Ackerbau eines Pelagius ist bislang unbekannt. Daß hier *pellagii* fälschlicherweise statt *palladii* (für Palladius) transkribiert wurde, ist aufgrund der paläographischen Fähigkeiten Cecchettis nicht anzunehmen. Möglicherweise ist der Titel im Originaldokument falsch notiert worden oder Cecchetti hat das Dokument nicht selbst transkribiert. Für beides spricht der grundsätzlich fehlerhafte Charakter des Inventars. Möglicherweise handelt es sich also um Palladius, *De agricultura*. Eine eindeutige Zuschreibung ist allerdings nicht möglich.
36   Avicenna (Ibn Sinna), Kanon der Medizin, erster Teil.
37   Paulos Aigina.
38   Thomas von Aquin, *Super XII librum metaphysicae* (Aristotelkommentar).
39   Hier höchstwahrscheinlich Pedanius Dioskurides, römische Militärarzt und Verfasser verschiedener Arzneikunden, im 6. Jahrhundert übersetzt. Unwahrscheinlich Diaskorides, alexandrinischer Autor griechischer Epigramme erotischen Inhalts.
40   Bartolomaeus von Messina.
41   Wahrscheinlich ein Medizintraktat. *Incipit* nicht identifiziert.

In primis MCCCXXVII mense junii die VIII exeunte, vendidmus *Avicenam* magistro Symoni de feraria pro soldis V ½ grossorum i monetis
Item vendidimus *primam fratris Thome*, magistro Ravignino, pro sol. XIII grossorum
Item vendid *eticham epoliticham Rethoricam*, Marco bondemiro pro sol. X grossorum
Item vendid *Antitodarium* (sic) *de marcello*, paulutio de cividale, pro sol. II gross.
Item vendid. *divissiones Almansoris*, magistro Petro de compassis, pro sol III ½ gross.
Item vendid. *Vielminam*, magistro Nicolino pro quodam medico ituro ad Caniam pro sol. X ½ gross. in mon.
Item vendid *Amansor*, cuidam medico forensi, pro sol.VIIIj gross. in monetis.
Summa s. LIII ½ gross. in monetis

*

MCCCXXXV mens. nov. vendid *librum primu Avicene*, pro sol. VI ½ gross. Valdane
(Nach Cecchetti: Per la storia della medicina, S. 18-26. Dokumente sind nicht mehr einsehbar. Vgl. auch Nebbiai-Dalla Guardia: Documenti, S. 32, und Anm. 42)

1329/1

Bertuzzi da Pesaro,
San Samuele

Versteigerung:

...
Item *breviarii* ii

...
(ASV, PSM de citra, B. 32, Commissaria di Bertuzzi da Pesaro, Pergament 8r)

1329/2

Anonymus

Am 25. Februar 1329 wird sein "Missale" aktenkundig.10,5. (Nach Cecchetti: Libri, S. 333, Anm. 6. Cecchetti macht keine weiteren Angaben.)

1330

Anonymus

Am 25. Februar 1330 wird sein *"Offizio di s. Margherita"* aktenkundig. (Nach Cecchetti: Libri, S. 333, Anm. 6. Cecchetti macht keine weiteren Angaben.)

1331

Donna Costantia
Patrizierin, Witwe Carolo Grissons, San Toma

Testament vom 3. Januar 1331:
...Item lagi libri[42] XXX de le qual sia compradho peliconi li qual debia esser dadhi
a povere munege. Tuti *libri* e quaderni sia de la mia fija catharina - le mie
paternostri de   mia fia marchesina ... la ancona mazor sia messa su lo altar de le
carmeni. Tutte le altre ancone sia de mia fia agnesina... (ASV, S.N., Testamenti, B.
337, Marco Pievano di San Stafano Confessore, Registro, Nr. 42, 22r-23r)

1332/1

Matteo Manolesso
Patrizier

Testament vom 9. Juli 1332:
... duos ... libros, silicet *Albertan*[43] et *istorias antiquas* ... (Nach Cecchetti: Libri, S.
333)

1332/2

Belello da Pesaro
Cives venetiarum

Verkauf vom 9. Juli 1332:
Item M CCCXXXIIismo die VIIII iulii dedimus grossos XVIII pro unu incantu
unius *Dantis glosati*[44] et *unius romancii* venditorum ad incantu... (Nach Della
Rocca: S. 419)

1335/1

Philippo de Monte Martan
Plebanus von Santa Maria Formosa, stammte aus Spoleto

Testament vom 19. Februar 1335:
...cum ego haveavi (sic) *libros*, vestes et diversa arnesia ... (ASV, S.N., Testamenti,
B. 982, Andrea Prete di San Ternita, Protocolli 31r, Nr. 77)

---

42 Hier *Lire*, nicht Bücher.
43 Eventuell Albertanus von Brescia.
44 Dante, *Divina commedia*, mit Kommentar. Der Name des Autors wurde häufig als
    Synonym seines Hauptwerkes verwendet.

1335/2

Pre Petro Bachari
Primicerius von San Pietro in Castello

Testament vom 15. Dezember 1335:

> ... Item dimitto presbitero piero nepoti meo omnis meos *libros* Et meum paramentum quod est cum planeta vernulia cum cruce blana et meas Coctas... (ASV, S.N., Testamenti, B. 982, Andrea Prete di San Ternita, Protocolli 29r, Nr. 70)

1338/1

Pre Francesco Preconatis
San Jacobo all'Orio

Testament vom 11. März 1348:

> ...Item dimito dicte berie (uxor ser bartolomei alamerics) commissaria mea omnes meos *libros*... (ASV, S.N., Testamenti, B. 1063, Nicolo Venier[45], Carta Nr. 5)

1338/2

Leonardus de Persico
San Fantin

Testament vom 7. Juli 1338:

> ...Item volo et ordino quod omnes meos *libri* cuiuscunque conditionis existant presententur profato paterno meo domino fratro angelo de clugia ordinis predicatorum de venecis. Aliquis *liber* seu *libri* forent pro bibliotheca fratrum predicatorum de venecis, volo quod ipsi libri quos eligere vult ipse patrinus meus libere ponantur in dictam bibliothecam ut fratres teneantur orare pro anima mea. Et si non forent pro dicta bibliotheca dentur secundum discretionem dictis fratris angelo patroni mei aliquibus pauperibus et claribus pro anima mea... (ASV, S.N., Testamenti, B. 1154, Odorico Brutto, Registro 33r, Nr. 70)

1338/3

Presbiterius Johannes Guido
Kanoniker von Torcello

Testament vom 25. September 1338:

> ...Item dimisit fuscharu qui ... habitat in domo suum calicem arcenteum laburatuem ad smiraldo...Item dimisit omnes suos *libros* qui ad eum ... fuscharini predicto... (ASV, S.N., Testamenti, B. 1154, Odorico Brutto, Registro 34r, Nr. 72)

---

45 Leigt hier fälschlicherweise bei Nicollò Venier. Notar ist unbekannt)

1339

Francesco Dandolo
Patrizier, Doge

Hinterlassenschaftsinventar vom 11. August 1341:
...Item unus liber institute. Item unus liber silicet legende sanctorum[46], Item unus
liber degestus, Item unus liber antiquus. Item unus liber prosperi[47]. Item unus liber
dialogorum sancti Gregorii. Item unus liber statuorum veneciarum. Item unus liber
Ysopi[48]. Item unus liber cronice. Item unus liber donati[49], Item unus quaternus
statuti navium[50]. Item aliis quatern s cum duobus libris franciscis. Item unus liber
decretalium. Item unus liber de expositione vocabulorum. Item unus liber biblie
complete, Item unus liber fratris thomaxii[51]. Item unus liber donati composito per
volgare et latin. It duos boecii in uno quorum est poesia novella. Item unus liber
epistola beati eusebii. Item unus liber de doctrina. Item unus liber flavii[52] qui habet
coria viride. Item unu libellus medicine[53]. Item duo quaterni scripti in cartis de
bergameno de translatione [corporis]beati Stephany prothomatiris qualiter de
konstantinopoli conductu seu translatum fuit venecia... ASV, C.I., Notai, B. 219,
Vettore, Registro, 1341; Vgl. auch Abschrift bei Molmenti: S. 445)

1340

Giacomo Gradenigo
Patrizier

Besaß eine "*bibbia*" und einen „*Seneca*", die nach seinem Tod am 2. Mai
1340 für 80 bzw. 40 Dukaten verkauft wurden.(Nach Cecchetti: Libri, S. 332.)

1341/1

Lucia Acontanto
Witwe, San Moisè, Testament vom 18. Juni 1341

Hinterlassenschaftsinventar vom 11. September 1343:
hec sunt omniae ... i domo dicto Lucie cotandto san moysi
...
Item *ofiacti* iiii
...
(ASV, PSM, Atti Misti, B. 71, Commissaria di Lucia Acontanto)

---

46 Eventuell die *Legenda aurea* des Jakobus. Vgl. Anm. 6.
47 Prosperus von Aquitanien, Weltchronik.
48 *Aesop*-roman.
49 Aelius Donatus, *Ars grammatica*.
50 Seerechtskodex.
51 Thomas von Aquin.
52 Flavius Josephus.
53 Möglicherweise Pilius Medicinensis, verfaßte u.a. *Questiones sive brocarda,
    Distinctiones* und ein *Libellus disputatorius*.

1341/2

Nicollò de Fabri
Canonico di Castello

Testament vom 9. Dezember 1341:
> ... qui icipit *liber beati Jsaac viri religiosi*[54], compositum in sermonibus quadraginta de *contemplationis perfectione* ... (Nach Cecchetti: Libri, S. 333)

1344

Marco Amadi

Testament vom 6. Oktober 1344:
Verfügte, daß seinem Neffen, der bei ihm wohnte, mit Erreichen des 16. Lebensjahres die *"summam penitentiae"*, die der Priester Bartolomeo, Kämmerer des Bischofs von Castello, gerade abschrieb, ausgehändigt würde. (Nach Cecchetti: Libri, S. 333, Anm. 4.)

1345/1

Michele Belleto
Bischof von Cissamo in Kreta

Testament vom 16. Februar 1345:
> Inprimis quidem Notificamus quod Penes nos habemus de bonis dicti nostri Episcopatus bona Infrascripta...Item *decretum unum*/ Item par unum *decretalium*[55]/ Item *sumam fratris thome de aquino*[56]/ Item *sumam gofredi*[57] / Item *lecturam abbatis* in uno volumine/ Item *casus decretorum*/ Item *summam Magistri Johannis belethi de Acclesiastis oficcis*[58] / ... Item *librum unum antiquum de virtutibus* editum a Sancto basilio[59]/ Item *sentenciarum*[60] cum corio albo/ ...Item *libello unum collectum ex diversis virtutibus*/ Item *librum unum predicabilem per exempla verteris Testamenti*/ Item *libellum unum contra vitia*/ Item *expositionem orationis dominice secundum fratrem aldebrandinum*[61] Item aliam *exposicionem orationis dominice*/ Item *quaternus unum sacre pagine* /.. item *librum unum de*

---

54 *Incipit* konnte bislang nicht zugeschrieben werden. Vielleicht handelt es sich um einen Auszug aus dem Buch Genesis von Isaac und Jacob.
55 Connell identifiziert hier *Decretales papal.*
56 Thomas von Aquin, *Summa theologiae.*
57 Godfredo da Trani, *Summa super rubricis decretalium.*
58 Johannes Beleth, *Summa de ecclesiasticis officiis.*
59 Basileios der Große verfaßte verschiedene Predigten über Tugenden und Laster.
60 Vermutlich die Sentenzen des Petrus Lombardus.
61 Höchstwahrscheinlich Dinus Aldobrandinus von Garbo.

contemptu mundi[62]/ Item *librum unum de timor servili...* (ASV. PSM, Atti Misti, B.129, Quaderno I, 9r-9v, vgl. auch Abschrift bei Connell: S. 165)

Belleto vermachte außerdem ein *Breviarium* und ein *Pontificale*. Eine Dekretalensammlung hatte er schon vorher vergeben.

1345/2

Fra Jeremia (vel: Hieronymus)
Augustinermönch

Ricevuta (Pfandbrief) vom 12. Oktober 1345 an Manfredo de Ubriachis:
Ego frater Jeremia (vel: Hieronymus, legitur: Iηερ) de papia ordinis sancti augustini confiteor me recepisse mutuo decem ducatos ad domino manfredo de Ubriachis con sibi dimisisse per pignore *libros* infrascriptos inprimis *decretales, un' libro in Astrologia, summa decretalium*[63]*, sermones ominicales per totum annum, sermones quadragisimales, alique homelie sancti augustini, libro de doctrinam victam xana sancti augustini in vulgari*[64], anno domini m° ccc° xlv die xii mensis obtrubris (sic). in qualibus libris sunt scipta (sic) nomina librorum manu mea ... (ASV, PSM, Atti Misti, B. 135, Commissarie di Maso Ubriachi, Registri e Carte, Fasc. I)

1346

Pre Lorenzo da Mezzo
Priester von San Tomà

Testament vom 5. Oktober 1346:
...meum *missale* continuum secundum curiam Romanam... (ASV, PSM de ultra, B. 177)

Hinterlassenschaftinventar vom 22. Mai 1347:
...
item *breviarium* i
item *ovidium* i.
... (Ebd.)

1348/1

Agnesina Zeno
Patrizierin, Santa Maria Nuova

---

62 Werke diesen Titels sind überliefert von Lothar von Segni (Innozenz III.) und Isaak von Syrien.
63 Möglicherweise Bernard von Parma, *Summa decretalium.*
64 Vermutlich eine der asketischen Schriften des Augustinus oder ein Pseudoaugustinus.

Testament vom 9. Juli 1348 (Abschrift):
...Item dimitto omnes meos *libros* pauperibus monachalibus ut orantur pro anima mea... (ASV, PSM, Atti Misti, B. 126a, Commissaria di Agnesina Zeno, Registro 1viir-viiijr)
Nachträglicher Zusatz der Erbverwalter:
Item datum *librum* unum in quo erat *totum officium* suum in favori agnexine Iustin san marco de vugni
Item datum *unum alium librum* suum in uni filiarum ser catareni geto san servuli pro anima sua ... (Ebd.)

1348/2

Francesco Michiel
Erzbischof von Candia/Kreta,

Testament vom 10. November 1348:
...In primis quidem cum de hac vita nos transire contigerit volumus corpus nostrum seppeliri in Ecclesia majiori episcopatus Nigroponsis in terra ante altare majus dictem ecclesiam cum nostris pontificalibus paramentis mitra et baculo Pastorali, que hic habemus, et in ipsis nostris ... Medietas ipsorum omnium introitum dari debeant uni scolari seu clerico da domo nostrum de cha Michel pro suis victu et vestitu omni anno, qui studere debeant in jure canonico septem annis continuis.et alias medietas expendi debeant pro ipsos nostros fidecommissarios in *libris canonicis* pro ipso studente, qui scolaris, seu clericus in ipso iure canonico studere debeat septem annis continuis, habendo quolibet ipsorum annorum medietatem dictorum introitum quod proventuum pro ipso suo victu et vestitu et alia medietatem in dictis libris.Qui clericus non sit galliosus (sic)[65] claudus vel oculorum strabus vel suis membris defectuosus, sed sit completus omnibus membris suis. Et si de dicta domo nostra de cha michel non reperiretur tali modo quod studere vellet et posset accipiatur et inveniatur alius clericus de cha dandulo da cippo videlicet matris nostrum... Et cum aliquis ipsorum scolarius seu clericorum mori contigerit, ipse talis moriens talis moriens ea in studio quapropter extra studium in virtute sancte obbedientie et grazia spiritus sancti teneantur et debeat ipsos *libros* sibi emptos et datos pro ipsos commisaarios nostros, et alios *libros* quos virtute et occasione predictorum acquisivisset dimittere et dari facere isstis commissarries nostris: qui commissaij nostri *dictos libros* extunc pro ut extunc petere exigere et recipere debeant, et ipsos debere ut de eis, at aliis bonis nostris superbundantibus ex hoc nostro legato et ordinazione predicta, ipsi commissarj dare et distribuire debeant pro anima nostra, et parentum nostrorum pauperibus Orfanis, et mulierius de domo nostra, et de cha dandulo precipus in maritando pauperes Domicellas et mulieres de domnibus supredictis... Item dimittimus dicte ecclesie nostre unum par de nostris bacillibus argenteis, illud videlicet quod habeat arma nostra. Et nostrum *missale* et par unum de pontificalibus paramensis cum mitra et baculo pasturalis...
Item ulteram legata predicta dari volumus quod mandandi fratri Lazarino ordinis predicatorum confessori nostro *breviarium nostrum magnum*. Item Presbitero Anzonio familiari notro aliud *breviarium nostrum parvum*... (ASV, PSM de citra, B.102, Commissarie di Francesco Michiel, Pergament vom 10. November 1348,

---

65 In Abschriften der Prokuratoren jeweils *gibbosus* bzw. *gisorus*.

vgl. auch Abschrift der Prokuratoren ebd., Carta Nr. 15, und B. 101, Commissarie di Francesco Michiel, Fasc. 1)

Prokuratoren verwalteten 1349 seine Habe ("relative all'esecuzione"):
Notum faciamus nos bernardus Iustinian et stefanus contareno procuratores san marci super commissariam...
MCCCXLVIIII
Item recipimus a predicto baiullo et confiduariis quos aportantur dictis dominus Nicolaus
biblia unam
pontificalle unum
sextum unum bonifatii papae[66]
diallogum S Gregorii
ordinem manualem secondam romaniam Curiam
Tabulam apostolatorum secondam curiam romanam..."
(ASV, PSM de citra, B.101, Commissarie di Francesco Michiel, Registro 1, 1r)

1349

Nicollò Zorzi
Patrizier, durch Heirat Marchese von Bodonitza bei den Thermopylen (Griechenland), als solcher „feudo", d.h. Lehnsmann des Fürsten von Morea

Testament vom 26. Mai 1349:
Item lasso a mio fio Franzescho marchissioto le mie libri, li qualle si è questi: *tresoro*[67] uno, *troian*[68] uno, *vita patrum*[69] uno e *Dante* uno, li quali libri ello non debbia avere s'ello non n'avera complido ani XV. (Nach Lazzarini, Vittorio: I più antichi codici di Dante in Venezia. In: Nuovo Archivio Veneto, Nuova serie 41-42, 1921, S. 172)

1356/1

Benintendi Ravagnani
Cancelliere ducale

Erhält ein Band mit den "Epistole Petrarcas" vom Autor. (Nach Gargan: Il Preumanesimo, S. 156 f.)

1356/2

Marco Capello
Patrizier S. M. Mater domini

---

66   Papst Bonifaz VIII. (Benedetto Caetani), *Liber sextus.*
67   Brunetto Latini, *Tesoretto.*
68   *Troja*-Roman.
69   Gregor der Große, *Dialogi de vita et miraculis patrum Italicorum.*

Testament vom 23. Juni 1356: Vermachte dort sein Buch "*de le exposicion deli vagnelli*[70]" seiner Tochter Elisabetta. Nach ihrem Tod ging der Band an den Konvent von Santa Caterina dei Sacchi. (Nach Cecchetti: Libri, S. 333.)

1357

Lorenzo Celsi
Patrizier, Doge, machte Testament am 9. November 1357

Hinterlassenschaftsinventar von 1357:
> M°iiilxviij mensis octobris die iii Notamus ... quod nos nicolaus maurocen et nicolo trisani procuratori sa marci [---] ser andriolus michaelo nomine de domine marci vini unum *librum de dante* in isto sunt toti tres libri[71] ..."

Verkauf vom 7. Juli 1374:
> M° iii lxxiiij mensis Julii die xii dedimus ~~Johannis gabriel~~ domenico de contis ugero proto per suo salario *unus libro vocati dante* vendite ser Nicoleto de garzonibus per incantum a ducati vi per libr - -grossispd viis xxiiij"(ASV, PSM, Atti Misti, B. 120, Commissarie di Lorenzo Celsi, Registro 1v und 15r)

1358

Pre Petrus de Natalis
Notar und Archidiaconus, San Samuele

Testament vom 22. Oktober 1358:
> ...Volo et ordino quod omnes *libri mei vendantur* ... et de ducatis ... omniam meu debita persolvantur... (ASV, S.N., Testamenti, B. 730, Pietro Nadal, Carta nn.)

1360/1

Giovanni Dolfin
Patrizier, Doge, ordnet in seinem Testament vom 25. Juli 1360 den Verkauf seiner "Beni Mobili" an.

Verkauf vom 8. Januar 1362:
> ...
> Item per i *boecio* per vulgar vendito ser andreottoL.s.xii d. iii
> Item per i *boecio* per litera vendito ser andreotto contegroL.s. vid.
> Item per i *libro de dante* vendito ser angelo condolunarioL. l s. xd.
> Item per *glosis d dante* venditis per marino danancagoL. ls. xiid.
> ...."

---

70 Vielleicht ein Kommentar des Thomas von Aquin. Seine Kommentare zu verschiedenen Büchern der Bibel werden an anderer Stelle mit *expositio* bezeichnet. Vgl. Pietro Tomasi, Anhang II, 1458/4.

71 Da die Bücher der *Divina commedia* auch einzeln kursierten, wird hier der Umstand, alle drei Teile in einem Buch vorliegen zu haben, besonders hervorgehoben.

Verkauf vom 9. März 1363:

...

Item die viii mensis marcij rcipimus per una *bibia* vendita
ser Johannes darmano pe incantumLvis.viiid. (Vgl. ASV, PSM de citra, B. 229,
Registro 7v-8r. Testament (Abschrift) vgl. ebd., 13r-77r)

1360/2

Benedetto Emo

Patrizier, Santa Marina, machte Testament am 30. Juli 1360

Verkauf vom 24. März 1365:

...Item die eodem... pro *libro i statutarum per vulgar* cum corio rubeo vendito
suprascripto ser daniel ...id s xii dr o° ... (ASV, PSM, Atti Misti, B. 107,
Commissaria di Benedetto Emo, Registro II, 3v)

1361

Magister Iohannes

Stammte aus Bononia, San Bassi

Testament vom 12. September 1361:

Item vult et consentit ... quod si quid de *libris meis* reperiantur ubique, debeant
dividi et sortiri inter filios magistri Andrucij mei nipotis et magistri Michaelis de
Favencia ... *Ovidium majorem*[72] et *Logicam Aristotilis*", quos habet magister
Francischus relinquid vendi et dari pro anima sua. *Gracisimum*[73], quem habet
magister Tanus precii trium soldorum grossorum eciam relinquid vendi ... (Nach
Bertanza: Maestri, S. 75)

1364

Laurenzius Soranzo

Patrizier

Testament vom 16. Juli 1364:

...Laso che sia complida la capela Santa a San Stefano daltari banchi *libri* maßali
paramenti et tute altre cose ca bisogno segondo al forma del testamento de mio
pare lu lassa ducati cento doro ogni ano farando li fiari un convento per si e
unprior s che nìte laeba far um lo convento piando e cum questa condition li fari
arepta fata la gliexala frasi le cose promese no a vorudo le frase contentar voio sia
fato la dita stantia e le convento eparado segondo la forma del testamento di mio
pare [-] mentre voio che se la plezaria da li frari che siando fato lo luogo e li frari
chci li sia tegnuda de vestitius le del che avesse costado lo luogo che se fosse aro
che ..."(ASV, S.N., Testameti, B. 730, Pietro Nadal, Protocolli 30r)

---

72   Die *Metamorphosen*.
73   Evrard von Béthune, *Graecismus*.

1366/1

Donato Contarini
Patrizier, Santi Apostoli, machte Testament am 31. August 1366

Inventar von 1367:
Inventario de la Commissaria di ser Donado Contarini di S Apostolo"
...
Item *quaderni* ii de fo ranxo
Item Cuflier darzento vii
Item *biblia* i
...
(ASV, PSM, Atti Misti, B. 118. Commissarie di Donato Contarini, Inventarii)

1366/2

Inzegneri de Marco da Silvestro
Kaufmann, San Giovanni in Bragora, machte Testament am 17. November 1366

Hinterlassenschaftsinventar vom 7. November 1368:
Inventarium omnium rerum et arnexiarum repertorum in domo ser Marci Insignaro confinio S Johannis bragole...
et primo in camera si moribatur...
...
Item *Ysop*[74] i d per volgar
..."
(ASV, PSM, Atti Misti, B. 66, Commissarie di Marco Inzegneri, carteggio nn.)

1367/1

Marco Corner
Patrizier, Doge

Testament vom 10. Januar 1367:
... excepto si francischinus voluerit *poeticam*[75] et aliquos ex *libris* qui faciant pro suo adiscere, possit illos habere ... (Nach Cecchetti: Libri, S. 333)

1367/2

Pietro Soranzo
Patrizier, San Angelo, machte Testament am 8. März 1367, starb am 16. März 1367

Hinterlassenschaftsinventar vom 12. August 1368:

---

74 *Aesop*-Roman.
75 Womöglich Horaz, *Ars poetica.*

... Infrascripti consgnata fuerint messer petro dandolo qua proprio fuerint consignata odorico bono

...

item in un altro cofano
item *libro* i de bumbaxio

...

item un *libro* de scrittura picolo da dona

...

(ASV, PSM, Atti Misti, B. 73, Commissaria di Soranzo Pietro q. Lorenzo, Scheda II, Inventarii, Carteggio np., Testament ebd., Scheda !, Registro I, 7r-10r)

1367/3

Donato Adamo Bartolomeo Rubeis
Medicus („physicus"), San Antonin, stammte aus Treviso

Testament vom 26. Juli 1367:
... Item volo et ordino quod *liber meus legendarium sanctorum*[76] detur pro anima mea presbitero Hermacore nunc plebano san Silvestri de Venecis cum conditione quod ipse presbitero Hermacore teneatur celebrare missas san Gregorii pro anima mea ac etiam teneantur usquorumad unum annum completum anium diem me i suis messis et aliis ororibus celebrare comendare. Et si dictis presbitero hermacore morireretur ante sibi daretur *liber* predictum tunc detur aly el legendo per Commissaros meos sufficienti et bono clerico sub conditionis antedictis... (ASV, S.N.,Testamenti, B. 355, Giovanni della Tavola de Argoiosis, Registro 1r, Nr. 1)

1369

Nicollò Giustinian
Patrizier, machte Testament am 8.Februar 1369

Verkauf seiner Hinterlassenschaft am 13. Juni 1374:
...Item per un *libro statuorum venecarum* vendit Ser Andriollo [--] gro S X [77]
..:(ASV, PSM, Atti Misti, B. 125, Commissarie di Nicolo Giustinian, Registro I, 4v)

1370

Marco Soranzo
Patrizier, Imperialis miles, machte Testament am 14. Oktober 1370

Verkauf vom 22 Januar 1372:

---

76 Eventuell die *Legenda aurea* des Jakobus. Vgl. Anm. 6.
77 Aufgrund der partiellen Unleserlichkeit des Dokuments kann die Preisangabe nicht eindeutig entschlüsselt werden. Es ist unklar, ob auf *grossi*, *lira di grossi* oder *soldi di grossi* verwiesen wird. Ferner ist es möglich, daß in dem zerstörten Teil ursprünglich auf weitere Geldwerte verwiesen wurde.

Item dei xxii januar...et per un *libro vocato titolivio* vendito ser marco conario duc xxv... Et per *i libro vocatus cesariano* vendit domino giorgio maureceno duc v d i s° auri. Et per *i libro vocato dans* [sic] vendito Miche b[-]be de ladra duc xii d vi s° auri... (ASV, PSM, Atti Misti, B. 90a, Commissarie di Marco Soranzo, Registro I, Ir.; publ. bei Della Rocca: S. 420)

1371/1

Lodoycos de la Fontana
Patrizier

Testament vom 27. Juni 1371:
... Item volo quod si occureret casus quod decederem ... mei *libri* ponantur in feretro in quo portatus ero, videlizet unus a capite et alter a pedibus more scolastico, quos *libros* habet d. Leonardo mutuo a me. *Libri* mei habent Leonardus de Pesero (sic) prepositus S. Matei de Avancio. ... (Nach Bertanza: Maestri, S. 113)

1371/2

Magister Bonus
Schulmeister, Santa Marina

Testament vom 3. Juli 1371:
... Item ser Ricardo Sagli, qui moratur in S. Gregorio de Venetiis, unum *Alesandrum*[78] et unum *Boecum*[79] et libras V cum dimidia, quos libros habui ab eo, et 1 *sumam* et 1 *Esopum*[80] pro quibus dimito sibi dictas libras quinque cum dimidia ... Item dentur ... turco presbiteri Benevenuti qui vocatur Blasius libre VI pro uno *libro* emendo sibi, ... (Nach Bertanza: Maestri, S. 114-115)

1371/3

Donatus de Casentino
Rechtsgelehrter

Testament vom 22. Oktober 1371:
... Primum volo quod Anthonius meus filius habeat *omnes meos libros*, et si qui si essent duplicati, ipse habeat unum et alii vendantur, et pecunia sive pretium ponatur cum aliis rebus de quibus statim patebit quod volo fieri; et volo quod ipse habeat dictos libros at lege, primo quod usque ad etatem vigintiquinque annorum ipse habeat de dictis libris aliquos et paucos imo solum pro suo studio oportunos, et hoc dico si ipse studebit et bene egerit iudicio omnium meorum Commissariorum; cum vero ad hanc etatem vigintique (sic) annorum ipse venerit,

---

78 Unter Umständen das *Doctrinale* des Alexander von Villa Dei oder der Alexanderroman.
79 Anicius Manlius Severinus Boethius oder Boetius von Dacien.
80 Fabeln des Aesop.

dentur sibi dicti *libere* hac lege tamen, quod ipse det meis Commissariis ... (Nach
Bertanza: S. 118-119)

1371/4

Johannes Contareno
Patrizier, Famagusta

Testament vom 10. Dezember 1371:
> ... et mio libro cheseclama *flor dela bibia*, E i che *lesposition de vangieli* e tuta mie
> *fiori*[81] sia mandad a mia suor madonna chatarina... (ASV, S.N., Testamenti, B.
> 369, Nicolo Cordon, Registro, Nr. 37)

1372/1

Lodovico Gradenigo
*Cives venetiarum, Gesandter am päpstlichen Hof in Avignon. Nach seinem Tod
schätze 1375 Tommaso de Bonincontro seine Bücher, bevor sie zurück nach
Venedig geschickt wurden.*

Testament vom 13. Januar 1372:
> ...Testum sententiarum, philosphyam naturalem et sermones quadragesimales
> Jacobi de voragine ... Questiones Scoti[82] super metafisicam et Johannes galeiosem
> (sic) (de) Republica (Re p.) ... opus Vareth super sententias ... moralizaciones
> fabularum Ovidii, et Fulgentium, Dionisium de Angelica girachia[83], et multos alios
> libros in uno volumine qui fuerunt cuiusdam Commissare de cha quirino ...
> Scriptum super libros sententiarum, et scriptum super methauram...

Lodovico Gradenigo wünschte ferner, daß die Erben seines Kompagnons
Maestro Guidone di Bagnolo Bücher zurückerhalten sollten:
> ...Item vollo eisdem restitui unum librum quem ab ipso habui, in quo sunt:
> *Suetonibus de XII caesaribus;decam titi livii de bello macedonico* et multi alii
> *libri*, sed procurent predicti Commissari ab ipsis...habere unum meum *librum*
> quem sibi mutuavi, in quo sunt *declamationes Senece* et multi alii *libri* ejiusdem et
> *declamationes quintilian...* (ASV, PSM, Atti Misti, B. 139, Commissaria di
> Ludovico Gradenigo, Testament vom 10. Februar 1372; zum Teil auch zitiert bei
> Cecchetti: Libri, S. 334, Anm. 1)

Schätzung von 1375:
> 1375 in Avinione, memoriam facio Ego thomas de bonincontro de venecis ducalis
> venetorum cives notarius, vobis ser teste de civitate castelli quod proprieta
> recessum meum quem facio cum donimo nico, domino zazcharie contareno
> ambaxiatore / vobis dimmitto ballam unam de *libris* qui fuerunt quodam (legitur:

---

81 *Fiori* = Blümelein, Bezeichnung für Sammlungen von kleinen Erzählungen bzw.
    Tatenberichten. Hier wahrscheinlich Heiligenlegenden oder apokryphe Werke.
82 Duns Scotus.
83 Dionysios Areopagite, *Himmlische Hierarchie.*

q´) nobilis viri ser Ludovici gradonico veneciarum civis defuncti in Romanam curiam quos recuperavi de manibus canve appostolice que ipsos arestaivat in manibus magistri neapoleonis de fortiuis qui tút (sic) vivebat qs ipssos non portavi ec ad p´s possum venetum destinare...

Infrascripti sunt *libri* legati in balla qui fecerent q´domini Lodovico Gradenico mittendi venetum

flor 4	*multi libri ciceronis*
flor q	*Quintum titulivij*
fl 2	*Macrobuis de saturnabilus*
fl 2	*Tertius sentenciarum magistri bonaventure*
fl 8	*augustinus contra faustum*
fl 2	*Tragedie senece*
fl 1	*Etica*
fl 6	*Augustinus de civitate dei*
fl 1	*scriptum thome super libro sentenciarum*
fl 1 ½	*prima pars alexandri de alex*[84]
fl 4	*scundus magistri Greorii de arimino*[85]
fl 2 ½	*Quartum magrsiti bonaventure*
fl 12	*Augustinus de vera religione*
fl 1	*consilia magristri tadei*
grossi ii	*vita philisophorum*
fl 1	*Rabi Moyses*[86]
fl 4	*Seneca de quatuor virtutibus*
fl ½	*de fide et legibus*
fl 3	*decretales*
fl 8	*Valerius Maximus*
fl 8	*Testus sentenciarum*
fl 4	*primus magristri gregorii de arimino*
fl 3	*Titus Livius de gestis romanorum*
fl 12	*prima et seconda decha tutilivii*
fl 26	*Salterium glosatum*
fl ½	*concordantio*
g° vii	*conclusionos librorum philisophorum*
fl 1	*secundus san bonaventure*
g° vi	*poblemeta aristotilis*
fl 8	*Augustinus de consensu evanghelistarum*
fl 1	*Gerarchia*
fl ½	*ovidius methamorphoseos*
fl ½	*Guilielmus autisioderensis*
fl 1	*Lectura jacobi super libro sentenciarum*
g° ii	*de nominibus tercie declinationis in papiri*
fl 1	*manualos*
fl 1 ½	multi *quaterni* non legati
fl ½	multi *quaternelli* non ligati
fl 2	*Ugutio de vocabulis*[87]
g° viii	*polex* [legitur: *codex*] *de venetiis*

---

84 Wahrscheinlich Alexander von Hales.
85 Gregor von Rimini.
86 Petrus Alfonsi, ursprünglich Rabbi Moyses.
87 Hugutio, möglicherweise ist hier das *Rosarium* gemeint.

Item due *quaternii in iure canonico* qui sunt ser bernardi de casalocio et debent presentari in venetis dn canccelario veneciarum

(ASV, PSM, Atti Misti, B. 139, Commissaria di Ludovico Gradenigo, vgl. auch Abschrift bei Lazzarini, Lino: Paolo da Bernardo, S. 235 f.)

1372/2

Gasparino Favario
Plebanus von San Agostin

Testament vom 10. Mai 1372:
...Item dimitto predicto ser paulo de bernardo[88] *augustinum* meum *de civitate dei* et *ysidorum etehimologiarum*[89] ...et quod liceat domino ser paolo eligere sibi de meis libris, duos alius *libros* quos eligere voluerit... (ASV, S.N., Testamenti, B. 828, Gabriele Rampinelli, Carta Nr. 15, publ. bei Lazzarini, Lino: Paolo da Bernardo, S. 236)

1372/3

Bernardo de Casalocio
Rechtsgelehrter

Die Erbverwalter Lodovico Gradenigos fanden in dessen Nachlaß zwei Bücher Bernardos:
...Item due *quaternii in iure canonico* qui sunt ser bernardi de casalocio et debent presentari in venetis domino cancelario veneciarum ... (ASV, PSM, Atti Misti, B. 139, Commissaria di Ludovico Gradenigo, vgl. auch Abschrift bei Lazzarini, Lino: Paolo da Bernardo, S. 235 f.)

1374/1

Tommaso Sanudo
Patrizier, Santa Ternita, machte Testament am 3. März 1374, handelte mit Trebisonda

Erbverwalter schätzten nach seinem Tod am 22. Januar 1377 seine Bücher:
...Commissarios nobilis viri qd domini thome Sanuto suos *libros*, ... unum *egidium* valet ducates quindecim et unum *librum de legendis sanctorum*[90] valet ducatorum duodecim et unu *librum san thome*[91] valet ducatos decem et unum *ysidorum* valet ductatos octo et *statutum venetorum* valet ducatorum decem, et *loicha Ochani*[92]

---

88   Vgl. Paolo da Bernardo, Anhang II, 1374/2.
89   Isidor von Sevilla, *Etymologiae*.
90   Eventuell die *Legenda aurea* des Jakobus. Vgl. Anm. 6.
91   Thomas von Aquin.
92   Wilhelm von Ockham (Occam), *Logik*.

valet ducatos septem et *eticha aristotilis* valet ducatorum 6, Quos libros ipse ser philipus mutuaverat ipsi qd dno thome... (ASV, PSM, Atti Missti, B. 74a, Commissarie di Tommaso Sanudo, Scheda I, Pergament vom 22.1.1377)

1374/2

Paolo da Bernardo

Erzählt in verschiedenen Briefen von seinen "libelli in armariolo" in Venedig:
aliquot libelli
Macrobius, De saturnalibus
Apuleigius, De aureo asino
aliquot operibus Tulius Cicero
De viris illustribus
De origines rerum
Seneca, Epistole
Augustinus, De civitate dei
Isidor, Etymologiarum
Terencium
Vergilium[93]
Lucanum
(Nach Lazzarini, Lino: Paolo da Bernardo, S. 133-137)

1375/1

Francesca Guidoti
Witwe des Guidoto de Guidoti, stammte aus Verona, Santa Maria Formosa

Testament vom 6. Januar 1375:
...Item dimitto meum *breviarium* eum monasterium San Andree de Capite cirate[94] pro anima mea..."(ASV, S.N., Testamenti, B. 415, Pietro Canonico di Castello, Carta nn.)

1375/2

Nicollò Paon
San Marciliano (?), machte Testament am 25. November 1375

Verkauf:
...Item pro quatuor *liberis* (sic) de pergamena venditus (sic) ser francesco aliocullis duc vii... (ASV, PSM, Atti Misti, B. 99, Commissaria di Nicolo Paon, Registro,np.)

---

93 Lucanus (Marcus Annaeus L.). Erhalten ist nur sein Epos *De bello civili*.
94 Wohl von *Cavo de Zirada*, ehemals gebräuchliche volkssprachliche Bezeichnung des Klosters San Andreae Apostoli. Vgl. auch Dokumente des Klosters, publ. in: Ecclesiae Venetae illustratae, hrsg. von Flaminio Cornelio, decas prima, S.163-251.

1379/1

Niccolò Morosini
Patrizier, Rechtsgelehrter, wahrscheinlich Großvater Marco Morosinis (siehe 1441/2)

Testament vom 24. Mai 1371:
...tam *libros ordinarios* quam *lecturas Juris canocici et civilis*... (erhalten seine Söhne Antonio, Jeronimo und Agostino) (Nach Connell: S. 171)

1379/2

Ponte da Bertucci
Medicus („cirurgo"), San Bartolomeo, machte Testament am 16. Dezember 1379

Versteigerung vom 4. Dezember 1380:
...Item una *etica* super duorum trespodos... (ASV, PSM de citra, B.182, Commissarie di Ponte da Bertucci, Quaderno 1)

1380/1

Tommaso di Bonincontro
Abt von San Giorgio Maggiore

Testament vom 10. Mai 1380:
...*Summe in theologia* in duobus voluminibus uno cooperte coiro albo et altero corio rubeo ... *quartum sententiarum*[95], im uno volumino cohopertum corrio albo ... quedam *omelie* in umo parvo volumine cooperto corio seminigro ... *Sermones Jacobi de Voragine; Dominicales et festivos*, in duobus voluminibus, uno cooperto corio viridi ... *Registrum beati gregorii*, cooperium corio albo antiquo ... *Liber de Regimine principum*[96], coopertus corio rubeo; *Liber de proprietaibus rerum*[97], coopertibus corio rubeo ... *Summa gofredi*[98] de mala litera cum quibbusdam opusculis coopertus asseribus parvis ... *Summa azionis*[99] cooperta corio viridi ... *Letura Abbatis*, cooperta asseribus parvis cum corio rubeo super ligaturam ... *Compilacio antiqua Decretalium*, cooperta asseribus parvis cum corio albo ... *Inforciatum antiquum*, codex antiqus ... *Textus Sesti*[100], coopertus corio albob (Nach Cecchetti: Libri, S. 334, Anm. 2)

---

95 Wilhelm von Auxerre, *Summa aurea in quattuor libros sententiarum.*
96 Aegidius Romanus, *De regime principum.*
97 Bartholomaeus Anglicus, *De proprietatibus rerum.*
98 Gottofredo von Trani, *Summa intitulis decretalium.*
99 Azo Porzius, *Summa codicis.*
100 *Liber sextus*, die sogenannten Clementinen Clemens, V. oder *Liber sextus* von Papst Bonifaz VIII. (Benedetto Caetani).

1380/2

Guidone da Bagnolo
Medicus auf Zypern

Schätzung seiner Bücher im Anhang an das Testament vom 9. Juli 1380:

Item ad dicti dominilegati nostri audientiam pervenit quod post mortem dicti magistri Guidonis, eius *libri in artibus et medicina* qui fuerunt portati Bononiam pervenerunt ad manus Johannis quondam Guidonis de Captania de Regio, Bobonie commorantis, qui libri sunt hii, videlicet:

In primis *liber* primus et *secundus avicene*[101], cum alipis de ligno copertis de corio viridi, cum clavis deauratis, extimationis ducatorum duodecim auri.

Item *liber tertius Avicenne*, cum alipis de de ligno, copertis cum corio virdi, cum clavis Item *deauratis*, ext. duc, vigintiquinque auri

Item *liber quartus et quintus Avicenne*, cum alipis de ligno copertis de corio viridi, cumj clavis deauratis, ext. duc. duodecim auri

Item *liber Coliget Averoes* cum alpipis de ligno, copertis de corio viridi, et clavis deauratis, ext. duc.quatuor auri

Item quidam *libri Galieni* in uno volumine, cum alpipis de ligno, copertis de corio viridi, et clavis deauratis, ext. duc.octo auri

Ite *liber quidam Judicum in Astrologia*[102] cum alpipis de ligno, copertis de corio azurino, et clavis deauratis, ext. duc.octo auri.

Item quidam *liber in medicina magistri Arnald de Vilanova* cum alpipis de ligno, copertis de corio azurino, et clavis deauratis, ext. duc. quatuor auri

Item *liber Mesue* de simplicibus copertis de corio azurino, et clavis deauratis, ext. duc.trium auri.

Item *liber de liber* in Prepestina cum alpipis de ligno, copertis de corio azurino, et clavis deauratis, ext. duc.odto auri.

Item *liber comentorum Galieni* cum alipis de ligno, copertis de corio azurino, et clavis deauratis, ext. duc. octo auri

Item *liber Alli in Astrologia*[103] cum corio rubeo, sine clavis, ext. duc. quinque auri

Item *liber Isigagorum Iohanini secundum magistum Ranutium* cum corio nigro, sine clavis, ext. librarum duarum boninorum

Item *liber Simone Januensis* cum corio azurino, et clavis deauratis, ext. duc. quatuor auri

Item *Aristoteles, retorica*[104] et *Naturalium Avicenna*[105] cum corio azurino, et clavis deauratisin uno volumine ext. duc. quinque auri.

Item *liber Constatini* cum corio azurino, et clavis deauratis et etiam cum quibusdam *libris Galieni* in uno volumine ext, duc. quatuor auri

item *liber Yppokrates, comentatus per Galienum* et *Isagoce Iohannes* cum corio viridi, et clavis deauratis, ext. duc. octo auri

---

101 Bagnolo besaß den *Kanon der Medizin* des Avicenna (Ibn Sinna) in mehreren Bänden.

102 Aboazen Haly, *Judiciis astrorum.*

103 Aboazen Haly.

104 Entweder fälschlich für die Poetik oder ein Pseudoraristoteles.

105 Von Avicenna (Ibn Sinna) lag bis dato - soweit bekannt - lediglich der Kanon der Medizin vor. Entweder handelt es sich hier um einen Auszug, einen Pseudoavicenna oder, was wahrscheinlich ist um einen Avicennakommentar. Vgl. auch Magister Elia, Anhang II, 1326.

Item *liber Conciliatoris in medicina* cum corio viridi et clavis deauratis, ext. duc. duodecim auri

Item *liber Serapion de Simplicibus* cum corio azurino et clavis deauratis, ext. duc. quinque auri

Item *liber quartus Avicenna* et quintus in uno volumine, cum corio azurino, et clavis deauratis, ext. duc.decem auri

Item *liber Gilberti in medicina*[106] cum corio viridi et clavis deauratis, ext. duc. decem auri.

Item *liber magistri Giuli de Placentia*, cum corio rubeo et clavis deauratis, ext. duc. trium auri

Item *questiones in philosophia*, cum corio rubeo et clavis deauratis, ext. duc. sex auri

Item *liber* in prepestina cum corio rubeo et clavis deauratis, ext. duc. sex auri

Item *liber Almagosti in Astrologia*, cum corio azurino, et clavis deauratis, ext. duc decem auri

Item *liber comentorum Galieni*, cum corio azurino sine clavis, ext. duc.trium auri

Item *liber primus et secundus Avicenna* in uno volumine cum corio azurino et clavis, ext. duc. trium auri

Item *liber Albumosaias*[107] silicet Introductorium magnis in Astrologia, cum corio azurino et clavis, ext. duc.trium auri

Item *comentum fixiorum Averois*, cum corio rubeo et clavis deauratis, ext. duc decem auri.

Item *comenta Alberti*, cum corio ezurini et clavis deauratis, ext. duc. octo auri.

Item *liber Albocasi et Almansoris* in uno volumine cum corio rubeo sine clavis, ext duc trium auri

Item *liber de cura febay* cum corio rubeo sine clavis in uno parvo volumine, ext. duc. medii aurii

Item quidam alius *liber Alli in electionibus orarum*[108] in parvo volumine, cum corio nigro sine clavis, ext.duc. duorum auri

Item *liber cuisdam compendii in medicina* in cartis bambucinis cum corio rubeo sine clavis, ext. duc. duorum auri

Item *liber Serapionis de simplicibus*[109] cum corio zallo sine clavis, ext. duc.unius cum dimidius auri

Item *liber cuisdam pratice in medicina* cum corio rubeo sine clavis in parvo volumine, ext. duc.unius auri

Liber Iohannes Damasceni, de simplicibus medicine, cum cori albo sine clavis ext. duc. quatuor auri

item *liber Ablocasi in Zerusia* cum tabulsis sine corio, ext. duc.unius cum dimidio

Item quidam *liber* imaginum cum picturis in physica cum corio rubeo sine clavis, ext. duc. trium auri

Item *liber de partibus animalium*[110] cum quibusdam aliis in uno volumine cum tabusis sine corio ext. duc. duorum auri

item *Liber quarundam questionum in phylosophia*[111] cum Metaura, in uno volumine in cartis bambucinis cum aliquili corio rubeo, ext. duc. trium auri

---

106 Gilbertus Anglicus.
107 Albumasar.
108 Aboazen Haly, *Judiciis astrorum*.
109 Serapion der Ältere.
110 Aristoteles, *De animalibus*.
111 Aristoteles, *Questiones in philosophia*.

Item *liber scripri in medicina cum commento Galieni* cu aliquali corio rubeo ext. duc. duorum auri.

Item *liber pratice medicine Johanniss de Toleto* sine tabulis cum carta pecudina, ext. duc. duorum auri., ext. duc.

Item quedam *Simonia*, in carta bambucina sine tabulsis cum coperta pecudina, ext. duc. duorum auri.

Item *liber Physice Aristotilis* et quidam alter *liber* in uno volumine cum tabuis sine corio, ext. duc. unius auri

Item *liber cuiusdam scripti Zirurgia galieni*, sine tabulsi. ext. duc.quatuor auri.

Item *quidam liber parvus in Astrologia*, cum corio albo sine clavis, ext. duc. medii auri

Item *liber cuiusdam pratice in medicina*, sine tabulis, ext solidorum vigiti bononinorum

Item *liber Zeber in Zematria*[112], inmgno columine sine tabulis ext. duc. quatuor auri.

Item *liber de partibus animalum*[113] sine tabulis ext. duc. duorum auri. ext. duc.

Item *Zematerie Euclidis*[114] sine tabulis, in magno volumine, ext. duc. trium auri.

Item *liber scriptorum super terapeutica*, non ligatus, ext. duc. trium auri

Item *liber Alberti super libro de anima* sine tabulsi ext. duc. uniua cum dimidio aurii

Item *liber scriptorum super libro de celo et mundo*, sine tabulis, ext. duc. medii auri

Item *liber Quatripartiti Tholemei*, sine tabulis ext. duc. unius auri

Item *liber parvi Galieni*, sine tabulis ext duc, unius auri

Item *liber Methefice Aristotelis*, sine tabulsis, ext. duc. unius auri

Item *liber pratice in medicina*, sine tabulsi ext. solidorum decem bononinorum..

Item *liber quarundam questionum in phylosofia*, sine tabulis ext. duc. solidorum decem bononinorum

Item *liber Zaelis in Astrologia*, sine tabulis, ext duc. unius auri

Item *liber Colibete magistri Dini*[115], in tribus quaternis in carta bambucina ext. duc. medii aurii" (Nach Livi: Guidone da Bagnolo, S. 83-91)

Lodovico Gradenigo vermerkte 1372 in seinem Testament, Guidone da Bagnolos Bücher geliehen zu haben:

Unum librum quem ab ipso habui, in quo sunt: *Suetonibus de XII caesaribus; decam titi livii de bello macedonico* et multi alii libri, sed procurent predicti Commissari ab ipsis habere unum meum librum quem sibi mutuavi, in quo sunt *declasmationes Senece* et multi alii libri ejiusdem et *declamationes quintiliani* (Nach Cecchetti: Libri, S. 334, Anm. 1)

1381/1

Marco Mucio
Priester von Santa Ternita

---

112 Geber, *Geomotrie.*
113 Aristoteles, *De animalibus.*
114 Euklid, *Elementi di geometria.*
115 Dinus Aldobrandinus von Garbo.

Testament vom 1. März 1381:
> ...*misaletum* votivum et unum solterium (sic) a parte magna e parva... (Nach
> Cecchetti: Libri, S. 333, Anm. 6)

1381/2

Giovanni Gradenigo
Patrizier

Testament vom 16. April 1381:
> ...Item relinquo Dominico filio meo primicerio Candide per eius consolationem
> *bibliam magnam* et *Titi Livium meum* qui est in duobus voluminibus... (ASV,
> PSM, Atti Misti, B. 143a, Abschrift nach Connell: S. 166)

1381/3

Andriolo Alemano
Medicus

Besaß insgesamt 55 Bücher. Verkauft wurden nach seinem Tod 1381 ein
"*esposizione di Ovidio*" und "*le epistole e le tragedie di Seneca*". (Nach
Lazzarini, Lino: Paolo da Bernardo, S. 114. Vgl. auch Cecchetti: Per la storia
della medizina, S. 14-15. Dokumente heute nicht mehr einsehbar.)

1382/1

Andrea Contarini
Patrizier, Doge, machte Testament am 5. Juni 1382

Verkauf vom 2. August 1385:
> ...Eodem anno (1385) mensis Augusti die ii padue fra Jacobo princial sanctorum
> convengit per uno *libro* vocato *biblia pauperanij* duc ii auri valetls iiiid..." (ASV,
> PSM, Atti Misti, B. 120, Commissarie di Andrea Contarini, Registro 1, 2r)

1382/2

Magister Odoricus
Schulmeister, San Hermacore

Testament vom 10. September 1382:
> Cum quisque ignoret terminum vite sue ideo convenit unicuique diponere bona sua
> ne moriatur ab intestato. Item ego Odoricus rector scolarium S. Hermarchore volo
> hoc esse meum testamentum,..., et si vult esigere *unum librum* in quo sunt quinque

libri Lucani[116] det magistro Antonio de Apulia regentis scolas in contrata S. Luce det unum ducatum aurei ... (Nach Bertanza: Maestri, S. 164-166)

1382/3

Philippus Melioratis
Rechtsgelehrter, Doktor beider Rechte, San Ziulian, stammte aus Segre

Testament vom 11. September 1382:

...Item dimitto suprascripto Tomade filio Bartolomei da Fegro ... unum *digestum novum unum digestum vetus*, unum *codicem*, unum *inforciatum* et volum con hac condictionen quod dictis tomas debeat studere et proseguire in studio Iuris civilis... (ASV, S.N., Testamenti, B. 828, Gabriele Rampinelli, Carta Nr. 6, publ. bei Lazzarini, Lino: Paolo da Bernardo, S. 236)

1382/4

Johannes Surraldo
Prior

Philippo Melioratis gibt in seinem Testament an, Surraldo Bücher zu schulden:

esser obligare dominis fratris Johanis surraldo prioir monasterum sanctorum xl ducatis aurii qp illud debitum sit cassuni et ... sibi *libri infrascripti* quos habeo de suis, vs *unum dectum decretales, sextum clementinis*[117]. *unum missale, unum breviarium...* (ASV, S.N., Testamenti, B. 828, Gabriele Rampinelli, Carta Nr. 6, publ. bei Lazzarini, Lino: Paolo da Bernardo, S. 236)

1382/5

Donna Cataruccia Zorzi
Patrizier, Witwe Franceschino Zorzis, geborene Trevisan, San Geminiano, machte Testament am 1. November 1382

Hinterlassenschaftsinventar (undatiert):

...item *libro* i de bergamena de lora letura de forina ... (ASV, PSM, Atti Misti, B. 77a, Commissaria di Catruccia Zorzi, Carteggio nn.)

1382/6

Frate Michele
Mönch und "reverendo del episcopo soldanese"

Kaufvertrag:

---

116 Lucanus (Marcus Annaeus L.). Erhalten sind ist nur sein Epos *De bello civili*.
117 *Liber sextus*, die sogenannten Clementinen Clemens' V.

Iste infrascripte rationes sunt quas habeo ad faciendam cum domino fratre Michele
...et de uno libelo ad *officio mortuorum* - II ducatos cum dimidio auri VI
grossorum parvorum.Item recepi de uno *Dante* et *de glosis* quem et quas vendidi
ser Bertucio da Pesaro - VI ducatos auri et III libras XIII soldos parvorum... (Nach
Bertanza: Maestri, S. 174)

1384/1

Alvica Gradenigo
*Patrizierin, Witwe des Dogen Marino Faliers, machte Testament am 14. Oktober
1384*

Hinterlassenschaftsinventar:
   ...1 *libro* che so da a me nia per lo chapelan de palazo
   ... (ASV, PSM, Atti Misti, B. 128, Carte mit großer Wahrscheinlichkeit von
   Marino Falier)

1384/2

Andrea da Osimo
Medicus, stammte aus Osimo in der Mark Ancona

Vermachte in seinem Testament von 1384 seine Habe, darunter seine *libri*
seinem Sohn, sofern dieser studieren wolle. Ansonsten sollten diese samt
seiner übrigen Habe zur Einrichtung einer Stiftung für Studenten seiner
Heimatstadt verkauft werden. (Vgl. Cecchetti: Libri, S. 342 f.)

Kopie des Testaments in der Nachlaßverwaltung vom 4. Januar 1397:
   ... In omnibus autem aliis suis bonis Mobilij et imobilij iuribus et actionibus atque
   pecunia praesentibus et futuri, que et quos dictij Testator habet in Civitate
   Venetiarum et in omnibus suis *librijs* predictis instituit sibi heredem universalem
   Commune et Regimen dictae Civitatis Venetiam hoc tamen modo et conditione,
   quod dictum Commune et Regimen debeant costituere duos bonos et legales
   homines, vel Procuratores pro tempore Seu at temij, quo dicto Communi et
   Regimini videbitur, qui teneantur, et debeat pro retribuzione honorij Scienzie
   Medicinalij, de Fructibis et proventibus dictorum bonorum et pecuniarum, que et
   quos sicti Testator habet in dicta Civitate Venetiarum perpetuo Soliere cuilibet,
   Scolari Laico, et Civi oriundo, Seu orto de Civitate Auximi Provinzie Marchie
   Ancorietare Studenti in medicinali scienzia Loyche at Philosopphia in Studij
   geeneralibus, viginti quinque Ducati auro pro quolibet Scolari, et quolibet anno
   usque ad decem annos pro quolibet Scolari, usque ad concurentem quantitatem
   dictorum Fructuum et proventuum.
   et voluit atque diposuit quod dicti heredes perpetuo teneantur ad predicta et Si dicti
   stuentij oriunddi de dicta Civitate Auxinii aliquando non reperientur vel aliqui
   eorum deficeret ad concurrentem quantitatem dictusris fructuum, et proventuum,
   quod dicti proventuum et fructus debeant et dictum Comune distribui er expendi
   modo predicto in a lio studentes in dicti Scientitjs pro ut dicto comuni, et
   Reggimini vel depuctandij per ipsum videbiturer placebit in loco Studentium

Civium Stuximanorum predictorum, vel alicuius corum qui non reperirentur ad
concurrentem quantitatem fructurum er provevntuum predictorum Zummodo
Studentes Cives Auximani praedicti semper preserantur in distributione predicta
quandocumque resperirentur; Ita quo eijs repertij non polsint in alios Studentes
distribui quam in ipsos modo praedicto et perpetuo ducaturo, ita quod vel quando
reperiantior tot Cives
Ausimani Studentes qui Sufficiaris ad totam concurrentem quantitatem dictorris
fructuum et proventuum, vel ad aliquam partem dicte quantitatis, ipsi Auximarii
preferrantur omnibus aliis pro eo numero qui reperirentur toties quoties et
quandocumque reperirentur continuo vel linterpellatim in perpetuum. Stoc etiam
declarato quod dicta ejus bona et pecunia que at quos habet in Civitate Venetiarum
numquam polsint venòi alieenari vel in alium transferi, vel alium usum cinverti,
sed perpetuo veteneri debeant pro fructibus et proventibus percipiendi ex eis et
modo antedicto sitribueridis er expenditis et Comune et regium predictum ...
(ASV, PSM de citra, B. 144, Commissaria di Andra da Osimo, Fasc. 5)

1385/1

Giorgio (Zorzi) Baseggio
Imperialis miles

Testament vom 22. Juli 1385:
> ...Lasso i tutti le mie bandiere, pavesi, lanze, la sovravestia indorada, el mio elmo,
> el mio *libro* che trata *di fati di Cesaro*, el mio *dante* e le gluoxe, in casi che da
> nicuola baseio non acceptasse el asso de la possesions Como in lo santo capitolo...
> (ASV, PSM de citra, B. 53, Commissarie di Giorge Baseggio, vgl. auch della
> Rocca: S. 421)

1385/2

Rafaino Caressini
Cancelliere ducale, machte Testament am 6. Oktober 1385

Versteigerung vom 30. September 1390:
> Recipere de bonis huius Commissare
> Eodem anno mensis septembre die ultimo [-] sunt pro officiis rebus vendite ad
> incantum. Et primo pro i *libro senece* habuit ser petrus mani L iii s xiii d V o°
> ...
> Item pro uno *libro vocato horoxio*[118] habuit ser Iustinianus IustinianL s x d iii o°
> ...
> Item pro uno *libro vocato trazide senece* habuit Johannes de chaiosinisL i s viii d
> o°
> Item pro uno *psalustio* habuit donatus de conposattisL s xii d o°
> Item pro un *virgillio* habuit Johannes de chaiosinisL i s i d i o°
> Item pro una Anchona con i sacto marco habuit dominus primicerius san marciL i
> s v d i o°
> Item pro una *Rethoricha tulij*[119] habuit magister bartolomeusL s iiii d i* o°

---

118 Horosius (Paulus H.), *Historiae adversus paganos.*

Item pro uno *libro ystonarum scolasticharum* habuit ser Johanis baltastroL s xvi
d o°
Item pro i *libro vocatur marci tulij*[120] habuit presbiterius ser Johannis balastro
L s viii d i o°
(ASV, PSM, Atti Misti, B. 148, Commissarie di Rafaino Caressini, Registro 1r,
Testemente ebd., Vr-VIr)

Verkauf vom 22. November 1390:
Eodem anno mensis novembre die xxii ...
uno *ugocione*[121] ser Johanis balastro L 1 s x o°
...
Item die [-] pro i *libro* vochato *hongrubus* ser bernardo fuschareno s ii o°
... (Ebd.)

1386

Magister Geraldus de Regio
Medicus (fisicus)

Testament vom 30. September 1386[122]:
...Item dimitto meos *libros loycalles et phillosophie et medicine*, distribuendos
pauperibus scolaribus intrantibus in studiis generalibus iuxta discretionem pre
dictorum meorum comisariorum padue bononie florentie ita quod loicales
melioribus philosophici magis prophecus medicinalles adhuc magis prophectus
scolaribus distibuantur... Notum facio quoniam habeo ultra meos *libros qui sunt in
domo mea,* etiam *libros tres* silicet *primum opus ovidii complectum* (sic),
secundum *librum opus virgilii completum, tercitum vero terentium africani*[123] qui
distribui debent ut superius ordinavi in pauperibus scolaribus iuxta discretionem
Commissarorum meorum... (ASV, S.N., Testamenti, B. 466, Giovanni Gazo,
Registro 8v, Nr. 24, und Carta Nr. 3; vgl. auch Lazzarini, Lino: Paolo da Bernardo,
S. 236)

1387

Johannes Grisson
Santa Maria Formosa, machte Testament am 13. April 1387

Inventar vom 20. März 1395:
...

---

119 Hierbei könnte es sich um eine originale Rhetorik des Cicero oder die *Rhetorica ad
herennium* des Quintillian handeln, die fälschlicherweise Cicero zugeschrieben wurde.
120 *Cicero (Marcus Tulius C.).*
121 Uguccione da Lodi, schrieb in *Volgare* ein Buch über die Qualen und Freuden der
jenseitigen Welt zur Verbesserung der diesseitigen Welt.
122 Lazzarini datiert falsch auf 1382.
123 Publius Terentius Afer, genannt Terenz. Alle seine sechs Lustspiele sind erhalten.
Womöglich auch Terentius Maurus, Verfasser eines Lehrbuchs der Grammatik zu Silben und Versmaß.

Item *stadusa venta*1

...

(ASV, PSM, Atti Misti, B. 73, Commissarie di Giovanni Grisson, Inventar vom 13. März 1395, Carteggio nn.)

1388

Rodolfo de Sanctis
Rechtsgelehrter

Testament vom 9. Juli 1388:

...Item habeo *duos libros* qui vocantur *Berengarii*[124], unum super toto corpore juris et alium super speculo juris. Et unum alium *libellum* in papiro, in quo sunt repeticiones alique et aliqua alia, qui libri fuerunt Antonii Maureceno quondam domini Nicolai doctoris. Mutuavi eidem Antonio ducatos viginti et unum ducatum pro aptatura *Berengarii maioris*; si vellet rehabere dictos *libros*, reddat XXI ducatum et restituantur eei* Item habeo unum librum qui vocatur *Summa Johannina*[125] et est cohopertus de corio rubeo; fuit fratris Marci de sancta Sophia ordinis predicatorum: detur conventui sanctorum Johannis et Pauli de Veneciis (ASV, PSM, Atti Misti, B. 62, Commissarie di Rodolfo di Sanctis, Pergament vom 9. Juli 1388)

Kopie im Registro enthält hier Vermerk:

nota per quessti *libri* non fuerint in venecia, in tanto dato per in veneti fuissent ipsi *libri* dentur antoniis dequis vollet exigere (ebd., Registro I, 4v)

Verkauf der Hinterlassenschaft:

...m iij lxxxxj mensis mamrcij die vij. a domino francesco lade q sunt per *i libro vocato berengare* ducatos XV aurii. per uno alio vochato larchacaciano duc xl. per uno alio *berengaro super speculum* duc iii. per una *lectura* parva *super clemenetis* duc ijj uno *breviario* picholo duc x... (ebd., Registro I, Ir)

1389

Andriolo Malipiero qd Marco
Patrizier, Santa Giustina, machte Testament am 9. Apri 1389, verstarb in Tana (Krim)

Inventar vom 18. Mai 1391:

...

Item *officium santissime maie*

...

(ASV, PSM, Atti Misti, B. 104a, Commissarie di Andriolo Malipiero)

---

124 Vielleicht Berengar von Tours.
125 Johannes Andreae, *Summa de sponsalibus et matrimoniis.*

1392/1
Bassiano del fu Leone
Medicus (cirurgo), stammte aus Lodi

Hinterließ per Testament seinem Sohn Giovanni, falls dieser studieren wolle,
"tutti suoi libri". Ansonsten sollten sie verkauft werden.(Vgl. Cecchetti: Libri,
S. 342)

1392/2
Maria Contarini
Patrizierin, Ehefrau von Andrea Contarini, de Santa Fosca

Testament vom 3. September 1392:
> ...laso i *libri* che me do mia mare quando lande munega a la dita mia mare xuor
> francescha exeto la chanticha che io laso a mia madona de cha gontari (Contarini)
> e se la dita nose trova se sia de la dita mia mare o dele done munege ... (ASV,
> S.N., Testamenti, B. 369, Graziano Graziani, Carta Nr. 22)

1393
Pre Suno de Cenis
Pleban von San Stefano

Testament vom 24. April 1393:
> ...dimitto ecclesie mee ...e de predictis denariis emanere debeat unum *psalterum* et
> cetero *libros* per predicar eccliseam seu sacrestia... (ASV, S.N., Testamenti, B.
> 466, Giovanni Gazo, Registro 20v, Nr. 60)

1395
Lodovico Bembo
Patrizier, Kaufmann, San Canciano, machte Testament am 10. Juli 1395

Hinterlassenschaftsinventar vom 15. Oktober 1395:
> In domo nobilis Viri Lodovivi Bembo sepultur da mandato domini ...
> Item *hofficieto* i de la dona
> Item *libro i evangelistario*
> ...
> Item *libro i de vita sanctorum patrum*[126]
> Item *libro i evangelistario e episollario* (scripti de proprio man)
> Item *libro i de pdracum sèto* (sesto?) in carta bambapna de proprio man
> Item *libro i de le vertude e de li vicij*[127] de propria man

---

126 Gregor der Große, *Dialogi de vita et miraculis patrum Italicorum.*
127 Bono Giamboni. *Il libro dei vizi e delle virtudi.*

...
(ASV, PSM, Atti Misti, B. 168, Commissarie di Alvise Bembo, Invetatrio nn.;
Testament ebd., Registro 9r-10v)

1396/1
Leonardo Bembo
Patrizier, Sohn Lodovico Bembos, Kreta

Inventar nach Venedig zurückzuführender Habe:
  Cose parvude de chandia per lachocha per lunardo Bembo
  ...
  Item *libro de vertudi e vicii*[128]i
  Item *libro da pistole i vangeli*i
  Item *fias dela dona*i
  Item caniessexxxiii
  Item forfexe da dona i
  Item *lucheto*i
  Item *libro dapistole i vangeli* per volgari
  ...
  (ASV, PSM, Atti Misti, B. 168, Commissarie di Alvise Bembo, Inventario nn.)

1396/2
Marcus Paruta / Donna Margerita
Cives venetiarum, Kaufmann, San Giovanni Crisostomo

Testament vom 27. Mai 1396:
  ...lasso a Margerita donna e muglier mia ducati cinquecento per restitucion dela
  dota sua...Ancor lasso a la dita Margarita lo suo *breviario* grande el suo *manual*
  liberamente... voglio che i *libri di stanta Bridda*[129] e quello di *Sabbato*[130] i quali
  Margarita a fati fare per suo piacere san suoi liberi... (ASV, S.N., Testamenti, B.
  858bis, Marco Raffanelli, Registro 91rv /lxxxxi)

1396/3
Paxinus de Falconibus
Schulmeister, San Leonardi, stammte aus Brixen

Testament vom 22. August 1396:
  ...In primis volo quod corpus sepilliri debeat ad ecclesiam Servorum et quod pro
  sepultura mea exequiis at allis necessariis expendi debeat ducati duo auri. Item

---

128 Bono Giamboni, *Il libro dei vizi e delle virtudi.*
129 *Revalationes* der Birgitta von Schweden, waren gerade erst, unmittelbar nach ihrem
    Tod 1373, von ihren Beichtvätern ins Lateinische übersetzt worden.
130 Entweder das Leben und die Passion des heiligen Sabinus oder ein *Offizium.* Vgl. auch
    Bresc: S. 178.

dimitto ... presbitero Antonio Burdo plebano S. leonardi ... unum meum *librum vocabulorum* ut ipse teneantur rogare Deum pro anima mea... (Nach Bertanza: Maestri, S. 217)

1396/4

Zorzi de Buonguadagni
San Provolo, stammte aus Treviso

Testament vom 21. Oktober 1396:
...lasso ad Andrea Morixin mio fiozo, nievo del ditto miser bartholomeo e fio che fo de miser Piero, le mie *ovre de Seneca* de man de misser Rafain cancelier... (Nach Lazzarino, Lino: S. 237)

1397/1

Toma Talenti
Cives venetiarum, Kaufmann, Santa Maria Formosa

Testament:
...Item dimitto omnes meos *libros scientificos*, numero circiter centumquinque volumina, nunc deposita in una capsa penes moniales S. marie de celestibus de venetiis, dictis fratibus montis oliveti, ponendos in uno armario dicti monasterii reformandi, cum catenis affixis..: (Nach Nardi: Letteratura, S. 132 ,Testament S. 130- 135)

1397/2

Bernardigio de Pietro qd. Claudino
San Lio, machte Testament am 8.Dezember 1397

Hinterlassenschaftsinventar vom 15. Oktober 1397:
...
Item *libro i di nicodemo*[131]
Item *libro i di exposteum de cato* (?)
Item tapedo i grande di bruca (sic) vi, longo ocura todesca
Item tapedo i pizolo
Item balixor i di enoro
Item *libro i cum alcuni volumi di dicti* (legitur: dti) *di philissophi*
Item stadeta i^a granda cum lo plombin
Item *libro i de filor di virtu* i bambasina
...
(ASV, PSM, Atti Misti, B. 141a, Commissare di Bernardigio de Pietro, Carteggio nn.)

---

131 Womöglich das Nikodemusevangelium.

1398/1

Michele Contarini
*Patrizier, podestà e capitano di Treviso, S. Felice, machte Testament am 8.
Januar 1398*

Hinterlassenschaftsinventar von 1398:
Inventarium di omnium bonorum mobilium in Domo nobilis viris Michaelio
Contarini
...
Item *statuto* i Ygloxado in pergameno
Item *libro* i di *tristan epalamidis*
...
(ASV, PSM, Atti Misti, B. 164, Commissarie di Michele Contarini, Inventar von
1398)

1398/2

Andrea Cocho
Santa Ternita

Testament vom 5. März 1398:
...Ancor voio che sia dado uno libro *homelie*... Ancor cum ... avese a imprestedo
una *Secunde secunde de S. Tomas d'Aquin*[132]...e per simile sia fato de uno *Salustio
Catelinario* e *Iugurtin*, che se in casa.. ancho perchè in casa se teleri VI penti e
istoriandi, in li cinque del qual è pento la nasion e vita de nostra dona e per simile
la vita e morte de christo...sieno lasciati a chiese e monastero come parera ai
Commissarii (Nach Lazzarini, Lino: Paolo da Bernarndo, S. 235)

1399

Giacomo Barozzi
Patrizier,Seefahrer, San Moisè

Testament vom 10. August 1399:
In nomine dei eterni amen Anno ab Incarnatione domini nostri ... Ego Jacobus
barozio quondam nobilis viri ser marci barozzio de confinio san moysi...Item
dimitto predicte nepte mee *meum librum al'offitium* super quo legebavi offitum ut
habeat causam super illo legere pro anima mea ... Item dimitto predicto domino
bernardo venerio meam cartam a navigando quammodo habet... (ASV, PSM de
citra, B. 251, Commissaria privata di Giacomo Barozzi)

1400

Francesco da Lancenigo qd Vendramin
Kanoniker, "segretario del papa", machte Testament am 19. Februar 1400

---

132 Thomas von Aquin, zweiter Teil der *Summa theologiae.*

Testament vom 19. Februar 1400:

...Item dixit quod dicti ... Nicolaus de Fregona eius nepotis sibi tenetur ...Quadringentas ducatis auri quos usq ad qudrigentium prohibuit peti posse postia petiti e exacti in utilitatem dicte Capellanie etiam tanertantur ... Item reliquit *libros* et scripturas quos habet in Romam Curiam dicto Nicolao eius nipoti, *libros* autem quos habet in partibus suis armario fratorum predicatorum de tervisio mandavit et voluit applicari... (ASV, PSM, Atti Misti, B. 177, Commissarie di Francesco da Lancenigo, Pergament vom 12. Februar 1400, publ. bei Lazzarini, Lino: Paolo da Bernardo, S. 233)

Bücherliste:

libris apresendadi per Jacomelo polo: dise averli abudi da pre morando piovan de S.aponal liqual diso eser de misser francesco de lacanigo:
et primo *ugucon*[133] 1
Item *Tragedie de senechq*[134] 1
Item *Etomolode disidoro*[134] 1
Item *constutiones papal* 1
Item *vergilio* 1 q i coverda verde
Item *anticorum aristotelis* 1
Item *retorica tulii*[135] 1
Item *tulio ofitiorum* 1
Item *defensor minor* 1
Item *libro platonis* 1
Item *Valerio masimo* 1
Item *Memoranda Regis* 1
Item *boezio e innario* i volumine 1
Item *mach brio*[136] 1
Item *gratissmo*[137] 1
Item *Sepe et multum* 1
Item *liber unis incipit quamquam* 1
Item *liber unus incipit epicendio* 1
Item *salustio* 1
Item *orazio et poetria*[138] 1
Item *ultima in martina*[139] 1
Item *macho brio et visione Siprionis*[140] 1
Item *persio* 1
Item *tuli marcii* 1
Item *tracadia eccerini d Romano*[141] 1

---

133 Eventuell Hugutio aus Pisa oder Ugocione da Lodi verwiesen.
134 Eventuell die Chroniken Isidors.
135 *Cicero (Marcus Tulius C.).*
136 Macrobius.
137 Evrard von Béthune, *Graecismus.*
138 Wahrscheinlich *Cicero (Marcus Tulius C.), De oratore* und eine *Poetica,* vielleicht Horaz, *Ars poetica.*
139 Wahrscheinlich der letzte Teil der *Chronica Martiniana* des Martinus von Troppau (Oppaviensis) oder die *Chronica summorum pontificum imperatorumque ac de septem aetatibus mundi.* Vgl. auch Girolamo da Molin, Anhang II. 1458/1486. Lino Lazzarini transkribiert hier "ultima inventiva".
140 Macrobius, wahrscheinlich Kommentar zu Ciceros *Somnium Scipionis.*

item *Firmianus*1
Item *marci tulij ceronis* i bambaxio1
Item molti *schartabili* in i ligato
(ASV, PSM, Atti Misti, B. 177, Commissarie di Francesco da Lancenigo, Carta nn.
Ähnlich transkribiert bei Lazzarini, Lino: Paolo da Bernardo, S. 234)

1401/1

Bernardo da Muggia (vel: Mula)
Patrizier, hatte keinen Sitz im großen Rat, nannte die Patrizierin Beatrixe da
Molin seine cognada (= Schwager) und einen Marcho da Molin seinen cognado
(= Schwager) (vgl. Testament), machte Testament am 8. Juli 1401

Hinterlassenschaftsinventar vom 10. Dezember 1401:
Inventarium omnium rerum mobilium ... in domo ser bernardi de muglia

...
+ Item i *libro de lepsitole di san pollo* ane ladina
+ Item i *libro* coverto di cuoio vermilio
+ Item i *libro del prologo di san Jieronimo soma Ysaia* coverto di chuoro Virido
+ Item *un libro de Iob* de chuoio vermilio
+ Item i *biblia* picolla coverta de velludo vermilio
+ Item un *libro dele pistole san pollo* diproprietà de ser zane de i buachi
...
Item i spada
...
Item I *libro* cum collo blancho
...
(ASV, PSM de citra, B. 135, Commissarie di Bernardo da Muggia, Fasc. 4,
Inventarii e Conti)

1401/2

Donna Lucia
Patrizierin, Witwe Bernardo da Muggias (siehe dort 1401/1):

Hinterlassenschaftsinventar vom 10. Dezember 1401:
...
Cose lasad ala dona
...
Item I *libro* per sechalina *lepistole di san pollo*
...
(ASV, PSM de citra, B. 135, Commissarie di Bernardo da Muggia, Fasc. 4,
Inventarii e Conti)

---

141 Möglicherweise Aegidius Romanus.

1401/3

Bartholomeus a Ferro
Schulmeister

Testament vom 19. Juli 1401:
> ... Item relinquo discreto viro ser Victori Bono. S. Marcialis, in cuius domo sum presentialiter infirmitate detentus, de bonis meis libras duodecim parvorum pro anima mea... Est sciendum quod dominus Baertaldinus canonicus tervisinus habet unum meum *librum de mulieribus claris*[142] et quidam magister a cartis de Tervisio habet unum *Ovidium a parte maiori*[143] meum (Nach Bertanza: Maestri, S. 236)

1405/1

Pre Francesco de Tuscia
Presbiterius

Leonardus de Capitenato hält in seinem Testament vom 1. Juli 1405 die Verpfändung folgender Bücher fest:
> Sane prophetica vox ... Quapropter ego prespiter Leonardus de Capitenato nunc mansionarius in ecclesia S. Iustine ... vocari feci ad me Basiluem Darvasio ... notarium ... ut hoc meum scriberet testamentum ... In quo quiudem ... volo quod Commissari mei exigant a presbitero Francisco de Tuscia ducatos XV, quos habere debeo ab eo, quibus habitis, restituant sibi suum *missale* et suum *breviarium* et *psalterium* ... (Nach Bertanza: Maestri, S. 253)

1405/2

Bastiano

Leonardus de Capitenato hält in seinem Testament vom 1. Juli 1405 die Verpfändung folgender Bücher fest:
> ...Item volo quod exigantur ab infrascriptis scolaribus debitoribus meis infrascripti denarii; videlicet a Bastiano ducatus unus, quosoluto habeat *suos libros*, a Michele de d. Iacobina libre tres parvorum, a Iacobo filio Fransciscini libre tre parvorum, a Lacaro libre tres parvorum, a Donato quicquid dixerit ... presbiter Iohannes s. Trinitatis, a d. Rigo Cornario pro filio suo quicquid placet sibi ... (Nach Bertanza: Maestri, S. 253)

1406

Pietro Corner
Patrizier, Prokurator von San Marco

Pre Antonio schätzte im Auftrag der Prokuratoren seine Bücher:

---

142 Giovanni Boccaccio, *De mulieribus claris*.
143 Zu identifizieren als die *Methamorphosen*.

i valignestario per le domoenege	L. iii	s. x
i donado[144] coeato contra ponteraso		
i de horacio[145] amano chapiti	L. i	s iiii
3 de la bebea nom josu e uide[146] et erat duchati	L. iiii	s. xv
i mesal et votiuium	L. iiii	s.
i infancia del Salvador[147] ducati i s.47 val	L. vii	s. ii
i homiliarum	L. ii	s. vii
i chronicha deletere sante[148] ducati 2 val	L. viiii	s. x
i de aristotele	L. ii	s. ii
i de valgenlio de san lucha	L. ii	s.
i de idodexi apostoli con le gluxe[149] ducati 2val	L viiii	s. x
i parte de la bibia ducati 5 val	L xxiii	s. xv
i chonpetes lunares e solares de strologia[150] ducati 2 val	L viii	s. x
i loicha ducati 3 val	L.xiiii	s. v
2 parte de dante[151] in volgar ducati 2 val	L.viiii	s. x
i mesal dagliexiea votivum con algune oraciiducati i val	L. iii	s. xv
i Retoricha de ipianeti destrologia[152] ducati	L iiii	s. xv
i boechio ducato i s. 43 val	L. vii	s. ii
i tratato de spiera de strologia[153]	L. ii	s. vii
i tratato de strologia idest e veliti de syochulis duc 1 val	L. iiii	s. xv
i del testamento novo ducato i val	L iiii	s. xv
i del nuovo testamento		
i di giomancia[154] in banbasina	L. ii	s. vii
i aparatus de ludicis[155] ducato i val	L iiii	s. xv
i senecha de beneficiis	L. ii	s. vii
i de la seconda parte de pietro spagna[156]	L. ii	s. vii
i de proprietatibus rerum[157] ducati 2 val	L viiii	s. xv
i de strologia tabula[158] ducato 1 val	L. iiii	s. xv
i de gramadiga in versii[159]	L. ii.	s. vii

---

144 Aelius Donatus, *Ars grammatica*.

145 Horaz.

146 Auszug aus dem Alten Testament.

147 Aus dem 14. Jahrhundert sind mehrere apokryphe Kindheitsbeschreibungen Jesu überliefert, u.a. *Fra* Enselmino da Treviso, *Infantia del Salvatore, sua vita miracoli e passione*.

148 Vermutlich eine Beschreibung des Heiligen Landes.

149 Apostelgeschichte oder apokrypher Apostelbericht.

150 Beschreibung der Aufgaben oder der Bewegungen von Sonne und Mond.

151 Zwei Teile der *Divina commedia*.

152 Möglicherweise Gerardus Sabloneta von Cremona, *Theorica planetarum*.

153 Johannes von Sacroboso, *De sphaera mundi*.

154 Geomantie = Erdzeichenlesekunst.

155 *Apparatus de judiciis stelarum*, Handbuch zur Erstellung von Horoskopen.

156 Petrus Hispanus (Johannes XXI.), zweiter Teil der siebenteiligen *Summulae logicales*, trägt den Titel *Tractatus secundus de quinque universalibus correspondens libro predicabilum Porphirii*.

157 Bartholomaeus Anglicus, *De genuinis rerum coelestium, terrestrium et inferarum proprietatibus*.

158 Astronomische Tafeln.

159 Alexander von Villa Dei, *Doctrinale*, in Versform verfaßt.

i de le sette arti[160] ducati 2 val   L. viiii   s. x
i parte de la bebia ducati 8 val   L. xxxviii   s. -
i testo de lesencencie[161] ducati 2 val   L. viiii   s.x
i statuto senza le chotencion[162] ducato i val   L. viiii   s. xv
i perspetiva[163] in bambasina
i sentilarium[164]   L. iii   s.-
i de ciromancia[165]   L. ii   s. vii
i de gramadega in bambaxina   L. ii   s.-"

Testament von 1405:
... e perche io so che Ser marin dandolo ha dellecto dele gloxe de dante. Lasso a lo ditto el mio *dante cum le gluoxe*[166] (ASV, PSM de citra, B. 96, Commissario di Pietro Corner, publ. bei Connell: S. 166 f.)

Verkauf vom 13. Juli 1417:
unum *librum vocatum tractatum in astrologia* in carta papiri venditum magistro nicolao de salerno ducati iii. Item pro uno *statuto vendito* ser victori barbaro de salerno ducati ii. Eodem die Recepi pro uno *Evangelistario* vendito ser giorgio lauredano L. V. item pro uno *troiano* literali sermone scripto[167] vendito plebani s. Marie matris domini L. II s. x.

Verkauf vom 11. Juli 1420:
pro uno *libro super epistolis* ser Jacobo de lamgusti L iii Item pro una *biblia* ser dardi foscareno L. L ... Item pro uno libro ser petro contareno L. xx. (ebd., Quadernus, publ. bei Connell: S. 168)

1407/1

Giovanni Dandolo
Patrizier, San Antonin

Testament vom 5. März 1407:
In christi nomine amen...Item dimitto nepotibus meis soprascriptis [Thoma] meum *messale* magnum et pulchrum et calicem argenteum cum paranientis, cum condicione quod non possint illud vendere nec alienores sed volo quod remaneat

---

160 Eventuell Martianus Capella.
161 *Sentenzen.* Connell schreibt sie Petrus Lombardus zu. Hierzu liegen allerdings keine Hinweise vor.
162 Wahrscheinlich Verweis die Statuten Venedigs.
163 Nicht identifiziert.
164 Das Ptolemaios (Klaudios P.) zugeschriebene *Centiloqium.*
165 Ciromantie = Handzeichenlesekunst.
166 *Divina commedia,* mit Kommentar.
167 Connell identifiziert hier einen volkssprachlichen *Troja*-Roman. Der Hinweis *litera-liter sermones scripti* läßt eher eine lateinische Erzählung vermuten, eventuell eine frühe Übersetzung der *Illias* oder das einem Dyctys zugeschriebene und von einem gewissen Septimus ins lateinische übersetzte Tagebuch des Trojanischen Krieges.

in domo mea... (ASV, PSM de citra, B. 56, Commissarie di Giovanni Dandolo, Pergament Nr. 49)

1407/2

Pre Antonio David
Priester von Santa Maria Zobenigo

Vermachte in seinem Testament vom 14. Mai 1407 der Kartause von Montello (bei Santa Maria dei Gerolimini) alle seine Bücher, aber:

Santissimo domino nostro Gregorio XII summo pontifici, meum *manuale*.(Nach Cecchetti: Libri, S. 335)

1407/3

Pietro Miani
Patrizier

Verschiffte - so schrieb Ruggiero Conatrini seinem Bruder - 1407 alle seine Bücher, "tuti y so *libri*", nach Venedig. (Nach Zorzi: Dal Manoscritto al libro S. 823)

1408

Pre Stefano Toresanis
Kastellan von San Marco, machte Testament am 26. August 1408

Verkauf vom 21. Oktober 1411:

...

Item unum *misaleto* con *uno pontificaleto* de [-]
per duc 11 15 s 0

...

(ASV, PSM, Atti Misti, B. 139, Commissarie di Toresanis Prb. Stefano qd Matteo)

1410

Anonymus

26. Juni 1410:

Unum librum membranum cum permulis ligneis qui *liber* vocatur *Suma magistrirolandini*[168]; id qui vocatur *flor* magistri rolandini. (Nach Cecchetti: Libri, S. 335, Anm. 4, macht keine weiteren Angaben)

---

168 Orlando Bandinelli (Papst Alexander VIII.)

1411

Christina Aymo
Patrizierin, Santa Fosca, Witwe Matheo Aymos

Testament vom 27. Februar 1411:
   Hec dicit Dominus Deus: dispone ... Quod ... volvens in mentem ...Ego Christina
   Aymo relicte nobilis viri d. Maphei Aymo de confinio S. Fusce ... accessi ad
   Henricum Salomon ... notaraium ... ut hoc meum scriberet testamentum... Item
   dimitto magistro Fredeico scolarum rectori de confinio S.Marie Magdalene ducatos
   tres auri... Item monialibus [S.Ieronimi] dimitto meo duo *breviaria* ...Omnes autem
   libros meos et *officieta* sive *officiola*, cuiscumque qualitatis sint, dimitto Beatrici
   Benbo nepti mee... (Nach Bertanza: Maestri, S. 275)

1412

Girolamo Donà
Patrizier

Besaß einen *"Catull"* und einen *"Cicerone"* (Nach Il dottorato in arti (1478)
di Girolamo Donato. In: Quaderni per la storia dell'Università di Padova 6,
1973, S. 215-216.)

1413

Petrus Pensavem
Plebanus von San Blasius

Testament vom 4. Februar 1413:
   ...Item dimitto de Ecclesiam San Blasium *missale* meum votium cohopertum corio
   rubeo ... Item [-] Simone filium meum adotium quem dicta Caterina et ego
   accepimus in [-] nostr[-] amore de Inconsien[-] Caterine ut eum tractet In filium
   put promisit dimitto dictus simon [-] obectens et facias bona [-] casum
   benefacieente ei dimitto omnes panos meos i meo portare et omnes *libros*
   quindecentes [-]ultra sit in consientia predicorum Commissarum dandi sibi dandi
   sibi [-] Item dimitto [-] ecclesiem san Blasium unum *breviqrium* meum monasatum
   (monascitum?) cohopertum corio albo et [-] *psalterium* ...[169] (ASV, S.N.,
   Testamenti, B. 724, Donato de Nadal, Protocolli, Nr. 13)

1415

Giovanni Morosini
Patrizier

Hinterlassenschaftsinventar:
   ...

---

169 Dokument ist stark beschädigt.

Item uno *quaderno* grande in coverta negra scritto de man de p zuan moro
...
(ASV, C.I., Notai, B. 193, Sori Francesco, 112v)

1419/1
Bartolomeo Grimani
Patrizier, Kaufmann, Santa Sofia, Sohn Nicollò Grimanis, starb am 29. Januar 1419

Hinterlassenschaftsinventar:
...
Item i *breviario* molto belo con i^a vaina(?)^{170}
Item 2 *fizieti* i° de nostra dona laltro dela crose
...
(ASV, PSM, Atti Misti, B. 170a, Commissaria di Bartolomeo Grimani da Sta Sofia, Foglio nn.; Testament ebd., nn.)

1419/2
Donna Madaluzia
Witwe des Bartomolei Philipari, Santa Justinia

Testament vom 30. Mai 1419:
... Item dimitto superscripte colecte nepte mee *offitium* meum et *omnes libros* qui reperientur de meis... (ASV, S.N., Testamenti, Stefano Marario, B. 724, Carta Nr. 46)

1420/1
Pre Zuane de Sivenicho
San Stefano

Liste der zu verkaufenden und an seine Erben weiterzugebenden Erbstücke im Anhang an das Testament vom 23. März 1420:
Queste sono le robe che laso in chaxa lequal voiu chese venda quale che sono mie ... Item lasso una carta de fiandra pica al muro ... Item ...un *breviario* de pre Simon de lana inda di tre ducati un olatraiol de pre nicolo cum una chelsela de corporali *un libro de recomandatio de lanima*... (ASV, S.N., Testamenti, B. 415, Giovanni de Buzzi, Carta nn.)

1420/2
Biagio Dolfin
Konsul in Alessandria (1391-1420), machte Testament am 12. April 1420

---

170 Eventuell Kurzform für *Evangelio*.

Hinterlassenschaftsinventar (undatiert):

...

2 *libri* zoe i *donado*[171] et i *petri pergolla*

...

(ASV, PSM, Atti Misti, B. 180, Commissarie di Biagio Dolfin, Fasc II, Inventarii)

1420/3

Cecilia Bembo

Patrizierin, geb.Dolfin, Witwe des Antonio Bembo ("egregio decorate militis")

Testament vom 7. August 1420:

... laso mie chomessarrie madona Lucia dolphin mia mare e do i *libri* che xe mie che val cerca duchati vinti cinque li altri *libri* tocha per nome de santo pare am mio fio piero el qual mio aver si in chaxe e si in *libri* e si in deneri la soli aital ... (ASV, S.N., Testamenti, B. 486, Francesco Ghibellino, Carta Nr. 239)

1420/4

Paolo da Faiano

Schulmeister, San Proculi

Testament vom 4. September 1420:

... Item reliquit Antonio Vanatoii de civitate firmana unam scioccham rubeam de rosato foderatam de cenato. Item reliquit eidem Anthonio *omnes suos libros de medicina* et *in arte philosophica* et *omnia opera philosophica que operati sunt simul*. Item reliquid eidem Anthonio omnes denarios, quos debet recipere a scolaribus suis pro salario sibi debito a dicto scolaribus. Item dixit dictus magister Paulus se fore obligam ser Damiano scribano carcerum Venetiarum in septuagintaquatuor ducatis pro d. Nicolao Nevi de Vincentia, de quibus LXXIIII ducatis dictus magister dixit solvisse ... dicto ser Damiano ducatos XXXV. Restat dictus ser Danianus habere a dicto magistro Paulo ...ducatus XXXVIIII, pro quibus dictus ser Damianus tenet in pignore a dicto magistro Paulo infrascriptos libros, videlicet unum *missale pulcrum de pulcra litera* valoris ducatorum XXXIIII et unum alium *missale* valoris ducatorum X. Item *librorum totum Avicene*[172] valoris XIIII ducatorum ... Item dixit debere recipere a.d. Nicolao Nevi de Vicentia ducatos LXXIIII, de quibus fuit et est obligatus ser Damiano scribano carceris Venitiarum. Item dicit debere recipere a dicto d. Nicolao ducatos XXVI ... Item dixit debere recipere a dicto d. Nicolao ducatos VII pro damno et interesse cuiusdam *missalis* dicti magistri Pauli empti per dictum magistrum Paulum pro pretio ducatorum XXXII ... Item dixit mutuasse ... dicto d. Nicolao circa IIII ducatos. Item dixit debere recipere a d. Anthonio dela Porta pro restu unius *brevarii* venditi dicto Anthonio dela Porta pert dictum magistrum Paulum, ducatos XI. Item dixit debere recipere a dicto d. Anthonio ducatos duos quos dictus magister Paulus solvit pro eo et eius rogatu magistro Anthonioatio scrimitori. Item dixit recipere a magistro Angelo de Roma magistro scolarunm gramatice ducatos

---

171 Aelius Donatus, *Ars grammatica*.
172 Wohl Verweis auf den vollständigen *Kanon der Medizin* des Avicenna (Ibn Sinna).

XI pro restu unius lecti venditi dicto magistro Angelo per dictum magistrum
Paulum, pro quibus XI ducatis tenet ab eo in pignore unum *Doctrinale*[173] glosatum
sive scriptum super *Doctrinale* qui vocatur *Iupiter* Item dixit ... debere recipere a
prespiterio Rogerio de S.Moysy ducatos XVII, pro quibus tenet in pignore ab ipso
librum qui dicitu *istorie scolastice* et *librum Terentii* et *Epistolas Tulii*[174]. Item
dixit debere recipere a frate Iohanne de Cesena ordinis servorum S. Marie ducatos
XXV, quos solvit pro eo in emptione unius *missalis* ... Item dixit mutuasse d. fratri
Gualterio episcopo beneniensis unum lectum videlicet culcitram et capiziale ...
Item dixit debere dare uni, qui ivit in galleis, duos ducatos pro *epistolis Senece* qua
ille dedit dicto magistro Paulo ut eas venderet, et dixit tenere unum *Boetium* et
Tullium de Amicicia, qui sunt illius cuius erant dicte *epistole Senece*. Item dixit
tenere medietatem *Ugotionis*[175] et unum *librum de anima* modici valoris, qui sunt
generi domine Pasque ... Item dixit tenere duos libros, videlicet *Gualterium* et
unum *Quadragesimale* ... (Nach Bertanza: Maestri, S. 297-299)

1420/5

Anonymus
Seefahrer

Verkaufte Paolo da Faiano seinen Seneca zum Weiterverkauf. Paolo
vermerkte die noch ausstehende Zahlung in seinem Testament vom 4.
September 1420:
   ... Item dixit debere dare uni, qui ivit in galleis, duos ducatos pro *epistolis Senece*
   qua ille dedit dicto magistro Paulo ut eas venderet... (Nach Bertanza: Maestri, S.
   297-299)

1420/6

Bartolomeo Recrovati
Primicerius von San Marco

Testament vom 12. Dezember 1420:
   (hinterließ den Nonnen von S. Andrea de Zirada) ...librum nostrum de papiro,
   cohopertum tabulis et coro zalo desuper, in quo scripta sunt *multa dicta et
   miracula sanctorum* (Nach Cecchetti: Libri, S. 335)

1420/7

Stefano Bertoldo

Haushaltsinventar[176]:

---

173 Eventuell Alexander von Villa Dei, *Doctrinale*. Vgl. Kap 6.3.5.
174 *Cicero (Marcus Tulius C.)*.
175 Hugutio.
176 Undatiert, gemäß Datierung Claudia Salminis (10.9.1996) frühes, eventuell auch
   spätes 15. Jahrhundert. Testamente eines Antonio Bertoldo fu Stefano vom 5. Septem-

Arvise (sic) e massarie, leti e oltre cose che aspera massarie drapa da homo eda
dona ... lequal e trova in casa de ser stafano bertoldo

...

Azentiere de casa

...

Agnus dei dise che se de lidaina
Libero (sic) uno de dante claverd darzento

...

(ASV, PSM de ultra, B. 140, Commissaria di Michel Zacharia, Fasc. XXV,
Carteggio nn. und np.)

                                1420/8

Anonymus
Erzbischof

Hinterlassenschaftsinventar von Stefano da Bertoldo:

...

Arzenti e cose che
so(n) de larcivescovo

...

libro uno *pontifial* coverto de verde

...

(ASV, PSM de ultra, B. 140, Commissaria di Michel Zacharia, Fasc. XXV,
Carteggio nn. und np.)

                                1421

Lodovico und Giovanni Zanchetta
*Scolari, Söhne Bartomoleo Zanchettas. Nach dem Tod ihres Vaters organisierten
die Prokuratoren als Nachlaßverwalter ihre Ausbildung.*

Notitz in der Nachlaßverwaltung Bartolomeo Zanchettas vom 20. Mai 1421:
...dedimus magistro nicolao bidello. Et primo. pro una *doctrinale* glosato valoris
ducati iii auri. Item pro uno *pari notabilium magistri Johannes de Soncino* ducati
1½. Item pro uno*prospeio verboroum* L. ii parvorum Item pro una *eva*[177] s. xx.
Summant in totum L. vii s lxx parvorum.(Nach Connell: S. 185)

                                1422

Pre Francesco Clarelo
"de venetiis", Presbiterius in Padua

Testament vom 3. September 1422:

---

ber 1383 und einer Maria Bertoldo di Stefano vom 11. August 1382 befinden sich in
   ASV, C.I., B. 145, 5.1.59 und 5.1.56.
177 *Liber Evae Colombae*, Grammatik.

...Item relinquo Ecclesiae sancti petri ville campanee paduam districtus ducatos sex per fabrica ipsius Ecclesiam. Item relinquo eidem eclesi.. *librum meum* a *batizando* copertum de rubeo pro anima mea... Item dimitto dicte Ecclesiam Sancti Jacobi pontis molindriorum meum scrignum de Nogaria per collocando intus argenterias[178] ipsius Eclesiae... Item dimitto dicte ecclesiae unum meum *librum pasionarium* litere grosse pro anima mea. Item dimitto presbitero Basilio de venenzia nepoti meo *omnis meos libros* cuiuslibet maneries quos habeo et qui miei sunt... (ASV, S.N., Testamenti, B. 730, Johannes de Larocca, Protocolli 4v, Nr. 4)

1423

Marino Dandolo
Patrizier, Santa Lucia

Testament vom 4. November 1423:
... Item dimitto *breviarium* meum viri (vel: uni) honesto sacerdoti secundum distinctionem meorum comissaiorum... (ASV, S.N., Testamenti, B. 724, Donato de Nadal, Protocollo Nr. 44)

1424

Amado de Amati
San Giovanni Crisostomo

Hinterlassenschaftsinventar:

...
1 donado[179] i altro libereto de ser mori
...
2 pari de riegole
i doctrinal
...
In una camera picola
...
1 saltariol i libro de officio de morti
1 libro de pacícciá (sic) in volgar
1 officio de nostra dona form dargento
1 alto officiol picolo de nostra dna

(ASV, PSM, Atti Misti, B. 112, Inventar vom 1.12.1424)

1426/1

Suor Catarina
Nonne (dritter Orden des Franziskus), Tochter eines Ser Constantini

---

178 Womöglich Jacobus von Voragine, *Legenda aurea.* Vgl. Anm. 6.
178 Aelius Donatus, *Ars grammatica.*
179 Aelius Donatus, *Ars grammatica.*

Testament vom 20. Januar 1426:
> ...Item dimitto meum *officium* a cohoperta alba lazarina uxori Johannis si pariat
> filiarum. Item dimitto *officium* a cohoperta rubea aligato al blancho... (ASV, S.N.,
> Testamenti, B. 486, Pasqualino Bianco, Carta Nr. 15)

1426/2

Marco Lando
Bischof von Castello, machte Testament am 23. Januar 1426

Hinterlassenschaftsinventar:
> Mccccxxviiij die ciii aprilis
> infrascriptum est inventarium rerum consignatarum spectabilem (sic) et egregium
> (sic) virum dominum Marinum Lando Commissarum quondam Residuum di ...
> domini Marti Lando Episcopi Castellani ...
> ...
> Item nota etiam quod in manibus suprascripti domini Marini rimasit unum *missale*
> pulcrum datur (legitur: dá) condam (legitur: C) domini Episcopi pro meliori
> consuatione ipsuis quod est ad requisitionem dicte ecclesie et capituli...
> (ASV, PSM de citra, B. 66, Commissarie di Marco Lando, Fasc. 4)

Testament vom 23. Januar 1426:
> ... Item dimittus predicte nostre capelle omnia et singula paramenta at ornamenta ...
> dimittimus Ecclesie Castellane profate pro usu in persona domini Episcopi
> castellani qui pro tempore erit in ipsam usque (legitur: us) dictam (legitur: tm)
> ecclesiam castellani exceptis quibuscuiunquis *libris*, nisi *missalia* forent que pro
> usu celebrantum in dicta nostra capella supradicte capelle dimittimus nostro maiori
> *missali* quo cum in pontificalis utimus...volumus quod una cum precio quod
> extrahetur ex venditione argentum, annulorum, vocalium et librorum nostrorum
> fuprastcriptorum ponantur ad camera imprestitorum nomine nostre Commissarie...
> (ebd., Pergament vom 23. Januar 1426)

1426/3

Giovanna Nani
Patrizierin, Witwe des Petro Nani, lebte in Padua:

Testament vom 5. März 1426:
> ...Item dimitto domino Luca Leono *breviarium* meum et omnes alios *libros* quos
> sibi e mie...Item dimitto eisdem domine Luca ducatos quinquaginta pro emendo
> sibi unum aparanientum cum missale per celebrare missas pro anima mea... (ASV,
> S.N., Testamenti, B. 730, Johannes de Larocca, Protocolli 9r-10v, Nr. 15)

1426/4

Antonio Grisson
*Patrizier, Student (" scolaro in iure canonico"), machte Testament im "collegio
scolarium" bei San Antonio Confessore in Padua*

Testament vom 26. April 1426:

...Item dimitto dicto domino plebano sancti Johanis crixostomis unum meum *breviarium* pulchrum valoris ducatorum quinquaginta et *librum* meum vocatum *Inocentium* in Iure canonico[180], et *unum cardinalium* super quinto libro decretalium, et *partem tercii librii decretalium* et *decretales* meas... (ASV, S.N., Testamenti, B. 730, Johannes de Larocca, Protocolli 19v-20r, Nr. 32)

1426/5

Victoris Bonapaxi de Rambaldonibus de Feltro
Schulmeister

Auflistung seiner Schulden und Guthaben im Testament vom 26. Juli 1426:

... Infrascripta sunt credita mei Victoris Bonapaxij de Rambaldonibus de Feltro. Primo d. Maria a forficibus de qua sententia est in manibus cancelarii

d. ducis	duc. 6
Item Clara a forficibus eius filia de qua sententia inmanibus supradicti cancelarii	duc. 14
Item Anthonius eius frater pro doctrina unius ani cumdimidio	duc. 3
Item fratres S. Iustine de Veneciis quos habuerunt ame mutuo	duc. 14
Item Martinus barcharolo pro doctrina unius eius nepotis Anthonii	duc. 5
Item d. Zuana Castagnom pro doctrina eius filii Danielis	duc. 6
Item Paulus Rosso pro doctrina duorum suorum levirorum	duc. 4
Item Augustinus Buselo pro doctrina duorum suorum filiorum	duc. 4
Item Georgius Franchus pro doctrina duorum suorum filiorum	duc. 6
Item Iacobus Dudo (o Drido) pro doctrina eius filij Urssati	duc. 6
Item Petrus Palmarolo pro doctrina eius filij Nicolaj	duc. 5
Item magister Anthonius murarius pro doctrina duorum suorum filiorum	duc. X
Item magister Thomas de arboribus de quo habetur sententia ad officium Iustite Nove	d.4. $^1/_2$.4
Item magister dominicus toscanus de quo habetur sententia ad dictum officium	d.1.qt.1.
Item d. Cristina de qua habitur sententia ad dictum officium Iustitie	duc. 2. $/_2$
Item d. Caterina concanave de qua habetur sententia sol. de libris 14 soldis 14	duc. 5
de quibus ducatis 5 habeo supra scriptum de manu in capssa mea	
Item d. Tarssia cognata Petri Gali de Castelo de (sic) habet sententiam Paulus par. (sic).	duc. 9
Item d. Clara uxor Francisci Ricardi pro resto doctrine Iacomeli	duc. 1
Item Anthonius Busello pro resto unius rationis facte cum eo	duc. 1
Item d. Geronimus Badoario pro doctrina Geronimi	duc. 2
Item d. Gabriel Moro pro doctrina eius filij Antonij	duc. 1. $/_2$
Item d. presbiter	duc. 1

---

180 Lothar von Segni, später Papst Innozenz III.. *Compilatio III*, Dekretalensammlung.

Item Anthonius Lovisii de Basiano pro doctrina III suorum filiorum   duc. 3
Item Georgius Natalis pro resto doctrine eius filij   duc...
Item heredes Dedi filii ser Zamboni de Feltro pro uno testamento   duc. 4
Summa sumarum ducati 120

Infrascripta sunt bona mobilia predicti Victoris etc.
Primo una *Rethorica nova et vetus* insimul se continentes quam habeo
in pignus penes magistrum Paulum sarcanenssem pro ducatis 2,
videlicet   duc. 4
Item unum *Salustius* in papiro precio   duc. 2
Item una *Suma notarie*[181] precio   duc. 2
Item unum *doctrinale*[182] d. Pauli Malipetro quod habeo penes me pro
ducatis 4, quos hebere debeo ab eo pro doctrina Matei, videlicet   duc. 3
Item unum *officium nostre domine* precio   duc. 4
Item unum suprascriptum *doctrinalis* non completum precio   duc. 1
Item unum *liber* qui vocatur *linea heremitarum* precio   duc. 1
Item duo *paria regularum* g15 precio   duc. 1
Item *regule magistri Iohannis de Suncino* precio   libr. 3
Item unam vestis pani pavonaci suffulta sindone   duc. 8
Item una clamis pani morelli   duc. 4
Item duo diploides, unus pavonacius, alius morelus   libr. 4
Item unus diplois camoce precio   duc. 1
Item duo caputei, unus pavonacius, alius morelus   libr. 4
Item duo guarnace vulpium antique precio   duc. 6
Item unus tapetus precio   duc. 2
Item una tunica pani frisoni precio   duc. 4
Item unum linteamen, due lancei (?), 4 prasides duo (sic)   duc. 1
Item tres capsse, due pinete et alia non precio   duc. 3
Item una capssa ancipresi precio   libr.1s.10
Summa sumarum ducati 48"

(Nach Bertanza: Maestri, S. 321-324)

1426/6

Andrea Cornaro
Patrizier, lebte in Padua

Testament vom 20. Oktober 1426:
> ...volens mandans et ordinans quod omnes mercandereis miee zoielli argenteria et
> *libri* mei vendantur. Et denari qui ex dictis rebus extracti fuerint, Et similiter
> omnes alii denarii qui in reperuntur ponantur e emantur Imprestita ad camera
> Imprestitorum... (ASV, S.N., Testamenti, B. 730, Johannes de Larocca, Protocolli
> 7v-8r, Nr. 13)

---

181 Bencevenus Nursinus, *Ars notariatus*.
182 Eventuell Alexander von Villa Dei, *Doctrinale*. Vgl. Kap 6.3.5.

1427

Petro Bernardo

Patrizier ("de veneciis"), Kaufmann, machte Testament in Padua.

Testament vom 15. September 1427:
... Item vendantur dicti miei Commissari *libros meos...* (ASV, S.N., Testamenti, B. 730, Johannes de Larocca, Protocolli 12rv, Nr. 18)

1428/1

Giovanni Recanati

Cives venetiarum, Medicus („cyroicus"), artium et medicine doctor, San Paternian, Sohn von Magister Andrea Recanati, machte Testament am 1. März 1428, ordnete dort den Verkauf seiner beweglichen Habe zum Ankauf von Staatsanleihen an

Verkauf vom 17. Dezember 1428:
m iiiixxviii mensis dicembris die xvij nos albani badurio et victurius zenno procuratores san marci de citra recepimus a[-] Jacobi antonio petis et marino frederigo et filio nostro commisserii pro libris vendutis ...et primo pro i *Serapione de Simplicibus*[183] d 6, pro i *scripto de Dino super avicena*[184] duc 7, pro i *scripto gentilis d[-]cis de oculis*[185] d 5, pro iii *teroicis di vicena* duc 3 ½, pro i *artesella completa*[186] duc 8, pro i *teca pratica di Galeno* duc 2, pro un *guilielmo in zerochia*[187] duc 2, pro i *simone Ianuensi* duc 14, pro *sermonis de mondino* duc 3, pro *almanserio duobis* duc 5 ½, pro i *nicolao*[188] duc 1 ½, pro i *david de rubeis* duc 2 ½, pro *pratinio* (sic) *galieni* duc 2, pro *zirogia Bruni*[189] duc 2, pro i *lucane* duc 3, pro i *ali de dispositione reali* duc 3, pro i *terzio avicene* duc 10, pro *questionibus magistri Maphei aporta*[190] duc 2, pro *dictis particularibus et universalibus Isaac*[191] duc 4, pro *istorie etimolegiis* duc 8, pro i *albachesa*[192] duc 2, pro i *breviario* duc 3, pro *naturis animalium* duc 2, pro i *secundo Avicenne* duc 2, pro i *ovidio metamorfoseos* duc 3, pro i *artesela non completa* duc 4, pro i *antedotario galieni* duc 3, pro i *cecho* (sic) *das[-]Julis*[193] duc 2, pro i *libro de evangelis* duc 1 ½, pro *epistolis senece* duc 10, pro ii *boeciis de consatium*[194] duc

183 Serapion Junior (Ibn Sárabi), *De simplici medicina,* von Simon Januensis übersetzt.
184 Dinus Aldebrandinus von Garbo, Kommentar zu Avicennas (Ibn Sinna) Kanon der Medizin.
185 Gentilis von Fulgineo, eventuell ein Teil seines Kommentars zu Avicenna (Ibn Sinna).
186 Sammlung medizinischer Traktate u.a. des Hippokrates, genannt *Articella.*
187 Wilhelm von Saliceto, *Ars chirurgica.*
188 Möglicherweise Nikolaus von Salerno, *Antidotarium.*
189 Bruno von Longobucco, *Chirurgia magna.*
190 Mathaeus von Aquasparta, *Questiones disputatae,* Schüler Bonaventuras.
191 Isaak Judaeus, *De dietis particularibus.*
192 Abulkasim.
193 Vielleicht Aulus Cornelius Celsus, schrieb zur Zeit des Tiberius eine lateinische Enzykloplädie in sechs Teilen: Landwirtschaft, Medizin, Kriegswesen, Beredtsamkeit, Rechtswissenschaft und Philosophie. Erhalten sind nur die acht Bücher über Medizin.
194 Boethius, *De consolatione philosphia.*

8, pro i *Ethica m*[-]*rmetis de simplizibus* duc 12 pro *primo secundo et quarto* avicene in uno volumine duc 12, pro i *philosofia* duc 6, pro i *artesella completa* duc 6, pro un *Galieno de megenio* (sic) *sanitatis* duc 6, pro un *gualelmo in cirogia* duc 1 ½, pro *una arte veteri* duc 1 ½, pro i *scripto super arte veteri* duc 3, pro *logica pietri ispani* duc 1, pro *lucanio* duc 2, pro *valerio* duc 3, pro i *boecio* duc 1 ½, pro *gracismo*[195] duc 5, pro *regulis magistri Johanis de Sostino* duc 1, pro i *libro de vita scholastica* duc 1, pro i *ovido epistolarum* duc 2, pro iᵃ *poetia di gaelferd*[196] duc 1, pro i *prospero* (vel: *propertio*, legitur: ~~prpo~~) duc o grossi [-], pro *esopo* grossi 10, pro i *donato* duc 1, pro i *donato* grossi 12 sunt insoma ducati: LXVII soldi xviii d v 90 p (ASV, PSM, Atti Misti, B. 75, Commissarie di Giovanni Recanati, Quaderno II, np.)

1428/2

Vittore Loredan
Patrizier,Gesandter, Santa Marina, machte Testament am 19. Juli 1428

Hinterlassenschaftsinventar:
x

1428/3

Zuda Pietro
Medicus, Santi Apostoli, machte Testament am 27. Oktober 1428

Hinterlassenschaftsinventar (Abschrift) vom 1. November 1428:
... Hoc est Exemplum copia hinc Inventarium cuiqdam murtán´facti de rebus et bonis Repertis in domo quisdam ...
Miiijxxviii ad promo novembre Inventario de tucte le cosse trovade in casa de ser p lud
...
Item un *officiolo de scta Maria* con i man darzento pizolo
Item i *libro chiamado Galieno* e i in franzexe
Item i *salterio* de la pater granda
Item i *officio con la passion de christo*
Item i *libro scripto in versi*
...
Item i *libro con algun autoritade del testamento vechio*
...
Item i *libro de simoni de chiexia*[197]
Item *le Tragedie*[198]
Item alcun *libri de medicine*
Item i *mesaleto* votivo et i *libro de mosy*[199]

---

195 Evrard von Béthune, *Graecismus.*
196 Galfred von Vinosalvo verfaßte u.a. eine *Poetria nova.*
197 Simon von Keza, *Gesta hungarorum.*
198 Wahrscheinlich die Tragödien Senecas.
199 Möglicherweise Petrus Alfonsi, ursprünglich Rabbi Moysi. Vgl. Lodovico Gradenigo, Anhang I, 1372/1, oder ein Buch Mose (*Exodus, Leviticus, Numeri, Deuteronomium*).

Item 2 Achone da santi

...

Item tre intemele et *un breviario* picolo

..."

Hinterlassenschaftsinventar vom November 1429:

...

uno *libro de ghiexia*[200] grande
uno *libro de galieno* guarnito di curo roso
uno *averois sora la metafisica*
uno *libro de galieno*
uno *legendario de ghexia festimo* (vel: sestimo) *blancha*
uno *libro de misser marco polo* francese
uno *libretto de nostra dona* pizolo
uno *libriol da morti*
ii *libri* de bergamena de s quadernadi
i *libro* santias in vulgar *de flor virtu*

...

(ASV, PSM, Atti Misti, B. 1a, Commissaria di Iusi o Zudi Pietro)

1429

Domenico Leonellis

Medicus (cirurgo), San Angelo, stammte aus Bologna, machte Testament am 3. Juli 1429

Hinterlassenschaftsinventar vom 27. Oktober 1433:
... Inventarium rerum reportatarum, in quadam capsa longa olim magistri domenico de Lionellis...
primo unus *libellus* rubeus parvus *medicine* vel *phisiche*
Item unus alter *liber* de corio veridi *medicine*
Item unus alter *liber medicine* s[-]tis et viridi
Item unus alter *libellus contudictis* (sic) *oculorum*
Item unus alter *libellus* parvus facte pergamene
Item unus alter *scartabellus* vocatur de *ponio*
Item multitude *scartabello* dissolutorum principiunt in *medicinis* continuunt in *artibus*
Item in duobus sacculis quidam scripture et literarum (legitur: Lrarum) multarum
Item aliqui *libelli* sine asseribus archimia

...

(ASV, PSM, Atti Misti, B. 167, Commissarie di Leonellis Domenico, Carta nn.)

1430/1

Pre Ruzier

Plebanus von Santa Maria Zobenigo

---

200 Wohl zu lesen als „chiesa" oder „Keza", dann erneut Simon von Keza, *Gesta hungarorum*, vgl. Anm. 198.

Aussage/Protokoll vom 10. November 1430:

...Io so et come passo la cossa, de Algunj *librj* lo haveo da misser pre ruzier quondam pleban de S. M^a zubenigo, gli quali libri poi io dedi a ser Andrea chocho, ut respondo et dico, che al 1430 d novembre io prestai al dicto pre ruzier cum elqale lo truvia bona domestizija ducati 8 et el dicto me dedi non tanto per segno quanto per haverze piazere de legerli perche lo non me ze dalotana 4 libri, et transcorso Alguni mexi, essendo andado al dicto pre ruzier, per capella col consolo de Allesandria, ovri de damascho, elnon dami el dicto ser Andrea Cocho, che issimo lavea sentido io avea alguni libri de pre ruzier e che me pregava io ge li dissi che mo darzia quello io ze havea prestado, et io respondoli non ze volea fare niente, perche forsi non sarja contento el dicto pre ruzier. passadi alguni di el dito ser Andrea vene dami arialto cum uno cugnado che io ge dasse pur i dicti libri dandono el dicto ser andreea quello io dovra aver, vnd vedudo mi el dicto suo cugnado dirme questo, contentai et diedi al dicto ser andrea tre libri, zoe *la seconda second de san tomaso*^{201} *ligada et scripta in[-]auroto, et Alexando de Ales*^{202} *et Egidio de natura Anglorum* et dame ducatis 6. adi 7 Septembris 1431 et cussi consai(?) suxo al mio libro havergeli dati et che i dicti denari et rotini uno libro per ducatis 2 scripto in bambaxina zioe *la metaura de Alberto magno*, la qual Ancora io ho et [-]egnola per mio piaxeri per i dicti ducati 2. Io resto haver et rucetido(?) poi el dito pre ruzier del suo viazo, gli dissi come io havea dado i dicti 3 libri Al dicto ser Andr de consentimento et volunta de suo cugnado, et havea habudo duc 6 da dito ser Andr et romar[-]. Dapoi [-] est trovado eldito ser Andr Avenire perche era Atrevixio el predicto pre ruzier, plui volte me dissi laveva mandado Adro over seri[-] Al dicto ser Andrea che li mandasse i suoi libri et che el gli daria i suo danari et che mai no ze havra resposto et che lavea [-] de idicti libri et mane de uno *Eusebio de temporalibis*, suxo el qual era Alguno *Epistolo de san Ironimo* che lui dixeva haverlo prestado el quale libro per Avanti el dito pre ruzier etiam havea prestado Xmi et pregavami lo ze dovesse sequor una mia Irà et pagarlo al mandasse il suo libri al deto pre ruzier che gli darja i suo danarij ecussi scripti er mai nó respge per modo che dito pre ruzier. Ando lui Atrevixo et ritornado me disse havea hauto bone parole, ma niente hahvea hauto.Postea ritornado eldito ser Andr Avenixia el dicto pre ruzier plui volte mi disse no era modo lui potesse haver i sui libri et che lo dovesse pagare el dito ser Andr, elze li volesse darzeli et tuor i suo danarij er lui non respoxe lavea afar cum lui de Altro che de i dicti ducati 6 et che landasse Acaxa sua, Afare raxon cum lui et cussi reseri aldeto per ruzier, el qual dise che Andarze asa st isiano stadi insieme Afari le suo raxon o no no vel so diro, Finali(?) lo zorea maxe uno che el dicto pre ruzier no disse che non era modo che el dicto ser Andr gli volesse das i suo libri et tuor i suo danari et che elminava de farlo comandar et mal volenetiria elstua ma como sforzado elqueguina far, gli respuxi fosse di questo como gli piacesse et parme cussi habia fato et issto e quanto si me ariordo et so de al raxon... (ASV, S.N., Testamenti, B. 337, Baldassare de Ripa, Carta Nr. 76)

1430/2

Pre Marcus Basilio
Plebanus von Santi Apostoli

---

201 Von der *Summa theologiae* des Thomas von Aquin war häufig nur das zweite Kapitel isoliert in Umlauf.
202 Alexander von Hales.

Testament vom 21. Dezember 1430:
> ...Item lasso a fantin mio zago tuti i mie *libri* sia de che conditio se voia, eceto *la pixanella*[203] la qual voio vada in mio residuo... (ASV, S.N., Testamenti, B. 1063, Nicolò Venier, Protocolli 7r-8r, Nr. 9)

1430/3

Pre Victor Bonifantinis
Plebanus von San Lio und Referent des Primicerius von Santa Maria Formosa

Testament vom 1. Dezember 1430:
> ...volo quod comissarii mei elligant locum in cademm ecclesiam habilem in quo volo seppelliri, in quantum derici de capelano ipsius ecclesiae adhoc asscentiant ob quod dimitto ipsi Ecclesiae (Santi Leonis) isste meum *breviarum* magnum a camera, Et in quantum illi de capelano ad hoc nollent assentire quod *breviarium* illud isstum remanere totaliter debeat in commissaram meam prolibatam... (ASV, S.N., Testamenti, B. 1063, Nicolo Venier, Protocolli 9rv, Nr. 11)

1430/4

Franceschina Marasco

Vermachte in ihrem Testament all ihre Bücher armen Nonnen. (Nach Connell: S. 163 und Anm. 11.)

1431

Maddalena Scrovegni
Witwe

Testament vom 5. Februar 1431:
> uno libro *de la doctrina de sa baxeio*[204]... uno libro *de sancto zoe de le legende*[205]... uno *libro de sancta brizida*[206]... (publ. bei Connell: S. 163)

1432

Santucia de Ripa
Patrizier, lebte in Padua
Testament vom 14. Mai 1432:
> ...Item voio che tuti i mie *libri* e le mie massarie siano dadi ale done del corporis dominis exceto che [-]atelj e le conaie i qualle voio che siano dade a la chiesa de

---

203 Bartholomaeus Pisanus, *Summa de casibus conscientiae*, kurz auch *Summa pisana* oder auch *Pisanellum* genannt.
204 Basileos der Große.
205 Eventuell die *Legenda aurea* des Jakobus. Vgl. Anm. 6.
206 Birgitta von Schweden, *Revelationes*.

Santa maria nova... (ASV, S.N., Testamenti, B. 730, Johannes de Larocca,
Protocolli 25rv,Nr. 35)

1433/1
India Formenti
Witwe von Ser Angelo, San Basio, machte Testament am 28. Juni 1433,
Prokuratoren legten drei Hinterlassenschaftsinventare an.

3. Hinterlassenschaftsinventar vom 6. Februar 1435:
  Mccccxxxv id vi februario. Inventario de le cose trovade de la comisua de donna
  india relicta de ser Anziolo Formento de la contrada de san Blaxio et prima
  ...
  i *hofiziol* de la dona
  ...
  i so ohioleto de aqua santa
  ...
  (ASV, PSM de citra, B. 133, Commissarie di India Formenti, Carteggi nn.)

1433/2
Leonardo Giustinian
Patrizier

1433 schrieb Ambrogio Traversari in seinen Briefen bei Giovanni Corner in
Venedig auch die Bücher Leonardo Giustinians studiert zu haben. (Nach
Ambrosii Traversarii, Latinae Epistolae, hrsg. von P. Cannetus und L. Mehus,
o.O., 1759; und Connell: S. 175.)

1434/1
Petro Gradenigo
Patrizier

Quittung vom 29. April 1434:
  ...de volumibus quatuor *librorum* unus *exemplarum* san geronimi *unius breviarij*
  voluminus magni disquaternati unus alius *breviarij* accanera veteris et unus
  missalis, quos *libros* ego idem petrus dedi vobis S Francesco predicto et nomine
  marci gradenigo fratris mei predicti... (ASV, C.I., Notai, B. 213, Tabarino Odorico,
  Registro 1433-1437, 29v)

1434/2

Martino da Cortona
Apostolischer Kaplan

Testament vom 22. Juli 1434:

... dimitto il mio *breviarium* ..fra Massimo... *diurnum fra Evangelsita...* Item dimitto *libros* meos sancti Augustini, *dialogum sancti Gregorii flores sanctorum patrum*[207], Johannem grisostomum et omnes alios libros meos conventtui fratrum sancte Brigride commorantium in monasterio sancte justine predicto... (ASV, S.N.Testamenti, B. 824, Vittore Pomino, Registro, publ. bei Connell, S. 168)

1435

Stephane de Petit
Barbitonius, San Giovanni in Rialto, stammte aus Rennes

Testament vom 16. August 1435:

...Dominus stephanus petit de Reniexis partium France quondam ser Tibaldi bartonso hic in veneciis in contarta Sancte Johanin de Rivoalti corpore et mente sanus facio vocare ad me Francisco Ghibelin... in quo posito proemio dixit in hoc meo testamento constituo et esse volo meum solum fedeomissarium dominum prsbiterum Iacobum Bartolomeum in ecclesiam santi severi de venecis ut post obitum meum hanc meam Commissaram ad implere faciat...Item cum mego faciam scrivere unum *librum in medicina* per ser bartolomeus speciarium, volo quod si explebit ipsum libro si dimittant... siano dati) ducatos duos auri quos sibi concessi, quos sibi eo casu puo explibit ipsum *librum* et dare ipsum predicto meo Commissaro sibi dimitto... (ASV, S.N., Testamenti, B. 486, Francesco Ghibellino, Carta Nr. 210)

1436/1

Francesco Morosini I
Patrizier, Kaufmann, verstarb in Damaskus

Hinterlassenschaftsinventar (undatiert):

...

uno *volumine* de bergamena dele pistole de San Ironimo
uno *volumine* de bergamena *de vita patrium*[208]
uno *volumine de dastrola*[209] in bergamena
uno *volumine* di bergamena *del transito di san ironimo*"
uno *officiuol* coverto di cioro rosso
una *gramatica* in papir

---

207 Nach Connell wird hier auf verschiedene Bücher verwiesen. Es handelt sich allerdings höchstwahrscheinlich um ein Exemplar der *Dialogi de vita et miraculis patrum Italicorum* Gregors des Großen.
208 Gregor der Große, *Dialogi de vita et miraculis patrum Italicorum.*
209 Wohl zu lesen als *de astrologia.*

uno *canzonier de tutti i soneti del petrarca* in bergamena
...
(ASV, C.I., Notai, B. 122, Manfredo de Certaldo de Antonio, Quaderno II von 1436, 24rv)

1436/3

Petro da Molin
Patrizier, verstarb in Damaskus

Hinterlassenschaftsinventar (undatiert):
...
In horstella
...
Officeto de nostra dona n° 1
...
Carta a scivar rix ½
candelle de cora n° 6
...
(ASV, C.I., Notai, B. 122, Manfredo de Certaldo de Antonio, Quaderno II von 1436, 20r-22v)

1436/4

Andrea Zuani
„gastaldo ducale", San Moisè, machte Testament am 19. Juni 1436

Hinterlassenschaftsinventar vom 13. Juni 1436:
+ Iesus copia di uno inventario se trova in man de misser Alvise bocheta gastaldo de misser lo doxe, el qual prima fo copiado de unaltro. Esto de man del dito Alvise

+Mccccxxxvi a di 13 Liuo
Le sottoscritte cose sono quelle che ha recevudo Alvise bocheta gastaldo del S. misser lo doxe da i signori prochoratori de Citra comessarij de questo ser andre zuane mio processor et Io Nicolo carlo de comandamento de mio signori prochoratori ho scritto de mia man (1r) ...
...
i *libro* banbaxin *de tomaxo de vugnj*
iiii *libri* coverti 2 de chuoro verde, i de vermese, et i berenti deraxon de ser maestrocando e dessi
(2r)
...
i chueaza coverta scura volti senza bollini
xii *libri* parte per vulgar et parte per latin senza bollini
...
i *libro de avenrais* cum algune costere (?)
(6r)
...
i cassa vuodi da Quaderni senza bolin

i *libro francexe* senza bolin
i *libro* che cominza In tera Iqdá (legitur: incognida?) de ser batista zusegnan
iiii *libri* de diverse sorte senza bolin
...
una vesta in eschia trista
(8r)
(ASV, PSM, Atti Misti, B. 4b, Commissaria di Andrea Giovanni, Inventario del 1436)

Inventar der Wertsachen vom 20. Juni 1436:
...
i *officio* parexim
...
(ebd., Inventari del 1436)

1438/1

Cristina Grilli
Santa Maria Formosa

Hinterlassenschaftsinventar vom 22. November 1438:
Inventarium residuum et bonorum quod de Cristina Grilli de Santa maria Formosa reparatum in domo eius miiixxxviii mensis novembre die xxvi
Et primo...
...
- i° *officio* de nostra dona
...
(ASV, PSM, Atti Misti, B. 65, Commissaria di Cristina Grilli, Inventar vom 22. November 1438)

1438/2

Alvise Donà
Patrizier, Kaufmann, San Bartolomeo, machte Testament am 6. Oktober 1438

Hinterlassenschaftsinventar vom 10. November 1438:
M ° cccc xxx viii mensis novembre die x, Inventarium precium i bonorum quod nobil viri donanto de confinio s. Bartolomei
...
i Anchona con imagine di nostra dona
i *ovidio dale epistole*
i *Boecio*
i *prospero*
i *per de Riegole* pizolle
ii *libri in loycha e philosphia*
i *per de dubij de maistro polo de la pergola*[210]
i *per de consequentie de Strodo* et *obligation de luxé*

---

210 Paulo della Pergola lehrte selbst in Venedig.

i *per de Riegole de maestro zuan de bonzim*[211]
i *per de Riegole de Esbeo*
i *loycha di misser Polo dala pergola*
i *postenoira*
i *ovidio mazore*[212]
i *salustio*
...
(ASV, PSM, Atti Misti, B. 157, Commissarie di Alvise Donà, carteggii nn.)

Verkauf oder Ankauf von "uno misal [-] duc 50" vom 5. Dezember 1440.(Ebd)

1439/1
Andrea Francesco Barbarigo / Donna Margerita
Patrizier, San Tomà

Quittung vom 13. Oktober 1439 (Donna Margerita bestätigt die Auszahlung ihres Erbes / ihrer Mitgift in Sachwerten):

... facio ego Margerita relicta magistri Andree francisci Barberii de confinio Sancti Thome cum meis successoribus vobis reverendo artium doctori magistro Paulo de la pergula plebano ecclesie sancti Johannis in rivoalto et successoribus vestris de *septem voluminibus librorum* quorum unius est testum *phylosophye* naturalis Aristotilis alter est *artesella yppocratis*[213] tertium est *sophysmata burlei*[214] quarttum est *logica petri de mantua*[215] et *heulphie*[216]. Quintum est *questionum alberti super libro physicorum*[217] sextum in qiu sunt multi *tractatus beati thome*[218] et quedam alia et septimum est abbreviata *topicorum elencorum physicorum liber de anima* et quedam alia[219]. que volumina dictus quondam vir meus vobis dedit ad vendendum. Nunc autem que domini iudices proprii dictos libros appretiaverunt et voluerunt eos mihi dari in solutum pro parte doctis mee eosque habui et recipi a vobis magistro Paulo ... (ASV. C.I., B. 149, Atti Vittore Pommino, Registro (1439 -) 29r, publ. bei Connell: S. 169)

1439/2
Lorenzo Donà
Patrizier, " luogotente di friuli "

---

211 Entweder Bonvesin da Riva, *De vita scholastica* oder Bonizio.
212 *Metamorphosen.*
213 *Articella*, Sammlung medizinischer Traktate, u.a. des Hippokrates.
214 Walter Burley, *De puritate artis logicae tractatus longior.*
215 Bekanntestes Werk des Petrus von Mantua.
216 Eventuell Philelphus.
217 Wohl Aristoteleskommentar des Albertus Magnus.
218 Verschiedene Schriften des Thomas von Aquin.
219 Sammelband von Aristoteles, *Topica, Sophistici elenchi, Physica* und *De anima.*

Erstes Hinterlassenschaftsinventar vom 10. Dezember 1439:
Inventaraio delle ecose trovade in la casa del [-]tarione del Magnifico quondam e generoso messer Lorenzo donado olim Luogotenete fatto per lo spectabile generoso messer Francesco alberto, suo zenero... (ASV, PSM, Atti Misti, B. 173, Commissarie di Lorenzo Donà, Carta nn.)

Zusatzinventar vom 29. Dezember 1439:
residuum et bonorum ... existente in una capsa de Nuce
...
un *psalterio pizolo* covto dcuoro verde
una coppa darzento derad com pe.
un *offiziol* non quadernado
un *offiziol* pizillo de nostra"

Inventar vom 12. Januar 1439:
...
una Anchonatta de nostra dona
...
una ymagini de nostra dona con criziffixo in legno
...
in un coffano ferrade ...
...
una *biblia* pizolla
un ligaro con frappe vechie
un *libro de soliloquii de san Augustin*
un *libretto* in vulgare
un *libro de labba i frach*[-]
un *psalterio*[-]
un *libr*[-]
iii capelli binaro[-]
un *brerviaro*
un *scritto sopra psalmi*
un *manual*
un *psalterio pizollo*
un *parte de psalterio* in vulgar
...
un coffano verrado
...
una carta danavegar con so conpasso e vagna
...
i *officio de nosta donna* covito pmo doro con pulli axzento- et fignali de perle,
i *officio de nostra dona* non quadernado, un officio parexin, un officio de nostra dona
...
i *offo de nostra dona* con zolli axzento con áma dacha donado"

Inventar der an den Sohn Piero übergebenen Habe vom 1. Dezember 1445:
...
i *psalterio* picolo chavurso
i quaderno de raxio con suo zornal de 1433
...

i oficieto fr nostra dona a pergamena non quadernado

...

i *manual* segondo la corte
i Lucevario
i chapitolario de consoli
i *psalterrio* picolo da putj

...

(ASV, PSM, Atti Misti, B. 173, Commissarie di Lorenzo Donà, Carta nn.)

1440/1

Filippo degli Arditi
Rechtsgelehrter, lebte in Padua, Die Serenissama konfiszierte dort seine Habe

Verpfändung vom 20. Mai 1440:
   Libri
   primo uno *codego*[220] in lo principio al modo novissimo e da po al modo nuovo con couverta de curo verde
   Item *uno volumine*[221] parte al modo novo e parte al modo novissimo con couverta de coro verde
   Item *uno digesto antiquo* al modo novo e parte al modo novissimo coverto de coro biancho
   Item uno *Inforzado* al modo novissimo in membrana coverto de coro negro
   Item uno *digesto novo* et *veio* al modo novo coperto de cuoro rosso
   Item *uno libro delle Clementine*[222] coverto de cuoro verde
   Item *una lectura de misser agelo da perosa*[223] *parte de misser bartolo su lo inforza*[224] coverto de curo roso scripta per man de misser Filippi
   Item uno *Repertorio de misser Angolo*[225] scripto per misser Filippo
   Item una *lectura de misser Perosa su el vi. vii. e viii e su el nono del codego cum algune adition de misser Bartolomeio de saliceto*
   Item uno *libro de consilii de Repeticion de diversi dotori cum constitutione ad reprimere* in bambansina coverto de coro zoso de man de misser Filippo
   Item uno *pratica nova de misser Johane Piro deli ferarii*[226] de man de misser Filippo
   Item una *letura de baldi su el primo segondo terzo e quarto libro del codego e su el quinto de misser Bartolomio da saliceto*[227] de man de misser Filippo
   Item una *letura de misser Baldo si li usi del feudi*[228].
   Item de *bartolo su el tre del codego*[229] *e sule. autentiche* coverto de cuoro rosso

---

220 Wohl *Codex Iustinianus*.
221 Das sogenannte *Volumen* umfaßte die *Institutiones Iustinianum* und Justinians *Authentica* in lateinischer Übersetzung.
222 Dekrete Clemens' V.
223 Angelus von Ubaldis.
224 Bartolus, Kommentar zum *Inforciatum*.
225 Angelus von Ubaldis.
226 Johannes Petrus von Ferrara.
227 Baldo von Ubaldus, Kommentar zum *Codex Iustinianus* sowie zu Bartholomeus da Salicetos Kommentar zum fünften Buch des *Codex Iustinianus*.
228 Baldus Ubaldis, *Super feudis*.

Item una *letura sou el digesto vecchio iuxtq deli diti de bartolo baldo e altri dotori*
Item *una letura de misser baldo da Perosa*[230] su el vi er 8. et 9. del codego coverto
de cura verde
Item una *letura de misser Zin*[231] *su el codega* in pergamena coverta de cura verde
Item uno *decreto antiquo*
Item una *letura bartoli su el digesto novo* coverto de cuoro rosso
Item uno *libro de diversi trata et diversarum rerum e de diversi dotori* de man de
misser Filippo voverto de cuoro rosso
Item *bartolo su el codego* de man sua
Item una *summa de misser Azo*[232] coverta de cuoro biancho
Item *Rofredo si li libelli*[233]
Uno paro di *traiedie de seneca*
uns *statio qchileydos*
uno *oratio*[234]
uno *Lucan*
uno *doctrinale*[235]
poetria de galfredo[236]
Tuscula e de tulio[237]
uno *libro de Cicerone che comenza Admiranti brute*[238] coverto de curo rosso
una *rethorica nova*[239]
Tulio[240] *de oratore*
Quidam *libero Ecclesiastico* senza couverta de ase
(ASV, C.I.B. 74, Atti F. Olmi, Registro 1439-40, S. 218, publ. bei Connell: S. 169-
171)

1440/2

Lodovico Correr
Patrizier, verstarb 1440 in Nicosia

Hinterlassenschaftsinventar vom 7. Juli 1440:
Inventarium rerum et bonorum bone memorie domini Lodovici Corario
...
i vitteliera con 3 cortei
i *libro Evangelastario* in carta membrana cuverto de choro roxo
i *libro de exposition sopra Ivangeli*[241] in carta membrana con coverta roxa

---

229 Bartolus, Kommentar zu den ersten drei Büchern des *Codex Iustinianus*.
230 Angelo von Ubaldis, Kommentar zum achten und neunten Buch des *Codex Iustinianus*.
231 Cino da Pistoia.
232 Azo Porcius, *Summa codicis, institutionum*, oder *digestorum*.
233 Odofredus de Odofredis.
234 Zu lesen als Horaz, nicht als *orazioni* (= Predigten).
235 Eventuell Alexander von Villa Dei, *Doctrinale*. Vgl. Kap 6.3.5.
236 Galfred von Vinosalvo, *Poetria nova*.
237 Cicero, *Tusculanae disputationes*.
238 Cicero, *De senectute*.
239 Quintillian, *Rhetorica ad herennium*, fälschlich Cicero zugeschrieben.
240 Cicero (Marcus Tulius C.).

i *libro de vita e moribus philisophorum*[242] in carta membrana cuerto de coro biancho
i *offiziolo de la donna*
...
i libro et i Zornale q de misser piero coraro so fradello
i libro et i zornale del primo viazio
i libro dela botecha vechia
i libr dela compagia et i zornale
i libro de le raxon de la gabella de laporta
Scritture aresuso pur affari trovade in lo studio e in sachete
i casseletta de quaderni con scritture dentro
...
(ASV, PSM, Atti Misti, B. 121a, Commissarie di Ludovico Correr, Carteggio nn.)

1441

Marco Morosini fu Jeronimo
Patrizier, Rechtsgelehrter, San Moisè, starb am 26. Mai 1441, höchstwahrscheinlich Enkel Niccolò Morosis (vgl. Anhang II. 1379/1)

Bücherliste:

Unam *Novellam Johannis Andreae super vi decretalibus* in carta membrana
Unam *terciam* partem Speculi de criminibus in bomnicino
Unum *decretum* in carta membrana non completum.
Unum *famuliarum*[243] in carta membrana
Unum *ditatorium literarum*[244] in carta membrana
Umum *librum lecture super Regularibus iuris canonice* in carta bombicina
Unum *lecturam Chalderini*[245] in carta membrana
Unam *lecturam super Clementinam*[246], in carta membrana
unum *digestum antiquum* in carta membrana
Unum *librum in loicha*[247] in carta membrana
Unum *librum* in decretalibus in bombicina *incipientem de constitutione*
Unum *librum* in bombicino incipientem *Notis in christi nomine amen*
Unum *librum sine principio et fine* in carta membrana super quem scriptum es. *hoc silicet unum scartafacium*
Unum *digestum antiquum* in carta membrana
Unum *Scriptum super libro boecii*[248] in carta membrana
Unum *ovidium metamorfosius*
Unum *librum donati*[249]

---

241 Möglicherweise ein Kommentar des Thomas von Aquin. Vgl. auch Marco Capello, Anhang II, 1356/2 und Pietro Tomasi, 1458/4.
242 Wohl Walter Burley, *De vita et moribus philosophorum.*
243 Wahrscheinlich eine Formelsammlung wie das *Formularium diversorum contractum.*
244 Formelsammlung, Anleitung Briefe zu schreiben.
245 Johannes Chalderini oder Gasparino Chalderini.
246 Kommentar zu den Digesten Clemens' V.
247 Logik oder Kommentar, nicht weiter zuschreibbar.
248 Kommentar zu Boethius. Connell transkribiert hier *boerii.*
249 Aelius Donatus, *Ars grammatica.*

Unum *librum dictum lamorexina*[250] in carta membrana
unum *lapum super decretali*[251] in bombicina
unum *librum Chalandrinum*[252] in membrana
Unum *librum addictionum uberti super glosa* in membrana"
(ASV, PSM de citra, B. 189, Commissaria di Marco Morosini, publ. bei Connell:
S. 171)

1442

Marco Dandolo del fu Benedetto
Patrizier, imperialis miles, comes palatinus, San Moisè

Testament vom 18. Juni 1442:

...Volo et ordino quod de omnibus libris quos habeo tam in domo quam extra
domum qui essent proprii mei etqui etiam fuissent patris mei vel etiam fratrorum
meorum, fiat inventarium et fiant tres *libri*. Et super quolibet ipsorum scribantur
singulariter omnes dicti *libri*; quorum trium *librorum*, unum habeat ser thomas
Dandolo nopos meus. Alterum habent ser Benedictus frater ipsius Thome. tercium
habeant Procuratores S. Marci quos etiam in hoc casu constituo meos
commissarios. et ponantur dicti *libri* in meo studio ubi ad presens stant et ponantur
ordinate et dicisi secundum eorum facultates, et ibi stare debeant- Et si aliquis
ipsorum nepotum meorum, videlicet ser Thome et ser Benedicti voluerint pro
studendo aut pro legendo pro se aut pro filiis suis possint et possit accipere de
ipsis, dumtaxat de una facultate et non ultra, quot eis vel placuerit. Et per meos
commissarios fiat ordinate scriptura in dictis suprascriptis libris... (Nach Cecchetti:
Libri, S. 339)

1444/1

Bagio da Molin
*Patriarch von Jerusalem (1434 - 1446), Bischof von Pola (19.2.1410), Erzbischof
von Zara (4.3.1420), Patriarch von Grado (17.10.1427), Onkel Girolamo da
Molins (Vgl. Anhang II, 1458/86), schickte 1444 seine Bücher von Rom nach
Venedig*

1. Versandliste (Inventar)[253]:
Inventarium aliquorum meorum librorum

...

Item *valerius maximus* cum armis meis
Item *festus pompeuij*[254]

---

250 Nicht identifiziert. Vielleicht eine Stammtafel oder ein Stammbuch bzw. Chronik der
    Morosini.
251 Lapus Tactus von Poggibonsi schrieb einen Kommentar zum sechsten Buch der
    Dekretalen.
252 Kalenderbeschreibung, Johannes Chalderini oder Gasparino Chalderini.
253 Handschrift sehr individuell.
254 Festus (Sestus) Pompeius verfaßte einen Auszug aus dem *De significatu verborum* des
    Verrius Flaccus.

Item *varro de lingua latina*
Item *hugutio cum tabula pulcherima*[255]
Item *burleus super predicamentum*
Item *testus logice aristotelis*
Item *pharetia auctoritatum*
Item *primus pars cronice fratris guidonis*[256] omnes dicte
Item *secuna pars cronice* antedcti fratriscropia sunt
Item *tertia pars cronice super dicti fratris* eiusoes tre
Item *quarta pars cronice predicti fratris* cuius E p
Item *lusydoris differentiam*
Item *còintù moncrolicis (inbucroliis)*
Item *sompnium scipionis cum commento eusebij super illo*
Item *collationes Johannis cassiani*
Iterm *de proprietate rerum*[257]
Item *summa monaldina pulchra*
Item *omnes epistoles sancti hieronimi* pulcherime scritura antiqua
Item *16 quaterni losaphi de atiquitatibus*[258]
Item *librus hierarchiarus*
Item *gregorius super ezechiele*
Item *de introytu misse*
Item *omnes epistule sancti pauli glosate*
Item *bernardus ad eugenius*
Item *vita sancti lohannis crisostomi*
Item *de duobus discipulis cum diadema (*vel: *chachema) monachorum*
Item *flores vincentij*
Item *primus petri de tarantasio*
Item *secundus petri de tarantasio*
Item *primus richardi*
Item *apostila super 3° libre salomonis*
Item *basilius de intigritate virginitarum*
Item *origines i épla adiomanos*[259]
Item *expositio super libro moysi*[260]
Item *sermones estrui sancti bernardi*
Item *petrarcha de vita solitaria*
Item *glose petri detarátasio super aliquis epistolis pauli*
Item *summa audasti monachi*
Item *media ps cuisdam breviarii*
Item *flagellarius leonis*
Item *Iob glosatum*
Item *opusculum in theologia cum aliquibus operibus senece*
Item *conclusiones in theologia*
Item *expositio prologorum biblie*

---

255 Hugutio aus Pisa.
256 Es handelt sich womöglich um Guido von Bazoches. Dieser seiner *Apologia contra maledicos*, einer Rechtfertigung seines Lebenswandels, eine Erdbeschreibung und eine Weltgeschichte an.
257 Bartholomaeus Anglicus *De proprietatibus rerum.*
258 Eventuell die *Jüdische Altertumskunde* des Flavius Josephus, von Cassiodor übersetzt.
259 Origines.
260 Gregor, *Super libro moysi.* Vgl. auch Girolamo da Molin, Anhang II, 1458/1486.

Item *apostila super canticum et super ps^e de^q de^q meus*
Item *expositio Jiohannis crisostomi íeptis pauli*
Item *aurora magrisri rolandini*
Item *quidam sermones incompleti*
Item *omeliane de adventum*
Item *omeliane apascha usq adadventum*

2. Versandliste (Inventar):

Jesus 1444 anj

In questa cassa sono libri mandad per misser pollo malipiero a mia sorella sara ht maria relegiossi asa (versa) Lorenzo in cassa .d. prima libro d

n° 1 *homeliarum santorum*
   2 *pasionalle santorum*[261]
   3 *homilarium santa malgaritea*
   4 *homiliarum santi andre* in altra cassa a
   5 *homiliarium santorum*
   pasionale santorum
   homiliarium apasqua usqe adventum
   pasionalle santorum
   pars homellio totius anj
   pars homellio tozius anj
  11 *pars homellio per totus anum*
+ 12 *istoria seconda pars in altra cassa letera*
  13 *cronica damsci pp*
  14 *originallia santorum*
  15 *historiorum prima pars*
  16 *prima pars sermonum honori*[262]
  17 *paulus orossi*[263]
  18 quarta pars cronize c.t.
  19 *Tabula super augustinus de civitate*
  20 *cronica martiniano*[264]
  21 *Eusebius*
  22 *apostilis super fo*
  23 *bernardus .sr.* [siç] *cantico*[265]
  24 *paulus servus dei*[266]
  25 *Omellio super ezechiel*
  26 *apostil sopra 3° libro salomonis*
  27 *plos vicentij*[267]
  28 *bernardus sopra misas est*[268]

---

261 Jacobus von Voragine, *Legenda aurea*. War auch unter dem Titel *Novum passionale* verbreitet.
262 Möglicherweise Predigten des Honorius Augustodunensis. Dieser verfaßte u.a. Darstellungen zur Liturgie, Homiletik und Exegese.
263 Orosius, *Historiae adversum paganus*.
264 Martinus von Troppau (Oppaviensis), *Chronica summorum pontificum imperatorumque ac de septem aetatibus mundi*.
265 Bernhard von Clairveaux (Clarevallensis), *Sermones in canticum canticorum*.
266 Eine Vita des Apostels Paulus ist bislang unbekannt.
267 Möglicherweise zu lesen als *plures* oder *epistolos* des Vincent von Beauvais.

29 *dialogus dexiderij*[269]
30 *solinus abetinatis de memorabilibus*[270]
31 *bernardus ad auguniusu (augustinus?)*
32 *Sermoses conpleti pet' rautn (vel: cautn)*[271]
33 *epistolos santorum*
34 *petrus Jonanis super gienesi*[272]
35 *divisiones In-heletis platorum*
36 *basillio de Integritate virginitatis*[273]
37 *vita santi gallj*[274]
38 *sopnium sipionis*[275]
39 *anselm de contemtu verginis*
40 *Innoocentio de miseria conditionis humane*
41 *Sermones santi bernardi*[276]
42 *Sermonis santi augustini*
43 *suma fidri super sinbollo apostolorum*[277]
44 *meditationes amselmi*[278]
45 *pasio santi Sebastiani*
46 *grisostomus super epistolas ad titum*
47 *prima pars sermones velphrem*[279]
48 *vectus santi paulli p heremito*[280]

In questa cassa sono libri signiado de letera madado dle ditum done per misser pollo malipero dito prima libre
n° 49 *Casiodorius*
50 *2ª pars cronizo de violaceo*[281]
51 *Josepus de bello ludaico*
52 *Evangelium mathei gloriossi*
53 *de moribus piloxoforum*
54 *summa martiniano*[282]

---

268 Bernhard von Clairveaux oder Bernhard Guidonis (Bernardo Guy), *De ordinatione sanctae missae.*
269 Desiderius von Montecassino verfaßte die *Miracula Sancti Benedicti* in Dialogform.
270 Gaius Julius Solinus, *Collectanea rerum memorabilium.*
271 Predigtsammlungen verfaßten bis dato u.a. Petrus von Blois, Petrus Cellensis, Petrus Coemstor, Petrus Damiani, Petrus Diacomus, Petrus Lombardus, Petrus von Poitiers und Petrus von Rosenheim. Womöglich handelt es sich auch um Petrus Cantor, von dem aber keine Predigten bekannt sind.
272 Zu lesen als *genesi.* Wohl ein Bibelkommentar des Petrus Johannes Olivi.
273 Möglicherweise Basileos der Große.
274 Das Leben des heiligen Gallus wird in mehreren Legenden beschrieben.
275 Cicero, *Somnium Scipionis.*
276 Höchstwahrscheinlich die Predigten des Bernhard von Clairveaux. Der hl. Bernardino von Siena starb erst im gleichen Jahr, also 1444.
277 Godfredo da Trani.
278 Anselm von Canterburry, Gebete.
279 Möglicherweise die Predigten des Stephan von Tournais.
280 Eventuell eine Lebensbeschreibung des Paulus Eremita.
281 Möglicherweise Kurzform für Velleius Paterculus.
282 Martinus von Troppau (Oppaviensis), *Chronica summorum pontificum imperatorumque ac de septem aetatibus mundi.*

55 *Epistollo santi bernardi*[283]
56 *fragielarius leonis*[284]
57 *vita bernardi*[285]
58 *missale vetus*
59 *ugo de claust° (clausura) anima*[286]
60 *Epistole eteti bernardi*
61 *apostilio super matheus*
62 *postilla super lucam*
63 *vita santo grisostomo*
64 *pasio soanti vincentij*
65 *legienda beati ilarij confesori*
66 *pasio apostolorum*
67 *In visitationes et adplatos*
68 *Sermones de tempore*
69 *soli loq^a augustini*
70 *anselmis de contestu qontemptu Viginalis*[287]
71 *Ilarij contra heresies*
72 *sermones festivi predicabilis*
73 *dòm .i. de adventu*
74 *de In teoitu misse post pentecostum*
75 *Sermones bernardo Irmario (?)*
76 *Sermones bernardo Estruy (Estecii?)*
77 *ricardus de vitha mistica*[288]
78 *ambrosius de bono morto*
79 *secundo comenzamento*
80 *anselmus cur deus homo*
81 *vitta santi martini*
82 *incipit in nomine sante trinitatis*
83 *suma monaldino*
84 *incipit datas est sp usus indestum*
85 *seconda pars sermones Stephani*[289]
+ 86 *bernardus de diligrendo dnì* / In cassa d (vel: v)
+ 87 *libre dialogi gregorii* / in cassa d
+ 88 *vita santi macharij* / in cassa d
+ 89 *stimulus amoris* /in cassa d
+ 90 *ysidoris differentam* / in cassa d
+ 91 *sermo domini pdito (superdicto?)*/ in cassa letera d
+ 92 *sermonis predichabilis dopestunbn* / in cassa d
93 *tertia pars cronica*
94 *offizio misse expositio*
95 *Andr- de yser super usu feu*[290]

283 Briefe des Bernhard von Clairveaux.
284 Unter dem Namen des Kaisers Leo VI. überliefertes "Donnerbuch".
285 Möglicherweise die Vita Bernhards des Hugo von Fleury.
286 Hugo von Folieto, *De claustro animea.*
287 Anselm von Canterbury oder ein ihm hier fälschlicherweise zugeschriebenes Werk.
288 Wahrscheinlich Richard von St. Victor, schrieb der Mystik in seinen Werken eine führende Stellung zu.
289 Möglicherweise ein Teil der Predigten des Stephan von Tournais, s.o.
290 Andrea von Isernia, *In usus feudorum.*

96 *Ambrosius super lucam*
97 *libeli groferd in iure civelli*
n° 98 *ecra^{la} tesierum Jo de lignano*[291]
99 *dispositionis super evangioliorum*
100 *consilia Federizi*[292]
101 *victor spetul*
102 *ps dictum super prima parte spenovo*
103 *letura abatis super decretalibus*
104 *Repertorum gL*
105 *gofredus re syma goff*[293]
106 *prima pars p^o suma condito afratus tomas deagno*[294]
107 *super secundo decretallium*
108 *libre irarchiarum magni ariopagitum dionisium*[295]
109 *homillio gregorii*
110 *apulegius*
111 *libre sine principio*
112 *letura dni dy super titullo de art^q*
113 *Epistolle santi augustini ad aurelium episcopum*
114 *pistolle plures et leture Incantico*
115 *usus feudorum*[296]
116 *sermoons egidi*
117 *aperertura glór^q secudus fratres aug^m de Ancona*
118 *tratatus de bonorum*

Cassa ferado (vel: Serado) q do seraduro (?) q libri mandad a mia sorella agn
(asg = a signore?) locorizo prima
n° 119 *aditionem Joacobi*
120 *libre dicse scerti Jo andre*
121 *dirisionus rotte*
122 *giuelmus*
123 *Recoletarum in foriiatum*[297]
124 *glosst certi libri*
125 *antonius de brutio*[298]
126 *recolletum super duas partse codigi*
127 *gosst bernard super decretalibus*
128 *pontificallis*
129 *ugotionis super decretis*
130 *mercurialis*
131 *graecisimus*[299]
132 *recoletum veteris super seccunda partse*

291 Johannes von Lignano.
292 Frederic Petrucci, *Consilia.*
293 *Summa Godfredi* oder *Summa Odofredi.*
294 Erstes Kapitel der *Summa theologiae* des Thomas von Aquin.
295 Dionysios Areiopagites (Pseudonym), *Himmlische Hierarchie.*
296 Andrea von Isernia, *In usus feudorum.*
297 *Inforciatum.*
298 Antonius von Butrio, Lehrer des kanonischen Rechts, verfaßte ein *Repertorium* und
     Bücher *in IV Decretalium.*
299 Evrard von Béthune, *Graecismus.*

133 *suma placentini*[300]
134 *gofred*
135 *queda_ libre In Jurg canonicho*
136 *saliceti (?) super p partse*
137 *repertorium magnum guielmi duratse*[301]
138 *suma gofred pr primo*
139 *Epillo aristoltolis*
140 *Glosarum bernardo super decretalis*[302]
141 *recolete dni Jiohannis deligniano*[303]
142 *ordo judiciariut magistri tancret*[304]
143 *aperpatris dni*
144 *sermonis frig Jacobi de voragine de trinitate*
145 *de Justizia capl`m primum epui volumi*
146 *serimo Jouannis crisostomi E piu volumi ligadi In(lema?)*
147 *Tabula super hoperby dinysium iqti (in quinti) volumi*
148 *multas horazioness* senza tavolo q ii qtrenj
149 *predichationes* ligagdo q 2 volumini"
(ASV, PSM, Atti Misti, B. 85a, Commissarie di Girolamo Molin, II, Fasc.IIIa)

Testament Bagio da Molins vom 27. September 1447:
> In Nomine ...millequadrigentesilmoquadragesimoseptimo Indictione de una die
> vigesimaseptima mensis Septembre ...
> In Nomine patri e filii et spiriti sancti amen Nos Blasius de Molino...
> ... unam *missale* et unum *pontificale* quos *libros* varias volo Jeronimo emittentur...
> (ASV, PSM, Atti Misti, B. 85a, Commissaria di Girolamo Molin, Fasc. I,
> Testament vom 27. 9. 1447)

1444/2

Bartolomeo Morosini
Patrizier, Prokurator von San Marco, Sohn des "spectabilis miles" Paulo
Morosini, Santa Maria Juvenigo, machte Testament am 15. Mai 1444, starb am 8.
August 1444

Hinterlassenschaftsinventar:
> Inventarium bonorum et rerum receptum in domo qd spectabilis et eccelentis ser
> Bartolomeus Mauroceno honorabilis procuratore san marci qui obiit die viiij
> mensis Auguste m cccc xlliii...
> ...
> In lalbergo pizollo
> una cortina biana dorada con arme
> una coltra apinzette rosse e biane
> de letti vergradi, et i de sostagno schietto

---

300 Zuschreibung unklar.
301 Wilhelm Durandus, genannt Durandus von Mende.
302 Johannes von Lignano, verfaßte u.a. das *Tractatus de bello. de represaliis et de duello*,
    sowie juristische Kommentare und theologische Schriften.
303 Tankred von Bologna, *Ordo Iudicarius*.
304 Innocenz IV., *Apparatus in decretales*.

una *blibya* in i volume
i banchal biana et i verde
2 chanezali
xv [vel: ✶ v] volumi di *libri.* divesse essere lassadi a ser piero mauroceno
i.ͣ imagine de san machario
iͣ ymagine de nostra dona picholla
...
(ASV, PSM de citra, B. 183, Commissaria di Bartolomeo Morosini, Fasc. 4)

1445/1

Pre Marcus Alberto
Plebanus von San Giovanni decolati

Testament vom 12. Januar 1445:
...Item dimitto suprascripti Christofero Mauro *brevuarium* meum ut ipse tenteai
rogare dominum per me... (ASV, S.N., Testamenti, B. 337, Baldasar de Ripa,
Registro 11v, Nr. 21)

1445/2

Zuane d'Arfa
Priester

Testament vom 17. Mai 1445:
...Item voio che el sia dado alazaro moro i chapuzo frapado negro et i *libro dai
synar*[305] to de farlo pagando quelo el valor debitor sul mio libro... (ASV, S.N.,
Testamenti, B. 1149, Paolo Benedetto, Carta Nr. 186)

1445/3

Marco Bembo
Patrizier, Kaufmann und Seefahrer

Nach seinem Tod wurden aus seinem Nachlaß ein Buch über Navigation und
ein Gebetbuch, ein Kompaß, eine Seekarte und ein Bild der Maria versteigert.
(Vgl. Connell: S. 172.)

1446/1

Donna Andriola
Ehefrau von Piero Darizier, Tochter von Tommaso de Beneto de San Luca

Testament vom 15. Januar 1446:

---

305 Wohl ein Gesangsbuch.

...Item laso duc 10 a suor falioita item un *brevuario* azo che la priega dio per anema mia... (ASV, S.N., Testamenti, B. 337, Baldasar de Ripa, Carta Nr. 140)

1447/1

Donna Lena
Frau des Mapheo Daro, Santa Lucia

Testament vom 11. Mai 1447:
... Relinquo Cecilie sorori mee moniali duc 8 et marie ut sorori mee monuali q isti moniales santa katerine de rugia duc 12 per uno *breviario*... (ASV, S.N., Testamenti, B. 1149, Paulo Benedetto, Carta Nr. 10)

1447/2

Donna Grazia
Tochter von Nicollò Orso, San Pietro in Castello

Testament vom 5. September 1447:
... lequal tute cosse lasso alasora dita orsa Ese niente vegnisse da orsa sia se Isabeta, alaqual Isabeta lasso el mio *offizio*... (ASV, S.N., Testamenti, B. 337, Baldasar de Ripa, Carta Nr. 147)

1447/3

Franceschina Falconis
Witwe des Antonio Falconis, San Polo

Testament vom 10. November 1447:
...Item dimitto nepti mee Lucie *offitium* nostre done et omnes *libros* quos habeo in domo ut oretur pro anima mea... (ASV, S.N., Testamenti, B. 565, Pietro Grasselli, Carta Nr. 189)

1448/1

Isabetta Contarini
Patrizierin, Ehefrau Laurentius Contarinis, machte Testament am 1. Juni 1448

Verkauf von 4. Oktober 1448:
...i *offitiolo nostra donna* L vi p i... (ASV, PSM, Atti Misti, B. 163, Commissaria di Isabetta Contarini, Quaderno np.)

1448/2

Blasius de Lupis
Plebanus von San Silvestro

Testament vom 19. Juli 1448:
> ...et de ipso resto ordino ut ipse [magister Simone] teneatur et debaeat emere
> (legitu: emanere) unum *breviarium* angelo filium suo sino alios *libros* eidem
> necessios ...Item dimito *librum* unum vocatum sine intitulatis specolorum mariam
> domino presbitero meo de bari ... Item dimitto alium *libri* nominatus suma d p (sic)
> man presbitero antonio ssro (legitur: Allessandro)... (ASV, S.N., Testamenti, B.
> 565, Pietro Grasselli, Registro 6v-7r, Nr. 10)

1448/3

Pre Pasquale
Sohn eines Johannes de Flandris, San Polo

Testament vom 22. Juli 1448:
> ...Item dimitto dicte ecclesiam sancti antonii meum *breviarium*...Item dimitto
> Johanno clerico fratri (?) presbiteri Marci cassio supradicto unum meum
> *dotanale*[306] (sic) pro anima mea. Item dimitto presbiteris francesco degrassis
> notario infrascripto unum *confessionale*[307] pro anima mea. Item dimitto omne *alios
> libros meos* qui inveniuntur aput me puerulis o tulanorum sancti antonii. Item volo
> et ordino quod *regule pisane*[308] qui inveniuntur penes me dentur per meo
> Commissaro domino andree de canale...Item volo et ordino vendi per mea
> Commissara unum *messaletum* votivium et de denariis inde exactis volo dari
> ducatis unum hospitali sancte marie d e Nazareth... (ASV, S.N., Testamenti, B.
> 531, Francesco de Grassi, Carta Nr. 247)

1449/1

Donna Zaneta Giustinian
Patrizierin

Inventar der Mitgift vom 7. Juni 1449:
> Robe de zorneta aportado con illo Casa Iustigna vii° jni 1449
> ...
> *fizio* de nostra dona duc 4 - - - L soldi 8 d
> ...
> (ASV, PSM, Atti Misti, B. 10, Fasc. I)

1449/2

Donna Margarita
Patrizierin, Witwe des Leonardi Abramo, San Pietro in Castello.

Testament vom 14. Juli 1447:

---

306 Wohl zu lesen als *doctrinale.*
307 Augustinus, *Confessiones* oder Antonin, *Manuale de confessione.*
308 Bartholomaeus Pisanus, *Summa de casibus conscientiae.* vgl. auch Anm. 203.

...et vollo quod vendantur infrascriptes res videlicet omnis petiecendati mee rationis qui sunt in manibus mei cusini ser Jacobo pampano, una vestis de divisa de canto fulata arginteis cum uno suo fillo perllarj, unum *psalterum* a parte magna et duo *offitia* nostre done quorum unum factum est in Flandra fulatum argento. de extractu quarum rerum siat offiti mee sepulture et mitatur unus at asisia pro anima mea... (ASV, C.I., Notai, B. 27, Bruno Felice, Pergament vom 14. 7. 1449)

1449/3

Michele Zon (Zona)
San Giustinan, machte Testament am 27. Juli 1449

1. Hinterlassenschaftsinventar vom 3. September 1449:
m° iiij xlviiij mensis septembre de iij Inventarium rerum invetatum in domo qd ser micaelis zono
...
una cassa ligada in laqal se dixe esse *libri* qondam (quidam?) miß Christofero charaton vescovo de coron et son in pegno
Item tre casse in lequal se dixe ess arme de gd ess misser lovescono et son in pegno
Item ii cassee con *libri* griegi antichi
...
un organeto et uno *psaltero* se dixe esse pegno de troillo buzardo
...
una Anchonetta lavorada con piere in arzento se dixe e in pegno
do *libri trata darchimia*

2. Hinterlassenschaftsinventar (undatiert):
Infrascripti sunt *librij* in lingua latina in una capsa
et primo *liber papir* (vel: *papia)*[309] in pergameno
liber vocabulorum nomj marcelli in papiro
liber Ciceronis de oratore in pergameno
liber Terentij cometiis[310] in papiro
liber de *vita religiosa in monastica* in papiro
liber tulii de amicitia in paradoxarum in pergameno et pro *tulii de officij* in eodemvolumine
liber Commenti super bibliam in pergameno
liber magnus in musicha in canto in bambaxina
liber partis epistolalrum senece in pergameno in quintamus
liber Ciceronis philippitorum in papiro

Volumina antiqua *librorum in greco* fuerint xxxvii in eodem capsa
Item capse tres plini (vel: plori?) arinro

---

309 Wahrscheinlich Papias, nicht näher bekannter italienischer Autor, verfaßte das *Elementarium doctrinae rudimentum*, ein alphabetisch angelegtes Lexikon.
310 Entweder die Komödien des Publius Terentius Afer oder der Kommentar zu denselben von Aelius Donatus.

(ASV, PSM, Atti Misti, B. 125a, Commissaria di Michele Zon, Inventarii 1449-1460)

1449/4

Donna Gratia
San Polo

Testament von 21. September 1449:
... Item volo et ordino quod dentur ducatos duo aurj et meum *offitiolum* uni bone et honeste mulieri qui legar teneatur et debeat cotidie usque ad unum annum psalmis penintentialis pro anima mea... (ASV, C.I., Notai, B. 175, Rizzo Giovanni, Protocolli 8r)

1449/5

Lorenzo Correr qd Francesco
Patrizier, San Angelo, machte Testament am 26. September 1449

Verkauf vom 7. Juli 1454:
m cccc l^ta ms Juli die vii...
...per i volumine in qui est pars *donatis* ser [-]per i *valerio mass*[-] cancelius duc vi...Item [-] *ovidio splàrum* in babuxio ser [-] Item i libro *ex inventione senece* per antonius donato d. andree...

Verkauf vom 11. Februar 1455:
Millo quadricentesimo quinquagesimoquinto, mensis febraio die 11...
Et primo per *una exposition super lapocalipsis*[311] vendita ser Marino de martino duc i grossorum 12. Item per i *libro de fra Jntopont* in papiro ser petro coraro l 3 s 10. Item per 2 banderijs veteris e per uno *boezio* ser Alessandro Dando duc. 3 Item per i pars *epistolarum tulij*[312] plèb xì Inte (eventuell zu lesen als: pleano san iustin) d 9...Item per un *Ovidio maiore*[313] scripto litero theotonico ser v (Vittore) contareno duc 2... (ASV, PSM, Atti Misti, B. 145, Commissarie di Lorenzo Correr, Registro 7np., Testament 13r-14v)

1449/6

Pre Petrus de Fortis
Priester, stammte aus Burano, Rechtsgelehrter, lehrte in Padua

---

311 Eventuell Joachim von Fiore, *Expositio in apocalypsim* oder Andrea von Vanii (di Venezia), *Esposizione dell'apocalissi* (in *Volgare*). Ein Veneziansches Exemplar von 1433-1434 aus dem Nachlaß Johannes Baptista Recanatis (1724) ist vorhanden in: BM, Codici Marciani, It., Z.2 (4788).
312 Cicero (Marcus Tulius C.).
313 Metamorphosen.

Testament vom 26. September 1449:
... Et quia relinquit plures *libros* suos *deretales decretum sextum*[314] et
Clementinas[315] *Inocentium*[316] et una *pisanelam*[317] digestum vetus digestum novum
Codicem et Institutas[318], et plures *alias recolletas* quas ipse recollegit in scolis et
plures alios *libros gramaticales* et *poeticos*. Et omnis alios *libros* quos ipse
testatore habet Ideo ponit et vult quod ipse presbiterius Iacobus nullum possit[to]
vendere suus retinere ad eius usare. Et si velet permutaro mmeliorando in me
posset premutare. Et si fanente grandi ipse presbiterus Iacobus ascendet ad gradus
doctoratus ex túc vult quod omnes perfati *libri* remaneat ipsi presbitero Iacobo
suus si casus esset quod ipse presbiterus Iacobus non accederet overa studium tuc
vult ipse testatore quod omnia bona dicti testatoris talis *libri* et alia dividantur
equalis portionibus intra sorore dicti testatore et dominem presbiterum Iacobum, Et
que non potuit(?) dictis testatore cognoscere et scire voluntatis dicti presbiteri
Jacobi statuit quendam quos ipse presbiterius Jacobus voluit remeare adperetes
(sic) possit asportare (sic) *libros* et alia bona que sunt asortanda, alia non que sunt
parvi valoris et parvi precii dictis Jacobus possit vendere que non sunt
asportanda... Item relinquit ipse testatore dicto pbro Iacobo *breviarium* suum valor
ducatorum sex. In quo ipse pbr iaccobo dicat offitium et dicat omnia ebdomanda
(sic) pro anima ipsius testatoris semel psalmos penitentialis e unam missam si
comede potuit illam dicere pro anima ipsius testatoris,... (ASV, S.N., Testamenti,
B. 531, Francesco de Grassi, Carta Nr. 231)

1449/7

Pre Lucianus
Titularius von Santa Maria Maggiore

Testament vom 27. Oktober 1449:
...Item rilinquit suum *breviarium* altari ser Stefani de Petusio posito in Santa
Helena ...cum conditione quod dicti *breviariuum* semper siet et remaneat in dicta
ecclesiam sancta helena... (ASV, S.N., Testamenti, B. 738, Notar unbekannt, liegt
bei Bonaventura da Padernello, Carta nn.)

1450/1

Elena Giustinian
Witwe des Andrea Giustinian, San Hermacore

Testament vom 20. März 1450 (korrigierte Version):

---

314 *Liber sextus*, die sogenannten Clementinen Clemens' V. oder *Liber sextus* Papst Bonifaz' VIII. (Benedetto Caetani).
315 Clemens V., *Constitutiones*, genannt *Clementine*.
316 Innocenz IV, *Apparatus in quinque libros decretalium*.
317 Bartholomaeus Pisanus, *Summa de casibus conscientiae*, vgl. auch Anm. 203.
318 Eventuell Statuten, *Institutiones papal* oder Cicero, *De institutio*.

... Item lasso a mia fia agnesiṇạ onorad tuti mie *libri* zoe un *libro de fior de vertud* con la *legenda de san Ioxafat*[319] latro *levangelij vulgar*, et i *libro de Laternita*, et i *libro con algune legende*, et i libro se chiama *boccio* (in erster nachträglich verworfener Version: *bocius*) e tuti *libri* iqual se trovasse demie siano soi. Item lasso a mio fio piero querini i mio *ofizieto* de sancta maria con i coverta negra con varnido con quattro broche darzento... (ASV, S.N., Testamenti, B. 531, Francesco de Grassi, Carta Nr. 98)

1450/2

Pre Teodoro
Priester

Testament vom 15. Juni 1450:
...libro l cum tuti i *vangelii a predicar* ... libro in carta bumbaxina cum i *miracili de nostra dona* e multi altri *festi* (vel: testi) ... quaterno de chirie e multi altri quaterni ...j libro *Speculum ecclesie* ... (Nach Cecchetti: Libri, S. 335, Anm. 4)

1450/3

Suor Bianca Bianchi
Nonne, „tertius ordine sancti Dominici de contrada san severi"

Testament vom 6. Juli 1450:
... Item lasso el mio *offiolo* de nostra dona a madona maria barbo chon questo de che la dieba dar el predicto mio *officiolo* a qualche povera persona serva de misser domenecho azo che la prega idio per lanima mia. Item la anchona del altar sia messa in la ecclesiam de san lorenzo ... (ASV, S.N., Testamenti, B. 565, Pietro Grasselli, Carta Nr. 98)

1450/4

Cataruza Contarini
Patrizierin, geb. Morosini, Ehefrau von Georgio Contarini, San Severo

Testament vom 12. August 1450:
...
Item el mio *offitio* de nostra dona amia chugnada biancha
Item lasso a madona mia madre (Cassandra Morosini) el mio *breviario* prasando a mio marido
Item lasso el mio rel(ie)vio a mia sorela brigida
...
(ASV, S.N., Testamenti, B. 565, Pietro Grasselli, Carta Nr. 180)

---

319 Die Legende der Heiligen Barlaam und Iosaphat war in zahlreichen mittelalterlichen Abschriften verbreitet.

1450/5

Donna Elisabetha (I)

Hinterließ ihr Breviar "alle donne di Santa Justina" (Nach Plebani: S. 39.)

1450/6

Isabetta Morosini
Patrizierin

Ihr Sohn Francesco Giustinian verwaltete 1450 ihre Bücher:
> ... (1450) le done den monestier de santandrea di dar. chele tose del cofanole veva
> Ja saluo de *lmielibri.*adito aixabeta averda 5 in 6 libri de mia Ixabeta non mesa dir
> che libri selno che uno de tute *le epistole e vangeli daquarexona* con lotava edo de
> *san bernardo* et uno *quaderneto vechio* de *san bernardo* et uno *quaderneto vechio*
> *de molte bele sentezie de santi e* non altro per averme manda una so poliza...
> (ASV. PSM de citra, B. 115, Fasc. 7, publ. bei Connel!: S. 174 f.)

1451/1

Zuan Rubino
Bischof (Episcopus de Ruzolo)

Testament vom 26. Juni 1451:
> ...Item volio tute lemie *libri* predicabili siano dati ala liberaria de Santo tefano e
> non sia alifiati lecito de Cavarli sera sino per el predicamento del queto... (ASV,
> S.N., Testamenti, B. 565, Pietro Grasselli, Carta Nr. 355)

1451/2

Bendetto Morosini
Patrizier, Student

Notiz in der Nachlaßverwaltung Bartolomeo Morosinis vom 10. Juli 1451:
> MCCCCLI mense julii die X. Dedimus suprascripto benedicto pro uno *libro in*
> *lege* intitulato El volumen qui incippit in secundo folio non addimus nomen
> civitatis, portavit ser Lucas Paruta L. - s XVI (Nach Cecchetti: Di alcuni libri, S.
> 478)

1451/3

Bernardo Martino
Ehemaliger Erzbischof auf Korfu

Testament vom 14. Dezember 1451:

...Item volo quod lapis viridis coloris ad formam (?) cordis vbi lacrime sancte verginis filiosuo Iesu Christo in cruce existente eccideret dum aderutem fleret (sic) ut creditur et fertur et de Jerusalem portata fuit pro ut siat pnatur et ornetur in cristallo in uno tabernaculo condecenti et perpetuo sit ipsius altarius sancte verginis nec possit vllo (sic) modo extra ecclesiam dari vel concedi...*Missale Vero* (?)in papiro quedam est sedundem romaniam curiam dimitto presbiterio francesco barbarela pro anima mea... Aliud Vero (?) *missale* votum quedam est sine assidibus compaginetur et mittatur ecclesiem corphyrem... (ASV, PSM de ultra, B. 43, Commissarie di Bernardo Martino archivescovo di Corfù, Registro np.)

1452/1

Alessandro de Ferris
Presbiterius von San Apollinare

Testament vom 17. Dezember 1452:
...Item dimito Antonio de Grasolus clerico San Apolinare qui mi servivit in necessitatibus meis *breviarium* meum ut oret dominum pro anima mea... (ASV, S.N., Testamenti, B. 565, Pietro Grasselli, Registro 10r, Nr. 16)

1452/2

Francesco Giustinian
Patrizier, San Moisè

Einträge im Geschäftsbuch:
... Fazo nota adi 23. avril 1445 chome ho presta. a Jeronimo contareni fo de misser stefano mio chuxin uno libro che a nome *fiameta*[320] che a una coverta damascina rosa destaida de carte de mezo ffoio...
andrea da molin apresta la *bibia* de mio nievo frazescho ho da poi loda afranzesco...
Fazo nota adi 13 novembrio 1445. chome ho impresta apre nicholo maiestro de piero uno mio *virgilio* desquaderna de couverta verde belisima marzelo de ser fantin el qual vene so fio fantin atuorlo el qual a charte 190. de 24 zener 1449 me la restitui...
Fazo nota di 14 dezenbrio 1449 chome Inpresti abernardo zustignan fo de misser lunardo le mio *epistole de senecha* el qual a 4 zolaeri ede de choverta biancha meza quarta le qual le manda atuor per lorenzo suo fio adi 2 auosto 1450 me rende le sora scrite pistole...
Adi 11 hotubrio 1450. bernardo zustignan fo de misser lunardo manda uno so fante chanome nicolo schiavon che altre fiae stete con lor atrapo con una so poliza chi mandasa le mie *pistole de senecha* et chusi le die de 10 hotubrio 1453 le mandi ator esi melodi...
(1450) le done den monestier de santandrea di dar. chele tose del cofanole veva Ja saluo de *I mie libri.*adito aixabeta averda 5 in 6 libri de mia Ixabeta non mesa dir che libri selno che uno de tute *le epistole e vangeli daquarexona* con lotava edo de

---

320 Giovanni Boccaccio, *L'Elegia di madonna fiametta.*

san bernardo et uno *quaderneto vechio* de *san bernardo* et uno *quaderneto vechio de molte bele sentezie de santi e* non altro per averme manda una so poliza...
Adi 9. zugno 1452 Impresti a fantin marzelo fio fo de felipo fo mio nievo el mio *verzilio* el qual al manda atuor per la soa femena tartara che nome malgarita
A di 6 luie Impresti a gustin contareni fio de mio chugna Johane (legitur: Jh) contareni una mia cronicha le qual el vena lui ritiror pro volte la aseripere mio sinaza[321].
Adi hotobre 1452 vene Ixabeta contareni muier isti marted tonino contarerni che prestai se pro so fio uno mio *dotrinal*[322] e che con gelo prestai el qual equaxi tuto guasto e val pochi soldi[323]...
Adi 29 dezenbi 1452 miser pre nicolo ave a imprestido de volonta dezacaria badoer ezan corner i mi *libri* de la Commissar de franzesco prexente marina una Jouvenalis uno *libro de vita filoxoforum*[324] pastorali de san gregorio de 21 marzo per la so anda a roma arestitui vita *filixoforum* e pastoral san gregorio a porta con lui *Juvenalis* Iditi do eda amarina Ja mesi conialtri
...
(ASV. PSM de citra, B. 115, Fasc. 7, ähnlich publ. bei Connell: S. 174 f.)

1452/3
Donna Marcolina

Vermachte Caterina Rizzo in ihrem Testament von 1452 die *Dialoghi* Gregors. (Nach Plebani: S. 39.)

1453/1
Giorgio Ruzzini
Patrizier, starb während einer Reise in die Levante auf der Galeere Bernarda

Inventar seines Reisegepäcks vom 8. März 1453:
...
in una capsela a scripturis
...
unum *ofitiolum*
...
unum *liber* sui computi parvus
Aliqua folia carte ad scribendum
...
unum par tabularum pro scribendum

---

321 Connell transkribiert hier: ..... Adi 26 luio Inpresti a justin contarini fio de mio chugna zuan contarini un cronicha la qual vene lui atuor per volita asempre non lavaza...".
322 Eventuell Alexander von Villa Dei. *Doctrinale*. Vgl. Kap 6.3.5.
323 Connell transkribiert hier: .....Adi ...1452 vene Ixabeta ... moier de tomao qui ...pretesse per so fio uno mio doctrinal et chusi gela presti el qual equaderni xi tuto quasto e val pochi soldi...".
324 Wahrscheinlich Walter Burley. *De vita et moribus philosophorum.*

...
due *raxorii*[325]

...
(Nach Molmenti: S. 446 f.)

1453/2

Pre Filippo Lanzaria
Presbiterius von San Jacobo all'Orio

Testament vom 9. Mai 1453:
> ...Item lasso el mio *dialogo de san gregorio* elqual ha *el vangelio de Nicodemo* dentro a Isabeta mia neza in vita soa et puo la sua morte voio chel sia del convento dele done de San Jeronimo a Veniexia Item lasso le *Coalcion di sancti pari*[326] al convento di frari rimitani da fiorenza...

Vermachte desweiteren zwei Breviare.(Nach Connell: S. 175.)

1453/3

Stefano Morosini
Patrizier, capitano von Padua

Testament vom 2. Juli 1453:
> ...Item dimitto dicto Antonio filio de filii mei omnes meos *libros*... (ASV, S.N., Testamenti, B. 724, Girolamo Bon, Carta nn.)

1453/4

Bartolomeo Querini (II)
Patrizier, starb 1453 in Konstantinopel

Sein Bruder Guglielmo Querini schrieb mehrere Briefe nach Konstantinopel, um "*uno Justino, uno Valerio, uno Salustio uno Zexariano*" aus dem Nachlaß seines Bruders zu erhalten.(Nach Connell: S.172.)

1454/1

Maria Rizo (Lunardo da le Quaie)
Witwe von Nicollò Rizo, Santa Maria Nova

Inventar im Anschluß an das Testament vom 17. März 1454:

---

325 Zu lesen als Psalter.
326 Wahrscheinlich eine Übersetzung von Cassianus (Johannes C.), *Collationes sanctorum patrum*.

...

Liberi 3. grandi i qual son de mio nevio lunardo

...

(ASV, S.N., Testamenti, Nicolo de Varsi, B. 750, Carta Nr. 133)

1454/2

Magister Johannes Fulcro
Presbiterius von San Silvestri

Testament vom 23. Juni 1454:
...volo postea quod omnes masariae mee et *libri* et vestimenta vendantur et
solvantur legatum per meo dimmissione ... (ASV, S.N., Testamenti, B. 565, Pietro
Grasselli, Carta Nr. 350, siehe auch Registro 10rv, Nr. 17)

1454/3

Johannes Venturini
San Cassian

Hinterlassenschaftsinventar vom 27. Juni 1454:
...
in uno alio chofano novo
...
unum *doctrinale* de bona carta novum et gloxatum
...
unum par *regularum Guarini* de carta bona
...
in uno cophaneto ferato
unus *liber* de carta bambicina magnus, novus et non scriptus cum suo alphabeto
unus alius *liber* eiusdem qunatitatis scripture
Multe alie scripture ad refuxum
unum per tabellarum pro scribere, scripte cum aliquibus scripturis
...
(Nach Molmenti: S. 447)

1454/4

Paulus Altabubula
Medicus („cirugo"), San Polo

Testament vom 27. November 1454:
...etiam volo et ordino quod si post obitum meum in manibus suis (Bernardus
Rubeo) remanerent aliqui *libri* de meis sint in sua libertate cos vendere et
distribuire et dispendare pro anima mea... (ASV, S.N., Testamenti, B. 531,
Francesco de Grassi, Carta Nr. 237)

1454/5

Francesco Barbaro
Patrizier, starb 1454

Besaß gemäß verschiedener Dokumente und Besitzervermerke erhaltener
Exemplare in diversen Bibliotheken folgende Bücher:
Aristoteles, De animalibus
Petrarca, Epistole
Nonius Marcellus
Palladius, De agricultura
Tacitus
Catull
Cicero, De amicitia, Somnium scipionis,Sinonima,
Lucan, Dialogus, „Epitalmia et due oratiuncule funebres"
Dion et Brutus, Ex plutarcho
De gestis Francisci Barbari in bello gallico
De legibus Plato a Georgio Trapezuntio traductus
Ambrosius, Super psalmis
„Ethica in canocina (Nicomachia) et pollitica Aristotilis et boetis de consoloatione"
De proprietatibus rerum
„Albertus Magnus de natura et origine anime et Augustinus de potentia anime"
„Sancti thome et alii pauci"
„Gregori episcopi Constantinopoli expositio in primam et ultimam Pascha"
„Gorgias Platomis et alia"
Agesilaus Xenophontis
Claudius Ptolemeos, Musica
Basilius, Epistole
„Basilius in genesim"
„Platonis, diologi duedecim"
Chrisostomus, Moralia „super iohanem"
Aristoteles, Rhetorica
Homer, Ilias
Galienus, Therapeutica imperfecta
*„Oppioanius de piscibus cum commentis et Ioannis grammatici in solinum
(Hesiodum) et*
Dionysius de situ orbis et lycophon cum commentis et apolonii arbonautica"
„Dionysius (Periget) de situ orbis et sophoclis Tragoedie septem"
Aristoteles, Topica
Moscopulus
„Homeri, Vatrachomiomachia et Odissia"
Aristoiphanes, Comediae
*„Porphirius, prioria et et posterioria Aristotilis et Topica, sophistici et elenca et
motalia quaedam opera Cyrilli et Basilii"*
*„Manuel rex de beata vergine maria et de cura et providentiad dei et Xenophontis
oratoris libri 4 a verborum memorialium et eiusdem multa ali"a*
„Cyrillus de Vocabulis peregrinis rethoricis"
„Isidor (Hesiodus) Pindarus Euripides et alia queadam"

„Philostratus de peregrinatione Apolloni philosophi"
„Gerogii (Gregor?) gemisto de virtude Mametis Chrysostomi"
Diogines Laertius
Raymundus, De vitiis et eorum remidiis
Frontini, De milizia libri IV
Rolandinus von Padua, Chronica in factis et circa facta Marchiae Trivixianae
„Capitulare consilariorum et promisio ducalis Andra Contarini"
(Nach Diller, Aubrey: The Library of Francesco and Ermolao Barbaro. In: Italia
Medievale e Umanistica 6, 1963, S. 252-262.)

1455/1

Bernardus Minimo
Bischof von Cataro, "olim episcopus Catarensis", Rechtsgelehrter

Testament vom 14. September 1455:
... dimitto et lego Ecclesie et Sacristie predictis (San Martini de Padua) meas
dalmaticas et tunicam de dalmaschino albo quas habeo de pmti. Item plumale
meum nocum de damaschino albo arifuxatm quod mehi feci in mea censecratione
episcopali ordinando mandando con predicta pararmenta et *missale* sint pro
perpetuo usu ecclesie predicte et nullo non dari vel mutuari debeant...Item dimitto
Religiosis sancte Helene de Veneiis ordinis montis oliveti duc Xii auri pro uno
calice emendo pro usu celebrationis in eorum (sic) ecclesiam: cui etiam monastero
dimitto *meum librum legendarum sanctorum*[327] ut memores santi Venerabiles
fratres in corum ... mei faciant comemorationes. Item lego Monastero san bernardi
et ieronimi extra muros padue ordinis cartusiensis meum *librum beati Ieronimi*
cum Jovinianum. Item *libellum meum operis beati bernardi: Item et librum*
transitus S Jeronimi et soliloquorum beatii Ugonis[328] ... volo et ordino quod de
bonis hereditatis mee ematur unum *psalterium cum antiphonis* notatis et ymnario si
libris notato: usque ad pretium ducatis xx^ti quod quidem *psalterium* dimitto
sacristie ecclesei therle de este quod bene indiget libris... *breviarium* autem meum
nunc catenatum remanere debeat In sacrestia san petri ut pauperes sacerdotes non
venetes *breviarium* potissime peregrini valeant super eodem dicere offitium Quod
breviarium casu Isto ad ucniente (sic) relinquo sacristie ecclesie s petri...Item
dimitto Joanni nepoti meo de sororis *omnes meos libros* infrascriptos unus *librum*
de vita et more sanctorum, tragedias seneche. Egidium de fu tarus (vel: rarus)[329],
petrarcham remediis utriusque fortune, librum de *sine nominem* eidem[330],
triumphos eidem, *Soslinum de mirabilibi mundi* e unum *tulio de oratore* in eodem
volumine, *Retoricam novam* est in bonbice, *tulium de officis* et *de sine nomine*[331],
Item *tulium de senetute de paradosis de amicitia* et *contra catalina cronicam*
martiniatiam[332] parvam in bonbice, *cronicam mussatinam, librum in solus*

---

327 Eventuell die *Legenda aurea* des Jakobus. Vgl. Anm. 6.
328 Hugo von Trimberg, *Solseqium.*
329 Möglicherweise Aegidius Romanus oder Aegidius von Viterbo.
330 Petrarca, *Sine nomine.*
331 Vielleicht Briefsammlungen des Cicero.
332 Martinus von Troppau (Oppaviensis), *Chronica summorum pontificum imperatorum-*
 que ac de septem aetatibus mundi.

sermonum et orationum[333] *cum papalista, Orosium* in bonbice[334]*, suetonum de Xii cesaribus, josephum*[335] *con gramaticum, Aretinum de bello gallico* et *sinonima tulij, Epistolis incompletas beati Ieronimi,* Item eidem dimieto lectum unum de meis de pignolato cum duaobus captitalibus et duobus cusinellis, Item duo bancalia de meis cum Item tapetum meum maiorem... (ASV, PSM de ultra, B. 43, Commissaria di Bernardus vescovo di Cataro, Registro Ir -VIr)

1457/1

Marco Tomasino
Stammte aus Belluno, Kanoniker und Rechtsgelehrter, San Gironimo

Testament vom 9. April 1457:
...Item dimitto carissimo fu meo francesco medietates omnis per de quod habeo ad Cameram in possesione..., 2 illos *libros* novos in compagninatos quos habeat in domo sua qui vere valent ultra centum quinquaginta ducatorum auri...Item volo quod presbiterus marini zuffo socius meus continuus habeat *breviarium* meum ...Insuper volo et ordino quod *omnes libri* mei qui valent trecentum ducatorum vel circa vendantur et vestis valorum ducatis centum et ultra et suppelletilis domus qui valet cum meis argentereis ducatus centum et quinquaginta, et dentur omnis Me pecunie heredibus meis... (ASV, S.N., Testamenti, B. 1149, Paolo Benedetto, Carta Nr. 217; vgl. auch Testament vom 15. September 1464, ebd., Registro 42r-43r)

1457/2

Flora Novella
Patrizierin, Witwe Pietro Morosinis

Erhält per Testament ihres Mannes vom 9. September 1957 einen Dante und zwei weitere Bücher (nach Connell: S. 163).

1457/3

Pre Paulus
Plebanus von San Eustachio

Testament vom 10. Oktober 1457:
...It volo quod *libri mei* vendantur et emantur de denariis extractis ducati duecenti et quinquaginta ad imprestitis que (sic) imprestita sint suma et perpetua et quod predicte detur Annatin monasterio corpus christi... (ASV, S.N., Testamenti, B. 875, Lorenzo Stella, Carta Nr. 58)

---

333 Nicht identifiziert.
334 Orosius.
335 Wahrscheinlich Flavius Josephus.

1458/1

Gasparino Britti qd Bartolomeo
Aromatarius, San Salvador

Testament vom 22. Januar 1458:

> ...Item laso la mia botega con quello che e dentro et ogni mio bene amia mozier Grazioxa et si Ilaso el mio napomondi et algune altre mie cosse zoe *libri* e lavor de porzelana a la dita Grazioxa mia mozier con condiction che la non possa a vender ni i pegnar et che da po le soa morte sia de i heredi de sua fia Franceschina tuta volta Intando che questo fia dopo la morte de Jacomo mio fio questo dena Juli heredi de franceschina... (ASV, PSM, Atti Misti, B. 110, Commissarie di Gasparino Britti)

1458/2

Paula Contarini
Patrizierin, Ehefrau Andrea Contarinis, San Severo

Testament vom 7. Juli 1458:

> ...Item lasso a maistro ivo de sima el mio *breviario* grando et ducatis vintizinque doro ch el me debi dir ogni di uno ano di lengo una messa per lanima mea... (ASV, S.N., Testamenti, B. 565, Pietro Grasselli, Carta Nr. 158)

1458/3

Luca Sesto
Goldschmied, arbeitete u.a. als Münzer in der Zecca

Testament vom 15. Juli 1458:

> ... Item lasso *alberto magno de mineralibus et lapidibus preciosis*[336] amio cusin messer alovise bevanza. Item lasso tuti i miei *libri de astrologia* a meser lo vescovo de jesolo etui i *scartabili* che sono da cosa al dicto vescovo... (Nach Connell: S. 175)

1458/4

Pietro Tomasi
Medicus, lehrte zwischenzeitlich Medizin in Padua, starb 1458, ließ u.a. seine Buchsammlung zur Einrichtung eines Witwenheims versteigern

Versteigerung vom 4. Juni 1460:

> Et primo magistro gerardo. Unum *librum vocatum problemata aristotilis* numero 6   ducati 12.   L. 3/2
> Item suprascripto magistro gerardo unum *librum magistri*

---

336 Albertus Magnus, *De lapidibus*.

vielmi de ravenna[337] numero 32	d. 1	L. 3/2
Ser Michaeli de grafis librum unum in papiro absque numero		
vocatum *orthografia gasparini*[338]	d. -	L.3
Magistro hyerronimo de leonardis librum unum *de Amicicia*[339]		
numer 96	d. i	L. -
Magistro benedicto de Verona *librum gentilis*[340] numer 21	d. 3	L. -
Suprascripto librum *eneidos bucholiorum*[341] numero 84	d. 3	L. -
magistro gerardo *librum mesue*[342] numero 94	d. 2	L.- s.5
Suprascripto librum *consilia thadei*[343] numero 45	d. 1	L.3 s.2
magistro Antonio danielis librum *breviarii serapionis*[344]		
numero 17	d. 2	L.1 s.8
Ser Jacomo rangona de Vincentia librum *comenti gasperini*[345]		
numero35	d. 6	L. s.10
suprascripto libro *pogii de nobilitate*[346]	d. i	L. 7 s.1
Ser Paolo blasii acartis *Epistolas ciceronis*[347] in papiro		
numero 71	d. 3	L.- s.-
presbitero francesco sancti Pauli libro *de sanitate corporum*[348]		
numero 100	d. i	L.- s. -
magistro gerardo *librum multarum rerum* numero 29	d. 7	L.- s.-
Ser nicolo donato domini Andree *librum magistri vuelmi*		
numero 9	d. 5.	L. i. s.11
magistro benedicto libro *serapionis de suplicibus*[349] numero	d. 2	L. 1 s.10
magistro Petro de Angeleriis librum *mataura alberti*[350]		
numero 29	d. 3	L. s.-
magistro guidoni librum *galieni* numero 3	d. 8	L. 3 s. 2
magistro benedicto da Verona librum *aristotilis de animalibus*		
numero 11	d. 1	L. 3. s.2
magistro tribano unum scartafacium *epsitolas tulianas*[351]	d. -	L. 3 s.3
ser petro Johannis librum *opus philisophorum* numero 127	d. 1	L. s.-
Ser Evangeliste de monte *librum raymondi*[352] numero 22	d. 3	L. 3 s.2
Ser meo de bonafino librum *orationum tulii*[353] numero 32	d. 2	L. s. -

---

337 Ein Wilhelm von Ravenna ist bislang unbekannt. Eventuell wird hier dem in Bologna
    ausgebildeten und dort lehrenden Mediziner Wilhelm von Saliceto (oder von
    Piacenza) ein falscher Herkunftsort zugeschrieben.
338 Gasparino von Barizza, *Orthografia latina*.
339 Cicero, *De amicitia*.
340 Gentilis de Gentilibus von Foligno.
341 Vergil, *Aeneis* und *Eclogen* auch *Bucolica* genannt.
342 Wahrscheinlich Mesue der Ältere.
343 Thaddaeus Alderotti, *Consilia varias aegritudines*.
344 Serapion der Ältere, *Practica* oder *Breviarium*.
345 Wohl Kommentar des Gasparino Barizza zu Cicero, *De officiis* oder zu Dante, *Divina
    commedia*.
346 Poggio Bracciolini, *De nobilitate*.
347 Cicero, *Epistolae*.
348 Wahrscheinlich nicht weiter identifizierbares medizinisches Fachbuch.
349 Serapion der Jüngere, *De simplicibus*.
350 Albertus Magnus, *De meteoriis*.
351 Cicero (Marcus Tulius C.).
352 Lullus (Raimundus L.).

magistro guidoni medico librum *Jacobi Zanetini*[354] numero 15 d. 2   L. 3 s.2
Suprascripto librum *dini super prima primi*[355] numero 14.   d. 3.   L. 3 s.2
ser benedicte de Verona librum *avenzoar* numero 41   d. 2   L. 3 s.2
ser nicolo bonafin librum *tulii*[356] numero 95   d. 2   L.   s.2
magistri antonio de rechaneto librum *quolibet averois*[357]
numero 10   d. 2   L.   s.-
Ser Aloisio graso de mediolano librum *super generatione*[358]
nummer 33   d. 1   L. 1 s. 11
ser Laurentio filio quondam magistri Jacobi magistri gratia
deiLibrum *problematum petri surjani*[359] numer 74 in papiro   d.3   L.- s.-
Eidem librum *lamenti ipocratis*[360] numero 61   d.2   L.3. s.2
Eidem librum *statare deorum ludii* numero 56   d. i   L. 3 s.2
Eidem *librum in loyca* numero 27   d. i   L. 3 s.2
Ser Laurentio filio quondam Magistri Jacobi Magistri
gratiadeo librum *conscilii conta peste*[361] numero 83
Eidem librum *scripti Elenconi*[362] numero 14
Eidem librum *expositionis sancti thome*[363] numero 4
Eidem librum *Johannis sancto paulo*[364] numero 177
Eidem librum *quoliber averois*[365] numer 18
(un drei weitere Bücher alle für 13 Duakten)
domini Batholomeo librum *de dictis et glossorum*[366]   d. -   L.3 s.2
domini Johanni de engeltera librum *tolemei*[367] numer 102   d.58 L.s-
Eidem librum *artis notorie astrologie* numero 104   d.2   L.3 s.2
Eidem librum *de lapidibus*[368] in papiro numero-   d. 2   L.3 s.2
Eidem librum *de proprietatibus rerum*[369] numero-   d. 2   L.3. s.2
Ser Benedicto zon librum *valerii maximi* numero 81   s. 4   L.s.-"

Verkauf vom 20. September 1460:

353 Cicero, *De oratore*.
354 Jakobus von Zanetinis von Padua.
355 Dinus Aldebrandinus von Garbo, Kommentar zum ersten Teil des Kanons der Medizin des Avicenna (Ibn Sinna).
356 Cicero (Marcus Tulius C.).
357 Zu lesen als *Colliget* (Averroës).
358 Möglicherweise ein Kommentar zur Weltentstehung (*De generatione mundi*), ein Kommentar zum Buch Genesis, etwa des Aegidius Romanus, oder eine Schrift medizinischer Natur über die Zeugung etwa des Aegidius von Corbeil. Vgl. auch Magister Elia, Anhang II, 1326.
359 Petrus Sureanus, *Problemata*.
360 Beschreibungen einzelner Leiden oder gesammelte Beschreibungen des Hippokrates.
361 Petrus von Tossignano, *Consilii contra la peste*.
362 Aristoteles, *Sophistici Elenchi*.
363 Bibelkommentar des Thomas von Aquin.
364 Johannes von Sancto Paolo verfaßte ein *Breviarium*, eine *Practica* und verschiedene Werke zur Medizin, u.a. zu verschiedenen Diäten.
365 Zu lesen als *Colliget* (Averroës).
366 Eventuell Valerius Maximus, *Facta et dicta memorabilia*, mit Kommentar.
367 Wahrscheinlich Ptolemaios (Klaudios P.)
368 Albertus Magnus, *De lapidibus*.
369 Bartholomaeus Anglicus, *De proprietate rerum*.

Ser thomo gradenico *librum politicorum*[370] in papiro
numero 76   d. 2   L. 3. s.2
Ser Johani de engeltera unum *librum astrologie* numero 122   d. iii   L.-   s.-
Eidem unum *librum in astrologia*   d. 2   L.   s.-

Verkauf vom 27. November 1460:
Magistro Johanni de tarvisio *librum vocatum gerardus*[371]
numero 28   d.3
Item suprascripto magistro Johanni librum *unum in medicina*
numero 97   d. 4
Item suprascripto *librum de febribus* numero 77   d. 2
Item suprascriptuo *libro macrobii* numer 67   d. i
Iterm suprascripto *librum in medicina de proprietatibus*
rerum[372]   d. i
Item ser raphaeli de trieste *librum in greco* in papiro in una
capsa numero 19   d. 32

Verkauf vom 14. Dezember 1460:
magistro laurentio livelo *librum* unum numero 86 *dictum*
alexandri de erfroxios[373]   d. i.   L. 3 s.2
Item librum unum numero 39 dictum *galieni*   d. 3   L.
Item predicto plures *scartafcos*   d. i   L. 3 s.2
Item *albertum de saxonia*[374]   d. 1

Verkauf vom 25. September 1461:
magistro laurentii liveli *librum dictum receptarum febrorum* d.2   L. 2 s. 7
Item librum unum de *geomantia*[375]   L. 4 s. 2
magistro batholomeo de pergamo *eticam aristorilis*[376]   d.4

Verkauf vom 9. November 1461:
magistri Johanni de tarvixio librum unum operis medicine
librum drathico *librum super xxi tercii omnes*   d. vi
ser francesco pertari librum artrela[377]   d. 2   L. 4 s.13
Ser petro georgio thadei de parma numero 99   d. 1   L. 4 s.28

Verkauf vom 23. September 1462:
Ser Marco de sabenis de Jstinopoli unum *librum dictum*
quintilianum in papiro   d. 3   L.   s.4
Ser Mathio Johannis librum *galieni* numero 43   d.1   L. 3 s.2

---

370 Aristoteles. *Politik.*
371 Gerhardus Sabloneta von Cremona. verfaßte Werke zur Astronomie. Medizin und
    Geomantie (Erdzeichenlesekunst) und übersetzte zahlreiche griechische und arabische
    Schriften ins Lateinische.
372 Bartholomaeus Anglicus, *De proprietate rerum.*
373 Alexander Aphrodisias.
374 Albert von Sachsen, Verfasser mehrerer Aristoteleskommentare.
375 Geomantie = Erdzeichenlesekunst.
376 Aristoteles, *Ethik.*
377 Wahrscheinlich das *Articella,* Sammlung medizinischer Traktate.

Ser donato danielis *librum orologii*[378] numero 112   d. -   L. 3   s.2

Verkauf vom 9. Oktober 1462:
a ser benedict sanuto pro precio unius *libri dicti commenti
ariostotilis*   d. -   L.-   s.l
        d.x

Verkauf vom 4. November 1463:
Item domino francesco zane procuartori *librum unum
Ecclesiasticum dictum humilia rum*   d. x

Verkauf vom 18. September 1464:
Ser Michaeli de grassis unum *librum* numero vii dicto *marcial* L. iii in papiro
Item ser leoni de miolino unum *librum* numero 76 dicto
diascorides et unum scartafacium numero cento e vii in
papiro arecetis   d i   L.i   s. 11
Item dicto librum unum *depistolis* numero 94   L. ii
Iterm ser Jeromino baduario librum unum numero 65 dicto
filelfo[379]
unum alium *librum* numer cento e 5 dicto *album mesar*[380]
unum alium *librum* numero 109 dicto *paule*[381] unum alium
librum numero 103 dicto *almun soris*[382] in scartafatio tuti   d. iii   L. ii s. xv
Item domino ambroisio contareno unum librum numero 93
dicto *le pistole de maistro*   d..   L. ii
Item magistro laurentio de livellis *librum* unum numero 117 *in
astrologia*   L. 4   s. 10
...
(ASV, PSM de citra, B. 120, Quaderno I, 3r-6v, publ. bei Connell: S. 177-182)

1458/5
Petrus Feci
Medicus („physicus"), stammte aus Conigliano, San Cassian

Testament vom 22. Juli 1458:
...Item dimitto nicolao fratris meo minori *libros* meos qui tractant *in cirogia* et hoc
dico casui quo medeci velit in arte cirogie, casui non qp non medici velet nil
habeat ex dictis *libris*, sed simul cum aliis *libris* vendantur et denarij ponantur in
cumulo cum alijs rebus venalibus... (ASV, S.N., Testamenti, B. 738, Bonaventura
da Padernello, Carta nn.)

---

378 Giovanni Dondi von Padua, *Tractatus astrarii*.
379 Philelphus (Francesco Filelfo).
380 Albumasar.
381 Möglicherweise eine lateinische Version der Medizintraktate Paulus Aegitenas.
382 *Liber Almansur*, medizinische Enzyklopädie.

1458/6

Lorenzo Sanudo
Patrizier

Geschäftsbuch[383]:
 In christi nomine m cccc Lv
 cassa diarnia a die 18
 ...
 per un *libro* per marina[384]   ducati-   (s) 40
 ...
 a la maistra insegna marina   ducati-   (s) 60
 (12r)
 ...
 In christi nomine M cccc L viii
 ...
 zugno

 ...
 7 p i° per e *regole de maestro guarino*   ducati-   (s)70
 (103r)
 pro ser nicolo sergona mio canzelier ed
 trid alii disse per imprestari a maestro
 guarino   ducati 4   (s)-
 ...
 Luio
 ...
 per delle *Epistolle di tulio*[385] in   ducati 11 -
 pergamma conpij aferna
 (104r)
 ...
 luio

 ...
 per far fari letedio al *vizilio*[386]   ducati 1.   (s) 32
 per quinterni xii de carta per *vizilio*   ducati 1.   (s) 59
 ...
 per quinterni v de carta per eronjar
 el *breviario*   ducati .-   (s) 16

 Agosto
 ...
 per un maiestro Zorzi miniador per Impersted
 super uno xo *breviario*   ducati 4.   (s) -
 (105r)
 ...
 setembre
 ...

---

383 Handschrift und Abkürzungen sind sehr individuell.
384 Eine Tochter Sanudos diesen Namens ist unbekannt.
385 Cicero (Marcus Tulius C.).
386 Vergil.

15 v a andrea da lenihgo vedelo pentor zani
sano barbiere e colui scriver *plinio*[387] al dum
(decimum) de mil- pro parte de mite
mede dn fiorini ducati 2-

...
18 a misser vielmo pentor pro iimprestedo
bollini 30 val ducati- (s) 66
19 a misser zorzi miniador per parte de
una figura de [-] san polo che ame ducati 1 (s) -

...
hotubrio
A zane todesco scriptor per parte dso
salvio disse per die al patro con che prima
el staxena bollini 18 val ducati -. (s) 39

...
A Zuan todoesco scriptor fo quando
redspegno la sua vesta con de perliij al
nidio con so pantia bollini 40 val ducati -. (s) 87
(106r)
hotobre
25 a ser nicolo da sergiona mio canzeliere
per imperstedo per dita al maestro 1 scrisse
el so latanzio pentir maestro viellmo pintor
a misser andrea dandolo ducati 4-

...
Novembre

...
10 (die) amisser gielmo miniador
bollini 18 val ducati -. (s) 39
(107r)

...
Novembrio

...
17. per piuma s 46 scrivixe a quaterni
14 la s monta ducati 1- (s) 113

...
19. A zuan tedesco mio scriptor per parte
de suo salario desse per copiaire pand-
da tulio bollini 33 val ducati -. (s) 69
...
24. ...
A misser vielmo miniador Candalij
25 s per davere mio fameyo alofizio bl 30 ducati -. (s) 66

...
A zuan todesco scriptor d est per pagar
fatuca de calze e de soladura r zochely
bl 18 e i^a aua bl[--] a compii ducati 2 val
costi bl 18 ducati -. (s) 39
27. ...

---

387 Eventuell Plinius der Ältere, *Historia naturalis.*

per far scriva *i tulio de ofizijjs*[388] a
a matio da fianza a fo per amati   ducati - 2.   (s) 10

...
2. dicembrio
a misser vielmo miniador 19 li i mand per
i so puto el me scrisse per una
so polizia bl xx val   ducati -.   (s) 44
A Zuan todesco mio scriptor per
conprarsi i zupo bl 30   ducati - .   (s) 65
...
9. ...
A zuan todesco per parte d so scriva
bl 85 che avud fin con duc   ducati i.   (s) 18
(108r)
...
In christi nomine M cccc Lviij
...Jna (Januario)
a maestro zori miniador soper rebraiunio (?)
per el misser dandulo el canel e maestro
vielmo miniador anabulis 5   ducati /
al dito maestro zorzi eto per falsel (?)2   ducati -.   (s) 60
A zuan todesco pi[-]o m° brevar
de todsco scriptor bl 40   ducati -.   (s) 87
...
19. A zuan todesco auerd so vola
maestro brenardo scriptor ofre scrito
d mà bl 30   ducati -.   (s) 65
(109r)
...
22 (Januar) a maiestro vielmo super i
luvenal   ducati + -
...
24 A misser vielmo miniador per parte   ducati l   · (s) -
(110r)
...
25
3 ducati per maestro vielmo miniador cond
asalario judio pro dnare per de spegnarli alguni
sopegni ai
...
a zuan da lenihgo (?) per perte de quinterni 6 de
mita che legna el *breviario* e *tulio de oficiis* e a
avudo se consad su consanis dapoi faturare oltre laro
sso i 10 duc 3 -   ducati 2.-

marzo
...
a zuan todesco scriptor sanudo pro impegno (?)   ducati 1.-
per i C° chel corazio de tulio so 14   ducati 5.-

---

388 Cicero, *De officiis.*

(111)

...

(m ccc lviiiii ?)

avril

...

11 al zuan sanudo mio scriptor bol x val   ducati -   (s) 2

...

27...

a maestro nicolo da lenihgo per i° de mite a
quinterni 12   ducati
al dito per ligar el *breviario* bl 40   ducati
al dito per parte de ligar *tulio de ofiziis* bollini
22 efoi 16 oro e maestro vielmo dic dn sel mrutera
plin val   ducati
aviso st strato de man e per dicturum
(112r)
avril

...

16 per nicolo de sigona mio canzelier pro quinterni
6 de mia de *verzilio* conpui per lui per c pu el so
latanzo a soldi 30 el quinterno monta lire 11 so val ducati 1.   (s) 104

...

a zuan todeco per parte de scrivar bl x val   ducato -.   (s.) 22
(113r)

...

26 per quinterni de plagustin el more   ducati -. 64

...

mazo

...

9 .. per un quinterno perlagustin bl 17   ducati -. 37

...

a maestro vielmo miniador iql elpira ij la spitura
in carta bl 20 val   ducati -. 44
a zuan todesco qn conp el libro 4 val   ducati -. 9
17. a zuan todesco bl xx-   ducati -. 44

1455
Libri e cose imprestad ad altri
a ser leronimo Zorzi de confinioAndrea *lepistolis de tulio*[389] non compidi
a ser tacello morosini de conf zuane i *libro ranzd-* claud (sic)[390]
a marco fio de fio mio proprio i *doctrinal* vechio Item Christo (legitur: X) corpo
(legitur: ∅) de Pascanis[391]
al dito uno *petrarcha* Item el *primo libro di virzilio*[392]

---

389 Cicero, Briefe.
390 Durch nachträgliche Durchstreichung (Rückgabevermerk) Sanudos sehr unkenntlich.
   Fraglich, ob Angabe zum Inhalt, zu Form, Material oder Zustand.
391 Radbert von Corbie (Paschasius Radbertus), *De corpore et sanguine domini*, erste
   ausführliche Darstellung der Eucharistielehre. Später ähnlich abgekürzt. Vgl. Anm.
   398.

a ser fio sanudo mio proprio campan *libro in astrologia* Item *lanima* e chs (?)
a marco sanudo de misser matio la *rhetorica de tulio*[393]
a batista de dedi *Isidoro de summo bono*
a ser antonio dandolo de S Jacomo *fiameta*[394]
a ser anionio dandolo dito *el transito di San Jacomo* Item *el soliloquij de san agustin*
a ser fio sanudo i *libro* de exordii et altri *libri*
a ser juan fu bragadin *isidio de sumo bono*
a ser lorenzo zorzi de s mari i *libro de modo vivende recte e perfecte* ligad con molti altri *libri* in cui el dito a ser agusti jiris
al dito dit *i transito di san Jeronimo* (vel: Jacomo) et *soliloquij de san Agustin*
Al dito *isidoro de suma bono*
al [-] i *libro d S Josafa*[395] Item i [-] *istoriade*
a di 4 novembre 1456
a [-] rosin dala badia fraded i lagno *ysidoro de suma bona* Item *levangelista cum epistolis et apocalypsis*
a ser bernardo zorzi de conf mari i *petrarca* a di 16 novembre 1456
Et ser tunia marco i *libro* darfa sanudo ari (legitur: armi) de le raxon vaser
a andrea sanudo *Aristotile de regime principium*[396]
a ser Lorenzo Zorzi podesta i libro *specula humane condictioni*
a ser pirio barezi el *libro darfa sanudo*
a ser tonia memo el *libro darfa sanudo* a di 4 marzo 1457
...
Andrea Sanudo re cuipo
...
a misser jacomo antonio marzelo i *libro* con franjos et nuovo
...
a ser fio sanudo i *libro de modo vivedi recte a perfecto* et molti *libri*
a dito aurel *mio libro de fa xanudo* con da ser Marco querini
al dito uno *libro opera nova de Virtutibus*
Item uno *libro de exordi* et molti *libri*
Andrea Sanudo mio cuxin *fiameta* che la fruse (?) miß
a ser alexanadro Contareno (legitur: C) el mio *evengelio* de archi da baloti
...
a ser francesco sanodo per Imprestido *levanzilista* a di 10 dicembro 1457
...
a ser andrea dandolo il *transito d san Jeronimo* e i *soliloqui de San Agustin*
[-]morisialto i *libro de mediverinar* (vel: medixinar) nuali
(177v)
...
a fio mio proprio i *libro* de md anuali (vel: mundi) et molti altri libri
...
a dn fio n san A de Lio el *libro* darfa sanudo aurmiß matio

---

392 Vergil, Aeneis, erstes Buch.
393 Cicero (Marcus Tulius C.).
394 Giovanni Boccaccio, *L'Elegia di madonna fiametta.*
395 Die Legende des Heiligen Josafat wird u.a. in der *Legenda aurea* erzählt.
396 Wohl falsche Autorenzuschreibung. Bekannt ist ein *De regimine prinicpum* von Aegidius Romanus.

a fio sanudo (legitur: s^a)*pastasio de corpere christi* (legitur: X)[397] et altri *libri* a di
24 majo 1456
Item i libro de *san baxeio*[398] et altri *libri* Item una *bibia*
Item a marco so fio *petrarcha*

...

a larjipecte (sic) i *petrarcha* rigar
(178r)

...

(ASV, Giudici di petizion, B. 955)

1458/1486

Girolamo da Molin
Patrizier, Rechtsgelehrter, Prokurator von San Marco

Alphabetum librorum 1451-58:

Alphabetum librorum mutuatorum Hieronymi De Molino Veneti D.M. Patricii. (Ed
a tergo: *Quaternus librorum quos prestiti vel accomodavi amicis.*)

A

Antonius de cellis discipulus magistri pauli pergulensis restituere debet *burleum
super predicamenta*[399] in papiro copertum corio rubeo quem sibi mutuo dedi die X
mensis februarii 1451.
Magister Angelus baroerius de muriano vitrarius restituere debet *tabulam super
libro moralum beati gregorii* copertam albo, cum armis molinis supra, in cartis
membranis quam sibi mutuo muriani in domo ejus die 24 mensis septembri .
Magister antonius de sperata aromatarius restituere debet *burleum* meum pulcrum
super libro ethicorum[400] copertum corio rubeo in cartis membranis quem sibi
mutuo dedi 4 die mensis octobris 1458 presente magistro antonius de celis artium
doctore.
Dominus antonius molinus quondam domini amadei consobrinus meus die X
mensis decebris 1458 habuit a me mutuo *epistolas sancti pauli* glossatas (legitur:
glo-tas) copertas rubeo in cartis membranis pro quo libro eius polizam recepi quam
misit per servam suam.

D

Reverendiss. in Christo presbiter dominus dominicus de dominicis episcopus
torcellanus restituere debet quemdam librum pulcrum copertum viridi in cartis
membranis, qui nuncupatur *Originalia sacre scripture* in magno volumine cum
brochis scriptum litera ultramontana per alfabetum et incipit *aaron* quem sibi
mutuavi 1455 die 2. marcii. Item restituere debet *scotum*[401] ut fertur *super 4.*^{or}

---

397 Radbert von Corbie (Paschasius Radbertus), *De corpore et sanguine domini.*
398 Basilius.
399 Wahrscheinlich Walter Burley, schrieb Biographien antiker Philosophen, Kommentare
   und wissenschaftliche Traktate.
400 Walter Burley, Kommentar zur Ethik des Aristoteles.
401 Duns Scotus.

evangelistas in tribus voluminibus cartis membranis litera ultramontana scripsis quem sibi mutuo dedi eodem die suprascripto et ego habeo *burleum* membranis suum *super totam logicam.* Item *sofismate tisberi* et quemdam *tractatum eius domini episicopi super libro per yereminias* quos tres libros restituat cum voluerit.

F

Dominus franciscus diedo domini Lodovici debet restituere *Josephum de bello Jodaico* coperto nigro in cartis membranis cum armis, quem sibi mutuo dedi per puerum eius 20 die augusti 1452.

Ser Franciscus benardo (sic) restituere debet *librum sanctissimi viri Gregorii nisseni de vita moysy* coperto veluto cremesino cum saraculis argenteis aureatis cum armis domini cardinalis acquilegiensis camerarii appostolici quem sibi mutuo dedi 2.^{a} die mensis Julii MCCCCLIII in cartis membranis.

Dominus franciscus minio restituere debet *remigium super omnibus epistolis sancti pauli* in cartis membranis copertum corio albo, quem sibi dedi die XX mensis novembris 1453.

Dominus franciscus Diedo suprascriptus restituere debet librum in quo est *tullius de officiis de amicitia de senectute* in cartis membranis quem sibi mutuo dedi die Januarii 1453 sine tabulis.

Dominus franciscus diedo domini Lodovici frater et comes restiruere debet *vitam moysy secundum gregorium nissenum* traductam de greco in latinum per clarum oratorem georgium trabesontium copertam cremesino veluto cum seraculis argenteis cum armis domini Lodovici Cardinalis acquilegensis, quem sibi mutuo dedi 24 die mensis Julii.

Item supradictus dominus franciscus diedo restituere debet *librum de proprietate rerum* copertum corio quasi rubeo in cartis membranis in parvo volumine cum armis molinis super corium, quem sibi mutuo contuli 28 die mensis Julii 1454.

Item predictus dominus franciscus restituere debet *ovidium metamorphoseos* in cartis membranis pulchra litera scriptum copertum viridi quem habuit die 25 mensis Julii 1454, qui *liber* est domini antonii quirini dalle papoze.

Item suprasciptus dominus franciscus restituere debet *bibliam* meam copertam veluto alexandrino in cartis membranis copertam cum seraculis argenteis quam sibi mutuavi die 6 mensis Julii 1456 padue quando ibat vicentiam tunc ivi pro rebus meis.

Item suprascriptus dominus franciscus restituere debet *burleum* meum pulcrum *super libro ethicorum* in cartis membranis copertum corio rubeo quem sibi mutuavi die 6 mensis Julii 1456, padue.

Item suprascriptus dominus franciscus diedo Lodovici restituere debet *Lactantium* pulchrum scriptum litera antiqua in cartis membranis quem misi per dominum Lodovicum diedo eius genitorem die 26 mensis Julii cum iret ad fungendum pretura vicentina, presente domina lucia eius socru in die immediate ante suum recessum, copertum rubeo.

(In margine: dominus franciscus minio restituere debet *agustinum*.... 30.^{a} operibus suis in membranis copertum corio pavonacio; mutuavi eidem die 2. Julii 1458.

Item suprascriptus dominus franciscus diedo restituere debet *diggestium vetus* copertum corio albo quem sibi mutuo dedi die 6. mensis Julii 1456 padue.

Item suprascritus dominus franciscus restiruere debet *librum institutionum* copertum corio albo quem sibi mutavi die 6. mensis julii 1456 padue.

Item suprascr. dom. franc. diedo restituere debet *varronem de lingua latina* copertum corio rubeo in cartis membranis quem sibi mutuo dedi die 6. mensis Julii 1456 padue.

Item *librum* domini *dini super titulo de actionibus inst.* in cartis membranis copertum albo cum armis molinis super primo folio quem sibi mutuo dedi die 6. mensis julii 1456 padue.

Item *tractatum super spera* editum a Rev.^{do} patre domino episcopo torcellano domino dominico de dominicis incartis membranis opertum corio rubeo quem sibi mutuo dedi die 6. mensis julii 1456 padue.

Item testum aristotelis copertum pavonacio corio in membranis *super tota philosophia cum ethicorum libro* quem habuit die 6. mensis Julii 1456.

Item franciscus diedo restituere debet *summam super totam bibliam* in cartis membranis in magno volumine copertam corio rubeo quam habuit die 6. suprascripti mensis 1456 padue.

Item *vitam sancti macarii* super quam legebat famulus eius alexander padue in millesimo quadrigentesimo 1456 die 6. suprascripti mensis padue cum aufugeremus morbum, reliqui sibi omnes suprascriptos libros cum iret sibi vincentiam cum matre et tota familia S. domini lodovici diedo eius genitoris.

I

Johannes tarvisinus discipulus magistri pauli pergulensis restituere debet quedam *opera beati anselmi* coniuncta cum collationibus Johannis cassiani in cartis membranis cum fundelo rubeo, quem sibi mutuo dedi X. die mensis augusti MCCCCLIII.

Dominus frater Iohachin venetus ordinis predicatorum discipulus magistri pauli perglensis restituere debet quoddam *comentum* super libro *buccolicorum Virgilii* in cartis papiri cum fundelo albo. Quem sibi mutuo dedi die Januarii 1453 in Sancto Iohanne paulo.

Magister Iohannes de cesarinis phisicus restituere debet *burleum super libro ethicorum* in cartis membranis copertum rubeo in bona et optima litera cum angulis ereis quem emi a domino Joacobo de Langusco pro ducatis 13, eum sibi mutuavi die X mensis junii 1455. Ego hieronimus scripsi.

Miser hieronimo quirini quondam domini bernardi die dar che li porti a la suo volta 3 volumi de libri e prima *remigio sopra el psalterio opus magni dionisii e libum emanuelis* calce contra grece levatitis errores aveli (li ebbe) adi 26 marzo 1457.

It. die dar uno mio *messal* (bei Cec. nicht kursiv) belo non troppo grando de presio de ducati 50 che li porti alla volta adi 7 mazo 1457. E die dar una mitria con perle e smalti d'arzento pesa marche 5 li di (li diedi) adi 13 marzo 1457 presenete misier piero barbaro de misier donado.

Dominus Iohannes cornario q. domini pauli restituere debet *burleum super libro ethicorum* in membranis copertum corio rubeo cum armis molinis. It. *textum aristotilis super ethicis et super corpore philosophie* quos sibi mutuavi 12.^a die mensis julii 1458 presete andrea germano meo.

Iohannes tarvisinus artium doctor discipulus quondam magistri pauli pergulensis restituere debet *remigium* super epistolas pauli in cartis membranis copertum corio albo, quem sibi mutuo dedi 22.^a mensis julii 1458 per petrum olim suum famulum ut ex poliza sua ad me scripsit.

M

Dominus marchus barbo nepos olim domini Leonardi venerio qui occubuit mediolani tempore comitis francisci et discipulus Iohannis petri veronensis, restituere debet *varronem de lingua latina* in carrtis membranis in parvo volumine,

copertum corio rubeo, quem sibi mutuo dedi undecima die mensis marcii
MCCCCLV. Ego hieronimus scripsi.
Marcus aurelius restituere debet *gregorium nissenum de vita moysi* quam traduxit
georgius trabezontius de greco in latinum, quem sibi mutuo dedi die 20 mensis
maii 1458, copertum cremesino.

N

Presbiter nicholaus mansionarius in sancto salvatore discipulus magistri paoli
pergulensis restituere debet *breviloquium bonaventure* (bei Cec. nicht kursiv) in
cartis membranis in parvo volumine coertum corio rubeo cum armis molinis super
corio in quo est *aritmetica beati augustini* cum aliquibus *operibus bernardi* quem
sibi mutuo die ...
Emi a presbitero nicolao predicto *expositionem magistri pauli de venetiis super
librum de anima* et dedi sibi prenominatum librum et insuper junxi ducatos octo
auri die prima mensis aprilis 1454.

P

Dominus Petrus molinus q. domini Iohannis restituere debet *librum
iustitutionum*[402](bei Cec. nicht kursiv) copertum corio albo, quem sibi mutuo dedi
die 12 mensis novembris MCCCCLI.
Item restituere debet supradictuus dominus petrus *nicolaum de lira (?) supra
Iohannem* copertum corio albo in cartis papiri quem mutuo dedi die 13 decembris
MCCCCLI.
Item restituere debet *testamentum novum* in parvo volumine copertum corio
pavonacio in cartis membranis cum uno *missali* (bei Cec. nicht kursiv) in principio
sine evangeliis, quem sibi mutuo dedi die ... mensis februarii 1452.
Item restituere debet supradictus dominus petrus (b)*onaventuram super 2.º
sentientiarum* copertum corio rubeo cum clavulis in cartis membranis, quem sibi
mutuo dedi quindecima die mensis aprile MCCCCLIII.
Item restiruere debet supradictus dominus petrus *remigium super psalterium*
pulchrum in cartis membrais *cum dialogo beati gregorii* de litera antiqua copertum
corio rubeo colligatum more florentino quem sibi mutuo dedi quinta die mensis
marcii MCCCCLIII.
Dominus petrus barbaro domini donati restituere debet *beatum bernardum super
canticis* in cartis membranis, copertum corio albo, quem sibi mutuo dedi quinta die
mensis marcii MCCCCLIII.
Dominus petrus barbaro domini donati restituere debet *Remigium super psalmis*
pulchrum in cartis membranis *cum dialogo beati gregorii* de litera antiqua
copertum corio rubeo colligatum more florentino quem sibi mutuavi quinta die
mensis novembris 1453.
Item suprascriptus dominus petrus barbaro restiture debet *papalistam* depictum
copertum viridi in cartis membranis quem sibi mutuavi die eodem mensis
novembris.
Item dominus petrus molinus qnondam domini Johannis restituere debet
augustinum de trinitate cum 30 aliis operibus beati augustini simul ligatis iin
cartis membarnis
copertum corio fare nigro, quem sibi mutuavi die quarto mensis novembris 1453.

---

402 Eventuell Statuten, *Institutiones papal* oder Cicero, *De institutione.*

Item suprascriptus dominus petrus barbaro restituere debet primam, 2.^{am} 3.^{am} partem *cronice* de nigro in tribus voluminibus in cartis membranis de litera ultramontana. Que volumina sibi misi per suum famulum die 6.^{a} mensis decembris 1453.

Habuit mutuo a me hieronimo molino domini maphei domius petrus molinus qu. domini Johannis de sancto Mauricio Lactantium pulchrum scriptum litera antiqua pulchra in cartis membranis aureatis de super copertum corio rubeo ligatum more florentino quem sibo contuli mutuo die 8.^{a} mensis augusti 1454 MCCCCLIIII.

Dominus Petrus molinus suprascriptus restituere debet *bibliam* meam copertam corio rubeo cum armis meis molinis super corium mediocri volumine extensam in cartis membranis quam sibimutuo dedi 4 die mensis marcii MCCCCLV ego hieronimus scripsi omnia hec in libro scripta.

Dominus prepositus sancte marie de orto restituere debet *remigium super epistola pauli* omnes in cartis membranis copertum corio albo quem sibi mutuo dedi 25 die mensis maii 1455 ego met portavi ad ipsum predictum librum.

Item suprascriptus dominus petrus molinus quondam domini Johannis de sancto mauricio restituere debet *epistolas* meas *sancti hieronimi* in cartis membranis scriptas litera antiqua copertas corio rubeo ligatas more florentino quas sibi mutuo dedi die 26 mensis aprilis 1456 padue et in hoc testis est dominus franciscus diedo domini lodovici.

S

Habuit mutuo a me stephanus quirinus domini anthonii *lociculam* magistri pauli pergulensis copertam rubeo quam sibi concesssi die 29 memsis augusti 1454 presente compatre meo Johanne firmano cive Justinopolitano.

Item suprascriptus stephanus quirinus habet *dubia magistri pauli pergulensis* coperta viridi quem sibi mutuo dedi die 29 mensis augusti 1455 Venetiis.

V

Dominus vincivera dandulo advoatus palacii restituere debet *festum pompeium* in cartis membranis copertum corio nigro in parvo volumine cum armis mollinis in prima carta quem sibi mutuo dedi sextadecima die mensis iulii MCCCCLIII.

Z

Sies Zuan castaldo de miser lo dose die dar che i di (diedi) a vender al suo incanto uno *messa*! belissimo coperto de cuoro rosso aminiado benissimo ligado a fiorenza el qual li di adi 8 luio 1456 a casa sua presente suo fratelo ulixes in carta bona.

Item die dar el sopraditto simelmente *i morali di San Gregorio* coperti de rosso in carta membrana ligato Fiorenza el qual li di in quel zorno che lave el messal insiema a casa sua.

Jesus

Dominus lodovicus dieso qui fuit capitaneus triremium Romanie in excidione Constantipolitanae urbis habet pignori a me hieronymo molino domini Maphey unam mitar cum smaltis argenteis et gemmis et lapidus non veris sive cristallis.

Item remigium super *psalterium* cum dialogo sancti gregorii scripto litera antiqua in cartis membranis copertum rubeo ligatum more florentino pro ducatis centum

idest 100 auri quos habui in banchis ser augusini die vigesima mensis julii 144
Venetiis.

(Nach Cecchetti: Una libreria circolante a Venezia nel secolo XV. In: Archivio
Veneto XVI, 1886, S. 161-168; befindet sich in ASV, PSM, Atti Misti, B. 144a;
publ. auch in Nebbiai-Dalla Guardia, Donatella: Les Livres et les amis de
Girolamo Molin (1450-1458). In: La Bibliofilia 93, 1991, S. 153-174)

Leihliste des Dominikus, Bischof von Torcello, am 8. Januar 1465:

Iesus
+ 1459 die .8. januarij
Ego dominicus episcopus torcellamus Confiteor Rerepisse a nobili viri domino
hieronimo da molino domini maphej infrascriptos libros in diversis vicibus queos
permitto cj reddere as sui bn placitus et her scripsi manu propria

primo *prima parte sancti thome i theologia*
Item *lactantius* pulcrum
Item *bernardus super canticis canterorum*
Item *sumìas dcórum beati bernardi* cum tabula super dcá ei q*
Item *liber originalium* dró
Item *biblia pulcra*
Item *postilla super apocalypsim et epistolas canonicas* sunt. virì gregorio d
arimino
Item

Item *bonaventura* super secundus sententiarum pulcrum
Item *Ricardus de medio villo super Ricù sententiarum*
Item *postilla super matheum incipit quatréo*
Item *postilla super marcum et lucam* i uno volumé
Item *postilla super johanis*
Item *sermones quadrigesimalis* I pergameno incipientes duct e Jesus
Item *sermones dominicales per totum annum* breves i pergameno magrì peruldj
Item *sermoness beati aug' as heremitar e per mile logii* in pergamen
Item *qda recoolecte sermones* in papiro *quadrigesimalis et diuiales*
Item qda *sermones* i papiro q in cipit [---] mane vide viti qlíam eius (indi libris
qtham eius).

(ASV, PSM, Atti Misti, B. 64, Carte di Girolamo Molin qd Maffei dottore, Atti
giudiziari)

Klageschrift Girolamo da Molins von 1468 oder später:
..debiti per sua sinstina Iustitia ch ditto m polo ...
cose leual le obligato darmi Es

bazil uno de arzento ..	prea ...	mq (marhhi)5
bochali 33 darzento ..	prenzio	mq ..6 . ózr j..i
pipionj darzento da j	prenzi..	mq ..4 . ozr 4..3
taze darzento .4.	prenzio circha	mq ..4
uno calrer daerzento	prexio duc 16	
rezunto cumsmalto..	prexio duc 20	
candelabro 4 darzento	prexio duc 40	

Item bachuleos duos pastoriales   prexio duc 34
missale uno . . .   prexio duc 50
ponteficale uno . . .   prexio duc 16
ponteficale peso de Imbilotto . .   prexio duc 25
...
Item *volumi de libri zento* eventi tra iquali e *lactantio bellissimo et epistole de Sa Iriolimo* et altrj (lactanzo bello e lepsitole de san hieronimo beissime)...
(ASV, PSM, Atti Misti, B. 64, Carte di Girolamo Molin qd Maffei dottore, Inventarii)

Undatierte fogli:

1. foglio

n° 32 *Silveanus de iudicio et prudentia dei*	duc8
n° 91 *bernardus super canticis*	duc6
n° 59 *Crisostomus super epistulas pauli ad Romanos* coperto nigro	duc 4
n° 76 *nicholaus de lira super matheu* con fodelo nigro	duc 4
n° 14 *auctoritates beati bernardi super óibs librissuis*	duc 10
n° 8 *historia tripertita* coperta rubeo	duc7
n° 10 *varro de lingua latina* in parvo volumine copertus rubeo	duc 4"

2. foglio

Silvani de iudicio et prudentiia dei	duc 8
bernardusu super canticis	duc 6
crisostimi super epistolas pauli	duc 4
niolaus de lira super matheum	duc 4
auctoritates beati bernardi	duc 10
istoria tripertita	duc 7
varo de lingua latina	duc 4

Io gasparo ho recevudo li dicti *libri* per parte de misser Jerominio de molin

3. foglio

n° 8 *historia tripertita* coperta rubeo in membranis	duc 7
n° 32 *Silvianus de prudentia dei et vita sancti Iohannis crisostomi* in membranis copertus rubeo	duc 8
n° 91 *bernaradus super canicis* inmembranis copertus rubeo	duc 6
n° 59 *Crisostomus super epistolas pauli ad romanos* in membranis copertus nigro	duc 4
Auctoritatis sancti bernrdi siper omnibus libris suis in membranis copertus albo	duc 10
nicolaus de lira super matheum cum fodelo nigro in membranis	duc 4
Varo de lingua latina inmembranis copertus rubeo	duc 4

4. foglio

exepta moralia de libris sanctorum in membranis qui incipit post illu sacro sditú	duc 3 ½
disti'stróes petri de tarantasio in membranis	duc 3

secundus petri de tarantasio in memmbranis	duc 3 ½
tabula super augstini decivitate dei	duc 3 ½
Exodus et Leviticus glosati	duc 2
Expositio subtiles super c´tica et sapías stalomorus	duc 3
*(*vel: *clalomorus)*	duc 3

5. foglio

Exodus et leviticus glosati	duc 3
secundus petri de tarantasio	duc 3 ½
distinitióes petri de tarantasio	duc 3
quidam auctoritate sanctorum et	
expositio super libros sólári (vel: fálóri')	duc 3
tabula super agustino de civitate dei	4

Hinterlassenschaftsinventar von 1486:

Iesus
Inventarium librorum de aliquorum rerum portade e lassate a casal et per primo ...
omnes epistole pauli glosate in membranis
...
bernardus super evangelio luce de et *omnibus discriptii qui ibant in emaus* et
(a)liis episodis
de mulieribis illustri Johanes bocatij[403]
crisostomus adiisus vitapastores monastue vite
paulus orosius[404]
quidam liber in medicina omnes isti in membranis
de proprietatibus rerum[405]
opus silviani de prúdentia
cronica martiniana[406]
Legenda sanctorum[407] *et passio san incentij*[408]
Inocentius de dignitate humane conditionis
gilibertui super epistolis pauli[409] in papiro
sermones inocenty sine tabulis in membranis et quidam *sermones parisien*
evidam sermones qui incipit mariei indebitis in papiro cum fodelo rubeo
exodus et leviticus glosati
evidam sermones sine tabulis in membranis q incipuit o *altitudo fratris Iacobi de voragine*[410]
evidam sermones coperti beretino in papiro ubi est trà de manu domini pratriarcha
quidam *liber* in quo est *offitia mortuorum*
item scudelin 8 de pelite

403 Giovanni Boccaccio, *De mulieribus claris.*
404 Vielleicht Orosius aus Bracara. Verfaßte v.a. einen Abriß der Weltgeschichte, *Historiae adversum paganos.*
405 Bartholomaeus Anglicus, *De proprietatibus rerum.*
406 Martinus von Troppau (Oppaviensis), *Chronica summorum pontificum imperatorumque ac de septem aetatibus mundi.*
407 Eventuell die *Legenda aurea* des Jakobus. Vgl. Anm. 6.
408 Lothar von Segni, eventuell *De miseria humanea codicionis* oder *De compilatio.*
409 Womöglich Gilber von Poitiers, verfaßte u.a. Bibelkommentare.
410 Jacobus von Voragine.

...

2. Inventar:

Beni mobili del q m^{co} e Clarissimo Doctor Mißer Hieronimi da Molin astimarti e t
dacti Im pajamento dal Signora et maj^{ta} Maregarita olim consote se stato quod
misser hieronimi p pte de la dote ssua ut intra (legitur: insta) vz
Primo una achona cum nostra dona cum el suo pútú de [-]ta cum le foaze dorade
...

Item *una bibia in carta membrana*
Item *uno straben*[411] in bombicina a stampa
Item *una suma monaldina* in membrana
Item una altra *bibia* in membrana in forma pichola
Item *el tractado de la sphera*[412] in membrana
Item *la vita de san Gallo* in membrano
Item *una suma de virtutibus* in membrana
Item *el martirio de san Viccjo* in membrana
Item de *sermonis Scipíois (*vel: *Serapionis)* in membarana
Item *Varo de lingua latina* in membrana
Item *El martirio de san Sebastiano*
Item de *celebrat- súma potificis* in membrana
Item *una suma in gramaticha* in membrana
Item *de ordine misse*[413] ein membrana
Item *una suma in theologia* e *cassidoro de amicitia*[414] in membrana
Item *li sermoni Dominicali* in membrana
Item *li decreti antiq de sacramentis* in membrana
Item *li sermoni de egidio*[415]
Item *li comentarij de beda*[416] in bombicina
Item *le sermoni quadragesimali* in membrana
Item *tabula quotationi epistulorum et evangeli* in membrana
Item *sermonis dominicali* in membrana
Item *La vita de san paulo p'mo heremita*[417]
Item *s' Lonando de honestate vite*[418] in bombazina
Item *sermonis Dominicali* in membrana
Item *San Paulo sopre el terzo libro salomonis*[419] in mambrana
Item *Molti sermoni* in membrana
Item una *scripto sopra la pgeominia de arist-*[420] in bombicina
Item *la chiesa sopra el decreto* in membrana
Item *uno repertorio de gulliemo durante*[421] in membrana

---

411 Strabo oder Salimbene.
412 Möglicherweise Johannes von Sacrobosco, *De sphaera mundi.*
413 Wahrscheinlich Bernardus Guidonis (Bernardo Guy), *De ordinatione santae missae.*
414 Cassiodor.
415 Eventuell wurden hier die Bibelkommentare des Aegidius Romanus als Predigten
bezeichnet.
416 Beda Venerabilis.
417 Lebensbeschreibung des Paulus Heremita, wird auch in der *Legenda aurea* erzählt.
418 Eventuell Landinus, Leonidas oder Leontios.
419 Eine derartige Schrift des Apostels Paulus ist nicht bekannt.
420 Aristoteles.
421 Wilhelm Durandus der Ältere (Durandus von Mende), *Repertorium.*

Item *le libelli de rophredo* in membrana
Item *Antonio de butrio sorpq 2° qte*[422] in bombicina
Item *El cardinale sopra el s° dei' decreto* in bombicina
Item *paulo orosio*[423] in membrana
Item *Dino de regulis Iure*[424] in membrana
Item *digesto vechio* in membrana
Item *La Iustituta* in membrana
Item *la addis de Jac° de aretia*[425] in membrana
Item *Alberto magne de natura animalium*[426] in membrana
Item *Burleo sopra ponfixio*[427] in membrana
Item *le decisione de rota* in bonbeinza
Item *la phisicha cum el comento de aristotele*[428] in membrana
Item *lexposition sopra la bibia* in membrana
Item *tulio de offitium*[429] in bombacina a stampa
Item *certe recolete del patiarcha* in bombacina e mala lettá
Item uno *scartafago in Iure*
Item *Saliceto sopra la prima pte*[430] in bombacina
Item *Li statuti de Venexia* in bombicina
Item *le recolete sopra la Inforzado del pat°* in banbi mal fatto
Item x *guaterni* in membrana *de epistole de san paulo*
Item *certe recolete del patriarcha sopra el testamento novo* in bonbi mal fato
Item *ceto qs incoperde* in bombicina mal fato
Item *un scartafazo de Ierarchiis angelorum* in bonbi mal fato
Item *Certi Sermoni de misser odo parisiense*[431] in membrana
Item *uno septo sopra la eth* a stampa in bonbicina
Item *Lactazio* in bonbicina
Item *certe quaterni in phisica* a stampa in bonbicina
Item *fotio de Caranrasio sopra le epistole de san Paulo*
Item *de proprietatibus rerum*[432] inmembranis
Item *Crisotomo ad usus vita pastores monastice vite* inmembrana
Item *Paulo Xegeris* in membrana
Item *I dialogi di zuan crisotomo*[433] in memnbrana
Item *Srinvieborum ad eugenui* in membrana
Item *De moribus philosophorum* in membrana
Item *le expositio de la bibia* in mebrana
Item *Ieronimis deflore secundum* in membrana
Item *zuan bochazo de mulieribus Illustris*[434] in membrana

422 Antonio von Butrio, *Lectura super II Decretalium.*
423 Orosius.
424 Dino von Mugello, *Lectura super regulis iuris.*
425 Es handelt sich möglicherweise um Johannes Andrea. *Additiones ad durantis spe-culum iudicale,* Kommentar zum Kanonischen Recht.
426 Albertus Magnus, Kommentar zur Naturphilosophie des Aristoteles.
427 Walter Burley.
428 Aristoteles, *Physica,* mit Kommentar.
429 Cicero, *De officiis.*
430 Bartolomeo Saliceto, kommentierte römisches Recht.
431 Wahrscheinlich Odo von Cluny.
432 Bartholomaeus Anglicus, *De proprietatibus rerum.*
433 Johannes Chrisotomus, *De sacerdotio.*

Item *la rethoricha de Tullio* in membrana
Item *Le epistole di san paulo cum la chiesa* in membrana
Item *la cronaca di fra martini de ordino predicatse*[435] in membrana
Item *comentarij de cesaro* in bonbicina in stampa
Item *Eusebius de eprinti I*[436] a stampa defliga in bonbianza
(ASV, PSM, Atti Misti, B. 85a, Commissarie di Girolamo Molin, II, Fasc. IIIb)

1459/1

Donna Gerita
Witwe, lebte im Kloster San Bernardo auf Murano

Testament vom 8. Mai 1459:
... Item lasso el mio *officio* che ha lamision de san polo elqual ha suor Eugenia
vituri munega asanta maria di agnoli El altro mio *offizio* che so demio nievo
Stefano zanchari
[-] a novella la mia neza, Ecaso fosse che la maorasse avanti fosse maritada voio
che il dito *officio* sia di pre bernardo. Item lasso il mio *breviario* grando a san
Arnardo che non se possa vender ne Inpegnarse che sempre staga Inchoro. E tutti
queli *altri* mie *libri* voro de pre bernardo execto el mio *vangelistario*, voio che sia
de mißer pre Lorenzo mio comessario. E la *bibia* mia sia del mio nievo ser matheo
degarzoni... (ASV, S.N., Testamenti, B. 337, Rugiero Cataldo, Registro, Nr. 91, S.
66v-67v)

1459/2

Barbarella Michiel
Patrizierin, Witwe Nicollò Michiels, San Antonin

Inventar der „cose in domo":
...
- iiij *libri vulgar* de diverse cose in papiro
...
(ASV, PSM de citra, B. 103, Commissarie di Barbarella Michiel, Fol. 2)

1460/1

Marco Gonella
Plebanus

Inventar vom 10. August 1460 :

---

434 Giovanni Boccaccio, *De mulieribus claris.*
435 Martinus von Troppau (Oppaviensis), *Chronica summorum pontificum imperatorumque ac de septem aetatibus mundi.*
436 Eusebius Caesarensis, möglicherweise das *De temporibus*, zweiter Teil des Chronicon,
übers. von Hieronymus.

..Queste sono le robe de misser pre marcho gonella pievan de san Undeto electo
marie
... Item un missal de lettera oltramontana in carta bona coverto de viarso cuoro.
Item un *augustin de civitate dei* el qual e nella man de la scuol de la enista (?) bello
i bona carta. Item uno *buon* (vel: buori) bella in carta bona choverta de rosso. Item
un *decreto* belo incarta bona el qual e ne le man de pre vicenzo intitola a
santrovaxo itm un *maestro de le* [-] (sextum?) in carta bona Item una *postilla* sopra
i evangeli in se varia conienze iper secundu (?) in ortum orera (?) enelastoi
fgressus iesus per habunione Jessro in carta bona choverto de curio rosso copegad
suxo hori Item i *pontifical* in cartat bona. Item uno *compendio fiore theologie* in
carta bona comenza de natura Iesus chon el prologo Veritatis thologie firiase
verisqs de sanori se resestibi Item un *libro* in bamabaxina da *molti saneti* choverto
de ecori biaso incipit in nomine nostre viri item un *breviario* i carta bona bello e
segondis la cortis Item un *diurno* bello in carta bona. Item un *libro da batizar* e far
altri sacramentiin carta bona choverto de chioro rosso. Item uno *ignazio* (virinazio)
in carta bona gioxido. Item un *libro predicabelis* in carta banbaxin. Item un
psalterio in carta bona con tavole choverto de cuoro Item un *libro con tavole*
choverto in banbaxina Incio res lignui vite in medio paradisis infirmes quelli del
mondo Item uno *vitis patrorum*[437] in carta bona choverto de chuoro vermin Item
uno *decretal* in arta bona coverto chuoro biancho. Item un *legendario*[438] in carta
bona chuverto de cuoro bianche Item un *libro de vita et moribus fiosophorum*[439] in
cart bona choverto de cuoro rosso. Item un *psalterio* gloxado in carta bona. Item
un *dialogo de gregorio* in carta bona Item un *libro* in carta banbixina *de vita jesu
christi* (legitur: xpi)[440]. Item un *libro quadragesimal* in carta bona choverto de
cuoro rosso e bianco. Item un *libro de sermoni dominical* in carta bona Item un
libro de *sermoni e distinatio de alino*. Item un *quiderno de ecclesiatiche ordinibus*
in carta bona e certi altri *quadernei* in carata banbaxina de diverse cosse. Item un
decretal he e ne le man de antonio negro. Item un *libro se chama felire* (febre?) in
carta banbaxin al dicto antonio neg°...Item una *pixanella*[441] in carta
banbaxina.(ASV, S.N., Testamenti, B. 360, Colonna Natale, Protocolli 74r, Nr.
106)

1460/2

Antonio Dragonexe
Santa Maria Formosa

Testament vom 20. Oktober 1460:
...Item lasso a ser Christoferosalo durante varaler la mia chasela cum icastelli, e
dodexe cuflier e dodexe pironi e do laere satrona dentro E lassoli *tutti mie libri da
lezer* e ogni cossa mennta tegno in studio per adornar, tuto sia suo pro lamicizia

---

437 Gregor der Große, *Dialogi de vita et miraculis patrum Italicorum.*
438 Eventuell die *Legenda aurea* des Jakobus. Vgl. Anm. 6. Möglicherweise auch ein
Hinweis auf ein *Lucendario* (anstatt *Legendario dei santi*).
439 Walter Burley, *De vita et moribus philosophorum.*
440 Aus dem 14. Jahrhundert sind mehrere apokryphe Kindheitsbeschreibungen Jesu
überliefert, u.a. *Fra* Enselmino da Treviso, *Infantia del Salvatore, sua vita miracoli e
passione.*
441 Bartholomaeus Pisanus, *Summa de casibus conscientiae.* vgl. auch Anm. 203.

abiamo avuto insieme Le qual cosse tegna per ricordarse de pregar pro anima mia... (ASV,S.N., Testamenti, B. 1195, Vettore Rosati, Protocollo Nr. 70)

1461/1

Ercole da Fiore
Maler, Santa Agnese

Testament vom 1. Juli 1461:

... Item lasso *tutti i libri* scripti in vulgar m elasso mio padre, siano dati al monastero di Santa Maria di anzoli da muran...Item lasso el mio *breviario* sia vendudo, el tato de quelo sia dispensado a chavar prixonieri de prixon, e dato a do novize... Item lasso el mio *diurno* a dun bernardo frate ala charita... Item tutti *i libri zoe psalmista offitio de nostra donna novi, et ogni alstri libri volumi e scartafazij* de tutte sorte a m^a Ixabeta ze...mia commessaria...

Inventar im Anhang an das Testament:

...
- *la mia Apochalipsis*
- *summa de pnietenzia*
- *El transito de San Jeronimo*
- *Evanzelly Epistole de tuto lanno*
- *Vita di Santi padri*
- *Dialecho di San Gregorio*
- *loffizio de nostra donna* (tutti questi se anno dar ale donne di anzoli da muran)
- *el mio breviario* me costo ducati 40
- *El mio diurno* se a dar a dun bernardo
- un *libro* in bambaxina, trata *de la consienza de san bernardo* se a dar a i thesuali, sta a Santa Agnese, da i capuzi bianchi
- un *volume* e parte de *breviario*, se a dar ala carita

...
- *Promissione del doxe*
- *Statuti di Venexia*
- *Troiano*[442]
- Un *libro* de bergamena literal *trata di virtudi e Vitij* me dono miss dun augustin
- Et molti altri volumi e scartafyci i qual a esser de m^a laxabeta ze mie Commissaria

...
- Un *psalmista* in carta bregamena nuovo
- Un *offitio* de nostra dona nuovo

...
(Nach Paoletti: S. 9 f.)

1461/2

Giovanni Morosini
Patrizier

---

442 *Troja*-Roman.

Verkaufte seinen Augustinus, *De civitate dei,* dem Prior von Santa Maria della
Carità. (Nach Connell: S. 164 f.)

1462/1

Nicollò Rochabonella
*Medicus, stammte aus Conciliano, "artius et medicine doctor, filius de magistrum
Lodovici medicus Conciliano*

Testament vom 1. April 1462 (geschrieben "in mano propria"):
>...michel (Enkel) relinquo... cum oporteat me de parte hereditatis mee que forte
>videret spectare heredibus issti mei iacobi utfide inborse supradicto per
>tesatmentatione dotis supradicte Isabette de clugia et in consideratis maximis
>expressis facendis per largissimam expenditione in studio paduano, tam pro *libris
>artium et medicine,* quos fece omnes dissipavit quod pro vestibus supertuosis et
>dissipatioe pro suis doctoratibus artium et medicine...Item relinqo eidem Lucie
>(Tochter) soprascripa medictatem vestium mearum et *librorum* meorum et
>supeletilium meorum, ... (ASV, S.N., Testamenti, B. 565, Pietro Grasselli, Carta
>Nr. 3)

1462/2

Luca Leon q. Frederico,
Bischof, "Consulensis et Stagnenis"

Testament vom 14. Juni 1462:
>Item dimitto meam *bibliotecham* et meum *breviarium,* monasterio Sancti Francisci
>ordinis minorum de Rudiaio ... quos *libro* vollo poni in sacrestia dictimonasteri et
>ibi catenatur ut qui voluerit dicere officium possint ipsum officium dicere (Nach
>Cecchetti: Libri, S. 336)

1462/3

Suor Polesina Inselma
Nonne, dritter Orden des Franziskus

Testament vom 27. August 1462:
>...E vorando eldito pre benedeto el mio *breviario* voio che lo habia per prexio de
>ducati diexe desfalcando per dicti ducati x dele dite 305... (ASV, S.N., Testamenti,
>B. 337, Baldasar de Ripa, Carta Nr. 136)

1462/4

Giovanni Corner
Patrizier

Testament von 1462:
>...francisco scriptori unum meum *librum troianum*[443] que penes se habet... (Nach Connell: S.164)

1462/5

Andrea Contarini
Patrizier

Spricht in Briefen von seinen *"graecos codices"* (Nach Sabbadini: Le scoperte, I, 63f.)

1462/6

Christofero Poeti
stammte aus Bologna

Verpfändete für 12 Dukaten bei Giuglielmo Querini:
>...*lepsitole de seneca* chondo tratadi in uno volumine de bergamena item *uno maistro pierio da crescenzo*[444] in banbaxina... (Nach Connell: S. 173)

1463/1

Donna Elisabetha (II)
Witwe des Färbermeisters Stefano, San Silvestri

Testament vom 17. März 1463:
>...dedi eidem domine franceschine unum *officium beati virginis* ut venderet per soldis trigintas sex... (ASV, S.N., Testamenti, B. 724, Girolamo Bon, Carta Nr. 1)

1463/2

Zuane de Musolini qd maestro Andrea
confino Santa Fosca

Testament:
>...al dito andrea mio fiuol laso tuti *libri ede medexxina* edogni altri condiction... (ASV, S.N., Testamenti, B. 1149, Paolo Benedetto, Carta Nr. 109)

1463/3

Pre Matteo Perenzimo
Presbiterius von San Jeremia

---

443 *Troja*-Roman.
444 Petrus Crescentius von Bologna, *Ruralia commoda.*

Testament von 1463:
...deinde habeat presbyter Antonius Vitelus meam *pisanellam*[445] in papiro... unum *librum de miracolis verginis marie* relinquo commatri mee domin elugretie capello. *Postillam supra omnia evangelia in quadragesima* relinquo moniablibus de annantrata ut orent deum pro me. *Librum decreti* qui est in optimus relinquo ut stet in sacrario sancti Jheremie cum catena ut sacerdotes adiscant, Librum quartum *sententiarum* relinquo prebitero francesco venerio cum uno *quadrigesimale* de papiro... (Nach Connell: S. 182)

1464/1

Francesco de Franceschi
San Marco, hinterließ mehrere "boteghe"

Anhang an sein Testament (Auflistung der Legate) vom 4. Januar 1464:
Memoria. chome Mi franzescho de franzeschi contrada san Marcho faro notta qui sotto de tutto quello mee ironera al mondo aquestode E quelo El piol valce da vixo, E per lo aimelle quello io hordino per el mio testamento. Quello el pora eser davixio Come qui sotto apareta ducati
...
uno *hofizio* varnido darzento...duc 15
...
(ASV, S.N., Testamenti, B. 1149, Paolo Benedetto, Carta Nr. 112)

1464/2

Nicollò Saraton
Krämer, Santa Maria Formosa, machte Testament am 5. Juni 1464, hinterließ eine "botega di legname" (legname = Holz)

Hinterlassenschaftsinventar:
...
vi *libri* grandi e pizolli in bambaxina e in membrana
...
(ASV, PSM, Atti Misti, B. 13, Commissaria di Nicolo Saraton)

1464/3

Anonymus

Rechnungsbuch:
...1463 oder 1464, 15. genn. v. Pro mutandis postellis seu tabellis quoniam priores tineate et causa fuerunt tinetionis cartarum in *libro auctoris modorum significandi* quoniam nunc sunt posite in bono lunio incise fuerant non tineabuntur, et cum fundello coriali et cum zollatorio appendittorio parvulo foliato pulcro et fichato per omne et cum fundello pulcherrimis brochetis carti in iteratos crocatis...

---

445 Bartholomaeus Pisanus, *Summa de casibus conscientiae*, vgl. auch Anm. 203.

1464, 8 marzo. Me dedisse notulam perago pro miniandis literis principalibus videlicet in prohemio, in principiis videlicet miorum *librorum questioneis Joannis de Gandavo*[446], *super libros tres de Aristotelis de anima questiones* ad solidos 28 pro litera tali L. 5. s. 12... (Nach Cecchetti: Libri, S. 348 f.)

1465/1

Andrea da Molin
Patrizier, „conte" in Budva (Albanien), Vetter Girolamos da Molins[447]

Inventar vom 10. März 1465:
Inventario deli beni del q Spectabel miß Andra damolin fo conte de Budua consegnande al sp mißer Alvise Barbo figlio de misser Zuane, per el Ma[co] misser Gabriel trivixano honorade pueddre de Albania Etprima
...
Item un *dante* in carta bergamina
...
(ASV, PSM, Atti Misti, B. 64, Carte di Girolamo Molin, Inventarii)

1465/2

Angelo Corario
Ehemaliger Kanoniker, machte Testament in Padua

Testament vom Juli 1465[448]:
...Item lassava a li dicti messeri zuane de la badia e a Janes (todesco) la chaxa [-] del dito misser Anzolo in la contrada del ponte de Ita per Indiviso cum tute le massarie che se trovava dentro et argenti ch era a uxo de tavola. Excepto li argenti che lui have[-]che era algune tace consetiere pironi e scorliere et excepto li *libri* perche lui voleva che li diti argenti e *libri* fosse venduti per satisfar a legati... Voglio che siano venduti i mie *liberi* et argenti per satisfare ai mie legati diqual ne in formato ser fabrizio nodaio ad plena de la mia [-]me referisco... (ASV, C.l., Notai, B. 175, Rubeus Francesco, Pergament nn.)

1465/3

Pre Piero
Titularius von San Jacobo all'Orio, machte Testament am 20. September 1465

Hinterlassenschaftsinventar im Anhang an sein Testament:
Iesus 1465 a die 20 di Setembris
In nomine domini amen Questo e Inventario de la proprieta de p' piero perveto titularo in san iacobo delorio sano del corpo e de la mente scrivo de meo manu ordinendo le mie cose ...

---

446 Johannes von Genth.
447 Vgl. Barbaro, V. S. 211.
448 Linker Rand des Testaments ist abgerissen, daher nicht mehr genau datierbar

primatus i *breviario* in bona charta iciorio pizolo de una lettera bastarda. una
comuna con *lofitio* de li morti et *psalmi penitenziali* in bona carta. uno *verzelio*
novo. *lepistolo di tulio* novo. *Terenzio* novo. le *tragedie di seneca* fina al setimo
libro colso scrito de compagnia. *una rhetorica* nova[449]. uno *homero* pizolo el qual
cumenza frá pande mihi et elqual ligato de compagnia cum *paradoso* e de
senetutus[450]. uno *prospero* legagto con *tulio de amicitia*[451] e cum una coluba e
cum certe altre opere che anchora uno par de *regule* nonde *guarino* le quale
degiara molte cose in gramatica ligata de compagnia con le *fabule dovido
methamorphoseos redutus alegoria da nostra fede*. Anchora uno altro par de
regule non de guarino ligatus con *Sinonimj de tulio*[452] e con altre opere. el
dascendere Christi con le figure de i barbaresini e filosifini e altre opere che tuti de
compagnia. uno *doternalo* con *santo scrito* de compagnia ligato. uno *tratato de
confessione de lo vescevo de fiorenza*[453] con mienza de fecer át secutantes
scrutino. Item sermio super lo *diavolica* (vel: *diuçolica*) e uno *comentario super
lazorziceiles* et super la *emerdos persone alsexto*[454]. persiano persone al.i.4. Li
super dicti libri tuti sono in carta tristo e certe altre cose et che non scrivo... (ASV,
S.N., Testamenti, B. 1149, Paolo Benedetto, Carta Nr. 13)

1466/1

Baldassar Arigo fu Bartolomeo
*Galeerenkommandant ("commandador"), Santa Ternita, machte Testament am
27. März 1466*

Verkauf vom 8. Mai 1466:
    die viii, mensis mai...
    ser thome de scutio *librum* unum parvum tratta *peccorum* 1 1 soldi ii... (ASV,
    PSM, Atti Misti

1466/2

Andreas Bono
*Bischof von Esquilium (Jesolo) (legitur: Eqlinr), nannte sich „artium et medicine
doctor"*

Testament vom 14. September 1466:

---

449 Traditionelle, schon bei Dante auftretende Bezeichnung der *Rhetorica ad herennium*
    des Quintillian, fälschlicherweise Cicero zugeschrieben.
450 Cicero, *De paradoxa stoicorum* und *De senectute*. In dieser Kombination auch bei
    Bernardo Minimo. Vgl. Anhang II, 1455/1.
451 Cicero, *De amicicia*.
452 Cicero (Marcus Tulius C.).
453 Antonino von Florenz, *Summa confessorum*. Die Werke des Antonino waren unter
    dem Titel Archivescovo di Firenze verbreitet, siehe auch Antonio di Sambrino, An-
    hang II, 1478/1.
454 Bibelkommentare.

...Item meum *missale* san moié curie romane. Item unus *missale* votium cum alliis vestibus sacerdotalibus, quedam missale et vestes sunt in manibus s antonii de ruebeis
...Item dimitto omnes *libros* que in manibus misser ... quos habeo pro pignore a quodam domino iohanne malipiero per ducates decem et octo auri exepto uno *libro* in papiro dator referendissimo episcopo... Item dimitto ecclesie mee...*librum ponifical* et anullus pontifical ..filio dictathadi et paule omnes meos *libros* tá (tam?) *in artibus* q (quam?) in *alliss scientiis* ut ipse habea t locum et facultatem studendi... (ASV, S.N., Testamenti, B. 46, Andrea Armani, Protocollo Nr. 27)

1466/3

Pietro Morosini
Patrizier, „scolaro"

Erhielt gemäß Einkaufsnotiz in der Nachlaßverwaltung Bartolomeo Morosinis vom 20. November 1466:
pro emendo unum *burleum supra phisica*[455] et commetum unum magistri pauli pro quo ser Petro se constituit plezium de dictis duobus libris ser Justus Mauroceno frater eius... (Nach Cecchetti: Di alcuni libri, S. 478)

1467

Magister Philipus
"de diversis artium doctor", San Cassian

Testament vom 20. September 1467:
...volo quod heredes meus infrascriptus vendant vel vendere faciant omnes *libros* meas et omnes vestes et omnia alia mee bona mobilia...volo quod *breviarium* scriptum pro me libere sit suum (Mario, Mönch auf Murano)... (ASV, S.N., Testamenti, B. 531, Francesco de Grassi, Carta Nr. 111)

1468

Gugielmo Querini
Patrizier, Santa Maria Formosa, machte Testament am 18. März 1468

Vermerkte neben einem Hieronimus (*Epistuli*) Lactantius, (*Philippici*) und Livius, *Orationes* et *Decadi* Buchausleihen im Geschäftsbuch:
ser zian negro sta asan martin de dar di 29 novembrio che lo lipresai la mia *bibia* portativa de letera tramontana desse volerla schontar chonuna laveva de letera antiga eveder quelo limachiava la dita ha una choverta de chuoro rosso portegela marti mio servo al qual fazo quelo ne puti aver che sum ducati 12...
ser san negro alicontro de aver di 13 dezenbre che ma mando lamia *bibia* val. ducati 12...

---

455 Walter Burley.

pre zuane di fazenti hofizia a san martin de dar di 8 novembrio che lo liprestai el mio ovrazine soe elmio *legendario de santi*[456] per che el non ha la *lezenda de san martin* per tuta lotava fazoi chavo ducati 6..Item limprestadi *elbreviario de maDonna* mia madre ducati 16... *libro de Aristotele* ... ser Alvise Dirigi di Jacomo (10 März 1457) *le orazion de tulio*[457] in bergamena ... ser jeronimo Querini fu Bertucci (13 November 1460) ... (ASV, PSM de citra, B. 271, Libro di Querini, 203c, 204r, 206r, 209v, 210r, 218v, 217r, 225v, 226r, 230r, publ. bei Connell: S. 172 f.)

Verkauf vom 10 Oktober 1468[458]:
...d. baptiste de porto doctori unum *librum de oratore*[459] ducati 4 L. i s ii ... (ASV, PSM de citra, B. 271, Fasc. 10, Quaderno 2v)

Verkauf vom 2. Mai 1469:
...[-] domino hermolao mino q domini laurentij unum *librum* Imbon[-]...[---]*abseotia* in bona carta[---]...[460] (Ebd)

1469/1

Francesco Morosini
Patrizier, Student

Erhielt gemäß Einkaufsnotiz in der Nachlaßverwaltung Bartolomeo Morosinis vom 13. September 1469 1 lira und 2 soldi für ein libro "*vocatum institutam*" und am 8. November Geld für eine "*autenticha*". Da er diese Bücher nicht zurückerstattete, stritten die Prokuratoren als Nachlaßverwalter vor den *Giudici del proprio* und listeten die ausstehenden Bücher mit Preisangabe auf:

Primo dimando *linstituta* o per parte de nostro danoduc 10

Item *lautentica* o per parte	duc 10
Item 1° *digiesto* vechio	duc 30
Item 1° *chodego* o per parte	duc 30
Item 1° *digiesto* o per parte	duc 30
Item 1° *inforzato* o per parte	duc 40
Item per *volumi* 4 chiamado *bartole* in stampa o per parte de dano	duc 16
summa	duc 166

(Nach Cecchetti: Di alcuni libri, S. 478-479)

---

456 Eventuell die *Legenda aurea* des Jakobus. Vgl. Anm. 6.
457 Cicero (Marcus Tulius C.).
458 Das *Registro* der Prokuratoren ist stark beschädigt. Verkaufseinträge sind nicht mehr vollständig erhalten Die genauen Daten sind nicht mehr zu entziffern.
459 Wohl Cicero, *De oratore*.
460 Pergament ist stark beschädigt.

1469/2

Pietro Barbo
Patrizier, später Papst Paul II.

Ließ sich die "*storie di Dionigi d'alicamasso*" und einen "*Filelfo*" anfertigen.
(Nach Sabbadini: Le scoperte, I, S. 64 f.)

1472/1

Pre Giacomo di Lancilotto

Testament vom 19. Februar 1472:
> ...el mio *brevario* novo secondo la corte, in lo monestier de Sancta Justina, et che
> pregano dio pro anima mia. Itam lago in libreria de sancto Johane et polo *una
> biblia* et *uno Voragine* et una *Johannina*. Item lago el *libro de lo Corpo de
> Christo*[461] notato et lo *libro da baptizar* in la ecclesia de Sancto Severo. Item lago
> el mio *diurno* a Johani beneto zacho et non le sia dato per fin che sera saerato de
> epistola... (Nach Cecchetti: Libri, S. 335)

1472/2

Clemente Plagagna
San Salvatore

Testament vom 18. April 1472:
> ...Uno *offitiolo* dela madona cum li psalmi penintentiale e le *offitio* de la croce et
> de uno che se chiama *tomaso* e fo za in albaia cum lui cum miser iofa (*giosafatte*)
> barbaro siando provededore, e miser pre carlo rizo el menio de sua man, e queste
> serra le evedentia la quale e desligato e chi lavera arendere lo renda sopra la
> coscientia sua... Item dede uno paro de *regolete de guarion* in stampa... (Nach
> Cecchetti: Libri, S. 336, Anm. 3)

1474/1

Iuliano Rivanello
Sohn von Misser Bonagratia de Rivanello

Inventar (Kleider, Hausrart und Bücher) vom 8. April 1474:
> Questi Infrscripti beni sono de miser Iuliano Rivanello filiol q di miser Bonagratia
> de Rivanelli de la contra de Beveraxio de Verono liqale ha portato il dito miser
> Iulino in chasa della honesta Dona Madona Chataline del flumisello in la contra
> dela pigna di verono: la qual madona Chatalina si se chiama haverli insalvo
> etenerli: est se obliga la de restituirli ad ogni requesitione del dicto miser Iuliano
> erendeli bon conto: e cossi la dita Madona Chataline se obliga...

---

461 Wohl die Eucharistielehre des Radbert von Corbies (Paschasius Radbertus), *De corpore et sanguine domini.*

tutte le opere de Virzilio ligate d carta bambasino: capto con *Leneido bucoliobus*[462]
e *georgicho* de ... scarto capria...*L'ortographia de xpoco* scarpo: *Donatus* in
barbarasso cum *due Arte mitache* e i de*misser agnalen dalonigo*[463] et *altre opere*
legati in sume: i *pspiro*, i *Esopo* in carta caprami *doctrinalle* cum lanus arma super
i carta capra: i *offitio di ladina* cum altre *opere* in carta capra cum larma nus susso:
i *suma de Azo*[464]:i *libro que tracta de forma lustennitorum: lauste et mores virtuti*
(vel: bruti) alligate cum *aliis operibus* in uno volumine bambasin de man de misser
bonagratio mio padre, Couverto sopra lavoro lic°(?): *arollete* (?) *super lencide*:
esp° Iuvenale[465]: *t super Teretio*[466]: *Statuti dal mallistio: statuti de livicarij e dele
strete: 1° 2° et iij° statuti di Verona*: i *faccto*[467]: i *manganello*[468] tuti in carta
bambasina: la *tragedie di senecha*: i *terentio*[469] in carta caprio, *Tulio de oratore,
tullio de offitys* tutti dicti in carta Capram i *Iuvenalo i persio*[470] in carta bambasina,
tutte le opere de ovidio alligate insimil tutte in carta bambasina: le *legantie di
valla*[471] *le grande e le pizolle: le deche di Livio in carta bambasina: le fatetie de
pogio*[472] *i servio super lopere de Vergilio*[473] in carta bambasina. i *Donato super
terentio*[474] in carta bambasina: *tulio de Amicitia le paraduxe*[475] in bonseristo *Le
epistole de tulio* tutte i carta bambasina, un *priscian* in bona carta: i *priscian de
duodecim carminibus* in bona carta, un *Anzelo Iure* de papiro: i *Aulo gelio*[476] in
bona carta: i *Quintilian* facto a stampa in carta bambasina: i *spalsmisto lelussio* in
bona carta: i *catullo*, i *tibullo*[477] in carta bambasin: i *bectio de conplation* in bona
carta, la *ortografia* del *tortellio: Scienta varronis*[478]: *Lucan* in bona carta: i
marciale: le epistole de oratii[479]: *i praticho*: uno summa: la *Auror*[480]: *Lucifero*[481]:
ellfiore[482] in bona carta...

---

462 Die *Aeneis* und die *Eclogen*, auch *Bucolica* genannt, werden hier wohl aufgrund ihres
unterschiedlichen Materials herausgehoben.

463 Ognibene da Lonigo.

464 Azo Porcius.

465 Juvenalis (Decimus Junius J.). Möglicherweise handelt es sich hier um einen Kommentar (*espo* eventuell zu lesen als *esplicatio* oder *espositio*).

466 Kommentar zu Terentius.

467 Bartolomeus Facius, genannt Fazio, verfaßte eine Tatenbeschreibung des Königs
Alfonso, *De rebus gestis ab Alphonso rege*, das *De viris aevi sui illustribus* und In-
vektiven gegen Lorenzo Valla (s.u.).

468 Eventuell Albertus Magnus.

469 Terentius, Komödien.

470 Persius.

471 Lorenzo Valla, *De elegantie lingue latine*.

472 Poggio Bracciolini, *Facetiae*.

473 Servius (Maurus S. Honoratus), Kommentar zu Vergil.

474 Donatus' Kommentar zu den Komödien des Terenz, ist bislang nur in einer späteren
Bearbeitung überliefert.

475 Cicero, *De paradoxa stoicorum*.

476 Aulus Gellius, schrieb unter dem Titel *Noctes attice* eine lateinische Zusammenstel-
lung von Exzerpten griechischer und lateinischer Autoren.

477 Tibullus (Albius T.), Elegiendichter.

478 Varro (Marcus Terentius V.), *Disciplinae*.

479 Epistel des Horaz.

480 Wahrscheinlich die *Legenda aurea*.

(ASV, PSM de citra, B. 153, Commissarie di Beruddino Rivanelli, Fasc. III)

1474/2
Zaccaria Giustinian
Patrizier, San Moisè, machte Testament am 4. Juli 1474

Inventar (undatiert):

...
Uno *libro del pianto denostra dona* in verssi / *scrito del etica* formada in cartta bona / instoriado in diverse carte *lapallis* (apokalipsis?) *del nostro signor* sanoradi decholor et oro et miniado doro et decholori chostono duc 4 dimando per partte demio dano duc 2 d-
Un *libro dela vita et miracholli de San Francesco* / con el *dialogo si San Gregorio*ligado in un volumine chostono duc 4 dimando per partte demio danoduc 1 d-l
...:
(ASV, PSM, Atti Misti, B. 8, Carte varie della familia Giustinian e di Zaccaria Giustinian II, Fasc. III (Inventarii))

1474/3
Lodovico Foscarini
Prokurator von San Marco

besaß:
duos epistolarum
correctiones varium sentenciarum
libro ubi in tabulis scriptum est primus
libro ubi in tabulis scriptum est secundum
auctorictatum Francisci de Montagnana
libro in quo extracte sunt orationes livii

(Nach Sabbadini: Le scoperte, I., S. 187)

1477/1
Matheus de Stephanis
Pleban von San Vital

Testament vom 12. April 1477:

---

481 Möglicherweise zu lesen als *Lucidario* (oder Rosario) *della Madonna*, gleichzusetzen mit dem *Rosario della gloriosa vergine* des Alberto da Castello, oder als *Lucenadario* (anstatt *Legendario dei Santi*).
482 *Il fiore*, Autor anonym, auf den Rosenroman zurückgehendes Werk aus 232 Sonetten. Möglicherweise auch das *Fior della bibbia*, was das vorangegangene apokryphe Werk ergänzen würde.

...Item dimitto suprascripto venerabile maisestro domino Joseph de moysis plebano ... et meo comissario meum *breviarium* et meum *voraginem* ... (ASV, S.N., Testamenti, B. 46, Nicolo O(A)ranzo, Carta Nr. 74)

1477/2

Donna Cataruzza
Witwe des Ser Lorenzo Fioravante di San.Cassian

Testament vom 28. Juni 1447:
>...uno *libro* in qual sono scritti *i vangelii e le pistole*... (Nach Cecchetti: Libri, S. 335)

1478/1

Pre Antonio di Sambrino
Kaplan auf San Giorgio

Testament vom 22. Juli 1478:
>...Questi sono libri infrascripti che lasso in la dicta chiesa: una bibia in stampa coperta de pella zala. Item *rationale divinorum officiorum*[483] ligato a fondelo in stampa in carta bombicina. Item *le pistole di s.hieronymo* scripte in pena coverte de una pella russa cum cantoni. Item una *pisanella*[484] in quadernata coperta de pelle russa/ uno *volume grande:* Item uno libro che e/ quadrigesimale de frar ruberto[485] sive modo de lege coperto de pelle russa cum chioldoni. Item uno *Qadrigesimale* de frar lunardo[486] de utino in stampa coperto de pelle russa. Item uno *libro de san thomaso chiamato secunda secunde*[487] coperto de pelle russa, Item uno libro sive una *suma de lo Archiepiscopo de fiorenza che e le secunda parte*[488] coperto de pelle zala. Item lo *quarto de richardo*[489] cum taole a fondello ligato in stampa. Item le *pistole de san cypriano* a stampa ligate a fondello Item uno *breviario* in charta bona dapo la morte de farncesco mio nevo vegna in questo luoge de la chiesa. Item uno libro chiamato *de civitate dei*[490] in stampa in charta reale deli primi coverto de pelle russa..: (Nach Connell: S. 182 f.)

---

483 Wilhelm Durandus (Durandus von Mende), *Rationale divinorum officiorum.*
484 Bartholomaeus Pisanus, *Summa de casibus conscientiae.* vgl. auch Anm. 203.
485 *Fra* Roberto Caracciolo von Lecce, Fastenpredigten.
486 *Fra* Leonardo di Matteo von Udine, Fastenpredigten.
487 Thomas von Aquin, zweiter Teil der *Summa theologiae.*
488 Antonino von Florenz, *Summa confessorum.* Die Werke des Antonino waren unter dem Titel „Archivescovo di Firenze" verbreitet, siehe auch *Pre* Piero, Anhang II, 1465/3.
489 Richard von Mediavilla, *Commentum super quartum sententiarum* (des Petrus Lombardus).
490 Augustinus, *De civitate dei.*

Vermachte außerdem "tuti libri de gramatica de humanita" senem Neffen Giovannantonio unter der Bedingung, daß er seine Studien bis zu seinem 18. Lebensjahr weiterführe.

1478/2

Marcus Cathanio
Rechtsgelehrter, Erzbischof, „archiepiscopus hyrachiensis plebanus "

Testament vom 9. Augusut 1478:
> ..Item volo et ordino quod ...omnes mei *libri*... (ASV, S.N., Testamenti, B. 46. Nicolo O(A)ranzo, Carta Nr. 105)

1478/3

Zaccaria Giustinian
Patrizier, machte Testament am 24. November 1478

Hinterlassenschaftsinventar seines Hausrats in Venedig:
> ...
> Item uno *officio de nostra dona* cum li filenj cum le cuyote
>
> ...
> (ASV, PSM, Atti Misti, B. 10, Fasc. I)

1480/1

Pre Lorenzo
Presbiterius von Santa Sofia, war wahrscheinlich auch als Lehrer tätig

Hinterlassenschaftsinventar:
> ... un coffineto cum 4 anelij zoe una gala, un fatil relenedo e do rubineri et 85 pianete pizole in uno spago p. uno *offitiol* darzento coverto negro cum fiodeti darzenti p. una coflier p uno *diurno* pizolo cum el zolo darzento p. una coflier darzento cum una chadenda doro p una vazina darzento cum do manegi darzento melle p una corlteliere cum 14 corelli darzento dentro una corteliere cum 7 cortelli manego negro cum una verga darzento p do schatole cum pongoni da stampar una entimelle nuova ...in portego[491] ...uno *decreto* in carta bona scritto un *decretal* in bona le *clementine*[492] in stampa in bona el *sexto*[493] scritto in bona *bonaventura super primo*[494] in bona. un *libro* in bona coperto di biano[495]: *comenza casus decretorum: quin sufragentibus*[496] un *mesal* in bona carta e bona letera un

---

491 Bis dort nicht von Connell transkribiert.
492 Dekrete Clemens' V.
493 Johannes Andreae, Kommentar zum sechsten Buch der Dekretalen.
494 Bonaventuras Kommentar zum ersten Buch der Sentenzen des Petrus Lombardus.
495 Connell transkribiert hier „biario".
496 Thomas von Aquin, *Sopra gentiles.*

compendio de teologia in bona coperto de raso. *le pistole de tulio*[497] inpapiro a
stampa. *lepistole de senecha* in papiro scripte *i proverbii de salomonis*[498] in
papiro. *tratado super ezchielem* in papiro *el supplemento draxonis* inpapiro *el
comenta de valerio*[499] in papiro scripta *concordantie biblie* in bona *cronica
martiniana*[499] in bona scripta. *paulo oroxio*[500] in papiro scripto. un *virgilio in
papiro* scripto *declaratio omnium psalmorum* in papiro un *doctrinal ioxado*[501] in
papiro scripto *ovidio de fastis* in bona scripto. *el pastoral de san gregorio* in
papiro scripto. *Regole sympontine*[502] in stampa in papyro *opus super danielem* in
papyro scripto *un libro de rubriche per tuto lano* in papiro un *libro doreorum
proprietatibus*[503] in bona scripto. *suma de raymondo*[504] in papiro scripta *un
donado*[505] in bona. un *libro comenza quadriga spiritual* in bona. un *libro
schomenza scala*[506] compilatum in papiro, un *doctrinal* in bona un *prospero* in
bona, un *libro* in vulgar in bona *comenza in vocatio el nome de rosso*[507] un
ysopo[508] in bona *un virzilio* in bona *un paro de regole grammatichal* in bona *liber
s. ysidori* in bona. p. un *libro in astrologia* un *officiol* de ducati iii bona un
ordenario in bona... (ASV, C.I., B.124, Atti di Giovannantonio Mundi, Registro
von 1476, 9v-10v, zum Teil publ. bei Connell: S. 184)

1480/2

Bartolomeo Bragadin
Patrizier

Verkauf vom 15. Juli 1480

... uno *officio* di nostra dona / aser Marco bonzi	L.18	s. 22
uno *virgilio* in bona carta / a ser zuan zimalarcha	L. 6	s. 4
uno *vallerio maximo* in bona carta al dito	L. 6.	s. 4
Una *loicheta di maistro polo*[509] in papiro/ aser agustin zorzi quondam ser Jacomo	L. 1.	s. 4

Verkauf vom 13. August 1480:

---

497 Cicero (Marcus Tulius C.).
498 *I proverbi di Salomone* oder *Le Savi Detti di Salomone*. Sammlung König Salomon
   zugesprochener Weisheiten. Connell transkribiert hier „Salomon".
499 Martinus von Troppau (Oppaviensis), *Chronica summorum pontificum imperatorumque ac de septem aetatibus mundi.*
500 Horosius (Paulus H.), *Historiae adversus paganos.*
501 *Doctrinale* mit Glossen.
502 Nicolaus Petrus, Erzbischof von Siponto, *Rudimenta grammaticales* oder *Regulae
   syppontinae.*
503 Bartholomaeus Anglicus, *De proprietate rerum.*
504 Raimund von Pennafort, *Summa de casibus*, auch *Summa de casibus poenitentiae et
   matrimonio* genannt.
505 Aelius Donatus, *Ars grammatica.*
506 Wahrscheinlich die *Scala paradisi.* Augustinus zugeschrieben.
507 Nicht genau identifiziert, eventuell der *Rosenroman.*
508 *Aesop*-Roman.
509 Paolo della Pergola, *Logica parva.*

uno *offiecto di nostra* dona de lettera oltra monte al dito
(ser zuan vendramin da labolla) L.6 s. 4
le *allegantie di s. augustin* et *ovidio de remedio amoris* al dito
(misser pre Jeronimo de cortexi) L.1 s. 4
due *commendatori sora la filosofia* ligadi a maiestro Richardo
dalban miedego duchati 4 L. 3 S.2 L.27 s.18
Le *tragedie diseneca* in bona carta aser piero trivixan L. 9 s.6
uno *petrarcha* in stampa ligado/ aser francesco di paxe d.- L. 4. s.12
uno *libro* in papiro ligado *le tavole de re alfons*[510] as ser
zuan vallareso d.- L. 2 s.5
lepistole di tulio[511] in bona carta e uno libereto de prediche in
stampa/ aser antonio minio d.1 L.1 s. 6
leticha di aristotele in bona carta/ apre antonio di la misercordia d.1 L.1 s.12
uno *libreto* in papiro di *geomantia*[512] a ser zuan francesco bragadin .- L.1 s. 11
(Nach Connell: S. 185 f.)

1485/1

Pre Petrus Bogisa
Stammte aus Albanien, Mansionarius von San Moisè

Testament:
...Et dimitto dicto domino presbitero georgio meum *breviarium* parvam ut ipse
teneatur ire romam (sic) pro anima mea... (ASV, S.N., Testamenti, B. 875,
Lorenzo Stella, Carta Nr. 142)

1485/2

Pre Hieronimus
Presbiterius von San Carolo de Lupino

Testament vom 5. Oktober 1485:
...Da poi la morte soa prevegni per Hieronimo negiostro (nigrosto?) mio zago
laqual habia galder anni vi studiando lui in Padua et in quella possi star over afitar
et habi tuto el pro ogni anno me atrovo al presente in monte nuovo che sum ducati
10 per 10 ... pricipiando dela eta soa da anni 18 over 20 fin ani xxiiii over xxvi che
vigneria essi anni 6...e tuti mie *libri* me atrovo sia sui ... quando non volesse
studiar over non provegnisse che il morisse voio che il fitto de essi galdi mia
cuxina suor lucia monacha in san pacis de trviso in vita sia dapoi la morte sa
provegnisse alguni delor over quanludelor (sic) sia dela mia conggario de santa de
santa maria mater domini... mia cuxina monacha in san pacis li sia facto uno
vestoto e pagato uno *breviario*... (ASV, S.N., Testamenti, B. 750, Marchi di
Rupihi (liegt bei Christofero Percisini), Registro 1484 -1486, Nr. 5)

---

510 Astronomische Tafeln Alfons' des Weisen.
511 Cicero (Marcus Tulius C.).
512 Geomantie = Erdzeichenlesekunst.

1486

Donna Maria

Ließ sich gemäß Besitzervermerk von 1486 ein *"libro di preghiere"* anfertigen.(Oxford, Bodleain Library, Canonici Lat. 135; vgl. auch Zorzi: Dal Manoscritto al libro, S. 824)

1489

Donna Maria Boja
Ehefrau des Ser Dominico Boja, San Moisè

Testament vom 8. Juni 1489 (Zusatz):
   ... Item dimitto unum meum *offitiolum beatis verginis* veris minorem iste domina margrerite cognate mee alium vero *maiorem* dimitto uni al filiabis suis... (ASV, S.N., Testamenti, B. 875, Lorenzo Stella, Carta Nr. 129)

1490/1

Donna Luchese
Frau des Ser Pasqualini Antonio, "comitus in galera di trafico", San Biagio

Inventar der "beni mobili" vom 1. August 1490:
   ... un libro *chyamati nymphale* de miser Zuanne boccatio[513]...
(Nach Cecchetti: Libri, S. 336, Anm. 3)

1490/2

Bartolomeo Almerici
Magister, Notar "ad officiis San Pauli"

Testament vom 10. Dezember 1490:
   ...Item dimitto dictum Johanne Baptiste nepote et commisisario meo omnes *libros* meos *legalis* quos habeo. *Vulgaris* autem pro ut scriptti sunt in libro meo illos dimitto dictem uxorem mee ut de ipsis facere possit pro ut volueret...
(ASV, S.N., Testamenti, B. 875, Lorenzo Stella, Carta Nr. 175)

1491/1

Albertus Francigena
„magister cantus ecclesiae Sancta Maria venetiae"

Testament vom 14. August 1491:

---

513 Giovanni Boccaccio, *Ninfale fiesolano* oder *Storie delle ninfe fiorentine*.

...mutuo ... a domino presbitero alberto capellano duarum *morialium sancte ane*
duc 10 quos mutuavi magistro philippo de sancto albino mercatori librorum...
(ASV, S.N., Testamenti, B. 875, Lorenzo Stella, Carta Nr. 68)

1491/2

Pietro Spiera
Venezianischer Kaufmann in Damaskus, machte dort sein Testament am 9.
September 1491

Hinterlassenschaftsinventar vom 20. September 1491:

...
Libro uno et uno zornal
i *Libro di bozacio*[514]
(Vermerk zu beiden):·in una busta con altra scriptura

...
i libro et i zornal nuovi non Scripti

...
i *libro* di zasura[515] vechio

...
(ASV, S.N., Testamenti, B. 750, Christofero Percisini, Carta nn.)

1498/1

Paolo Manzoroni
Patrizier, San Silvestro, machte Testament am 24. September 1498

Hinterlassenschaftsinventar:
... Hoc est inventarium omnium precium mobilium ... in domo di Ser Paolo
Manzoroni in contrada Santo Salvatoris ...

...
Libri inchesto sreigno: una *bibia vulgare* in uno volumine
un *libro de sento novelle* vulgare[516]
fiore nouvele in volgare[517]
un libro ingeometira de cartea bona
Augustino de civitate dei vulgare

...
(ASV, C. I., Notai, B. 105, Lauro Antonio, 31rv)

---

514 Giovanni Boccaccio.
515 Eventuell zu lesen als Caesariano, eventuell Angabe zum Material.
516 *Il Novellino*, ursprünglicher Titel war *Libro di cento novelle antique*, vielleicht auch
  Boccaccios *Decamerone*, dies jedoch unwahrscheinlich.
517 Vielleicht *Il fiore*, Autor anonym, auf den Rosenroman zurückgehendes Werk aus 232
  Sonetten, das *fioretto della bibbia* oder eine Novellensammlung.

1498/2

Francesco del Presta de Bormi

Inventar der "beni mobili" vom 21. November 1498:
> *Bibia in vulgari.* 1
> *petrarcha cum commento.* 1. videlicet *Triumphi, Cantilene morales,* et *Sonetti*
> *Epistole ovidii.* 1
> *Orationes Tulii.* 1. *Epistole Tulii*[518]. 1.
> *Legendaria sanktorum.* 2.
> *Terentius cum duobus comentis*[519]. 1.
> *Terentius cum Donato.* 1.
> *Tulius de Officiis.* 1.
> *Cornacopia.* 1.
> *Vita sanctorum patrum.* 1.
> *Officia beate virginis* numero 16. de stampa paganini in un maceto
> *Officia beate virginis* trium stamnpatum. 1.
> *Diodurus Sciculus.*[520] 1.
> *Spagna Zarmatorum.* 1.
> *Trapezunia.* 1.
> *Sermonis fratris ruberti*
> *Evangelia et epistole in vulgari.*
> ...

(Nach Cecchetti: Libri, S. 336, Anm. 3)

1498/3

Alvise Bellini
Sohn von Giovanni Bellini, San Martino

Testament vom 14. Dezember 1498:
> ...Ego aloisius bellinus natis dominis Iohahnis bellini de confinio sante marine
> mente sanis et corpore ... et consensu dicti mei genitoris ... Item dimitto Sebastiano
> bocheta nepoti meo omnes meos *libros* si voluerit operam dare studio, et eidem...
> (ASV, S.N., Testamenti, B. 875, Lorenzo Stella, Carta Nr. 162, siehe auch
> Paoletti: 14/12/1498)

---

518 Cicero (Marcus Tulius C.).
519 Wie bei dem folgenden Fall ist hier sicher Terentius Maurus, der Grammatiker, und
    nicht Terentius Afer, der Komödiendichter, gemeint. Terentius Maurus mit Donatus in
    einem Buch zusammenzufassen, liegt näher.
520 Diodor von Sizilien, von Poggio Bracciollini übersetzt.

II.Schenkungen zur Buchanschaffung

1411

Benedicta de Parentio
Ehefrau des Magister Bonus Philipatius „de Padua nunc habitatore venet(iar)um"

Testament vom 5. Oktober 1411:
> ...Item vollo et ordino quod per denarium medeam et meum bonum Commissariosmeos emaneant unus calix, unis missale et paramentus cum camiso, per quibus omnibus expendant ducatos quinquaginta auri havendo tellam per camiso quam habeo indomo, e idicitum calix missale e paramentum fulertum dent presbitero domenico de parentio filio datii cognati mei ut teneatur rogaredeus pro anima mea... (ASV, S.N., Testamenti, B. 531, Manfredino da Ponte, Protocolli 10v)

1444

Bartolomeo Morosini
Patrizier

Hinterließ in seinem Testament vom 15. Mai 1444 einem männlichen Nachkommen aus dem Hause Morosini 10 Jahre lang 20 bis 50 Dukaten zum Studium und zur Buchanschaffung (Nach Cecchetti, Bartolomeo: Di alcuni libri, S.478-479).

1446

Donna Antonia Pestenari
Witwe des Leonardo Pestenari, conf. San Pantaleon

Testament vom 27. Mai 1446:
> ...volo et ordino quod ducatis ducenti in prestitorum posite in chastello vendantur et de denarus Inde exactis ematur unum missale, et siat unus calix tam deparete predictorum deariorum qp de argenteis positus in domo mea... ematur unus missale pero duc viginti quiqe (sic) et siat unus calix de vegétis in domo positur (letzter Eintrag wurde nachträglich gestrichen) ... (ASV, S.N., Testamenti, B. 531, Francesco de Grassi, Carta Nr. 10)

1455

Isabetta Rexani
Ehefrau des Gaspare Rexani, „artificis de San Cassian"

Testament vom 4. Februar 1455:
> ... Item lasso a mio nevodo frar zuane de Lordeno de S francesco ducatis x oro per comprarse uno *breviario* over altro li fosse necesso... (ASV, S.N., Testamenti, B. 531, Francesco de Grassi, Carta Nr. 91)

1470

Paulo Fexi
Mönch in „madonna sancta maria de paraia de la dioxese padoana"

Testament vom 12. August 1470:
> ...Ancora voglio et ordeno che del tracto de dicte caxe ducati 200 doro se debiano espender in uno *decreto* et uno *decretal* et intanti altri *libri* che asende fin ala suma de dicti ducati 200... (ASV, S.N., Testamenti, B. 1149, Paolo Benedetto, Carta Nr. 106)

Beihefte zum Archiv für Kulturgeschichte

– Eine Auswahl –

Heft 37: Hans Martin Klinkenberg: **Homo faber mentalis.** Über den Zusammenhang von Technik, Kunst, Organisation und Wissenschaft. 1995. XXIV, 812 Seiten. Gb. ISBN 3-412-10694-1

Heft 38: Michael Sierck: **Festtag und Politik.** Studien zur Tagewahl karolingischer Herrscher. 1995. 503 S. Gb. ISBN 3-412-10794-8

Heft 40: Reglinde Rhein: **Die Legenda Aurea des Jacobus de Voragine.** Die Entfaltung von Heiligkeit in »Historia« und »Doctrina«. 1995. 310 S. Gb. ISBN 3-412-03695-1

Heft 41: Elsbeth Andre: **Ein Königshof auf Reisen.** Der Kontinentaufenthalt Eduard III. von England 1338-1340. 1996. IX, 293 S. Gb. ISBN 3-412-00196-1.

Heft 42: Martin Kintzinger, Sönke Lorenz, Michael Walter (Hg.): **Schule und Schüler im Mittelalter.** Beiträge zur europäischen Bildungsgeschichte des 9. bis 15. Jahrhunderts. 1996. VII, 478 S. ISBN 3-412-08296-1

Heft 43: Hubertus Lutterbach: **Sexualität im Mittelalter.** Eine Kulturstudie anhand von Bußbüchern des 6. bis 12. Jahrhunderts. 1999. X, 302 S. Gb. m. SU. ISBN 3-412-10396-9

Heft 44: Markus Müller: **Die spätmittelalterliche Bistumsgeschichtsschreibung.** Überlieferung und Entwicklung. 1998. XII, 541 S. Gb. ISBN 3-412-11697-1

Heft 45: Michael Menzel: **Predigt und Geschichte.** Historische Exempel in der geistlichen Rhetorik des Mittelalters. 1998. 435 S. Gb. ISBN 3-412-13797-9

Heft 46: Luise Schorn-Schütte: **Karl Lamprecht.** Briefwechsel mit Ernst Bernheim und Henri Pirenne. Hrsg. und eingeleitet von Luise Schorn-Schütte unter Mitarbeit von Maria E. Grüter und Charlotte Beiswingert. 2000. Ca. 264 S. Gb. ISBN 3-412-02198-9

Heft 47: Jürgen Strothmann: **Kaiser und Senat.** Der Herrschaftsanspruch der Stadt Rom zur Zeit der Staufer. 1998. XII, 498 S. Gb. ISBN 3-412-06498-X

Heft 48: Franz-Reiner Erkens (Hg.): **Die früh- und hochmittelalterliche Bischofserhebung im europäischen Vergleich.** 1998. IX, 356 S. Gb. ISBN 3-412-0598-6

Heft 49: Rüdiger Hillmer: **Die napoleonische Theaterpolitik.** Geschäftstheater in Paris 1799–1815 1999. XIV, 538 S. 3 Ktn. Gb. ISBN 3-412-12798-1

Heft 50: Helmut Feld: **Frauen des Mittelalters.** Zwanzig geistige Porträts. 2000. X, 478 S. Gb. m. SU. ISBN 3-412-05800-9

Ursulaplatz 1, D-50668 Köln, Telefon (0 2 2 1) 91 39 00, Fax 91 39 011

Nikolaus Wegmann

Bücherlabyrinthe   2000. XII, 372 Seiten.

Suchen und Finden   1 s/w-Abbildung. Gebunden

im alexandrinischen   mit Schutzumschlag.

Zeitalter   ISBN 3-412-15499-7

Was wissen wir eigentlich von der Bibliothek? Als jedermann zugängliche Instanz gibt sie bereitwillig Auskunft über die Welt. Sie hat alle Antworten. Doch die Bibliothek hat noch eine andere Realität. Hier ist sie nicht mehr ein obligatorischer Ort des positiven Wissens, der Ordnung und Transparenz, sondern ein Irrsal einer unermeßlichen Menge von Büchern, in der es – wie Diderot sagt – ebenso schwierig ist, sich eine Auskunft zu verschaffen, wie an der Welt selbst.

Zahlreiche Fallgeschichten – vom 18. Jahrhundert bis in die Gegenwart hinein – gehen dieser Dauer-Irritation nach und erkunden die Nachtseite der Bibliothek. Hilfestellung geben Bibliothekswissenschaft, Medientheorie und Literaturwissenschaft. Als ihnen überlegen beim Gang in die Bibliothek erweist sich jedoch die Literatur. Ein Lessing, Goethe oder Henry Miller, ein Herder, Hrabal oder Ernst Jünger wissen mehr von den Chancen und Tücken der Bibliothek als selbst noch die aktuelle Library Science sich vorstellen kann.

URSULAPLATZ 1, D-50668 KÖLN, TELEFON (0 221) 91 39 00, FAX 91 39 011

KÖLN WEIMAR

Böhlau